Fred Schell / Elke Stolzenburg / Helga Theunert (Hrsg.)

Medienkompetenz: Grundlagen und pädagogisches Handeln

KoPäd Verlag
München

Die Deutsche Bibliothek - CIP-Einheitsaufnahme

Medienkompetenz : Grundlagen und pädagogisches Handeln /
Fred Schell ... (Hrsg.). - München : KoPäd-Verl., 1999
   (Reihe Medienpädagogik ; Bd. 11)
   ISBN 3-929061-38-4

Druck: WB-Druck, Rieden

© KoPäd Verlag, München 1999
Kommunikation und Pädagogik
Pfälzer-Wald-Str. 64, 81539 München
Fon/Fax: 089-6891912; e-mail: kopaed@jff.crg.de

Die Drucklegung dieser Veröffentlichung
und die Veranstaltung „Medienkompetenz"
wurden vom Bundesministerium für Familie,
Senioren, Frauen und Jugend unterstützt.

Inhalt

Vorwort 11

Einleitung 13

I Medienkompetenz - Facetten und Grundlagen eines Begriffs

Dieter Baacke, Peter Glotz, Herbert Kubicek,
Bernd Peter Lange, Barbara Mettler-v. Meibom
Medienkompetenz - fünf Statements 18

Hans-Dieter Kübler
Medienkompetenz - Dimensionen eines Schlagwortes 25

II Medienkompetenz - Entwicklung und Anforderungen im Prozeß des Heranwachsens

Helga Theunert
Medienkompetenz: Eine pädagogische und altersspezifisch
zu fassende Handlungsdimension 50

1 Medienkompetenz in der Kindheit: Die Altersgruppe der 3-10jährigen

Helga Theunert / Margrit Lenssen
Medienkompetenz im Vor- und Grundschulalter:
Altersspezifische Voraussetzungen, Ansatzpunkte und Handlungsoptionen 60

Tilmann Sutter
Entwicklungspsychologische Grundlagen der Mediensozialisation.
Drei Ebenen einer Theorie 73

Ingrid Paus-Haase
Medienrezeption und Medienaneignung von drei- bis zehnjährigen
Kindern und daraus resultierende Ansatzpunkte für die Förderung
von Medienkompetenz 81

Uwe Rosenbaum
Einige Stichworte dazu, wie Fernsehsendungen für Kinder
Medienkompetenz stärken können 91

Martin Rabius
Medienpädagogische Sendungen als intentionaler Beitrag des Fernsehens
zur Medienkompetenzförderung bei Kindern und Eltern ... 95

Petra Best
Medienkompetenz der Kinder verlangt zuallererst
Fernseherziehungskompetenz der Eltern ... 99

Friederike Tilemann
Förderung kindlicher Medienkompetenz durch
medienpädagogische Elternarbeit ... 106

Sabine Eder
"Jetzt laßt uns mal ran!" - Bedingungen, Methoden, Beispiele und Ziele
medienpraktischer Arbeit mit Kindern ... 111

Wolfgang Schill
Medienprojekte in der Grundschule: Möglichkeiten und Grenzen
schulischer Förderung von Medienkompetenz ... 121

2 Medienkompetenz im Übergang von Kindheit zum Jugendalter: Die Altersgruppe der 11-15jährigen

Elke Stolzenburg / Anke Bahl
Medienkompetenz bei 11- bis 15jährigen Mädchen und Jungen:
Grundlagen und Voraussetzungen für die weitere Ausformung ... 128

Dorothee M. Meister
Zur 'vorkritischen' Medienkompetenz bei älteren Kindern ... 137

Uwe Hasebrink
Was beobachtbares Nutzungsverhalten mit Medienkompetenz zu tun hat ... 148

Dieter Spanhel
Förderung von Medienkompetenz im Handlungsfeld Schule -
Bedingungen, Möglichkeiten, konkrete Beiträge ... 159

Inge Bozenhardt
Förderung von Medienkompetenz im Handlungsfeld Jugendarbeit ... 166

Andrea Weller
Jugendschutz versus Medienkompetenz ... 171

Inhalt 7

Klaus Lutz
Förderung von Medienkompetenz durch aktive Medienarbeit
und Veröffentlichung der Produktionen 176

Friedemann Schindler
Computerspiele und Internet - Wie sie genutzt werden und
welche Rolle sie bei der Förderung von Medienkompetenz spielen 180

3 Medienkompetenz im Jugendalter: Die Altersgruppe der 16-20jährigen

Andreas Hedrich / Thomas Voß-Fertmann
Medienkompetenz im Jugendalter: Gesellschaftliche Rahmenbedingungen,
Stellenwert der Medien und medienpädagogische Handlungsfelder 188

Wilfried Ferchhoff
Aufwachsen heute: Veränderte Erziehungs- und Sozialisationsbedingungen
in Familie, Schule, Beruf, Freizeit und Gleichaltrigengruppe 200

Ekkehard Sander
Medienerfahrungen von Jugendlichen in Familie und Peergroup 220

Waldemar Vogelgesang
Kompetentes und selbstbestimmtes Medienhandeln in Jugendszenen 237

Friedrich Krotz
Thesen zur Kompetenz Jugendlicher im Umgang mit (neuen) Medien 244

Manfred Faßler
Dimensionen elektronischer Medienevolution 247

Markus Hübner
Lernziel Medienkompetenz - Anspruch und Wirklichkeit im Handlungsfeld Schule 252

Paul Detlev Bartsch
Förderung von Medienkompetenz im Handlungsfeld Schule 258

Mike Große-Loheide
Förderung von Medienkompetenz in Freizeiteinrichtungen 261

Irmengard Matschunas
Außerschulische Bildungsarbeit mit Jugendlichen: Erfahrungen,
Einschätzungen und Entwicklungen am Beispiel Junge Volkshochschule 267

III Medienkompetenz - Aufgabe von Erziehung und Bildung

Fred Schell
Bedeutung von Medienkompetenz als Bildungsaufgabe
und inhaltliche bildungspolitische Zielsetzungen ... 272

1 Medienkompetenz - Förderung im Handlungsfeld Schule: Bedingungen und Beispiele

Fred Schell / Hartmut Warkus
Medienkompetenz der Lehrerinnen und Lehrer:
Schulische Bedingungen und Anforderungen an Aus- und Fortbildung ... 282

Horst Dichanz
Medienkompetenz der Multiplikatorinnen und Multiplikatoren
im System Schule ... 289

Gerhard Tulodziecki
Kompetenzen, die Studierende der Lehrämter während der universitären
Ausbildung erwerben sollten ... 297

Dieter Spanhel
Medienkompetenz muß Lehrerinnen und Lehrern in der universitären
Ausbildung vermittelt werden ... 305

Paul Detlev Bartsch
Aufgaben der Lehrerfortbildung bei der Vermittlung von Medienkompetenz ... 313

Manfred König
Bedingungen der Vermittlung von Medienkompetenz in der Lehrerfortbildung ... 316

2 Medienkompetenz - Förderung im Handlungsfeld außerschulische Jugendarbeit: Bedingungen und Beispiele

Günther Anfang / Ida Pöttinger
Medienkompetenz der Multiplikatorinnen und Multiplikatoren der Jugendarbeit:
Bedingungen der Praxis und Anforderungen an Aus- und Fortbildung ... 320

Ida Pöttinger
Befähigung von Kindern und Jugendlichen zur gesellschaftlichen Teilhabe:
Anforderungen an die außerschulische Jugendarbeit ... 327

Inhalt

Verena Mayr-Kleffel
Medienkompetenz und medienpädagogische Qualifikation von Studierenden
der Sozialen Arbeit an den Fachhochschulen   335

Doris Breuer
Vermittlung von Medienkompetenz in der Ausbildung an Fachschulen   339

Klaus Lutz
Aufgaben von Fortbildungseinrichtungen bei der Vermittlung von
Medienkompetenz   344

Hans-Jürgen Palme
Jugend(kultur)arbeit braucht zeitgemäße Aus- und Fortbildung   346

Dirk Conradt
Vermittlung von Kompetenz im Umgang mit (neuen) Medien -
Aufgaben von Fortbildungseinrichtungen   351

IV Jugendschutz und Medienkompetenz

Fred Schell
Jugendmedienschutz und Medienpädagogik: Ein wechselvolles Verhältnis   358

Hansjörg Kuch
Jugendschutz und Medienkompetenz als staatliche Handlungsfelder   368

Folker Hönge
Jugendschutz und Medienkompetenz - Sichtweise und Erfahrungen
der Freiwilligen Selbstkontrolle   378

V Resümee

Bernd Schorb
Die Lernorte und die erwerbbaren Fähigkeiten,
mit Medien kompetent umzugehen   390

Autorinnen und Autoren   415

Vorwort

Die Vermittlung von Medienkompetenz sowohl an Eltern als auch an Kinder und Jugendliche bildet einen Tätigkeitsschwerpunkt des Bundesministeriums für Familie, Senioren, Frauen und Jugend (BMFSFJ). Medienkompetenz ist neben Vorschriften des gesetzlichen Jugendmedienschutzes und den Maßnahmen der freiwilligen Selbstkontrolle eine wichtige Voraussetzung für die Gewährleistung eines effektiven Jugendmedienschutzes. Ziel ist es, Eltern und junge Menschen zu befähigen, zu problematischen Medieninhalten kritische Distanz zu wahren und zu einem eigenverantwortlichen Umgang zu befähigen.

Vom 20.-22.09.1998 hat das Institut Jugend Film Fernsehen (JFF) im Auftrag des BMFSFJ eine Expertentagung „Medienkompetenz" in Bonn durchgeführt. Ziel dieser Konferenz war u.a. die Klärung der Fragen, welche Medienkompetenz Kinder, Jugendliche, Eltern, Pädagogen und Pädagoginnen heute brauchen und wie Medienkompetenz in den verschiedenen Feldern von Bildung und Erziehung vermittelt werden kann.

Das Institut Jugend Film Fernsehen hat eine Konzeption entwickelt und die Tagung in Kooperation mit dem Gustav-Stresemann-Institut durchgeführt. Ca. 50 Expertinnen und Experten befaßten sich mit grundsätzlichen Fragen der Medienkompetenz, wobei die altersspezifische Ausprägung dieser Kompetenz, die Frage nach den möglichen Orten und nach den didaktischen Formen ihrer Vermittlung besondere Berücksichtigung fanden. Einen weiteren Schwerpunkt bildete die Frage, welche Medienkompetenz denjenigen in Ausbildung und Studium vermittelt werden muß, die professionell Heranwachsende zu Medienkompetenz führen sollen. Eine Abklärung des Verhältnisses zwischen Jugendmedienschutz und Medienkompetenz rundete die Tagung ab.

Mit der vorliegenden Dokumentation, die die Positionen der Expertinnen und Experten ebenso enthält wie einführende und die Diskussion zusammenfassende Artikel, werden die Ergebnisse der Tagung vorgestellt. Sie sollen zu einer fundierten Diskussion der (medien)pädagogischen Aufgaben angesichts der Medienentwicklung beitragen.

Dr. Christine Bergmann
Bundesministerin für
Familie, Senioren, Frauen und Jugend

Einleitung

Medien haben in den letzten Jahren einen bedeutenden Stellenwert erlangt. Insbesondere die zunehmende Zusammenführung der elektronischen Unterhaltungsmedien mit den Computermedien und die breite Einführung der Telekommunikationstechniken, hier vor allem das Internet, haben dazu geführt, daß Medien alle Bereiche unseres Alltags durchdringen und daß die Medienindustrie einer der bedeutendsten ökonomischen Faktoren unserer Gesellschaft geworden ist. Begriffe wie Informations- oder Wissensgesellschaft beschreiben diese Entwicklung und sind zugleich zum Synonym für die Weiterentwicklung moderner Industriegesellschaften geworden.

Sich in dieser von Medien bestimmten Gesellschaft zurecht zu finden, erfordert viele Fähigkeiten und Fertigkeiten, die heute gemeinhin mit 'Medienkompetenz' bezeichnet werden. Wer medienkompetent ist, so die häufige Annahme, dem öffnen sich alle Chancen der Teilhabe am modernen Denken und Handeln, wer nicht medienkompetent ist, läuft Gefahr, in der vom Computer dominierten Arbeitswelt nicht gebraucht zu werden und am gesellschaftlichen Leben nicht angemessen teilnehmen zu können. Medienkompetenz wird deshalb von vielen als 'Schlüsselqualifikation', von einigen sogar als neue 'Kulturtechnik' bezeichnet. Was aber genau unter 'Medienkompetenz' zu verstehen ist, dazu gibt es sehr unterschiedliche Meinungen und Vorstellungen. Bezeichnen die einen damit die Fähigkeit, die Medien technisch virtuos bedienen zu können, verstehen die anderen darunter eine Kulturtechnik wie Lesen und Schreiben, die zur gesellschaftlichen Partizipation benötigt wird, und wieder andere sehen in ihr die Fähigkeit, kritisch-reflexiv mit Medien umgehen und sie aktiv als Mittel der Kommunikation nutzen zu können. Ohne Medienkompetenz, so befürchten vor allem Vertreterinnen und Vertreter aus Wirtschaft und Politik, können die Chancen der neuen Medien nicht hinreichend erkannt und fruchtbar gemacht werden, was letztendlich sogar zum Nachteil im ökonomischen Wettbewerb der Staaten führen und den 'Standort Deutschland' gefährden könnte. Ohne Medienkompetenz, so wenden häufig professionell Erziehende und besorgte Eltern, aber auch nachdenkliche Politikerinnen und Politiker ein, bestehe die Gefahr, daß die Nutzerinnen und Nutzer der Medien, vor allem aber Kinder und Jugendliche, von den Medien beherrscht oder zumindest negativ beeinflußt werden könnten.

Aufgabe der Fachtagung ‚Medienkompetenz'[1], deren Diskussionen und Ergebnisse der vorliegende Band dokumentiert, war es, zu erörtern, was Medienkompetenz pädagogisch bedeutet. Ausgehend von der Prämisse, daß Medienkompetenz eine pädagogische und altersspezifisch zu fassende Handlungsdimension darstellt, wurde zum einen danach gefragt, welche Medienkompetenz Kinder und Jugendliche im Prozeß

---

[1] Die Tagung 'Medienkompetenz' wurde vom Bundesministerium für Familie, Senioren, Frauen und Jugend in Auftrag gegeben, vom Institut Jugend Film Fernsehen (JFF) vorbereitet und in Kooperation mit dem Gustav-Stresemann-Institut vom 20.-22.9.1998 in Bonn durchgeführt.

ihres Heranwachsens benötigen, und zum anderen wurde diskutiert, was die zentralen Sozialisationsinstanzen dabei leisten müssen und unter welchen Bedingungen sie dies tun können. Zu betrachten waren darüber hinaus die Funktionsleistung des Jugendmedienschutzes angesichts der Digitalisierung und Globalisierung der Medien und das Verhältnis von Jugendschutz und Medienpädagogik mit ihren je spezifischen Aufgaben.

Der Einladung zur Tagung 'Medienkompetenz' sind fast 50 Expertinnen und Experten gefolgt, die alle einen Beitrag zum Thema geleistet und somit auch dieses Buch gefüllt haben. Im Vorfeld der Tagung wurden fünf Exponentinnen und Exponenten aus unterschiedlichen Bereichen, die unterschiedlich nuancierte Positionen zum Konzept Medienkompetenz vertreten, um ein kurzes Videostatement gebeten. Mit diesen Statements wurde die Eingangsdiskussion angeregt, die von Bernd Schorb und Hans-Dieter Kübler dialogisch geführt wurde. Die in den Videostatements aufscheinenden Sichtweisen von Medienkompetenz, die im wesentlichen auch die derzeitigen Positionen in der gesellschaftlichen Diskussion abdecken, wurden in den essentiellen Aspekten gebündelt und auf ihren pädagogischen Gehalt hin befragt. Die Videostatements sind in transkribierter Form den Beiträgen der Expertinnen und Experten vorangestellt. Die Ergebnisse des Eingangsdialogs schlagen sich in den Beiträgen von Hans-Dieter Kübler und von Bernd Schorb nieder.

Die altersdifferenzierte Betrachtung von Medienkompetenz stand im Vordergrund des zweiten Tagungsabschnitts. Drei Stadien des Heranwachsens (3 bis 10 Jahre, 11 bis 15 Jahre und 16 bis 20 Jahre) wurden daraufhin betrachtet, welche Bedingungen und Ansatzpunkte sie für die Ausformung und Förderung von Medienkompetenz bereithalten. Entwicklungspsychologische und gesellschaftlich-soziale Bedingungen des Heranwachsens waren hierbei ebenso zu reflektieren wie die Medien, die in den verschiedenen Lebensabschnitten besonderes Gewicht erlangen, in Rezeptions- wie in Kommunikationsprozessen. Darüber hinaus standen praktische pädagogische Handlungsmodelle zur Diskussion, die in unterschiedlichen Erziehungs- und Bildungsfeldern medienkompetentes Handeln von Kindern und Jugendlichen befördern. Die Mischung dieser verschiedenartigen Perspektiven, die Sozial- und Medienwissenschaft, Medienproduktion und praktische Medienpädagogik repräsentieren, hat den pädagogischen Gehalt des Konzepts der Medienkompetenz zutage gefördert und erste Ansatzpunkte für die altersdifferenzierte Auffächerung der Dimensionen von Medienkompetenz und der jeweils zugehörigen Fähigkeitsbündel aufgewiesen. Die Ausarbeitung einer altersdifferenzierten Konzeption von Medienkompetenz hat damit freilich erst begonnen. Die Beiträge der Expertinnen und Experten beinhalten eine Reihe von Ansatzpunkten, die dafür nutzbar gemacht werden können.

Helga Theunert führt mit ihrem Artikel, in dem sie Medienkompetenz als pädagogisch und altersspezifisch zu fassende Handlungsdimension begründet, grundsätzlich in die Thematik der drei Arbeitsgruppen ein. Die Beiträge von Helga Theunert und Margrit Lenssen, Elke Stolzenburg und Anke Bahl sowie Andreas Hedrich und Thomas Voß-Fertmann erläutern die Fragestellungen der jeweiligen Arbeitsgruppe zu den verschiedenen Altersstufen und fassen zugleich wesentliche Aspekte der Diskussion zusammen.

Die Frage, was die schulischen und außerschulischen Institutionen der Bildung und Erziehung beisteuern können, um den Prozeß der Entwicklung von Medienkompetenz bei Kindern und Jugendlichen zu fördern, war Thema im dritten Tagungsabschnitt. Ausgehend von den Anforderungen und Erwartungen an diese Institutionen, die sich aus ihrem Auftrag ergeben, die Befähigung von Kindern und Jugendlichen zu einer angemessenen und qualifizierten Teilhabe an der gesellschaftlichen Kommunikation und Interaktion zu unterstützen, wurden Ziele formuliert und Konzepte, die diese Ziele verfolgen, vorgestellt und erörtert. Daß für die Vermittlung von Medienkompetenz an Heranwachsende grundlegende Bedingungen und Voraussetzungen in der Organisation und Ausstattung der Bildungs- und Erziehungseinrichtungen erfüllt sein müssen, wie diese aussehen sollten und wo weitere Änderungen erforderlich sind, wurde in den Beiträgen und Diskussionen deutlich. Auch in Bezug auf die benötigten Kompetenzen der professionell Erziehenden, die neben der eigenen Medienkompetenz auch über Kompetenzen in der Vermittlung von Medienkompetenz an ihr Klientel verfügen müssen, brachten die beiden Arbeitsgruppen konkrete Ergebnisse und Hinweise, vor allem darauf, was die Aus- und Fortbildungseinrichtungen an Aufgaben zu erfüllen haben und wo ihre derzeitigen Defizite liegen. Die Beiträge der Expertinnen und Experten bieten eine Reihe an Anhaltspunkten für aktuelle und perspektivische Handlungsnotwendigkeiten für diejenigen Institutionen der Bildung und Erziehung, die ihre Aufgabe, einen Beitrag zur Förderung der Medienkompetenz von Heranwachsenden zu leisten, ernst nehmen und erfüllen wollen.
Fred Schell führt mit seinem Artikel, in dem er die Vermittlung von Medienkompetenz als Bildungsaufgabe begründet und Zieldimensionen von Medienkompetenz im pädagogischen Prozeß differenziert, in die Thematik ein. Die Beiträge von Fred Schell und Hartmut Warkus sowie von Günther Anfang und Ida Pöttinger fassen die Fragestellungen und die wesentlichen Ergebnisse der Diskussionen in den jeweiligen Arbeitsgruppen zusammen.

Die bisherigen Erfahrungen mit den gesetzlichen Regelungen des Jugendmedienschutzes und mit den Einrichtungen und Maßnahmen der Freiwilligen Selbstkontrolle waren Ausgangspunkt für Überlegungen, ob und in welchem Maße der Jugendmedienschutz in der Lage ist, seine Aufgaben auch in Bezug auf die neuen Medien, insbesondere in Bezug auf die digitalen Medien, das Internet und die europaweite bzw. globale Distribution von Medienprodukten zu erfüllen. Hierzu und auf die Frage, in welchem Verhältnis Jugendschutz und Medienpädagogik stehen, brachten die Beiträge der beiden Experten Hansjörg Kuch und Folker Hönge und die Diskussionen eine Reihe an Hinweisen, an die politisches und pädagogisches Handeln anknüpfen kann. Der einleitende Artikel von Fred Schell reflektiert das Verhältnis von Jugendmedienschutz und Medienpädagogik aktuell und in seiner historischen Entwicklung.

Hans-Dieter Kübler und Bernd Schorb versuchten am Ende der Tagung ein erstes Resümee, in dem sie, ausgehend von den grundsätzlichen Bestimmungen von Medienkompetenz zu Beginn der Tagung, ihre Einschätzungen zu den stattgefundenen Diskussionen gaben und wesentliche Ergebnisse aus ihrer Sicht zusammenfaßten. Bernd Schorb hat dieses Resümee für den vorliegenden Band systematisch erweitert und die wesentlichen Ergebnisse der Tagung, gegliedert nach den Orten, an denen Medienkompetenz erworben wird bzw. erworben werden kann, zusammengefaßt.

An dieser Stelle möchten wir uns beim Bundesministerium für Familie, Senioren, Frauen und Jugend dafür bedanken, daß es diesen Austausch zwischen Fachleuten aus unterschiedlichen Arbeitsfeldern ermöglicht hat. Und wir bedanken uns bei allen Expertinnen und Experten für ihre engagierten Beiträge und dafür, daß sie sich samt und sonders zwei Tage und zwei Abende Zeit genommen haben, um miteinander und mit uns zu debattieren. Beim Gustav-Stresemann-Institut bedanken wir uns für die ausgezeichnete Zusammenarbeit bei der Vorbereitung und Durchführung der Tagung und bei den Mitarbeiterinnen und Mitarbeitern des Institut Jugend Film Fernsehen für die Unterstützung bei der Tagungskonzeption und für die Gewährleistung eines reibungslosen Ablaufs der Veranstaltung.

Der vorliegende Band ist kein Protokoll des Verlaufs und der Ergebnisse der Tagung. Zur besseren Lesbarkeit wurden sowohl die Redebeiträge als auch die Diskussionen in Artikeln aufbereitet und das Gesamtergebnis in eine Struktur gebracht, die es auch nicht direkt Beteiligten erlaubt, Zielsetzungen und Inhalte der Debatten nachzuvollziehen. Wir hoffen, mit diesem Band einen Beitrag zur Klärung des Begriffs Medienkompetenz in seinem pädagogischen Gehalt leisten zu können und die wissenschaftliche, politische und pädagogisch-praktische Diskussion um die notwendige Medienkompetenz der heranwachsenden Generation anzuregen.

München, Mai 1999   Die Herausgeberinnen und Herausgeber

I Medienkompetenz - Facetten und Grundlagen eines Begriffs

Was ist Medienkompetenz?
Fünf Statements zu einem facettenreichen Begriff

Medienkompetenz ist zu einem schillernden In-Begriff avanciert. In der Öffentlichkeit wird recht Unterschiedliches dazu laut und verlautbart; aber auch in wissenschaftlichen Zusammenhängen finden sich vielerlei Positionen, die in der Zusammenschau nicht unbedingt *einen* Begriff von Medienkompetenz ergeben. Um einen kleinen Querschnitt der vielfältigen und eben auch unterschiedlichen Bedeutungen von Medienkompetenz in die Tagung einzuspeisen, wurden im Vorfeld fünf exponierte Positionen aus verschiedenen Wissenschaftsdisziplinen und aus öffentlich-politischen Bereichen eingeholt. In einem kurzen Video-Statement sollte Antwort auf zwei Fragen gegeben werden:
1. Was ist Medienkompetenz?
2. Wie sollte die Medienkompetenz eines 15jährigen Mädchens aussehen?
Keine leichte Aufgabe. Doch das Ergebnis lohnte die Mühe. Dieter Baacke, Peter Glotz, Herbert Kubicek, Bernd-Peter Lange und Barbara Mettler-v.Meibom gelang es, in der knappen Beantwortung der beiden Fragen die Spannbreite dessen, was derzeit unter den Begriff Medienkompetenz subsumiert wird, greifbar und anschaulich zu machen.

Ein weiteres taten Hans-Dieter Kübler und Bernd Schorb. In ihrem Dialog, der die Tagung eröffnete, griffen sie die Inhalte und Gehalte der Statements auf, kommentierten, befragten, ergänzten und erweiterten sie - kritisch und zustimmend, nachdenklich und provokativ, historisch und perspektivisch gerichtet ... Am Ende war der Begriff Medienkompetenz seines Glanzes, aber auch seiner Beliebigkeit ein wenig beraubt. Dafür zeichneten sich Wert, Gehalt und Perspektive für die Dimensionen pädagogischen Denkens und Handelns ab. Der Gegenstand der Tagung, die Fragen, die es zu klären galt, die Richtungen, die zur Diskussion anstanden - medial angestoßen und real aufgegriffen - der Rahmen für das Programm der folgenden Tage war so umrissen.

Beides, die Statements und die dialogische Auseinandersetzung über sie, verfehlten ihre Wirkung nicht. Sie begleiteten die Tagung und entsprechend wird in den folgenden Beiträgen der Expertinnen und Experten immer wieder auf sie Bezug genommen. Um das Nachvollziehen dieser Bezüge zu erleichtern, sind die fünf Statements - in Schriftsprache übersetzt - nachfolgend dokumentiert. Der an ihnen initiierte Dialog versperrte sich hingegen der Verschriftlichung. Seine wesentlichen Inhalte finden sich - arbeitsteilig aufbereitet - in den Beiträgen der beiden Dialogpartner wieder: als eine an den Grundlagen des Begriffs und des Programms Medienkompetenz ausgerichtete Reflexion im Beitrag von Hans-Dieter Kübler und als Perspektiven eines politisch und gesellschaftlich einzufordernden Erziehungs- und Bildungsprogramms bei Bernd Schorb.

Prof. Dr. Dieter Baacke
(Jugendforscher und Medienwissenschaftler an der Universität Bielefeld)

Medienkompetenz ist eine moderne Ausfaltung der kommunikativen Kompetenz, über die wir alle schon verfügen. Kommunikative Kompetenz meint, daß Menschen durch Sprechen und andere Ausdrucksgebärden sich Wirklichkeit aneignen und gestaltend verändern können. Medienkompetenz betont diesen neuen, hinzukommenden Aspekt, daß Kommunikation heute auch über technische Mittel, vom Druckmedium über das Fernsehgerät bis zum Computer geschieht. Dies hat zur Folge, daß wir uns heute Wirklichkeit über und mit Hilfe von Medien aneignen und sie gestalten. Diese Medienkompetenz ist ein 'Globalbegriff'; er muß konzeptionell und praktisch ausgearbeitet werden.

Ich will dies am Beispiel eines 15jährigen Mädchens akzentuierend deutlich machen. Eine erste, zentrale und darum an erster Stelle genannte Dimension der Medienkompetenz ist die Medienkritik. Damit meine ich, daß ein Mädchen mit 15 Jahren sich darüber Gedanken machen könnte, ich will nicht notwendig sagen sollte, warum Werbung eigentlich immer noch so ist, daß sie, wenn sie sich an Mädchen richtet, mit leiser zarter Musik und in rosa getönten Farben angeboten wird, während die Welt der Jungen eher blau ist und actionbetont ist. Ich kann also hier Geschlechtsrollenklischees gerade in der Werbung entdecken und mir ein Stück weit Gedanken machen, ob ich das eigentlich für richtig halte und mich damit identifiziere, oder ob ich es anders sehen könnte. Das ist dieses kritische Moment des Unterscheidens und auch existentiellen Nachdenkens: Wer bin ich denn eigentlich, der oder die ich mit Medien solche Wirklichkeitsbilder angeboten bekomme. Das wäre eine Frage der Medienkritik.

Die Medienkunde bezieht sich auf das Wissen über die Medien. Ich meine, auch ein 15-jähriges Mädchen sollte beispielsweise die Angebotsform öffentlich-rechtlicher und privater Programme unterscheiden können, weil sie auf unterschiedliche Weise finanziert werden und damit auch die Programminhalte unterschiedlich sind.

Die Mediennutzung - wir nennen es auch handlungsorientierte Medienpädagogik in dieser Dimension - zielt dann darauf, daß wir die Medien aktiv nutzen: entweder indem wir Medienbotschaften, Medieninhalte - Filme beispielsweise - rezipieren, um sie zu genießen oder ästhetische Erfahrungen zu machen, oder indem ich selbst einen Fernsehfilm herstelle, eine Schülerzeitung mache, mich an der Produktion einer CD-ROM beteilige usw., also selbst aktiv Medienausdrucksformen in der Hand habe.

Und als vierten Punkt unterscheide ich dann noch die Mediengestaltung, die über das bisher Gehabte insofern hinausgehen sollte, weil sie neue Inhalte, neue Phantasien auf technischer wie inhaltlicher Art ermöglichen sollte. Und in der Mediengestaltung liegt dann für mich auch der Zielaspekt einer gesellschaftlichen öffentlichen Verantwortung. Bei 15jährigen Mädchen könnte ich mir das so vorstellen, daß sie sich mit Hilfe von virtuellen Phantasien ein Stück weit ausmalen, wie ihre Wohnung im Unterschied zur IKEA-Klischee-Wohnung aussehen könnte. Und dann einen Schritt weiter: was es für ein Mädchen eigentlich bedeutet, heute im öffentlichen Raum zu leben, auf der Straße - früher sagten wir ja Straßenmädchen dazu. Diese Dimension, sich aus dem privaten in den öffentlichen Raum hinein zu wagen und da neue Inhalte für Mädchen zu finden, das wäre für mich ein Stück Innovation im Beispiel Mediengestaltung.

Alles zusammen ergibt dann das, was ich Medienkompetenz nenne und was für jeden also heute eine Grundlage für 'das in der Welt Sein' und für 'das sich in der Welt Verstehen' darstellt.

Prof. Dr. Peter Glotz
(Politikwissenschaftler; Rektor der Universität Erfurt)

Die Industriegesellschaft verwandelt sich schrittweise in eine Informationsgesellschaft und diese schrittweise in eine Wissensgesellschaft. Deswegen ist Medienkompetenz eine der entscheidenden Grundkompetenzen, die Schule und Universität vermitteln müssen, wobei man einen weiten Medienbegriff wählen sollte. Eines der wichtigsten Medien ist der Computer, der alle anderen Medien in gewisser Weise integriert oder integrieren kann. Und insofern würde ich also immer von 'Media- und Computer-Literacy' sprechen, also von einer Kulturtechnik, die sich mit allen Medien beschäftigt. Dazu gehört das Lesen, dazu gehört das Fernsehen, die Fotografie, der Film, die 'alten' Druckmedien, aber eben auch die Computerkompetenz. Nun ist die Frage, was man eigentlich unter Medienkompetenz verstehen kann.

Handeln wir das ab am Beispiel eines 15jährigen Mädchens.
Ich meine, das wichtigste ist Filterfähigkeit, d.h. also die Fähigkeit, das herauszufiltern aus dem Übermaß an Informationen, was man für sein eigenes Leben wirklich brauchen kann. Klassisches Beispiel ist das Internet, das ist voll von Müll. Man muß also mit einem Browser, mit intelligenten Agenten und sonstigen Methoden aus dem Müll das herausfiltern, was notwendig ist. Natürlich gehört dazu auch die Fähigkeit, negative, gewaltbeherrschte, brutale Inhalte entweder auszusondern oder aber mit ihnen umgehen zu können. Das ist für ein 15jähriges Mädchen sicher häufig nicht leicht. Es gehört dazu auch die Fähigkeit, Medien zu benutzen, um wirklich zu lernen, um sich zusätzliche Informationen zu beschaffen.
Das Grundproblem wird sein, wie ich mir aus einer großen Fülle von Informationen die Informationen aussuche, die ich für mich brauche. Viele Menschen können das, auch viele Kinder können das ganz instinktiv, sind in der Lage, sich einen virtuellen Mediamix zurecht zu legen, der aus Büchern und Zeitungen und Zeitschriften besteht, aber eben auch aus technischen Bildern und Hypertexten. Das ist lehrbar. Die Frage ist, ob es an unseren Schulen gelehrt wird. Da habe ich meine Zweifel. Noch gibt es keine integrierte Politik für Medienkompetenz, bei der Europa, Bund, Länder, Gemeinden, Industrie und Lehrerschaft zusammenwirken.

Prof. Dr. Herbert Kubicek
(Forscht und lehrt im Bereich der angewandten Informatik an der Universität Bremen)

Man sagt gemeinhin, daß wir in einer von Medien bestimmten Welt leben, und meint damit in erster Linie das Fernsehen und die Presse. In der Tat beziehen wir viel Wissen über unsere Umwelt aus diesen beiden Medien. Auch wenn die Bezeichnungen Presse und Rundfunk auf die eingesetzte Technik verweisen, so ist es doch heute selbstverständlich, daß auch das inhaltliche und institutionelle System gemeint ist. Denn hinter der Zeitung und dem Fernseher stehen ja Redaktionen und Verlage, die Wissen aufbereiten, damit wir sie relativ einfach nutzen können. Nun entsteht möglicherweise mit Computern und Computernetzen, speziell im Internet, ein drittes Medium, das auch ein Massenmedium werden könnte. Es unterscheidet sich aber in mancher Hinsicht von den beiden genannten Massenmedien. So fehlen z.B. im Moment noch die Verlage und Verleger. Im Grunde kann ja jeder heute Informationen in dieses Netz hineinstellen. Das ist ein wichtiges Element von Freiheit. Aber auf der anderen Seite werden auch höhere Anforderungen an die Nutzer gestellt, die nun aktiv Anfragen stellen müssen und die unterschiedlichsten Quellen selbst im Hinblick auf ihre Glaubwürdigkeit, Verläßlichkeit, inhaltliche Orientierung klassifizieren und beurteilen müssen.

Medienkompetenz heißt für mich, bei allen drei Medien zu verstehen, wie die Inhalte produziert werden und die Quellen einschätzen zu können. Bei den Printmedien haben wir gelernt z.B. zwischen Boulevardzeitungen und Fachzeitschriften zu unterscheiden, in den Netzen muß diese Fähigkeit noch durch Erfahrung gewonnen werden.

Was heißt das konkret, etwa für eine 15jährige Schülerin?
Ich denke, sie muß auf der einen Seite lernen, den Computer als Werkzeug zu nutzen, um selbst Wissen und Ideen präsentieren zu können. D.h. also, Referate nicht nur auf einer Schreibmaschine zu schreiben, sondern in Zukunft multimedial mit Präsentationssoftware in der Klasse auf einem Computer und einem Bildschirm zu präsentieren und die Netze dabei auch als Informationsquellen zu benutzen, ergänzend neben Büchern, Lexika und der Bibliothek. Aber das setzt voraus, daß man Anfragen auch so formuliert, daß man zu den relevanten Quellen vorstößt und das, was an Informationen angeboten wird, dann selbst in den Entstehungskontext einordnen und die Verläßlichkeit der Informationen einschätzen kann. Ich glaube, daß diese Fähigkeit in Zukunft in vielen Lebensbereichen wichtig ist, um Dinge einzukaufen, Reisen zu planen, Kontakte mit der Verwaltung abzuwickeln, sich zu informieren oder auch nur zu unterhalten.

Diese Fähigkeit, die Medien in ihren verschiedenen Erscheinungsformen und mit ihren unterschiedlichen Inhalten einzuschätzen, lernt man nicht in einem speziellen Fach. Auch das Lesen von Zeitungen und Zeitschriften sowie Fernsehen lernt man nicht in einem speziellen Schulfach, sondern in inhaltlichen Zusammenhängen, in

Fächern wie Deutsch, Englisch, Politik oder Sozialkunde. Dementsprechend muß auch die Kompetenz in bezug auf den Computer und die Computernetze als Medium, man sollte besser von Informations- und Kommunikationskompetenz sprechen, in den einzelnen Schulfächern erworben werden. Der Computer und die Computernetze müßten dazu, in jedem einzelnen Schulfach ergänzend zu den Büchern und den Overheadfolien eingesetzt werden; nicht nur in Physik, Chemie und Mathematik, sondern genauso in Geographie, Biologie, Geschichte und auch in Religion. Dabei sollten zu bestimmten Themen Bücher, Videos und das Internet vergleichend herangezogen werden, um so die Stärken und Schwächen jedes dieser Medien konkret vergleichen zu können.

Prof. Dr. Bernd-Peter Lange
(Rechts- und Wirtschaftswissenschaftler; Generaldirektor des Europäischen Medieninstituts e.V.)

Sie fragen, was Medienkompetenz eigentlich ist. Medienkompetenz hat aus meiner Sicht drei Ebenen; eine individuelle Ebene, eine qualifikatorische Ebene und eine gesellschaftliche Ebene:

Auf der individuellen Ebene geht es um die Kompetenz zur Auswahl und kritischen Beurteilung von medienvermittelten Inhalten in Presse, Fernsehen und im Internet für die verschiedenen Rollen in der Gesellschaft: als Bürger in der Demokratrie, als Arbeitnehmer oder Selbständiger in der Wirtschaft, als Konsument und als Individuum in der Freizeit. Es geht auf der individuellen Ebene aber auch um die Kompetenz, sich selber in den Medien auszudrücken und sich darzustellen, um kommunizieren zu können.
Auf der qualifikatorischen Ebene geht es darum, multimediafähige Inhalte für den Markt reif zu machen, anwendungsreif zu machen. Multimedia hat drei Wurzeln: die Telekommunikation, die Datenverarbeitung und das Fernsehen. Alle diese drei Ebenen müssen in der neuen Qualifikation zusammengefaßt werden, um multimediafähige Inhalte anwendungsreif zu machen.
Auf der gesellschaftlichen Ebene geht es um die Anpassung der Rahmenbedingungen, um das Potential von Multimedia ausschöpfen zu können, insbesondere im Bereich des Teleworking und des Telelearning oder anderer Anwendungen wie Telebanking und Teleshopping. Es geht darum, in einem gesellschaftlichen Diskurs die Beteiligten und Betroffenen an einen Tisch zu bringen, um die Chancen zu optimieren und die Risiken zu minimieren.

Die Bedeutung der Medienkompetenz für die Teilnahme am gesellschaftlichen Leben kann nicht überschätzt werden. Wir leben im Übergang in die Wissens- oder Informationsgesellschaft, und Information und Kommunikation spielen in dieser

Gesellschaft eine zunehmende Rolle auf allen Ebenen der Gesellschaft. Wer sich hier nicht kompetent bewegen kann, wird an den Rand gedrückt und hat wenig Chancen der Teilnahme am beruflichen und gesellschaftlichen Leben.

Sie fragen nach den Anforderungen an Medienkompetenz bei einer Fünfzehnjährigen. Ein 15jähriges Mädchen sollte auf zwei Ebenen Medienkompetenz erwerben:

Auf der *technischen Ebene*: sie sollte in der Lage sein, den Internet-Führerschein zu machen, d.h. die Fähigkeit erwerben, Informationen im Internet zu recherchieren, E-mails abzusetzen und wenn möglich sich selbst, das Projekt oder die Klasse, die sie besucht, im Internet darzustellen.
Auf der *inhaltlichen Ebene* geht es darum, die Fähigkeit zu erwerben, die verschiedenen Medien wie Zeitungen, Zeitschriften, Fernsehen und Internet zu beurteilen. Es geht darum, zu verstehen, unter welchen Bedingungen die Inhalte in diesen Medien hergestellt bzw. angewandt werden, um von dort aus die Verläßlichkeit dieser Inhalte abschätzen zu können.

Prof.'in Dr. Barbara Mettler-v. Meibom
(Politikwissenschaftlerin an der Universität Gesamthochschule Essen)

Sie möchten etwas von mir über Medienkompetenz wissen. Dazu benötigen Sie als erstes von mir Medienkompetenz: Ich muß mir hier, während ich vor laufender Kamera rede, vorstellen, daß auf der anderen Seite Menschen sitzen, die ich mit meinen Worten in irgendeiner Weise erreichen will. Das ist eine typische Herausforderung von Medien heute: Kompetent mit dem jeweiligen Medium umzugehen. Wenn ich nun, für die schriftliche Veröffentlichung, den gesprochenen Text in einen schriftlichen umformulieren muß, wiederholt sich diese Aufgabe, nur unter einem anderen Vorzeichen. Jetzt gilt es, die gesprochene Sprache in die größere Klarheit der geschriebenen Sprache zu überführen. Also: Medienkompetenz verlangt, sich in den unterschiedlichen Medien (Sprache, Schrift, Bild) und mit unterschiedlichen Instrumenten (face-to-face, Telefon, Brief, Fax, E-mail, Intranet, Internet, PC, Video) angemessen ausdrücken zu können.
Die Frage nach Medienkompetenz hat aber weitere Dimensionen. Kompetent mit Medien umzugehen heißt, *sie angemessen für die jeweiligen Aufgaben einsetzen zu können*. In einer mediatisierten Gesellschaft wird diese Fähigkeit immer wichtiger. Sie setzt einerseits voraus, daß ich mit den technischen Geräten aufgabenangemessen umgehen kann, sie also bedienen kann. Dazu muß ich die *Spezifika der jeweiligen Medien* kennen. So muß ich z.B. ein Gespür entwickeln für die jeweiligen Verfremdungseffekte von Telefon, Fernsehen, Radio, Video oder PC, wenn ich mit ihnen angemessen umgehen will. Bei Informations- und Kommunikationstechni-

ken wie Telefon, Fax und Internet gilt es z.B., die Datenschutzproblematik oder die Datensicherheitsproblematik im Auge zu behalten.

Während solche Fragen in der Medien- und Kommunikationswissenschaft z.T. diskutiert werden, wird meines Erachtens ein anderer Aspekt der Medienkompetenz vernachlässigt, der weniger bekannt ist. Mit Medien kompetent umzugehen setzt voraus, daß ich Ich-Stärke entwickle. Sie benötige ich, um angesichts der Überfülle medialer Angebote eine Mediennutzung zu entwickeln, die mir selbst zuträglich ist. Es gilt die Kraft zu haben, aus der Überfülle der Medieninhalte und der Kommunikationskanäle das für mich und meine Kommunikationsabsichten Richtige in der für mich angemessenen Menge und Nutzungsweise auswählen zu können. Es ist wie bei der Eßnahrung: Nicht alles, was wir auf den Tisch bekommen, tut uns gut. Hier wie bei der Mediennahrung geht es darum, für sich selbst und im Kontakt mit anderen das Richtige auszuwählen und das richtige Maß zu finden. Frauen sagt man einen gebrauchswertorientierten und haushälterischen Umgang mit Technik nach, d.h. Technik wird nicht spielerisch um ihrer selbst willen, sondern in einer Weise genutzt, die sich aus einem konkreten Anliegen ergibt. Dies ist ein Kern von Technikkompetenz, in diesem Fall von Medientechnikkompetenz. Mit anderen Worten: Wenn ich kompetent mit Medien umgehen will, muß ich wissen, ob sie mir für das Jeweilige tatsächlich eine angemessene Hilfe darstellen oder ob ich im Zweifelsfall auf sie verzichten kann. Meine Erfahrung ist, daß gerade da, wo es um Information oder Verständigung geht, die Medien allenfalls unterstützend genutzt werden sollten. Vielfach führt der schnellste und effizienteste Informations- und Kommunikationsweg über den direkten personalen Kontakt mit anderen Menschen.

Nun möchten Sie von mir noch wissen, was ich einer jungen Frau von 15 Jahren im Hinblick auf Medienkompetenz sagen würde. In diesem Alter, kurz nach oder noch in der Pubertät entwickeln männliche Jugendliche vielfach ihre technischen Fähigkeiten. Dabei dürfte auch eine gewisse Scheu im Umgang mit dem anderen Geschlecht eine Rolle spielen. Junge Frauen konzentrieren sich in dieser Lebensphase weniger auf die Entwicklung ihrer technischen Fähigkeiten und können damit in Gefahr geraten, in der instrumentellen Handhabung von Medien ins Hintertreffen zu geraten. Deswegen würde ich ihnen raten: Überlassen Sie sich nicht dem eskapistischen Sog von Medien, um quasi parasozial das Bedürfnis nach Nähe zum anderen Geschlecht zu leben; wehren Sie sich in Ihren peer-groups gegen einen gerade von jungen Männern praktizierten verrohenden oder desensibilisierenden Umgang mit Medien und bemühen Sie sich intensiv, die technischen Fertigkeiten im Umgang mit Medien zu erlernen, die heute für die berufliche Tätigkeit zwingend erforderlich sind. Also Ich-Stärke, spielerische Offenheit gegenüber technischen Medien und ein gebrauchswertorientierter Umgang mit den technischen Instrumenten von Information, Kommunikation und Unterhaltung.

Hans-Dieter Kübler
Medienkompetenz - Dimensionen eines Schlagwortes

1. Medienkompetenz hat Konjunktur

Eigentlich könnten´s die (Medien)Pädagoginnen und Pädagogen zufrieden sein: Seit langem nicht mehr ist ein pädagogischer Begriff so populär und von so verschiedenen Seiten propagiert und beansprucht worden wie der der Medienkompetenz - allenfalls noch vergleichbar mit dem der Chancengleichheit und der ‚Bildung für alle' in den reformerischen 70er Jahren. Wann immer über den anhaltenden gesellschaftlichen und technologischen Wandel debattiert und Anforderungen an wie Herausforderungen für das Individuum, aber auch für gesellschaftliche Gruppen und die Gesellschaft als ganze beschworen werden, darf der Verweis auf Medienkompetenz als zentrale Qualifikation sowie Ressource in der heraufziehenden ‚Informations-' oder ‚Wissensgesellschaft' nicht fehlen.

Politikerinnen und Politiker thematisieren sie allenthalben und versuchen sich an ihrer inhaltlichen Definition, einigen Landesmedienanstalten - etwa der nordrhein-westfälischen ‚Landesanstalt für Rundfunk' und der ‚Thüringer Landesmedienanstalt' - ist ihre Förderung schon als gesetzliche Aufgabe zugeteilt (ALM 1998, 200; 270). Ganze Kongresse werden dazu veranstaltet, nicht nur der hier zu dokumentierende, sondern auch welche der Bertelsmann-Stiftung (Dichanz 1997) und der Heinz-Nixdorf-Stiftung, die die gemeinsame Initiative BIG (‚Bildungswege in der InformationsGesellschaft') vorantreiben (1996). In Marl wurde ein ‚Europäisches Zentrum für Medienkompetenz' unter der Leitung von Prof. Bernd-Peter Lange gegründet; allerdings ist über seine Aktivitäten seit der Gründung 1996 wenig bekannt geworden (Gapski u.a. 1996). Wissenschaftliche Expertinnen und Experten äußern sich vielfach zur Medienkompetenz (Lauffer/Volkmer 1995; Schorb 1995, 184ff; Baacke, 1996; 1997; 1998; Kübler 1996; Kubicek 1998; Moser 1999, 213ff; Vollbrecht/Mägdefrau 1999), und schon für 1996 erklärte die Erwachsenenpädagogin A. von Rein sie zum ‚Wort des Jahres' (von Rein 1996, 11). Die Enquete-Kommission des Deutschen Bundestages ‚Zukunft der Medien in Wirtschaft und Gesellschaft. Deutschlands Weg in die Informationsgesellschaft' veranstaltete zur ‚Medienkompetenz' Ende 1997 eine öffentliche Anhörung, bei der wiederum die bekannten Expertinnen und Experten zu Wort kamen. In dem im Juni veröffentlichen Schlußbericht der Enquete-Kommission (1998) finden sich viele Passagen, aber auch recht unterschiedliche, wenn nicht kontroverse Umschreibungen für dieses Postulat und Attribut. Bei soviel Prominenz und Relevanz dürfte es nicht ausbleiben, daß Medienkompetenz in die Lehrpläne der Schulen und die Studienpläne der Hochschulen einzieht und bald zur approbierten Qualifikation und zensurablen Leistung für alle mit Medien zu bewältigenden und auf Medien gerichtete Aufgaben avanciert.

Fürwahr: ein respektabler Popularisierungserfolg für sonst eher nachrangige oder nur bereichsrelevante Anliegen, wie es pädagogische in dieser Gesellschaft nun einmal sind, zumal man nicht erkennen kann oder unterstellen darf, daß es dafür eine professionelle, gezielte Öffentlichkeitsarbeit gegeben hätte. Vielmehr muß man annehmen, daß der Begriff einem gesellschaftspolitischen Bedarf entgegenkam und daß sein Gebrauch ein Vakuum probat füllte, das sich dann leichter ertragen oder auch gut camouflieren läßt. Dabei dürften sowohl seine pädagogische Herkunft als auch seine relativ unbestimmte, wenn nicht diffuse Semantik willkommen sein. Denn die eine signalisiert Sorge, Engagement und Eintreten für das Individuum, die andere ermöglicht weitgehende Unverbindlichkeit, allfällige Verwendbarkeit und flexible Passung, verbunden jeweils mit dem Anspruch wissenschaftlicher Seriosität und analytischer Präzision. So lassen sich immer wieder neue definitorische Kreationen darüber zaubern, was Medienkompetenz ist oder sein soll, und sie finden allein schon wegen der Prominenz des Begriffs Gehör, werden aber auch von vielen immer wieder dahingehend geprüft, ob nun endlich der semantische Kern an Klarheit und Eindeutigkeit gefunden ist. An inhaltlichen Füllungen und Konkretionen, redlich bemühten wie flott fabulierten, nur opportunistischen wie auch solide begründeten und ausdifferenzierten, mangelt es also nicht. Da es aber keine kontiunierliche Argumentation und aufeinander aufbauende Auseinandersetzung gibt, sondern Definitionen und Inhalte jeweils neu gesetzt und beliebig gedehnt werden, unterliegen sie alle recht kurzfristigen Konjunkturen und eiligen Verfallsdaten. Allenfalls die engere pädagogische Diskussion vermag noch eine gewisse Kontinuität und Konsistenz aufweisen, aber sie bleibt dann in den üblichen Grenzen ihrer Fachöffentlichkeit. Davon wird auch in diesem Band die Rede sein.

2. (Medien)Pädagogische Essentials

Gewiß: eine vage Übereinstimmung dessen, was mit Medienkompetenz vor allem als Zieldimension gemeint ist, hat sich schon herausgeschält: Zum einen richtet sie sich auf alle Lern- und Alltagsbereiche, in denen Medien beteiligt sind und/oder mit Medien umgegangen wird. Als grundlegende Prämisse wird für sie das sich selbst bestimmende, mindestens bewußt handelnde Individuum anvisiert, wie es entsprechend dem bürgerlichen Ideal jeweils vom mündigen Staatsbürger, vom rationalen, emanzipierten und autonomen Subjekt, vom zoon politicon, vom homo oeconomicus und vom verantwortungsbereiten wie -fähigen Edukanden in vielfältiger Nuancierung angestrebt wurde und wird. Dazu firmieren die Medien in ihrer gesellschaftlichen Verfaßtheit wie historischen Tradition seit jeher als ambivalente Vehikel: Da sie die Information und freie Meinungsbildung gewährleisten, sind sie zum einen Voraussetzungen wie Faktoren für die kognitive Konstitution dieses Ideals - gewährleistet in der verfassungsgemäßen Meinungs- und Informationsfreiheit. Aber als inzwischen mächtige, weithin tendenziöse und kommerziell agierende Kommunikations- und Beeinflussungsinstanzen bedeuten sie zum anderen eine Bedrohung für dieses Ideal, mindestens das Risiko, Selbstbestimmung, Autonomie und Identität des Individuums zu beeinflussen oder zu beeinträchtigen. Diesen Bedrohungen will Pädagogik mit der Stärkung des Ichs, mit der Vermittlung von Wissen und kritischen, analytischen Kompetenzen (über die Medien und ihre Funktionsweisen), mit der Befähigung zur Reflexion und - als praktische Konsequenz - zum kommunikativen Handeln mindestens mit individuell verfügbaren Medien begegnen.

So finden sich in allen pädagogischen Konzepten von Medienkompetenz folgende Dimensionen, auch wenn die dafür verwendeten Begrifflichkeiten unterschiedlich ausfallen:

❏ als kognitive Fähigkeiten, Kenntnisse zu haben und zu erwerben über die Strukturen, Organisationsformen und Funktionsweisen sowie über Programme, Dramaturgien und Inhalte der Medien;
❏ als analytische und evaluative Fähigkeiten, Medien bzw. ihre Inhalte auf vielfältige Kriterien hin einzuschätzen und zu beurteilen (z.B. Tendenz, Ideologiehaftigkeit bzw. weltanschauliche Neutralität/Pluralität, Vollständigkeit, Angemessenheit, Richtigkeit, Wahrhaftigkeit, Seriosität, professionelle Machart, Redlichkeit gegenüber bzw. Interesse an Adressaten; letztlich: Qualität, wie es heute heißt);
❏ als sozial reflexive Fähigkeiten, die jede/r selbst sowie Familien und Gruppen mit den Medien bzw. hisichtlich ihrer Inhalte ausbilden sollen, in dem individuelle Nutzungsweisen, Gewohnheiten, Bedürfnisse, Verlockungen und Kompensationen an sich erfahren, beobachtet und bewußt gemacht werden und - nach erwünschbaren Normen - korrigert werden, wobei auch moralische Orientierungen einbezogen und emotionale Aspekte berücksichtigt werden (sollen). Sie werden heute auch als 'emotionale Intelligenz' gekennzeichnet, also als Fähigkeit, die eigenen und die Gefühle anderer zu erkennen, zu respektieren und mit ihnen förderlich oder zumindest erträglich umzugehen;
❏ schließlich als handlungsorientierte Fähigkeiten, deren Dimensionen - entsprechend dem jeweils unterlegten Begriff von Kommunikation und Handeln - ebenfalls weit spannen: die technische Handhabung der Geräte - viele scheitern schon an der Bedienung des Videorecorders -, die angemessene, zielgerichtete und erfolgreiche Kommunikation mit den individuell verfügbaren Medien und die konventionellen Sicht- und Handlungsweisen auf und mit den Medien verändern. Endlich die damit verbundenen politischen Intentionen des kommunikativen Handelns, sofern sie an dem anthropologischen Ideal festhalten, daß Medien im Grunde Kommunikationsmittel des Menschen sind, mithin sie so strukturiert und verfaßt sein sollten, daß sie die Kommunikation aller ermöglichen und fördern und daß die jeweilige gesellschaftliche Formation so gestaltet werden muß, daß sie diesem humanen Ziel dient.

3. Kommunikationsdemokratie als Voraussetzung und/oder als Ziel von Medienkompetenz?

Deutlich wird, daß die (medien)pädagogische Bestimmung von Medienkompetenz prinzipiell und auch weitgehend praktisch auf das Subjekt gerichtet ist. Um seine Befähigungen, Entfaltungs-, Kommunikations- und Handlungschancen geht es vorrangig. Die gesellschaftlichen und politischen Dimensionen werden dabei unterschiedlich bewertet, je nach den Zeitläuften. Grundsätzlich können sie als Voraussetzungen oder als Veränderungsziele von Medienkompetenz oder - in dialektischer Dynamik - als sich wechselseitig bedingend erachtet werden: In den kritisch-reformerischen Phasen - in den 70er Jahren - galten Demokratisierungs- und Veränderungsimpulse als handlungsbestimmend, da die Medien vornehmlich als ideologische Herrschaftsinstrumente und Manipulationsvehikel diagnostiziert wurden, deren Verblendungs- und Ablenkungsmechanismen die pädagogische Aufklärung entgegengesetzt werden sollte. Die Medien sollten so umstrukturiert werden, daß sie den Intentionen von Aufklärung und Selbstbestimmung genügen - angesichts der bereits damals konstatierten Machtverhältnisse strategisch ein aussichtsloses Unterfangen. Heute schreibt man vornehmlich der rasanten Entwicklung der Technologie, der sogenannten digitalen Revolution, gesellschaftliche Veränderungen zu. Der Anteil des Individuums wird hingegen weitgehend als der des Users und des Konsumenten bzw. der Konsumentin gesehen, und für diese Rollen muß es sich - falls nötig - qualifizieren: Allenfalls eine Informatik-Elite wird noch als Entwickler und Konstrukteure von Hard- und Software erachtet. Jedenfalls fungieren Produktion, Anwendung und Markt als zentrale Scharniere für gesellschaftlichen Wandel, nicht aber mehr politische Gestaltung und Handlung.

Allerdings: ganz so einfach und eindeutig funktioniert es mit Kommunikation und Handeln nicht, zumal nicht angesichts der zunehmenden Individualisierung ihrer medialen Versionen: Zwar werden Hard- und Software-Produktion, Infrastruktur und Distribution immer mehr bei wenigen Oligopolen konzentriert, aber praktisch realisiert werden können Kommunikation und Handeln nur vom einzelnen Individuum. Die Summe dieser Einzelaktionen konstituiert jeweils die gesellschaftliche Kommunikation als ganze und wandelt sie entsprechend ständig. So sieht es jedenfalls ein weiter, interaktionistischer oder konstruktivistischer Kommunikationsbegriff, der sich nicht nur auf Institutionen, Strukturen und technische Konditionen kapriziert, sondern ebenso - dialektisch - auf subjektive Realisierungen und aktionale Transformationen setzt. An ihn knüpfen sich nicht zuletzt Bestrebungen, mit den elektronischen Netzen, insbesondere mit dem Internet, einen neuen Schub der Demokratisierung und Individualisierung auch der medialen Kommunikation zu erreichen, womit Medienkompetenz wieder einen politischen Impetus erreichen würde. Doch eine politische Bewegung, wie etwa noch zu Beginn der 80er Jahre gegen das Kabelfernsehen, ist dafür nicht auszumachen; und mit fortschreitender Individualisierung lassen sich politische Interessen immer weniger organisieren, zumal die sich ständig erweiternden technischen Optionen eher zur persönlichen Expedition und Subversion ermutigen anstatt zum kollektiven Protest. So haben der einsame Hacker oder die einsame Hackerin, die heimlich und unerkannt in die elektronischen Machtzentren von Politik, Wirtschaft und Kommunikation eindringen und dort womöglich digitale Sabotage betreiben, die politischen Demonstrantinnen und Demonstranten abgelöst, die marktbeherrschende Medienkonzerne enteignen und die Medienproduktion demokratisieren wollten. Demgemäß bleibt Medienkompetenz politisch ambivalent, und ihr politischer Gehalt changiert mit den sich rasch wandelnden Konstellationen von Technologie, Markt und Politik.

4. Informationstechnische Qualifikationen

Erst mit der anhaltenden digitalen Revolution, mit der wachsenden Mediatisierung und Informatisierung vieler gesellschaftlicher Bereiche und Aktivitäten hat Medienkompetenz ihre aktuelle Popularität und Prominenz, aber auch ihre zunehmende Diffusität, wenn nicht Inhaltsleere erreicht - und keine noch so aufrichtige pädagogische Diskussion und Präzisierung dürfte ihre Semantik wieder davon befreien können, es sei denn um den Preis ihrer erneuten Marginalisierung und pädagogischen Besonderheit. Unter informationstechnischen Vorzeichen wird Medienkompetenz nicht mehr primär pädagogisch begründet und ausgefüllt. Es empfiehlt sich daher, sie in Übereinstimmung mit der einschlägigen Diskussion als Qualifikation zu begreifen, da mit ihr - in ihrer vielfältigen Ausdifferenzierung von der Schlüssel- bis zur Spezialqualifikation - jeweils funktionale Anforderungen an das Subjekt für bestimmte Bereiche und Aufgaben gemeint sind.

Definitorische Beliebigkeit und inhaltliche Unterschiedlichkeit von Medienkompetenz lassen sich exemplarisch am Schlußbericht besagter Enquete-Kommission des Deutschen Bundestages, gewissermaßen an einem offiziellen Dokument mit vielfältiger, pluralistischer Autorenschaft, aufzeigen, aber nicht nur an ihm: auch die hier aufgeführten Statements der befragten Experten und Expertinnen illustrieren sie, weshalb auch auf sie fallweise eingegangen werden soll. Nicht unerwähnt sollte bleiben, daß die oben ausgeführte pädagogische Definition von Medienkompetenz in dem Schlußbericht als berufliche Qualifikationen firmiert, um die ‚fachliche Handlungskompetenz' zu ‚erweitern': „Medienkompetenz bedeutet", heißt es in bewährter Diktion, "Medien zu handhaben, sich in der Medienwelt zurechtzufinden, Medieninhalte aufzunehmen und zu bearbeiten und gestalterisch in den Medienprozeß einzugreifen" (Schlußbericht 1998, 68). So changieren offenbar die Bezugssysteme: Was anderswo noch als allgemeine Qualifikation gilt, wird hier bereits als berufliche gekennzeichnet, die allerdings sogleich wieder durch spezielle berufliche wie durch noch allgemeinere Fähigkeiten wie die zum ‚Verfügungs- und Orientierungswissen' (Ebd. 69) ergänzt oder gar ersetzt wird. Daher mag es zunächst hilfreich sein, die diversen gesellschaftlichen Reichweiten von Medienkompetenz aufzuzeigen, um dann auf weitere Ungereimtheiten und Probleme zu sprechen zu kommen:

4.1 Medienkompetenz als Kriterium für die ‚Informationsgesellschaft' und als Standortfaktor?

Daß die modernen Industriegesellschaften sich wandeln oder gar in einem Übergangsstadium sind, ist mittlerweile ein Gemeinplatz. Dafür verantwortlich gemacht werden die rasanten Entwicklungen in der Mikroelektronik und Medientechnologie, die zu vielfältigen Fusionen - Multimedia ist dafür das Schlagwort - führen und damit ungeahnte Optionen technischer Transformation, Anwendung, Gestaltung etc. ermöglichen. Folgen bzw. wiederum Antrieb sind enormer quantitativer Daten- und Kommunikationszuwachs, in qualitativer Hinsicht fortschreitende Mediatisierung von Kommunikation und Handeln, Virtualisierung materialer Bereiche, internationale bzw. globale Vernetzung einerseits und Privatisierung der Rezeption und Nutzung andererseits, endlich weitere Kommerzialisierung und marktgängige Inszenierung von Kommunikation, Information und Wissen. Allein schon solche nur additive Aufzählungen unterstreichen, wie schwierig Zusammenhänge, gar Interdepedenzen oder Kausalitäten analytisch zu durchdringen und zu formulieren sind.

Wie gründlich und weitreichend dieser Wandel gesehen wird, hängt allerdings von der jeweiligen Perspektive und Gewichtung ab: Erinnert sei nur daran, daß solche Attribuierungen schon mit vielen Technologien in relativ kurzer Zeit vorgenommen wurden: Etwa nach und mit der Industriegesellschaft wurden jeweils die Auto-, Atom- und auch schon die Medien- und Computergesellschaft kreiert. Außerdem schlagen Soziologinnen und Soziologen weitere Komposita als paradigmatisch vor: die ‚Freizeit-', die ‚postindustrielle', die ‚Dienstleistungs-', aber auch die ‚Risiko-' und ‚Erlebnisgesellschaft'. Darüber hinaus dürften sich im Weltmaßstab noch ganz andere Entwicklungen als symptomatisch, wenn nicht als existenzbedrohend herausstellen: etwa die anhaltende Überbevölkerung der Welt und die Überalterung der Populationen in den Industrienationen, die steigenden Umweltschäden, die sich verschärfenden Diskrepanzen zwischen Arm und Reich, die offenbar nicht zu stoppenden Epidemien wie Aids etc..

An Etiketten ist also kein Mangel. Sie signalisieren einmal diverse Ahnungen von gesellschaftlichem Umbruch, aber auch Neigungen, ihn eilends mit einem prägnanten, den Urheber heraushebenden Paradigma zu belegen, auch wenn deren Verfallszeiten immer kürzer werden. Auch mit den beiden hier in Rede stehenden Etiketten, nämlich ‚Informations-' und/oder ‚Wissensgesellschaft' ist es nicht anders: Während noch bis vor wenigen Jahren der sich abzeichnende Strukturwandel als einer hin zur Informationsgesellschaft avisiert wurde - weil Information zum zentralen Rohstoff, Produktionsfaktor und Wettbewerbsvorteil werde -, ist nun die ‚Wissensgesellschaft' en vogue - und der ehemalige Bildungs- und Zukunftsminister wußte sogleich warum: Denn ‚nur Wissen' - als aufgenommene und zuverlässige Information - mache ‚handlungsfähig' (Ebd. 115). Doch in den einschlägigen Disziplinen werden die beiden Kategorien keineswegs präzise und trennscharf voneinander definiert, sondern sogar tautologisch ausgetauscht (Kübler 1998). So deutet auch diese Begriffsverschiebung wohl nur daraufhin, daß etwas noch Grundlegenderes und Revolutionäreres im Gang ist, denn Wissen genießt wohl landäufig eine höhere Wertschätzung als Information. Aber es bedürfte einer historischen Erklärung, gewissermaßen eines Modells von Fortschritt, wenn sich die Informationsgesellschaft zur Wissensgesellschaft weiterentwickeln soll - wie es P. Glotz annimmt -, und dies entsprechend dem kuranten Sprachgebrauch innerhalb weniger Jahre!

Entsprechend unschlüssig gibt sich besagter Schlußbericht und fügt sogar noch den der ‚Kommunikationsgesellschaft' hinzu (Ebd. 87). Im Sondervotum der Arbeitsgruppe der Fraktionen von SPD und BÜNDNIS 90/DIE GRÜNEN wird hingegen unmißverständlich kritisiert (und man darf dahinter den Sachverständigen und Hamburger Politikwissenschaftler Hans J. Kleinsteuber vermuten, der seine Position schon mehrfach publizierte): ‚Informationsgesellschaft' habe sich zu einer ‚entleerten Formel', zur ‚begrifflich beliebigen Hülse' entwickelt, die im Computerpionierland USA nie so richtig populär geworden sei, zumal verläßliche Indikatoren - etwa die Wertschöpfung der Informationswirtschaft - sie nicht hinreichend stützen. Urheberin des Begriffs in Europa sei die EU-Kommission, und sie habe damit lediglich eine Diskussion der 70er Jahre reaktiviert. Doch welches Emblem passender wäre, läßt auch dieses Sondervotum offen: Als ‚bedenkenswert' wird ‚Wissensgesellschaft' erwogen (Ebd. 114f).

Wäre sie es, dann müßten etliche historische Zäsuren und Trends neu bedacht werden; denn die Entwicklung und Popularisierung von Wissen beginnt bekanntlich nicht erst mit dem Internet. Bildung und Erkenntnis, Kommunikation und Verbreitung sind prägend und ermöglichen in der Menschheitsgeschichte gesellschaftliche Teilhabe und berufliche Option je nach den materiellen und sozialen Kontexten - wie sie etwa W. Faulstichs ambitiöse Mediengeschichte (1996; 1997) illustriert. Daher kann Medienkompetenz nicht erst für die künftige ‚Wissensgesellschaft' als subjektive Komponente oder Kennzeichnung ausgelobt werden. Außerdem schließt die jeweils adäquate, zielgerichtete Verfügung, Beschaffung und Schöpfung von Wissen - was immer darunter verstanden wird - weit mehr ein, als bislang für Medienkompetenz reklamiert wurde. Zur Klarheit trägt daher auch nicht bei, wenn Bernd-Peter Lange Medienkompetenz in der Wissens-‚oder' Informationsgesellschaft als ‚Anpassung an die Rahmenbedingungen', definiert. Denn er läßt offen, ob Medienkompetenz dabei Bedingung oder Zielmarge ist. Und wenn Gesellschaften im grundlegenden historischen Wandel stecken, können ‚Rahmenbedingungen' - was immer damit gemeint sein mag - nicht statisch sein. Vollends kann ‚Anpassung' weder aus pädagogischer noch aus qualifikatorischer Sicht ein hinreichendes Ziel sein.

‚Medienkompetenz - Standortfaktor oder gesellschaftliche Aufklärung' lautete mit ähnlicher Intention das Thema einer Podiumsdiskussion auf dem Medienforum Nordrhein-Westfalen 1997, mit dem reichlich metaphorischen Obertitel: ‚Multimedia 2001 - Odyssee im visionären Raum oder Markterschließung mit nüchternem Kalkül?' Die faktische Umsetzung und Präsentation des Forums bestärkte indes eindeutig das vorrangige ökonomische Anliegen. Wie und wodurch sich allerdings ein Standort, also ein geographisches Terrain mit vielfältigen wirtschaftlichen, sozialen, kulturellen Aktivitäten und Wertschöpfungen der dort Wohnenden und Arbeitenden, als medienkompetent auszeichnet, blieb unklar. Gewiß lassen sich übliche betriebswirtschaftliche Indiktatoren für das Wachtum und die Prosperität der Medienwirtschaft - soweit sie abgrenzbar ist von anderen Branchen - aufführen, doch weisen solche Parameter die Firmen als medienkompetent aus? Ist etwa Microsoft medienkompetenter, als es Apple und erst recht die deutschen Computerproduzenten waren? Sind private Fernsehsender, die nun schon seit Jahren Verluste verbuchen, weniger medienkompetent? Sind die öffentlich-rechtlichen Anstalten weniger medienkompetent, weil sie nicht ausschließlich vom Markt profitieren müssen, oder sind sie es eher, weil sie trotz dieser - für etliche ungerechtfertigten und marktschädigenden - Subventionen markt- und erst recht meinungsführend sind? Deutlich wird: allein betriebswirtschaftliche Indices erfassen das inhaltliche Anliegen von Medienkompetenz nicht, oder die Kategorie denaturiert zu einer kalkulatorischen Formel für eine Branche. Entsprechend unbeachtet blieb das konstruierte Gegenüber: die ‚gesellschaftliche Aufklärung'. Es firmiert wohl nur noch als Vorwand, seit Aufklärung als politisches Ziel verschwunden ist oder sich nur noch in den herrschenden medialen Usancen erschöpft. Denn wie sollte es noch animiert und politisch profiliert werden, wenn schon die Gesellschaft insgesamt als eine der unbeschränkten Informationen und des unbegrenzten Wissens erachtet wird? Wozu bedarf es noch der Aufklärung, wenn schon die Medien selbst als informierend, wissensvermittelnd, mithin aufklärend firmieren?

Medienkompetenz als volkswirtschaftliches Kriterium zu definieren (Mai 1996; Hadamek 1998), bedeutet also kaum mehr, als einen wenig präzisen und brauchbaren Maßstab für Prosperität und Wettbewerbsvorsprung, für die Volkswirtschaft als ganze und für einzelne Branchen zu kreieren. Ebenso ließen sich Energie-, Verkehrs- oder Marketing- und Werbekompetenz postulieren - und sie werden es ja auch vielfach. Sicherlich sind für all diese Kompetenzen Kenntnisse, Informationen und Wissen von Belang, wie immer sie definiert werden, doch was ist dann das Besondere und Unabweisliche von Medienkompetenz? Entweder meint Medienkompetenz alle Fähigkeiten, um wirtschaftlich zu reüssieren, dann bedarf es dieses Begriffs nicht. Wenn er indes etwas Spezielles bezeichnen sollte, muß er an bestimmte Tätigkeiten und erst recht an Subjekte und ihre Fähigkeiten gebunden bzw. von ihnen aus entwickelt werden, nicht aber als abstrakte Kategorie für eine Gesellschaftsformation oder für einen Wirtschaftsstandort.

4.2 Medienkompetenz als betriebliche ‚Kernkompetenz'?

"Die Fähigkeit zur Informationsgewinnung, -verarbeitung und -nutzung muß als Kernkompetenz für die Unternehmen der Zukunft angesehen werden", fordert besagter Schlußbericht des Bundestages (1998, 39) weiter. Denn "Multimediales Workflowcomputing, elektronisches Dokumentenmanagement, Internet und Intranet werden

Grundlage für eine unternehmensweite Wissensbasis und standortunabhängige Informationsnutzung" (Ebd.). Massiver läßt sich einschlägiges Vokabular wohl kaum präsentieren, das freilich nicht mehr im Terminus 'Medienkompetenz' explizit kulminiert. Zwar wurde eine Seite zuvor eingeräumt, daß "es [...] keinen allgemeinen akzeptierten Ansatz [gibt], um Wissen und Information als Input oder Output quantitativ befriegend zu erfassen", und man es bei der Information mit einem "subjekt- und kontextrelativen Phänomen" zu tun habe; dennoch wird dieses ominöse Element als entscheidender" (vierter) Produktionsfaktor" (Ebd. 36) apostrophiert und sugleich zum Schlüssel für Innovation, Marktbehauptung und Wachstum von Unternehmen erklärt: "Entscheidend ist die richtige Information zum richtigen Zeitpunkt am richtigen Ort verfügbar zu machen" (Ebd. 39). Doch verkehrt haben sich nun die Vorzeichen: Jene Kernkompetenz ist nicht mehr Prädikat eines Standorts, sondern umgekehrt Voraussetzung und Triebfeder für standortunabhängiges, mindestens -flexibles unternehmerisches Agieren.

Wie dies ein Unternehmen als zweck- und produktorientierte Organisation bewerkstelligen soll, läßt solche objektfixierte Rede ungeklärt. Zwar weist eine Passage auf der Seite davor noch auf den essentiellen, aber wohl ökonomisch banalen Umstand hin, daß es "nach wie vor [...] die Menschen [sind], die aus den Zeichen und Symbolen, ob analog oder digital, Informationen machen und Wissen erzeugen" (Ebd. 38) - aber man darf vermuten, daß diese - (wiederum) recht schief argumentierende - Sentenz von anderer Urheberschaft kommt, und man fragt sich außerdem, was mit der zeitlichen Relativierung gemeint sein könnte. In jenem anderen Duktus werden indes die qualifikatorischen Anforderungen an die Arbeitnehmerinnen und Arbeitnehmer so formuliert: "Gestiegene Anforderungen an die Unternehmen [sic!] machen den Einsatz flexibler, gut ausgebildeter Arbeitskräfte erforderlich [...]. Durch die Kopplung Mensch-Maschine werden sich Qualifikationen weiterentwickeln und neue Kreativitätspotentiale freisetzen."(Ebd. 40) Wiederum sind es aus solch objektivistischer Sicht offenbar die technologischen Optionen, die menschliche Qualifikationen entfalten: Medienkompetenz mithin als Leistung von Maschinen?

Da läßt sich hinzufügen, daß Bernd-Peter Lange als ‚qualifikatorische' Dimension von Medienkompetenz fordert, man müsse "multimediafähige Inhalte für den Markt reif machen, anwendungsreif machen". Denn wiederum unklar bleibt, was darunter zu verstehen ist: Jeder Inhalt läßt sich bekanntlich in diversen medialen Formationen und auch mit ihren Kombinationen modellieren, verarbeiten, gestalten, inszenieren. Aber ‚reif' wird er dadurch nicht per se: weder für den Markt noch für die Anwendung. Cyberart dürfte trotz der Progressivität und Kompetenz ihrer Macherinnen und Macher (noch) keinen Markt finden. Denn dort geht es um Angebot und Nachfrage, gleich welchen Aggregatzustand die Produkte jeweils haben. Und wiederum brauchen die Anbieterinnen/Anbieter und Konsumentinnen/Konsumenten dafür ganz unterschiedliche Fähigkeiten und Qualifikationen; die der Medienkompetenz dürfte wohl kaum ausreichen.

4.3 Medienkompetenz oder Bildung oder Wissensmanagement?

Vollends im Stich oder gar in Verwirrung läßt der Schlußbericht pädagogisch Orientierte, die im Kapitel 6, zu ‚Bildung im 21. Jahrhundert - Einfluß der neuen Info- und Teletechniken' eine zumindest durchdachte Begründung und gar Klärung von Medienkompetenz erwarten: Denn die prioritäre Wertigkeit von Medienkompetenz als Schlüsselqualifikation wird hier recht bald relativiert: Es gehe "auch - aber nicht nur - um Technik- und Medienkompetenz", heißt es wieder einmal recht unentschieden, "sondern um eine grundlegende Weiterentwicklung der Bildungsziele und Lehr- und Lernmethoden" (Ebd. 62). Deshalb seien "grundlegende Reformen im Bildungs- und Ausbildungssystem notwendig", Bildung müsse „als eines der wichtigsten gesellschaftspolitischen Gestaltungsfelder wieder mehr ins Zentrum der öffentlichen Debatte rücken". Worin diese Reformen bestehen sollen und worauf sie abzielen, wird trotz vieler Worte allerdings nicht hinreichend deutlich oder bleibt im Widerspruch: Zum einen wird das nun schon klassische reformpädagogische Ziel hervorgeholt, man müsse ‚stärker das Lernen und Umlernen lehren', doch dieses Postulat wird zugleich reduziert auf die ‚organisatorische Fähigkeit, sich Kenntnisse und Wissen selbstverantwortlich anzuzeigen', so als ob diese irgendwo feil geboten werden und die Edukanden sie nur adaptieren müßten.

In jenem objektfixierten Duktus werden auch die Erwartungen an das Lernen formuliert, die von Medien selbst, gewissermaßen automatisch, bewirkt werden, wie es früher pädagogische Kybernetik und Mediendidaktik unterstellten. Denn behauptet wird: „Medien unterstützen prinzipiell jeden Stil der Wissensvermittlung", und erneut werden der Technik weltanschauliche Neutralität und lern- und handlungsbezogene Indifferenz bescheinigt. Noch apodiktischer werden dem Abstraktum ‚Multimedia' per se optimale Wirkungen attestiert: Multimedia fördere und ermögliche "Methoden", "individuelles und kooperatives", "interdisziplinäres", "globales Lernen" und "dynamisches Wissen". (Ebd. 64). Lernanstrengungen des Individuums bedarf es dann wohl kaum mehr, um Medienkompetenz zu erlangen und zu entfalten, denn die neue Maschine "Multimedia" sorgt ja von sich aus für alle erwünschten Fähigkeiten und Tugenden. Warum dann noch - wieder ein paar Absätze weiter - "der geübte Umgang mit den neuen Medien" gelehrt werden muß, um zu einer "Grundvoraussetzung für kulturellen, wirtschaftlichen und politischen Erfolg von einzelnen und [sic!] Gemeinschaften", zu einer "elementaren Kulturtechnik wie Lesen, Schreiben und Rechnen" zu werden, bleibt ebenso unerklärlich oder eben nur durch jene Objektivierung von Technik verständlich wie, daß der Computer selbst "zum Hilfslehrer" avanciert, weil ein "wachsender Anteil des Lehrvorgangs [...] auf ihn übertragen werden [kann]" (Ebd. 65). Eine Seite zuvor war allerdings noch beruhigt worden: "Schulisches Lernen wird nicht [...] durch die neuen Medien entwertet. Sie sind für Lernende und Lehrende Hilfsmittel für den Unterricht, Feld für berufliche Qualifizierung als auch Mittel für das Fernlernen" (Ebd. 63)

Im Sondervotum der bereits genannten politischen Fraktionen wird Medienkompetenz nochmals anders interpretiert: nämlich zum einen als ‚Zugang' zu den neuen Technologien, der sowohl Schülerinnen und Schülern als auch Erwachsenen technisch ermöglicht werden müsse, und zu dem sie befähigt werden müßten, zum anderen müßten die Menschen, "in deren Interesse dies alles geschieht", "lernen, was es gibt, wie sie die für sie interessanten Angebote finden und nutzen, wie sie seriöse von weniger seriösen Angeboten unterscheiden können etc. Diese Befähigung wird heute unter dem Stichwort Medienkompetenz diskutiert. Sie kann zum Teil in der Aus- und Weiterbildung vermittelt werden, entwickelt sich jedoch überwiegend durch die Nutzung selbst, am besten dadurch, daß man von anderen Menschen eine kurze Einführung und/oder Begleitung erhält und sie noch einige Male um Rat fragen kann" (Ebd. 143).

Medienkompetenz wird hier also zum einen definiert als Fähigkeit zum Wissensmanagement, wie es heute heißt, ohne daß Wissen, seine Genese, Verarbeitung, Tendenz und Beurteilung befriedigend geklärt sind. Zum anderen firmiert sie als User-Know-how, das sich aber weitgehend informell, durch kasuelles Vormachen und Beraten, erreichen läßt. Systematisches und Strukturwissen scheinen für beide Bereiche nicht unbedingt erforderlich zu sein, vielmehr werden ‚learning by doing' und ‚learning by experience' großgeschrieben. Denn auch besagtes ‚Wissensmanagement' ist ja noch reichlich unkonturiert: In den Statements von Peter Glotz und Herbert Kubicek taucht es zum einen als ‚Filterfähigkeit' auf, die aber auch viele Menschen - erst recht Kinder – ‚instinktiv' beherrschen, zumindest nicht systematisch lernen müssen; zum anderen wird auf die Fähigkeit abgehoben, "unterschiedlichste Quellen auf ihre Glaubwürdigkeit, Verläßlichkeit und inhaltliche Orientierung klassifizieren und beurteilen" zu können. Dieses Verständnis fand sich schon in besagtem ‚Sondervotum' und deutet künftige Perspektiven an, allerdings recht vage. Jedenfalls geht es über die medienpädagogische Definition von Medienkompetenz hinaus. Denn zum einen müßte sie für alle Wissensquellen gelten, selbst für die personalen und konventionellen, auch wenn sie jeweils verschiedene Kriterien beanspruchen. Zum anderen erweist es sich besonders bei den Online-Medien, allen voran beim Internet, als prekär und schwierig, da sich brauchbare, vor allem valide Kriterien nicht aus der Hand schütteln lassen. Ob es sie angesichts der überbordenden Daten- und Informationsflut überhaupt geben wird, scheint fraglich.

Der Verweis bei Herbert Kubicek auf die Glaubwürdigkeit und Seriosität des Verlegers zieht ja nur dann, wenn dessen wirtschaftliches und publizistisches Handeln in einen normativen, sprich: gesetzlichen Kontext eingebettet ist, der ihm solchen Bonus gewährt, aber auch abverlangt. Im globalen Maßstab ist er kaum aufrechtzuerhalten, und über einschlägige Erfahrungen verfügen wohl die wenigsten User. Letztlich kann daher nur das Individuum für sich, für seine Interessen, Wissensbereiche und Neigungen, Kompetenzen und Kriterien gewinnen, wie es für sich Verläßlichkeit und Glaubwürdigkeit von Informationen definiert und wertet. Dazu muß es über möglichst viel sachliches Wissen bei den interessierenden Themen verfügen, also - im landläufigen Sinn - Bildung haben, sofern sich seine Neigungen und Interessen in deren Kanon ansiedeln lassen. Zum anderen kann es wohl nur über möglichst viel vergleichende Erfahrung herausfinden, welchen Quellen es mehr und welchen es weniger vertrauen kann. Aber dieses operative oder auch evaluative Wissen muß sich mit dem Sachwissen verbinden. Wenn sich diese Anforderungen unter dem Slogan ‚mehr Bildung' subsumieren lassen und dadurch den Bildungsbegriff neu beleben, scheint dieses Postulat wohl das angemessenste.

Aber in vielen Bereichen und für viele Individuen dürften mit der Informationsflut, vor allem mit deren Heterogenität und Beliebigkeit, mit der Ratlosigkeit darüber, was richtig oder falsch ist, was wahr oder unwahr ist, Unsicherheit, mindestens Unübersichtlichkeit wachsen. Unwissen und Desinformation brauchen sich also keineswegs in der Wissensgesellschaft zu verringern, sie können sogar zunehmen - und mit ihnen wohl auch der Drang nach möglichst einfachen und einsichtigen Wahrheiten - so problematisch oder gar abstrus sie auch sein mögen. Solche Tendenzen werden in den euphorischen Visionen über die heraufziehende Wissensgesellschaft selten mitformuliert, und sie fügen sich auch nicht in die schlichte Dualität von Wissenskompetenten und -dilettanten, von ‚information rich' und ‚information poor', wie sie von besorgter Seite - auch in besagtem Schlußbericht (Ebd. 88) - vielfach angemahnt wird. Denn eine durchgängige Wissenskluft scheint eher selten; vielmehr erweitern und differenzieren sich ständig neue Wissenssegmente aus, für und über die Kenntnisse und Fertigkeiten erworben werden müssen. Doch sie sind weder gleich wichtig, gleich geschätzt noch gleich verwertbar.

Zwar dürften sich nach wie vor Wissensbereiche identifizieren lassen, die zum einen erkenntnisfördernd (also wissenschaftlich), zum anderen zweckrational und verwertbar, sprich: marktadäquat, sind wie Technologie und Produktion und zum dritten lebenserhaltend und heilend wie das medizinische Wissen. Alle drei Kategorien hielt man ehedem vornehmlich als Kennzeichen des Fortschritts, doch auch solche Wertungen werden mit fortschreitender Zivilisation zunehmend fragwürdig, so daß sie längst nicht mehr ganz ohne Zweifel verliehen werden. Selbst in den am verläßlichsten geltenden, weil am besten durch Intersubjektivität kontrollierten Wissenschaften erodieren die Kriterien für Solidität, Glaubwürdigkeit und vor allem Progressivität. Insbesondere bricht die Autorität des Urhebers weg, wenn Theorien und Ergebnisse beliebig manipuliert werden können. Gravierender noch für die Wissensentwicklung ist jedoch, daß die Medien pausenlos riesige Mengen von ‚Wissen' nicht nur verbreiten, sondern auch selbst erzeugen. Den geringsten Anteil davon dürften die Protagonistinnen und Protagonisten der ‚Wissensgesellschaft' im Sinn haben und hochschätzen, denn vieles davon ist entbehrlich, abwegig, auch nicht immer wahrhaftig, aber das Alltagsleben begleitet und prägt es wohl nachhaltig. Und die Medien verleihen ihren Wissenssegmenten öffentliches Prestige, vermeintlich lebenspraktische Relevanz und auch immer noch Glaubwürdigkeit, wie es etwa täglich die unzähligen Talkshows mit ihren absonderlichen Themen exemplifizieren. Auch die gesamte VIP-Szenerie, der Sport, die Werbung und nicht zuletzt die Medien selbst firmieren als professionell fabrizierte Wissenssektoren, an denen ganze Branchen ökonomisch profitieren. Angesichts dieser immensen, pausenlosen Flut populären Wissens, das inzwischen keinen Bereich - und sei er noch so integer oder noch so peripher und esoterisch - ausläßt, läßt sich Bildung allerdings kaum mehr inhaltlich verbindlich bestimmen, vollends scheitert ihre übereinstimmende Kanonisierung. Ersatzweise werden funktionale Qualifikationen, methodische und soziale Kompetenzen vorgeschlagen. Aber insgeheim hält sich ein traditionelles Ideal von Bildung (und wird gegebenfalls immer wieder beschworen).

5. Grundsätzliche Dilemmata

Unklarheit und Beliebigkeit, wenn nicht Konfusion, so stellte sich heraus, impliziert die über die (medien)pädagogische Diskussion hinausreichende Kategorie der Medienkompetenz - und keine noch so selbstgewisse Definition vermag dies endgültig zu ändern. Denn verantwortlich dafür sind die wie immer zu kennzeichnenden Veränderungen von Gesellschaft, Kultur und Technologie insgesamt. Sie ließen sich noch bis vor kurzem in der Medienentwicklung fokussieren; mit der Mikroelektronik, der Vernetzung und der anhaltenden Digitalisierung übersteigen sie inzwischen und wandeln menschliche Kommunikation und Wirklichkeitsaneignung wohl von Grund auf. Wie die dafür erforderlichen Fähigkeiten des Individuums in einem konzisen Sammelbegriff überschrieben werden sollen, dafür hat sich indes noch kein anderer Terminus durchgesetzt: Informations- oder Wissenskompetenz hört sich mindestens so artifiziell an und ist im übrigen sprachlich so inkorrekt wie Medienkompetenz. Denn jeweils insinuieren sie einen Objektbezug und verdinglichen damit die Fähigkeiten, obwohl sie eigentlich dynamische Aktivitäten bezeichnen sollen: nämlich die Fähigkeiten und die Bestrebungen des Menschen, auch mit Medien human zu kommunizieren bzw. human förderliches Wissen zu erzeugen, zu verbreiten, zu verarbeiten, zu speichern und sich anzueignen.

So schwanken alle Dimensionen und Definitionen derzeit zwischen einer möglichst universellen Beschreibung, in die alle Facetten menschlicher Fähigkeiten und Zielmargen einbezogen sind, die in Zukunft von Bedeutung sind, und einer speziellen Qualifikation oder gar Tugend, die am hergebrachten Medienbegriff orientiert sind, wie es die pädagogischen Bestimmungen exemplifizieren. Medienkompetenz ist heute mithin ebenso Bildung, allgemeine wie berufliche, wie technische Handhabung medialer Geräte, vom Videorecorder bis zum PC, ist ebenso subtile Kennerschaft von Filmen wie Recherche in Datenbanken, ist Kulturtechnik und beginnt beim Lesen, wie sie musikalisches Komponieren am Keybord einschließt, ist Computerspiel wie Kenntnisse über Medienstrukturen, ist Mitarbeiten beim offenen Kanal wie gelungenes Internet-Surfen, ist Cyberart wie teleshopping, die Gestaltung von Web-Sites wie gekonntes Zeitunglesen - um nur einige Beispiele zu nennen - und ist alles zusammen und noch viel mehr, aber letzten Endes doch wieder nicht. Denn Grundlagen dafür müssen jeweils außerhalb oder vor der Orientierung auf Medien gelegt werden, und spezielle Fähigkeiten übersteigen im einzelnen weit ihre gemein implizierten Dimensionen von Medienkompetenz.

Außer der bereits vorgenommenen Sondierung der gesellschaftlichen Reichweite von Medienkompetenz sollen daher noch einige grundsätzliche Fragestellungen skizziert werden, die - ungeachtet der konkreten Benennung - den Norm- und Zielrahmen künftiger Umschreibungen markieren dürften:

5.1 Die anthropologische Dimension: kommunikative Kompetenz

Als D. Baacke 1973 die Kategorie der kommunikativen Kompetenz in die (Medien)Pädagogik einführte, bezog er sie auf die Universalgrammatik N. Chomskys, die Universalpragmatik und Theorie des kommunikativen Handelns J. Habermas´, die Systemtheorie N. Luhmanns u.a., vermied allerdings eine konzise Definition, und Medienkompetenz als speziellen Terminus nahm er gar nicht auf. Vielmehr genügte die These, daß Sprachkompetenz und Handlungskompetenz zusammen die kommunikative Kompetenz ausmachen und damit die ‚Grundaussage' begründen: "daß der Mensch ein ‚kompetentes' Lebewesen sei" (Baacke 1973, 262) - wobei die Anführungszeichen wohl die Möglichkeit und damit den pädagogischen Auftrag andeuten sollten. "Die Geschichte des Komptenzbegriffs ist bis dato nicht geschrieben", wunderte sich mehr als zwanzig Jahre später W. Heydrich (1995, 224) in dem D. Baacke gewidmeten Sammelband über "kommunikative Kompetenz" (Lauffer/Volkmer 1995). Und dies, obwohl die Kategorie durch die 70er Jahre "irrlichtert" (und bekanntlich auch durch die folgenden Dezennien) als "ein Wechselbalg zwischen Seminar und Feuilleton, ein interdisziplinäres Findelkind mittemang im Gewühle auf der busy crossroad of many disciplines [...] zwischen Linguistik, Philosophie, Soziologie, Psychologie und Pädagogik.[...]." Und so ist es bis heute geblieben.

Die historische Rekonstruktion kann mithin auch hier nicht umgehend nachgeholt werden. Aber die voraufgegangene Argumentation hat wohl erkennen lassen, daß mit der fortschreitenden technologischen Entwicklung, mit der weiteren Informatisierung, Vernetzung und Privatisierung von Kommunikation, mit den wachsenden technischen Offerten von Interaktivität, Gestaltung und persönlicher Disponibilität der analytische Bedarf steigt, die anthropologischen Koordinaten der kommunikativen Kompetenz weiter zu sondieren, sie möglicherweise prinzipiell zu klären und sie zugleich unter den vorhandenen technischen Konditionen neu zu betrachten. Solches Bestreben, grundsätzlich angesetzt, rüttelt schon an bewährten Grundannahmen: etwa an der kuranten Dualität von direkter Kommunikation und Massen- bzw. medialer Kommunikation. Die eine, so hieß es, sei direkt, interaktiv, sinnlich, mit ständigem Rollenwechsel und reflexiver Empathie, die andere sei dies alles nicht. Kommunizieren, so folgerten ganz Gestrenge, sei eigentlich nur erstere, die Massenkommunikation lediglich Surrogat. Nun verschieben sich durch E-mail und Chatting die Optionen, mindestens entwickeln viele in ihnen soviel Intimität und involvieren soviel Identität, vielleicht sogar mehr als im direkten persönlichen Gespräch.

Auch Lernen in der Gruppe, als praktisch-empirische Aneignung von Wirklichkeit und als sozialer Austausch, bekommt durch die Informationstechnologien weitere symbolische Komponenten, die attraktiver, spannender, flexibler, curricular durchdachter sind und Selbstbestimmung stärker fördern als jemals zuvor. Gewiß sind solche Attribute schon mehrfach an Lernprogramme verteilt worden, seit in den 60er Jahren erstmals Computer in Lernprozesse implementiert wurden. Nun als Online-Medien und Netze mit ihren diversen vermittelnden, interaktiven und individualisierenden Optionen scheinen sie allmählich die Erwartungen zu erfüllen und werfen erneut, aber diesmal begründet Fragen auf wie

❏ Wieviel und was muß praktisch, unmittelbar, erfahrungsbezogen, im personalen Austausch, in der Lerngruppe gelernt werden und wieviel und was kann symbolisch vermittelt werden, über Modelle, Grafiken, Animationen, digitale Lernarrangements, spielerische Interaktionen und Wirklichkeitssimulationen?
❏ Wieviel und wofür muß schriftliche Sprache sein und wieviel und wofür können Bilder, Filme, mündlicher Code via Netz eingesetzt werden?
❏ Wieviel sozialer Austausch ist wofür nötig und wieviel individuelles Selbstlernen darf es sein, ist vielleicht sogar für manche Personen und bestimmte Aufgaben förderlich?

Prinzipielle und plausibel begründete Antworten liegen für diese Fragen nicht vor, allenfalls bereichsspezifische und instrumentell ausgerichtet. Doch diese Alternativen sind grundlegend für künftiges Lernen, selbst wenn sie sich empirisch wohl nur konkret eruieren und entscheiden lassen. Schon geistern Zerrbilder wie der monadenhafte Hacker und die notorische Surferin ebenso durch die Öffentlichkeit, wie andererseits das Dauerquasseln mit dem Handy oder das fast schon reflexhafte Einbringen in viele Selbsterfahrungs- und Gesprächsgruppen angeprangert werden.

Offensichtlich geraten alle essentiellen Fragen wieder auf den Prüfstand und müssen neu verhandelt werden: Wie kommuniziert der Mensch? Was ist und wie entwickelt sich kommunikative Kompetenz? Wieviel daran ist anthroplogische Essenz, wieviel kulturelles und sozialisatorisches Konstrukt? Wie entfaltet und realisiert sich kommunikative Kompetenz unmittelbar, wie in medialen und (informations)technischen Varianten? Wie lernen wir was mit welchem Tiefgang, Erfolg und Spektrum?

5.2 Die strukturelle Dimension: Wie demokratisch und partizipativ muß gesellschaftliche Kommunikation sein?

J. Habermas Kategorie der kommunikativen Kompetenz impliziert - wenn auch eher heuristisch - einen gesellschaftskritischen Impetus: Sein Begriff des Diskurses will Prämissen und Bedingungen für möglichst egalitäre - früher sagte er: herrschaftsfreie -

Kommunikationsstrukturen analytisch er- und begründen. Denn die Subjekte verwirklichen und entfalten ihre kommunikative Kompetenz entsprechend den kommunikativen Möglichkeiten, die sie haben. Damit sind Sozialisation und Lernen angesprochen, ohne sogleich Proportionierungen und Präjudizierungen für ihre jeweiligen Anteile sowie für die endogener Dispositionen vorzunehmen: Aber die Medien lassen sich weder pauschal als Blockierer von sprachlichen Fähigkeiten verteufeln, wie es vielfach dem Fernsehen angelastet wird, noch fungieren sie uneingeschränkt positiv als Kommunikationsförderer.

Wie eine Gesellschaft oder Kultur Kommunikation organisiert und auch schützt, welche kommunikative Verfassung sie hat, damit sich kommunikative Kompetenz entwickeln und entfalten kann, läßt sich wohl idealiter und abstrakt umreißen - dafür steht Habermas Theorie -, aber konkret fehlen konsensuelle Normen und handhabbare Kriterien. Mindestens seit der Aufklärung und der bürgerlichen Emanzipation steht diese Frage auf der Tagesordnung. Viele Anläufe und gesellschaftliche Entwürfe sind dazu unternommen worden, aber ausreichend und von Bestand waren sie nicht. Ein jüngerer, recht weitreichender, aber letztlich gescheiterter Versuch waren etwa die Bestrebungen der UNESCO, den ‚free flow of communication' zu definieren und zu gewährleisten (UNESCO 1981). Andere sind die jährlichen Zensurberichte der internationalen Journalistenunion, die sich indes nur an eklatanten und nachweislichen Restriktionen, mithin an gesetzlichen und administrativen Fakten, orientieren. Eigentlich nur den Markt wollen die westlichen Industrienationen als Verteilungsmechanismus auch für Kommunikation gelten lassen, obwohl dieser längst weitgehend monopolisiert und zementiert ist und sich mit steigender Globalisierung noch weiter auf die dominanten Distributionen, den amerikanischen mainstream, verengt. Politisch und gesetzlich gesteuert wird allenfalls durch öffentliche Subventionierung bedrohter Mediensegmente oder mit abwehrendem Impetus, also mit negativen Sanktionen, wenn ein anderes Rechtsgut höher bewertet wird wie die Würde des Menschen, der Schutz der Jugend und Familie, die kulturelle Identität. Doch ein umfassendes und anerkanntes Konzept, wie gesellschaftliche Strukturen, Eigentums- und Machtverhältnisse, kommunikative und mediale Organisationen beschaffen sein müssen, damit sich die kommunikative Kompetenz aller optimal entfalten kann, existiert wohl nicht.

Gleichwohl werden an die Online-Medien, vor allem ans Internet, bekanntlich neue und weitergehende Demokratisierungshoffnungen geknüpft: Die Partizipation aller wie in der idealen athenischen Demokratie werde mit der ‚elektronischen Demokratie' oder ‚Telepolis' möglich, repräsentative Formen und organisatorische Mittler wie die Parteien hätten bald ausgedient (Leggewie/Maar 1998). Mindestens seien Regierungen und Parlamente durch ihre permanente mediale Live-Präsenz in den Medien ständig kontrollierbar. Technische Voraussetzung ist die Vernetzung aller Haushalte und ihre erschwingliche, möglichst kostenfreie Nutzung. Die amerikanische Gesetzgebung zur Telekommunikation wie der Freedom of Information Act von 1996 gilt als Vorbild, da sie Netzkommunikation als 'public service' organisiert und entsprechend subventioniert. Doch letzlich formulieren die Protagonisten und Protagonistinnen nur technische Potentiale, Möglichkeiten der Verbreitung, Anwendung und des Konsums einer vorhandenen Technologie. Ob und inwiefern das Netz politisch neutral ist, wie vielfach unterstellt wird, müßte mit einem inhaltlichen, interaktionistischen Partiziptionsbegriff präzise und unvoreingenommen analysiert werden. Doch potentielle Implikationen werden nicht erkundet, alternative Optionen nicht sondiert. Kommunikation und Partizipation im emphatischen, tradierten Sinne lassen sich aber schwerlich auf technischen Anschluß und Zugang reduzieren, mindestens müßte geprüft werden, welche weitergehenden Dimensionen sie einschließen und welche verloren gehen, wenn sie nur noch in den Reichweiten installierter Netze verstanden und realisiert werden.

Jedenfalls läßt sich Medienkompetenz - dies hat die Argumentation wohl als zweites Kriterium erweisen können - nicht ohne eine hinreichend begründete und empirisch verortete Idee von Kommunikationsdemokratie definieren, mindestens hängen ihre Substanz und Reichweite davon ab, welche Chancen die jeweilige kommunikative Verfassung einer Gesellschaft dem subjektiven kommunikativen Handeln einräumt, wie sie es ermutigt oder gar braucht - auch wenn deren Bestimmungen und Normen nicht ausreichend dingfest gemacht werden können. Denn mit dem gesellschaftlichen und technologischen Wandel ändern sie sich ebenfalls. Aber daß eine "Abfolge von der direkten athenischen Demokratie zur repräsentativen Demokratie und weiter [mit der wachsenden Expansion und Nutzung des Internets] zur heute entstehenden elektronischen Demokratie" (Schlußbericht 1998, 138) gegeben ist, und dies im Sinn historischen Fortschritts mit jeweils höherer Wertung kann ohne hinlängliche inhaltliche Begründung, eben nur als Konsequenz technischer Entwicklung, nicht unterstellt werden.

5.3 Die didaktische Dimension: Oder die Unmöglichkeit, nicht zu lernen

Der prinzipiell kompetente Mensch lernt ständig, seit seiner Geburt. Damit wird zunächst ein möglichst weiter, letztlich universaler Begriffs des Lernens avisiert, der sich als aktive und zielgerichtete Komponente zur kommunikativen Kompetenz hinzufügt. Lernen ist aktive Weltaneignung, ist beständige, gezielte wie beiläufige Erweiterung, Ergänzung, Veränderung aller Fähigkeiten, Eigenschaften und Bestrebungen des Menschen. Seit über Lernen nachgedacht wird, werden seine intrinsischen und seine extrinsischen Antriebe geschieden, seine Motivationen und Anregungen durch Begabung einerseits und durch Umwelteinflüsse andererseits - und jeweils unterschiedlich werden sie gewichtet und gewertet. Während man lange Zeit der Umwelt die Priorität zuwies, scheinen jüngste Debatten wieder mehr den Blick auf die endogenen Anlagen des Menschen zu richten.

Jedenfalls: die anhaltende Vervielfältigung und Differenzierung von Medien offerieren den Individuen ständig mehr und neue Lernanlässe über alle möglichen Themen. Es sind, versteht sich, symbolische Inhalte, und ihre Wertigkeit wie ihre Zweckhaftigkeit sind reichlich unterschiedlich. Aber gelernt wird mit Medien immer, nicht zuletzt über die Medien selbst; in der Terminologie der Medienforschung heißen diese Prozesse Wirkungen in vielfältiger Hinsicht. Wenn Medienkompetenz eingefordert wird, dann finden sich auch in diesen Formulierungen die beiden Komponenten des Lernens: das Selbstlernen und das formelle Lernen durch die Lehre Dritter - wobei das Lernen durch Medien als stets präsente dritte Möglichkeit hinzugefügt werden müßte, aber oft ignoriert wird. In einem Fall heißt es, das Individuum müsse Medienkompetenz erwerben, oder - noch deutlicher - seine Medienkompetenz müsse gefördert und entfaltet werden, im anderen Fall wird Medienkompetenz unterrichtet, gelehrt, vermittelt. Doch was Individuen in alltäglicher Erfahrung, durch gelegentliche Hinweise und durch die Medien selbst lernen und entfalten, dazu bedarf es keiner expliziten pädagogischen Unterweisung. Allenfalls könnte zur Selbstreflexion ermuntert werden, um das Erfahrene und Gelernte zu strukturieren, womöglich zu vertiefen, durch Aspekte anderer zu ergänzen oder an neuen Aufgaben zu beweisen. So ergeben sich etwa bei der praktischen Medienarbeit - sei sie mit Video oder sei sie mit Computer - vielfältige Aufgaben, die die jeweiligen Teilnehmer mit ganz unterschiedlichen Voraussetzungen, Kenntnissen und Fertigkeiten angehen.

Eine Tendenz der ‚Wissensgesellschaft' wird sein, daß ‚informelle' Lernoptionen und -prozesse deutlich zunehmen werden, vor allem durch die zusätzlichen, besseren informationstechnischen Optionen (Tully 1994). Bereits heute bringen sich wohl die meisten PC-Nutzer ihre Fertigkeiten und Kenntnisse selbst bei, entweder im Selbststudium oder durch fallweise Beratung und Vormachen im Freundeskreis. Insofern stimmt die These, daß etliche Jugendliche auf diesem Gebiet vielen Erwachsenen etwas voraus haben. Für andere Bereiche müßten die Kenntnisse und Lernusancen analysiert werden. Ob und welches Wissen durch informelles und inzidentielles Lernen erworben wird, ist ebenso unerforscht wie umgekehrt die Frage, ob systematisches Wissen einer gezielten und strukturierten Unterweisung bedarf. Ferner ist zu fragen, ob sich Reflexionswissen selbständig schöpfen läßt oder es dazu der Anregung und des Korrektivs eines sozialen Gegenübers bedarf, um dadurch Außensicht auf das eigene Ich und Distanz zu gewinnen.

Angesprochen sind damit verschiedene Formen des Wissens, wie sie in üblichen Wissenstaxonomien vorgeschlagen werden (Spinner 1994) und wie sie auch für die Medienkompetenz ansatzweise konkretisiert wurden, ohne allerdings genügend inhaltlich gefüllt und trennscharf profiliert zu sein. Um Medienkompetenz in ihrer didaktischen Struktur und Operationalisierung genauer zu bestimmen und zu differenzieren, wird es darauf ankommen, die gestellten Fragen - nicht zuletzt empirisch - zu klären: Was lernen welche Individuen durch die Medien selbst? Was lernen sie in ihrem Medienalltag im Austausch mit anderen? Und für welche Fähigkeiten, Kenntnisse und

Aufgaben bedürfen welche Individuen welche formellen Unterweisungen und welche geplanten Lernanlässe? Natürlich lassen sich auf alle diese Fragen aus langer medienpädagogischer Erfahrung und pragmatischer Praxis brauchbare Antworten geben. Doch in der vielfach bemühten theoretischen Diskussion fehlen ihre systematischen Versionen.

5.4 Die qualifikatorische Dimension: Wird Medienkompetenz gebraucht?

Als „Basisqualifizierung" für „nahezu alle Berufsfelder" postuliert der Schlußbericht (68) Medienkompetenz. An anderer Stelle werden eher die Fähigkeiten, „lebenslang zu lernen" (Ebd. 50) oder sich ‚Informationen' zu beschaffen, sie zu verarbeiten, zu bewerten, "eigene Informations- und Wissenslücken zu erkennen, selbstgesteuert neues Wissen zu erwerben und kooperativ wissensbasierte Probleme zu lösen" (Ebd. 71), als essentiell herausgestellt. Abermals ist zu fragen, wie sich diese Fähigkeiten zueinander verhalten, ob Medienkompetenz als übergreifend oder als relational und partiell zu betrachten ist. Unter der Überschrift „Lebenslanges Lernen - Medienkompetenz" zählt der Schlußbericht, nachdem er den "kompetenten Umgang mit den Medien [...] zu einer [sic] zentralen Bildungsaufgabe" erklärt hat, allerdings verschiedene und zudem andere Kompetenzen auf "die für die Zukunft der Gesellschaft von großer Bedeutung sind", nämlich:
❏ "Technische Kompetenz,
❏ Kompetenz zum Wissensmanagement,
❏ Soziale Kompetenz,
❏ Kompetenz zur persönlichen Entscheidungsfindung,
❏ Demokratische Kompetenz" (Ebd. 67).

Diese werden dann im einzelnen expliziert, ohne allerdings den Zusammenhang zur Medienkompetenz in der Überschrift herzustellen.

Ähnliche Differenzierungen nimmt etwa auch eine Delphi-Befragung von Prognos und Infratest Burke Sozialforschung im Auftrag des Bundesbildungsministeriums vor, in der 1996/1998 nahezu 1000 Bildungsexpertinnen und -experten u.a. danach gefragt wurden, welche Kompetenzen sie grundsätzlich für notwendig erachten, um sich in der Wissensgesellschaft des Jahres 2020 zurechtzufinden und wie sie die Bedeutung der einzelnen ‚Kernkompetenzen' für die verschiedenen Bildungsbereiche einschätzen (Stock u.a. 1998, 61). Identifiziert wurden folgende Kompetenzen, ohne daß dafür allerdings hinreichende Begründungen und inhaltliche Bestimmungen geliefert wurden:

	Schulische/ Allg. Bildung	Berufl. Bildung	Hochschulbildung
Lerntechnische/lern-methodische Kompetenz	Platz 1 (2,38)	Platz 2 (2,26)	Platz 2 (2,17)
Spezifische Fachkompetenz	Platz 6 (1,47)	Platz 1 (2,58)	Platz 1 (2,80)
Psycho-soziale (Human-) Kompetenz	Platz 2 (2,36)	Platz 3 (2,16)	Platz 4 (1,89)
Fremdsprachenkompetenz	Platz 3 (2,30)	Platz 4 (1,84)	Platz 3 (1,91)
Medienkompetenz	Platz 4 (1,61)	Platz 5 (1,57)	Platz 6 (1,38)
Interkulturelle Kompetenz	Platz 5 (1,48)	Platz 6 (1,23)	Platz 5 (1,46)
Sonstige Kompetenzen	Platz 7 (0,39)	Platz 7 (O,38)	Platz 7 (O,39)

(Stock u.a. 1998, 63)

Zu den einzelnen Kompetenzen und ihren Wertungen in den verschiedenen Bildungssegmenten ließe sich gewiß vieles anmerken und nachfragen. Als bemerkenswert gilt es festzuhalten, daß der "Medienkompetenz und interkulturellen Kompetenz [...] die Befragten in der Reihe der Kompetenzen in allen drei Sektoren vergleichsweise nachgeordnete Bedeutungen attestieren" (Ebd. 65), während sie der "Notwendigkeit lebenslangen Lernens", wie man die an erster Stelle aufgeführte Kompetenz auch bezeichnen könnte, und dem Fachwissen außerhalb der Schule höchste Priorität zuschreiben. Jedenfalls bleibt festzuhalten, daß über künftige Anforderungen und Qualifikationen noch gründlich diskutiert und auch geforscht werden muß. Schlichte Parolen werden den vielfältigen Veränderungen kaum gerecht, zumal der Wandel immer rasanter verläuft, komplexere Formen annimmt und daher Prognosen immer schwieriger zu stellen sind. Medienkompetenz wird auf die eine oder andere Weise zu den Qualifikationen und Zielen gehören, sofern ihre Dimensionen und Aufgaben entsprechend der hier angeführten Aspekte profiliert, differenziert und spezifiziert werden. Eine Allkompetenz wird sie jedoch voraussichtlich nicht sein.

6. ‚Wissensexplosion' und ‚virtuelle Wirklichkeiten'

Zwei kardinale Tendenzen dürften die künftigen Entwicklungen und Dikussionen um Kommunikation, Information, Lernen und Wissen nachhaltig bestimmen: zum einen das anhaltende enorme Wachstum digitaler Daten und Informationen in allen möglichen medialen Formen sowie die nicht weniger rasante Zunahme ihrer Distributions- und Verbreitungsmechanismen in Netzen und Medien. Sie werden schon seit einiger Zeit als Informationsflut oder Wissensexplosion apostrophiert. Wenn sie nicht von vornherein als positiv gewertet werden, sondern zugleich die massive Anhäufung und Verteilung von unnützen, abwegigen Erzeugnissen als ‚Daten- oder Informationsmüll', bedacht werden, läßt sich erahnen, welche Anforderungen, Konfusionen oder gar Belastungen Individuen künftig bestehen müssen, um sich orientieren und kompetent handeln zu können. Aber vorstellbar wird auch, wie sehr sich überkommene Gepflogenheiten, Normen und Werte über Information und Wissen verändern, womöglich deformieren und wie weit ehedem anerkanntes, gesellschaftliches Wissen künftig diffundiert oder zerfällt.

Die andere Tendenz wird als voranschreitende Mediatisierung oder Immaterialisierung von Wirklichkeitsbereichen gekennzeichnet, als ‚virtual reality', die immer mehr Erfahrungs- und Handlungsfelder symbolisch reproduziert, ja arrangiert, aber damit ihrer sinnlichen Dimensionen beraubt, ihre Unvollkommenheit und Unwägbarkeit technisch überwindet. Das Leben aus zweiter Hand wird überall vorangetrieben, technologische Allmachtsvorstellungen von totaler Machbarkeit und Beherrschbarkeit werden bestärkt. Dadurch steigern sich aber auch Bedürfnisse nach immer stärkerem Nervenkitzel, nach Grenzerfahrungen und noch atemberaubenderen (fiktiven) Abenteuern - offenbar mithin eine unaufhaltsame Eskalation von thrill und technischem Surrogat.

Beiden Tendenzen begegnet Pädagogik insgesamt noch recht unschlüssig, vielfach kontrovers und wenig konstruktiv. Auf der einen Seite verstärken sich Bestrebungen, sich in asketische Nischen zurückzuziehen, wie sie besonders die Waldorfpädagogik vorexerziert. Dennoch oder vielleicht deshalb erfreut sie sich großen Zuspruchs. Auch viele Entscheidungen und Bestimmungen im staatlichen Bildungswesen deuten auf bürokratische und konservative Abschottungen hin: so wenn immer wieder versucht wird, einen verbindlichen Bildungs- oder heute eher Leistungskanon zu dekretieren und festzuschreiben, ohne dafür auch nur annähernd plausible, geschweige denn transparente Begründungen zu haben und erst recht schlüssig belegen zu können, wofür welches Wissen erforderlich und gewinnbringend ist. Mitunter muten solche Vorstöße an, als ob das staatliche Bildungswesen absichtlich, mindestens unbedacht an den Rand gesellschaftlichen Lernens manövriert werden soll. Auf der anderen Seite agieren technologische Offensiven und Visionen: Sie wollen am liebsten fast alle Lehr- und Lernaufgaben den technischen Systemen und den Edukanden selbst übereignen; institutionelle Lernformen sehen sie nur noch als Übergang vor, bis sich die virtuellen und privaten Versionen durchgesetzt haben. Dadurch würde sich Lernen weitgehend auf kognitives Erfassen symbolischer Lernobjekte reduzieren, soziale und erfahrungsorientierte Momente werden zurückgedrängt, nicht mehr als Lernaufgaben erachtet und möglichst eliminiert.

In beiden hier extrem polarisierten pädagogischen Reaktionen läßt sich die Forderung und die Verwirklichung von Medienkompetenz integrieren, wodurch erneut ihre inhaltliche Ambivalenz unterstrichen wird: In einem Fall bedeutet Medienkompetenz eher Stärkung und Entfaltung kommunikativer Kompetenz möglichst ohne Medien. Im anderen ist sie informationstechnische, wissensorganisierende und Lernkompetenz fast ausschließlich mit Medien, wohingegen sich soziale, erfahrungsorientierte und letztlich - im herkömmlichen Sinn - kommunikative Kompetenz naturwüchsig außerhalb der technischen Lernarrangements entwickeln müßte. Wie Medienkompetenz künftig verstanden wird, das dürfte wohl kaum allein von pädagogischen Bestrebungen beeinflußt werden. Aber Pädagogik muß ihre Kompetenz und ihr Anliegen immer wieder und nicht zuletzt mit dem Terminus Medienkompetenz reklamieren - allerdings vorrangig im Interesse und in Verantwortung für die Individuen, was nicht ohne politische und inhaltliche Bestimmung von Medienkompetenz und deren gesellschaftlicher Durchsetzung möglich sein wird.

Literatur

Arbeitsgemeinschaft der Landesmedienanstalten in der Bundesrepublik Deutschland (ALM) (Hrsg.) (1998): Jahrbuch der Landesmedienanstalten 1997/98. Privater Rundfunk in Deutschland. München
Baacke, D. (1973): Kommunikation und Kompetenz. Grundlegung einer Didaktik der Kommunikation und ihrer Medien. München
Baacke, D. (1996): Medienkompetenz als Netzwerk. Reichweite und Fokussierung eines Begriffs, der Konjunktur hat. In: medien praktisch, Heft 1, S. 4–10
Baacke, D. (1997): Medienkompetenz - ein neues Wundermittel für Fernsehzuschauer? In: Arbeitsgemeinschaft der Landesmedienanstalten in der Bundesrepublik Deutschland (ALM) (Hrsg.) (1997). Programmbericht zur Lage und Entwicklung des Fernsehens in Deutschland. Berlin, S. 292-296
Baacke, D. (1998): Medienkompetenz - Herkunft, Reichweite und strategische Bedeutung eines Begriffs. In: H. Kubicek u.a. (Hrsg.), a.a.O., S. 22-27
Bertelsmann Stiftung u. Heinz Nixdorf Stiftung (Hrsg.) (1996): Neue Medien in den Schulen. Projekte - Konzepte - Kompetenzen. Gütersloh
Deutscher Bundestag (Hrsg.) (1998): Schlußbericht der Enquete-Kommission "Zukunft der Medien in Wirtschaft und Gesellschaft - Deutschlands Weg in die Informationsgesellschaft". Drucksache 13/11004 vom 22. Juni 1998. Bonn
Dichanz, H. (Hrsg.) (1997): Medienerziehung im Jahre 2010. Probleme - Perspektiven - Szenarien. Gütersloh
Enquete-Kommission "Zukunft der Medien in Wirtschaft und Gesellschaft. Deutschlands Weg in die Informationsgesellschaft." Deutscher Bundestag (Hrsg.) (1997): Medienkompetenz im Informationszeitalter. Bonn
Faulstich, W. (1996): Medien und Öffentlichkeiten im Mittelalter 800 - 1400. Göttingen
Faulstich, W. (1997): Das Medium als Kult. Von den Anfängen bis zur Spätantike (8. Jahrhundert). Göttingen
Gapski, H. u. a. (1996): Europäisches Zentrum für Medienkompetenz. In: medien praktisch, Heft 2, S. 6
Hadamek, S. (1998): Medienkompetenz. Ökonomische Notwendigkeit und gesellschaftliche Aufgabe. In: H. Kubicek u.a. (Hrsg.), a.a.O., S. 41-44
Heydrich, W. (1995): Nachträgliches zur Kompetenz. In: Lauffer, J./Volkmer, I., a. a.O., S. 223-234
Kubicek, H.u. a. (Hrsg.) (1998): Jahrbuch Telekommunikation und Gesellschaft 1998. Lernort Multimedia. Heidelberg
Kübler, H.-D. (1996): Kompetenz der Kompetenz der Kompetenz. Anmerkungen zur Lieblingsmetapher der Medienpädagogik. In: medien praktisch, Heft 2, S. 11-15

Kübler, H.-D. (1998): Vor "Implosionen" des Wissens? Einige medientheoretische Überlegungen. In: Jochum, U./ Wagner, G. (Hrsg.): Am Ende - das Buch: semiotische und soziale Aspekte des Internet. Konstanz, S. 15-54
Lauffer, J./Volkmer, I. (Hrsg.) (1995): Kommunikative Kompetenz in einer sich ändernden Medienwelt. Opladen
Leggewie, C./Maar, C. (Hrsg.) (1998): Internet & Politik. Von der Zuschauer- zur Beteiligungsdemokratie. Köln
Main, M. (1996): Wirtschaftspolitische Aspekte der Medienkompetenz. In: Rein, A. von (Hrsg.), a.a.O., S. 84-95
Moser, H. (1999): Einführung in die Medienpädagogik. Aufwachsen im Medienzeitalter. 2. Aufl. Opladen
Rein, A. von (Hrsg.) (1996): Medienkompetenz als Schlüsselbegriff. Bad Heilbrunn
Schorb, B. (1995): Medienalltag und Handeln. Medienpädagogik in Geschichte, Forschung und Praxis. Opladen
Spinner, H. F. (1994): Die Wissensordnung. Ein Leitkonzept für die dritte Grundordnung des Informationszeitalters. Opladen
Stock, J. u. a. (1998): Delphi-Befragung 1996/1998. "Potentiale und Dimensionen der Wissensgesellschaft - Auswirkungen auf Bildungsprozesse und Bildungsstrukturen". Integrierte Schlußbericht von Prognos AG. und Infratest Burke Sozialforschung GmbH & Co im Auftrag des Bundesministeriums für Bildung, Wissenschaft, Forschung und Technologie. München und Basel
Tully, C. J. (1994): Lernen in der Informationsgesellschaft. Informelle Bildung durch Computer und Medien. Opladen
UNESCO-Kommissionen der Bundesrepublik Deutschlands, Österreichs und der Schweiz (Hrsg.) (1981): Viele Stimmen - eine Welt. Kommunikation und Gesellschaft heute und morgen. Konstanz
Vollbrecht, R./ Mägdefrau, J. (1999): Medienkompetenz als Ziel schulischer Medienpädagogik. In: medien praktisch, Heft 1, S. 54-57

II Medienkompetenz - Entwicklung und Anforderungen im Prozeß des Heranwachsens

Helga Theunert
Medienkompetenz: Eine pädagogische und altersspezifisch zu fassende Handlungsdimension

Medienkompetenz ist in aller Munde: In politischen Reden fungiert sie als Schlüssel für das Bestehen in künftigen (multi)medial gestalteten Informationsgesellschaften. Und auch die offizielle Bildungswelt - lange Zeit regelrecht medienresistent - hat die Medienkompetenz entdeckt; so gilt sie im gleichnamigen Unterrichtspaket der Bundesregierung (noch die der Kohl-Aera) als "eine wichtige Aufgabe für die allgemeine und berufliche Bildung", denn durch die neuen Medien - so wird ein wenig vage argumentiert - entstehen "neue Kommunikations- und Beteiligungsformen. Rezipienten und Produzenten von Informationen rücken enger zusammen" (Presse- und Informationsamt der Bundesregierung 1997, S. 6 und 9). Den mit Medienpädagogik befaßten Menschen freut natürlich die Aufmerksamkeit und öffentliche Aufwertung für eine zwar nicht brandneue, aber unvermindert wichtige Zieldimension medienpädagogischer Theorie und Praxis. Weniger freuen die Beschneidungen, die mit den Adaptionen vielfach einhergehen. Da wird Medienkompetenz kurzerhand auf die Fähigkeit gestutzt, den Computer oder andere technisch-elektronische Errungenschaften richtig zu bedienen. Aus der Medienkompetenz werden - in diesem eingeschränkten Denken nur folgerichtig - dann viele medienspezifische Kompetenzen: Film-, Fernseh- und Videokompetenz zum Beispiel oder Computer-, Multimedia- und Internetkompetenz. Oder Medienkompetenz steht für eine ausschließlich affirmative Haltung gegenüber medientechnischen Entwicklungen, soll die Menschen an die Technik anpassen und solche Anpassungsprozesse im Sinn eines - ebenfalls gerade en vogue - lebenslangen Lernens gewährleisten. So ist etwa in dem oben bereits erwähnten Unterrichtspaket die Rede davon, daß der technische Fortschritt eine "lebenslange Anpassung an neue Entwicklungen" (S. 6) erfordere. Solche einseitigen Auffassungen finden teilweise auch Anklang in der Medienpädagogik. Einigkeit, wofür der Begriff Medienkompetenz stehen soll, herrscht nämlich auch hier nicht. Anschaulich belegen dies die Statements, die die Diskussion auf der in diesem Buch zu reflektierenden Tagung anregten. Und einige definitorische Bemühungen verführen durchaus zu technisch-affirmativ gerichteten Interpretationen, etwa wenn Bernd-Peter Lange den Gehalt von Medienkompetenz damit umschreibt, daß es auf der von ihm so bezeichneten qualifikatorischen Ebene darum gehe, "multimediafähige Inhalte für den Markt reif zu machen" und auf der gesellschaftlichen Ebene "Anpassung der Rahmenbedingungen" notwendig sei, "um das Potential von Multimedia ausschöpfen zu können" (vgl. sein Statement in diesem Buch).
Mit der ursprünglichen Zieldimension Medienkompetenz, die die Medienpädagogik - wenn auch nicht als Begriff, so doch im Sinngehalt - immerhin schon seit Anfang der 70er Jahre begleitet, haben solchermaßen beschnittene Fassungen wenig zu tun. Ohne allzu tief in die Herkunft einzudringen, sei an dieser Stelle an die wesentlichen Wurzeln und damit zugleich an die zentralen Bestimmungen von Medienkompetenz erinnert.

1. Kommunikative Kompetenz: Ausgangs- und Bezugspunkt von Medienkompetenz

Im Kontext medienpädagogischer Theorie ist Medienkompetenz gekoppelt an den Begriff ‚kommunikative Kompetenz', den Dieter Baacke 1973 im Rückgriff auf und in Auseinandersetzung mit Jürgen Habermas' Theorie der kommunikativen Kompetenz (1971) in die medienpädagogische Diskussion einbrachte. Bleibt Habermas' Begriff der kommunikativen Kompetenz durch Sprache konstituiert, so erweitert Baakke ihn auf "andere mögliche Arten des Verhaltens (z.b. Gesten, Expressionen durch leibgebundene Gebärden, auch Handeln)" (1973, S. 261f). Die bei Habermas zentrale gesellschaftskritische und emanzipatorische Dimensionierung kommunikativer Kompetenz - sie gilt ihm als Voraussetzung und Ziel des ‚herrschaftsfreien Diskurses' - konturiert Baacke deutlich als pädagogische Ziel- und Handlungsdimension, wenn er betont, daß es letztlich darum gehe, "dem Menschen zu verhelfen, seine Kommunikationskompetenz für die Entscheidung zu vernünftigen Konfliktlösungen mit dem Ziel einer Aufhebung ungerechtfertigter und unfrei machender Herrschaft einzusetzen" (1973, S. 287). Vor allem aber integriert Baacke in das Konzept der kommunikativen Kompetenz die massenmediale Kommunikation. Sie gilt ihm als mit alltäglicher personaler Kommunikation eng verzahnt und entsprechend wirkt sie in einem vielfältigen Wechselspiel mit dieser auf individuelle wie gesellschaftliche Sozialisationsprozesse ein. Folglich können alltägliche personale wie massenmediale Kommunikation den Erwerb und Ertrag kommunikativer Kompetenz befördern oder aber behindern. Auch an das System der Massenkommunikation knüpft Baacke eine pädagogische Zielvorstellung: "Ist Öffentlichkeit in all ihren Erscheinungsformen ein System, mehr und mehr produziert und beherrscht von Public-relations-Managern und Meinungsmachern, so ist die Organisation von Erziehungsprozessen so anzulegen, daß wir unsere unmittelbaren Erfahrungen und die aus ihnen resultierenden Interessen gegen die gemachte Kommunikation zu halten und zu behaupten lernen. Dafür Möglichkeiten bereitzustellen, erfordert nicht nur Korrekturen in den Erziehungsstrategien des ‚Bildungssystems' und des ‚Systems der Massenkommunikation', sondern auch die Eröffnung von neuen Räumen kommunikativer Teilhabe". (1973, S. 363f)

Medienpädagogisch orientiert läßt sich der Gehalt des Konzepts der kommunikativen Kompetenz folgendermaßen zusammenfassen: Da Aneignung von und kompetentes Handeln in der Realität an Kommunikation als der elementaren menschlichen Interaktionsebene gebunden sind, bezeichnet kommunikative Kompetenz die Fähigkeit zu selbstbestimmter, reflexiv orientierter Kommunikation, die Aneignungsfähigkeit und Handlungskompetenz in sich einschließt und bildet somit die Grundlage, auf der Aneignung von, aktives Einwirken auf und Veränderung von Realität gründet (vgl. Theunert 1996). (Massen)Medien und mediale Kommunikation als Bestandteile von individueller wie gesellschaftlicher Realität sind in diese Perspektive eingeschlossen und kommunikative Kompetenz erstreckt sich folglich auch auf den Umgang mit und die Teilhabe am System der Massenkommunikation. In einer Gesellschaft, in der die kommunikativen Verhältnisse in erheblichem und zunehmendem Maße über (Massen)Medien beeinflußt und gestaltet werden, kommt diesem Aspekt ein besonderer Stellenwert zu, und die Theorie der kommunikativen Kompetenz hält dafür - wie schon 1973 bei Baacke deutlich wurde - (medien)pädagogische Ziel- und Handlungsdimensionen bereit, schließt also Medienkompetenz ein (vgl. auch Schorb u.a. 1991).

Das Herausnehmen der Medienkompetenz aus dem Konzept der kommunikativen Kompetenz, in der Medienpädagogik vor allem in den 90er Jahren populär geworden, ist vor diesem Hintergrund mehr als ein bloßer Begriffswechsel; es impliziert in gewisser Weise eine Perspektivenänderung, die reduktionistische Interpretationen, wie sie eingangs erwähnt wurden, durchaus begünstigt haben mögen. In den Hintergrund geraten ist nämlich oftmals und vor allem der gesellschaftlich gerichtete und an Emanzipation und Partizipation des Subjekts interessierte kommunikative Gesamtkontext. Wenn Baacke heute Medienkompetenz als "eine Besonderung von ‚kommunikativer Kompetenz' (hier sind alle Sinnesakte der Wahrnehmung gemeint) sowie von ‚Handlungskompetenz' (hier sind alle Formen der Weltbemächtigung und Weltveränderung gemeint ...)" bezeichnet und darauf insistiert, daß der "Zusammenhang zwischen Kommunikations-, Handlungs- und Medienkompetenz grundlegend (ist) und nicht aufgegeben werden (darf)" (1999, S. 8 und 11), so wird das Dilemma sichtbar. In der ursprünglichen Fassung erstreckte sich kommunikative Kompetenz auf Medienkommunikation und integriertes Handeln als eine Ebene kommunikativer Äußerung. Für die herausgebrochene Medienkompetenz scheint weder die Handlungs- noch die gesellschaftliche Kommunikationsorientierung selbstverständlich; beides muß neuerlich betont und eingefordert werden.

2. Medienkompetenz: Ein herausragender Bestandteil der kommunikativen Kompetenz

Der Medienkompetenz innerhalb des Konzepts der kommunikativen Kompetenz eine herausragende Stellung zuzuweisen, hat jedoch in der heutigen und wohl noch mehr in der künftigen Gesellschaft durchaus eine Berechtigung: In den 60er und 70er Jahren, als die Theorie der kommunikativen Kompetenz entwickelt wurde, gerieten Medien vorwiegend als ein emanzipatorisches Handeln geradezu störender Bestandteil von Gesellschaft in den Blick. Die kulturpessimistische und auf Ideologiekritik massenmedialer Produkte konzentrierte Haltung der Kritischen Theorie, die sich auch bei Habermas zeigte, ist dafür nur ein Beleg. Heute hingegen können Medien als zentraler Bestandteil von individueller wie gesellschaftlicher Kommunikation gelten. Sie nur als Störfaktor emanzipatorischer kommunikativer Verhältnisse zu sehen, hieße ihre Bedeutung zu verkennen, in positiver wie in negativer Hinsicht. In negativer Hinsicht sind viele massenmediale Produkte zweifelsohne geeignet, zu Störfaktoren für eine wünschenswerte menschliche (Fort)Entwicklung zu geraten. In positiver Hinsicht gab es zu keinem historischen Zeitpunkt für so viele Menschen so viele Möglichkeiten, sich der Medien ‚zu bedienen' und sie aktiv als Mittel gesellschaftlicher Kommunikation zu nutzen. Auch Baacke weist darauf hin, daß der Begriff ‚Medienkompetenz' "in verstärkter Weise die Veränderung der Kommunikationsstrukturen durch technisch-industrielle Vorkehrungen und Erweiterungen" (1996, S. 119) zu pointieren vermag. Aus dem Stellenwert von Medien im individuellen wie im gesellschaftlichen Leben läßt sich somit eine Berechtigung für ein gesondertes Konzept der Medienkompetenz ableiten. Der emanzipatorische Gehalt des Ursprungs in und der Zusammenhang mit der kommunikativen Kompetenz darf davon freilich nicht tangiert werden.

Der Zusammenhang von kommunikativer und Medienkompetenz wäre dann folgendermaßen zu fassen: Kommunikative Kompetenz bezieht sich auf die grundlegenden, und das sind die interaktiven Daseinsformen des Menschen in personalen und gesellschaftlichen Strukturen. Sie impliziert die umfassende Fähigkeit zur gleichberechtigten Teilhabe an und Gestaltung von gesellschaftlicher Kommunikation. Medienkompetenz bezieht sich auf die Verbindung menschlichen Daseins mit medial gestalteten Welten und integriert die Beherrschung und die einflußnehmende Teilhabe an der Medienentwicklung. Medienkompetenz meint mithin die Fähigkeit, die Medien und Techniken, die gesellschaftliche Kommunikation unterstützen, steuern und tragen, erstens zu begreifen, zweitens sinnvoll damit umzugehen und drittens sie selbstbestimmt zu nutzen (vgl. Theunert 1996).
Aus dem Blickwinkel (medien)pädagogischer Ziel- und Handlungsdimensionen stellt sich das Verhältnis von kommunikativer und Medienkompetenz entsprechend folgendermaßen dar: Kommunikative Kompetenz als Fähigkeit, an gesellschaftlicher Kommunikation zu partizipieren, repräsentiert das übergreifende Ziel, dem in allen pädagogischen, also auch in medienpädagogischen Handlungskontexten Geltung zu verschaffen ist. Medienkompetenz steht für das spezifisch medienpädagogische Ziel und umreißt die Fähigkeit, Medien und medial basierte Kommunikation zu begreifen und ebenso selbstbestimmt wie verantwortlich zu nutzen und sich dienstbar zu machen. Wo Medien zunehmend zu Schaltstellen von Information und Kommunikation werden, wird auch Medienkompetenz zunehmend zur Grundlage gesellschaftlicher Teilhabe; sie wird als soziales Handeln zu einer entscheidenden Dimension kommunikativer Kompetenz, freilich ohne sie zu ersetzen. Medienkompetenz wird so zugleich zu einer relevanten Ziel- und Handlungsdimension jedweden pädagogischen Handelns und ihren Erwerb nicht nur wenigen, sondern allen zu öffnen, muß Ziel einer Gesellschaft sein, der Demokratie als Wert gilt (vgl. Theunert 1996).

3. Medienkompetenz: Ein Bündel von kognitiven und handlungsorientierten Fähigkeiten

Vor dem skizzierten Hintergrund steht Medienkompetenz für ein Bündel von Fähigkeiten, das sich keineswegs allein auf den praktischen Umgang mit Medien und ihren Produkten beschränkt, sondern zugleich gesellschaftliche und auch politische Orientierungen umfaßt. Kompetentes Sich-Bewegen und Handeln in heutigen Medienwelten erstreckt sich auf das Gesamt medialer Angebote und Techniken sowie auf ihre Verknüpfung und Vernetzung. Dies meint der Begriff ‚integrierter Medienumgang' (vgl. Schorb/Theunert 1989). Er betont, daß Medienkompetenz sich nicht in medienbezogenen oder gar technischen Fähigkeiten erschöpft, sondern sich gleichermaßen auf das Bewußtsein für Chancen und Gefahren erstreckt, die mediale Entwicklungen für individuelles wie gesellschaftliches Leben bereithalten, und auch auf die Bereitschaft, für eine Teilhabe aller an medialer Kommunikation im Reden wie im Tun einzutreten.

Die Dimensionen von Medienkompetenz werden vor diesem Hintergrund deutlich: Eine erste ist der selbstbestimmte Umgang mit Medien. Das meint Auswahl, Rezeption bzw. aktive Nutzung von Medien und medialen Kommunikaten aufgrund eigener Interessen und begründeter Urteile. Eine zweite Dimension ist die aktive Kommunikation mittels Medien, womit Partizipation an der medial gestalteten gesellschaftlichen Informations- und Kommunikationswelt möglich wird. Eine dritte Dimension ist schließlich die kritische Reflexion und Verantwortung gegenüber medialen Entwicklungen. Die Analyse der Medienentwicklung in ihrer Bedeutung für individuelles und gesellschaftliches Leben ist hier ebenso beinhaltet wie das sozial-ethisch gerichtete Abwägen zwischen technischem Fortschritt und humanen Lebensbedingungen. Diesen Dimensionen sind kognitiv gerichtete Aneignungsformen und Fähigkeiten (Stichworte hierzu wären z.B. Orientierungs- und Strukturierungswissen sowie Reflexions- und Kritikfähigkeit) und handlungsorientierte Fähigkeiten und medienbezogene Fertigkeiten (Stichworte hierzu wären z.B. technisches Handhabungs- und ästhetisches Gestaltungswissen) vorausgesetzt und zugeordnet. Sie weisen gleichsam miteinander verzahnte Wege hin zum medienkompetenten Subjekt[1].

4. Medienkompetenz: Eine (medien)pädagogische Ziel- und Handlungsdimension

"Medienkompetenz ist weder ein angeborenes Muster noch ein entwicklungslogisches Muß ..., sondern ... abhängig von der Förderung über Erziehungs- und Bildungsinstitutionen." (Baacke 1999, S.10) Das medienkompetente Subjekt bedarf der pädagogischen Anstrengung; es entsteht nicht von selbst und auch nicht aus sich selbst heraus und erst recht nicht aus der bloßen Rezeption und Nutzung von Medien und ihren Produkten. Der unbedachte Gebrauch von Begriffen wie ‚Selbstsozialisation' oder die Rede vom via Medienkonsum kompetent werdenden Kind führen nicht nur zu Schieflagen, sondern kommen jenen entgegen, denen es darum getan ist, die Ver-

---

[1] Die Dimensionierung von Medienkompetenz und die Auffächerung der zugehörigen Fähigkeitsbündel ist bei verschiedenen Autorinnen und Autoren mehr oder weniger differenziert. So gliedern etwa Baacke (1999) und Schorb (1997) jeweils vier Dimensionen mit Unterdimensionen auf.

antwortung der Medien gegenüber der heranwachsenden Generation abzuschwächen oder gleich ganz in Abrede zu stellen.
Der Mensch ist nicht per se medienkompetent. Und Medienkompetenz stellt sich auch nicht von allein mit dem Erreichen eines bestimmten Reifegrades ein. Medienkompetenz wird wie jedes soziale Handeln im Prozeß der Sozialisation erworben und ausgeformt - im Wechselspiel der Anstöße und Anregungen von außen auf der einen Seite und der Erfahrungen im eigenen Handeln, zu dem heute mediale Kommunikation zählt, auf der anderen Seite.

(Medien)Pädagogisch gefaßt hat das Konzept der Medienkompetenz insbesondere *zwei Implikate*, die Zielvorstellungen und Handeln in pädagogischen Prozessen grundlegen und leiten:
Ein erstes und zentrales Implikat ist das aktive Menschenbild, die Auffassung also, daß der Mensch sein Leben zu begreifen und zu gestalten in der Lage ist. In dieser Sicht ist der Mensch ein prinzipiell kompetentes Wesen, im Sinne von vernunftbegabt und handlungsmächtig und er ist kommunikationsbereit und -fähig. Beides, Kompetenz und Kommunikationsfähigkeit, sind Voraussetzungen, damit Medien in selbstbestimmter Weise genutzt und benutzt werden können, damit der Mensch also Medienkompetenz ausformen kann. Dieses Menschenbild hat Geltung für alle Lebensstadien. Es variiert jedoch in Abhängigkeit von den jeweiligen entwicklungsbedingten Möglichkeiten und damit variieren die jeweils erreichbaren Ausprägungen von Medienkompetenz.
Mit der Auffassung eines aktiven Subjekts ist - dies ist das zweite Implikat eines pädagogisch gefaßten Konzeptes von Medienkompetenz - ein prinzipieller Prozeßcharakter von individuell-biografischer und gesellschaftlich-sozialisatorischer Persönlichkeitsentwicklung verbunden. Sie geht als lebenslanges Wechselspiel zwischen innerer und äußerer Welt des Subjekts vonstatten. Das aktive Subjekt steht in beständiger Auseinandersetzung mit der Welt und es eignet sich die Welt an, im Wahr- und Aufnehmen, im Be- und Verarbeiten und im Beeinflussen und Gestalten. Es lernt beständig, beiläufig im Beobachten, Erfahren und Handeln oder gezielt durch Anstöße und Belehrung. Es lernt in der wirklichen, ihm selbst zugänglichen Welt und in der direkten Interaktion mit anderen Menschen. Und es lernt in medialen Welten und von medialen Wesen, auch wenn sie bloße Phantasieprodukte sind. Im Ergebnis bleiben diese Lernprozesse nicht getrennt. Ebenso wie Medien und ihre Produkte mit der Wirklichkeit verzahnt sind, wirken auch die realen und medialen Erfahrungen der Subjekte ineinander. Welches Gewicht mediales Erfahren und Lernen innerhalb der realen Welt erhält, wird - neben sozialen Einflüssen - wiederum moderiert von den entwicklungsbedingten Voraussetzungen in verschiedenen Lebensstadien.

Jedwede pädagogische Beförderung von Medienkompetenz muß ihren Ausgang in diesen Implikaten nehmen: In der Auffassung vom Menschen als einem prinzipiell aktiven Subjekt, dessen Fähigkeiten es auszuformen und weiterzuentwickeln gilt. Und in der Vorstellung eines prozessualen Sozialisationsverlaufes, in dem das Subjekt reale und mediale Welten aneignet, im Wechselspiel von eigenständigem Entdecken und Eingreifen auf der einen Seite (in diesem Sinne könnte der Begriff ‚Selbstlernen' gebraucht werden) und von außengeleitetem, intentionalem Hineinführen auf der anderen Seite (in diesem Sinne sind Begriffe wie ‚Erziehen' und ‚Bilden' angebracht). Pädagogische Beförderung von Medienkompetenz heißt, die eigenständige und geleitete Aneignung all derjenigen Bereiche menschlichen Daseins auszubalancieren, die mit Medien verwoben und mit gesellschaftlicher medialer Kommunikation verbunden sind.

5. Medienkompetenz: altersspezifisch zu differenzieren und zu fördern

Werden die angeführten Implikate von Medienkompetenz als (medien)pädagogischer Ziel- und Handlungsdimension geteilt, stellt sich nicht mehr nur die Frage, was denn ein medienkompetentes Subjekt letztendlich ausmacht, also welche Fähigkeiten der Mensch idealerweise zu beherrschen hat, um den heutigen und auch künftigen medialen Welten als Souverän zu begegnen und an ihnen aktiv teilzuhaben. Auf dieser Ebene sind Dimensionen von Medienkompetenz formuliert und diesen zugehörige Fähigkeitsbündel aus- und nachgewiesen.

Wird Medienkompetenz als pädagogische Ziel- und Handlungsdimension gefaßt, erweitert sich die Frage nach den im Ideal zu erreichenden Dimensionen von Medienkompetenz einerseits um den Aspekt, wie sich das medienkompetente Subjekt im Prozeß der Sozialisation entwickelt, und andererseits um den Aspekt, auf welchen Wegen diese Entwicklung zu unterstützen ist. Zielt der zweite Aspekt auf pädagogische Orte und Strategien, mit denen Medienkompetenz im Lebensprozeß der Menschen zu befördern ist (vgl. die Beiträge von Fred Schell und Bernd Schorb), so richtet sich der erste auf die Bedingungen und Voraussetzungen, die sich der Ausformung von Medienkompetenz in den verschiedenen Stadien des Lebensprozesses stellen. Diese Voraussetzungen und Bedingungen moderieren und begrenzen die Ausprägungen, die medienkompetentes Handeln in den verschiedenen Entwicklungsstadien aufweisen kann. Denn auch wenn die Auffassung eines aktiven, und damit prinzipiell zu medienkompetentem Handeln fähigen Subjekts für alle Lebensstadien Gültigkeit hat, differiert das medienkompetente Handeln eines Vorschulkindes notwendigerweise von dem eines Erwachsenen. Die Medienkompetenz des Kindes kann dabei einerseits andere Bestandteile und Gewichtungen aufweisen, da sich die kindliche Aneignung von realen und medialen Welten von der Erwachsener sehr unterscheidet. Sie kann andererseits weniger umfassend sein, da die der vollen Medienkompetenz vorausgesetzten kognitiven und handlungsorientierten Fähigkeiten dem Kind noch gar nicht oder noch nicht in Gänze zugänglich sind. In den verschiedenen Stadien des Heranwachsens meint Souveränität in und aktive Teilhabe an medialer Kommunikation entsprechend Unterschiedliches. Medienkompetenz als pädagogische Ziel- und Handlungsdimension ist mithin jeweils so zu fassen, daß den entwicklungsbedingten Reflexions- und Handlungsmöglichkeiten Rechnung getragen wird.

Über die altersdifferenzierte Betrachtung von Medienkompetenz wird die prozeßhaft verlaufende Ausformung der zugehörigen Fähigkeitsbündel faßbar. Dies wiederum erlaubt es einerseits, die in den verschiedenen Entwicklungsstadien idealerweise zu erreichenden Ausprägungen zu beschreiben, und andererseits die pädagogischen Wege zu benennen, über die entwicklungsgemäßes medienkompetentes Handeln jeweils zu unterstützen ist. Auf die Sinnhaftigkeit einer altersdifferenzierten Betrachtung von Medienkompetenz wird meist nur in theoretischen Kontexten hingewiesen, so etwa von Baacke (1999), der Kompetenz jedweder Art in Entwicklungsschritte und -dimensionen eingelagert sieht, oder sie wird indirekt deutlich, insbesondere durch die Betonung des prozeßhaft vonstatten gehenden Erwerbs von Medienkompetenz. Auf der Ebene der Konkretisierung von Dimensionen und Fähigkeiten, die Medienkompetenz ausmachen, schlägt sich eine altersdifferenzierte Betrachtung hingegen bisher kaum nieder. Hier ist der Maßstab der in geistiger, sozialer und moralischer Hinsicht voll entwickelte Mensch, der in der Lage ist, seine Umwelt in ihrer Komplexität und mit all ihren kommunikativen Verhältnissen, inklusive der medialen, zu begreifen und in ihr angemessen zu agieren. Dieser Maßstab greift aber erst im Jugendalter. Kinder und auch jüngere Jugendliche haben die dazu notwendigen Voraussetzungen noch nicht. Und doch sind auch sie zu medienkompetentem Handeln fähig - je nach ihrem Entwicklungsstand (und natürlich zusätzlich in Abhängigkeit von ihrem sozialen Umfeld) in unterschiedlichen Ausprägungen und in unterschiedlicher Komplexität. Für eine medienpädagogische Fassung des Konzepts der Medienkompetenz stellt sich entsprechend die Aufgabe, der Altersdifferenzierung Geltung zu verschaffen. Dies erfordert insbesondere die Auseinandersetzung mit *zwei Fragen*:

Als erstes stellt sich die Frage, ab welchem Alter medienkompetentes Handeln Relevanz bekommt und damit pädagogisch zu fördern ist. Kinder werden heutzutage in Umwelten hineingeboren, in denen Medien in vielfältigen Formen präsent und von erheblicher Bedeutung sind. Medien werden entsprechend früh als selbstverständlicher Bestandteil des Alltags wahrgenommen. Die Position, bereits beim Eintritt in den Kindergarten seien entscheidende Grundlagen für die Ausformung von Medienkompetenz gelegt, ist vor diesem Hintergrund bedenkenswert (vgl. den Beitrag von Dieter Spanhel). Freilich handelt sich bei diesen im Kleinkindalter entwickelten Grundlagen eher um die basalen Fähigkeiten zu - primär personaler - Interaktion. Diese sind zwar der kommunikativen Kompetenz ebenso wie der Medienkompetenz vorausgesetzt, sie machen aber weder die eine noch die andere bereits aus.
Medienkompetenz als ein Bündel von geistigen und handlungsorientierten Fähigkeiten mag im Kleinkindalter grundgelegte Fundamente haben, auf die aufzubauen ist, aber ihre Ausformung setzt Erfahrungs- und Lernprozesse voraus, bezogen auf die Wirklichkeit und bezogen auf die Medien, selbst vonstatten gehende und von außen initiierte. Für die Ausformung medienkompetenten Handelns muß beispielsweise die

Wahrnehmung von Medien über die bloße Realisierung einer Reizquelle hinausreichen, und die Inhalte müssen subjektiven Deutungsprozessen unterzogen werden können. Medien müssen als Mittel und Mittler von Botschaften ins Blickfeld geraten. Ob die Wahrnehmungsfähigkeit von Kleinkindern tatsächlich schon soweit reicht, ist bisher nicht ausreichend untersucht und deshalb strittig. Ab dem Vorschulalter aber ist von dieser Wahrnehmungsfähigkeit auszugehen und spätestens ab diesem Lebensstadium differenzieren sich die Fähigkeiten aus, die für die Ausprägung medienkompetenten Handelns kleiner Kinder wichtig sind und damit auch Anknüpfungspunkte für deren altersspezifische Förderung bieten.

Die zweite Frage, die sich bei einer altersdifferenzierten Konzeption von Medienkompetenz stellt, ist die nach dem Verhältnis von Autonomie und Erziehung. Medienkompetenz wird im Prozeß der Sozialisation ausgeformt - im Umgehen mit Medien ebenso wie durch Anregungen von außen, die bereits erworbenen Fähigkeiten beständig zu erweitern oder auch Haltungen zu korrigieren. Bereits Kinder im Vorschulalter vollführen ausgeklügelte Wechselspiele zwischen den Inhalten, die sie in Medien wahrnehmen und von diesen aufnehmen, und der eigenen erlebten und erfahrenen Wirklichkeit. In diesen Wechselspielen vollbringen sie Reflexionsleistungen, die mit zunehmendem Alter immer mehr und immer komplexere Bestandteile von Medienkompetenz auszuformen erlauben - aber nur, wenn sie in der Wirklichkeit und in den Medien geeignetes Material vorfinden. Davon aber ist weder auf der einen, noch auf der anderen Seite auszugehen. Medien und ihre Inhalte können die Entwicklung und Ausformung von Medienkompetenz ebenso behindern wie gesellschaftlich und individualgeschichtlich grundgelegte Lebensverhältnisse. Die kindlichen Selbstheilungskräfte reichen hier nicht hin und so bleibt die Verantwortung der Erwachsenen für die nachwachsende Generation. Die Wahrnehmung dieser Verantwortung ist Erziehung und kann getrost so tituliert werden; Erziehung im Sinn von Unterstützen, Anregen und Fördern, um bereits Vorhandenes weiterzutreiben und zu verfeinern - ausgerichtet an der Persönlichkeit Kind in seinen jeweils altergemäßen, geschlechtsspezifischen und soziokulturellen Besonderheiten. In diesem Verständnis hat Erziehung auch noch im Jugendalter ihren Platz und ihre Funktion. Freilich werden mit zunehmendem Alter die Spielräume der Heranwachsenden größer: Das betrifft ihr Wissen und ihre Reflexionsfähigkeit ebenso wie ihre Erlebens- und Erfahrungshorizonte und ihre Aktions- und Handlungsräume in der wirklichen und in medialen Welten. Für die Ausformung von Medienkompetenz halten diese erweiterten Spielräume viele Möglichkeiten bereit. Gezielte erzieherische Anstöße treten gegenüber autonomen Aneignungsprozessen in den Hintergrund. Erziehung im oben beschriebenen Sinn von Unterstützen, Anregen und Fördern bezieht sich in diesem Kontext auf das Eröffnen und Bereitstellen von Räumen, in denen Jugendliche in eigener Regie ihre Medienkompetenz im selbstbestimmten und aktiven Umgang mit Medien und ihren Produkten weiter entwickeln und ausformen können.

Literatur

Baacke, D. (1973): Kommunikation und Kompetenz. Grundlegung einer Didaktik der Kommunikation und ihrer Medien. München
Baacke, D. (1996): Medienkompetenz - Begrifflichkeit und sozialer Wandel. In: Rein, A.v. (Hrsg.): Medienkompetenz als Schlüsselbegriff. Bad Heilbrunn, S. 112-124
Baacke, D. (1999): "Medienkompetenz": theoretisch erschließend und praktisch folgenreich. In: medien + erziehung. Heft 1, S. 7-12
Habermas, J. (1971): Vorbereitende Bemerkungen zu einer Theorie der kommunikativen Kompetenz. In: ders./Luhmann, N.: Theorie der Gesellschaft und Sozialtechnologie. Frankfurt/M, S. 101-141
Presse- und Informationsamt der Bundesregierung (1997): Medienkompetenz. Qualifikation für die Zukunft. Bonn
Schorb, B. (1997): Vermittlung von Medienkompetenz als Aufgabe der Medienpädagogik. In: Enquete-Kommission Zukunft der Medien in Wirtschaft und Gesellschaft (Hrsg.). Bonn
Schorb, B., Theunert, H. (1989): Die Synonyme - Jugend-Computer-Zukunft. In: dies. (Hrsg.). Ran an den Computer? Die IuK-Techniken in der Jugendarbeit. Opladen
Schorb, B. u. a. (1991): Sozialisation durch (Massen)Medien. In: Hurrelmann, K., Ulich, D. (Hrsg.): Neues Handbuch der Sozialisationsforschung. 4., völlig neu bearbeitete Auflage. Weinheim und Basel (1. Auflage 1980)
Theunert, H. (1996): Gewalt in den Medien - Gewalt in der Realität. Gesellschaftliche Zusammenhänge und pädagogisches Handeln. 2., durchgesehene, mit einem Vorwort aktualisierte Auflage. München (1. Auflage 1987)
Theunert, H. (1996): Perspektiven der Medienpädagogik in der Multimedia-Welt. In: Rein, A.v. (Hrsg.): Medienkompetenz als Schlüsselbegriff. Bad Heilbrunn, S. 60-69

1 Medienkompetenz in der Kindheit: Die Altersgruppe der 3-10jährigen

Helga Theunert/Margrit Lenssen
Medienkompetenz im Vor- und Grundschulalter: Altersspezifische Voraussetzungen, Ansatzpunkte und Handlungsoptionen

Medienkompetenz als eine pädagogische Ziel- und Handlungsdimension für Vor- und Grundschulkinder ernstzunehmen heißt in einem ersten Schritt, vor dem Hintergrund entwicklungspsychologischer Voraussetzungen, gesellschaftlicher Lebensbedingungen und medialer Angebotsmuster altersdifferenzierte Ansatzpunkte und Konturen eines Programms zur Förderung medienkompetenten Handelns im Verlauf der Kindheit zu bestimmen. In einem zweiten Schritt kommt hinzu, dieses Programm für diejenigen Handlungsfelder zu präzisieren, die Kinder im Prozeß des Heranwachsens passieren müssen oder freiwillig kontaktieren.

Dies skizziert ein umfassendes Vorhaben. Denn die Phase der Kindheit, die das Vor- und Grundschulalter umfaßt, im Kern also die Altersspanne von drei bis zehn Jahren, ist in jeder Hinsicht eine ausgesprochen bewegte: Eine Fülle von Entwicklungsstadien wird in geradezu atemberaubendem Tempo durchlaufen, das Gros der geistigen und sozialen Fähigkeiten sowie moralische Grundhaltungen werden ausgebildet und zunehmend differenziert. Die eigene Umwelt und die sich in ihr bewegenden Menschen werden Stück für Stück entdeckt: zunächst das unmittelbar Umfeld, die Familie, die Nachbarschaft; nach und nach weiten sich die Aktionsräume aus, auf den

Kindergarten, die Schule, eventuell auf weltanschauliche und kulturelle Einrichtungen. Das Entdecken und Aneignen dieser Bereiche, die Interaktion mit anderen Menschen, die den Kindern hier in unterschiedlichen Rollen und Funktionen begegnen, all das stellt beständig Anforderungen, an deren Bewältigung die Kinder wachsen, durch eigene Kraft und mit Hilfe von außen.
Zu den direkten Welten, die es anzueignen gilt, kommen spätestens mit Beginn des Vorschulalters, meist noch früher, die Begegnungen mit medialen Welten. In den Entwicklungsstadien, die drei- bis zehnjährige Kinder durchlaufen, ist die Zuwendung zu Medien ebenso unterschiedlich wie die Fähigkeit, mediale Inhalte und Präsentationsformen zu erfassen, und wie die Bedeutung, die Medien für die Alltagsbewältigung erhalten. Eine zentrale Stellung hat das Fernsehen inne: Es ist über die gesamte hier zur Debatte stehende Altersphase hinweg das wichtigste und liebste Medium der Kinder. Auch die Medien wollen entdeckt sein und auch ihre Nutzung stellt Anforderungen an die kleinen Rezipientinnen und Rezipienten, an denen sie wachsen können, durch die ihr Wachsen aber auch gestört werden kann.Was die gesellschaftlichen Bedingungen angeht, die den Rahmen für Kindsein abstecken, so ist im Vor- und Grundschulalter die Bedeutung des Elternhauses herausragend: Zum einen haben die Erfahrungsräume, die Eltern als die wichtigsten Bezugspersonen ihren Kindern eröffnen können, entscheidenden Einfluß auf die Ausformung der geistigen, sozialen und moralischen Haltungen. Zum anderen schlagen die sozialen und ökonomischen Bedingungen, die die Gesellschaft für die Familie bereit hält, auf die Kinder durch: Armut der Eltern z.B. wird immer auch zur Armut der Kinder. Ein zweites Sozialisationsfeld, mit dem Kinder spätestens beim Schuleintritt, meist jedoch schon früher, nämlich im Kindergarten, in Berührung kommen, ist die institutionalisierte Erziehung und Bildung. Vorstellungen und Konzepte, die in den verpflichtend oder freiwillig zu besuchenden Einrichtungen Gültigkeit haben, bestimmen die den Kindern zugänglichen Lern- und Erfahrungsräume. Familie und Erziehungsinstitutionen konfrontieren die Kinder selbst mit einer Fülle von Anforderungen und sollen die Kinder zugleich bei der Bewältigung der vielen Entwicklungsaufgaben und Alltagsanforderungen unterstützen. Daß die Unterstützung nicht immer so ausfällt, daß die Kinder Gewinn daraus ziehen können, wird in bezug auf die Familie vielfach beklagt. Aber auch hinsichtlich der institutionalisierten Erziehung liegt manches im Argen, so daß den Kindern aus den zentralen Sozialisationsinstanzen Hindernisse für ihr Heranwachsen entstehen können.

Dies ist in groben Konturen der Kontext, der die zu klärenden Fragenbereiche für die Konkretisierung einer altersadäquaten Medienkompetenzförderung für das Vor- und Grundschulalter absteckt.
Ein erster Fragenkomplex richtet sich auf das Fundament, auf dem Bemühungen aufbauen können, die im Vor- und Grundschulalter Erfolg auf dem Weg zum medienkompetenten Kind versprechen. Zwei Aspekte sind dabei gleichermaßen bedeutsam: Wozu Kinder in bestimmten Altersstadien im Denken, Fühlen und Handeln jeweils fähig sind, und welche gesellschaftlichen Rahmenbedingungen das Heranwachsen moderieren.

Ein zweiter Fragenbereich richtet sich auf die medialen Umwelten, die für das Vor- und Grundschulalter bedeutsam sind, und auf die Umgangsweisen der Kinder mit ihnen. Zu klären ist hierbei auch die Frage, was das wirkliche mit dem medienbezogenen Leben der Kinder zu tun hat, wo es den Zieldimensionen der Medienkompetenz förderlich oder aber hinderlich ist.

Ein dritter Fragenkomplex rankt sich um diejenigen Handlungsfelder, die im Vor- und Grundschulalter in besonderem Maße sozialisationsrelevant sind, sei es, daß sie für die Kinder unausweichlich sind, wie das bei der Familie oder der Schule und größtenteils beim Kindergarten der Fall ist, sei es, daß sich die Kinder ihnen freiwillig zuwenden, wie bei den Medien. Diese Handlungsfelder bieten Erfahrungsräume und Unterstützungsformen, die für die Ausformung von Medienkompetenz bedeutsam sein können, und entsprechend ist zu klären, welche Beiträge von ihnen einzufordern sind.

1. Die Fundamente für die Ausformung von Medienkompetenz: Sozial-kognitive Entwicklung, Sozialisationsprozesse und Medienumgang

Das Ideal des in allen Dimensionen medienkompetenten Menschen, wie es die theoretischen Konzepte von Medienkompetenz beschreiben (vgl. z.B. den Beitrag von Hans-Dieter Kübler) ist für die gesamte Phase der Kindheit im Grunde kein realistisches Ziel, beinhaltet es doch Dimensionen, die für Kinder schlicht nicht zu fassen sind. Dazu zählen - um nur ein Beispiel zu nennen - all die Fähigkeiten, die Bewußtsein über und Erklärung von Medienwirkungsweisen implizieren. Diese erschließen sich dem Denken und Verstehen erst im Jugendalter. Für die hier zur Debatte stehenden jüngeren Kinder im Vor- und Grundschulalter ist Medienkompetenz auf die Dimensionen hin zu konzentrieren, die sie erfassen und begreifen können. Diese adressatenorientierte Reduktion stellt dann keine Beschneidung dar, wenn ihr ein Gesamtkonzept von Medienkompetenz grundgelegt ist. Dann nämlich sind die für Kinder erreichbaren Ausprägungen immer zugleich die Basis, auf der komplexere Dimensionen aufbauen können und müssen. Wird Medienkompetenz als ein prozessual zu erwerbendes und auszuformendes Bündel von Fähigkeiten begriffen, das an die aktive Auseinandersetzung mit der Umwelt, zu der die Medien als ein Bestandteil gehören, gebunden ist, dann müssen die biologischen, sozialen und moralischen Entwicklungs- und Reifeprozesse in den verschiedenen Altersstadien ebenso berücksichtigt werden wie die Einflußfaktoren der sozialen Umgebung und die den Kindern daraus jeweils alters- und geschlechtsspezifisch erwachsenden Anforderungen, und schließlich sind die Umgangsweisen der Kinder mit dem Medienensemble, das sie in ihrer Lebenswelt vorfinden, selbst zu betrachten.

1.1 Die sozial-kognitive Entwicklung als Grundlage für das Verstehen von Medienangeboten

Eine Grundqualifikation für den Umgang mit Medien und ihren Angeboten (vgl. den Beitrag von Tilmann Sutter) stellt die sozial-kognitive Entwicklung dar, in deren Kontext zugleich die moralische Urteilsfähigkeit ausgeformt wird. Der Beteiligung an Interaktion und Kommunikation ist die Fähigkeit der Perspektivenkoordination vorausgesetzt, das Vermögen also, andere Personen in ihrem Denken und Handeln sowie soziale Beziehungen in ihren Strukturen zu verstehen. Die Ausformung dieser Fähigkeit beginnt etwa ab dem dritten oder vierten Lebensjahr und ihre Ausdifferenzierung reicht bis weit ins Jugendalter. Zunächst ist das Kind auf die eigene Handlungsperspektive konzentriert und unterstellt diese selbstverständlich anderen Menschen. In Überwindung dieser ichbezogenen Sicht wird nach und nach realisiert, daß sich die Handlungsperspektiven anderer Menschen von der eigenen unterscheiden können. Mit Erreichen des Schulalters beginnen Kinder sukzessive, sich selbst und das eigene Handeln aus der Warte anderer Menschen zu betrachten und zu beurteilen. Erst am Ende des Grundschulalters - im Kern also schon nach der hier interessierenden Altersphase - beginnt sich die Fähigkeit zur Perspektivenkoordination dahingehend auszudifferenzieren, daß verschiedene Sichtweisen mehrerer Personen gleichzeitig betrachtet und aufeinander bezogen werden können. Die Kinder können nun aus einer Beobachterposition heraus Beziehungen reflektieren.

Die in den einzelnen Entwicklungsstufen jeweils ausgebildeten kognitiven, sozialen und moralischen Fähigkeiten und Haltungen sind maßgebend für das Vermögen, Medieninhalte zu verstehen und zu beurteilen. Sie bilden - wie Tilmann Sutter es nennt - "das Einfallstor, durch das die Medienangebote passieren müssen" (S. 77). Überschreiten die Medienangebote die Fähigkeiten der Kinder, dringen sie nicht zu ihnen vor oder sie werden falsch interpretiert, woraus auch Belastungen erwachsen können. Für die Förderung von Medienkompetenz heißt das beispielsweise, daß die Schulung von analytischen Fähigkeiten am besten an solchen Medienmaterialien gelingen kann, die in Inhalt und Darbietung mit dem Auffassungsvermögen der jeweiligen Altersstadien korrespondieren. So begreifen beispielsweise Vorschulkinder vor dem Hintergrund ihrer ichbezogenen Perspektive solche Handlungssegmente am besten, in denen sie den eigenen Alltag wiedererkennen oder Ähnlichkeiten dazu entdecken können (vgl. Theunert/Schorb 1996).

Auch wenn dieses Stufenmodell der kindlichen Entwicklung Schwächen hat und von einer starren, nur am biologischen Alter orientierten Interpretation Abstand zu nehmen ist, bietet es einen Rahmen, um sich zu vergegenwärtigen, über welche geistigen und sozialen Fähigkeiten und über welches Niveau moralischen Urteilens Kinder in einem bestimmten Altersstadium üblicherweise verfügen. Die Entwicklungsprozesse in der Kindheit zu betonen, heißt nicht, Kinder als ‚unfertige' Wesen zu degradieren, es heißt vielmehr gerade, sie als eigenständige Subjekte zu begreifen. Das impliziert auf der einen Seite, ihre Perspektiven, Denk- und Handlungsformen ernstzunehmen und in Geltung zu belassen, und auf der anderen Seite, ihnen dort Unterstützung zukommen zu lassen, wo ihre eigenen Fähigkeiten noch nicht hinreichen, die Welt um sich herum zu begreifen und nutzbringend in ihr zu agieren.

1.2 Die Bewältigung von Entwicklungsaufgaben und Umweltanforderungen als Ansatzpunkte für Medienkompetenzförderung

Die oben skizzierten Entwicklungs- und Reifeprozesse sind für die Kinder mit der Bewältigung von Entwicklungsaufgaben verbunden, die neben den Anforderungen, die das ‚Großwerden' mit sich bringt, auch den Anforderungen der näheren und weiteren Lebenswelt entstammen. Im Vor- und Grundschulalter müssen die Kinder sich zunächst in ihrer unmittelbaren Lebenswelt verorten und sich innerhalb der Familie Geltung und eine zufriedenstellende Position verschaffen. Mit der Erweiterung ihres Aktionsradius stellt sich diese Aufgabe in gleicher Weise für andere Sozialräume: für die Gruppe der Gleichaltrigen, für den Kindergarten und die Schule und möglicherweise für weltanschauliche und kulturelle Gemeinschaften. In diesen Sozialräumen werden die Kinder mit verschiedenartigen und mit dem Alter zunehmenden Anforderungen konfrontiert. Der Umgang mit diesen Anforderungen erfolgt einerseits unter der Maßgabe der Befriedigung der eigenen Bedürfnisse und andererseits im Hinblick auf die Erwartungen des sozialen Umfeldes, also im Bemühen, das Selbstkonzept mit den sozialen Umgebungen in Einklang zu bringen. Die zentrale Entwicklungsaufgabe von Kindern im Vor- und Grundschulalter ist mithin, eine dem Alter und Geschlecht angemessene personale und soziale Identität zu entwickeln und beständig auszuformen.

Die aus dieser Entwicklungsaufgabe resultierenden handlungsleitenden Themen sind maßgebend für die Auseinandersetzung der Kinder mit ihrer gesamten Umwelt, und dazu gehören als ein sich immer mehr ausbreitender Bestandteil die Medien. Ebenso wie in der Realität, in der Interaktion mit Erwachsenen und Gleichaltrigen und in der Auseinandersetzung mit institutionellen Erwartungen und Zwängen, versuchen die Kinder auch in der Beschäftigung mit medialen Angeboten ihr Wissen zu erweitern, Anregungen und Orientierungen für ihr eigenes Denken und Handeln zu finden und so ihre Kompetenzen auf allen Ebenen weiter auszuformen. Sie "arbeiten" - wie Ingrid Paus-Haase es formuliert (vgl. ihren Beitrag in diesem Buch) - mit der sie umgebenden Realität ebenso wie mit den Medienangeboten, die ihnen in dieser Realität zugänglich sind. Mit beidem setzen sie sich aktiv und selektiv auseinander, auf der Grundlage ihrer bereits ausgeformten Fähigkeiten und Haltungen und nach Maßgabe ihrer jeweiligen handlungsleitenden Themen. Dabei nutzen sie ihre Alltagserfahrungen dazu, die Medienangebote zu begreifen und einzuordnen, und umgekehrt dienen ihnen aber die Medienangebote auch dazu, ihre Entwicklungsaufgaben und Alltagserfahrungen zu bearbeiten (vgl. Charlton/Neumann 1986, Theunert/Schorb 1996).

Die handlungsleitenden Themen, die Kinder in den verschiedenen Altersstadien beschäftigen, spielen bereits für die Selektion von Medien und Medienangeboten eine Rolle. Allerdings ist - verglichen mit späteren Stadien des Heranwachsens - die Entscheidungsfreiheit im Vor- und Grundschulalter gegenüber äußerer Einflußnahme und Reglementierung im Hintertreffen. Was Kinder in bestimmten Entwicklungsstadien beschäftigt, beeinflußt jedoch in ganz entscheidendem Maße die Aufmerksamkeit für Medienelemente, also für Inhalte, Figuren, Darbietungsweisen, und es beeinflußt die Art und Intensität der Bezüge, die die Kinder zu ihrem eigenen Leben herstellen. Für eine altersangemessene Förderung von Medienkompetenz halten die handlungsleitenden Themen, die Kinder in den verschiedenen Entwicklungsstadien haben, inhaltliche Ansatzpunkte bereit. Insbesondere trifft das für diejenigen Themen zu, die mit Entwicklungsaufgaben, also mit dem ‚Großwerden' verknüpft sind, weil sie sich für das Gros der Kinder in gleicher oder vergleichbarer Weise stellen. Aber auch Themen, die mit aktuellen Anforderungen und Problemlagen konkreter Lebenswelten verbunden sind, enthalten oft überindividuelle Elemente, die sie für eine Altersgruppe insgesamt bedeutsam machen.

1.3 Medienzuwendung und Medienumgang als Ansatzpunkte für adäquate Medienkompetenzförderung

Kinder sind aktive Subjekte, die sich von klein an mit ihrer Umwelt und gleichermaßen mit den dort vorfindbaren Medien auseinandersetzen. Über die Klärung der Frage, wie die Prozesse der Medienaneignung im Vor- und Grundschulalter vonstatten gehen und wie sie sich im Altersverlauf verändern, können die in der Wirklichkeit der Kinder liegenden Voraussetzungen für die Ausformung von Medienkompetenz um die im Medienumgang selbst liegenden Voraussetzungen ergänzt und erweitert werden.

Wenn Medien ein "zentraler, weil attraktiver, zuweilen hoch faszinierender Bestandteil des kindlichen Alltags" (Paus-Haase, S. 82) sind, und wenn Kinder als aktive Subjekte mit eigenständigen Perspektiven ernstgenommen werden, dann hat die Klärung der Prozesse der Medienaneignung vor dem Hintergrund zweier Prämissen zu geschehen: Zum ersten ist zu gewärtigen, daß alle auf Medien gerichteten Aktivitäten mit dem Alltagskontext der Kinder verwoben sind. Wer den Medienumgang von Kindern verstehen will, muß mithin auch ihren Alltag zu verstehen suchen. Zum zweiten ist davon auszugehen, daß der Medienumgang von Kindern eigenständigen und eigenwilligen Strukturen folgt, die mit denen von Erwachsenen nicht konform gehen. Um den kindlichen Umgang mit Medien nachvollziehen und verstehen zu können, ist eine Annäherung an die kindliche Perspektive erforderlich. Dazu gehört die Kenntnis ihrer Medien, ihrer Vorlieben und Nutzungsgewohnheiten ebenso wie das Wissen um den Stellenwert, den Medienangebote für die Alltags-, Vorstellungs- und Phantasiewelten der Kinder haben bzw. erlangen können.

Das Medium, das für Kinder im Vor- und Grundschulalter im Mittelpunkt steht, ist das Fernsehen. Wiewohl mittlerweile mit dem Attribut ‚alt' versehen, spielt es in der gesamten Kindheit nach wie vor die entscheidende Rolle. Bei den jüngsten im Vorschulalter können hier allenfalls die Hörkassetten mithalten, bei den älteren im Grundschulalter gewinnt mittlerweile der Computer, vorrangig in seiner Spielfunktion, an Attraktivität. Die zentrale Stellung des Fernsehens im Medienensemble zeigt sich bereits bei der zeitlichen Nutzung: Schon Vorschulkinder widmen diesem Medium täglich über eine Stunde Zeit. Im Grundschulalter steigt die tägliche Sehdauer auf eineinhalb bis zwei Stunden an. Auch was die Beliebtheit angeht, hat das Fernsehen die Nase vorn. Es ist für das Gros der Kinder das liebste und wichtigste Medium, und zwar in puncto Unterhaltung genauso wie in puncto Wissen und Information (vgl. Theunert/Schorb 1995). Entsprechend groß ist die Bedeutung, die die Fernsehangebote für Kinder und ihren Alltag haben.

Für ihren Umgang mit dem Fernsehen verfügen die Kinder über altersspezifische Kompetenzen, die in engem Zusammenhang mit den sozial-kognitiven Entwicklungsstufen stehen, zusätzlich aber durch die in der Fernsehrezeption selbst erworbenen Erfahrungen erweitert werden. Ein Modell für die Systematisierung der Entwicklung fernsehspezifischer Kompetenzen im Altersverlauf bieten die vier Schemata von Barth (1995), das Format-, Personen-, Szenen- und Narrationsschema (vgl. dazu den Beitrag von Paus-Haase). Diese Schemata werden im Altersverlauf sukzessive ausgeformt und zunehmend ausdifferenziert. Für die jüngste Gruppe sind die zentralen Figuren einer Sendung sozusagen Dreh- und Angelpunkt ihres Verstehens (Personenschema); und das Verstehen ist auf einzelne Szenen oder kleinräumige Episoden begrenzt (Szenenschema). Mit Erreichen des Grundschulalters beginnen die Kinder das Formatschema auszuformen. Sie sind in der Lage, klar konturierte Genres zu trennen und im Zuge dessen auch deren Realitätsgehalt einzuordnen; sie wissen z.B., daß die Nachrichten die Wirklichkeit und Zeichentrickserien bloße Fiktion zeigen. Auch komplexere Erzählstrukturen, fernsehspezifische Dramaturgie und Ästhetik (Narrationsschema) werden den Grundschulkindern nach und nach zugänglich.

Je umfassender das Fernsehverständnis der Kinder wird, desto mehr wird das Fernsehen unter einem weiteren Aspekt relevant: als Fundgrube für Anregungen und Orientierungen, die auf ihre Brauchbarkeit für die Bewältigung von Entwicklungsaufgaben und Alltagsanforderungen hin geprüft werden. Kinder nutzen Fernsehangebote, um sich als Persönlichkeiten mit ihrem Denken, Fühlen und Handeln, ihren Alltag, die dort relevanten sozialen Gefüge und die darin agierenden Personen, Erwartungen an ihr zukünftiges Leben und vieles mehr zu reflektieren. Bedeutsam sind hierfür insbesondere die Heldinnen und Helden. Mit ihnen vollführen die Kinder ausgeklügelte Wechselspiele. Sie nutzen sie als Spiegel ihrer selbst, ihrer Wünsche und Phantasien. Taugen die Fernsehfiguren nicht als Spiegel, schreiben die Kinder sie kurzerhand fort, machen sie für ihre Vorstellungen und Anliegen paßgerecht. Medienvorgaben werden von Kindern nicht platt übernommen, sie dienen als Material, das nach Maßgabe der eigenen Kriterien bearbeitet wird, mit viel Kreativität und - angesichts der

Dürftigkeit vieler Angebote - mit noch mehr Geduld. Art und Schwerpunkte dieser Aneignungsprozesse differieren natürlich in den verschiedenen Altersstadien. Ab der Mitte des Vorschulalters zeichnet zusätzlich das Geschlecht für Unterschiede verantwortlich. Für den Umgang mit Medieninhalten spielt für Mädchen wie für Jungen das eigene Geschlecht und die daran geknüpften Vorstellungen von Weiblichkeit bzw. Männlichkeit sowie aktuelle und künftige Lebenskonzepte eine ausschlaggebende Rolle: Jungen leben z.b. über die Fernseh-Helden ihre Phantasien von Stärke und Überlegenheit aus, Vorstellungen von Männlichkeit, die in der männlichen Sozialisation immer noch Gewicht haben und vom Fernsehen ausgiebig und oft mit aller erdenklichen Einfalt bedient werden. Mädchen sind hingegen konzentriert auf das Äußere und das Handeln weiblicher Figuren in sozialen Beziehungen. Auch hier werden reale Sozialisationskonzepte vom Fernsehen bestätigt, allerdings oft so platt und altertümlich, daß die Fernseh-Heldinnen für die Mädchen kaum als Spiegel taugen. So müssen die Mädchen auch auf Helden ausweichen, an denen sie z.B. ihre Vorstellungen von einem Partner prüfen, oder auf kindliche Figuren, anhand derer sie sich mit einer künftigen Fürsorgerolle beschäftigen (vgl. Theunert/Schorb 1996). Die geschlechtsspezifischen Formen des Medienumgangs sind für eine an den Kindern ausgerichtete Förderung von Medienkompetenz zu berücksichtigen und auf ihrem Weg zur Medienkompetenz brauchen Mädchen und Jungen Anstöße, die das eigene Geschlecht und die damit verbundenen realen und medialen Themen und Vorstellungen reflektierbar machen. Die Wege, auf denen Mädchen und Jungen Medienkompetenz ausformen, können mithin unterschiedlich sein, Medienkompetenz als Zieldimension umfaßt jedoch für beide Geschlechter die gleichen Dimensionen.

In der *Zusammenschau* verweisen die Stadien des Heranwachsens mit ihren inneren und äußeren Bedingungen und die Medienaneignungsweisen auf eine Reihe von Ansatzpunkten, die es erlauben, Medienkompetenz für Kinder im Vor- und Grundschulalter an realistischen Dimensionen auszurichten und in altersangemessenen Formen zu fördern.

❏ Das Stufenmodell der sozial-kognitiven Entwicklung bietet einen brauchbaren Rahmen. Es erlaubt die inneren Voraussetzungen für ein verständiges Umgehen mit Medienangeboten zu konturieren. Damit lassen sich die Möglichkeiten und Grenzen altersadäquater Medienkompetenzförderung abstecken, kognitive wie emotionale Über- und Unterforderungen in den verschiedenen Altersstadien vermeiden helfen, aber auch weiterführende Anregungen entdecken.
❏ Da Kinder ihre Fähigkeiten und Haltungen in der Auseinandersetzung mit der Wirklichkeit *und* mit den Medien ausformen, ist das Entwicklungsmodell um die Ebene der Medienerfahrung zu ergänzen. Vor dem Hintergrund umfassender Medienerfahrung können z.B. medienbezogene Fähigkeiten früher als üblich ausgeformt werden.
❏ Wenn Kinder als aktive Subjekte begriffen werden, dann ist der Förderung von Medienkompetenz vorausgesetzt, sich der Perspektive der Kinder anzunähern. Das heißt, die Wahrnehmung, die Urteilskriterien und die Verarbeitungsweisen, die

Kinder in bezug auf die Realität und die Medien zeigen, sind nachzuvollziehen und als Ansatzpunkte für Anregungen ernstzunehmen. Erweiterungen aus Erwachsenensicht sind vor allem fruchtbar, wenn sie der kindlichen Perspektive kompatibel sind.

❑ Die alters- und geschlechtsspezifischen handlungsleitenden Themen der Kinder bergen eine Fülle von Ansatzpunkten für die Förderung von Medienkompetenz. Über sie läßt sich die Ausformung medienspezifischer Fähigkeiten, wie z.B. das Entschlüsseln von Botschaften, in Inhaltsbereiche einbetten, denen das Interesse der Kinder gewiß ist. Da die Medienaneignung der Kinder in einem Wechselspiel mit der eigenen Wirklichkeit erfolgt, kommt ein solcher Ansatzpunkt zugleich der Beförderung von Alltagskompetenz zugute.

❑ Vor diesem Hintergrund können die Medien selbst Mittel sein, um die Kinder bei der Bewältigung von Entwicklungsaufgaben und Umweltanforderungen zu unterstützen. Die Tatsache, daß sich Kinder den Medien freiwillig und gern zuwenden, verspricht Erfolg. Voraussetzung ist allerdings die Brauchbarkeit des Medienmaterials und diese scheint mit Blick auf so manche Medienprodukte doch fraglich.

❑ Realitäts- und Medienaneignung der Kinder verweisen auf den Wunsch und die Fähigkeit zu selbsttätigem Entdecken und Reflektieren. Dafür Räume zu eröffnen ist ein erfolgversprechender Weg zur Ausformung von Medienkompetenz. Aufzunehmen ist hier zudem das kindliche Interesse an kollektiver Mediendeutung, das sich mit zunehmendem Alter insbesondere auf die Gleichaltrigengruppe richtet. Hierin liegen viele Möglichkeiten für die Erweiterung des Horizonts und die Weiterentwicklung von Urteilskriterien.

2. Handlungsfelder der Medienkompetenzförderung für das Vor- und Grundschulalter

Mit den oben aufgelisteten Punkten sind die Konturen eines Programms skizziert, das sich in unterschiedlicher Schwerpunktsetzung all jenen Handlungsfeldern als Aufgabe stellt, die für die Förderung von Medienkompetenz im Vor- und Grundschulalter tätig sind bzw. tätig werden müssen. Es sind dies zum einen Kindergarten und Schule, die als institutionalisierte Orte des Lernens einen kompetenten Medienumgang gezielt unterstützen können; zum zweiten die Familie, die den Umgang mit Medien vom Kleinkindalter an beeinflußt und so wesentlich zur Ausformung von Medienkompetenz beitragen kann; und schließlich das Leitmedium von Kindern dieser Altersgruppe, das Fernsehen, das als Transporteur von Orientierungsangeboten auch für die Förderung von Medienkompetenz Verantwortung tragen sollte.

2.1 Das Fernsehen als Förderinstanz für Medienkompetenz

Das Fernsehen ist keine pädagogische Institution und es wäre unsinnig, ihm pädagogische Aufgaben abzuverlangen. Doch als öffentlich zugängliches Medium trägt es

Verantwortung und diese ist besonders gegenüber Kindern wahrzunehmen, denn gerade sie lassen sich vom Fernsehen faszinieren, lieben es als Unterhalter und schätzen es als Lehrer. Weil Kinder vom Fernsehen angetan sind und sich ihm freiwillig zuwenden, hat es dieses Medium leicht - oft leichter als manch professionell Erziehende - Orientierungsangebote an sie heranzutragen. Und so ist das Fernsehen ein Miterzieher, manchmal offen und gewollt, etwa in den explizit und intentional für Kinder gemachten Sendungen, meist jedoch heimlich und ungewollt, weil Kinder auch dort lernen, wo sie gar nicht sollen. Diese Miterzieherfunktion birgt im Prinzip viele Chancen für Medienkompetenzförderung, von denen allerdings erst wenige genutzt werden. Ein bereits traditionell praktizierter Weg besteht darin, der Zielgruppe Kinder altersangemessene und qualitätsvolle Angebote zu machen. Ein gutes Kinderprogramm und niveauvolle Familienunterhaltung beinhalten Anregungen, die Medienkompetenz von Kindern (und auch von Eltern) sozusagen nebenbei weiterbefördern, vor allem im Hinblick auf die Dimensionen, die sich auf die Verfeinerung der Urteilskriterien richten (vgl. dazu den Beitrag von Uwe Rosenbaum). Ein anderer Weg, der im Fernsehen immer mal wieder versucht wird, besteht darin, Medienkompetenz über intentionale medienpädagogische Sendungen direkt voranzubringen (vgl. den Beitrag von Martin Rabius). Für beide Wege stellt sich die Frage, wer von ihnen profitiert. Was das Kinderfernsehen angeht, so gerät es einerseits immer mehr zum Nischenfernsehen, in den Vollprogrammen an den Rand gedrängt oder ganz eliminiert, findet es Zuspruch v.a. bei kleinen Kindern. Schon ab der Mitte des Grundschulalters wendet sich die Mehrheit ab und sucht Aufregenderes in den weniger qualitätsvollen Angeboten. Auch für die medienpädagogischen Sendungen ist zu vermuten, daß sie das Gros der Kinder und Erwachsenen nicht zu erreichen vermögen.

Die Möglichkeiten, die das Fernsehen hätte, Kinder (und auch Eltern) bei der Ausformung von Medienkompetenz zu unterstützen, sind bei weitem nicht ausgeschöpft. Für Qualitätsfernsehen wäre noch viel Raum, auch außerhalb des Kinderprogramms, und medienpädagogisches Wissen könnte in vielfältiger Weise an das Publikum herangetragen werden, in kleinen eingestreuten Spots z.B. oder Huckepack mit den Fernsehlieblingen der Kinder. Hier eröffnet sich ein großes Betätigungsfeld für kreative Menschen, die etwas von Fernsehen und von Kindern verstehen.

2.2 Die Familie als Ausgangsort jeder Medienkompetenzförderung

Die Familie ist der Ort, der den Medienumgang von Kindern zuerst und für die Phase der Kindheit, die das Vor- und Grundschulalter umfaßt, am nachhaltigsten prägt. Entsprechend großes Gewicht hat sie für die Förderung von Medienkompetenz. Dieser Bedeutung aber werden Eltern nicht immer gerecht bzw. können ihr nicht gerecht werden, da die Bedingungen dagegenstehen, die unsere Gesellschaft für das Sozialgefüge Familie in all den Formen, in denen es sich heute zeigt, bereithält. Was immer diese Gesellschaft der heranwachsenden Generation abfordert, die Familie ist in jedem Fall davon tangiert: Sie ist zuständig für die Werteerziehung, sie soll den Nachwuchs zu Leistung anspornen, seine Lerndefizite ausgleichen, ihn zu umweltbewuß-

tem Handeln anhalten und ihn die Verkehrsregeln lehren - und sie soll seinen Medienkonsum in Schranken halten bzw. in die richtigen Bahnen lenken.
Zwei Bedingungen vor allem beeinflussen den Medienumgang in Familien: Erstens zeitigt das ökonomische Fundament Auswirkungen, z.b. wenn die Kinder durch die Berufstätigkeit der Eltern oft alleine zu Hause sind, wenn Eltern ihre Arbeitslosigkeit durch vermehrten Medienkonsum kompensieren, wenn die finanzielle Situation außerhäusige Aktivitäten beschränkt oder wenn über die Medien der Schein einer Beteiligung an der Konsumwelt aufrechterhalten wird. Zweitens hat der Bildungshintergrund der Eltern Einfluß auf das familiäre Medienhandeln. Eltern mit einem hohen Bildungsstand legen für sich selbst und in der Erziehung ihrer Kinder Wert auf vielfältige Aktivitäten und diskursive Auseinandersetzung. Der Umgang mit Medien wird in dieses Erziehungskonzept eingeordnet. Medien haben einen nachgeordneten Stellenwert im Familienalltag, werden manchmal aber auch ‚verteufelt', woraus den Kindern auch Probleme entstehen können. Eltern mit niedrigem Bildungsstand tendieren selbst zu einem ausgiebigen und oft problematischen Medienkonsum. Medien haben im Familienalltag einen hohen Stellenwert und der kindliche Medienkonsum gerät den Eltern oft gar nicht in den Blick (vgl. dazu den Beitrag von Petra Best). Der Förderung von Medienkompetenz in den Familien sind Grenzen gesetzt und Eltern brauchen Unterstützung, wenn sie ihren Kindern in angemessener Weise zur Seite stehen sollen. Denn nicht nur die Eltern, die selbst einen problematischen Medienumgang pflegen, scheitern an der eigenen Disziplin und vor allem am Quengelpotential des Nachwuchses.
Realiter ist die notwendige Unterstützung für Eltern nicht gerade üppig, wofür zweierlei den Ausschlag gibt: Erstens sind Eltern eine Gruppe, an die nur schwer heranzukommen ist; schließlich gibt es weder eine Elternschule noch einen Elternberufsverband. Zweitens sind Politik und Gesellschaft schnell zur Stelle, wenn es darum geht, an die Eltern Forderungen zu formulieren, weniger schnell oder gar nicht jedoch reagieren sie, wenn es gilt, die Hilfen für die Eltern auch zu finanzieren. Wo trotz dieser wenig ermutigenden Grundlagen pädagogische Hilfe angeboten wird, hat sie nur dann Aussicht auf Erfolg, wenn sie sich der Bevormundung enthält, es vermeidet, das - bei den meisten Eltern in puncto Medienerziehung ohnehin ausgeprägte - schlechte Gewissen zu schüren und statt dessen an den Fragen ansetzt, die sich Eltern tagtäglich stellen. Dazu gehört z.B. die Frage: Was darf mein Kind im Fernsehen sehen? So einfach sie auf den ersten Blick scheint, so komplex ist ihre Beantwortung. Denn sie erfordert das Vereinbaren mehrerer Perspektiven: Da sind die Fernsehwünsche des Kindes und seine fernsehbezogenen Fähigkeiten auf der einen Seite, und da sind die Wünsche der Eltern und pädagogische Kriterien auf der anderen Seite. Den Versuch, die Frage unter Einbezug dieser Perspektiven zu beantworten, unternimmt der FLIMMO, eine Programmberatung für Eltern. Dieses neuartige medienpädagogische Unterfangen betrachtet das Fernsehprogramm aus Kindersicht, bringt Eltern diese Sicht anhand konkreter Sendungen nahe und vermittelt in anschaulicher Form medienpädagogisches Grundwissen. So sollen Eltern sukzessive Sensibilität für die kindlichen Fernsehwünsche und Sicherheit für eine kindgerechte Fernseherziehung erhalten (vgl.

den Beitrag von Petra Best). Ein anderer Weg, der auf eine gewisse Tradition zurückgreifen kann, ist die Elternarbeit, sei es im Rahmen von Kindergarten und Schule oder angesiedelt in Einrichtungen der Erwachsenenbildung. Elternarbeit - wie sie Friedericke Tilemann in ihrem Beitrag vorstellt - ist nicht mehr die moralinsaure Belehrung, der sich Eltern zurecht lieber entziehen, sie basiert vielmehr auf Konzepten, die in kreativen Formen den Eltern das kindliche Medienverhalten verständlich zu machen suchen (vgl. den Beitrag von Friederike Tilemann). Beide Wege repräsentieren in der Praxis erprobte und erfolgreiche Möglichkeiten, Eltern in angemessenen Formen anzusprechen, ihre eigene Medienkompetenz zu steigern, und ihnen so für die Aufgabe, medienkompetentes Handeln der Kinder zu fördern, konkrete Hilfen anzubieten. Damit allerdings ist das für Medienkompetenz zentrale Feld der Elternarbeit erst an den Rändern beackert.

2.3 Kindergarten und Schule als professionelle Instanzen der Medienkompetenzförderung

Beide Institutionen sind im Leben von Kindern der hier zur Debatte stehenden Altersgruppe von großer Bedeutung, markiert der Eintritt in sie doch jeweils einen entscheidenden Schritt auf dem Weg zum ‚Großwerden' und eröffnet neue Erlebens-, Erfahrungs- und Lernräume. Insbesondere die Schule, die jeder Mensch durchlaufen muß, bietet oder besser: böte einen idealen und gewichtigen Rahmen für die professionelle pädagogische Förderung von Medienkompetenz. Dies wird sogar ihrem Bildungsauftrag zugerechnet. Aber weder im Kindergarten noch in der Schule stellt sich die Situation sonderlich befriedigend dar.

Dabei leisten gerade Kinder im Vor- und Grundschulalter in beiden Feldern viel Thematisierungsarbeit, die aufgegriffen werden könnte. Wie alle ihre Erlebnisse tragen sie auch die mit Medien laut- und ausdrucksstark vor sich her, im Erzählen und im Spielen. Besonders gern teilen sie diese Erlebnisse, die freudigen wie die belastenden, mit Gleichaltrigen. Aber sie würden sie auch gern denjenigen mitteilen, die sie erziehen oder unterrichten. Deren Reaktionen auf medienbezogenes Reden und Spielen lehren die Kinder jedoch schnell, daß man Medienerlebnisse von professionell Erziehenden besser fernhält. Denn statt den Kindern Räume zu öffnen, in denen sie relevante Medienangebote kollektiv reflektieren und bearbeiten können, werden immer noch Verbote für medienbezogenes Spielzeug ausgesprochen oder Medienvorlieben diskriminiert. Da mag in der Bildungspolitik noch so viel von Medienkompetenz als Schlüsselqualifikation geredet werden, mit deren Vermittlung gar nicht früh genug begonnen werden kann, Kindergarten und -hort bleiben weitgehend medienfrei. Und die Schule, die ja die ihr anvertraute Generation auf das Leben in einer immer mehr medial gestalteten Welt vorbereiten soll, favorisiert nach wie vor die als Bildungsgut bewerteten Schriftmedien, nähert sich scheu, manchmal widerwillig und oft mit nur technizistischen Vorzeichen den künftigen Arbeitsmedien der heutigen Schulkinder. Der ‚Trivialität' der Lieblingsmedien der Kinder, wie z.B. dem Fernsehen oder auch den Computerspielen, verschließt sich die Schule hingegen auf breiter Ebene.

Was sich in puncto Medienkompetenzbeförderung in Kindergarten, Hort und Schule tut, ist wenig ermutigend. Trotzdem: es gibt vielversprechende Ansätze in Kindergarten und Hort (vgl. den Beitrag von Sabine Eder) ebenso wie in der Schule (vgl. den Beitrag von Wolfgang Schill). In diesen Projekten wird mit und über die Medien gearbeitet, die im Alltag der Kinder wichtig sind, es werden Methoden angewendet, die eigenes Entdecken, Erproben, Gestalten und Produzieren in den Mittelpunkt stellen, und es werden flexible Formen gewählt, die die starren Rahmenbedingungen institutionalisierten Lernens überwinden. Die Kinder lernen in diesen Projekten viel und das mit Vergnügen. Um die mit solchen Projekten beschrittenen Wege weiterzuführen, bedarf es in der Handlungsfeldern Kindergarten und Schule vor allem zweierlei: Erstens mehr Pädagoginnen und Pädagogen, die sich trauen, eingefahrene Wege zu verlassen und sich auf neues, auch für sie mit Lernen verbundenes Terrain zu begeben. Und zweitens mehr strukturelle und inhaltliche Unterstützung, die sich in der Ausbildung von Lehr- und Erziehungskräften ebenso niederschlagen muß wie in Angeboten von Arbeitsmaterialien und Handlungsanleitungen. Dies voranzutreiben ist Aufgabe der Bildungspolitik.

In der *Zusammenschau* der Handlungsfelder, die für die Förderung von Medienkompetenz im Vor- und Grundschulalter von besonderer Bedeutung sind, werden zwar eine Reihe von Unternehmungen offenbar, die sich unter der Maßgabe altersangemessener Zugänge um die Medienkompetenz von Kindern bemühen. Es zeigt sich aber auch, daß in allen Feldern ein sehr großer Handlungsbedarf besteht.
-> Dieser Handlungsbedarf betrifft auf der einen Seite die Bemühungen um die Kinder selbst, die in allen Feldern zu intensivieren und noch deutlicher an den kindlichen Erfahrungswelten auszurichten sind. Die bereits vorhandenen Aktivitäten bieten dafür Beispiele und integrieren Anregungen für Weiterentwicklungen.
-> Auf der anderen Seite sind die Bemühungen um diejenigen zu verstärken, die als Bezugspersonen den Kindern bei der Ausformung von Medienkompetenz zur Seite stehen sollen. Da sich Medienkompetenz weder mit dem Lebensalter von selbst einstellt noch automatisch mit dem Erlernen eines pädagogischen Berufes verbunden ist, brauchen die professionellen Erziehungs- und Lehrkräfte und noch mehr die Eltern, Anregungen und Hilfestellungen, um diese Aufgabe in ihren erzieherischen Umgang mit den Kindern zu integrieren.
-> Was das Fernsehen - oder andere Medien - angeht, so garantiert berufsmäßige Medienarbeit noch keine Medienkompetenz; Medienkompetenzförderung nach innen hätte mithin auch hier ihren Platz. Medien wie das Fernsehen böten jedoch sehr viel mehr und weitreichendere Möglichkeiten, zur Medienkompetenz von Kindern und von Erwachsenen beizutragen, sei es über Qualitätsangebote oder über die medienspezifische Aufbereitung und Verbreitung medienpädagogischer Wissensbestände und Anregungen. Auf solchen Wegen für ein kompetentes Publikum mit Sorge zu tragen, läge im Grunde auch im Interesse von Medienverantwortlichen; solcher Einsicht aber steht derzeit noch bloßes Wirtschaftsdenken entgegen.
Die Optimierung von Medienkompetenzförderung für Kinder ist Aufgabe von Politik

und Gesellschaft, die medienpädagogische Modelle für die benannten Handlungsfelder nicht nur fordern darf, sondern sie auch fördern muß. Im Hinblick auf die Medienentwicklung und die wachsende Bedeutung, die Medien im individuellen wie im gesellschaftlichen Leben erhalten werden, hat diese Aufgabe eine gewisse Dringlichkeit. Und sie ist nicht - wie manche glauben - über technische Investitionen zu bewerkstelligen. Denn die verstauben, wenn sie nicht mit pädagogischen Ideen gefüllt werden.

Literatur

Charlton, M./Neumann, K. (1986): Medienkonsum und Lebensbewältigung in der Familie. München - Weinheim
Theunert, H./Schorb, B. (1995): "Mordsbilder" - Kinder und Fernsehinformation. Berlin
Theunert, H./Schorb, B. (Hrsg.) (1996): Begleiter der Kindheit. Zeichentrick und die Rezeption durch Kinder. München

Tilmann Sutter
Entwicklungspsychologische Grundlagen der Mediensozialisation. Drei Ebenen einer Theorie

Die Ontogenese der Medienkompetenz[1] drei- bis zehnjähriger Vor- und Grundschulkinder steht unter vielfältigen inneren und äußeren Voraussetzungen und Bedingungen: Die inneren Voraussetzungen werden durch die kognitive, sozial-kognitive, affektive, sprachliche und moralische Entwicklung geschaffen. Diese Erwerbsprozesse verlaufen unter äußeren Bedingungen, die durch verschiedene soziale Räume und Institutionen gebildet werden, in welche Kinder hineinwachsen: Zu nennen sind insbesondere die Familie, Gleichaltrigengruppen, Kindergarten und Schule. Dabei bauen die Subjekte ihre Strukturen in einem aktiven Konstruktionsprozeß auf, der in sozialen Beziehungen verläuft. Das bedeutet für den Prozeß der Ontogenese von

---
[1] Der Begriff der ‚Kompetenz' hat sich mittlerweile in den verschiedensten Kontexten eingebürgert, dabei aber seine Schärfe und Teile der Bedeutung verloren, die er einmal in Noam Chomskys Sprachtheorie hatte: Dort fungiert er als ein synchronisch angelegtes Beschreibungsinstrument, mit dem das intuitive sprachliche Regelwissen von Individuen in Absetzung vom situativen Gebrauch dieses Wissens (Performanz) bezeichnet wird. Bereits Theorien des Erwerbs subjektiver Strukturen, die noch sorgfältig zwischen Kompetenz und Performanz unterscheiden, verwenden den Begriff der Kompetenz nicht mehr im Sinne Chomskys, sondern vermischen ihn mit Konnotationen der Fähigkeit oder Fertigkeit und verbinden ihn mit begriffsfremden Elementen: z.B. Habermas' ‚kommunikative' Kompetenz (vgl. Taylor 1988). Eingedenk dieses offenen Klärungsbedarfs verwende ich den Begriff der ‚Medienkompetenz' im Sinne der ‚Fähigkeit zum Mediengebrauch'.

Medienkompetenz, daß Kinder in situativen und übergeordneten sozialen Zusammenhängen selektiv und deutend mit Medienangeboten umgehen. Es ist nun freilich nicht leicht, einen kurz gefaßten Zugang zu den vielfältigen und komplexen Relationen zwischen den subjektiven Fähigkeiten und den sozialen Bedingungen des Mediengebrauchs zu eröffnen. Einen vorzüglichen Ansatzpunkt hierfür bietet m.E. die sozialkognitive Entwicklung, weil sie nicht nur eine Grundqualifikation des Umgangs mit Medienangeboten darstellt, sondern auch die Kinder in die Lage versetzt, jene situativen und sozialen Kontexte zu verstehen, in denen ihre Rezeptionsprozesse verlaufen. Darüber hinaus liefert die soziale Kognition das strukturelle Gerüst für die Entwicklung moralischen Bewußtseins. In dem begrenzten Rahmen der nachfolgenden Überlegungen will ich deshalb zunächst kurz die Stufen der sozial-kognitiven und moralischen Entwicklung und ihre Bedeutung für den Umgang von Kindern mit Medien skizzieren. Diese Skizze soll anschließend wenigstens kursorisch mit allgemeinen Hinweisen zu der Frage ergänzt werden, ob und wie eine Theorie des Erwerbs von Medienkompetenz eigenständig zu konzeptualisieren wäre. Hierzu können einige Grundzüge einer konstruktivistischen Theorie der Mediensozialisation benannt werden, die auf den drei Ebenen der Subjektentwicklung, sozialisatorischer Bedingungen und massenmedialer Kommunikationen auszuarbeiten wären.

Soziale Kognition bzw. soziale Perspektivenkoordination, wie sie in der Tradition des genetischen Strukturalismus von Robert Selman (1984), William Damon (1984) und anderen untersucht worden ist, meint die Fähigkeit, andere Personen und soziale Beziehungen zu verstehen. Diese Fähigkeit ist notwendig, um sich an sozialen Interaktionen und Kommunikationen beteiligen zu können. Die soziale Perspektivenkoordination liefert auch das strukturelle Gerüst für die Entwicklung des moralischen Bewußtseins, die vor allem in der Forschungstradition von Lawrence Kohlberg (1984) rekonstruiert wurde (vgl. Sutter 1990). Wie sieht nun die Entwicklung der sozialen Perspektivenkoordination und des moralischen Bewußtseins zwischen 3 und 10 Jahren aus? Und welche Bedeutung kommt ihr in der Rezeption und der sozial-interaktiven Verhandlung von Medienangeboten zu? Um diese beiden Fliegen mit einer Klappe zu schlagen, wähle ich als Veranschaulichung die Geschichte von Holly, mit der Selman (1984, S. 49ff.) die sozial-kognitive und moralische Entwicklung in dem uns hier interessierenden Entwicklungszeitraum rekonstruiert hat. Diese Geschichte ist durchaus als eine Episode in einem Kinderfilm vorstellbar, der vom Fernsehen ausgestrahlt und von Kindern angeschaut wird. Mit dieser Geschichte können deshalb nicht nur die sozial-kognitiven und moralischen Stufen veranschaulicht werden, sondern wir können uns mit ihr zugleich auch exemplarisch vergegenwärtigen, wie Kinder auf verschiedenen Stufen der kognitiven und sozialen Entwicklung typischerweise mit Medienangeboten umgehen können.

Holly klettert gern auf Bäume. Sie ist die beste Kletterin in der Nachbarschaft. Eines Tages fällt sie beim Herunterklettern auf den niedrigsten Ast, tut sich aber nicht weh. Ihr Vater, der sie fallen gesehen hat, ist bestürzt und verlangt von ihr das Versprechen,

nie mehr auf einen Baum zu klettern. Holly verspricht es. Später am gleichen Tag treffen Holly und ihre Freunde Shawn. Ihr Kätzchen ist auf einen Baum geklettert und kann nicht mehr herunter. Es muß etwas unternommen werden, sonst könnte das Kätzchen herunterfallen. Holly ist die einzige, die gut genug klettert, um das Kätzchen zu erreichen und herunterzubringen; sie denkt jedoch an das Versprechen, das sie ihrem Vater gegeben hat.
Den Kindern werden nun Fragen zur Perspektivenkoordination gestellt wie z.B.:
❏ Weiß Holly, wie Shawn wegen ihres Kätzchens zumute ist?
❏ Was wird Hollys Vater deiner Meinung nach tun, wenn er herausbekommt, daß sie auf den Baum geklettert ist?
❏ Was würdest du in dieser Situation tun?
Allgemein geht es darum zu eruieren, wie der eigene Standpunkt des Kindes aussieht, welches die verschiedenen Standpunkte der einzelnen Personen in dem Dilemma sind und in welcher Beziehung diese Standpunkte zueinander stehen. Die Moralentwicklung wird als die Fähigkeit moralischen Urteilens untersucht, die das Vermögen voraussetzt, verschiedene Perspektiven zu differenzieren und zu koordinieren. Hier drehen sich die Fragen an die Kinder um das Problem, welches das richtige Handeln in der hypothetisch vorgestellten Situation ist und wie es begründet werden kann.

Für den Entwicklungszeitraum von 3 bis 10 Jahren sind 4 verschiedene Stufen der Perspektivenkoordination und 3 Stufen der moralischen Entwicklung beschrieben worden[2]:

Stufen der sozialen Perspektivenkoordination		*Stufen des moralischen Urteils*	
Stufe 0 (ab 4 J.) undifferenziert	Physische Unterscheidung von Personen; Zentrierung auf eine Handlungsperspektive		
Stufe 1 (ab 5 J.) differenziert	Intentionalität von Personen und Handlungen; subjektives Verständnis sozialer Beziehungen	Stufe 1 heteronom	Orientierung an Autorität; Vermeidung von Strafe
Stufe 2 (ab 7 J.) reziprok	Zweiseitige Reziprozität von Beziehungen; relatives Verhältnis von Perspektiven	Stufe 2 instrumenteller Ausgleich	Wechselseitiger Ausgleich konkreter Interessen
Stufe 3 (ab 10 J.) gegenseitig	Beobachtung der Reziprozität von Beziehungen; Koordination von Perspektiven	Stufe 3 autonom/ konventionell	Orientierung an sozialen Normen

❏ Die Stufe 0 der undifferenzierten Perspektivenkoordination tritt ungefähr ab 4 Jahren auf. Personen werden nur physisch, nicht aber psychisch voneinander unter-

---

[2] Die folgenden Darstellungen orientieren sich an Formulierungen von Selman (1984), Kohlberg (1984), Piaget (1973) und Habermas (1983)

schieden. Das Kind erkennt nicht, daß andere Personen in einer Situation eine andere Handlungsperspektive als es selbst einnehmen, d.h. es ist auf eine Handlungsperspektive zentriert. Das Kind kann z.B. zuerst dafür eintreten, daß Holly das Kätzchen holt, und voraussetzen, daß der Vater einverstanden ist; wenn aber auf das Versprechen gegenüber dem Vater verwiesen wird, wechselt es auf diesen Standpunkt, d.h. Holly soll das Kätzchen nicht holen. Das Kind sieht nicht den Widerspruch zwischen diesen beiden, nacheinander eingenommenen Standpunkten.

❏ Die Stufe 1 der differenzierten Perspektivenkoordination tritt ab 5 Jahren auf: Nun werden psychische und physische Merkmale von Personen und beabsichtigte und unbeabsichtigte Handlungen unterschieden. Dennoch herrscht ein subjektives Verständnis von sozialen Beziehungen vor: Zwar wird gesehen, daß es unterschiedliche Perspektiven gibt, die können aber nicht gleichzeitig, sondern immer nur aus der Sicht eines der Beteiligten betrachtet werden. So kann das Kind, wenn es für die Rettung des Kätzchens plädiert, wohl verstehen, daß Hollys Vater ärgerlich werden würde, was jedoch verfliegen würde, wenn Holly ihm die Gründe für ihr Verhalten erklärt. Das Kind hält also einseitig an einer Perspektive fest. Dadurch wird auch die Heteronomie des moralischen Urteils auf der ersten Stufe der Moralentwicklung strukturiert: Die Kinder orientieren sich an äußerlicher Autorität, der man zu gehorchen hat, an der Vermeidung physischer Schäden und von Strafen. Selbst wenn Kinder begreifen, daß Holly und ihr Vater unterschiedliche Handlungsperspektiven einnehmen, plädieren sie moralisch einseitig für den Gehorsam Hollys gegenüber der Autorität des Vaters und die Vermeidung von Strafe.

❏ Die Stufe 2 der reziproken Perspektivenkoordination tritt ab 7 Jahren auf. Das Kind kann nun den eigenen von einem fremden Standpunkt aus betrachten und so die zweiseitige Reziprozität von Beziehungen verstehen. Es weiß auch, daß andere Personen dies ebenso vermögen. Allerdings springt das kindliche Verstehen immer nur jeweils von einer Seite der Beziehung zur anderen, ohne daß die Beziehung selbst beobachtet werden könnte. Das zuvor einseitige Verhältnis zwischen den unterschiedlichen Perspektiven wird nun relativistisch begriffen. Dadurch ist ein Ausgleich von Interessen unter instrumentellen Gesichtspunkten möglich, wodurch die zweite Moralstufe gekennzeichnet ist. Die Geltung von Regeln, die man befolgt, ist auf konkrete Interessenlagen bezogen. Konflikte, die über den Ausgleich konkreter Interessen hinausweisen, können weder verstanden noch gelöst werden. Wenn wir ein Kind auf dieser Stufe mit der Geschichte von Holly konfrontieren, ist es nun in der Lage, die Perspektive von Holly auch moralisch gegen die Perspektive des Vaters durchzuhalten: Bricht Holly ihr Versprechen, mag der Vater dies mißbilligen, aber er würde auch verstehen, daß es für Holly wichtiger war, das Kätzchen zu retten. Unter der Voraussetzung, daß der Vater dieses Verständnis für die Interessenlage Hollys nicht aufbringt, wäre der Konflikt für das Kind nicht mehr weiter auflösbar.

❏ Die Stufe 3 der sozialen Perspektivenkoordination steht bereits ganz am Ende des uns interessierenden Entwicklungszeitraumes: sie beginnt mit ungefähr 10 Jahren. Die Kinder können nun eine Beobachterperspektive einnehmen, aus der die reziproke Verschachtelung von Perspektiven selbst reflektiert werden kann. Es können nun nicht nur abwechselnd die verschiedenen Standpunkte der beteiligten Personen betrachtet, sondern von einem übergeordneten Gesichtspunkt aus miteinander koordiniert werden. Dadurch wird die auf konkrete Interessen bezogene Relativität der Standpunkte durchbrochen. Auf der Stufe 3 der Moral kann deshalb ein Begriff der sozialen Norm gebildet werden, der eine Abwägung und Gewichtung unterschiedlicher Ansprüche der Personen erlaubt. In Gleichaltrigenbeziehungen wird die zuvor heteronome Moral in eine zunehmend autonome Moral transformiert, die ein kooperatives Aushandeln und Verändern von Regeln ermöglicht. Mit der Stufe 3 entwickeln Kinder und junge Adoleszente ein soziales und moralisches Verständnis sozialer Beziehungen in überschaubaren Gruppen. Sie können den Konflikt zwischen Holly und ihrem Vater nun nach verschiedenen normativen Gesichtspunkten beurteilen und auflösen.

Diese grobe Charakterisierung der sozial-kognitiven und moralischen Stufenmodelle ist mit Vorsicht zu genießen, nicht nur wegen der verkürzten Darstellung, sondern auch deshalb, weil die dahinter stehenden Entwicklungs- und Sozialisationstheorien vielfältigen Einwänden ausgesetzt sind (vgl. Sutter 1990). Aber für unsere Zwecke sind sie doch geeignet, einen komprimierten Ausschnitt jener sozial-kognitiven Mittel zu zeichnen, die Kindern zwischen drei und zehn Jahren zur Verfügung stehen, um Medienfiguren und Mediengeschichten zu verstehen. Wir sehen am Beispiel der Geschichte von Holly, daß Kinder einen im Entwicklungsverlauf sich ändernden, stufenspezifischen Umgang mit Medienangeboten entwickeln. Die jeweils ausgebildeten kognitiven Strukturen bilden das Einfallstor, durch das die Medienangebote passieren müssen: Überkomplexe Inszenierungen von Figuren und Geschichten können von den Kindern bei noch nicht ausreichenden sozial-kognitiven Fähigkeiten umgedeutet oder ignoriert werden.

Dieses Einfallstor kann mit strukturtheoretischen Stufenmodellen nur sehr grob umrissen werden. Mit der strukturanalytischen Rezeptionsforschung (vgl. Charlton/Neumann-Braun 1992, S. 81ff.) kann vor diesem Hindergrund ein genaueres Modell von Rezeptionsprozessen entwickelt werden: Kinder sind im Verlauf ihrer Entwicklung und in unterschiedlichen Lebenslagen mit bestimmten Themen befaßt, die für sie besonders interessant sind. Sie sind in der Auswahl von und im Umgang mit Medienangeboten also thematisch voreingenommen. Weiterhin haben Kinder die Möglichkeit, sich unterschiedlich stark auf Medienangebote einzulassen, d.h. sie verfügen über Strategien der Rezeptionssteuerung. Schließlich eignen sich Kinder die Medienangebote an, indem sie das Rezipierte in Beziehung zu eigenen Alltagserfahrungen setzen. Besonders geeignet hierfür sind Phantasie- und Rollenspiele, in denen Mediengeschichten von den Kindern nachgestellt und abgeändert werden.
Kinder entwickeln ihre kognitiven und sozialen Fähigkeiten im Kontext sozialisatorischer Interaktionen. Zu fragen ist deshalb nach dem Verhältnis von individuellen Entwicklungen und sozialen Interaktionsprozessen. Im Anschluß an Jean Piagets (1973)

Untersuchungen zum moralischen Urteil von Kindern können wir davon ausgehen, daß verschiedene Stufen der sozial-kognitiven und moralischen Entwicklung verschiedene Interaktionsformationen reflektieren, in denen Kinder ihre soziale Praxis führen. Piaget hat herausgestellt, daß die heteronome Moral Erfahrungen der Kinder in den Autoritätsbeziehungen zu ihren Eltern reflektiert, in der Zwang und einseitige Achtung vorherrschen. In den im weiteren Entwicklungsverlauf immer wichtiger werdenden Beziehungen zwischen Gleichaltrigen herrschen dagegen Kooperation und gegenseitige Achtung vor, die zur Ausbildung eines autonomen Moralbewußtseins führen. James Youniss (1994) und Jürgen Habermas (1983) sprechen von einer ‚unvollständigen' bzw. ‚asymmetrischen Reziprozität', die Autoritätsbeziehungen strukturiert. Diese Form der Reziprozität wird in einem einseitigen Verständnis von Beziehungen zwischen konkreten Handlungen und Verhaltenserwartungen reflektiert. Eine ‚vollständige' bzw. ‚symmetrische Reziprozität' strukturiert kooperative Beziehungen, die in einem gegenseitigen Verständnis von Beziehungen zwischen konkreten Handlungsperspektiven reflektiert werden.

Mit der sozialen Konstitutionstheorie (vgl. z.B. Vygotsky 1978; Bruner 1987) läßt sich die Bedeutung der Teilnahme an sozialen Interaktionen für die individuelle kognitive und soziale Entwicklung in Verbindung mit dem Erwerb von Medienkompetenz herausstellen: Nicht nur der Umgang mit Gleichaltrigen, sondern auch die Unterstützungsleistungen der Eltern bieten die Möglichkeit für die Kinder, an einer sozialen Praxis teilzunehmen, welche die individuelle Entwicklung anregt. Unter diesen Bedingungen steht auch der Erwerb von Medienkompetenz in den sozialisationsrelevanten Gruppen und Institutionen: Kleine Kinder sind im Umgang mit Medienangeboten auf stellvertretende Deutungen und Explikationen kompetenterer Interaktionspartnerinnen und -partner angewiesen und wachsen schrittweise in eine zunehmend aktive und selbständige Rolle bei der Medienrezeption in sozialen Kontexten. Später können sich Kinder an kooperativen Aushandlungsprozessen der Bedeutung von Medienangeboten beteiligen und davon profitieren. Freilich nehmen auch die Möglichkeiten zu, sich selbst und die eigene lebensweltliche Lage in der individuellen Auseinandersetzung mit Medienangeboten zu reflektieren.

Würden wir es bei diesem bislang grob umrissenen Bild individueller und sozialer Bedingungen des Erwerbs von Medienkompetenz belassen, könnten wir festhalten: Die Ontogenese von Medienkompetenz ist kein Bereich, der eigenständig zu konzeptualisieren wäre, sondern einer, der mit den bewährten Mitteln von Entwicklungs- und Sozialisationstheorien untersucht werden kann. Das heißt: Was bislang allgemein als günstige bzw. ungünstige Bedingung für die kognitive und soziale Entwicklung rekonstruiert wurde, läßt sich auf das Feld des Erwerbs von Medienkompetenz übertragen. Ich meine, daß dieser Sichtweise Grenzen gesetzt sind, weil sie dem spezifischen, eigenständigen Prozessieren von Massenkommunikation zu wenig Raum gibt. Einerseits bieten ja gerade die Eigentümlichkeiten der Massenkommunikation und des Umgangs mit Massenkommunikation Anlaß für vielfache Kritiken. Stichworte hierfür sind z.b. Vereinzelung, Verlust an sozialen Erfahrungen, eskapistischer Umgang mit Mcdicn. Andererseits wird aber auch auf die positive Rolle des Umgangs mit Medien in der Sozialisation hingewiesen. Die Frage ist deshalb, wie man zu einer differenzierten Einschätzung dieser Zusammenhänge kommen kann. Für eine erste Annäherung an die Bedeutung des Umgangs mit Medien in der Sozialisation würde ich eine konstruktivistische Theorie der Mediensozialisation vorschlagen, die sich auf drei Ebenen bewegt: auf der Ebene der Massenkommunikation, der Ebene der Anschlußkommunikationen und -interaktionen und der Ebene subjektiver Rezeptionsprozesse. Diese drei Ebenen sind sowohl jeweils eigenständig als auch in ihren wechselseitigen Abhängigkeiten zu untersuchen.

Die Ebene der Massenkommunikation wird durch einen interaktionsfreien Kommunikationsraum gebildet. Massenkommunikation kann deshalb gesellschaftsweite Kommunikation sein, weil sie sich von den Beschränkungen der Interaktion, also der Kommunikation zwischen Anwesenden, gelöst hat (vgl. z.B. Luhmann 1996). Die Reproduktion dieses Kommunikationsraumes ist jedoch ebenso von sozialen Interaktionen wie auch von subjektiven Rezeptionsprozessen abhängig. Diese Sichtweise begegnet allen Versuchen mit Skepsis, das Verhältnis zwischen Massenkommunikation und Rezipientinnen bzw. Rezipienten als Interaktion zu begreifen (vgl. z.B. Vorderer 1996). Ebenso wenig läßt sich der Massenkommunikation vorhalten, nicht zu sein, was sie nicht sein kann: soziale Interaktion mit allen damit verbundenen Möglichkeiten der Herstellung und Kontrolle intersubjektiven Verstehens. Es macht deshalb wenig Sinn, Kriterien gelingender sozialer bzw. sozialisatorischer Interaktionen an die Massenkommunikation heranzutragen und daraus eine Kritik der Massenkommunikation zu entwickeln bzw. ein pessimistisches Bild der Rolle der Massenmedien im Sozialisationsprozeß zu zeichnen.

Sozialisatorische Interaktionen werden auf der Ebene von Anschlußkommunikationen verortet. Es gibt vielfältige Kommunikations- und Interaktionsprozesse, die an die Massenkommunikation anschließen und dabei die subjektiven Rezeptionsprozesse begleiten oder auf sie folgen: Hier werden die Bedeutungsmöglichkeiten von Medienangeboten im Kontext sozialer Beziehungen verhandelt (vgl. Sutter/Charlton 1997). In Prozessen von Anschlußkommunikationen unterhalten sich Kinder untereinander oder mit ihren Eltern über die Bedeutungen von Medienangeboten. Diese sozial konstruierten Bedeutungen von Medienangeboten können beträchtlich von den Intentionen und Bedeutungsselektionen der Medienakteure abweichen, ohne daß dies den Fortgang der Massenkommunikation stören würde. Medienangebote bieten vielfältige Bedeutungsmöglichkeiten, aus denen in sozialen Interaktionen ausgewählt werden kann. Die Bedeutung von Medienangeboten wird auf den beiden Ebenen der Massenkommunikation und der Anschlußkommunikationen jeweils eigenständig entwickelt. Von den in Anschlußkommunikationen sozial konstruierten Bedeutungen ist schließlich das subjektive Verstehen von Medienangeboten zu unterscheiden, das auf der Ebene von Rezeptionsprozessen zu verorten ist (zu einem neueren Überblick vgl.

Charlton/Schneider 1997). Die subjektiven Konstruktionen von Bedeutungen können wiederum von jenen Bedeutungsselektionen abweichen, die auf den Ebenen der Massenkommunikation und der interaktiven Anschlußkommunikationen entwickelt werden. Auch hier ist auf die Eigenständigkeit subjektiver Konstruktionen zu achten: Medienangebote werden subjektiv im Kontext spezifischer Themen, Erfahrungen, Lebenslagen usw. gedeutet.

Dieses Modell zielt auf ein Verfahren der Untersuchung von Mediensozialisation ab, das kommunikations-, interaktions- und subjekttheoretische Perspektiven so miteinander verbindet, daß die Eigenständigkeit von Massenkommunikation, Anschlußkommunikationen und subjektiven Rezeptionsprozessen berücksichtigt werden kann. Damit lassen sich weder generalisierend medienoptimistische noch medienpessimistische Positionen begründen. Es läßt sich einerseits kaum bestreiten, daß Kinder Medienangebote aktiv für die eigene Entwicklung nutzen können, andererseits ist nicht zu übersehen, daß die Kindheit in der modernen Gesellschaft zunehmend unter Bedingungen miteinander verbundener Mediatisierung und Kommerzialisierung steht. Wenn Kinder von massenmedialen Angeboten überwältigt werden, so ist erklärungsbedürftig, welche individuellen und sozialen Voraussetzungen und Bedingungen dies möglich machen. Erklärungsbedürftig sind ebenso die Möglichkeiten der Kinder, sich aktiv und produktiv mit Medien auseinanderzusetzen. Aus der hier vorgeschlagenen konstruktivistischen Sicht auf Prozesse der Mediensozialisation wird dieser Erklärungsbedarf dadurch gesteigert, daß die Freiheitsgrade sowohl auf der Seite der Massenkommunikation als auch auf der Seite der subjektiv und kommunikativ vollzogenen Rezeptions- und Verstehensprozesse in den Blick rücken. Dieses Verhältnis zwischen Medienangeboten und Rezeptionsprozessen kann als "Textoffenheit" charakterisiert werden (vgl. Sutter/Charlton 1997): Medienangebote bieten vielfältige Deutungsmöglichkeiten und können auf unterschiedlichste Weise allein oder in Gruppen interpretiert und verwendet werden. Deshalb können Einflüsse des Mediengebrauchs auf Entwicklungs- und Sozialisationsverläufe nicht einfach einer der drei oben genannten Ebenen zugerechnet werden. Jenseits pauschalierender Einschätzungen werden wir nicht um den Aufwand einzelfallbezogener Explorationen des Verhältnisses von Medienkommunikation, sozialisatorischen Interaktionen und subjektiven Konstruktionen herumkommen.

Literatur

Bruner, J. S. (1987): Wie das Kind sprechen lernt. Bern usw.
Charlton, M./Neumann-Braun, K. (1992): Medienkindheit - Medienjugend. Eine Einführung in die aktuelle kommunikationswissenschaftliche Forschung. München
Charlton, M./Schneider, S. (Hrsg.) (1997): Rezeptionsforschung. Theorien und Untersuchungen zum Umgang mit Massenmedien. Opladen
Damon, W. (1984): Die soziale Welt des Kindes. Frankfurt/M.
Habermas, J. (1983): Moralbewußtsein und kommunikatives Handeln. Frankfurt/M.

Kohlberg, L. (1984): Essays on moral development. Vol. 2: The psychology of moral development: The nature and validity of moral stages. San Francisco
Luhmann, N. (1996): Die Realität der Massenmedien (1995). 2. erw. Auflage, Opladen
Piaget, J. (1973): Das moralische Urteil beim Kinde (1932). Frankfurt/M.
Selman, R. L. (1984): Die Entwicklung des sozialen Verstehens. Entwicklungspsychologische und klinische Untersuchungen. Frankfurt/M.
Sutter, T. (1990): Moral aus der Perspektive der Amoral. Pfaffenweiler
Sutter, T.: Systeme und Subjektstrukturen. Zur Konstitutionstheorie des interaktionistischen Konstruktivismus. Opladen
Sutter, T./Charlton, M. (1997): Die Bedeutung einer konstruktivistischen Theorie sozialen Handelns für die Medienforschung. In: Gebhard Rusch & Siegfried J. Schmidt (Hrsg.): Konstruktivismus in der Medien- und Kommunikationswissenschaft. Frankfurt/M.
Taylor, D. S. (1988): The meaning and use of the term ‚competence' in linguistics and applied linguistics. Applied Linguistics, Vol. 9, S. 148-168
Vorderer, P. (Hrsg.) (1996): Fernsehen als ‚Beziehungskiste'. Parasoziale Beziehungen und Interaktionen mit TV-Personen. Opladen
Vygotsky, L. S. (1978): Mind in society: The development of higher psychological processes. Cambridge
Youniss, J. (1994): Soziale Konstruktion und psychische Entwicklung, hg. von Lothar Krappmann & Hans Oswald. Frankfurt/M.

Ingrid Paus-Haase
Medienrezeption und Medienaneignung von drei- bis zehnjährigen Kindern und daraus resultierende Ansatzpunkte für die Förderung von Medienkompetenz

1. Medienkompetenz: eine Perspektivenerweiterung ist nötig

Wenn von Medienkompetenz[1] die Rede ist - und zur Zeit dreht sich der medienpädagogische Diskurs zumeist um diesen Begriff - werden zahlreiche Überlegungen präsentiert, die letztlich in einem zentralen Punkt übereinstimmen: Avisiertes Ziel sind nach wie vor die Medien selbst. Die Perspektive richtet sich dabei im wesentlichen auf die Medien in ihren unterschiedlichen Verfaßtheiten und Erscheinungsformen mit der Aufgabenstellung, wie Medienpädagoginnen und -pädagogen Kindern helfen können, mit der Fülle unterschiedlicher Medien kompetenter umzugehen.
Diese Sichtweise scheint mir zu eng.
Ich möchte die Fragestellung anders formulieren, um die Perspektive zu erweitern. Ausgangspunkt soll die Frage nach der Förderung der Persönlichkeitsentwicklung

---

[1] Siehe dazu insbesondere Baacke (1996, 1998) sowie Kübler (1996).

von Kindern unterschiedlichen Alters und Geschlechts sein mit dem Focus: Wie können Medien, vor allem Bildschirmmedien, und in der Altersstufe der Vor- und Grundschulkinder nach wie vor insbesondere das Medium Fernsehen, als ein zentraler, weil attraktiver, zuweilen hoch faszinierender Bestandteil des kindlichen Alltags, als Mittel eingesetzt werden, um Kinder bei der Bewältigung ihrer Entwicklungsaufgaben, der Persönlichkeitskonstruktion, dem Aufbau einer stabilen Identität, zu unterstützen. Die Förderung von Alltagskompetenz scheint mir das zentrale Ziel, Medien(kompetenz) ist zwar ein wichtiges Mittel - unter anderen - in der Bewältigung des komplexen Kinderalltags, doch keinesfalls das zentrale.

Medienrezeption und Medienaneignung von drei- bis zehnjährigen Kindern begreifen zu wollen und daraus resultierende Ansatzpunkte für die Förderung von Alltagskompetenz zu formulieren, setzt vor allem die stete Annäherung an die Perspektiven der Kinder voraus. Das bedeutet, ihre hoch favorisierten Medien - ob Fernsehen oder Audio-Kassetten, Comics oder Computer(spiele) - zu kennen und als symbolischen Ausdruck ihrer Anliegen zu begreifen.
Die Basis der Fragestellungen zur Mediennutzung und noch mehr nach der Bedeutung, die vor allem das Fernsehen für Kinder heute einnimmt, ist der Blick auf den Alltag von Kindern. Es heißt die Tatsache ernstzunehmen, daß Wahrnehmungsprozesse kontextgebunden und immer perspektivisch sind.

Sich in der Familie, der Peer-Group, in Kindergartengruppen oder Schulklassen zu verorten, die ‚eigene' Position zu finden, zu halten, auszubalancieren, ist eine wichtige Herausforderung für Kinder. Ihre Lebenswelt spielt dabei eine entscheidende Rolle, wenn auch nicht in dem Sinne, daß sie auf die Kinder ‚einwirkt'. Kinder ‚arbeiten' vielmehr mit ihren Umwelten - dazu zählen auch die Symbolangebote der Medien, des Fernsehens - und lassen sie in ihr Selbstkonzept einfließen oder auch nicht.[2]
Kinder setzen sich mit ihnen auf der Basis ihres Alters, gemäß ihrem kognitiven, emotionalen und sozialen Entwicklungsstand auseinander. Entwicklungspsychologisch fundierte Forschungsansätze zu den Problemen von Kindentwicklung weisen darauf hin, daß Kinder auf der Basis ihres Identitätsthemas Medien nutzen, um ihre Entwicklungsaufgaben (s. Oerter/Montada 1987) und Alltagserfahrungen angemessen bearbeiten zu können.

---

[2] In der Kindheits- und Jugendforschung, insbesondere der Kindheitsforschung, lassen sich nach wie vor zwei Grundpositionen differenzieren, die wenig geeignet sind, eine Annäherung an die Perspektive von jungen Menschen zu gewährleisten. So findet sich einerseits eine Verharrung auf festgefügten entwicklungspsychologischen und sozialisatorischen Forschungsbeständen vergangener Jahre, eine unkritische Piagetrezeption - Stoff zumeist für bewahrpädagogische Argumentationen. Daneben lassen sich starke Strömungen in der Kindheits- und Jugendforschung mit einer - oft genug auch falsch verstandenen - Argumentationstypik erkennen, die entwicklungspsychologische und sozialisatorische Aspekte von Kindheit und Jugend kritisiert, wenn nicht gar ausblendet. Entwicklungspsychologie wird danach häufig als "individualistisch, weil auf das einzelne Kind zentriert und universalistisch, weil auf allgemeine Gesetzmäßigkeiten des Aufwachsens bezogen" (Lange 1998), gebrand-

2. Grundlagen zum Verstehen kindlichen Umgangs mit dem Fernsehen[3]

Ein elaboriertes Konzept des Verstehens von Fernsehinhalten und der kognitiven Entwicklung, ausdrücklich als 'aktive Bedeutungskonstruktion' aufgefaßt, stellt das schema- und wissensgeleitete Modell von Michael Barth (1995)[4] dar, das ich in diesem Zusammenhang aufgreifen möchte. Es wird den jungen Rezipientinnen und Rezipienten als aktiv mit Fernsehsymbolik arbeitende Individuen gerecht, schließlich erfüllt sich die Strukturiertheit der Fernsehsymbolik erst im Prozeß der Rezeption. Vier Schemata - Formatschema, Personenschema, Szenen- und Narrationsschema - können helfen, Fernsehhandlungen von Kindern zu verstehen; sie geben Auskunft über ihre Kompetenzen im Umgang mit Fernsehangeboten.

Das Erkennen von Formaten erweist sich danach als notwendige Voraussetzung für die Beurteilung des Realitätsgehaltes von Fernsehsendungen. Kinder sind schon früh bemüht, den Realitätsgehalt von Fernsehangeboten zu beurteilen; das Wiedererkennen von Objekten oder Personen stellt in der Vorschulzeit die beherrschende Gedächtnisleistung der Kinder dar. Für sie gewinnen vor allem die handelnden, besonders auffälligen Personen eine zentrale Bedeutung; mit ihrer Hilfe interpretieren sie das Geschehen auf dem Bildschirm.

So sind die jungen Zuschauerinnen und Zuschauer zwar etwa ab vier Jahren in der Lage, die Perspektiven der Akteurinnen und Akteure voneinander zu unterscheiden oder einzuschätzen, ob der einzelne Akteur seine Handlung aufrichtig vertritt oder nur vorgaukelt, sie orientieren sich jedoch an der Sichtweise der Figur, die ihnen emotional am attraktivsten erscheint. Von ihr lassen sich die Kinder gewissermaßen an die Hand nehmen und durch das Geschehen auf dem Bildschirm führen. Als ge-

---

markt. Vor allem, so der Vorwurf, habe die Rezeption Piagets dazu beigetragen, daß Heranwachsende als inkompetent und unfertig dargestellt werden (ebd.). Die Sozialisationsforschung ihrerseits - mit dem Schwerpunkt Kinder als sich entwickelnde Wesen zu konzipieren - habe sich zu stark an der Entwicklungspsychologie orientiert. Diese vor allem in der angloamerikanischen Forschung (vgl. Lange 1998) postulierte Kritik jedoch greift auch ihrerseits zu kurz; als heuristische erfüllt sie eine wichtige Funktion, betont sie doch die ‚agency' von jungen Menschen, ihre Fähigkeit, die eigene Entwicklung voranzutreiben, eine notwendige Perspektive heute, um sich nicht den Zugang auf Sichtweisen junger Menschen zu verbauen. Sinnvoll erscheint heute eine Richtung, die beide Aspekte miteinander verbindet: Ohne die Gültigkeit von Strukturierungen auf der Basis soziogenetischer Aspekte auszublenden, lassen neuere handlungstheoretische Entwürfe wie auch Konzeptualisierungen einer Wechselwirkung zwischen Person und Umwelt im Sinne einer rückgekoppelten Transaktion eher eine Annäherung an die Perspektivik auf Kindheit und Jugend zu. Kindheit ist ein aus Erwachsenenperspektive konstruiertes Phänomen, das sich häufig reibt an den Konstrukten, den mit zunehmendem Alter ausgreifenderen Entwürfen, die Kinder von der Welt und von sich selbst in dieser Welt entwickeln. Realitätskonzepte und Selbstkonzepte sind dabei untrennbar miteinander verbunden.

[3] Folgende Ausführungen basieren auf dem Kapitel ‚Befunde medienpsychologischer Forschung' in: Paus-Haase (1998).

[4] Er greift dabei auf Arbeiten von Bordwell im Rahmen des sogenannten 'Wisconsin-Project' (Bordwell 1989) zurück, die die Rezeption von Filmen sowohl als soziale und symbolische Praxis sowie als auch als rationale Tätigkeit beschreiben.

lungenes Beispiel einer den Wahrnehmungskompetenzen adäquaten Produktion läßt sich in diesem Zusammenhang die Figur des ‚Christoph' bzw. des ‚Armin' in der ‚Sendung mit der Maus' anführen.[5] Da sie in diesem Alter weder das Genre noch seine Machart verstehen, können sie Kindern helfen, dem Geschehen zu folgen. Zumal das mangelnde Verständnis für die Formate und Handlungen auf dem Bildschirm den Blick der Kinder für einzelne Szenen schärft; sie bemerken insbesondere situative, eher zufällige oder nebensächliche Aspekte (Barth 1995), die mit ihrem bereits vorhandenen Alltagswissen korrelieren und greifen sich kleine Erzählkreise, sog. ‚chunks' heraus, die sie ihren Interessen und Kompetenzen gemäß bearbeiten (Paus-Haase 1997).

In Ermangelung eines szenenverbindenden Schemas durch ein ‚übergeordnetes narratives Schema' gewinnen für Kinder dieses Alters insbesondere Formate an Bedeutung, in denen sich ihnen kurze, abgeschlossene Episoden anbieten, wie vor allem bei den Werbespots. Ihre phasenweise hohe visuelle Aufmerksamkeit kann als Bemühen eingeschätzt werden, die sukzessive auf die Sinnesorgane eindringenden Reize zu ordnen. Aufgrund des noch weitgehend fehlenden Formatwissens und des Mangels an 'visual literacy' sowie des nur rudimentär vorhandenen Narrationsschemas beruht die kognitive Organisation von Kindern im Vorschulalter im wesentlichen auf dem Szenen- bzw. Personenschema.

Mit dem Beginn des Schulalters haben Kinder dann ein Formatschema gelernt, das es ihnen ermöglicht, verschiedene Genres zu erkennen. Ihre narrativen Verstehensleistungen befähigen sie darüberhinaus, die zentralen Szenen und die grobe Handlungsstruktur zu verstehen.

Ab dem sechsten Lebensjahr zeigen Kinder mehr und mehr Verständnis für Genres: Als zentrale Faktoren gilt dabei die Menge an Unterhaltung oder Entspannung sowie das Ausmaß, in dem die Sendung über die reale Welt informiert, inwieweit Kinder die Inhalte als realistisch auffassen.
Eine zentrale Konsequenz des Formatschemas ist für Kinder dieses Alters die mit ihm verbundene Reduktion des kognitiven Aufwandes; so zeigen jüngere Kinder eine erheblich stärkere Abhängigkeit von Fernsehreizen als ältere Kinder, vor allem ab dem zehnten Lebensjahr.
Im Unterschied zum Formatschema, nach dem die ‚Faktizität einer Sendung beurteilt' wird, repräsentieren Personenschemata von Kindern dieser Altersstufe insbesondere die Charaktere, Absichten, Motive und Handlungen der Fernsehprotagonistinnen und -protagonisten. Auf der Basis ihrer Entwicklung interaktiver Kompetenz konstituiert sich die Fähigkeit von Kindern, mit Fernsehfiguren umzugehen. Wahrnehmung und Wertschätzung eines Fernsehakteurs beeinflussen die Einstellung eines Kindes.

---

[5] Siehe dazu die Rezeptionsstudie zur ‚Sendung mit der Maus in Moskau' (Paus-Haase 1996).

Bis zum Alter von etwa acht Jahren ziehen sie die Meinung des Akteurs kaum in Zweifel. Den Beruf des Schauspielers verstehen sie entsprechend ihrer Perspektivenentwicklung erst ab etwa zehn Jahren. Szenenschemata - sie repräsentieren die konkreten Umgebungen, in denen Personen agieren - beruhen im wesentlichen auf dem Wissenszuwachs der kindlichen Rezipientinnen und Rezipienten. Etwa ab dem siebten Lebensjahr sind Kinder danach in der Lage, sich von der zufälligen Reproduktion einzelner Szenen weitgehend zu lösen. Damit verbunden verstehen sie die Semantik formaler Merkmale, wie z.b. die beschleunigte Montage oder die Technik der Überblendung. Kinder dieses Alters sind nicht mehr in demselben Maße wie jüngere auf Bewegungs- und Geräuscheffekte angewiesen, die ihre Rezeption steuern und ihnen helfen, die Sendung zu verstehen.

Ab diesem Alter verfügen Kinder über eine kognitive Organisation, die für das Erkennen und Verstehen der Fernsehdramaturgie eine wichtige Voraussetzung darstellt. Im Laufe seiner Entwicklung erwirbt das Kind im Wiedererkennen und Einordnen von Personen und bekannten Dingen sukzessive ein Art Musterwissen, das ihm hilft, auch unbekannte oder unüberschaubare Situationen und Wahrnehmungen zu strukturieren. Dieses Wissen kann als eine Ansammlung von 'Medienschemata' bezeichnet werden: Sie bieten den Orientierungsrahmen jeder medienbezogenen Handlung und Kommunikation und sind erforderlich, um den Umgang mit der Überfülle einzelner Medienangebote in einer Gesellschaft intersubjektiv bewältigen zu können; "denn einzelne Medienangebote", so Schmidt/Weischenberg (1994, S. 216), "die nicht an Gattungen gebunden wären, würden uns als rein zufällige (also kontingente) Erscheinungen entgegentreten."
Daneben werden Medienschemata bei der Einordnung von Themen, Schauplätzen, Handlungsmustern etc. herangezogen. Schmidt/Weischenberg konstatieren, daß sie - wie alle kognitiven Schemata - gewisse gefühlsmäßige Anteile aufweisen und somit als affektiv-kognitive Bezugssysteme angesehen werden müssen. Der emotionale Aspekt gewinnt gerade beim Medium Fernsehen eine zentrale Bedeutung.

3. Fernsehfavoriten: Funktion und Faszination[6]

Im Spannungsfeld von kindlichem Autonomiestreben und Abhängigsein - der Alltag von Kindern ist überzogen von einem Netzwerk aus Ge- und Verboten, von Leistungs- und Liebeserwartungen, Behüten und doch Alleingelassenwerden - bieten die medialen, vom Geschlecht der Kinder mitbestimmten Helden und Heldinnen Phantasiewelten, eine Möglichkeit, sich 'Freiräume' zu schaffen. Ihre Helden werden zu Stellvertretern, zu 'Gefährten' im Kinderalltag. Mit ihnen geben sie ihren Träumen und Äng-

---

[6] Siehe dazu Paus-Haase (1998).

sten, Wünschen und Hoffnungen, aber auch ihrem Streben nach Macht Ausdruck.[7]
Ein reichhaltiges Repertoire von Heldenfiguren wird Kindern heute vor allem in Serien der audio-visuellen Medien, insbesondere des Leitmediums Fernsehen als festem Bestandteil der Lebenswelt von Kindern, dargeboten. Sie genießen eine hohe emotionale Zuwendung seitens der jungen Zuschauerinnen und Zuschauer. Das Verlangen nach Heldinnen und Helden wird lebendig gehalten vom Wunsch der Kinder nach Geschichten, Taten und großen Gefühlen, die ihnen Stoff zur Identifikation mit ihrem Helden oder ihrem Idol bieten, und die helfen, Tagträume zu erfüllen. Kinder nutzen (mediale) Geschichten und Figuren zum einen in der Auseinandersetzung mit ihrem Selbstbild, zum anderen im Hinblick auf die Herausforderungen ihrer sozialen Umgebung. An Medienangeboten, vor allem ihren favorisierten Heldinnen und Helden, messen sie sich, in ihnen erkennen sie sich wieder, bestätigen, reiben und entwickeln sich. Heldenfiguren thematisieren typische Konflikte des Heranwachsens. Beispiel: Ein dreijähriges Mädchen (Stefanie aus Dessau) verkleidet sich als 'Superboy' und fordert einen älteren Jungen ihrer Kindergartengruppe zum 'Kampf' heraus.[8]

Welche Interpretationsmuster diese Angebote Kindern liefern, welche 'Freiräume' sie ihnen zu einer individuellen Nutzung für eigene Themenanliegen lassen, wird mitbestimmt durch die Balance von Inhalt und Präsentation und der jeweiligen aktiven Auseinandersetzung der Kinder mit ihnen in ihrem Alltag. Fernsehsymbolik dient Kindern zur Medienkommunikation. So weisen sie z.B. hochfavorisierten Fernsehhelden und (den wenigen) Fernsehheldinnnen im Kontext ihres Alltags ganz unterschiedliche Bedeutungen zu. Sie dienen ihnen gewissermaßen als Stoff, als strukturiertes Drehbuch, das sie für ihre Anliegen 'umschreiben' und nach ihren Interessen und Bedürfnissen umgestalten. Als Beispiel ist ein Fünfjähriger (Michael aus Dessau) zu nennen, der die Figur des ‚Darkwing Duck' nach seinem Bild gestaltet; er wird zu einer findigen, kleinen, liebenswerten Figur - genauso wie sich Michael selbst sieht, auch in seinen Zeichnungen.
Insbesondere im Vorschulalter bei einem noch begrenzten Repertoire verbaler Austauschmöglichkeiten als Teil ihrer ‚common culture', ihrer kinderkulturell bestimmten Auseinandersetzung im Alltag kann Mediensymbolik Kindern helfen, Bezie-

---

[7] In seinem Buch „Kinder brauchen Märchen" hat Bettelheim (1980 [Original 1975]) darauf hingewiesen, daß die Identifikationsangebote und die Erzählstruktur der Märchen in der kindlichen Entwicklung eine tiefe Bedeutung gewinnen können. Auf dem Wege der Identifikation mit dem Märchenhelden kann ein Kind wesentliche Hilfen zur Lösung seiner Entwicklungsaufgaben erhalten, sich selbst auskundschaften, indem es seinem Helden virtuell durch Gefahren und Abenteuer folgt. Die Attraktivität des Helden spielt dabei eine wesentliche Rolle. Sie erhöht die Illusion der persönlichen Beziehung. Doch nicht allein Märchen bieten einen Fundus für die Identitätsauseinandersetzung. Auf der Basis von zahlreichen rezeptionsanalytischen Untersuchungen erhärteten Charlton und Neumann-Braun (1992 a, b) ihre These, daß Kinder auch im Prozeß der Identifiktion mit Medienthemen die eigene Lebenssituation, die eigenen Handlungsmöglichkeiten reflektieren können. Insbesondere personenzentrierte Fernsehprogramme und Hörkassetten, aber auch Computer-Spiele und Video-Spiele halten Identifikationsangebote bereit.
[8] Siehe zu den Fallbeispielen Paus-Haase (1998).

hungen zu initiieren, aufrechtzuerhalten und immer wieder neu auszubalancieren. Die beliebten Fernsehangebote[9] werden in ihren Handlungsstrukturen oder auch Vorbildanteilen also keinesfalls platt imitiert. Sie dienen vielmehr als Stoff für Rollenspiele, zum Regeln von Beziehungen zu Gleichaltrigen in Peer-Groups und anderen auch institutionellen Gruppen, in Kindergarten und Schule, zum Knüpfen und Aufrechterhalten von Freundschaften, zum Austragen auch von Konflikten, wobei die eigentlichen Probleme, die zu Streitigkeiten führen, und bei denen sich Kinder auch der Medienvorlagen bedienen, fast ausschließlich bereits im Vorfeld zu suchen sind, in der Persönlichkeit der Kinder, ihren Charaktereigenschaften und speziellen Alltagskonstellationen und -situationen (Paus-Haase 1998). Medien, insbesondere die Kenntnis von Fernsehangeboten, aber auch der Besitz und Austausch etwa einer hochfavorisierten Spielfigur dient Kindern als Statussymbol, als Einlaßnachweis in Peer-Groups, sie werden zum Zeichen für Dazugehören; sie werden zum Verbindungsglied zwischen Freunden und Gruppen. Mit zunehmendem Alter der Kinder erfüllen sie auch die Funktion der Abgrenzung zu den Erwachsenen als ein deutliches Zeichen von 'eigenständiger' Kultur.[10]

Dabei unterscheiden sich Mädchen und Jungen nicht nur in bezug auf die Auswahl ihrer Fernsehhelden und -heldinnen voneinander (Paus-Haase 1997), sie lassen vor allem deutliche Differenzen in der Art ihres Umgangs mit den jeweiligen Favoritenfiguren erkennen.[11] Das Interesse der Jungen richtet sich vorwiegend auf Themen wie 'Stärke', 'Kämpfen' und 'Überlegenheit'; sie suchen sich phantastische, eher fiktive Fernsehgeschichten und -helden, mit denen sie beispielsweise ihre Geschlechtskonstruktion bearbeiten, ihre Wünsche nach Stärke und Überlegenheit ausdrücken. Die amerikanische Psychoanalytikerin und Geschlechterforscherin Nancy Chodorow erklärt dieses Phänomen folgendermaßen: "Ein Knabe muß trotz Ermangelung einer andauernden und kontinuierlichen persönlichen Beziehung zu seinem Vater (und trotz des Fehlens eines kontinuierlich verfügbaren männlichen Rollenmodells) versuchen, eine männliche soziale Geschlechtsidentität und eine männliche Rolle aufzubauen" (Chodorow 1985, S. 227). Deswegen entwickelten Jungen "ein Gefühl von Männlichkeit durch Identifikation mit kulturellen Vorstellungsbildern von Männlichkeit" (dies. S. 228).

Dazu das Beispiel des fünfeinhalbjährigen Niklas aus einer Kleinstadt im nördlichen Münsterland: Sein Held ist ‚Batman', den er in seine Spiele in der Kindergartengruppe, vor allem im Inner Circle seiner Peer-Group, einbringt und immer wieder neu bearbeitet. Niklas benutzt ‚Batman', um seine Geschlechtsidentität als Junge auszuprobieren; sein Vater ist selten zu Hause, auch im Kindergarten fehlt ihm eine männliche Bezugsperson; in ‚Batman' nun findet er den stereotyp angelegten männlichen Helden, der ihm klare Orientierung bieten kann.

Mädchen hingegen, die in der Realität über zahlreiche Vorbilder verfügen,[12] rich-

---

[9] Siehe zur Attraktivität und Verarbeitung fiktionaler Geschichten und Figuren Paus-Haase (1997).
[10] Vgl. dazu Hengst (1994).
[11] Siehe auch Aufenanger (1994) sowie Keuneke (1998).
[12] Mädchen erleben im Alltag im Gegensatz zu Jungen mehr reale Bezugspersonen; in Kindergärten

ten größere Aufmerksamkeit auf soziale Beziehungen und die 'innere Handlung'. Sie lassen eine eher 'realitätsorientierte' Verarbeitung von Fernsehinhalten erkennen und wenden ihre Aufmerksamkeit Figuren zu, die mit ihnen bzw. mit realen Vorbildern eine möglichst große Ähnlichkeit aufweisen, also von Schauspielerinnen und Schauspielern dargestellt werden und sich in vertrauten Zusammenhängen bewegen.
Das hohe Interesse von Mädchen für realitätsnahe Angebote etwa zeigt sich besonders ausgeprägt bei der fast sechsjährigen Gerda (Kindergartenkind in Dessau). Sie hat in der Soap Opera 'Gute Zeiten, schlechte Zeiten' in der weiblichen Figur der Milla eine reiche Informationsquelle über die Erwachsenenwelt gefunden und kann sich so mit Problemen wie Frauenunterdrückung oder den Verlust von Angehörigen auseinandersetzen. Gerda setzt Medienerleben gewissermaßen als 'Realitätsverlängerung' ein; sie 'erprobt' in der Phantasie bereits weibliche Erwachsenenrollen.

Doch auch das Interesse von Mädchen richtet sich zuweilen auf Charaktere, die in phantastischen Welten agieren: Sie zeigen einen hohen Bedarf nach starken Heldinnen, der häufig in der Begeisterung und Beschäftigung mit der klassischen Mädchen-Heldin 'Pippi Langstrumpf' seinen Ausdruck findet. Ihre Präsenz in den Spielen und Bildern der Mädchen - auch Jahrzehnte nach ihrer Erschaffung - läßt erkennen, daß sie offenbar noch keinen gleichwertigen Ersatz für die mutige und starke Figur gefunden haben. Daneben erlangen diejenigen Medieninhalte besondere Relevanz, in denen die Mädchen Aspekte der traditionell-weiblichen Geschlechtskonstruktion wiederfinden; sie greifen dazu gern auf 'typisch weibliche' Angebote wie z.B. die Disney-Figur 'Arielle' zurück, um mit ihr Themen wie 'Weichheit' und 'Schönheit' anzugehen. Bereits Kinder im Vor- und Grundschulalter, das zeigen diese Ausführungen, gehen aktiv, selbstbestimmt und auf ihre ganz spezifische Weise auch kompetent mit Fernsehsymbolik um. Dennoch bedarf es eben dieses Ernstnehmens ihrer Bedingungen, ihrer Voraussetzungen und Interessen.

4. Thesen zur Förderung von Alltagskompetenz bei Vor- und Grundschulkindern mit Hilfe von Mediensymbolik

Die Spannbreite einer Alltagskompetenzförderung mit Hilfe von Mediensymbolik läßt sich in folgenden Thesen zusammenfassend umreißen:
Die Frage nach Chancen zur Förderung von Alltagskompetenz auch mit Hilfe von Mediensymbolik muß zuvörderst bei der Bereitschaft Erwachsener beginnen, sich auf die spezifischen Wahrnehmungs- und Verarbeitungsweisen von Kindern im Umgang mit Mediensymbolik einzulassen. Das bedeutet wirklich ernst zu nehmen, daß Kinder andere Vorstellungen und Interessen, andere Sicht- und Umgangsweisen hegen, als dies Erwachsene mit ihrem Bild von Kindheit und Kindern in speziellen

---

und Grundschulen treffen sie zumeist auf Erzieherinnen und Lehrerinnen, an denen sie ihre Geschlechtskonstruktion ausrichten können.

Lebenssituationen von ihnen erwarten bzw. auf der Basis ihrer Kindheitskonstruktionen in sie hineinprojizieren.
Den Umgang von Kindern mit Mediensymbolik begreifen und Medien als Mittel zur Förderung von Alltagskompetenz einsetzen zu wollen, setzt die Frage nach der Bedeutung von favorisierten Medienangeboten im Kinderalltag voraus.[13] Mediensymbolik dient Kindern dazu, ihre vielfältigen altersspezifischen und geschlechtstypischen Anliegen auszudrücken.
Kinder bedienen sich dabei, jeweils auf dem Hintergrund ihres Alters und ihres Geschlechts vielfältiger, selbstbestimmter Umgangsweisen. Sie schreiben die ‚Scripts' insbesondere der favorisierten Serien, ob Actionserien, Cartoons oder auch Daily Soaps, gemäß ihren Entwicklungsaufgaben um. Eine zentrale Funktion erfüllen dabei im Erwerb ihres Geschlechts und in der Verortung in der Gesellschaft als Junge bzw. Mädchen spezifische Medienhelden bzw. -heldinnen.
Medienkommunikation von Kindern zu verstehen und als Chance für Alltagskompetenz zu nutzen, impliziert auch, daß sich mit fortschreitender und gesellschaftlich gewollter (Medien-Entwicklung im Alltagsleben auch der Kinder eine eigene, ihren lebensweltlichen Bedingungen gemäße (kommerzielle)[14] Popularkultur mit einer daraus resultierenden spezifischen Ästhetik entwickelt hat. Ein ganzheitliches Verstehen des Umgangs mit Medien, insbesondere der Bildmedien, ist nötig, indem explizit auch das 'sinnliche Empfinden', mithin ihre Faszination, ins Blickfeld gerückt wird. Der Begriff des *common culture* (Willis 1990, s. auch Sander u. a. 1992) ist heranzuziehen, der ausdrücklich auf eine in bezug auf Kinder- und Jugendkultur noch häufig praktizierte Dichotomie von 'Hochkultur' und 'Trivialkultur' zugunsten des Gesamtbegriffs 'Alltagskultur'[15] verzichtet. Er ermöglicht es, kinder- und jugendkulturelle Ausdrucksformen und Stile auf der Folie subjektiver Praxen als kreative Möglichkeiten zur Bewältigung ihres Alltags zu verstehen; der Umgang mit Medien unterschiedlicher Art gehört dazu.
Förderung von Alltagskompetenz mit Hilfe von Mediensymbolik in Kindergarten und Schule setzt bei einer begleiteten bzw. begleitenden Rezeption an; sie sollte dementsprechend von den aktuellen individuellen Interessen und Anliegen ausgehen und situationsorientiert unterschiedliche, ihren Entwicklungsaufgaben gemäße und von den Kindern mitbestimmte Formen sinnlicher Bearbeitung (Drehbuch schreiben, Hörspiel, Video inszenieren; s. Schill/Range 1990, Schill 1996) initiieren. Zu einer möglichst eigenständig organisierten Gestaltung von 'Erprobungsräumen' könnten Kindern Scripts angeboten werden, die das Thema 'Junge'/'Mädchen' aufgreifen und ausgehend von favorisierten Fernsehinhalten (z.B. 'Sailor Moon') zu neuen Perspektiven anregen.
Eine weitere wichtige Aufgabe besteht darin, medienpädagogisch konzertant darauf hinzuwirken, daß Kindern altersgemäße, ihren kommunikativen Ansprüchen als Jun-

---
[13] Dabei ist zu reflektieren, daß auch Kinder Medien innerhalb eines breiten Medienmenüs nutzen; siehe dazu Hasebrink/Krotz (1996).
[14] Siehe dazu Kübler (1994).
[15] Siehe dazu auch: Turner (1990).

ge bzw. Mädchen gerecht werdende Medienprodukte unterbreitet werden. Für sie sollte ein witziges, abwechslungsreiches, d. h. spannungsauf- und abbauendes Medienerleben ermöglicht werden, das ihnen Unterhaltung bietet und starkes Selbsterleben ermöglicht (Theunert/Schorb 1996) und Symbolmaterial für ihre Entwicklungsaufgaben bereit hält.

Literatur

Aufenanger, S. (1994): Geschlechtsspezifische Medienrezeption und Gewalt. In: medien praktisch, Heft 1, S. 22-28
Baacke, D. (1996): Medienkompetenz als Netzwerk. Reichweite und Fokussierung eines Begriffs, der Konjunktur hat. In: medien praktisch, Heft 2, S. 4-10
Baacke, D. (1998): Medienkompetenz als neue Bildungsaufgabe. Klassenlose Kommunikationsgesellschaft - eine Utopie?. In: Tendenz, Nr. 2, S. 4-9
Barth, M. (1995): Entwicklungsstufen des Kinderwerbeverständnisses - ein schema- und wissensbasiertes Modell. In: Charlton, Michael u.a. (Hrsg.): Fernsehwerbung und Kinder. Das Werbeangebot in der Bundesrepublik Deutschland und seine Verarbeitung durch Kinder, Bd. 2: Rezeptionsanalyse und rechtliche Bedingungen, Schriftenreihe Medienforschung der Landesanstalt für Rundfunk (LfR) Nordrhein-Westfalen Bd. 18. Opladen, S. 17-30
Bettelheim, B. (1980): Kinder brauchen Märchen. München (Original 1975/76)
Bordwell, D. (1989): Making meaning. Inference and rhetoric in the interpretation of cinema. Cambridge Mass.
Charlton, M./Neumann-Braun, K. (1992a): Medienkindheit - Medienjugend. Eine Einführung in die aktuelle kommunikationswissenschaftliche Forschung. München
Charlton, M./Neumann-Braun, K. (1992b): Medienthemen und Rezipiententhemen. Einige Ergebnisse der Freiburger Längsschnittuntersuchung zur Medienrezeption. In: Schulz, Winfried (Hrsg.): Medienwirkungen. Einflüsse von Presse, Radio und Fernsehen auf Individuum und Gesellschaft. Weinheim, S. 9-23
Chodorow, N. (1985): Das Erbe der Mütter. Psychoanalyse und Soziologie der Geschlechter. München
Hasebrink, U./Krotz, F. (1996): Individuelle Nutzungsmuster von Fernsehzuschauern. In: Hasebrink, U./Krotz, F. (Hrsg.): Die Zuschauer als Fernsehregisseure? Zum Verständnis individueller Nutzungs- und Rezeptionsmuster. Baden-Baden, S. 163-177
Hengst, H. (1994): Richtung Gegenwelt? Kinderkultur als gleichaltrigenorientierte Konsumkultur. In: Deutsches Jugendinstitut (Hrsg.): Handbuch Medienerziehung im Kindergarten, Teil 1: Pädagogische Grundlagen. Opladen, S. 134-154
Keuneke, S. (1998): Geschlechtserwerb und Medienrezeption. Zur Rolle von Bilderbüchern im Prozeß der frühen Geschlechtersozialisation, unveröff. Dissertation. Münster
Kübler, H.-D. (1994): Inszenierte Kindheit: Zwischen kommerzieller Konformität und kontingenten Gegenläufigkeiten. In: Mitteilungen des deutschen Germanistenverbandes, Nr. 1, S. 8-26
Kübler, H.-D. (1996): Kompetenz der Kompetenz der Kompetenz. Anmerkungen zur Lieblingsmetapher der Medienpädagogen. In: medien praktisch, Heft 2, S. 11-15
Lange, A. (1998): Der Diskurs der ‚neuen' Kindheitsforschung. Inhalte und Formen, unveröffentl. Vortragsmanuskript. Konstanz

Mattusch, U. (1996): Die Wa(h)re(n)-Kraft des Blaubären. Zur Vermarktung von Medienfiguren. In: Medien Concret, Nr. 1, S. 20-25
Oelkers, J. (1992): Reformpädagogik. Eine kritische Dogmengeschichte. Weinheim/München (2. Aufl.)
Oerter, R./Montada, L. (1987): Entwicklungspsychologie, München/Weinheim (2.Aufl.)
Paus-Haase, I. (1996): Die Die Sendung mit der Maus in Moskau. Eine vergleichende Untersuchung zur Rezeption durch Kinder aus dem Osten und Westen der Bundesrepublik Deutschland. In: Rundfunk und Fernsehen, Nr. 3, S. 381-401
Paus-Haase, I. (Hrsg.) (1997): Neue Helden für die Kleinen. Das (un-)heimliche Kinderprogramm des Fernsehens. Münster (3. Aufl.)
Paus-Haase, I. (1998): Heldenbilder im Fernsehen. Eine Untersuchung zur Symbolik von Serienfavoriten in Kindergarten, Peer-Group und Kinderfreundschaften. Opladen
Sander, E. u.a. (1992) : Medienerfahrungen von Jugendlichen in Familien und Peer-Groups. Ergebnisse der Pilotstudie 1992, Deutsches Jugendinstitut (DJI) Arbeitspapier 7-040. München
Schmidt, S. J./Weischenberg, S. (1994): Mediengattungen, Berichterstattungsmuster, Darstellungsformen. In: Merten, Klaus u.a. (Hrsg.): Die Wirklichkeit der Medien. S. 212-236
Schill, W./Range, P. (1990): Fernsehhelden und ihre Fans. Unterrichtsprojekt mit Grundschulkindern. In: medien praktisch, Heft 3, S. 23-28
Schill, W. (1996): Power Rangers in der Schule. Zur Aufarbeitung von Fernseherfahrungen im Unterricht. In: Medien Concret, Nr. 1, S. 52-55
Turner, G.: British Cultural Studies. An Introduction, London: Unwyn Hyman 1990
Willis, P.: Common Culture. Symbolic Work at Play in the Everyday Cultures oft the Young. Milton: Keynes 1990
Theunert, H./Schorb, B. (1996): Kindliche Rezeptionswünsche und Programmwirklichkeit - Wichtige Ergebnissse und Konsequenzen. In: Theunert, H./Schorb, B. (Hrsg.): Begleiter der Kindheit. Zeichentrick und die -rezeption durch Kinder, BLM-Schriftenreihe Bd. 37. München, S. 207-214

Uwe Rosenbaum
Einige Stichworte dazu, wie Fernsehsendungen für Kinder Medienkompetenz stärken können

1. Was immer das Fernsehen beisteuern kann - zwischen inhaltlicher und formaler Vielfalt, bestem Handwerk, besten Sendeplätzen, besten journalistischen und/oder dramaturgischen Absichten und dem nötigen Geld, das alles in sinnstiftende Sendungen für Kinder umzusetzen - **allem voran steht:**

Die Ausbildung von Medienkompetenz läuft neben Kindergarten und Schule vorrangig über die Familie. Hier entscheidet sich, durch das Spielangebot der Familie, durch die Bücher, die ausgewählt und gemeinsam angesehen und gelesen werden, durch die Kinobesuche, die zusammen unternommen, durch die Hörspiel- und Videokassetten, die gemeinsam gehört und angesehen werden, die Lieder, die gemeinsam gesungen werden, durch die Bereitschaft, gemeinsam fernzusehen oder Radio zu hören, durch die Bereitschaft der Eltern, sich auf CD-ROM-Spiele, auf ihre internetsurfenden Kinder einzulassen, mit ihnen zu reden, zu diskutieren, selber Neugierde zu zeigen, welche Medienkompetenz sich bei den Kindern und Jugendlichen bildet.

Von der Einübung und Wiederholung im frühen Alter zwischen drei und zehn Jahren wird abhängen, vor welchem Wissens- und Erfahrungshorizont, mit welcher emotionalen Gelassenheit Kinder das Vertraute und Neue, das Verwirrende und Wiedererkennbare am Fernsehangebot in ihre Lebenswirklichkeit integrieren (können). Davon wird abhängen, wie sensibel, kritisch, gelassen sie auf jedes neue Angebot reagieren werden.

2. Ganz einfach, aber ganz schwer:

Fernsehen kann die Welt heranholen (ich bin so klein, was liegt jenseits des Horizonts, was kann nur das Fernsehen erfahrbar machen?),
Fernsehen kann ganz sachlich die Vielfalt der Welt zeigen,
Fernsehen kann die Unüberschaubarkeit ordnen, also Prinzipien wie Auswahl, Sortierung, Ordnung vermitteln,
Fernsehen kann also zur Überschaubarkeit beitragen,
Fernsehen kann die Vielfalt mit der Vielfältigkeit seiner eigenen Formensprache zeigen, erfahrbar machen,
Fernsehen kann anregen, daß das Sammeln von Erfahrungen etwas Positives ist,
Fernsehen kann damit die Phantasie über die wirkliche und die phantastische Welt initiieren.

Zwischenstück
"Ich glaube, daß man mit Kindern über fast alles sprechen sollte und auch sprechen kann, doch dabei kommt es nicht zuletzt darauf an, *wie* man spricht, damit sie einem auch zuhören. ... Viele, die für Kinder schreiben, zwinkern über die Köpfe ihrer kindlichen Leser hinweg verschmitzt einem gedachten Leser zu, sie blinzeln Einverständnis mit den Erwachsenen und übergehen das Kind. Bitte, tu das nicht - niemals, wirklich niemals! ...."
Astrid Lindgren. Kleines Zwiegespräch mit einem künftigen Kinderbuchautor. Aus: Das verschwundene Land, Hamburg 1977.

3. Zur besonderen Verantwortung der Fernsehredakteurinnen und -redakteure

Kinder zwischen drei und sechs Jahren
haben kaum Kenntnisse davon, wie Fernsehen 'funktioniert',
haben kaum analytische und kritische Fähigkeiten entwickelt,

lassen also die Fernsehangebote sehr nah an sich heran, zu nah,
sind daher 'wehrlos', nehmen daher alles, wirklich alles, wie es kommt.

Die Verantwortung der Fernsehredakteurinnen und -redakteure besteht darin, sich mit ihren Produkten auf die Augenhöhe, die äußere und innere, der Kinder zu begeben.

4. Einige Merkmale des Qualitätsfernsehens für Kinder

Indem sie eine andere Perspektive (eben die der Kinder) einnehmen, sind sie eine inhaltliche und formale Alternative zum Massenangebot der öffentlich-rechtlichen und privaten Anbieter,
sie behaupten eine andere Perspektive entweder im sogenannten Vollprogramm für Erwachsene (Die Sendung mit der Maus, usw.) oder sie bilden mit anderen Programmen ein eigenes Programm von hoher inhaltlicher und formaler Konsistenz (Kinderkanal),
sie stellen der Formen und Inhaltseinfalt z. B. der Zeichentrickangebote der privaten Anbieter (Massenware des Weltmarktes) die Vielfalt der Formen und Inhalte gegenüber.

5. Drei Beispiele

Siebenstein (ZDF)
Die Sendung mit der Maus (ARD/WDR u.a.)
Logo (ZDF)
Ihre medialen Qualitäten:
hohe Resistenz gegenüber dem sonstigen Medienangebot der eigenen Systeme und der privaten Konkurrenz,
hohe Wiedererkennbarkeit und Unverwechselbarkeit,
große Flexibilität in der Themenauswahl, dem Formenspektrum, der Anverwandlung sich wandelnder Zeichensprachen,
große Ähnlichkeit gegenüber den Angeboten für Erwachsene (auch Spiel, auch Unterhaltung, auch Information),
hohe Wiederverwertbarkeit, hoher Wiederholungswert.

Siebenstein
stellt das Kontinuum des Rahmens (Personen, Ort, emotionale Haltung, Verhaltensmuster, usw.) dem Wechsel der Geschichten gegenüber: Sicherheit und Aufbruch,
geht von der Welt der Kinder (Augenhöhe!) aus, von ihrer Erlebensfähigkeit,
will das Abenteuer des Alltags zeigen, aber auch seine nervige Realität,
will Ferne zeigen, aber aus der Vergewisserung der Nähe,
will Vergangenheit, aber auch Perspektive, Phantasie, Entfernung vom Jetzt und Hier,

verbindet formal das Serielle (den Rahmen) mit dem Einmaligen, Individuellen (den Geschichten)
geht von der Individualität des Autors, Grafikers, Filmemachers, Realisatorinnen und Realisatoren aus,
versteckt den pädagogischen Ansatz (zeigen, werten, deuten, anleiten, hinweisen, usw.) hinter der Farbigkeit individueller künstlerischer Kompetenz.

Die Sendung mit der Maus
stellt die Wiedererkennbarkeit ganz in den Vordergrund,
sucht die Nähe zu *allen* Zuschauern (familienorientiert),
sucht das Abbild des Gesamtangebotes in die kleine Programmstrecke von jeweils 30'00" zu holen: Informationen (Dokumentationen) - Unterhaltung (Trick, Lieder, usw.) - Spiel (die Serie der Maulwurf, usw.) - programmverbindende Elemente (Maus, Elefant, Ente),
kennt keine gedanklichen, zeitlichen, räumlichen Grenzen,
ist ein 'reiches', d.h. ein vielfältiges, unausschöpfliches, in der Amalgamierung von Wiederholung und Neuigkeit ein der Entwicklungsphase des Kindes zwischen drei und sieben Jahren angepaßtes Programm.

Logo
ein Angebotsfernsehen,
ein Fenster zur tatsächlichen Welt,
eine Perspektive auf, von Welt,
eine Einladung von vielen anderen,
ein Übergangsangebot auf dem Weg zum Fernsehen für Erwachsene
ein Gesprächsangebot für Kinder (mit Erwachsenen).

6. Voraussetzungen

Ausbildungsvoraussetzungen
Kinderfernsehredakteurinnen und -redakteure müssen mehr über Kinder wissen, durch Ausbildung, durch das Sammeln von Erfahrungen über Kinder - jenseits des Fernsehens -, durch Vergleichsmöglichkeiten mit den Programm-erfahrungen anderer (auch ausländischer) Fernsehkolleginnen und -kollegen.
Es gibt bisher keinen Ausbildungsgang an Universitäten oder Filmhochschulen, auch keinen Ausbildungsgang an Fernsehanstalten für Kinderprogrammredakteurinnen und -redakteure.

Programmvoraussetzungen
Verläßlichkeit in der Kontinuität des Angebotes,
Verläßlichkeit in der Auffindbarkeit von Kinderfernsehangeboten,
Verläßlichkeit in einem angemessenen Verhältnis von Neuwert und Wiederholung.

Institutionelle Voraussetzungen
Sicherung der Themen- und Formenvielfalt,
Sicherung von Sendestrukturen,
Sicherung einer ausreichenden finanziellen und personellen Ausstattung von Kinderprogrammredaktionen,
Sicherung von Nachwuchs- und Aus- und Fortbildungsförderung.

Martin Rabius
Medienpädagogische Sendungen als intentionaler Beitrag des Fernsehens zur Medienkompetenzförderung bei Kindern und Eltern

Sie kennen alle den Begriff ‚Textverarbeitungsprogramm'. Das Wort allein wäre schon einen heiter-besinnlichen Exkurs wert, wenn wir Zeit dazu hätten. Deshalb nur soviel: als ich vor kurzem einen einschlägigen Text aus dem Internet in die Textverarbeitung lud, tauchte das Wortpaar ‚fernsehinterne Motivationen' auf. ‚Motivationen' war kein Problem für die automatische Rechtschreiberkennung, wohl aber ‚fernsehinterne' - es war rot unterkringelt.

Bei meinem Textverarbeitungsprogramm bedeutet dies, daß die Software einen intelligenten Vorschlag auf Lager hat, wenn man sich bereit erklärt, die rechte Maustaste zu drücken. Ich tat dies, der Vorschlag kam prompt: er lautete, das sperrige ‚fernsehinterne' gegen etwas Naheliegenderes auszutauschen: ‚Fernsehantenne'. Hey, dachte ich, das Teil hat Humor! Mal sehen, was es sonst so drauf hat! Das unmittelbar benachbarte rot verkringelte Falschwort - so zumindest in den Augen der Software - lautete ‚Medienkompetenzförderung'. Ein beherzter Klick und prompt die erfrischend ehrliche Antwort: *‚Keine Vorschläge'*. Darunter dann zwei bemerkenswerte Alternativen: *‚Alle ignorieren'*. Das fand ich als mögliche Entscheidung im ersten Augenblick nicht unsympathisch. Denn darunter stand - nicht ohne ernste Mahnung - worum es hier und heute gehen soll: *‚Hinzufügen'*.

Was also habe ich hinzuzufügen? Lassen Sie mich ein wenig ausholen: ich stütze mich dabei in wesentlichen Punkten auf Überlegungen aus unserem Hause, namentlich von Dr. Ludwig Bauer, dem früheren Programmdirektor und jetzigen Geschäftsführer von KABEL 1, der sich, zusammen mit Dr. Alexander Schwarz, vormals Jugendschutzbeauftragter des Senders, in besonderer Weise des Projekts angenommen hat, auf das ich zu sprechen kommen will.

1. Vorbemerkung: Zur Position des Fernsehens in der Medienerziehung

Das Fernsehen wird - in einem nun schon jahrzehntelangen Kampf mit dem Kulturpessimismus immer wieder für Werteverfall, Gewaltbereitschaft und sozial-ethische Desorientierung verantwortlich gemacht.
Auch in der Medienpädagogik spiegelt sich diese Haltung vielfach bis auf den heutigen Tag wieder, ist sie doch häufig durch die Vorstellung vom Primat des Buches unter den Medien ideologisch vorbelastet.
Doch auch jahrelange, sauertöpfische Medienkritik unter der Flagge der Bewahrpädagogik konnte eines nicht verhindern: Das Fernsehen steht heute in der Mediennutzung ganz oben - auch und gerade bei Kindern und Jugendlichen.
Daher ist es - und eigentlich längst schon - an der Zeit, die Erziehung zur Medienkompetenz aus den Diskussionszirkeln pädagogischer Seminare herauszuholen und ihr ein Forum zu verschaffen, das weit populärer ist als angestaubte Thesenpapiere oder fachwissenschaftliche Publikationen.
Und was liegt da näher als das Medium Fernsehen selbst zum Forum zu machen, das ja ohnehin im Zentrum der medienerzieherischen Bemühungen stehen soll. Denn es erreicht die angestrebten Adressatinnen und Adressaten zweifellos schneller, vollständiger und besser als irgendein Sekundärmedium. Es ist überdies attraktiver, unterhaltsamer und abwechslungsreicher - womit der medienpädagogische Zugang wesentlich erleichtert wird.

2. Zehn ‚leichte' Übungen, die Medienkompetenz zu steigern

Als Jugendschutzbeauftragter eines kommerziellen Fernsehsenders lernt man, vorsichtig zu hantieren mit Begriffen wie ‚Pädagogik'. Auch das Wort ‚Erziehung' nehme ich im Zusammenhang meiner täglichen Arbeit nur wohldosiert in den Mund, um weder in den Verdacht des Verrats, noch der Heuchelei zu geraten. Erst kürzlich bezeichnete eine große Rundfunkzeitschrift die Jugendschutzbeauftragten in ihrer spezifischen Geworfenheit zwischen Welt, Wissenschaft und Kommerz als ‚Arme Schweine'. Ungeachtet dieser terminologischen Eigenheiten möchte ich aber dennoch die wesentlichen Eckpunkte eines erforderlichen ‚Medientrainings' abstecken und damit auch das breite Spektrum umreißen, das eine sinnvolle Medienerziehung kennzeichnet. Auf dem Weg zur Medienkompetenz hat der angehende ‚mündige Mediennutzer' einen abwechslungsreichen Parcours zu bewältigen, der von der reinen Wahrnehmungsschulung bis hin zu komplexen Prozessen der Persönlichkeitsentfaltung reicht. Die Stationen im einzelnen:

1. *Wahrnehmungstraining*
   Ziele: Differenzierung der Wahrnehmung, Reizverarbeitung, „Sehen" lernen
2. *Verstehenstraining*
   Ziel: Begreifen medienspezifischer Darbietungsformen (Bildsprache etc.)

3. *Urteilstraining*
   Ziele: Steigerung der kritischen Urteilsfähigkeit, Verstärkung der analytischen Rezeption
4. *Differenzierungstraining*
   Ziel: die verschiedenen Programmgenres und ihre jeweiligen Bezüge zur Wirklichkeit unterscheiden zu können
5. *Selektionstraining*
   Ziel: aufgrund bewußter Entscheidungsprozesse auswählen zu können
6. *Produktionstraining*
   Ziel: Programme selbst herstellen, gestalten und einsetzen zu können
7. *Strukturtraining*
   Ziel: Erkennen und Durchschauen medialer Strukturen und medienpolitischer Zusammenhänge
8. *Reflexionstraining*
   Ziel: das eigene Verhalten bei der Mediennutzung reflektieren und optimieren lernen
9. *Erfahrungstraining*
   Ziel: Bereitschaft und Lernfähigkeit entwickeln, aus medialer Sekundärerfahrung zu lernen
10. *Persönlichkeitstraining*
    Ziele:
    ❏ Förderung einer aktiven und kreativen Rezeption
    ❏ Stimulierung der emotionalen und geistigen Entwicklung
    ❏ Unterstützung von Eigeninitiative und Eigenaktivität
    ❏ Werteerziehung

3. Kernziele: Medienkompetenz und Medienmündigkeit

Die Ausgangssituation: Kinder und Jugendliche, aber auch erwachsene Mediennutzerinnen und Mediennutzer befinden sich heute vielfach in einer zunehmenden Orientierungslosigkeit Sie ist die Folge der wachsenden thematischen Vielfalt des Medienangebots, verbunden mit dem nahezu nicht mehr überschaubaren Pluralismus der vermittelten Werte.

Bedarf: Daher sind Orientierungshilfen erforderlich, die
❏ den kompetenten und verantwortungsbewußten Umgang mit dem Fernsehen und anderen Medien ermöglichen und
❏ positive Tendenzen bei der Mediennutzung unterstützen (z.B. Identifikationswerte verstärken),
❏ Kinder und Jugendliche bei der Mediennutzung begleiten sowie
❏ Eltern und Lehrer mit einbeziehen.

Nur so sind die wichtigsten Lernziele, eine umfassende ‚Medienkompetenz' und eine daraus resultierende, eigenverantwortliche ‚Medienmündigkeit' im Umgang mit Massenmedien mit hinreichender Sicherheit zu erreichen.

4. Das Fernsehen im Rahmen des Gesamtkonzepts der Medienerziehung

In diesem Sinne begrüßen wir als Fernsehanbieter es sehr, daß alle für Medienerziehung zuständigen Institutionen auch der ‚Fernsehpädagogik' großes Interesse entgegenbringen. So hat etwa das Bayerische Staatsministerium für Unterricht, Kultus, Wissenschaft und Kunst in seinem ‚Gesamtkonzept der Medienerziehung' von Anfang an vorgesehen, Medienerziehung auch in den und mit Hilfe der Massenmedien selbst zu betreiben.

Medienerziehung in und mit den Medien erreicht Lehrerinnen und Lehrer und Eltern zugleich und regt insbesondere Kinder und Jugendliche auch über den schulischen Rahmen hinaus zu einem sinnvollen Mediengebrauch an.

Ausgehend von diesen Prämissen entstand die Idee zu einer medienpädagogischen Sendereihe unter dem Titel ‚Bony und Anja'. Dazu wurde unter der Leitung des Staatsinstituts für Schulpädagogik und Bildungsforschung eine Arbeitsgruppe gegründet. Beteiligt waren auch externe Fachexperten aus der Wissenschaft.

4.1 Grundkonzeption der Fernsehserie ‚Bony und Anja'

1. Stil:
❏ Faszinierend, spannend, unterhaltsam im besten Wortsinne: Unterhaltung, bei der man sich gut unterhält und über die man sich gewinnbringend unterhalten kann.
2. Zielsetzung:
❏ Anbahnen, Einüben und Unterstützen von Medienkompetenz auf den unterschiedlichsten Ebenen
❏ hohe Zuschauerbindung durch besondere Attraktivität des Programms und dadurch gesteigerte erzieherische Wirkung
3. Adressaten:
❏ Kinder und Jugendliche (8-14 Jahre)
❏ Eltern und Lehrerinnen und Lehrer
4. oberste Grundregel:
❏ Informationsvermittlung und Medienerziehung ohne erhobenen Zeigefinger!

So entstand das Konzept des trickanimierten Fernsehgeistes BONY. Sein Ziel ist es, der 13jährigen Anja den richtigen Umgang mit dem Medium Fernsehen beizubringen! Der Themenkatalog wurde gemeinsam mit den wissenschaftlichen Beratern und der BLM erarbeitet. Er beinhaltet akute Fragen der heutigen Kinder: Wie kann ich richtig zappen? Was ist interaktives Fernsehen? Was ist Realität und Fiktion?
Gefördert wurde das Projekt durch Mittel der Bayerischen Film- und Fernsehförderung, jetzt Filmfernsehfond Bayern FFF (DM 550.000,-), des Kultusministeriums (DM 250.000,-), von KABEL 1 (DM 700.000,-) und von R.S. Media (DM 1,4 Millionen).

Best: Fernseherziehungskompetenz der Eltern 99

KABEL 1 stellte - auch dies ein nicht unbeträchtlicher geldwerter Vorteil für die Serie - die Sendeplätze kostenlos zur Verfügung.
Mit BIM BAM BINO hatte KABEL 1 zudem das denkbar beste Umfeld für diese längst überfällige unterhaltsame Fernsehserie zur Medienerziehung:
❏ ein jugendorientiertes Familienprogramm - absolut gewaltfrei
❏ nachgewiesen sozial engagiert durch Aktionswochen und Einzelaktionen "Gegen Gewalt auf dem Schulhof", "Keine Gewalt gegen Kinder" etc.
❏ positive Resonanz und hohe Akzeptanz, bis zu 40 % Marktanteil bei Kindern und Jugendlichen.

Das Ergebnis ist eine Serie, die es so noch nie zuvor gegeben hat, schon gar nicht aus den Produktionswerkstätten eines kommerziellen Privatsenders. Erstmals wurde Medienpädagogik in einer Unterhaltungsserie vermittelt und zusätzlich im Schulunterricht aufgegriffen. Der prominente Sendeplatz morgens um 08.10 Uhr bot den Schulen die Möglichkeit, die Serie direkt in den Unterricht einzubinden. Gestartet wurde das Programm von insgesamt 8 Folgen rechtzeitig zur Vorweihnachtszeit 1996. Anschließend hat KABEL 1 die Serie zur freien Verwendung an Schulen über die Landesfilmdienste u.ä. Institutionen zur Verfügung gestellt. Die Resonanz auf diese erstmalige Unternehmung eines privaten Fernsehanbieters war ausgesprochen positiv und stellt für den Sender nicht zuletzt auch einen spürbaren Gewinn an Glaubwürdigkeit dar in der Debatte um die Verwirklichung medienpädagogischer Basisangebote im Fernsehen.

Petra Best
Medienkompetenz der Kinder verlangt zuallererst Fernseherziehungskompetenz der Eltern

1. Gar nicht so einfach - Bedingungen und Grenzen der Fernseherziehung im Familienalltag

Geht es um die Fernsehererziehung ihrer Kinder, sind Eltern gefordert, und meistens auch überfordert. Fast alle Eltern sorgen sich um den Fernsehkonsum ihrer Sprößlinge. Und in fast allen Familien stehen Konflikte oder zumindest viele Diskussionen auf der Tagesordnung, was die Kinder und wie lange sie sehen dürfen. Es gibt aber auch die anderen Eltern; jene, die sich über das, was ihr Nachwuchs sieht, scheinbar keine Gedanken machen. Über sie empört sich die Öffentlichkeit nur zu gerne. Was hinter diesem Verhalten steckt, danach wird seltener gefragt.

Fest steht, daß Eltern eine wichtige Funktion in puncto Medienerziehung ihrer Kinder haben. Feststeht aber auch, daß viele diese Funktion nicht ausfüllen oder ausfüllen können. Statt alle über einen Kamm zu scheren oder pauschal als 'unfähig' zu verurteilen, gilt es sich die Hintergründe elterlicher Fernseherziehung näher anzusehen. Denn nur so lassen sich medienpädagogische Konzepte entwickeln, die Eltern dabei unterstützen, eine Fernseherziehung zu betreiben, die an den Voraussetzungen und Bedürfnissen der Kinder anknüpft und ihre Kompetenz im Umgang mit dem Fernsehen befördert.

In der medienwissenschaftlichen Forschung machen eine Reihe von Untersuchungen deutlich, daß die Art und Weise, wie Eltern das Medienhandeln im Familienalltag strukturieren, sich auch auf die Mediennutzung ihrer Kinder auswirkt. Die Untersuchungen machen aber auch deutlich, daß das Medienhandeln von Familien immer vor dem Hintergrund ihrer jeweiligen Lebens- und Alltagswelten stattfindet und diese sind bekanntermaßen verschieden. Verschieden in ihren sozio-kulturellen Lebensbedingungen, in Familienkonstellationen, in Alltagsroutinen, elterlichen Werten, Normen und Erziehungsstilen - verschieden im Familienklima schlechthin. Daraus bestimmt sich, welchen Platz Medien bzw. das Fernsehen im Familienleben einnehmen, und wie Eltern dem Fernsehkonsum ihrer Kinder begegnen. Wiewohl noch nicht hinreichend untersucht, spielt das Sozialmilieu für diese Zusammenhänge keine geringfügige Rolle.

Eltern, die einer hohen Bildungsschicht zuzurechnen sind, tendieren dazu, den kindlichen Zugang zum Fernsehen stark zu kontrollieren und zu reglementieren. Sie bestimmen, ob und wieviel Zeit ihre Sprößlinge vor dem Apparat verbringen dürfen, und wählen aus, was gesehen wird. Je jünger die Kinder sind, umso mehr ist das der Fall. Eine kulturpessimistische Einstellung gegenüber dem Fernsehen bildet oft den Hintergrund für diese Form der Fernseherziehung. Zwar sind sich die Eltern bewußt, daß das Fernsehen heutzutage zum Alltag gehört und auch Kinder lernen sollen und müssen, damit umzugehen. Doch so wie sie in ihrem eigenen Leben dem Fernsehen keinen großen Stellenwert einräumen, so wollen sie auch ihre Kinder zu einem 'sinnvollen' Umgang damit befähigen, und das heißt für die meisten, die Kinder davor zu bewahren, 'seinem Sog zu verfallen'. Alternativangebote wie Spiele, Bücher oder Unternehmungen außer Haus sind deshalb ein zusätzlicher Bestandteil ihres Fernseherziehungskonzepts.

Anders sieht es in Familien aus, in denen Eltern dem Fernsehen einen hohen Stellenwert beimessen. Zu beobachten ist das vor allem in benachteiligten Bildungsschichten, besonders dann, wenn schwierige Lebensbedingungen hinzukommen: durch eine körperlich belastende Arbeit, durch enge Wohnverhältnisse, durch Krankheit oder Arbeitslosigkeit und ähnliches. Neben dem Kontakt zur Außenwelt erfüllt das Fernsehen hier vor allem die Funktion, ein reibungsloses bzw. harmonisches Miteinander im Familienalltag zu gewährleisten. Es verhindert depressive Stimmungen oder innerfamiliäre Konflikte, es liefert Stoff für Gespräche und es verschafft das Gefühl von Gemeinsamkeit, auch und ganz besonders mit den Kindern. Entsprechend häufig wird der Apparat eingeschaltet und entsprechend viel bekommt der Nachwuchs zu sehen. Die Behauptung allerdings, daß den Eltern der Fernsehkonsum ihrer Kinder egal ist, greift nicht in allen Fällen. Viele Eltern machen sich Gedanken und wissen, daß sie ihren Kindern nicht nur ein besseres Vorbild sein sollten, sondern auch auf deren Fernsehverhalten ein wachsameres Auge haben müßten. Doch je belastender die existentiellen Bedingungen der Familien sind, je weniger sie auf Freizeitalternativen und Kontakte zur Außenwelt zurückgreifen können und je weniger Erziehungskompetenz vorhanden ist, umso mehr fühlen sich die Eltern überfordert, fernseherzieherische Maßnahmen zu ergreifen. So beschränken sie sich weitgehend darauf, Sendungen zu verbieten, in denen - um es salopp auszudrücken - augenscheinlich zuviel Sex und Gewalt vorkommt.

Zwischen diesen beiden dargestellten Fernseherziehungstypen liegt eine ganze Palette von elterlichen Handlungsstrategien. Die wenigsten Eltern sind der Meinung, daß Kinder gar nicht fernsehen sollen, oder sich das mit dem Fernsehen schon ganz von selbst regelt. Das Gros der Eltern will aktiv Fernseherziehung betreiben, ist aber immer wieder von Unsicherheiten, Hilflosigkeit, und manchmal eben auch von Resignation begleitet. Weil Eltern nicht wissen, wie sie es denn anstellen sollen, um den Fernsehkonsum ihrer Kinder auf das rechte Maß zurechtzurücken, und weil sie unsicher sind, ob das, was ihr Nachwuchs sieht oder sehen will, nicht doch schädlich ist. Von Bedeutung sind in diesem Zusammenhang zwei Aspekte, die unabhängig von Sozialmilieus und individuellen Bedingungen für alle Familien gelten bzw. gelten können:

Fernseherziehung ist nie etwas Statisches. Familien ändern sich und diese Veränderungen stellen Eltern in puncto Fernseherziehung vor immer wieder neuen Herausforderungen. Sei es, daß die Kinder älter werden und sich damit ihre Sendungsvorlieben ändern, sei es, daß jüngere Geschwister beginnen, das Fernsehen für sich zu entdecken, oder sei es, daß Krisen wie Partnerkonflikte, Arbeitslosigkeit o.ä. bewältigt werden müssen, und ein verändertes Medienverhalten in der Familie die Folge ist. Auch auf Veränderungen in der Programmlandschaft müssen Eltern reagieren. So ermöglicht zum Beispiel die Einrichtung eines Kinderkanals ein zwar kindgerechtes, aber auch ein Non-Stop-Fernsehen, von dem der Nachwuchs nur noch schwer wegzubekommen ist.

Fernseherziehung wird in erster Linie von Müttern betrieben. Trotz aller Emanzipationsbemühungen sind Frauen nach wie vor mit der Erziehung von Kindern und somit auch mit ihrer Fernseherziehung betraut. Viele Mütter aber fühlen sich von ihren Partnern allein gelassen. Väter - so sie denn vorhanden sind - machen sich weniger Gedanken um das Fernsehverhalten ihrer Sprößlinge, wenn sie nicht sogar durch ihr eigenes Fernsehverhalten die Erziehungsbemühungen der Mütter konterkarieren.

Fernseherziehung ist also - um auf den Ausgangspunkt zurückzukommen - kein leichtes und oft auch ein konfliktreiches Unterfangen. Sorgen und ein schlechtes Gewissen sind ständige Begleiter, umso mehr, wenn die eigenen Bedürfnisse in die Quere kommen, und der eingeschaltete Apparat eine Zeitlang Ruhe vor der Rasselbande verspricht oder die Harmonie im Familienalltag garantiert.

Eine Medienpädagogik, die in die Familien hineinwirken will, muß diese Familienrealitäten im Blick haben. Nicht der medienpädagogische Zeigefinger ist gefragt, sondern Verständnis für die Bedingungen und Grenzen elterlicher Fernseherziehung. Eltern brauchen keine Bevormundung und auch keine moralischen Belehrungen. Was sie benötigen, sind Wissen und Handlungsmodelle, die ihnen die kindlichen Umgangsweisen mit dem Fernsehen erfahrbar machen und sie darin stärken, im Fernseherleben ihrer Kinder unterstützende Partner zu sein.

2. FLIMMO - fernsehen mit Kinderaugen

Ein Weg der medienpädagogischen Elternarbeit ist das Projekt FLIMMO, das vom Institut Jugend Film Fernsehen (JFF) und dem Trägerverein 'Programmberatung für Eltern e.V.' Anfang 1997 ins Leben gerufen wurde. Ziel dieses Projektes ist es, Eltern und anderen Erziehenden die fernsehspezifischen Sicht- und Umgangsweisen von Drei- bis Dreizehnjährigen nahezubringen, um so ihre Kompetenz für eine Fernseherziehung zu befördern, die Kinder bei der Entwicklung und Ausformung ihrer Medienkompetenz unterstützen kann. Die Fernsehwünsche der Kinder finden dabei ebenso Beachtung, wie die Schwierigkeiten, die das Fernsehen für sie bereit halten kann.

Dazu werden das Fernsehen und seine Angebote aus Kindersicht betrachtet. Nicht um 'gute' oder 'schlechte' Sendungen und auch nicht um die Abnahme von Entscheidungen geht es dabei, sondern um Sendungen, die Kinder sehen und sehen wollen und um ihre Sichtweisen darauf. Damit wird nicht nur am Familien- bzw. Fernsehalltag angeknüpft, sondern im Nachvollziehen der kindlichen Perspektive liegt auch die Chance für eine Fernseherziehung, die an den spezifischen Fähigkeiten und Wünschen der Kinder ansetzt und sie angemessen begleiten kann.

Die kindlichen Sichtweisen auf das Fernsehen und seine Angebote werden auf zweierlei Wegen an die Eltern herangetragen:

Orientierungshilfen zum aktuellen Programm
Im FLIMMO wird darauf eingegangen, daß Eltern angesichts der Fülle der Programmangebote und der Fernsehwünsche ihrer Kinder Orientierungshilfen für die tägliche Sendungsauswahl benötigen und auch suchen. Aus dem aktuellen Programm werden Kinder- und Erwachsenensendungen, die für Kinder im Alter von drei bis dreizehn Jahren relevant sind, die sie begeistern oder mit denen sie als 'Mitseher' in Berührung kommen, aus Kindersicht beschrieben: auf welche Sendungselemente sie vorwiegend achten und von welchen Elementen sie angesprochen werden, im Kopf und

im Bauch. Beinhalten die Sendungen Inhalte oder Darbietungsweisen, die fragwürdige Orientierungen nahelegen oder aber für Kinder schwer zu verkraften sind, werden die aus Kindersicht erstellten Inhaltsangaben um pädagogische Hinweise ergänzt. Diese Hinweise sind Ratschläge. Die Entscheidung darüber, welche Konsequenzen für die eigene Fernseherziehung zu ziehen sind, bleibt den Eltern vorbehalten, denn sie kennen ihre Kinder am besten. Um Eltern einen schnellen Überblick über die Beschaffenheit des kinderrelevanten Programms zu ermöglichen, werden die Sendungen in drei Rubriken geordnet. Für die Zuordnung gibt die Kinderperspektive und nicht die Qualität einer Sendung den Ausschlag. Die Rubrik *"Kinder finden's prima"* enthält Sendungen, die Kinder - je nach Alter - interessant finden und die für das Gros keine Schwierigkeiten bergen. Das können durchaus auch solche Sendungen sein, die Kindern außer Spaß nichts zu bieten haben und nicht unbedingt den Geschmack der Erwachsenen treffen. Die Rubrik *"Mit Ecken und Kanten"* beherbergt Sendungen, die Kinder mögen, die aber auch Elemente enthalten, die für sie - unabhängig vom Alter - heikel werden können. Zum Beispiel wenn Gewalt als erfolgversprechendes Durchsetzungsmittel gutgeheißen wird. In der Rubrik *"Für Kinder schwer verdaulich"* finden sich schließlich die Sendungen, die Kinder überfordern, verunsichern oder ängstigen können. Weil Kinder anders wahrnehmen als Erwachsene, können das auch Sendungen sein, die qualitätsvolles Fernsehen repräsentieren. Ob nun der Nachwuchs solche Sendungen aus eigenem Antrieb oder als 'Mitseher' sieht, für die Be- und Verarbeitung benötigt er Zuwendung und Unterstützung von den Erwachsenen.

Medienpädagogisches Hintergrundwissen
Der FLIMMO berücksichtigt, daß Eltern für ihre Aufgabe der Fernseherziehung Hintergrundwissen benötigen, auf dem sie ihre Entscheidungen fundieren können, sie jedoch über 'langatmige' Artikel oder Bücher nur schwer zu erreichen sind. Der redaktionelle Teil des FLIMMO "Rund ums Fernsehen" beinhaltet deshalb kleinere Artikel, die sozusagen häppchenweise Medienpädagogik an die Eltern herantragen. Hier wird auf Sendungen und ihre Bedeutung für Kinder näher eingegangen, werden Zusammenhänge des kindlichen Fernsehverhaltens erklärt sowie Tips zur Fernseherziehung gegeben und es wird über Interessantes aus der Fernsehlandschaft berichtet.

Erstellt wird der FLIMMO auf der Grundlage von Forschungsergebnissen zum kindlichen Umgang mit dem Fernsehen. Die Rezeptionsstudien des Institut Jugend Film Fernsehen (JFF) bilden hierfür einen wichtigen Grundstock, der beständig durch weitere Forschungsbefunde ergänzt und aktualisiert wird. Darüber hinaus werden im halbjährlichen Rhythmus unterschiedliche Kinder zu Fernsehvorlieben und -angeboten befragt. So wird dem Tatbestand Rechnung getragen, daß weder die Sichtweisen, die Kinder auf das Fernsehprogramm haben, noch das Programm selbst ein für allemal gleich bleiben.

Wie der FLIMMO im konkreten Fall vorgeht, wird abschließend am Beispiel der Actionserie 'Das A-Team' veranschaulicht.

Im Namen der Gerechtigkeit ist auch Gewalt erlaubt

Einige Zeichentrick- und Actionserien, die Kinder favorisieren, ranken sich um Helden, die gegen das Unrecht zu Felde ziehen: Die Turtles, die Power Rangers, das A-Team und viele andere kämpfen gegen Bedrohungen oder Verbrechen, retten die Welt oder das Universum vor den Bösen und beschützen Schwache und Unterdrückte. Um diese hehren Aufgaben erfüllen zu können, greifen sie auch zu Gewalt, und das oft nicht gerade zimperlich. Schuld sind natürlich immer die angriffslustigen und zu jeder Schandtat bereiten Gegner. Um sie zu besiegen, bleibt den Helden keine andere Wahl, als mindestens gleich starke Geschütze aufzufahren; notfalls müssen sie die Gegner auch vernichten. Jede Gewalthandlung im Dienst der guten Sache wird so als notwendig dargestellt und gutgeheißen.

Aus den Kämpfen gehen die Helden grundsätzlich siegreich und meist ohne jede Schramme hervor. Und auch die Bösen zeigen meist keinerlei Blessuren, schon gar keine ernsthaften. Wird wirklich gestorben, dann ist es nicht zu sehen, oder aufregende Bilder von explodierenden Autos, Flugzeugen und Raumstationen lassen vergessen, daß mit ihnen auch die Insassen in die Luft gejagt werden.

Das Weltbild, das Kindern hier vorgeführt wird, ist mehr als einfach: Auf der einen Seite die Guten, auf der anderen die Bösen. Das erfolgreichste Mittel gegen die Bösen ist Gewalt, und für die edle Sache ist ihr Einsatz selbstverständlich erlaubt, wenn nicht gar geboten. Die Folgen von Gewalt werden ausgeblendet oder heruntergespielt. Kinder, die eigentlich sehr sensibel gegenüber Gewalt sind, können gerade aufgrund dieses Musters die Serien genießen. Die Rechtfertigung der Gewalttätigkeit des Helden wahrt in ihren Augen seinen guten Charakter. Die Folgenlosigkeit seiner Handlungen mildert seine Gewalttätigkeit ab.

Was bleibt, sind ein siegreicher Held und Action - beides lieben Kinder, und die Jungen noch bedeutend mehr als die Mädchen. Was noch bleibt, ist die Behauptung, jedes Unrecht, jeder Konflikt sei durch Gewalt erfolgreich und ohne wirklich schlimme Konsequenzen zu lösen.

Daraus ergeben sich für Kinder "Ecken und Kanten". Nicht, wenn sie diesem Muster ab und zu begegnen, wohl aber, wenn sie es in vielen und verschiedenen Sendungen, die sie gern sehen, immer wieder vorgeführt bekommen. Die ständige Wiederholung kann dazu führen, daß die Kinder an das Märchen der erfolgreichen und für den guten Zweck erlaubten Gewalt zu glauben beginnen.

Quelle: http://www.flimmo.de

Zum Inhalt: Das A-Team besteht aus vier ehemaligen Mitgliedern einer militärischen Spezialeinheit, die wegen eines Verbrechens, das sie nicht begangen haben, untergetaucht sind. Gilt es, den Schwachen beiseite zu stehen und das Unrecht zu bekämpfen, ist das A-Team jederzeit zur Stelle. Um der Gerechtigkeit zum Sieg zu verhelfen, beweisen sie zwar Mut und Einfallsreichtum, sind aber in der Wahl der Mittel auch nicht gerade zimperlich; von Körper- und Waffengewalt machen sie reichlich Gebrauch.

Die Sendung stammt aus dem Erwachsenenprogramm und wird von Kindern, vor allem von Jungen wegen der Helden und Abenteuer begeistert gesehen. Für Eltern wirft sie ob der dargebotenen Gewalt Fragen auf und aus medienpädagogischer Sicht birgt sie für Kinder 'Ecken und Kanten', an denen sie sich auf Dauer stoßen können. Welcher Art diese 'Ecken und Kanten' sind, macht ein Ausschnitt aus einer Folge der Serie deutlich:

Um die üblen Machenschaften eines Gefängniswärters aufzudecken, der die Gefangenen für private Boxkämpfe verkauft und den dadurch verursachten Tod eines Häftlings zu vertuschen sucht, aufzudecken, hat sich A-Team-Mitglied B.A. in eine Haftanstalt eingeschleust. Er und ein Mithäftling liefern sich in einer Scheune einen Kampf, der von einer johlenden Menge begleitet wird. Mitten im Kampf kracht es plötzlich und der Rest der A-Team-Truppe fährt mit einem Jeep herein. Während einer der Männer mit der Kamera für die Abendnachrichten den Schauplatz des Geschehens aufnimmt, der zweite B.A. und seinen Ringgegner von den Handschellen befreit, hält der dritte mit vorgehaltenem Maschinengewehr und abgefeuerten Warnschüssen die Anwesenden in Schach. Nachdem B.A. den als Ringrichter fungierenden Gefängniswärter mal eben - zum Andenken für den toten Häftling - niederschlägt, verabschiedet sich das A-Team mit einem coolen Spruch und erneuten Maschinengewehrsalven. Schnelle Musik begleitet ihren Abgang.

Der Einsatz von Gewalt wird in diesem Ausschnitt und in der gesamten Serie zum erfolgversprechenden Mittel ohne schlimme Konsequenzen erklärt. Für Kinder können derartige Darbietungen heikel werden. Denn vergegenwärtigt man sich, daß sie im Fernsehen auch nach Orientierungen für ihr Großwerden und für die Bewältigung von Problemlagen suchen, dann kann sich für sie das Klischee von der erlaubten und folgenlosen Gewalt zu einem ganz schönen Stolperstein auswachsen. Aus FLIMMO-Sicht sind Sendungen wie 'Das A-Team' zwar deshalb noch kein Tabu, doch lautet der Rat an die Eltern: Es ist sinnvoll zu beobachten, wie die Sprößlinge mit den Gewaltdarbietungen umgehen, vor allem dann, wenn sie nicht nur diese, sondern auch andere vergleichbare Programmangebote favorisieren. Vor diesem Hintergrund wird in der Kurzbesprechung zum 'A-Team' die aus Kindersicht geschriebene Inhaltsangabe um den Verweis auf die 'Ecken und Kanten' ergänzt, und im redaktionellen Teil greift ein längerer Artikel den pädagogischen Hinweis auf und erklärt im Zusammenhang und mit weiteren Sendungsbeispielen, warum derartige Konfliktlösungen für Kinder heikel werden können.

> **Das A-Team   Serie, RTL, So**
> Das A-Team kämpft für Gerechtigkeit und hilft Wehrlosen. Neben raffinierten Erfindungen und Einfällen wird vor allem zu Schußwaffen und Bomben gegriffen. Trotz ihres oft rauhen Umgangstons und ihrer Reibereien sind die vier guten Freunde und tolerieren ihre Eigenheiten und Schwächen. ■ Das A-Team greift schnell zur Gewalt und ist in der Wahl der Mittel nicht zimperlich. Die Folgen der Gewalt werden durchgängig bagatellisiert.
> Quelle: http://www.flimmo.de

Literatur

Aufenanger, S. u.a (1986).: Medienerziehung von Eltern für Kindergartenkinder. 1. Projektbericht und 3. Materialien für die Elternarbeit. Mainz: Pädagogisches Institut der Universität Mainz

Aufenanger, S. (1991): Fernsehen und Neue Medien in der Familie. In: Aufenanger, S. (Hrsg.), Neuen Medien - Neue Pädagogik. Bonn, S. 82-95

Kübler, H.-D./Swoboda, W. (1998): Wenn die Kleinen fernsehen. Die Bedeutung des Fernsehens in der Lebenswelt von Vorschulkindern. Berlin, S. 181-185

Mettler-v.Meibom, B. (1995): Handlungsstrategien von Müttern bei ausufernden Medienangebot oder: „Jetzt muß man immer diskutieren, wie und warum nicht". Arbeits- und Orientierungshilfen für die Familienbildung, vom Ministerium für Arbeit, Gesundheit und Soziales des Landes Nordrhein-Westfalen

Neumann-Braun, K. u.a. (1993): Kindliche Mediensozialisation, elterliche "gate-keeper"-Funktion und familiale Umgangsstile mit Medienangeboten. In: Rundfunk und Fernsehen, Heft 4, S. 496-511

Rogge, J.U (1998): „"...manchmal halt´ich das nicht mehr aus..." Über innerfamiliäre Konfliktkonstellationen mit den Medien. In: Baake, D./Lauffer, J. (Hrsg.): Familien im Mediennetz?. Opladen

Friederike Tilemann
Förderung kindlicher Medienkompetenz durch medienpädagogische Elternarbeit

Medien sind aus dem Alltag von Familien nicht mehr wegzudenken. Die Vorschul- und Grundschulkinder wachsen selbstverständlich mit Büchern, Fernsehen und Video, Hörspielkassetten, Gameboys, Computern, Zeitschriften und Merchandising-Produkten auf. Gibt es die jeweiligen Medien nicht in der eigenen Familie, so sind sie den Kindern dennoch bestens bekannt. Sie spielen mit ihnen bei Freundinnen und Freunden, Großeltern oder im Kindergarten bzw. der Schule. Für sie ist die Medienvielfalt ein fester Bestandteil ihrer Lebenswelt und läßt sich somit auch nicht auf einen Ort oder Zeitpunkt begrenzen. Deshalb ist es die Aufgabe aller Erwachsenen, die in der Lebenswelt eines Kindes Bedeutung haben, das Kind in seiner Entwicklung von Medienkompetenz zu unterstützen. Die Eltern, Erzieherinnen und Erzieher sowie Lehrerinnen und Lehrer müssen es als ihre gemeinsame Aufgabe betrachten, die Medienerziehung des Kindes zu gestalten. Deshalb sollte die Elternarbeit, um die es hier geht, nicht von der Arbeit mit den Kindern und den Erziehenden und Lehrenden abgespalten werden. Das Engagement und die Zusammenarbeit aller Beteiligten sind erforderlich, um das Kind in der Entwicklung seiner Medienkompetenz zu fördern.

Es gibt viele Möglichkeiten, wie Erziehende und Lehrende die Eltern bei der Aufgabe der Medienerziehung unterstützen können. Es reicht vom Einzelgespräch zwischen einer Erzieherin und einem Elternteil, über Elternabende, Elternbriefe zu aktuellen Themen bis zu Veranstaltungen für die ganze Familie. Bei letzteren setzen sich Erwachsene und Kinder gemeinsam mit ihren Medienvorlieben, Abneigungen, Freuden und Ängsten und mit dem alltäglichen, familiären Umgang mit Medien kreativ auseinander. Dabei können Eltern, Erziehende bzw. Lehrende und Kinder mit viel Spaß gemeinsam

- frei spielen,
- ein Rollenspiel mit verkehrten Rollen spielen: Die Eltern spielen die Kinder und die Kinder die Eltern. So können z.B. die Eltern einmal die Enttäuschung spüren, die ein Kind erlebt, wenn es 'mitten im Film' ins Bett soll bzw. ein Kind die nervige Situation der Eltern nachfühlen, wenn ihnen nicht zugehört wird und alle durcheinander reden,
- die jeweilige Lieblingsmedienfigur malen. Dazu erzählen sie sich gegenseitig, was sie an ihr mögen und was nicht,
- sich ein Fernseh-Wunsch-Programm ausdenken, das dann immer vor einem Teil der Gruppe, die das Publikum darstellt, vorgespielt wird,
- über Regelungen der Mediennutzung in der Familie 'verhandeln',
- ein Fotoprojekt mit Polaroidkamera realisieren,
- ein Hörspiel erstellen,
- ein Video (Kurzfilm, Werbespots usw.) drehen,
- eine Geschichte ausdenken und als Bildergeschichte malen,
- u.v.a.m.

Die Eltern lernen dabei Methoden kennen, mit denen sie die Kinder bei der Entwicklung von Fähigkeiten unterstützen können, die diese im Umgang mit den Medien brauchen. Diese Methoden müssen sich am Alltag der Familie orientieren und sich ohne allzu großen Aufwand realisieren lassen. Die Eltern lernen so einerseits neue Möglichkeiten des Spielens mit ihren Kindern kennen. Andererseits, und das halte ich für noch entscheidender, entdecken sie, daß sie eine Reihe von Kompetenzen besitzen, die sie auch bewußt für den Bereich der Medienerziehung nutzen können. Denn Spielen, Malen, Zuhören, In-den-Arm-nehmen gehört ganz zentral in die Aufgabe der Medienerziehung von Vor- und Grundschulkindern. Natürlich ist es auch zu begrüßen, wenn Eltern an produktiver Medienarbeit mit etwas komplizierter Technik Spaß haben, aber es bleibt den individuellen Interessen und Fähigkeiten überlassen, welche Möglichkeiten sie gerne nutzen. Ziel der Elternarbeit sollte sein, die eigenen Fähigkeiten bewußt zu machen, zu stärken und Möglichkeiten zu entdecken, wie sie für die Medienerziehung genutzt werden können.

Dann können die Eltern ihre Kinder unterstützen, die Strukturen der Medien verstehen zu lernen und sich in ihnen zu orientieren. Weiterhin ist es ihnen möglich, die Kinder in ihrer altersspezifischen Wahrnehmung zu unterstützen und sie bei der Entwicklung von Nutzungs- und Handlungskompetenz gezielt zu begleiten.

Wenn in der Institution nicht die Zeit und Möglichkeit für ein Familienseminar vorhanden ist, gibt es aber noch andere Möglichkeiten, mit denen medienpädagogische Elternarbeit stattfinden kann. Eine erprobte Form ist beispielsweise diese: Im Kindergarten oder der Schule beschäftigen sich zunächst die Pädagoginnen bzw. Pädagogen selbst mit einem, in ihrer Institution aktuellen Medienthema und konzipieren anschließend ein medienpraktisches Projekt für die Kinder. Während des Projektes oder im Anschluß daran werden die Eltern zu einem oder mehreren Elternabenden eingeladen, bei denen das Projekt und damit die konkreten Erlebnisse der Kinder im Mittelpunkt stehen. Hierbei kommen zugleich grundsätzliche Fragen der Medienerziehung zur Sprache. Es hat sich gezeigt, daß es für Eltern ein Anreiz ist, eine Veranstaltung zu besuchen, wenn sie schon über die Kinder von dem 'tollen Film' oder der 'super Saurierlandschaft' gehört haben, die diese im Projekt selbst gefilmt oder gebaut haben. Solche Erzählungen machen neugierig und der kommende Elternabend scheint einigen Spaß zu versprechen. Zudem geht es an dem Abend nicht um ein abstraktes Medienthema, sondern konkret um das, was die eigenen Kinder beschäftigt.

Wenn man mit Eltern von Vor- und Grundschulkindern über Medienerziehung spricht, heben sie eindeutig das Fernsehen als das für ihre Medienerziehung relevanteste Medium hervor. Zu ihm haben sie die meisten Fragen, bei ihm sind die Sorgen über negative Auswirkungen am größten. Bücher werden nur selten thematisiert und Medien wie Hörspiele, Computerspiele oder das Internet werden nur vereinzelt in die Diskussion eingebracht. Das Gespräch verlagert sich dann eher auf eine höhere Ebene der Kritik des Mediensystems insgesamt, bei der häufig massive kulturpessimistische Ängste hervorscheinen. Das Bedürfnis der Eltern, das Fernsehen in den Mittelpunkt der bewußten Medienerziehung zu stellen, sollte in der Elternarbeit ernst genommen werden. Dennoch ist es wichtig, den Bezug zu anderen Medien nicht zu verlieren. Kinder nutzen meist ein ganzes Ensemble von Medien. So bleiben aber z.B. die Hörspielkassetten im Verhältnis zum Medium Fernsehen meist unbeachtet, obwohl ihre Nutzung gerade bei Vor- und Grundschulkindern besonders intensiv ist. Von daher ist es sinnvoll, jeweils zu den aktuellen Themen, Figuren oder Medien (z.B. den Hörspielen) der Kinder eine Veranstaltung zu ermöglichen.

Die Orientierung an den jeweiligen Zielgruppen ist die Grundlage jeder pädagogischen Arbeit. Dies gilt für einen Bereich wie den der Medienerziehung besonders, der von elterlichen Ängsten vor der Entblößung eigener Erziehungs'fehler' belastet ist. An den Bedürfnissen und Interessen der Eltern orientiert zu sein, heißt daher,
- sich inhaltlich den für diese Eltern relevanten Themen zu widmen,
- sich an dem Familienalltag der betreffenden Eltern mit all seinen Schwierigkeiten (z.B. nicht immer die nötige Kraft, Zeit und Geduld für die Kinder und für die Medienerziehung zu haben) zu orientieren,
- die elterlichen Vorstellungen von Medienerziehung und damit deren Alltag, deren Ängste usw. ernst zu nehmen,
- sich methodisch an ihren Erfahrungen und ihrem Verständnis zu orientieren; vielfältig und kreativ zu arbeiten,
- sich in der Organisation und Konzeption der Projekte auf die Eltern einzustellen (das wirft z.B. Fragen wie die folgenden auf: Liegt der Elternabend in der hektischen Vorweihnachtszeit oder am Abend der Fußball-WM? Was heißt es für Eltern nach einem langen Arbeitstag abends noch zu einer Veranstaltung zu gehen? Wie ist die Veranstaltung in die sonstige Elternarbeit der Institution eingebettet?)

❏ das Interesse der Eltern zu wecken, denn wenn die Eltern aus eigenem Interesse zu den Veranstaltungen kommen, ist dies die beste Voraussetzung für ein offenes Gespräch und für Lernprozesse.
❏ den Eltern den nötigen Freiraum zu lassen. In den Veranstaltungen möchten die Eltern selbst entscheiden können, wie weit sie sich in der Gruppe über Persönliches (z.b. über Probleme in der Medienerziehung) zu Wort melden. Manche Eltern erzählen gerne über ihre Erfahrungen und andere beteiligen sich am Gespräch, sind aber mit der Darstellung eigener Erziehungsprobleme vorsichtiger, wieder andere möchten nur zuhören. Entscheidend für ein offenes und produktives Gespräch ist eine angenehme Atmosphäre. Es liegt vorrangig in der Hand der Leitung, den Eltern die nötige Sicherheit zu geben, so daß sie mit ihren Bedürfnissen nach Veröffentlichung und Zurückhaltung in der Gruppe ernst genommen und akzeptiert werden.

Grundsätzlich sind die Themen für medienpädagogische Elternarbeit unbegrenzt. Alle Aspekte der Medienwelt können in das Zentrum der Veranstaltungen rücken. Die Erfahrungen haben gezeigt, daß das Interesse der Eltern besonders hoch ist, wenn das Thema aktuell ist und die eigenen Kinder davon betroffen sind. Einige thematische Beispiele seien hier noch genannt:

❏ Ein Medienthema, das bei den Kindern gerade aktuell ist (z.B. eine Sendung, ein Hörspiel, ein Genre) wird in den Mittelpunkt der Veranstaltung gestellt. An seinem Beispiel werden Fragen und Möglichkeiten der Medienerziehung diskutiert und ausprobiert.
❏ Umgang mit den Medien in der Familie
❏ Entwicklungbedingte Wahrnehmung von Medieninhalten
❏ Analyse von Medieninhalten im Hinblick auf die Entwicklung von Geschlechtsidentität
❏ Wie Kinder unterschiedliche Medien nutzen
❏ Motive der Mediennutzung
❏ Bedeutung von handlungsleitenden Themen
❏ Förderung der Medienkompetenz der Kinder in der Familie (Möglichkeiten durchsprechen oder konkret ausprobieren)
❏ Bedeutung der Eltern in der Medienerziehung ihres Kindes (dazu gehören z.B. Fragen wie sind sie Vorbild, Kontroll-, Gesprächs- und Vertrauensinstanz, wenn die Emotionen zu hoch schaukeln? Was trauen sie ihrem Kind zu? Wieweit gestehen sie ihrem Kind einen eigenen Geschmack, eigene Vorlieben zu? Wovor haben sie Sorge? Ist diese Sorge berechtigt? Welche Verantwortung haben sie?)
❏ Welche Funktionen haben die Medien bei der Konstruktion von Wirklichkeit?
❏ usw.

Bei der Konzeption medienpädagogischer Veranstaltungen für Eltern gibt es eine Vielzahl an methodischen Möglichkeiten. Neben der ausreichenden Möglichkeit zum Gespräch und zur Diskussion sind im folgenden einige Beispiele genannt:

❏ Um die Einfühlung in kindliche Vorlieben, Ängste und Handlungsweisen zu erleichtern, ist es hilfreich, wenn sich Erwachsene zunächst mit den eigenen Vorlieben und Abneigungen gegenüber der Medienlandschaft beschäftigen. Wenn sie dabei feststellen, daß einer Begeisterung für Figuren, Sendungen oder Spiele nicht immer eine rationale oder sogar begründete Entscheidung zugrunde liegt, daß z.b. die Freude an einer Figur auch nicht zu schmälern ist, obwohl sie negativ besetzte Eigenschaften besitzt (z.b. als ein einfaches Gut-Böse-Schema konstruiert, in rückwärtigen Rollenklischees verhaftet ist oder selbst Gewalt anwendet), ist die Grundlage für Erwachsene gegeben, sich auf die kindliche Nutzung der Medien wirklich einzulassen. Für diese Beschäftigung mit eigenen (vielleicht auch aus der eigenen Kindheit erinnerten) Präferenzen, eignen sich z.b. die Methode des 'Partnerinterviews', die 'Wäscheleine der Fernsehlieblinge' oder die 'Karikaturensammlung' des BLICKWECHSEL e.V. oder der 'Persönliche Fragebogen zur eigenen Medienbiographie' (Tilemann/Barthelmes 1996).

❏ Anhand von aktuellen Filmbeispielen können die Eltern diskutieren, wie Kinder diesen Film wahrnehmen könnten und welche handlungsleitenden Themen relevant sein könnten. Daran anschließend stellt sich die Frage, wie Eltern mit dem Wissen umgehen können.

❏ Rollenspiele der Eltern sind eine geeignete Methode, dicht an den realen Situationen der Familien zu arbeiten. Durch einen von der Leitung garantierten Rollenschutz ist es den Eltern möglich, beispielhaft an einer konfliktreichen, medienbezogenen Situation in der Familie unterschiedliche Perspektiven zu übernehmen und verschiedene Handlungsweisen auszuprobieren und in ihrer Wirkung zu beurteilen. Das Rollenspiel kann zusätzlich mit Video aufgezeichnet werden, um das szenische Spiel noch genauer zu analysieren.

❏ Methoden des erfahrungsorientierten Lernens sind in vielfältiger Form für die Elternarbeit geeignet, so z.B. szenisches Interpretieren und kreatives Schreiben.

Zusammenfassen lassen sich die Ziele medienpädagogischer Elternarbeit so, daß Eltern für sich Wege entdecken, wie sie die Mediennutzung ihres Kindes und die damit verbundene individuelle Bedeutung für das Kind verstehen können, dieses Wissen kompetent in ihrem Alltag der Medienerziehung nutzen und somit die Medienkompetenz ihres Kindes fördern können. Wenn die Eltern dabei entdecken, daß sie über die Beschäftigung mit der kindlichen Mediennutzung eine neue Tür zu der Lebenswelt ihres Kindes öffnen können, so kann es sie anregen, an dem Thema der Medienerziehung immer neues Interesse und neuen Spaß zu finden.

Literatur

Bachmair, B./Neuß, N./Tilemann, F. (Hrsg.) (1997): fernsehen zum Thema machen. Elternabende als Beitrag zum Jugendmedienschutz. Schriftenreihe der LPR Hessen Bd. 3. München

Eder, S./Neuß, N./Tilemann, F. (1996): Methoden der medienpädagogischen Elternarbeit. Die Karikaturensammlung; das Rollenspiel der Leitenden; die Wäscheleine der Fernsehlieblinge. In: Aktion Jugendschutz, Landesarbeitsstelle Bayern e.V. Reihe: Familie und Fernsehen: Alles auf Empfang? Wie fange ich an? Einstiege zur medienpädagogischen Elternarbeit. München
Rogge, J.-U. (1996): Umgang mit dem Fernsehen. Ein Arbeitsbuch für Erzieherinnen, Lehrer und Eltern. Neuwied, Berlin
Neuß, N./Pohl, M./Zipf, J. (1997): Erlebnisland Fernsehen. Medienerlebnisse im Kindergarten aufgreifen, gestalten, reflektieren. München
Scheller, I. (1998): Szenisches Spiel. Handbuch für die pädagogische Praxis. Berlin
Tilemann, F./Barthelmes, J. (1996): 'Mit der Taschenlampe unter der Bettdecke... Persönlicher Fragebogen zur eigenen Medienbiographie. In: Aktion Jugendschutz, Landesarbeitsstelle Bayern e.V. Reihe: Familie und Fernsehen: Alles auf Empfang? Wie fange ich an? Einstiege zur medienpädagogischen Elternarbeit. München

Sabine Eder
"Jetzt laßt uns mal ran!" - Bedingungen, Methoden, Beispiele und Ziele medienpraktischer Arbeit mit Kindern

1. Bedingungen vor Ort

In Kindergarten und -hort ist das Interesse an medienpädagogischer Arbeit immer wieder 'en vogue'. Auch Eltern sind zumeist sehr interessiert, wenn es um die 'Medienerziehung' ihrer Kinder geht. Doch geschieht dies leider häufig auf dem Hintergrund bewahrpädagogischer Ansätze, die durch öffentliche Diskussionen um ‚Schmuddel-TV' oder ‚Pornografie im Internet' stets neu entfacht werden. Diese Art der medienerzieherischen Auseinandersetzung verliert sich schnell in der Suche nach ‚Verursachern' für kindliche Ängste oder Aggressionen, die scheinbar aus dem unendlichen Meer von Medienbildern enstanden sind: das monokausale Ursache-Wirkungs-Prinzip wird einmal mehr bemüht und seine Verfechterinnen und Verfechter erwecken den falschen Eindruck, daß erzieherische Maßnahmen aus einfachen Regelwerken und Verboten bestehen können. Erziehende sind durch derartige Diskussionen oft verunsichert und dies führt nicht selten zu einer Abwehrhaltung gegenüber medienerzieherischen Angeboten. Aussprüche wie: 'Nun sollen die Kinder auch noch im Kindergarten glotzen? Das kann ja wohl nicht Ihr Ernst sein!' sind Teil unserer alltäglichen medienpädagogischen Arbeit. Weiterhin befürchten manche Erzieherinnen bzw. Erzieher, daß sog. Fachleute ihnen, die doch seit Jahren in der Praxis tätig sind, fehlende Kompetenzen unterstellen oder ihnen gar ein defizitäres pädagogisches Arbeiten vorwerfen. 'Da kommen dann solche Medienexperten und die meinen die Lösung parat zu haben!'

Derartige Vorbehalte und Befürchtungen sind durchaus ernst zu nehmen, denn sie haben zunächst ihre Berechtigung. Es gilt daher, sie offen anzusprechen und zu bearbeiten. Daß pädagogische Ziele gerade durch und mit Medien attraktiv und spannend umgesetzt werden können, muß in das Bewußtsein der Erziehenden gelangen. Erst dann kann medienpraktische Arbeit im Spannungsfeld zwischen Eltern, professionell Erziehenden, Kindern und Fachleuten stattfinden. Nur wenn die verantwortlichen Bezugspersonen der Kinder gemeinsam in einen medienpädagogischen Diskurs eintauchen, kann eine sinnvolle, aufeinander aufbauende Medienerziehung fruchten. Solange in den Köpfen aber die Medien, allen voran das Fernsehen, weiterhin als alleinige Quelle dafür skandaliert werden, daß manche Kinder aggressiv und überreizt sind oder ein verzerrtes Bild von der Wirklichkeit haben, kann die dringend notwendige medienpädagogische Arbeit nicht stattfinden. Aber auch Expertinnen bzw. Experten müssen ihren Status zugunsten eines ‚Miteinander-Handelns' aufgeben. Wenn wir als Medienfachleute anderen einen ‚pädagogischen Zeigefinger' vorwerfen und diesen selber verdeckt erheben, kann eine kreative und produktive Auseinandersetzung auch von Seiten der Erziehenden niemals vonstatten gehen.

Es gibt aber auch eine große Anzahl von Erziehenden, die schon lange medienpraktische Projekte in ihre Arbeit einbauen. Diese müssen nicht selten private Gerätschaften wie Fotoapparate oder Videokameras zur Verfügung stellen, um Medienprojekte realisieren zu können, denn viele Einrichtungen sind oft nur bescheiden oder gar nicht mit technischen Medien ausgestattet. Aber trotz Engagement und Erfahrung fehlen oft die medienpädagogischen Grundlagen, aktuelles Fachwissen und technische Fertigkeiten, um eine adäquate Arbeit in der eigenen Institution durchführen zu können, die konstruktiv, differenziert und handlungsorientiert auftritt. Die meisten Bundesländer verankern die Medienpädagogik im Lehrplan der Ausbildung für Erziehungs- und Lehrberufe nur am Rande. Zudem handelt es sich zumeist schwerpunktmäßig um die sogenannte ‚Knöpfchenkunde'. Diese Vermittlung von medienpädagogischem ‚Know-how' muß also in Aus- und Fortbildungen für Erziehungsberufe eingebettet sein und darf auch in der medienpädagogischen Elternarbeit nicht fehlen. Der Ausspruch einer Erzieherin mag das Problem verdeutlichen: "Wir müssen uns das alles selbst aneignen, das ist ja kaum zu schaffen, und Fortbildungen zu diesem Thema sind selten." Eine weitere Hürde bei der Realisierung von Medienprojekten mit Kindern ist die Finanzierung, da die einzelne Einrichtung kaum die nötigen Gelder für Materialien, technische Geräte und Honorare bereitstellen kann.

Gerade in unserer zunehmend komplexer werdenden Gesellschaft nimmt die Schwierigkeit für Kinder zu, sich in den medialen und realen Lebenswelten zu orientieren. Medien sind ‚Fenster zur Welt', sie transportieren Stimmungen und Gefühle, sie erzählen Geschichten, illustrieren zahlreiche Facetten des menschlichen Daseins auf anregende Weise, bunt, emotional ansprechend und jederzeit verfügbar. Mediengeschichten können es Kindern ermöglichen, sich mit ihren Phantasien, Ängsten und ihrer Sicht auf die Welt auseinanderzusetzen. Dabei werden Kinder von ihren spezifischen individuellen, gruppen- und alterstypischen Themen geleitet. Das Wissen um diese ‚handlungsleitenden Themen', wie Bachmair sie nennt, ist notwendig, um die Auseinandersetzung mit der Medienwelt zu begleiten und zu unterstützen (vgl. Bachmair 1994, S. 177), denn sie bestimmen die kindlichen Wahrnehmungen und Sichtweisen. Kinder stehen wie alle anderen Menschen in der Gefahr, von Medien um wichtige Anteile ihrer Lebensmöglichkeiten und -erfahrungen gebracht zu werden. Deshalb sollte Medienerziehung Kinder dabei unterstützen, den Medien gegenüber zu einem gestaltenden und subjektiven Verhältnis zu gelangen. Dabei ist insbesondere die Frage wichtig, ob und wie es Kindern gelingt, in einer medialen Welt ihre subjektiven Themen zu leben und zu bearbeiten. Die praktische Medienerziehung mit Kindern setzt genau bei dieser Frage an und versucht, den Kindern Gelegenheit zu geben, sich mit eigens gewählten Themen handelnd auseinanderzusetzen. Für Kinder müssen Situationen arrangiert werden, in denen sie die Möglichkeit erhalten, ihre handlungsleitenden Themen zu bearbeiten oder zumindest symbolisch darzustellen (vgl. Bachmair 1994, S. 41), nur so kann ihnen ein Erfahrungsraum eröffnet werden, der für sie von Interesse und Belang ist.

Aus pädagogischer Sicht müssen wir begreifen, daß Kinder im Kommunikationsprozeß aktiv tätig sind. Sie sind den Medien nicht nur ‚ausgeliefert', denn sie interpretieren und beantworten Situationen und Anforderungen mit selbstentworfenem Handeln. Kinder nutzen Medien im Rahmen ihrer Auseinandersetzung mit der Umwelt. Wenn Kindergarten und -hort Orte sein sollen, in denen Kinder modellhaft die Welt erproben, dann gehört die Auseinandersetzung mit Medien zwingend dazu. Wenn wir uns nicht von einem deterministischen, sondern von einem handlungsorientierten Menschenbild leiten lassen, so werden wir von dem ausgehen, was die Kinder uns von sich zeigen, ihren Prozeß begleiten und ihnen Handlungsmöglichkeiten anbieten. (Medien-) pädagogische Erziehung heißt dann, in einen persönlichen Dialog mit Kindern zu treten. Ein Eingehen auf ein Kind, ein Beobachten, ein Hinterfragen ist stets die primäre medienerzieherische Herausforderung.

2. Methoden der medienpraktischen Arbeit

Daß Medieninhalte von Menschen produziert werden, kann Kindern bereits im Vor- oder Grundschulalter anschaulich gemacht werden. Methodische Überlegungen und die Fragestellung, wie denn solche Inhalte und Prozesse adressatenorientiert vermitteln werden können, spielen bei den Vorüberlegungen zu einem Medienprojekt mit Kindern eine wichtige Rolle. Hier muß sowohl die physiologische als auch die psychologische Entwicklung von Kindern berücksichtigt werden.
Kinder bis zum Alter von 6 Jahren haben noch kein ausgeprägtes Zeit- und Sprachverständnis, ihre Fähigkeit, Symbole und abstrakte Zeichen zu entschlüsseln, ist noch nicht gänzlich entwickelt. Diese Wahrnehmungsfähigkeiten sind neben individuellen Besonderheiten und Potentialen zu beachten (vgl. Näger 1992, S. 20). Da Kinder

weiterhin Schwierigkeiten damit haben, komplexe Sachverhalte wie die Funktionsweise einer Videokamera oder die Abbildfunktion eines Fernsehbildes zu begreifen, müssen diese kindgerecht erklärt werden, sie müssen verständlich und nachvollziehbar werden. Wir kennen dies vielleicht noch aus der eigenen Kindheit, als wir glaubten, daß die Menschen im Radio ganz klein sein müßten, um in ihm Platz zu haben, oder wir haben am Gerät nach einer Tür gesucht, durch die das Orchester in das Gehäuse gelangen könnte. In der Vermittlung von Medienkompetenz sind Vereinfachungen, spielerische Auseinandersetzungen und das eigene Experimentieren von Kindern mit dem Medium geradezu grundlegend.

Die meisten Mädchen und Jungen lassen sich schnell für medienpraktische Aktionen begeistern, zumal dann, wenn sie selbständig mit dem Fotoapparat oder dem Kassettenrekorder hantieren dürfen. Das Sammeln eigener Erfahrungen und das Vertrauen auf eigene Fähigkeiten und Fertigkeiten kann nicht entstehen, wenn ständig Erwachsene die Apparate halten und lenken!
Die medienpraktischen Aktionen können durch das Spiel mit Handpuppen kindgerecht begleitet und angeleitet werden. Kinder werden durch das Auftreten derartiger Figuren aus der Alltagswirklichkeit des Kindergartens herausgeholt und in eine spielerische Wirklichkeit geleitet. Hier gelten andere Regeln und Normen. Ängste, wie z.B. die, auf sprachliches Fehlverhalten hingewiesen zu werden, gehen verloren, man ist unter sich. In dieser Situation wird es gerade zurückhaltenden Kindern ermöglicht, sich am Gespräch zu beteiligen (vgl. Ellwanger/Grömminger 1978). Handpuppen, wie die Drachenfrau ‚Ottilie' oder ‚Rudi' der Rabe, können freche Späße machen, sie können Fragen stellen oder auch mal ein Kind anmeckern, wenn es die Situation stört. ‚Rudi' oder ‚Ottilie' sind keine ‚Vorzeigfiguren', dafür sind sie viel zu frech, aber gerade das macht sie so attraktiv für Projektionen und Wünsche, eine Identifikation mit ihnen ist für die meisten Jungen und Mädchen so leicht möglich. Die Handpuppe entdeckt in der Aktion mit den Kinder gemeinsam die Herausforderungen, die gestellt werden, und sie tut dies auf eine attraktive und lebendige Art.
Wer schon einmal mit Kindern gespielt oder gearbeitet hat, weiß um ihren Mut, sich in phantastischen Welten zu bewegen. So zeigen bisherige Erfahrungen, daß Kinder durch kleine Phantasiespiele gut angeleitet werden können, um in Aktionen einzutauchen. Es bedarf zumeist weniger Vorgaben, um Kinder zur Auseinandersetzung mit inneren Bildern zu ermuntern, die dann zur Konzentration auf die äußeren Begebenheiten führen. Mit Hilfe eines Kriechtunnels oder eines Fallschirms, der zu einem Zauberteppich wird und die ‚Reise in das Fernsehland' ermöglicht, sowie mit der Unterstützung durch eine entsprechende Moderation werden die Gedanken der Kinder auf die bevorstehende Aktion gelenkt.
Das Spielen an sich ist eine geeignete Form, um Medienerlebnisse zu bearbeiten, so können thematische Spielräume, wie z.B. die ‚Wilde-Kerle-Insel', geschaffen werden, in denen Medienerlebnisse spielerisch bearbeitet werden können (vgl. Neuß/Pohl/Zipf 1997). „Spielen schafft Erfahrungsraum und ist die den Kindern entsprechende Art und Weise, auf die sie sich ihre Umwelt begreiflich und handhabbar ma-

chen (...)" (Näger 1992, S. 112). Bei längeren medienpraktischen Aktionen ist es wichtig, Spiele anzubieten, die das Gruppenerleben stärken und körperbetont sind, damit zwischen den doch oft mühsamen, Konzentration erfordernden Phasen getobt werden kann. Die meisten Kinder müssen zwischendurch immer wieder abschalten, etwas anderes tun. Sie lassen dann auch ohne Bedenken die Kamera stehen und gehen spielen. Damit signalisieren sie nicht etwa Unlust oder Gleichgültigkeit, sondern sie nehmen sich die Auszeit, die für sie notwendig ist. Gerade die Arbeit mit technischen Geräten ist oft zeitintensiv, sie erfordert große Aufmerksamkeit und einen hohen Körpereinsatz. In die methodische Vorgehensweise müssen daher immer wieder kleine Unterbrechungen, wie z.B. Tobespiele eingebaut sein. Die körperlichen Fähigkeiten (Kraft, Größe, Ausdauer) von Kindern müssen berücksichtigt werden, um Belastungen (Überforderung) oder auch Unterforderungen (Langeweile) zu minimieren. Auch Rituale, ein anfängliches Lied oder ein gemeinsamer Tanz, wirken sich positiv auf das gemeinsame Vorhaben aus.

3. Beispiele medienpraktischer Arbeit mit Kindern

Es gibt eine Fülle von Möglichkeiten, medienpraktisch mit Kindern zu arbeiten: Sie können Bilderbücher selbst gestalten, Hörspiele aufnehmen, eine Ton-Diashow erstellen, in inszenierten Freiräumen wie dem ‚Erlebnisland Fernsehen' (vgl. Neuß/Pohl/Zipf, 1997) ihre Medienerfahrungen bearbeiten, Fotogramme entwickeln oder ein Videoprojekt durchführen. Jedes Medium bietet spezifische Ansatzpunkte um (medien-) pädagogische Ziele zu erreichen. Ich will an dieser Stelle zwei Praxisangebote kurz skizzieren.

3.1 Optisches Spielzeug und Trickfilm

Die Herstellung von optischem Spielzeug eignet sich besonders dann, wenn man sich mit Kindern dem Kulturgut Film oder dem Phänomen Kino auf eine ganz besondere Art nähern möchte. Dies geschieht durch das Basteln und Ausprobieren optischer ‚Apparaturen'. Von der ‚Camera obscura', der Vorläuferin des Fotoapparates , über das ‚Daumenkino', die ‚Wundertrommel' und das ‚Papierkino' bis hin zum ‚Lebensrad'[1]. Mit einfachen Mitteln lassen sich optische Spielzeuge selbst von jüngeren Kindern herstellen.[2] Kinder erleben durch diese medienpraktische Tätigkeit, was eine optische Sinnestäuschung ist. Es ist für sie spannend, der Bilder-Bewegung auf die Spur zu kommen. Sie machen Erfahrungen, die einen bleibenden Eindruck hinterlassen und obendrein viel Spaß machen. Die Kinder begreifen annähernd, daß Fernseh-

---

[1] Die Spielzeuge können als Bastelvorlagen beim Deutschen Filmmuseum Frankfurt bestellt werden: Deutsches Filmmuseum Stadt Frankfurt am Main, Schaumainkai 41, Frankfurt a.M., Tel.: 069/2123 88 30
[2] Arbeitshinweise z.B. bei Näger 1992 und 1995.

und Kinofilme aus Einzelbildern bestehen und von Menschen für Menschen hergestellte ‚Illusionen' sind. Der Abschluß dieser Auseinandersetzung kann in einem gemeinsamen Kinobesuch münden, der den Besuch des Vorführraumes mit einschließen kann. Es ist auch möglich, einen Kinderfilm aus einer Bildstelle oder einem Videoladen auszuleihen und einen Kinotag im Kindergarten zu organisieren, mit selbstgestalteten Eintrittskarten und Popcorn, versteht sich!

Aufbauend auf die Arbeit mit den optischen Spielzeugen kann mit Kindern ein Trickfilm hergestellt werden. Mit Hilfe von Knete, gemalten Motiven oder anderen Gegenständen können kurze Geschichten gebastelt und anschließend abgefilmt werden.[3]

3.2 Videoarbeit

Die praktische Videoarbeit läßt sich im Kindergarten oder -hort mit Kindern ab ca. 5 Jahren realisieren. Die Arbeit mit der Videokamera, die ähnlich funktioniert wie die im 'echten' Fernsehen, gibt ihnen Denkanstöße, denn sie lernen bewegte Bilder zu hinterfragen, ihre Wirkung zu erkennen, Geschichten zu abstrahieren und die mediale Wirklichkeit als eine solche zu erfassen. Die Vermittlung des ‚Wie kommen die Bilder in den Fernseher?' sollte spielerisch geschehen. Durch eine Direktübertragung von der Kamera auf einen Monitor können sofort die Wirkungen von Perspektive, Einstellung oder dem Zoom nachvollzogen werden. Kinder fasziniert dieses Spiel mit der Wirklichkeit, in dem sie scheinbar Wände hochklettern können, riesig groß sind oder per Stoptrick plötzlich von der Bildfläche verschwinden.

Will man mit Kindern einen Videofilm drehen, so muß davon ausgegangen werden, daß sie sich einen filmischen Spannungsbogen nicht vorstellen können; sie können einen Handlungszusammenhang nicht so aufbauen, wie es Erwachsene oder Kinder ab ca. 8 Jahren können. Daher muß, wenn ein Film entstehen soll, das methodische Vorgehen aus vielen Einzelschritten bestehen. Die Kinder denken sich gemeinsam mit den Betreuenden und der Handpuppe ‚Rudi' eine Filmgeschichte aus, die Orte oder Szenen, die sie drehen wollen, können anschließend als Bilder gemalt und als ‚Storyboard' im Gruppenraum aufgehängt werden. Dann können die ersten Szenen gefilmt und gemeinsam betrachtet werden, damit der Weg von der Idee bis zu ihrer Realisierung nicht allzu lang wird. Praktische Videoarbeit ist immer Teamarbeit und fördert daher die Freisetzung der emotionalen und kreativen Fähigkeiten ebenso, wie auch das Lernen kooperativer Arbeitsformen: die Kinder suchen gemeinsam ein Thema aus, arbeiten gemeinsam an der Filmidee, dem Drehbuch, der Auswahl der Drehorte, den Kostümen. Hier können sie eigene Ideen einbringen und diskutieren. Ebenso werden andere Meinungen und Vorschläge angehört und müssen, wenn dies die Mehrheit entscheidet, akzeptiert werden (vgl. Eder 1997, S. 104). Da erfahrungsgemäß bei den Dreharbeiten viel Wirbel entsteht, sollte vorher ein Verhaltenskodex abgesprochen werden. Klare Aufgaben für Kamerafrauen und -männer, die Tontechnik und die ‚Klappe' geben den Kindern das Gefühl von Verantwortung und dem Team

---

[3] Arbeitshinweise siehe z.B. Kornblum 1995; von Ribbeck 1990.

eine gewisse Übersicht. Auch helfen optische oder akustische Signale wie ‚Blinklichter' vor der Tür oder ein ‚Hupen' vor Aufnahmebeginn, daß die Szenerie während des Drehs nicht gestört wird.
Sind dann alle Szenen im ‚Kasten', können Filmschnitt und Nachvertonung ebenfalls bedingt gemeinsam durchgeführt werden. Wie oben erwähnt, können Kinder nur schwer einen ‚roten Faden' erkennen, sodaß in dieser Phase, die zudem sehr zeit- und kostenintensiv ist, die Medienpädagogin bzw. der Medienpädagoge die inhaltlich ordnende Zusammenführung des Bildmaterials übernehmen muß. Die Kinder sollten dennoch punktuell in diese Arbeit eingebunden werden. Sie können z.B. aus ähnlichem Bildmaterial die Szenen für den Film auswählen, die ihnen am besten gefallen. Hierbei wird intensiv ihr ästhetisches Empfinden geschult.
Auch können die ‚Knöpfchen' an den Geräten von den Kindern selbst bedient werden. Wenn ein Studio, z.B. ein Offener Kanal, zur Verfügung steht, bedarf es zwar zusätzlicher Vorbereitungen (Fahrten ins Studio etc.), der Besuch desselben ist aber für Kinder ein besonderes Ereignis. Die professionelle Ausstattung und die Möglichkeit, das Produkt einer großen Öffentlichkeit präsentieren zu können, bedeutet, die Kinder ernstzunehmen und zeigt zudem noch deutlicher den Weg von der Filmidee bis zur endgültigen Präsentation im Fernsehen. Ist ein solches Studio nicht in der Nähe, ist die einfachste Möglichkeit die Kopie von Videorekorder zu Videorekorder.
An den produzierten Film sollten von Seiten der Pädagoginnen bzw. Pädagogen keine hohen qualitativen Erwartungen gestellt werden. Der Spaß an der Arbeit muß erhalten bleiben, und was ‚sehenswert' ist, entscheiden die Kinder. Diese stört es oft herzlich wenig, wenn eine Aufnahme unscharf oder verwackelt ist oder wenn aus Versehen ein Mikrofon im Bild zu sehen ist. Die Kinder freuen sich an ihren Bildern, sie blenden die für sie unwesentlichen Dinge aus.
Nicht das Filmprodukt, sondern der Arbeits- und Lernprozeß sollten also im Vordergrund der pädagogischen Bemühungen stehen. Offenheit für die entwickelte Geschichte der Kinder ist ebenso notwendig, wie die Fähigkeit, dem Arbeitsprozeß einen genügend großen Zeitrahmen zu geben. Ein Beispiel mag diese ständige Ambivalenz, die es immer wieder auszuhalten bzw. zu beseitigen gilt, deutlich machen: Die Kinder und ich sitzen in der Turnhalle. Es ist abgesprochen, daß ein Film über den Kindergarten gedreht werden soll. Auf meine Frage, was sie denn filmen wollen, kommen Antworten, die über die Räumlichkeiten der Turnhalle und die Personen, die gerade dort versammelt sind, nicht hinausgehen: ‚Die Halle', ‚Das Klettergerüst', ‚Ottilie und Dich'. Weiter als über diesen sichtbaren Raum hinaus wird zunächst nicht gedacht. Also gebe ich hier Anregungen, die natürlich von meinen Vorstellungen von einem ‚Film über den Kindergarten' geprägt sind. Hier ist es wichtig, eine angemessene Balance zu finden zwischen dem Hineingeben von Ideen und dem Abwarten, was damit geschieht. Stets erneut sind die Fragen zu stellen, wie und wann in die Verstehens- und Kommunikationsprozesse ordnend eingegriffen werden, wo Grenzen gesetzt oder Vorgaben gemacht werden sollten. Denn jede Äußerung und Entscheidung, die getroffen wird, kann Folgen für die medienpädagogische Situation

haben. Diese Fragen kann man sich aber nur dann stellen, wenn man sich der eigenen Verantwortung bewußt ist.

4. Und was kommt dabei heraus

Durch medienpraktische Projekte können neben allgemeinpädagogischen Zielen vor allem solche angestrebt werden, die in ihrer Gesamtheit die ‚Medienkompetenzen' der Kinder stärken. Diese sind zum Teil medienspezifisch bedingt oder aber inhaltlich gebunden. Ich will hier nur einige nennen:

❏ Kinder können im selbständigen und spielerischen Umgang mit technischem Gerät seine Funktionsweisen erproben (medientechnische Kompetenz).
❏ Durch die Produktion von Bildergeschichten, Hörspielen oder Filmen erhalten sie Einblick in die besonderen narrative Strukturen des jeweiligen Mediums (‚Lesefähigkeit') und werden an seine ästhetischen Spezifika herangeführt.
❏ Die Eigenproduktion kann zudem eine Stärkung des Selbstbewußtseins schaffen.
❏ Animiert durch das Medium wird die Kreativität gefördert, die Phantasie angeregt und in Wort, Ton oder Bild zum Audruck gebracht. Diese Erweiterung der Ausdrucksmöglichkeiten läßt innere Bilder auch für andere transparent werden.
❏ Kinder erhalten die Möglichkeit, ihre Sinne zu erkunden und so eine differenzierte akustische oder visuelle Wahrnehmung zu erreichen. Diese Sensibilisierung für akustische und visuelle Reize ist eine Voraussetzung für die Fähigkeit zu bewußter, zielgerichteter Wahrnehmung.
❏ Dadurch, daß die Produkte den Eltern oder den anderen Kindergruppen vorgeführt werden (Filmvorführung, Fotoausstellung etc.), schaffen Kinder sich ihre eigene Öffentlichkeit für ihre persönlichen Interessen.
❏ Durch das Verstehen der sie umgebenden Medienwelt erlangen Kinder Handlungskompetenz im Umgang mit derselben (Kritikfähigkeit).
❏ Im Gruppenerleben werden in kooperativen Arbeitsformen soziale und kommunikative Kompetenzen aufgebaut und gefördert.
❏ usw.

Wie andere pädagogische Disziplinen steht natürlich auch die Medienpädagogik unter einem steten Legitimationsdruck ob ihres Sinns und Zwecks. So wird gerne auch nach ihrem Nutzen, dem Erreichen der gesetzten Ziele, gefragt. Besonders nach solchen Prozessen, bei denen scheinbar ‚nichts rausgekommen ist', also keine Produkte entstehen, die den Eltern oder Erzieherinnen bzw. Erziehern gezeigt und vorgeführt werden könnten, ist die Diskussion oft müßig. Pädagogische Prozesse sind nicht linear und es ist nicht immer möglich nachzuvollziehen, ob beabsichtigte ‚Lernziele' erreicht wurden, da sie kaum kontrollierbar sind und sehr stark mit den kindlichen Persönlichkeiten und dem kindlichen Erleben zusammenhängen. Gerade weil die Lernsituationen in unserer medienpraktischen Arbeit so vielfältig und offen konzipiert sind, sind die Reaktionen der Kinder ebenso offen. Der Erfahrungsgewinn differiert, es kann bei derartigen situationsorientierten didaktischen Ansätzen keine absolute Gewißheit darüber geben, welchen Gewinn das einzelne Kind aus der medienpraktischen Aktion zieht. Nach Hilmer werden kognitive oder emotionale Ziele nur entfaltet und geübt, wenn sie für das Kind ‚erfüllt' werden, d.h. "bewußt oder unbewußt als Wert erkannt, erlebt, erfahren, bejaht und angestrebt werden" (Hilmer 1983, S. 45, in Vogelsang S.115). Aus wahrnehmungspsychologischer Sicht sind Lehrinhalte immer mehrdeutig, insofern differieren nicht nur die Erfahrungen, die Kinder aus den Aktionen mitnehmen, sondern jedes Kind wird auch in unterschiedlicher Weise das Erleben in seinen Alltag ‚transferieren' (vgl. Vogelsang 1994, S. 114). Mag für das eine Kind bei einem ‚Gruselvideoprojekt' die Technik im Vordergrund stehen und es weiß zukünftig, wie eine Kassette in die Kamera eingelegt wird, so steht bei einem anderen möglicherweise die Bearbeitung und die Überwindung der Angst vor dem Dunkel im Vordergrund. Ein situatives medienpraktisches Angebot konfrontiert jedes Kind gemäß dem eigenen Erleben und der eigenen Geschichtlichkeit in unterschiedlicher Weise. Entsprechend werden die Erfahrungen in das kindliche Bewußtsein und in die eigene Biografie eingearbeitet. Die Realisierungen von Lernzielen beruhen auf der individuellen Entscheidung der lernenden Kinder und werden stark von gruppendynamischen Prozessen beeinflußt. (vgl. Duncker 1987, S. 101). Es ist durchaus möglich, daß Kinder durch das Praxisangebot nicht die gewünschten Kompetenzen entwickeln. Hier schließt sich der erzieherische Kreislauf, da wir auf die Hinweise von Eltern und Erziehenden angewiesen sind, die im Nachhinein mit den Kindern in Kontakt stehen. Und solange mir Eltern erzählen: „Es ist ja unglaublich, sobald wir Werbung schauen erklärt uns Dennis, wo denn nun die Kamera steht oder welche Tricks die da nun eingebaut haben", weiß ich, daß medienpraktische Arbeit im Kindergarten angesiedelt werden muß und sinnvoll ist.

5. Medienpädagogische Forderungen und Ziele

❏ Kinder müssen befähigt werden, aus der vielfältigen Angebotspalette das herauszusuchen, was ihnen Nutzen bringt. Dazu müssen sie aber zunächst wissen, welche Möglichkeiten und Inhalte vorhanden sind. Daher sollten gerade Kindergärten und Schulen eigenständige medienpädagogische Bereiche aufbauen. Diese sollten die medienpraktische Arbeit (Foto-, Computer-, Video-, Kinogruppen, Schülerzeitungen etc.) ebenso fördern wie die medienanalytische Arbeit, in der die Mädchen und Jungen lernen, mediale Produkte zu analysieren um dadurch eigene Kommunikationsprozesse besser gestalten zu können. Kommunikative Kompetenzen werden auf diese Weise entwickelt und lassen Handlungsalternativen entstehen, die einer ‚passiven' Medienrezeption entgegnen.

❏ Um diese Ziele erreichen zu können, muß die materielle Ausstattung in den Einrichtungen verbessert werden. Kindergärten und Schulen dürfen nicht weiterhin zum ‚medienfreien' Raum erklärt werden.

❏ In der Ausbildung zu allen pädagogischen Berufen muß die Medienpädagogik als ein verbindlicher Baustein integriert werden.
❏ Immer wieder kommen Erziehende oder Lehrende in eine Situation, in denen sie beispielsweise nach einer preiswert auszuleihenden Videokamera oder nach Anschauungsmaterial für einen Elternabend suchen. An dieser Stelle sollten regionale Koordinationsstellen, die Zugriff zu den Ressourcen haben, Abhilfe schaffen. Aber auch für Eltern und andere Interessierte sollten medienpädagogische Ansprechpartnerinnen bzw. -partner zur Verfügung stehen. Diese können auf regionaler Ebene Fortbildungsmaßnahmen zur Förderung praktischer und theoretischer Medienarbeit anbieten. Eine strukturelle Vernetzung vorhandener Institutionen sollte hierbei stets berücksichtigt werden.

In diesem Zusammenhang sind inhaltliche Ziele auch politische Ziele:
❏ Gerade in sozialen Brennpunkten (Stichwort: strukturelle Gewalt) müssen medienpädagogische Projekte angeboten und finanziert werden. Ein mobiles Angebot, eingebettet in die Straßensozialarbeit, kann hier in einen Dialog mit denen treten, die durch Medienkonsum beonders gefährdet sein können.
❏ Auch die Kinder auf dem Land müssen in den ‚Genuß' der medienpädagogischen Arbeit kommen (mobile ‚Medienbusse')
❏ In jedem Kindergarten und in jeder Schulklasse sind heutzutage ausländische Mädchen und Jungen anzutreffen. Um einen interkulturellen Austausch und das gegenseitige Verständnis zu fördern, müssen medienpädagogische Projekte auch Themen wie Diskriminierung und Rassismus bearbeiten.
❏ Eltern/Erwachsene können von den Kindern lernen. Nicht nur Erwachsene sollten Kindern die Welt vermitteln, sondern auch andersherum. Die Kompetenzen der Kinder sollten ernstgenommen werden (Kinderkultur), nur so kann ein intergenerativer Austausch entstehen.

Literatur

Aufenanger, S./Bachmaier, B./Eder, S./Zipf, J. (1994): "Die Dinos kommen" - Ein Elternabend zur Fernseherziehung. In: Handbuch Medienerziehung Teil 2. Opladen, S. 400ff
Bachmair, B./Neuß, N./Tilemann, F. (Hrsg.) (1997): fernsehen zum Thema machen. Elternabende als Beitrag zum Jugendmedienschutz. München
Bachmair, B. (1995): Handlungsleitende Themen. Zur Bedeutung der bewegten Bilder für Kinder. In: Handbuch Medienerziehung im Kindergarten Teil 1. Opladen, S. 171-184
Bachmair, B./Thüne-Schoenborn, B. (1984): Symbolische Verarbeitung von Fernseherlebnissen in assoziativen Freiräumen. Eine Bestandsaufnahme in der Grundschule. Teil 1: Fernsehspuren im Handeln von Kindern. Kassel
Bundeszentrale für politische Bildung (1991): Kinderfernsehen-Fernsehkinder. Bonn
Deutsches Jugendinstitut (Hrsg.) (1994): Handbuch Medienerziehung im Kindergarten Teil 1: Pädagogische Grundlagen. Opladen
Deutsches Jugendinstitut (Hrsg.) (1994): Handbuch Medienerziehung im Kindergarten

Teil 2: Praktische Handreichungen. Opladen
Duncker, L. (1987): Erfahrungen und Methode. Studien zur dialektischen Begründung einer Pädagogik der Schule. Langenau-Ulm
Eder, S. (1997): "Der unheimliche Park" - Wir drehen einen Gruselfilm. In: Bachmair, B./ Neuß, N./Tilemann, F. (Hrsg.): fernsehen zum Thema machen. München, S. 100-114
Ellwanger W./Grömminger, A. (1978): Handpuppenspiel in Kindergarten und Grundschule. Psychologische Bedeutung und pädagogische Anwendung. Freiburg
Engler, R. (1984): Trick Film und Video Werkstatt. Vom Daumenkino zum Zeichentrickfilm und Videoanimation. Winterthur, München
Hilmer, J. (1983): Grundzüge einer pädagogischen Theorie der Bewegungsspiele. Ahrensburg
Kornblum, S. (1995): Trickfilme im Kindergarten. In: Handbuch Medienerziehung im Kindergarten Teil 2. Opladen, S. 351-371
Lefold, P. (1980): Medienerziehung am Beispiel Fernsehen. Drei Programme mit Fotos, Schmalfilmen und Tonbandaufnahmen. Hannover
Näger, S. (1995): Optisches Spielzeug - eine Hinführung zum Film. In: Handbuch Medienerziehung im Kindergarten Teil 2. Opladen, S. 336-350
Näger, S. (1992): Kreative Medienerziehung im Kindergarten. Ideen-Vorschläge-Beispiele. Freiburg
Neuß, N./Pohl, M./Zipf, J. (1997): Erlebnisland Fernsehen. Medienerlebnisse im Kindergarten aufgreifen, gestalten, reflektieren. München
Nohl, H. (1988): Die pädagogische Bewegung in Deutschland und ihre Theorie. Frankfurt a. M.
Schnoor/Daum/Langenbuch/Mattern (1993): Medienprojekte für die Grundschule. Braunschweig
Theunert, H./Lenssen, M./Schorb, B. (1995): "Wir gucken besser fern als ihr". Fernsehen für Kinder. München
Vogelsang, H. (1994): Spielpädagogik: Aspekte und Probleme des Spielens. Hohengehren
Ribbeck, D.v. (1990): Filmproduktion verstehen. München

Wolfgang Schill
Medienprojekte in der Grundschule: Möglichkeiten und Grenzen schulischer Förderung von Medienkompetenz

1. Zur Einleitung: Ein Werbespot(t)

Musik: geheimnisvoll
Sprecherin: Vor drei Millionen Jahren gab es die Menschen.
 Anschließend kamen die Dinosaurier!
 Und auf einmal gab es die Kinder.
 Die gingen Tag für Tag zur Schule und langweilten sich ...
Kinder: stöhnen laut ...

Sprecherin: Auf einmal stand es überall schwarz auf weiß:
Es gibt einen Schulclub in der 11. Grundschule am Berg!
Kinder: Großer Jubel!!!
(Dauer: 30 Sekunden)

Dieser Werbespot(t) stammt aus einem Medienprojekt, das im Juni/Juli 1998 mit Schülerinnen und Schülern einer vierten Berliner Grundschulklasse durchgeführt wurde. Es ging dabei um das Rahmenplanthema ‚medial vermittelte Texte' (Fach Deutsch), das in Form von ‚Klassen-Rundfunk' - es entstanden ‚Radio- und Fernsehnachrichten' zu identischen Inhalten - produktiv bearbeitet wurde. Der kurze Werbespot(t), der zu den Radionachrichten gehört, illustriert im Kern nicht nur die wesentlichen Fragestellungen zu meinem Thema, sondern er skizziert auch indirekt Antworten, die die Möglichkeiten und Grenzen der Förderung von Medienkompetenz in der Grundschule betreffen.
Dabei verstehe ich unter Medienkompetenz die Fähigkeit eines Menschen, sich bei seiner aktiven Weltaneignung in Arbeits-, Sprech- und Interaktionssituationen aller Arten von Medien bedienen zu können. Der Begriff ist ‚offen' und sagt nichts darüber aus, wie Medienkompetenz im einzelnen aussehen kann. Vielmehr meine ich, daß jeder Mensch im Laufe eines lebenslangen Lern- und Entwicklungsprozesses Medienkompetenz selbst erwerben muß. Dieser Prozeß läuft unterschiedlich ab und hängt mit persönlichen Veranlagungen, Lebenserfahrungen in Familie, Freundeskreis, Schule und Freizeit, Lebensbedingungen und gesellschaftlichen Voraussetzungen eng zusammen. Die (Grund-)Schule sollte der Ort sein, an dem dieser Prozeß durch Vermittlung und Austausch grundlegender Kommunikationsfähigkeiten / -fertigkeiten begleitet und unterstützt wird.
Diese eigenständige Schulform kann Erfahrungsraum für Kinder sein, um die von ihnen mitgebrachten (Medien-)Erfahrungen und Sinndeutungen aufzunehmen, zu bearbeiten und durch neue gemeinsam erarbeitete Sinndeutungen zu ergänzen. Die Grundschule, deren Angebote auf die Weltsicht der Kinder abgestimmt sind, kann zum Beispiel
❏ ein vitaler Kommunikationsplatz sein, mit Räumen, in denen man sich etwas zeigen, in denen man miteinander sprechen, diskutieren oder streiten kann,
❏ sie kann ein Übungsplatz für ‚alle Kinder' sein, wo man mit System mehr und mehr selbstbestimmt Kenntnisse und Fertigkeiten erwirbt,
❏ sie kann ein Labor für Untersuchungen der Wirklichkeit sein, mit dem Ziel, sie zu erkunden und sie so zu begreifen, daß man sie gestalten kann.

2. Was können Ziele, Inhalte und Verfahren von medienbezogenen Projekten sein?

Wenn ich von einem medienbezogenen Projekt spreche, dann meine ich
damit eine Großform medienpädagogischen Handelns, für die vor allem drei Merkmale bezeichnend sind:

1. Unterrichtsziele und -inhalte entsprechen weitgehend den Interessen und Bedürfnissen von Lehr-/Lerngruppen. Ergebnis eines medienbezogenen Projekts ist in der Regel ein Produkt, das veröffentlicht werden soll, wie zum Beispiel unser zitiertes Klassenradio, das in der Schulöffentlichkeit präsentiert wurde.
2. Die Aneignung und Verarbeitung von lebens- und erfahrungsnahen Themen fordert vor allem dazu auf, lernbereichsübergreifend zu arbeiten, neue Arbeitsformen anzuwenden, mit anderen zusammenzuarbeiten und außerschulische Lernorte aufzusuchen. So konnten in unserem Nachrichtenprojekt beispielsweise die Lernbereiche Deutsch und Sachkunde aufeinander bezogen werden, konnte in die Techniken des Interviews unter Verwendung von Tonbandgerät und Videokamera eingeführt werden, konnte die Mitarbeit eines Medienpädagogen erreicht werden und konnten schließlich die Radionachrichten im professionell ausgestatteten Tonstudio der Landesbildstelle produziert werden.
3. Die Lernenden sind weitgehend an Planung, Organisation, Gestaltung und Auswertung des gemeinsamen Vorhabens beteiligt. Bei unserem Projekt ergab sich im wesentlichen eine Kombination von relativ offenen (‚Gewährenlassen') und stark gelenkten Unterrichtssituationen (‚Instruieren und Lösungen vorschlagen'), weil das selbständige Arbeiten für die Kinder eine relativ ungewohnte Situation darstellte und auch ihre Methodenkompetenz nicht weit genug entwickelt war.

Wenn man nun in der Grundschule im Rahmen von medienbezogenen Projekten gezielt zur Förderung von Medienkompetenz als Teil der Selbst-, Sozial- und Sachkompetenz beitragen will, hat man im wesentlichen drei zentrale Aufgaben wahrzunehmen:

❑ Man muß versuchen, mit Kindern ins Gespräch zu kommen und ihnen Gelegenheit geben, sich mit bedeutsamen Medienerfahrungen, -erlebnissen und -wirkungen aktiv auseinanderzusetzen. Die Praxis zeigt, daß es dabei in erster Linie um ‚Medienspuren' geht, die von Fernsehfiguren und -geschichten hinterlassen wurden, die bei Kindern beliebt sind (denen aber Lehrkräfte manchmal sehr reserviert gegenüberstehen). Geht man diesen Spuren gemeinsam mit Kindern nach, spielen Kommunikationsformen und Ausdrucksweisen wie aktives Zuhören, Diskussion, freies Schreiben, Malen, Gestalten oder das Spiel als wesentliche Form kindlicher Weltaneignung eine zentrale Rolle. Beim respektvollen Erfahrungsaustausch mit Kindern können Bedeutungen und Handlungsorientierungen der Medien in deren Lebenszusammenhängen sichtbar gemacht werden, können Motive für einseitigen und überzogenen Medienkonsum aufgedeckt werden, können verschiedene Handlungsmöglichkeiten für die Befriedigung von Kommunikationsbedürfnissen entdeckt und angewendet werden. Nicht umsonst wurde es den Kindern in unserem Nachrichtenprojekt wichtig, für den geplanten Schulclub an ihrer Schule zu werben. Daß sie dabei mit Witz eigene Erfahrungen mit Werbung ins Spiel brachten, zeigt mir, daß wir Kinder in Sachen Medien auch als kompetente Gesprächspartner ernst zu nehmen haben und ihnen einen angemessenen kommunikativen Partizipationsspielraum einräumen müssen.

❏ Man muß Unterrichtssituationen inszenieren, bei denen Kinder sich kritisch und bewußt mit Medienangeboten aller Art auseinandersetzen können. Diese medienpädagogische Aufgabe hat in der Grundschule durchaus Tradition und wird vornehmlich im sprachlichen und musisch-ästhetischen Lernbereich wahrgenommen. Wesentliches Ziel ist es dabei, Kindern Bewertungskriterien für qualitätsvolle Medienangebote zu vermitteln, dabei verschiedene Kindermedien zu nutzen und ihre Besonderheiten herauszuarbeiten, die Beziehung zwischen Realität und Fiktion zu untersuchen und Kindern somit allmählich ‚einen Blick' dafür zu verschaffen, wie sich Marken- und Massenware auf dem Medienmarkt unterscheiden lassen. Im wesentlichen geht es in solchen Arbeitszusammenhängen darum, Kinder zu befähigen, Medientexte in ihrer Bedeutung zu erfassen, Medienaussagen zu beurteilen und Medien selbstverantwortlich zu nutzen .Das beachtliche Potential an gelungenen Kindersendungen (angefangen von der ‚Sendung mit der Maus' bis hin zu ‚Löwenzahn' und ‚Achterbahn'), das zu solchen Zwecken von den öffentlich-rechtlichen Sendeanstalten bereitgestellt wird, wird nach meinen Beobachtungen in der Alltagspraxis der Grundschule leider nur wenig genutzt, weil die Mehrzahl der Lehrkräfte gegenüber dem ambivalenten Medium Fernsehen eine ablehnende Haltung einnimmt. Bei unserem Nachrichtenprojekt zeigte sich zum Beispiel, daß einige Kinder die ‚logo-Nachrichten' im Kinderkanal regelmäßig sahen, daß diese Sendung aber bei Lehrkräften so gut wie unbekannt war. So ergab sich durch den gemeinsamen Erfahrungsaustausch schließlich ein ‚zwingender' Grund für die Gruppe, sich gezielt mit dieser speziellen Sendeform für Kinder auseinanderzusetzen, wie es umgekehrt für die Kinder eine ‚Novität' zu entdecken gab, als wir sie auf die Informationsangebote für Kinder im Deutschlandradio hinwiesen.

❏ Man muß Kindern Gestaltungsräume anbieten, in denen sie spielerisch und kreativ mit Medien aller Art handeln können. Wenn Kinder schon vom ersten Schuljahr an dazu angeleitet werden, technische Medien - zu denen heute auch der Computer inklusive seiner Anwendungsmöglichkeiten in vernetzten Systemen zu rechnen ist - selbst zur Produktion und Vermittlung/Veröffentlichung von Inhalten zu nutzen, kann ihre Medienkompetenz wesentlich gefördert werden. Aktive Medienarbeit zielt auf das Lernen in Zusammenhängen und versucht, möglichst alle Sinne und Fähigkeiten der Schülerinnen und Schüler anzusprechen. Durch produktives Handeln mit Medien können Kinder erfahren und begreifen, daß Medien Mittel sind, mit denen man sich die Wirklichkeit aktiv aneignen, mit denen man sie verarbeiten und auch konstruieren kann. Aktive Medienarbeit spielt sich in der Grundschule für gewöhnlich in projektorientierten Handlungszusammenhängen ab. In Projekten, die auch in der Grundschule immer noch etwas Besonderes sind, können Sachauseinandersetzung, ‚reflexive' und ‚analytische' Auseinandersetzung mit Medien, instrumentelle und technische Qualifizierung sowie soziales Lernen sinnvoll aufeinander bezogen werden. So hatten sich die Kinder beim Nachrichtenprojekt beispielsweise mit Fragen auseinanderzusetzen wie: Was ist eine Nachricht? Welche Rolle spielen Nachrichten in unserem Leben? Wodurch unterscheiden sich Nachrichtensendungen für Kinder und Erwachsene? Wie wollen wir eine eigene Nachrichtensendung für Kinder aufbauen? Welche Nachrichten sollen wir bringen? Wie und wo können wir uns Meldungen und Meinungen beschaffen? Wie geht man mit Tonbandgerät und Videokamera um? Wie stellt man gute Töne und Bilder her? Wer macht was in unserer Nachrichtenredaktion? Wie kommt unsere Nachrichtensendung bei anderen an? Was ist gelungen an unserer Sendung, was müssen wir verbessern? Wollen wir unsere Arbeit fortsetzen?

3. Worin bestehen die Möglichkeiten und Grenzen schulischer Förderung von Medienkompetenz?

In dem folgenden Zielgitter habe ich versucht, meine praktischen Erfahrungen mit medienbezogener Projektarbeit in der Berliner Grundschule (mit sechs Schuljahren) zu verallgemeinern und so in eine Struktur zu bringen, daß sichtbar wird, wie man in komplementärem Sinne durch kontinuierliches medienerzieherisches Handeln zum Aufbau von Medienkompetenz beitragen kann. Auf der Ebene der Schuljahre sind bestimmte inhaltliche Schwerpunkte gesetzt worden, die sich auf Grund der alters- und entwicklungsbedingten Besonderheiten medienbezogenen Handelns von Kindern ergeben. Im Sinne des Lernens in Zusammenhängen sollen es diese Akzentuierungen auch erleichtern, die drei medienpädagogischen Aufgabenbereiche miteinander zu verbinden. In den Feldern der drei Aufgabenbereiche bauen die Ziele stufenweise aufeinander auf und steigern sich in ihrer Komplexität und ihrem Anspruchsniveau. Somit entsteht ein Zielgitter, das Grundlage für die Entwicklung flexibler curricularer Bausteine sein kann (vgl. Abbildung ‚Zielgitter' auf der folgenden Seite).
Grundsätzlich halte ich es für möglich, solch eine Rahmenstruktur zur Folie medienpädagogischen Arbeitens in der Grundschule zu machen. Denn die Grundschule als ‚Schule für alle Kinder' bietet - anders als die Oberschule - von ihrem Bildungsauftrag und ihren institutionellen Spielräumen her, die Möglichkeit,
❏ nahe an den Lebenswelten von Kindern zu sein,
❏ das Lernen in Sinn- und Sachzusammenhängen zu realisieren,
❏ offene Unterrichtssituationen zu inszenieren,
❏ alle schulischen Arbeits- und Lernbereiche in Projekte einzubinden sowie
❏ Bezüge zu außerschulischen Lernumwelten und Einrichtungen herzustellen.

Die Umsetzung solch eines Konzepts steht und fällt allerdings mit den pädagogischen Kontexten. Dort, wo sich auch heute noch die Grundschule als Pauk- und Buchschule zeigt, hat medienpädagogisches Arbeiten einen schweren Stand und findet nur selten statt. Meist zeigt sich dies darin, daß Lehrkräfte sich den vielfältigen Medienerfahrungen von Kindern nur wenig öffnen, und wenn sie es tun, machen sie in der Regel die Kriterien eigenen Medienhandelns, die sie von ‚guten Texten' ableiten, zur allgemeinen Meßlatte des sinnvollen Umgangs mit Medien. Daß dies den respektvollen Austausch mit den ‚anderen' Medienerfahrungen der Kinder verhindert, wird meist nicht wahrgenommen. Nicht selten wird in diesem Zusammenhang auch auf die weit-

Zielgitter für Medienprojekte in der Grundschule

Aufgaben-bereiche / Schuljahre	Auseinandersetzung mit Medienerlebnissen/-erfahrungen ‚reflexiv'	Auseinandersetzung mit Medienprodukten/-institutionen ‚analytisch'	Aktive Medienarbeit ‚produktiv'
1. / 2. Schuljahr	· Die Schüler(innen) stellen Medienerlebnisse/-erfahrungen durch verbale/nonverbale Ausdrucksweisen dar. · Die Schüler(innen) erfahren, welche Bedeutungen und Funktionen Medien in ihrem alltäglichen Leben haben können.	· Die Schüler(innen) unterscheiden aufgrund ihrer alltäglichen Medienerfahrungen verschiedene Medienarten/-genres und können Beispiele für Kindermedien benennen. · Die Schüler(innen) kennen Beispiele für die Vermittlung von Realität und Fiktion durch (Kinder-)Medien.	· Die Schüler(innen) werden in Sinn- und Sachzusammenhängen kontinuierlich befähigt, vorgegebene/selbstbestimmte Inhalte medial auszudrücken und zu präsentieren. · Die Schüler(innen) lernen unterschiedliche technische Medien kennen und gehen spielerisch mit ihnen um.
3. / 4. Schuljahr	· Die Schüler(innen) setzen sich mit medienbedingten Gefühlen auseinander. · Die Schüler(innen) ermitteln, wie Mediennutzung ihren Tagesablauf beeinflußt.	· Die Schüler(innen) untersuchen kritisch solche Medien, die sie bewußt in ihrem Lebensalltag nutzen. · Die Schüler(innen) ermitteln Beziehungen von Realität und Fiktion in Medienangeboten.	· Die Schüler(innen) sind imstande, unter Anleitung vorgegebene/selbstbestimmte Inhalte mit Hilfe technischer Medien auszudrücken und zu präsentieren. · Die Schüler(innen) entdecken die Besonderheiten technischer Medien durch experimentelles Handeln.
5. / 6. Schuljahr	· Die Schüler(innen) setzen sich mit medienbedingten Verhaltensorientierungen auseinander. · Die Schüler(innen) ermitteln und diskutieren, ob/wie Mediennutzung sich auf ihr Konsumverhalten auswirkt.	· Die Schüler(innen) untersuchen bewußt, welche Bedürfnisse sie mit Hilfe von Medien befriedigen und welche nichtmedialen Handlungsalternativen ihnen zur Verfügung stehen. · Die Schüler(innen) erkennen an ausgewählten Beispielen, wie Realität durch Medien (re-)konstruiert wird.	· Die Schüler(innen) stellen einfache Medienprodukte zunehmend selbständig her und präsentieren sie öffentlich. · Die Schüler(innen) kennen die Besonderheiten technischer Medien und können sie demgemäß zur Vermittlung von Inhalten nutzen.

gehend fehlenden Rahmenplanbezüge in Sachen Medien und den hohen Rang der Primärerfahrung in der Grundschule verwiesen, um das eigene pädagogische Handeln zu legitimieren. Daß allerdings das Lehren und Lernen mit Medien in ein ganzheitliches Lernen mit Kopf, Herz und Hand einbezogen werden kann, wird dabei meist übersehen.

Abgesehen davon, daß die Ausstattung vieler Grundschulen mit zeitgemäßen technischen Medien unzureichend ist, zeigt sich auch immer wieder, daß medienbezogene Arbeit nicht nur wegen der eigenen Orientierungsprobleme in den ‚Medienwelten', sondern auch wegen des Aufwands an Technik und Zeit als unverhältnismäßig abgelehnt wird. Daß man sich aber im Rahmen von Mini-Projekten, die die gewohnten Unterrichtsabläufe durchaus nicht in Frage stellen müssen, gemeinsam mit Kindern entsprechende Kenntnisse und Fertigkeiten aneignen kann, wird selten erkannt. Nach meiner Auffassung sind solche defizitären Situationen auch ein Ergebnis der nach wie vor rudimentären Lehrerausbildung in Sachen Medienerziehung. Im übrigen war unser Nachrichtenprojekt ohne Exotik in den normalen Unterrichtsalltag integriert und konnte - als eine Art schulinterner Fortbildung - manche Lehrkraft durch die Produkte von der Nützlichkeit medienpädagogischen Arbeitens überzeugen.

In Zukunft könnte sich jedoch durch die Einführung des Computers in der Grundschule eine einzigartige Chance für die Medienpädagogik ergeben, weil von Lehrkräften - auch aufgrund der öffentlichen Diskussion über das Leben in der Informationsgesellschaft - allmählich erkannt wird, daß sich die Grundschule mehr als bisher an der gesellschaftlichen Wirklichkeit und an der zukünftigen Arbeitswelt der ihr anvertrauten Schülerinnen und Schüler zu orientieren hat. Dies fordert Lehrkräfte mehr und mehr dazu heraus, sich aus pädagogischer Perspektive mit diesem elektronischen Medium vertraut zu machen und gemeinsam mit Kindern herauszufinden, was beispielsweise ‚Multimedia' für die Individualisierung des Lernens, für das Beschaffen von Informationen, für das Herstellen eigener medialer Produkte oder für die vielzitierte ‚Interaktivität' leistet. Sollte der Computer in absehbarer Zukunft tatsächlich als normales Arbeitswerkzeug in den Grundschulen vorhanden sein, kann nicht nur der Stellenwert dieses Mediums für Wissensvermittlung und soziales Lernen sichtbar gemacht werden, sondern es können bei der täglichen Arbeit auch wichtige Kompetenzen für das Leben in der Informationsgesellschaft funktional erworben werden.

2 Medienkompetenz im Übergang von Kindheit zum Jugendalter: Die Altersgruppe der 11-15jährigen

Elke Stolzenburg / Anke Bahl
Medienkompetenz bei 11- bis 15jährigen Mädchen und Jungen: Grundlagen und Voraussetzungen für die weitere Ausformung

Kinder- und Jugendalltag ist Medienalltag - für Heranwachsende im Alter von 11 bis 15 Jahren trifft das noch mehr zu als für frühere Altersstadien. Wurden in den bereits durchlaufenen Kindheitsphasen einzelne Medien, wie etwa das Fernsehen mit seinen Angeboten, entdeckt und nach und nach erkundet, so wird in dem Altersstadium, das von der Kindheit ins Jugendalter überleitet, ein beträchtlicher Teil des zugänglichen Medienensembles angeeignet. Während dieses Lebensabschnittes wird das relevante Medienensemble zunehmend erweitert und in vielfältigen Formen und Funktionen in den Alltag integriert. Interessen und Aktivitäten konzentrieren sich nicht mehr so eindeutig auf ein Leitmedium, wiewohl das Fernsehen wichtig bleibt und die verschiedenen Musikmedien sukzessive in den Mittelpunkt rücken, vielmehr gewinnen zunehmend verschiedene Medien gleichgewichtige Bedeutung und werden im Alltag neben- und aufeinandergeschichtet. Die Wechselspiele zwischen alltäglichen und medialen Welten werden in diesem Lebensabschnitt vielschichtiger, nicht nur, weil mehr Medien daran beteiligt sind, sondern auch weil der erweiterte Aktionsradius im sozialen Umfeld mehr Anforderungen für die Heranwachsenden bereithält, zu deren Bewältigung auch die Medien 'um Rat gefragt' werden.

Das Medienhandeln der 11- bis 15jährigen basiert auf bereits erworbenen Facetten von Medienkompetenz, die auf die neu hinzukommenden Medien übertragen und dabei zugleich ein Stück erweitert werden. Für die Förderung von Medienkompetenz ist dieses Bündel von schon ausgeformten medienbezogenen Fähigkeiten ebenso in Rechnung zu stellen, wie das sozial-kognitive Kapital, das diese Altersgruppe für das Verstehen und für den Umgang mit medialen Welten bereits zur Verfügung hat bzw. im Verlauf dieses Lebensabschnittes zu entwickeln vermag. Um angemessene Ansatzpunkte der Medienkompetenzförderung in den verschiedenen pädagogischen Handlungsfeldern zu finden, sind neben den geistigen und sozialen Voraussetzungen und den Formen des Medienumgangs die Lebensbedingungen, die sich 11- bis 15jährigen stellen, und die Kultur- und Gefühlswelten, in denen sie sich bewegen, zu betrachten. Insbesondere letztere haben großen Anteil an der Bedeutung, die Medien für diese Altersgruppe gewinnen können, im Hinblick auf Alltagsmanagement ebenso wie im Hinblick auf Orientierungen für die eigene Person, das eigene Leben und die Mitgestaltung der sozialen Gefüge, die im eigenen Aktionsradius liegen. Die sozialen und emotionalen Netzwerke dieser Altersgruppe aufzufächern, ist kein leichtes Unterfangen, denn in diesen Lebensabschnitt fällt die Phase der Pubertät, die in vielerlei Hinsicht bedeutsame Lebenseinschnitte mit sich bringt. Nicht nur die Entwicklung zur Geschlechtsreife und die Ausformung und das Erleben der weiblichen bzw. männlichen Geschlechterrollen treiben Mädchen und Jungen dieses Alters um, auch der Ablösungsprozeß vom Elternhaus, die Positionierung und Identitätsfindung innerhalb der Gruppe der Gleichaltrigen, die Anforderungen von immer weiter und vielfältiger werdenden sozialen und gesellschaftlichen Erfahrungs- und Aktionsräumen spielen eine zentrale Rolle - für die Alltagsbewältigung und für den Umgang mit Medien.

Sind die Voraussetzungen geklärt, die bei Kindern bzw. Jugendlichen zwischen 11 und 15 Jahren für die Ausformung von Medienkompetenz maßgebend sind, kann in einem zweiten Schritt präzisiert werden, welche Aufgaben daraus für die unterschiedlichen pädagogischen Handlungsfelder resultieren, in denen sich diese Altersgruppe zwangsläufig oder freiwillig bewegt, und welche realen Bedingungen sich der Bewältigung dieser Aufgaben jeweils stellen. Von Interesse ist in diesem Kontext weiterhin die Familie, allerdings verliert sie zunehmend ihre Vorbildfunktion für den Medienumgang und wird mehr und mehr zum Ort, an dem Abgrenzung von der Erwachsenenwelt erprobt und vollzogen wird. Die Medien spielen hierbei eine gewichtige Rolle. Schule als verpflichtende Bildungsinstitution ist in dieser Altersgruppe ebenfalls ein Bereich der Abgrenzung zu Erwachsenen, zugleich aber ein Feld, das vielfältige Kontakte zur Gleichaltrigengruppe eröffnet. Diese und mit ihr die freiwillig frequentierten Freizeitbereiche werden in diesem Lebensabschnitt zunehmend wichtiger. Um die Peergroup vor allem drehen sich die Identitätsfindungsprozesse, die neben personalen auch kollektive und neben sozialen auch kulturelle Dimensionen beinhalten. Das alltäglich präsente Medienensemble hat weit mehr als nur unterhaltende Funktion. Es wird für das Gefühlsmanagement genutzt und hat insbesondere hierüber erhebliches Gewicht für die Ausformung von persönlichkeits- und lebensweltbezogenen Orientierungen.

1. Grundlagen für die Förderung von Medienkompetenz: Kognitiv-soziale Entwicklung, Sozialisationsprozesse und vielfältige Mediennutzung

Das Ideal des rundum medienkompetenten Menschen (vgl. den Beitrag von Hans-Dieter Kübler) ist auch in dieser Altersgruppe unrealistisch. Zweifellos aber sind ältere Kinder und Teenager bereits in der Lage, ein Gros der Dimensionen von Medienkompetenz in Ansätzen zu erwerben. So vermag - wie Baacke in seinem Statement als Beispiel anführt - ein 14jähriges Mädchen durchaus den Unterschied zwischen öffentlich-rechtlichem und privatem Rundfunk zu begreifen, einschließlich der damit zusammenhängenden Differenzen der Produktions- und Sendeinteressen. Probleme werden Heranwachsende diesen Alters aber sicher - und je jünger sie sind desto mehr - damit haben, komplexe Zusammenhänge zu reflektieren, beispielsweise die ökonomischen und gesellschaftspolitischen Implikationen der Multimedia-Entwicklung. Die dafür notwendige Reflexionsleistung ist eine Frage des kognitiven Vermögens ebenso wie der eigenen Interessenlage und der Nähe zur erlebbaren Lebenswelt.

1.1 Die sozial-kognitiven Fähigkeiten als Fundament für ein zunehmend komplexeres Medienverständnis

Werden die gängigen Entwicklungsstufen zugrunde gelegt (vgl. den Beitrag von Tilmann Sutter), so befindet sich die hier zur Debatte stehende Altersgruppe in der letzten Stufe. Das logische Denken ist zu Beginn dieses Altersstadiums weitgehend entwickelt. Die für das soziale Verhalten und die moralische Urteilsfähigkeit zentrale Fähigkeit der Perspektivenübernahme wird zunehmend ausgeformt und verfeinert. Auch komplexe Beziehungsgefüge können nun aus der Perspektive aller Beteiligten nachvollzogen werden, einschließlich der jeweiligen Handlungsmotive, -erwartungen und -konsequenzen. Mit Beginn des Jugendalters werden sukzessive die Regeln bzw. Werte von Gruppen und schließlich der faßbare gesellschaftliche Grundkonsens zur Beurteilung herangezogen.

Auch was die Fähigkeit angeht, Medien und ihre Botschaften zu verstehen, nähert sich diese Altersgruppe den Erwachsenen kontinuierlich an. Reflexivität, Kritikfähigkeit und ästhetische Maßstäbe kennzeichnen immer deutlicher die Haltung gegenüber medialen Angeboten. Mit Beginn des Jugendalters verstärkt sich das Nachdenken über Wirkungen von Medien und damit nimmt eine neue Stufe des ethisch-moralischen Urteilens über Medien und ihre Inhalte ihren Anfang. Dorothee Meister (vgl. ihren Beitrag) zeigt diesen Prozeß am Beispiel der Entwicklung von Werbekompetenz. Sie macht deutlich, daß sich Werbekompetenz, die sie als einen Bestandteil von Medienkompetenz versteht, zunächst in einer ‚vorkritischen' Form ausbildet. Den älteren Kindern gelingt es immer mehr, die ideologischen und ökonomischen Ziele des Werbemarktes zu durchschauen und Werbung auch moralisch, speziell auf ihren Wahrheitsgehalt hin zu befragen. Diese Fähigkeit differenziert sich mit dem Alter.

Der eigene und der im sozialen Umfeld vorfindbare Bildungsstand ist allerdings ein wichtiger Moderationsfaktor. Was diese Altersgruppe noch wenig leisten kann (was aber auch älteren Jugendlichen und vielen Erwachsenen schwerfällt), ist die Übertragung der kognitiven und moralischen Einsichten auf das eigene Medienverhalten. So zeigt sich, daß zum Beispiel bezüglich der Werbung keine deutliche selbstkritische Reflexion des eigenen Umworbenseins existiert (vgl. Dorothee Meister).

Vor dem skizzierten Hintergrund muß die Förderung von Medienkompetenz in diesem Altersstadium neben der Erweiterung von kognitiven und moralischen Fähigkeiten zur Beurteilung von Medienangeboten insbesondere das eigene Medienverhalten zum Gegenstand der Auseinandersetzung machen. Eine reflektierte 'Steuerung' des eigenen Verhaltens und Handelns setzt voraus, die eigenen Gefühle auch begrifflich abstrakt repräsentieren und damit umgehen zu können - ein Aspekt, der für diese, in besonderem Maße gefühlsgeleitete Altersgruppe von wesentlicher Bedeutung ist. Die Wege, die zu einer Medienkompetenzförderung in diesem Sinne führen, sind allerdings umstritten. Während die einen davon ausgehen, daß ein normativer Begriff von Medienkompetenz für pädagogisches Handeln grundlegend sei (vgl. Dieter Spanhel), plädieren die anderen für einen empirisch fundierten Kompetenzbegriff, der dem jeweiligen Entwicklungsstand der Heranwachsenden entspricht, um daran anknüpfend Ziel- und Handlungsdimensionen einer Förderung von Medienkompetenz festzulegen.

1.2 Sozialisationsprozesse

Die Sozialisationsprozesse, die 11- bis 15jährige durchlaufen, sind in besonderem Maße geprägt von der Pubertät, die neben körperlichen Veränderungen auch psychische Verunsicherung und eine Fülle von Anforderungen seitens der sozialen Umwelt mit sich bringt. Dabei bietet die Altersgruppe insgesamt kein einheitliches Bild, sie ist vielmehr gekennzeichnet durch die Zerrissenheit zwischen noch Kindsein auf der einen Seite und beginnender Adoleszenz auf der anderen Seite. Mehr noch als über das Alter vermittelt sich diese Zerrissenheit über die Unterschiede der Geschlechter. Der Beginn der Pubertät liegt bei Mädchen bedeutend früher als bei Jungen. Entsprechend früher mühen sie sich, die inneren und äußeren Anforderungen mitsamt der zugehörigen Gefühlswelten zu bewältigen. Gleichaltrige Mädchen und Jungen sind in diesem Lebensstadium kaum zu vergleichen. Das gilt auch für ihren Umgang mit Medien.

Die zentralen Entwicklungsaufgaben, die sich den Heranwachsenden in der Phase der Pubertät stellen, betreffen einerseits den Umgang mit der veränderten Körperlichkeit und der damit einhergehenden Eigen- und Fremdwahrnehmung, und andererseits das Entdecken und Umgehen mit dem anderen Geschlecht. Vieles dreht sich in diesem Lebensabschnitt um die Ausformung einer geschlechtlichen Identität, die die eigenen Wünsche und die sozialen Erwartungen bezüglich weiblicher bzw. männlicher Rollen befriedigend integriert.
Die wesentliche Sozialisationsinstanz, um sich mit den inneren und äußeren Anfor-

derungen dieses Lebensabschnitts auseinanderzusetzen, wird die Peergroup. Sie wird im Altersverlauf für die Heranwachsenden immer bedeutsamer, als Terrain für das Ausleben von Beziehungen und Konflikten, für die Erfahrung von Individualität und für das Erleben kollektiven Handelns. Auf die Peergroup vor allem konzentrieren sich die Prozesse der Identitätsfindung in ihren persönlichkeitsbezogenen und geschlechtlichen Facetten ebenso wie im Hinblick auf die normativ-moralischen, kulturellen und weltanschaulichen Aspekte. Die Gruppe der Gleichaltrigen ist auch der Ort, an dem der Medienumgang entscheidende kollektive Ausrichtung erfährt. Mit der Bedeutung der Peergroup gewinnen auch deren Treffpunkte im Freizeitbereich an Bedeutung, deren Orientierungsangebote markieren in der Folge wichtige Sozialisationseinflüsse.

Zu Beginn dieses Lebensabschnittes behauptet zunächst die Familie noch ihre Bedeutung als vorbildvermittelnde Instanz, verliert sie jedoch zunehmend an die Peergroup (vgl. den Beitrag von Ekkehard Sander[1]). Die Familie fordert von den Heranwachsenden zwar immer mehr Selbständigkeit und Verantwortungsübernahme, bietet ihnen jedoch zugleich einen Schonraum gegenüber den sich vervielfachenden Anforderungen seitens der öffentlichen Bereiche. Vor allem aber ist sie der Ort, an dem über die Auseinandersetzung mit und die Ablösung von den Eltern die Abgrenzung gegenüber Erwachsenen in die Wege geleitet wird.

In der Schule setzt sich diese Abgrenzung zu den Standards der Erwachsenenwelt fort, oft verbunden mit erheblichem Protest gegen die von dieser Institution gestellten Anforderungen. Diese können für die Altersgruppe erhebliche Belastungen integrieren, erfolgt doch in diesem Lebensabschnitt die grundlegende Weichenstellung für künftige Berufs- und Lebenschancen: Schon zu Beginn wird die Altersgruppe in unterschiedliche Bildungsgänge sortiert, und für einen Teil steht am Ende die Berufswahl, der Eintritt ins Erwerbsleben und oft die Angst vor der Arbeitslosigkeit. Die Schule ist jedoch zugleich ein wichtiger Treffpunkt für Gleichaltrige und Gleichgesinnte, ein Ort, an dem sich Peergroup-Aktivitäten formieren und organisieren lassen. Im Umfeld von Schule entstehen wesentliche Netzwerke für die Mädchen und Jungen, die dann jedoch vorwiegend außerhalb dieser Institution ausgelebt werden.

1.3 Medienausstattung und -umgang

Radiogerät, Kassetten-, Platten- oder CD-Spieler, kurzum alles, was Musikhören erlaubt, gehören heute zur Grundausstattung von 11- bis 15jährigen. Fernsehapparat und Videorecorder sind in fast allen, ein PC, Computerspiel-Konsolen oder Gameboy in etwa der Hälfte der Haushalte vorhanden, und über einen Internetzugang verfügen ca. zehn Prozent (vgl. Uwe Hasenbrink). Insgesamt ist die Medienausstattung dieser

---

[1] Sander hat in der Arbeitsgruppe zu den 16- bis 20jährigen referiert (vgl. seinen Beitrag). Die von ihm dort vorgetragenen Ergebnisse einer Studie beziehen sich jedoch auch auf die 13- bis 14jährigen und bieten einige Erkenntnisse insbesondere in bezug auf relevante Sozialisationsinstanzen und -orte.

Altersgruppe nicht nur umfangreicher als die von jüngeren Kindern, auch ihre Zugänge zu den verschiedenartigen Medienangeboten sind selbstbestimmter und unterliegen mit zunehmendem Alter immer weniger der Kontrolle und Reglementierung durch die Eltern. Was die Nutzung von Medien angeht, so steht nicht mehr ein bestimmtes Medium im Vordergrund, sondern die Kombination verschiedener Medien in individuellen Medienmenüs. Wichtig bleibt - insbesondere zu Beginn des Altersstadiums - weiterhin das Fernsehen. Aber die Musikmedien gewinnen schon bald zentrale Bedeutung. Relevant wird zudem der Computer, vor allem in seiner Spielfunktion. Die zeitgleiche Nutzung mehrerer Medien ist dabei keine Ausnahme.

Wie bereits erwähnt sind Mädchen und Jungen dieses Alters auch hinsichtlich ihres Medienumgangs sehr unterschiedlich. Das beginnt bei der Favorisierung einzelner Medien und Medieninhalte: So schätzen Mädchen beispielsweise Bücher mehr als Jungen, die hinwiederum doppelt so lange mit Computerspielen zubringen. Während Mädchen sich in diesem Alter ganz besonders beziehungsbetonten Angeboten, etwa den täglichen Soaps im Fernsehen zuwenden, schätzen die Jungen weiterhin Spannungs- und Actionreiches. Unterschiede zeigen sich bei den Geschlechtern auch hinsichtlich der Herangehensweisen: In bezug auf den Computer dominiert bei Jungen zum Beispiel ein eher experimenteller und spielerischer Umgang, während sich die Mädchen ihm unter pragmatisch-instrumentellen Vorzeichen nähern (vgl. Uwe Hasebrink). Im Bereich der Computerspiele bevorzugen Mädchen solche, die mit Geschick und Schnelligkeit verbunden sind. Gewalthaltige Spiele sind eine fast ausschließliche Domäne der Jungen (vgl. Friedemann Schindler). Im Kontext der Computerspiele zeigt sich eine Facette des Medienumgangs, in der sich Mädchen und Jungen nicht unterscheiden: präferiert werden von der Mehrzahl Spiele, die - im realen oder virtuellen Raum - mit anderen gemeinsam gespielt werden können.

Auch bei medialen Tätigkeiten ist diese Altersgruppe vor allem an Kommunikation und Interaktion mit Gleichaltrigen interessiert. Kollektive Mediennutzung und geteilte Medienerlebnisse spielen eine mit zunehmendem Alter immer wichtigere Rolle. Dies gilt für inner- wie außerhäuslich zu nutzende Medien gleichermaßen. Allerdings gewinnen die mit Aktivitäten außer Haus verbundenen Medien, wie etwa das Kino, zunehmend an Attraktivität, wofür neben dem medialen auch das zugehörige reale Erleben verantwortlich zeichnen dürfte. In gemeinsamen Medienaktivitäten und -erlebnissen werden zugleich kulturelle Identitäten ausgeformt und ausgelebt. Hierüber wird nicht nur Abgrenzung gegenüber Erwachsenen, sondern auch gegenüber Gruppen Gleichaltriger ausgedrückt und vollzogen.

In diesem Lebensabschnitt sind mit der alltäglichen Nutzung des Medienensembles vielfältige Funktionen verbunden: Unterhaltung, Information und Orientierungssuche gehören wie in allen anderen Stadien des Heranwachsens dazu, in den entsprechenden alters- und v.a. geschlechtsspezifischen Ausprägungen. Zusätzlich weisen die Mädchen und Jungen in der Pubertät den Medien, und hier ganz besonders den

Musikmedien, eine gewichtige Rolle im Gefühlsmanagement zu. Angenehme Gefühle, diffuse Stimmungen, Schwierigkeiten und Kummer werden über die Nutzung von Medien intensiviert oder relativiert. In keinem anderen Altersstadium spielt diese Medienfunktion eine so große Rolle wie in der von vielen und sehr widersprüchlichen Gefühlen begleiteten Phase der Pubertät. Insbesondere dort, wo die realen Bezugsgruppen die Heranwachsenden - vermeintlich oder wirklich - nicht verstehen oder alleine lassen, wird emotionaler Beistand von den Medien erhofft.

Werden die inneren und äußeren Voraussetzungen, die Heranwachsende, die sich in der Phase des Übergangs von der Kindheit zum Jugendalter befinden, für die weitere Ausformung von Medienkompetenz mitbringen, *zusammenfassend* betrachtet, so muß ein pädagogisches Programm vor allem folgende Aspekte in Rechnung stellen: Der Wunsch und die Fähigkeiten, das reale wie das mediale Leben selbst zu gestalten, werden im Verlauf dieses Altersstadiums zunehmend größer. Medien dienen, neben der nun schon sehr verzweigten und geschlechtsspezifisch ausgeprägten Suche nach brauchbaren Orientierungen, einerseits dem individuellen und kollektiven Gefühlsmanagement im Alltag und andererseits der Ausformung von kulturellen Identitäten, mit denen Zugehörigkeit zur Peergroup und Abgrenzung gegenüber anderen Gruppen Gleichaltriger und insbesondere gegenüber der Erwachsenenwelt zum Ausdruck gebracht werden. Neben dem Ansetzen an den Medienerfahrungen und -umgangsweisen der Mädchen und Jungen, ist die bereits vorhandene Medienkompetenz dieser Altersgruppe in Rechnung zu stellen. In bezug auf manche Medien sind Wissen und Fertigkeiten der Kinder bzw. Jugendlichen größer als die von Pädagoginnen und Pädagogen - ein Tatbestand, der für Prozesse der Medienkompetenzförderung durchaus gewinnbringend ist.

2. Relevante Handlungsfelder zur Förderung von Medienkompetenz bei 11- bis 15jährigen

Die Aufgabe, Medienkompetenz bei 11- bis 15jährigen Mädchen und Jungen zu fördern, stellt sich den institutionalisierten Orten des Lernens, also der Schule und den Freizeiteinrichtungen. Als wichtige Begleiter des Alltags tragen aber auch die Medien selbst Verantwortung.

2.1 Die Schule als Instanz der Förderung von Medienkompetenz

Der Schule als der Sozialisationsinstanz, die alle 11- bis 15jährigen durchlaufen, fällt auch in dieser Altersgruppe eine zentrale Stellung bei der Förderung von Medienkompetenz zu. Nicht zuletzt steht sie in der Pflicht, Chancengleichheit im Zugang zu den neuen Medien zu gewährleisten. Neben der Auseinandersetzung mit dem alltäglichen Medienhandeln der Mädchen und Jungen ist dies Voraussetzung dafür, umfassende Medienkompetenz fördern zu können. Dieter Spanhel (vgl. seinen Beitrag) plädiert für ein integratives Konzept der Medienerziehung in der Schule. Danach soll pro Klassenstufe nur ein Medium Gegenstand der Auseinandersetzung sein, Medien sollen in die einzelnen Fächer integriert werden und zusätzlich sollen insbesondere aktiv-produktive Angebote in offenen Handlungsräumen gemacht werden. Anknüpfend an die außerschulischen Medienerfahrungen, die das bereits angeeignete Wissen ebenso umfassen wie die emotionalen Medienzugänge und die erworbenen Medienhandlungsmuster, bietet der schulische Lernprozeß eine Reihe von Handlungsmöglichkeiten, um die schon vorhandene Medienkompetenz von 11- bis 15jährigen über das eigene praktische Medienhandeln zu differenzieren und zu erweitern sowie zum Aufbau alternativer Medienhandlungsmuster beizutragen. Die Realisierung eines solchen integrativen medienpädagogischen Konzepts impliziert jedoch zugleich ein Schulentwicklungskonzept, denn nur wenn Schule sich verändert, sind dort Medien in vielfältiger Form als Mittel der Kommunikation einzusetzen. Entsprechende Versuche sind derzeit rar, was nicht zuletzt an der mangelnden Qualifikation der Lehrkräfte und an den starren schulischen Bedingungen liegt. Die Ergebnisse jedoch sind ermutigend, denn einerseits steigt die Lernmotivation in den Klassen und andererseits wächst auf die Dauer auch die Bereitschaft der Lehrkräfte zur Zusammenarbeit und gemeinsamen Reflexion.

2.2 Jugendarbeit als Forum für die Entwicklung von Medienkompetenz

Die Einrichtungen der außerschulischen Jugendarbeit bieten ideale Voraussetzungen für die Förderung von Medienkompetenz. Die Freiwilligkeit der Teilnahme erzwingt attraktive Angebote, die an den Interessen, Erfahrungen und emotionalen Befindlichkeiten der 11- bis 15jährigen Mädchen und Jungen ansetzen sowie kreatives und praktisches Tun in den Mittelpunkt stellen. Die vielen gelungenen Beispiele der aktiven Arbeit mit alten und neuen Medien zeigen den Wert dieser pädagogischen Herangehensweise für den Ewerb von Medienkompetenz (vgl. die Beiträge von Inge Bozenhardt, Klaus Lutz und Friedemann Schindler). Realisierbar sind Formen aktiver Medienarbeit für die gesamte Altersgruppe und im Prinzip mit dem Spektrum der verfügbaren Medien, wobei Aufwand und Ertrag für die Zielgruppe und für pädagogische Zieldimensionen insbesondere bei den neuen Medien gegeneinander abzuwägen sind. Die Art der Anstöße und Anregungen muß nicht zuletzt am Geschlecht der jeweiligen Zielgruppe ausgerichtet sein, und die benötigten Hilfestellungen variieren je nach dem Alter. Im Altersverlauf nimmt die Selbständigkeit in den Prozessen der aktiven Medienarbeit zu und wird auch zunehmend eingefordert. Die Balance zwischen Unterstützung und Autonomie zu wahren, wird dann zur entscheidenden pädagogischen Anforderung. Zwangsläufig stellt sich jedoch Medienkompetenz auch bei der aktiven Medienarbeit nicht ein. Kritische Reflexion der Handlungsprozesse sind dafür ebenso unabdingbar wie darin integrierte Anstöße, die Medienrealität zu durchdringen, in bezug auf ihre Produkte, Produktions- und Distributionsbedingungen ebenso wie in bezug auf ihre individuellen und kollektiven Effekte und die hinter ihr stehenden Interessengeflechte. Daß die eigene - zumindest hierarchiearme - Produktion von Medien mit der professionellen nicht übereinstimmt, wird in solchen Reflexionsprozessen ersichtlich und kann illusorischen Vorstellungen vom Profi-Medienmarkt entgegenwirken.

Die Förderung von Medienkompetenz durch aktive Medienarbeit ist in den Feldern der Jugendarbeit zwar im Prinzip bestens aufgehoben, aber nach wie vor nur in geringem Maße verbreitet. Die Ursachen hierfür liegen neben der mangelhaften medientechnischen Ausstattung in den Einrichtungen insbesondere in fehlenden Qualifikationen von haupt- und ehrenamtlichen Kräften, in deren Aus- und Fortbildung Medienpädagogik, wenn überhaupt, nur eine periphere Rolle spielt.

2.3 Die Medien als Förderer von Medienkompetenz

Medien als alltägliche Begleiter von Heranwachsenden im Alter von 11 bis 15 Jahren, sind nicht nur gefordert, Verantwortung zur Förderung von Medienkompetenz mit zu übernehmen, sie bieten auch vielfältige Möglichkeiten, um Wissen, Reflexions- und Handlungsanstöße an die heranwachsende Generation heranzutragen. Das könnte bei inhaltlichen Angeboten beginnen, die Themen aus der Lebenswelt dieser Altersgruppe aufgreifen, ihr realitätsbezogene Orientierungen offerieren und auf ihre emotionalen Befindlichkeiten abgestimmt sind. Das Fernsehen - für die Altersgruppe immer noch wichtiges Alltagsmedium - böte hierfür ebenso Raum wie die Computerspiele oder die im Altersverlauf immer wichtiger werdenden Hörmedien. In solchen Angeboten könnten die Medien sich auch selbst zum Thema machen, einen Blick hinter die Kulissen ermöglichen, über Produktionsbedingungen und Gestaltungsformen informieren, oder auch ihre eigenen Botschaften offenlegen und auf ihre Effekte befragen (vgl. auch den Beitrag von Martin Rabius).

Neben solchen speziell auf die Altersgruppe zugeschnittenen inhaltlichen Angeboten, können Medien auch Beiträge zur praktischen Medienarbeit leisten, indem sie medienpädagogische Projekte finanziell und mit ihrem produktionstechnischen Know how unterstützen (vgl. Andrea Weller). Voraussetzung hierfür ist, daß die Medieninteressen nicht die pädagogischen oder die der Kinder und Jugendlichen dominieren. Medienpolitik und Medien gemeinsam können schließlich dafür Sorge tragen, daß den Heranwachsenden auch öffentliche mediale Foren zugänglich gemacht werden, in denen sie mit ihrer Kreativität und Weltsicht zum Zuge kommen und sich ihrer eigenen ebenso wie anderen Generationen vermitteln können (vgl. Klaus Lutz). Auch hierfür bieten alle Medien prinzipiell Raum, zum Beispiel über die Bereitstellung von - attraktiven - Sendeplätzen in Fernsehen und Hörfunk. Neben der eigenen Produktionserfahrung eröffnet sich den Heranwachsenden hierbei zugleich das Feld des Kommunizierens über die eigenen medialen Produkte, wobei sie auch etwas über Effekte von Medienprodukten erfahren können - eine für diese Altersgruppe bereits zugängliche Dimension von Medienkompetenz, die hier über den direkten, und damit nachhaltigsten Weg erfahrbar wird.

Dorothee M. Meister
Zur 'vorkritischen' Medienkompetenz bei älteren Kindern

Die Metapher der 'Medienkompetenz' entwickelte sich in den letzten Jahren zu einer bedeutsamen gesellschaftlichen Herausforderung, die sowohl die Politik, die Wirtschaft als auch die Medienpädagogik beschäftigt. Die Konjunktur dieses Begriffes resultiert aus den rasanten Entwicklungen im Bereich der Informations- und Kommunikationsmedien, die so gravierende gesellschaftliche Dynamiken in Gang gesetzt haben, daß heute vielfach von der Informations- bzw. zunehmend von der Wissensgesellschaft gesprochen wird (vgl. Stehr 1994; Willke 1997). In diesem Zusammenhang ist eine breite Diskussion darüber entstanden, wie die Mitglieder einer modernen Gesellschaft mit diesen Entwicklungen umgehen sollen. Es steht die Forderung im Raum, daß sich jeder im 'Informations- und Kommunikationsdschungel' der Medienentwicklungen zurechtfinden sollte bzw. aus unterschiedlichsten Gründen auch genötigt ist, aktiv an den medialen und kommunikativen Veränderungen teilzuhaben. 'Medienkompetenz' wird hierfür vielfach als Schlüsselbegriff gesehen (vgl. von Rein 1996). Dabei besteht einerseits weithin Einigkeit darüber, daß Medienkompetenz teilweise ein Resultat autodidaktischer Bemühungen ist und teilweise sogar en passant erworben wird, andererseits sind sich Pädagoginnen und Pädagogen weithin einig, daß die Bewältigung der Anforderungen in der 'Wissensgesellschaft' mittels pädagogischer Förderung entsprochen werden kann. Während pädagogische Förderung und notwendige Sozialisationsleistungen in der Vergangenheit vor allem Kindern und Jugendlichen zugeschrieben wurde, sind mit dem Begriff der 'Medienkompetenz' indes explizit alle Altersgruppen angesprochen, womit die Diskussion auch für die Erwachsenenbildung an Relevanz erhält (vgl. Dewe/Sander 1996).

Bevor im folgenden ältere Kinder bis 13 Jahre im Fokus stehen, soll zunächst eine begriffliche Klärung von 'Medienkompetenz' vorgenommen werden. Danach wird auf der Grundlage einer empirischen Untersuchung über 'Werbekompetenz', die als Teilbereich von Medienkompetenz betrachtet wird, die These vertreten, daß bei Kindern von einer 'vorkritischen' Medienkompetenz auszugehen ist.

1. Medienkompetenz

Als wissenschaftlicher Terminus wurde 'Kompetenz' - unter verschiedenen Zugängen und Voraussetzungen - vor allem durch die Arbeiten von Baacke, Bourdieu, Chomsky und Habermas (vgl. Baacke 1996) bekannt. Der Kompetenzbegriff wurde von dem Linguisten Chomsky als eine im Mentalen verankerte Fähigkeit des Menschen angenommen, aufgrund eines immanenten Regelsystems eine potentiell unbegrenzte Anzahl von Sätzen zu erzeugen. Die Vorstellung einer "universellen Grammatik" behauptet im Grunde, "daß alle Menschen potentiell über die Sprachmuster einer Universalsprache verfügen - und insofern *gleich* sind" (Baacke 1996, 116). Die tatsächliche Erzeugung eines konkreten Satzes wird in diesem Modell mit dem Begriff der Performanz belegt. Eine empirische Beobachtung vorhandener Medienkompetenz genauso wie der Ansatzpunkt pädagogischer Interventionen kann insofern lediglich auf der Performanzebene erfolgen. Die Herausforderung für die Pädagogik besteht somit im Spannungsverhältnis zwischen Kompetenz und Performanz und damit in der Nichtidentität eines universalen Regelsystems und regelgeleiteter aktueller Strukturierung in einer konkreten Sprechsituation. Baacke zieht aus dieser Differenz von Kompetenz und Performanz den Schluß, daß der ontologische Kompetenzbegriff auf ein Gleichheitspostulat hinausläuft, das in diesem Kontext auch pädagogische Förderung begründet, um die allen inhärente Kompetenz zur Performanz zu bringen. Begründbar wird eine pädagogische Einflußnahme aus dem Umstand, daß die Performanzebene als empirisch wahrnehmbare Oberflächenstruktur menschlichen Handelns durch weitere Bedingungen wie subjektive Faktoren (Lebensgeschichte, Motivation) und gesellschaftliche Variablen (institutionelle Bedingungen des Handelns, Rollenerwartungen an den Handelnden) genauso wie von situativen, entwicklungsbedingten, sozialen und kulturellen Variablen beeinflußt wird. Pädagogische Vermittlungsprozesse zielen insofern auf die Transformationsprozesse, mittels derer sich Kompetenz in Performanz realisiert. Insofern "geht es in impliziten Bildungsprozessen nicht um den Erwerb konkreter Handlungsmuster, sondern um den Erwerb von Strukturen" (Dewe/Sander 1996, 129), da Kompetenz als kognitive Fähigkeit keine sachliche Phänomenebene, sondern die "Fähigkeit im Umgang mit Wissen selbst" (ebd., 128) betrifft.

Wie deutlich geworden sein sollte, haben wir es also mit einem Dilemma zu tun, das darin besteht, daß Medienkompetenz lediglich auf der performativen Ebene beobachtbar ist, also nur auf dem handlungspraktischen Umgang mit Medien bzw. über die geäußerten Meinungen über Medien. Diese Beobachtung ist zudem angeleitet durch einen spezifischen medienpädagogischen Blick, der Anzeichen von Medienkompetenz bei den Kindern erwartet. Wird diese Erwartungshaltung durch Handlungsweisen oder Äußerungen der Kinder erfüllt, dann wird Medienkompetenz unterstellt. Wird diese Erwartungshaltung nicht erfüllt, dann führt die Beobachtung der Performanzebene dazu, ein Defizit auf der Kompetenzebene zu unterstellen. Bevor im weiteren auf dieses Verhältnis und auf Entwicklungsverläufe auf der performativen Ebene eingegangen wird, dienen einige Definition von Medienkompetenz (vgl. Baacke u.a. 1999, 54ff.) zunächst der inhaltlichen Klärung, wie von pädagogischer Seite aus Medienkompetenzen definiert und was entsprechend auf der Performanzebene erwartet wird.
Schorb (1995, 184ff.) setzt am Begriff der kommunikativen Kompetenz in Anlehnung an Habermas an und beschreibt in dieser Perspektive drei Elemente, die für die Medienpädagogik von Bedeutung sind:
a) eine *analytische Komponente,* die in der Fähigkeit zum Tragen kommt, in einem gemeinsamen Erkenntnisprozeß die durch 'Massenmedien' vorgegebene Sichtweise zu durchbrechen, somit ihr Wesen aufzuhellen und gemeinsame Möglichkeiten zu ihrer Überwindung zu finden;

b) eine *kreative Komponente,* die sich in der Fähigkeit realisiert, den herrschenden Kommunikationsstrukturen andere entgegenzusetzen, verbunden mit Strategien zur Vermittlung und zur Durchsetzung der eigenen gemeinsamen Interessen;
c) eine *kommunikative Komponente,* die sich in der Fähigkeit der adäquaten, d.h. reflektierenden Erfahrungsbewältigung und -darstellung ausdrückt.
Aufenanger (1996) differenziert zwischen "Medienkompetenz" und "medienpädagogischer Kompetenz". Der erstgenannte Begriff zielt dabei auf die Mediennutzer und -nutzerinnen, während letzterer vor allem als bedeutsam für Eltern, Lehrpersonen, Erzieher und Erzieherinnen usw. angesehen wird. Positionen von Baacke und Buschmeyer (1995) berücksichtigend, besteht für Aufenanger (1996, 461) die komplexe Fähigkeit 'Medienkompetenz' aus den Komponenten:
❏ *Wissen,* bezogen auf Medien und ihre Anwendung;
❏ *Verstehen* von medialen Texten;
❏ *Beurteilen* von Medienangeboten und Mediensystemen;
❏ *Genießen* von Medienangeboten unter Abwägung anderer Handlungsalternativen;
❏ *Handeln* mit und in bezug auf Medien als Informationsvermittler und zur Ausdrucksgestaltung.
Baacke (1997; 1996) befaßt sich mit dem Konzept der 'Medienkompetenz' im Kontext kommunikativer Kompetenz. Er leitet diesen Terminus aus einem "kulturellen In-der-Welt-Sein" und einem gemeinsamen Wahrnehmungsbewältigungsprozeß ab. Betont wird dabei die Tatsache, daß alle Menschen grundsätzlich mit der Fähigkeit ausgestattet sind, sich in der Welt erfolgreich und sozial zu bewegen, allerdings muß diese Ausstattung gefördert, zur Performanz gebracht werden. Dabei arbeitet Baacke folgende Teilbereiche von Medienkompetenz heraus:
Medien-Kritik befähigt das Individuum
❏ problematische gesellschaftliche Prozesse (z.B. Konzentrationsbewegungen) analysieren zu können;
❏ analytisches Wissen auf sich selbst und sein Handeln anwenden zu können;
❏ analytisches Denken und reflexiven Rückbezug sozial zu verantworten und abzustimmen.
Medien-Kunde (Wissen über heutige Mediensysteme) beinhaltet
❏ eine informative Dimension (klassische Wissensbestände wie "was ist ein duales Rundfunksystem..." etc.);
❏ eine instrumentell-qualifikatorische Dimension (d.h. Fähigkeit, die neuen Geräte auch bedienen zu können);
Medien-Nutzung (als vorrangig rezeptive Anwendung von Medien oder als ein interaktives Angebot);
Medien-Gestaltung kann verstanden werden
❏ innovativ (im Sinne von Veränderungen/ Weiterentwicklungen des Mediensystems) bzw.
❏ kreativ (als ästhetische Varianten, als ein Über-die-Grenzen der Kommunikationsroutine-Gehen).

Medienkompetenz "meint also grundlegend nichts anderes als die Fähigkeit, in die Welt aktiv aneignender Weise *auch* alle Arten von Medien für das Kommunikations- und Handlungsrepertoire von Menschen einzusetzen." (Baacke 1996, 119).

Die genannten Definitionen verdeutlichen, daß Medienkompetenzen allgemeine Anforderungen darstellen, die Kompetenz- und Performanzelemente enthalten, und insofern versuchen, allgemeine Kriterien mit spezifischen Erwartungen in modernen Gesellschaften zu verbinden. Im folgenden werde ich mich bei der inhaltlichen Bestimmung dessen, wie Medienkompetenz definiert wird, im wesentlichen auf Baackes Terminologie beziehen.

Aufgrund der Vielfalt des Mediensystems muß geschlußfolgert werden, daß die Konkretion von Medienkompetenz in den verschiedenen Teilbereichen jeweils spezifisch realisiert werden muß. So lassen sich z.B. aus dem Vergleich 'Kunst' oder allgemeiner 'Unterhaltung' und 'Werbung' Unterschiede festmachen. Während 'Unterhaltung' in erster Linie Verstehen und Genuß anspricht, erfordert eine 'kompetente' Rezeption von 'Werbung' vorrangig Wissen (Medien-Kunde), Beurteilen und die Berücksichtigung, daß mit Werbung 'Interessen' verbunden sind (Medien-Kritik).

Insofern erscheint es durchaus sinnvoll zu sein, zunächst einmal bei empirischen Untersuchungen des Gegenstandes 'Medienkompetenz' Teilbereiche genauer zu untersuchen, um so zu empirisch gesättigten Aussagen des Gesamtzusammenhangs gelangen zu können. Eine solche Konkretion von Medienkompetenz bei älteren Kindern soll im folgenden am Beispiel von 'Werbekompetenz' vorgenommen werden.

2. Zur 'vorkritischen Genese' von Werbekompetenz bei Kindern

In dem Forschungsprojekt 'Kinder und Werbung' haben wir versucht, den Aspekt der Werbekompetenz, als einen Teilbereich von Medienkompetenz, bei Kindern empirisch zu ermitteln[1]. Bei der Werbung legt unseres Erachtens ein medienpädagogisches Verständnis von Werbekompetenz nahe, neben der Eigenperspektive auch die verschleiernden, manipulativen Absichten der Werbung zu erkennen. Kompetenter Umgang mit Werbung erfordert demnach auch das Durchschauen der Interessen von Werbetreibenden und ist insofern anschlußfähig an die vorgenannten Definitionen. In Baackes Terminologie wäre Werbekompetenz vor allem auf der Ebene der Medienkritik und der Medienkunde anzusiedeln.

'Werbekompetent' in unserer Definition ist jemand, der neben Wissen über Werbung auch die Interessenhintergründe von Werbung berücksichtigen kann. Dazu muß die Person fähig sein, ihre eigene Perspektive auszutauschen und die Perspektive Dritter

---

[1] Vgl. hierzu insb. die Ausführungen von Böhm-Kasper/Fischer (quantitativer Teil) sowie Meister (qualitativer Teil) in dem Band Baacke/Sander/Vollbrecht u.a. 1999 sowie den Vortrag von Böhm-Kasper/Meister/Sander: 'Zur 'vorkritischen Genese von Werbekompetenz bei Kindern'auf dem Kongreß der deutschen Gesellschaft für Erziehungswissenschaft (DGfE) 1998 in Hamburg.

einzunehmen. Insofern kann 'Werbekompetenz' - die wir als Teilmenge von Medienkompetenz charakterisiert haben - als Entwicklungs- und Sozialisationsaufgabe aufgefaßt werden, die jedes Individuum - mit seinen Möglichkeiten und auf seine Weise - in Sozialisationsprozessen zu erbringen hat, und bei der es pädagogisch ermutigt, begleitet und unterstützt werden kann und soll.
Als methodologische Grundlage kann u.a. auch der strukturgenetische Ansatz von Piaget (1976) herangezogen werden. Dieser erlaubt, insbesondere Entwicklung und Veränderung in der Perspektiven- bzw. Rollenübernahme als Aspekt der sozialen Kognition differenziert zu betrachten. Entscheidend für eine entwickelte Werbekompetenz wären demnach vor allem die Herausbildung der Fähigkeit zur Dezentrierung, die Zurückdrängung der Ich-Aufdringlichkeit bei Urteilsbildungen und die Fähigkeit der gleichzeitigen Koordination mehrerer Dimensionen.
Ohne nun auf Details der Ergebnisse unserer quantitativen und qualitativen Studie einzugehen, sollen im folgenden drei Aspekte betrachtet werden, die für Kinder bis 13 Jahren von Bedeutung sind.
Die generelle These lautet, daß Werbekompetenz als universale Kategorie im Sinne von Medienkompetenz mit steigendem Alter und Bildungsgrad zunimmt, sie entwickelt sich bei Kindern jedoch zunächst in einer 'vorkritischen' Form. Diese These wird in drei Schritten begründet, zum einen hinsichtlich der quantitativen Ergebnisse in bezug auf eine sich entwickelnde Werbekompetenz, zum zweiten - qualitativ begründet - hinsichtlich moralischer Bewertungen und sozialer Beziehungen bei der Beurteilung von Werbung sowie hinsichtlich selbstkritischer Reflexionen vom eigenen Umworbensein.

Aspekt 1)
Formal gesehen werden Kinder um so werbekompetenter, je älter und gebildeter sie sind.

In unserer quantitativen Untersuchung[2] wurde versucht, das Konstrukt der Werbekompetenz zu operationalisieren. Ausgehend vom rollenabhängigen 'Interesse an Werbung' wurden den Kindern zur empirischen Erforschung der Werbekompetenz folgende Fragen gestellt:
❏ Woher kennst Du Werbung?
❏ Wie gefällt Dir Werbung allgemein?
❏ Glaubst Du, was in der Werbung gesagt wird?
❏ Was glaubst Du, warum wird Werbung gemacht?

Schon bei der Frage, "Woher kennst Du Werbung?" war ein Alters- und Bildungseffekt erkennbar. Während Grundschulkinder fast ausschließlich das Fernsehen als Werbeträger nennen, können Gymnasiastinnen und Gymnasiasten eine Vielzahl von Werbeträgern benennen.

---

[2] Insgesamt wurden 1600 Kinder im Alter zwischen 6 und 13 Jahren in den Regionen Halle und der Region Bielefeld befragt (vgl. Baacke/Sander/Vollbrecht/Kommer u.a.1999).

Die Untersuchung der generellen Akzeptanz von Werbung durch Kinder erfolgte durch die Frage "Wie gefällt Dir Werbung allgemein?". Die Kinder waren bei dieser Frage aufgefordert, Schulnoten von 1 bis 6 zu vergeben. Bei den Ergebnissen zeigt sich, daß jüngere Kinder Werbung in der Mehrheit *positiv* bewerten (62,7% der 6jährigen vergaben die Noten 1 und 2, während es bei den 12-13jährigen nur noch 22,8% waren). Mit zunehmendem Alter wird Werbung von den befragten Kindern überwiegend negativ beurteilt. In der Alterskohorte der 11-13jährigen stellen die Gymnasiastinnen und Gymnasiasten die Gruppe mit den am häufigsten geäußerten Ablehnungen gegenüber Werbung.

Ein weiterer Aspekt des kompetenten kindlichen Umgangs mit Werbebotschaften wurde mit der Frage "Was glaubst du, warum wird Werbung gemacht?" erhoben. Die Frage zielt im wesentlichen auf den Kenntnisaspekt, vor allem Sachkenntnisse sind gefordert. Diese Sachkenntnisse weisen jeweils einen individuell unterschiedlichen Grad an Allgemeinheit, Systemhaftigkeit, Anschaulichkeit, Disponibilität und Sinnhaftigkeit auf.

Die Antworten der untersuchten Kinder weisen darauf hin, daß die Mehrheit der befragten Kinder - selbst im Grundschulalter - weiß, daß Werbung ein Mittel von Firmen ist, um Produkte erfolgreich zu vermarkten (77,6%). Weiterhin kann ein Großteil der Kinder nachvollziehen, daß sich Radio, Fernsehen und Printmedien durch Werbeeinnahmen finanzieren (73,3%). Allerdings zeigt sich, daß insbesondere Grundschulkinder die *ökonomischen Ziele des Werbemarktes nicht eindeutig durchschauen, während dies den Kindern ab 10 Jahren zunehmend gelingt.*

Die Ergebnisse belegen, daß die befragten Kinder zu einem großen Teil die Funktion von Werbung kennen, um die Hintergründe von Werbemechanismen (wenn auch plakativ) wissen und mit zunehmendem Alter den Perspektivenwechsel zwischen eigenem Verhalten und Werbeintention vornehmen können. Dabei läßt sich zunächst der Schluß ziehen, daß das Alter und die unter dem Begriff 'Schulbildung' subsumierten sozialen und kognitiven Dispositionen der untersuchten Kinder wesentliche Faktoren darstellen, die Einfluß auf die Ausbildung einer kindlicher Medien- bzw. Werbekompetenz haben.

Aus dieser Aussage heraus den Schluß zu ziehen, daß sich mit zunehmendem Alter eine Medien- und Werbekompetenz sozusagen 'en passant' entwickelt, wird den Ergebnissen allerdings nicht gerecht. Vielmehr weisen die Daten darauf hin, daß z.T. auch ältere Kinder die Intention der Werbung nicht ohne weiteres durchschauen können. So wußten von den 11-13jährigen immerhin über 13% nicht, daß Fernsehen, Radio und Zeitschriften mit Werbung Geld verdienen. Auch das Ergebnis, daß insbesondere Hauptschüler bzw. Hauptschülerinnen Schwierigkeiten haben, die Intention von Werbung zu durchschauen läßt darauf schließen, daß nicht generell von 'Werbekompetenz' in diesem Alter gesprochen werden kann. Daß es sich zudem meist sogar um eine 'vorkritische' Variante handelt, darauf verweisen auch die quantitativen Daten. Zwar nimmt äußerlich gesehen mit zunehmendem Alter die Werbekritik zu und die Glaubwürdigkeit von Werbung ab, der Referenzrahmen für die Begründung der Ablehnung scheint allerdings weniger universeller Art zu sein, sondern bezieht sich eng auf den sozialen Kontext. So weisen 90,5% aller Kinder, die Werbung ablehnen, darauf hin, daß ihr Vater Werbung ebenso ablehnt, bei den 11-14jährigen sind dies 96,2%. Wir interpretieren diese Daten in die Richtung, daß die Kinder zunehmend den Erwartungen, die im Elternhaus und in ihrer Gleichaltrigengruppe im Hinblick auf Werbung existieren, gerecht werden und diese reproduzieren. Dies muß noch nicht bedeuten, daß sie auch ein reflexives und strukturales Verständnis des Komplexes Werbung entwickelt haben.

Auf die These einer 'vorkritischen Werbekompetenz' soll im weiteren aufgrund der qualitativen Ergebnisse vertiefend eingegangen werden. Dabei wird insbesondere auf moralische Bewertungen und soziale Bezüge sowie die Differenz von Einstellung und Verhalten in bezug auf Werbung eingegangen.

Aspekt 2)
Zur Bedeutung moralischer Bewertungen und enger sozialer Beziehungen bei der Beurteilung von Werbung

Genauso wie beim quantitativen Erhebungsteil zeigt sich bei den qualitativen Ergebnissen[3] unserer Befragung (vgl. Baacke/Sander/Vollbrecht/Kommer u.a. 1999), daß das Hintergrundwissen über Werbung zunimmt und Werbung allgemein von den Kindern mit zunehmendem Alter kritisch hinterfragt wird, was ein Indiz für steigende Werbekompetenz resp. Medien-Kritikfähigkeit sein kann. Auffällig erweist sich indes, daß bei den 11- bis 12jährigen moralische Aspekte bei der Beurteilung von Werbung eine große Rolle spielen, das heißt, sie achten bei der Einschätzung von Werbungen in hohem Maße auf den Wahrheitsaspekt. Es geht also darum, ob proklamierte Ziele zum einen richtig und zum anderen glaubwürdig sind. Wenn Kinder den Eindruck gewinnen, moralische Standards würden verletzt, stößt Werbung bei ihnen auf Ablehnung.

Trotz einer generellen kritischen Einstellung variiert die Beurteilung einzelner Werbespots im Einzelfall jedoch sehr stark und kann auch positiv ausfallen. In ihrer generell kritischen Haltung zur Werbung fühlen sich die Kinder dabei zumeist von den Eltern und auch von Freundinnen oder Freunden unterstützt. Immer wieder ziehen Kinder die Familie quasi als Autorität im Hintergrund bei ihrer Einschätzung heran, wodurch ein hoher Einfluß und Vorbildcharakter der Eltern zum Ausdruck kommt. Bei denjenigen Kindern, die der Werbung eher kritisch gegenüberstehen, besteht überwiegend ein familialer Konsens in dieser Frage. Trotzdem fühlen sich Kinder angesprochen von Werbung. Teilweise wird die Begründung, warum bestimmte Werbungen den Kindern trotz genereller Kritik im Einzelfall gefallen, über eine einheitliche Ausnahmemeinung in der Familie hergeleitet. Der Orientierungsrahmen der Kinder bewegt sich also in hohem Maße darauf, was gut und richtig ist und was nicht, wel-

---

[3] Insgesamt wurden 33 Interviews mit Kindern im Alter von fünf bis zwölf Jahren zwischen Dezember 1995 und Februar 1996 geführt, darunter 19 Mädchen und 14 Jungen aus Bielefeld und Halle an der Saale (vgl. Meister 1999).

ches Verhalten, welche Werte und Orientierungen glaubwürdig sind oder nicht. Die moralischen Ansprüche fallen in diesem Alter teilweise sehr kategorial aus, da sie geprägt sind von der Suche nach eindeutigen Orientierungen und Identifikationen, wie dies bei der 11jährigen Interviewpartnerin Ulrike deutlich wird:

I: Und wie ist denn das, gefällt Dir da (bezieht sich auf Zeitschriften und andere Werbeträger) Werbung oder findest Du das langweilig, oder?
U: Na das finde ich dumm für Zigaretten zu .. also .. das ist immer neue Werbung und so, das ist .. aber vielleicht für Unicef oder so kann man ja Werbung machen. Für so was sinnvolles, also für Unicef, daß man da was spendet oder so, oder eben für solche Tiere oder so, das ist da dann auch nur Werbung (=gegen Tierversuche und so?=) ja und so. Aber, daß man da mal irgendwas spendet oder so. Ich finde sowas muß man machen, aber wenn man da irgendwie für Zigaretten oder so .. so was nicht.

Wenn Kinder die gezeigten Werbungen und die damit verbundenen Produkte für glaubwürdig und gut befinden oder die Werbung witzig ist und Überraschungseffekte beinhaltet, sind sie durchaus bereit, diese Produkte zu vertreten, teilweise wären die Kinder dann sogar bereit, für diese zu werben.
Die quantitativen Ergebnisse sowie die Analyse der qualitativen Interviews lassen uns zu der Annahme kommen, daß die Einstellung zur Werbung zunächst als Übernahme moralischer Stereotype erfolgt. Eine individuelle bzw. universale Begründungsfähigkeit im Sinne einer Reflexion des Sachverhaltes ist allerdings meist noch nicht entwickelt, sondern zeigt sich zunächst lediglich in Form einer 'Als-ob-Struktur'.

Aspekt 3)
Eine selbstkritische Reflexion vom eigenen Umworbensein ist wenig ausgeprägt

Die Ergebnisse insbesondere der qualitativen Interviews weisen darauf hin, daß Werbekritik zwar auf der Einstellungsebene geäußert wird, daß aber die aus der Psychologie bekannte Trennung von Einstellung und Verhalten vorhanden ist. Dies zeigt sich auch darin, daß keine ausgeprägte Reflexion vom eigenen Umworbensein gegeben ist.
Gerade wenn Kinder Konsum gegenüber aufgeschlossen sind und/oder ein spezifisches Interesse wie Sport oder Musik haben, fühlen sie sich durch die Werbung informiert und schätzen Werbung dann in hohem Maße. Wenn sich Kinder informiert fühlen, beispielsweise von Trailern für spätere Filme oder bei Werbungen für Musik usw., haben sie nicht den Eindruck, umworben zu sein, sondern hilfreiches Neues zu erfahren, um sich besser orientieren zu können. Kritik wird in solchen Feldern des eigenen Interesses dann ausgeklammert und die Kinder sind für die vermittelten Botschaften um so empfänglicher. Dies gilt auch, wenn die Kinder bestimmte Sendeformen wie Ratespiele präferieren. Gerade in den privaten Programmen werden solche Sendeformen in Form von Werbefilmen dargeboten, bspw. die Sendung 'Glücksrad'.

Wenn Kinder diese Darbietungsformen schätzen, fühlen sie sich kaum als Umworbene, sondern sehen in erster Linie ihren Spaß am Mitraten.
Obwohl Kinder zwischen 10 und 12 Jahren schon recht genau benennen können, warum Werbung und mit welcher Absicht sie gemacht ist, beziehen sie dieses Wissen kaum auf sich selbst, womit es abstrakt bleibt. Eine Absicht können sie Werbung im Grunde nur unterstellen, wenn sie sich nicht persönlich angesprochen fühlen. Viele Kinder nehmen sich zwar auch als Umworbene von der Werbeindustrie wahr und zeigen zudem ein ausgeprägtes Konsumentenverhalten. Darüber hinaus verfügen sie über Erfahrung mit Konsum und Merchandisingprodukten und haben nicht nur im Spielzeugbereich bereits wechselnde Vorlieben und Moden entwickelt. Die eher kritische Haltung Werbung gegenüber auf der Verhaltensebene bedeutet also nicht, daß sie sich von Werbung auf der Handlungsebene nicht beeinflussen lassen.
Dies hängt auch damit zusammen, daß sie zwar die Absicht von Werbung kennen, Hintergrundinformationen, wer Werbung veranlaßt und warum sie gemacht wird, sind allerdings nur rudimentär vorhanden. So bezweifeln bspw. viele Kinder die Sinnhaftigkeit von Werbung allgemein. Begründet wird dieses Unverständnis häufig damit, daß in der Familie ja sowieso eingekauft wird und für die täglichen Dinge des Alltags für sie kein Informationsbedarf besteht. In der Vorstellung der Kinder sind die eigenen Konsumwünsche im Allgemeinen dann auch eher am Preis orientiert und richten sich darüber hinaus noch sehr häufig nach dem Geschmack der Eltern oder, in den Worten der 11jährigen Lisa ausgedrückt: "Ich kauf nix, was meine Eltern doof finden, weil, das find' ich auch doof, meistens".
Eine hohe Beeinflußbarkeit scheint auch aufgrund der kritischen Grundhaltung Werbung gegenüber gegeben zu sein, die als Paradoxie der 'kritischen Haltung' bezeichnet werden kann. Gerade die bei Kindern so einheitlich abwertenden Haltungen speziellen Werbungen gegenüber (z.B. Waschmittelwerbung), überzeugt sie davon, daß Werbung im Grunde nicht stimmt. Es sind vor allem die moralischen Wertungen, daß in Werbungen bspw. die Unwahrheit gesagt wird, die zumindest für bestimmte Bereiche Ablehnungen hervorrufen. Dies veranlaßt sie zu dem Schluß, aufgrund mangelnder Glaubhaftigkeit der Werbungen selbst nicht beeinflußbar zu sein. Ablehnung wird automatisch mit Nicht-Wirkung in Verbindung gebracht. Dadurch geraten aber alle Formen indirekter Wirkungen oder der Einfluß durch Bekanntheit aus dem Blick und werden negiert.
Die Kinder gestehen dann zwar häufig offen ein, selbst schon einmal auf Werbung hereingefallen zu sein, diese Erfahrungen in Kombination, daß Werbung häufig nicht stimmt, erweckt bei ihnen indes den Eindruck, im Grunde inzwischen doch recht unabhängig von Werbemaßnahmen Kaufentscheidungen zu treffen, wenngleich ein Einfluß bei anderen Personen nicht ausgeschlossen wird. Die von ihnen selbst konstatierten Kaufwünsche aufgrund von Werbung definieren sie meist als Information, um über die Produkte der eigenen Individualität Ausdruck zu verleihen.
Teilhabe am Konsum und Partizipation an der Warenwelt können dann problemlos von den Kindern in ihre Vorstellungswelt integriert werden, ohne dem Eindruck zu unterliegen, sich allzusehr von der Werbewelt beeinflussen zu lassen. Die Ausmaße

des Einflusses variieren indes: Bei einem hohen Interesse für Sport (in dieser Altersgruppe sind dies vor allem Jungen) ist die Nähe zu Markenkleidung besonders hoch. Sportclubs oder einzelne Sportler oder Sportlerinnen stellen heute immer auch Werbeträger dar und sie werben insbesondere für spezielle Sportmarken. Über das Sportinteresse findet somit bei den Kindern automatisch eine Heranführung an bestimmte Marken statt, die zudem in den Peer-groups einen bestimmten Status und Lebensstil, der über Kleidung symbolisiert wird, generiert. So hält beispielsweise der 11jährige Maurice die meiste Werbung für langweilig, die Werbung, die seinen Interessen, nämlich Sport gilt, empfindet er jedoch als informativ und orientiert sich durch zusätzliche Besuche von Warenhäusern über die neuesten Trends. Er definiert dann Markenkleidung nicht als 'Werbemaßnahme', sondern hebt vor allem die 'Qualitätsaspekte' von bestimmten Artikeln hervor. Seine Wahl von Produkten sieht er als individuellen Stil an und blendet in diesem Bereich die Effektivität von Werbestrategien vollkommen aus.

Auch diejenigen Gruppen, die Werbung prinzipiell ablehnen, lassen sich von Werbestrategien ansprechen. Dies geschieht insbesondere dann, wenn Interessen für bestimmte Themen oder Musikrichtungen vorhanden sind oder sogar ein ausgesprochenes 'Fanverhalten' vorhanden ist. In diesen Fällen definieren diese Gruppen ihr Konsumverhalten dann nicht als von Werbung beeinflußt, sondern diese Gruppen heben ihren speziellen Lebensstil hervor, der dann allerdings eine ganz bestimmte Konsumhaltung bis hin zum Kauf von Merchandisingprodukten mit sich bringt.

3. Fazit

Eingangs wurde darauf hingewiesen, daß Werbekompetenz einen Teilbereich allgemeiner Medienkompetenz darstellt. Der Fokus der Betrachtung lag neben dem 'Thema Werbung' vor allem auf den Bereichen Medienkritik und Medienkunde. Bei der Analyse der Forschungsergebnisse wurde deutlich, daß sich Medienkompetenz auf der Performanzebene, also auf der Ebene, die empirisch beobachtbar ist, zunächst altersabhängig entwickelt. Die zunehmende Medienkompetenz folgt aber nicht nur einer inhärenten Entwicklungslogik, sondern wird auch durch äußere Faktoren wie Bildungseinflüsse, familiale Bedingungen, Anregungen zum selbstgesteuerten Lernen, durch Moralentwicklung und durch Anregungen, die die Fähigkeit zur Rollendistanz, zur Ambiguitätstoleranz, zur Ambivalenztoleranz, zur Entscheidung und zum selbstverantwortlichen Handeln sowie der Fähigkeit, Intentionen mit vorhandenen Kommunikationen abzustimmen (vgl. Baacke 1996a, S. 7f.), beeinflußt.

Kinder im Alter zwischen 10 und 13 Jahren kennen sich im Medienbereich schon gut aus, sie kennen einige Hintergründe, bspw. über Werbeintentionen und nehmen überwiegend eine kritische Grundhaltung gegenüber solchen Themen wie Werbung ein, auch wenn einzelne Werbungen unter ästhetischen, humoresken oder inhaltlichen Gründen sehr geschätzt werden. Werbung 'wirkt' in der Altersgruppe durchgängig, trotz unterschiedlicher vorfindbarer Einstellungen zur Werbung. Auch wenn sich in der Gruppe der älteren Kinder differente Typen (wie Werbekritiker, Konsumorientierte, Fans etc.) entwickeln, kann sich Werbung doch bei allen Typen durchsetzen, allerdings über verschiedenste Mechanismen. Deutlich geworden sollte sein, daß Kinder im Alter zwischen 11 und 13 Jahren auf einer vordergründigen Weise (auf der Performanzebene) den vermeintlichen Erwartungen einer 'kritischen' Haltung entsprechen. Dabei handelt es sich allerdings nicht um eine generelle Medien-Kritikfähigkeit. Kinder dieses Alters übernehmen zunächst in einer Art 'Als-Ob-Struktur' die Meinungen ihrer Umgebung. Schwierigkeiten haben sie indes häufig noch damit, mit dem abstrakten Wissen selbstreflexiv umzugehen, die Ich-Aufdringlichkeit bei der Urteilsbildung zurückzudrängen und gleichzeitig mehrere Perspektiven zu koordinieren. Insofern handelt es sich in diesem Alter noch um eine 'vorkritische' Medienkompetenz. Insgesamt wird auch in diesem Alter deutlich, daß sich Medienkompetenz nicht automatisch ergibt, sondern von vielfältigen Umgebungen, die Kindern zunächst Argumentationsfolien liefern, unterstützt wird. Erst über die Auseinandersetzung mit ihrer eigenen Perspektive und der von Bezugspersonen können sie zu einer generalisierten Perspektive gelangen, und damit Medien- bzw. Werbekompetenz erhalten, indem sie nämlich auch verallgemeinerte Perspektiven auf sich selbst reflektieren können.

Literatur

Aufenanger, S. (1996): Zur Zusammenarbeit von Elternhaus, Schule und Hochschule in der Medienerziehung. In: Pädagogik und Schulalltag, Nr. 4, S. 460-470
Baacke, D. (1996): Medienkompetenz - Begrifflichkeit und sozialer Wandel. In: von Rein, A., a.a.O., S. 112-124
Baacke, D. (1996): Medienkompetenz als Netzwerk. Reichweite und Fokussierung eines Begriffs, der Konjunktur hat. In: medien praktisch, Heft 2, S. 4-10
Baacke, D./Sander, U./Vollbrecht, R./Kommer, S. u.a. (1999): Zielgruppe Kind: Kindliche Lebenswelten und Werbeinszenierungen. Weinheim/München
Böhm-Kasper, O./Fischer, A. (1999): Werbekompetenz. In: Baacke/Sander/Vollbrecht/Kommer u.a. 1999, a.a.O., S. 51-76
Buschmeyer, H. (1995): Pädagogische Überlegungen zum Konzept 'Medienkompetenz'. In: Informationen Weiterbildung Nordrhein-Westfalen, Heft 5, S. 20-24
Dewe, B./Sander, U (1996): Medienkompetenz und Erwachsenenbildung. In: von Rein, A., a.a.O., S. 125-142
Meister, D. M. (1999): Qualitative Interviews mit Kindern zum Thema Werbung. In: Baacke./Sander/Vollbrecht/Kommer u.a., a.a.O., S. 243-286
Piaget, J. (1976): Die Äquilibration der kognitiven Strukturen. Stuttgart
Rein, A. v. (Hrsg.) (1996): Medienkompetenz als Schlüsselbegriff. Bad Heilbrunn
Schorb, B. (1995): Medienalltag und Handeln. Medienpädagogik in Geschichte, Forschung und Praxis. Opladen
Stehr, N. (1995): Arbeit, Eigentum, Wissen. Zur Theorie von Wissensgesellschaften. Frankfurt/M.
Willke, H. (1997): Supervision des Staates. Frankfurt/M.

Uwe Hasebrink
Was beobachtbares Nutzungsverhalten mit Medienkompetenz zu tun hat

1. Klärung der Perspektive auf das Tagungsthema

Im Zusammenhang mit dem Tagungsthema betrachte ich es als meine Aufgabe, einen Beitrag aus der Perspektive einer empirisch ausgerichteten Kommunikationswissenschaft zu leisten. Aus dieser Perspektive geht es, wenn dies auch in der Regel nicht mit diesem Begriffspaar ausgedrückt wird, weniger um Medien-'Kompetenz' als um 'Performanz', das Interesse gilt dem konkreten medienbezogenen Handeln sowie dessen Voraussetzungen und Konsequenzen. In diesem Sinne möchte ich folgende Fragen aufwerfen: Was hat beobachtbares Nutzungsverhalten mit Medienkompetenz zu tun? Woran erkennen wir vorhandene oder fehlende bzw. unzureichende Medienkompetenz?

Zur Auseinandersetzung mit dieser Frage werde ich im folgenden verschiedene Aspekte des medienbezogenen Verhaltens, wie sie im Bereich der Kommunikationswissenschaft untersucht werden, im Hinblick auf ihren möglichen Bezug zum Begriff der Medienkompetenz diskutieren. Dabei fällt auf, daß die Diskussion um Medienkompetenz in vielerlei Hinsicht Analogien zur kommunikationswissenschaftlichen Diskussion um die 'Aktivität' des Publikums bzw. der Rezipientinnen und Rezipienten aufweist. Folgende Aspekte werde ich ansprechen: 1) den Zugang zu bzw. die Verfügbarkeit von Medien, 2) das Ausmaß der Nutzung einzelner Medien und die Komposition verschiedener Medienangebote zu einem 'Medienmenü' und 3) die Motive und Wahrnehmungen, die mit der Nutzung und Rezeption von Medienangeboten verbunden sind.

Zugleich werde ich als Basisinformation für die hier besonders interessierende Gruppe der 11- bis 15jährigen einige grundlegende Ergebnisse einer aktuellen Untersuchung über die Mediennutzung von Kindern und Jugendlichen vorstellen. Diese Untersuchung fand statt im Rahmen eines Forschungsverbundes, der in elf europäischen Ländern sowie in Israel vergleichend untersucht, wie Kinder und Jugendliche die heute sogenannten 'neuen Medien', also insbesondere computergestützte Anwendungen und Online-Medien, in ihren Alltag integrieren.[1] Neben verschiedenen qualitativen Untersuchungsschritten wurden in allen beteiligten Ländern standardisierte Befragungen mit einem einheitlichen Fragebogeninstrument durchgeführt. Die Erhebung in Deutschland, eine persönlich-mündliche Befragung bei einer nach Alter, Ge-

---

[1] Die Projektkoordinator(inn)en sind Sonia Livingstone, Moira Boivill und George Gaskell von der London School of Economics; die Kooperation wird vom Youth for Europe Programme (DG XXII der EG-Kommission) und der European Science Foundation unterstützt. Die deutsche Teilstudie, die vom Hans-Bredow-Institut in Hamburg durchgeführt wird, wurde durch Unterstützung der die Hamburgische Anstalt für neue Medien, das Ministerium für Arbeit, Gesundheit und Soziales Nordrhein-Westfalen sowie die Freiwillige Selbstkontrolle Fernsehen (FSF) ermöglicht.

schlecht, Schultyp, Region und Urbanität repräsentativ zusammengestellten Stichprobe von 1.253 Kindern und Jugendlichen zwischen 6 und 17 Jahren, fand Ende 1997 statt.

2. Verfügbarkeit von Medien

2.1 Zusammenhang mit Medienkompetenz?

Verfolgt man die öffentliche Debatte um Medienkompetenz, kann der Eindruck entstehen, die bloße Verfügbarkeit bestimmter Medien sei die entscheidende Voraussetzung für Medienkompetenz: Je besser und weiter verbreitet die technische Ausstattung, desto kompetenter die Kinder und Jugendlichen. Zumindest können so die besorgten Kommentare interpretiert werden, die darauf verweisen, daß die Ausstattung der Haushalte und der Schulen mit Computern und Internet-Zugängen in den USA und in den skandinavischen Ländern weitaus höher ist, als dies bisher in Deutschland der Fall ist.

Was hier beobachtet werden kann, ist die Abhängigkeit der Definition dessen, was Medienkompetenz ist und was sie nicht ist, von jeweils aktuellen politischen und gesellschaftlichen Zielsetzungen und Prioritäten. Im souveränen Umgang mit Computern und netzgestützter Information und Kommunikation wird derzeit die entscheidende Bedingung für den künftigen Erfolg der Individuen wie der Volkswirtschaft gesehen. Vor diesem Hintergrund wird die Verfügbarkeit von neuen Medien auch für Kinder und Jugendliche zum Wert an sich, zahlreiche Förderprogramme versuchen, entsprechende Zugänge zu ermöglichen. Hohe Wachstumsraten bei multimedia-fähigen PCs und Internet-Anschlüssen werden daher als positive Hinweise in Sachen Medienkompetenz interpretiert.

Ganz im Gegensatz dazu wird - zumindest implizit - die Verfügbarkeit von Fernsehgeräten in Kinderzimmern nach wie vor eher skeptisch betrachtet, jedenfalls nicht als Indikator für eine höhere Medienkompetenz.

2.2 Zugang in den Privathaushalten

Es ist bekannt, daß Haushalte mit Kindern besonders gut mit medien-, informations- und kommunikationstechnischen Geräten ausgestattet sind. Fernseher, Radiogeräte, Kassetten- und/oder Platten- bzw. CD-Spieler sowie Telefon gehören annähernd zur Grundausstattung. Unserer Untersuchung zufolge verfügen außerdem 86% der Kinder und Jugendlichen im Haushalt über einen Videorecorder, und 83% über Kabel- oder Satellitenempfang. Hinsichtlich der derzeit als noch neu bezeichneten Geräte leben jeweils gut 50% der Kinder in Haushalten, in denen Gameboys und PCs vorhanden sind. PCs mit CD-ROM sind immerhin bereits in knapp 40% der Haushalte vorzufinden, knapp 10% haben Zugang zum Internet. Außerdem haben gut 30% eine Spielkonsole und 27% mindestens ein Tamagotchi im Haus.

Die folgenden Übersichten geben einen Eindruck von der Medienausstattung in Kinderzimmern, differenziert nach Altersgruppen und nach dem Geschlecht (siehe Abbildung 1). Bücher und Kassettenrecorder gehören bekanntlich zur Grundausstattung von Kinderzimmern, Radio und Walkman werden mit zunehmendem Alter häufiger. Stark altersabhängig ist insbesondere das Vorhandensein von Fernsehgeräten. In der hier interessierenden Gruppe der 12- bis 14jährigen ist es jeweils genau die Hälfte der Jungen und Mädchen, die ein eigenes Gerät in ihrem Zimmer haben. In der Gruppe der 15- bis 17jährigen sind es bereits 60% der Mädchen und 70% der Jungen.

Bei den spielorientierten Geräten läßt sich klar ein Höhepunkt zwischen 10 und 13 Jahren erkennen, wobei für Jungen Gameboys und Spielkonsolen, für Mädchen Tamagotchis interessanter sind. Drastisch mit dem Alter ansteigend ist die Ausstattung mit PCs, wobei sich bei den 12- bis 14jährigen eine Schere zwischen Jungen (31%) und Mädchen (16%) zeigt, die sich bei den 15- bis 17jährigen noch weiter öffnet (42% vs. 16%).

Abbildung 1: Medienausstattung im Kinderzimmer

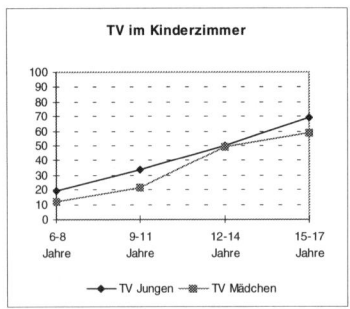
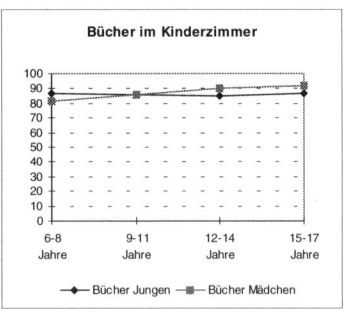
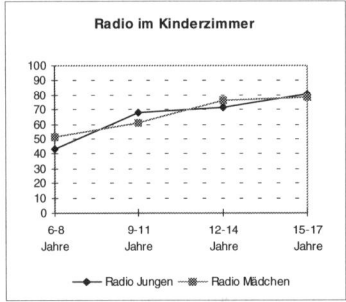
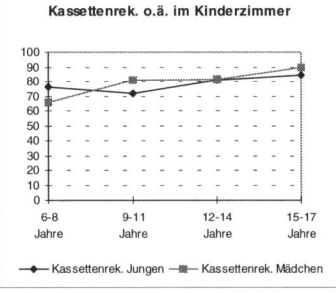

Hasebrink: Nutzungsverhalten und Medienkompetenz 151

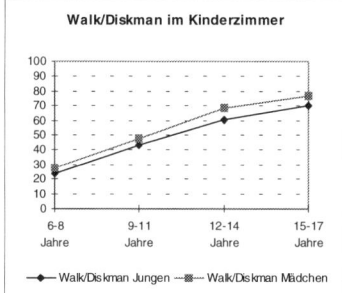

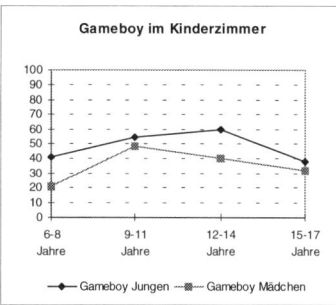

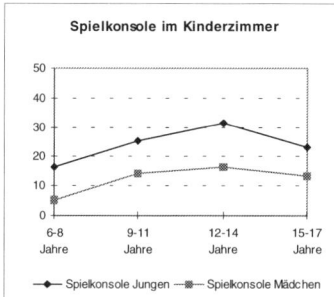

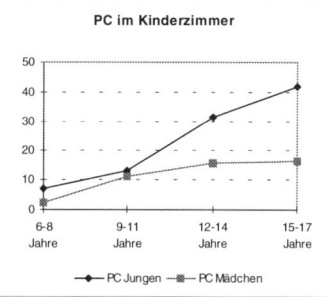

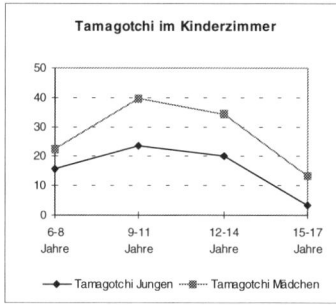

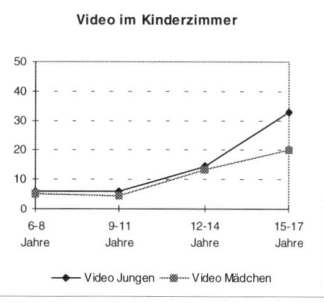

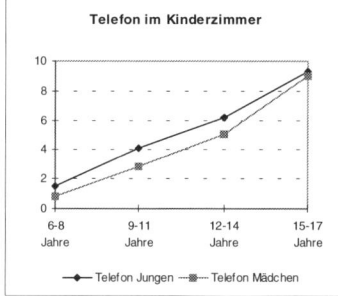

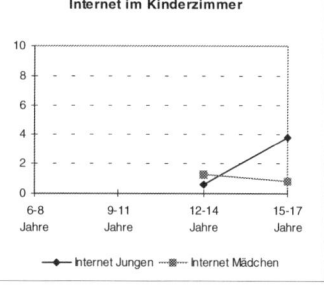

2.3 Zur Rolle der Schule für den Zugang zu neuen Medien

Der Anteil der Kinder und Jugendlichen, die in der Schule oder privat einen Computer nutzen, steigt vom 10./11. Lebensjahr rasch an. Keinen Kontakt mit Computern haben 65% der 6- bis 8jährigen, 51% der 9- bis 11jährigen, aber nur noch 28% der 12- bis 14jährigen und 22% der 15- bis 17jährigen.

In den jüngeren Altersgruppen wird der Zugang fast ausschließlich privat geschaffen. Von den 9- bis 11jährigen haben 44% privaten Zugang zu Computern, nur 12% in der Schule. Dieses Verhältnis gleicht sich mit zunehmendem Alter etwas aus: Bei den 12- bis 14jährigen ist es 57% zu 39%, bei den 15- bis 17jährigen 63% zu 52%.

Den wichtigen Beitrag der Schule zur Förderung gleicher Zugangschancen verdeutlichen die folgenden Gegenüberstellungen:
❏ Der Anteil der Mädchen, die nur in der Schule Computer nutzen, liegt - über alle Altersgruppen hinweg - mit gut 13% fast doppelt so hoch wie der Anteil der Jungen (7%). Insgesamt ist der Anteil der Mädchen, die überhaupt keinen Computer nutzen, mit 46% deutlich höher als bei den Jungen mit 35%. Insgesamt 57% der Jungen haben zu Hause einen Computer, aber nur 41% der Mädchen. In der Schule nutzen dagegen 31% der Jungen und 25% der Mädchen einen Computer.
❏ Analog fällt die Aussage nach Einkommensgruppen aus. Insgesamt nutzen 64% der Kinder und Jugendlichen aus Haushalten mit höherem Einkommen zu Hause einen Computer, aber nur 40% der Kinder und Jugendlichen aus Haushalten mit niedrigerem Einkommen. In der Schule nutzen 25% aus wohlhabenden und 27% aus weniger wohlhabenden Haushalten einen Computer.

Gerade in der hier besonders interessierenden Gruppe der 12- bis 14jährigen läßt sich die Rolle der Schule gut veranschaulichen: In dieser Altersgruppe nutzen genau so viele Jungen wie Mädchen überhaupt keinen Computer, nämlich nur 28%. Auch die Anteile derjenigen, die nur privat Computer nutzen, ist vergleichsweise ähnlich (34% der Jungen, 32% der Mädchen). Dagegen haben aber unter den Mädchen 22% nur in der Schule Kontakt mit Computern, bei den Jungen sind dies nur 8%; hier ist dafür die Nutzung sowohl in der Schule als auch zu Hause von größerer Bedeutung (29 vs. 18%). In dieser Altersgruppe läßt sich weiter beobachten, daß ein leicht höherer Anteil von Mädchen an Schulen Computer nutzt (41%), als dies bei Jungen der Fall ist (38%).

Folgt man der oben skizzierten Argumentation, der zufolge eine verbesserte Verfügbarkeit von Computern auch im Hinblick auf eine Medienkompetenz positiv zu bewerten ist, so kann hier festgehalten werden, daß der Schule eine sehr bedeutsame Rolle zukommt, den Zugang zu den neuen Medien auch den Kindern und Jugendlichen zu ermöglichen, die sich nicht durch ihre Eltern oder ein besonders ausgeprägtes Eigeninteresse einen privaten Zugang verschaffen (können).

3. Ausmaß der Mediennutzung und Medienmenüs

3.1 Zusammenhang mit Medienkompetenz?

In der empirischen Nutzungsforschung spielt die Dauer der Nutzung einzelner Medien eine große Rolle. Im Zusammenhang mit der Diskussion um Medienkompetenz ist dieser Aspekt des Nutzungsverhaltens ambivalent, da extrem medienabhängig. Wer viel und lange liest, gilt gemeinhin als weitaus 'medienkompetenter' als jemand, der viel und lange fernsieht. Gerade im Hinblick auf das Fernsehen gelten das Abschalten, der 'fernsehfreie Tag' und zum Teil auch die völlige Abstinenz von diesem Medium als Kriterien für Medienkompetenz. Beim Buch oder beim Computer - solange dieser nicht für Ballerspiele verwendet wird - würde entsprechendes Verhalten vermutlich als Zeichen unzureichender Kompetenz angesehen. Selbstverständlich beziehe ich mich hier auf keinen wissenschaftlichen Begriff von Medienkompetenz, sondern auf ein Stereotyp, ein Medienimage - ich habe aber den starken Eindruck, daß sich dieses auch durch den fachlichen Diskurs über Medienkompetenz hindurchzieht.

Inhaltlich interessanter wird die Frage nach dem Ausmaß der Mediennutzung dann, wenn berücksichtigt wird, daß im Alltag ja verschiedene Medien bzw. verschiedene Angebote innerhalb einzelner Medien miteinander kombiniert werden. Die Nutzungsforschung beginnt erst seit kurzer Zeit, sich mit den so entstehenden 'Medienmenüs' bestimmter Bevölkerungsgruppen oder auch einzelner Personen zu beschäftigen und fragt dabei etwa nach der inhaltlichen und formalen Vielfalt (bzw. Einseitigkeit) der jeweiligen Kompositionen oder nach der Ausdifferenzierung von Nutzungsmustern, die dazu führen, daß bestimmte Gruppen kaum mehr überlappende Medienerfahrungen machen können. Die Vielfalt eines individuellen Medienmenüs, die Zuwendung zu unterschiedlichen Angeboten, die für jeweils unterschiedliche Zwecke zu gebrauchen sind, stellt einen Ansatzpunkt auch für ein empirisches Kriterium für Medienkompetenz dar. Nicht so sehr die reine Fernsehdauer wäre danach entscheidend, sondern die Frage, wie vielfältig das Angebot des Fernsehens genutzt wird und ob zur Ergänzung für bestimmte Zwecke auch Bücher oder Zeitungen gelesen werden.

3.2 Dauer der Mediennutzung in der Freizeit

Abbildung 2 zeigt Ergebnisse aus unserer Untersuchung über die Dauer der Nutzung verschiedener Medien. Ins Auge fällt zunächst die mit dem Alter generell zunehmende Nutzungsdauer. Dies gilt für fast alle Medien, Ausnahmen sind Comics, deren Lektüre mit dem Alter abnimmt, und Bücher, die in der mittleren Altersgruppe ihren Gipfel erreichen und bei den älteren Jugendlichen wieder an Bedeutung verlieren. Auffällig ist auch, daß mittlerweile Computerspiele sowie andere Tätigkeiten mit dem Computer einen substantiellen Teil der Freizeit von Kindern und Jugendlichen ausmachen. In allen drei Altersgruppen entfällt mehr Zeit auf Computerspiele als auf Bücher.

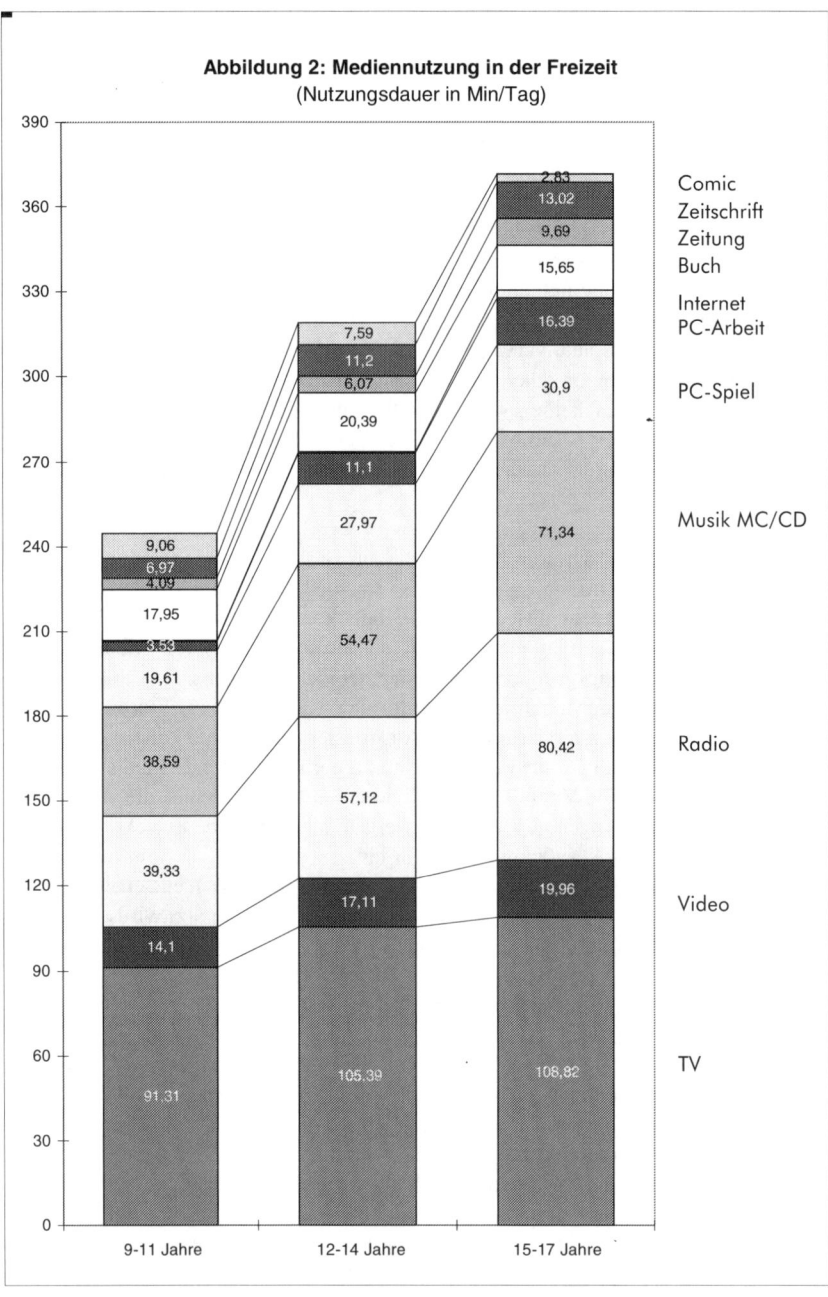

Sieht man sich speziell für die 12- bis 14jährigen die Unterschiede zwischen den Geschlechtern an (ohne Abbildung), so zeigen sich die bekannten Befunde: Während Jungen Videos, Computerspielen und Comics mehr Zeit widmen als Mädchen, zeigen Mädchen mehr Interesse am Radio und an Musikmedien, an Zeitschriften und insbesondere an Büchern: Knapp 14 Minuten täglicher Buchlektüre bei den Jungen stehen knapp 29 Minuten bei den Mädchen gegenüber. Im Hinblick auf den Umgang mit dem Computer ist interessant, daß Jungen sich zwar mehr als doppelt so lang mit Computerspielen beschäftigen (40 versus 15 Minuten), daß aber der Unterschied im Hinblick auf die sonstigen Computeranwendungen kaum nennenswert ist (12 versus 10 Minuten). Hier kommt zum Ausdruck, daß es geschlechtsspezifische Zugänge zu den neuen Computermedien gibt, wobei Mädchen einen eher pragmatischen und instrumentellen Weg zu bevorzugen scheinen.

3.3 Unterschiedliche Muster der Mediennutzung

Die bis hierher berichteten Resultate beruhen auf Mittelwerten. Feinere Auswertungen zeigen, daß diesen zum Teil drastische interindividuelle Unterschiede zugrunde liegen. Um diese für die Gruppe der 12- bis 14jährigen anschaulicher zu machen, identifizierten wir verschiedene Teilgruppen, die hinsichtlich ihrer Mediennutzung jeweils in sich möglichst homogen, untereinander aber möglichst unterschiedlich sein sollten.

Dazu analysierten wir zunächst per Faktorenanalyse, wie die Nutzungsdauer der einzelnen Medien mit der Nutzung der jeweils anderen Medien zusammenhängt. Wir identifizierten insgesamt fünf Faktoren: a) Hörmedien (Radio, Kassetten, Platten), b) audiovisuelle Medien (TV, Video), c) Zeitung/Zeitschrift, d) PC, e) Buch/Comic. Wie analoge Auswertungen für die 9- bis 11- und die 15- bis 17jährigen zeigen, ist diese Einteilung abhängig von der Altersgruppe bzw. von der spezifischen Rolle, die die einzelnen Medien jeweils spielen. So läßt sich bei den älteren Jugendlichen, die bereits häufiger Zugang zum Computer haben, erkennen, daß sich der PC-Faktor aufspaltet mit dem Ergebnis, daß Computerspiele eher gemeinsam mit TV und Video einen Faktor bilden, während sonstige Computeranwendungen eher mit der Buch- und Zeitungslektüre einhergehen.

Auf der Basis dieser fünf Faktoren unterteilten wir die Gruppe der 12- bis 14jährigen per Clusteranalyse in sieben Untergruppen. Tabelle 1 zeigt, wie unterschiedlich die Jugendlichen in den fünf Gruppen ihre Freizeit auf die verschiedenen Medien verteilen. Die beiden hier nicht aufgeführten Gruppen (Cluster 3 und 7) bestehen jeweils nur aus höchstens drei Personen.

Tabelle 1: Dauer der Nutzung verschiedener Medien durch 12- bis 14jährige insgesamt und in verschiedenen Nutzergruppen (in Minuten pro Tag) sowie Zusammensetzung der Gruppen nach Geschlecht und Alter

	Gesamt n=334	Cluster 1 n=34	Cluster 2 n=29	Cluster 4 n=32	Cluster 5 n=47	Cluster 6 n=192
Radio	55	35	33	53	**175**	33
Musik	52	61	34	41	**145**	32
Video	16	19	18	7	**28**	13
Fernsehen	102	**146**	87	85	**139**	90
PC Spiele	27	**100**	31	23	14	17
PC Sonstiges	9	**48**	4	12	4	4
Buch	18	12	**58**	26	28	10
Comics	6	3	**30**	5	5	4
Zeitschrift	9	11	8	**20**	17	5
Zeitung	5	3	4	**24**	6	1
Summe	326	438	307	296	544	209

Zusammensetzung der Gruppen (in Prozent)

Jungen	53,0	**73,5**	51,7	43,8	34,0	55,7
Mädchen	47,0	26,5	48,3	**56,3**	**66,0**	44,3
12 Jahre	35,3	20,6	**51,7**	31,3	29,8	37,5
13 Jahre	32,0	**41,2**	24,1	25,0	31,9	32,8
14 Jahre	32,6	**38,2**	24,1	**43,8**	**38,3**	29,7

Cluster 1 umfaßt mehrheitlich 13- und 14jährige Jungen, die viel Zeit mit dem Fernsehen und mit Computern verbringen. Ebenfalls eine hohe Fernsehnutzung weisen die in Cluster 5 zusammengefaßten Jugendlichen auf, mehrheitlich ältere Mädchen, die die Fernsehnutzung aber nicht mit dem Computer, sondern mit Hörmedien und Video ergänzen. Eine andere überwiegend von älteren Mädchen geprägte Gruppe (Cluster 4) zeigt stärkeres Interesse an Zeitschriften und Zeitungen bei ansonsten deutlich geringerer Mediennutzung. Die jüngste Gruppe sind die Jugendlichen, die durch besonderes Interesse an der Lektüre von Comics und Büchern gekennzeichnet sind (Cluster 2). Und schließlich findet sich, wie es bei Clusteranalysen dieser Art oft der Fall ist, eine Gruppe, die sich von den anderen dadurch unterscheidet, daß alle Medien eher unterdurchschnittlich genutzt werden. Hier ergeben sich nur insgesamt dreieinhalb Stunden Mediennutzung pro Tag, fast zwei Stunden weniger, als es dem Durchschnitt der 12- bis 14jährigen insgesamt entspricht.

Die verschiedenen Muster des Umgangs mit den Medien geben zwar deutliche Hinweise auf Unterschiede zwischen verschiedenen Teilgruppen der 12- bis 14jährigen im Hinblick auf die Rolle, die die einzelnen Medien in ihrem Alltag spielen. Diese besagen aber, über die oben angesprochenen wertenden Medienimages hinaus, nichts über einen mehr oder weniger kompetenten Umgang mit den Medien. Sie zeigen nur an, daß die Teilgruppen die Medien offenbar zu unterschiedlichen Zwecken benutzen. Dies soll im abschließenden Kapitel näher diskutiert werden.

4. Motive und Wahrnehmungen bei der Nutzung und Rezeption von Medienangeboten

Als dritten und letzten Bereich, in dem sich nach Zusammenhängen zwischen empirischen Merkmalen der Mediennutzung und -rezeption und dem Konzept der Medienkompetenz fragen läßt, möchte ich hier abschließend einige Überlegungen im Hinblick auf Motive und Wahrnehmungen bei Nutzung und Rezeption vorstellen.

Die Untersuchung von Motiven der Mediennutzung ist eng verknüpft mit dem Konzept der Publikumsaktivität und dem Uses-and-gratifications-Approach.[2] Knapp gesagt geht dieser Forschungsbereich von der Annahme aus, daß Rezipientinnen und Rezipienten die Medien gezielt für ihre jeweiligen Bedürfnisse und Interessen einsetzen. Eine bis heute immer wieder zu Mißverständnissen führende Frage ist dabei folgende: Sind Rezipientinnen und Rezipienten per se aktiv, ist also diese Aktivität eine anthropologische Konstante? Oder können Rezipientinnen und Rezipienten mehr oder weniger aktiv sein, ist diese Aktivität also eher als Dimension aufzufassen, auf der sich intra- und interindividuelle Unterschiede beobachten lassen?

Wie so oft bei solchen Fragen läuft die Antwort auf eine Kombination der beiden Optionen hinaus: Zum einen sind Rezipientinnen und Rezipienten vor dem Hintergrund eines Menschenbildes, das Menschen nicht auf Reiz-Reaktions-Maschinen reduziert, in jedem Fall 'aktiv' (und 'kompetent'). Empirisch ist daher auch die Zustimmung zu Fragebogenitems wie "Ich sehe fern, um mal richtig abzuschalten" oder "Ich sehe fern, weil ich es so gewohnt bin" ein Ausdruck von Aktivität - in dem Sinne, daß die Fernsehnutzung motiviert ist - bzw. von Medienkompetenz - in dem Sinne, daß man weiß, wozu man das Fernsehen unter anderem gebrauchen kann.

Zum anderen gibt es ohne Zweifel Umgangsformen mit den Medien, die - leider meist implizit - einhellig als 'aktiver' betrachtet werden als andere. Im Vergleich zu den beiden oben genannten Beispielen, die eher das negativ bewertete Stereotyp ei-

---

[2] Siehe dazu z.B. Levy, M. & Windahl, S. (1985). The concept of audience activity. In: K.E. Rosengren, L.A. Wenner & P. Palmgreen (Eds.), Media gratifications research. Current perspectives. Beverly Hills: Sage, pp. 109-122; Hasebrink, U.; Krotz, F. (1991): Das Konzept der Publikumsaktivität in der Kommunikationswissenschaft. In: Siegener Periodicum für Internationale Empirische Literaturwissenschaft 10, H. 1, S. 115-139.

ner 'Couch Potatoe' vor Augen rufen, beziehen sich andere klassisch gewordene Items wie 'Vor der Fernsehnutzung informiere ich mich in der Programmzeitschrift über das Programm' oder 'Ich sehe fern, um mich über aktuelle politische Ereignisse zu informieren' auf deutlich 'aktivere' (und 'kompetentere') Umgangsformen mit dem Medium.

Diese Einhelligkeit beruht jedoch weniger auf einem theoretisch oder empirisch begründeten Argument, als auf dem weit verbreiteten, bildungsbürgerlich geprägten Bild von dem, was einen aktiven und kompetenten Rezipienten ausmacht. Aktivitäts- und Kompetenzbegriff sind bisher noch zu unspezifisch, um zu rechtfertigen, warum es gerade diese Meßlatte sein soll, die an das Medienhandeln anzulegen ist. In ihrem Statement hat Barbara Mettler-von Meibom Medienkompetenz als das Wissen definiert, wie Medien angemessen für bestimmte Aufgaben eingesetzt werden. Wenn Forschung oder Medienpädagogik von außen solche Aufgaben definiert, z.B. politische Meinungsbildung, dann muß sie gewahr sein, daß dann nur ein sehr spezifischer Aspekt von Medienkompetenz zur Debatte steht. Eine eventuell zu beobachtende unzureichende Kompetenz im Hinblick auf diese Aufgabe, die z.B. an dem Vermeiden politischer Informationsangebote festgemacht würde, könnte dadurch bedingt sein, daß der oder die betreffende Jugendliche die Medien in einer bestimmten Phase gezielt und angemessen für eine andere Aufgabe einsetzt, die vor dem Hintergrund der anstehenden Entwicklungsaufgaben viel relevanter ist, und damit ausgeprägte Medienkompetenz zeigt.

Diese Überlegungen verweisen auf die Notwendigkeit, Medienhandeln auf den subjektiven Sinn zu beziehen, den die Rezipientinnen und Rezipienten mit ihm verbinden. Dies bedeutet keineswegs, daß es zwecklos ist, konkrete empirische Kriterien für Medienkompetenz zu definieren bzw. im obigen Sinne bestimmte Aufgaben festzulegen, für die Medien kompetent eingesetzt werden können sollten. Erforderlich ist dabei aber, sich vor Augen zu führen, daß dies jeweils lediglich *eine* bestimmte Ausdrucksform von Medienkompetenz bzw. *eine* bestimmte Aufgabe unter vielen möglichen ist und daß das Nichtgenügen im Hinblick auf diesen Aspekt auch heißen kann, daß ein anderer Aspekt besonders 'kompetent' bewältigt wird. Hier wird deutlich, und damit schließt sich der Kreis zu der eingangs angesprochenen Unterscheidung zwischen Kompetenz und Performanz, daß Medienkompetenz eng mit dem Aspekt der *Vielfalt* des Medienumgangs verbunden ist: Die Vielfalt und Breite des Repertoires medienbezogener Handlungen, die Vielfalt und Breite der Lebensaufgaben, für die Medien angemessen verwendet werden *könnten*, entspricht meinem Verständnis von Medienkompetenz am ehesten. Auf der empirischen Ebene, auf der Ebene der Performanz, folgt daraus, daß insbesondere aus solchen Untersuchungen zu lernen ist, die weniger auf das Erreichen einzelner Kriterien ausgerichtet sind, sondern gerade die Vielfalt individuellen Medienhandelns, die Kombination verschiedener Medienangebote in individuellen Menüs in den Blick nehmen.

Dieter Spanhel
**Förderung von Medienkompetenz im Handlungsfeld Schule -
Bedingungen, Möglichkeiten, konkrete Beiträge**

1. These:

Medien sind stets *Kommunikationsmedien*. Als solche sind sie Träger von Zeichensystemen, mit deren Hilfe die sozialen (gesellschaftlichen) Konstruktionen von Wirklichkeit erfolgen. Medien stehen daher im Dienst intra- und interindividueller Kommunikationsprozesse (der Weltaneignung, des Denkens, des Selbstausdrucks, der Mitteilung, der Herstellung sozialer Beziehungen, der Vermittlung von Bedeutungen und der Sinnkonstitution).
Soziale Systeme beruhen nach N. Luhmann auf Kommunikation. Das gilt auch für die *Schule als soziales System*, die mit ihren vielfältigen Kommunikationsprozessen daher prinzipiell ein ideales Feld zur Einübung in und Weiterentwicklung von kommunikativen Kompetenzen darstellt. Die Einbettung in diese Kommunikationsstrukturen gibt dem Medienhandeln der Jugendlichen neue Sinnorientierungen und fordert spezifische Aspekte von Medienkompetenz heraus.

Die *kommunikativen Prozesse* in Schule und Unterricht können grundsätzlich an folgenden Sinnorientierungen ausgerichtet sein:
❑ Sachbezogene Kommunikation zur Weltdarstellung und Welterschließung in den einzelnen Unterrichtsfächern.
❑ Sozialbezogene Kommunikation zur Regelung und Gestaltung des Zusammenlebens in der Klasse und in der Schule.
❑ Verständigungsbezogene Kommunikation zur Kontrolle und Sicherung der Verständigung bei der Konstruktion, Vermittlung und Aneignung von Bedeutungen.
❑ Selbstbezogene Kommunikation bei der Verarbeitung von Eindrücken und Erlebnissen, beim Denken und beim Gefühlsausdruck.
Diese Kommunikationsprozesse mit dem Ziel der Verständigung geben dem Medienhandeln der Schülerinnen und Schüler schwerpunktmäßig andere Orientierungen als die überwiegend spielerischen, bedürfnisorientierten, lustbetonten und auf Selbstverwirklichung ausgerichteten Formen des kindlichen Medienhandelns in Familie und Freizeit. Daneben bleiben jedoch für die 11-15jährigen gerade die sehr stark körperbezogenen und gefühlsorientierten Hör- und Bild- bzw. audiovisuellen Medien zur produktiven Bewältigung der für die Pubertät typischen Entwicklungsaufgaben (Verhältnis zum eigenen Körper, Geschlechtsrollenidentität, Ablösung vom Elternhaus, Aufbau eigener Wertorientierungen, Selbstbild) von herausragender Bedeutung. Dem muß auch in der schulischen Medienarbeit Rechnung getragen werden.

Beispiele:
Schüler der 6. Klassen konnten beim freien Zeichnen von Comics persönliche Pro-

bleme darstellen, die sie sprachlich gegenüber der Lehrerin nie artikuliert hätten. Beim freien Fotografieren wurden erstaunliche Bildergeschichten zur Drogenproblematik und zu anderen Lebensproblemen der Schülerinnen und Schüler ohne jegliche Kontrolle und Führung durch die Lehrperson erstellt. Gerade beim offenen Arbeiten können die Schülerinnen und Schüler Medien sehr kompetent als Kommunikationsmittel einsetzen, weil sie dabei außerschulische Medienerfahrungen, persönliche Probleme und Anliegen, Interessen und Fähigkeiten in den Unterricht einbringen können.

2. These:

Medienkompetenz ist eine spezifische *Handlungskompetenz*, die bei den 11-15jährigen bereits gut ausgebildet ist. Die dazu gehörenden Fähigkeiten können nicht im Sinne von Wissen vermittelt, sondern nur durch eigenes Medienhandeln weiter ausgebaut, differenziert und flexibel gehalten werden.

Schule als soziales Handlungsfeld beruht auf vielfältigen *kommunikativen Handlungsweisen* mit dem Ziel der Verständigung, der Einigung auf gemeinsame Ziele und Handlungen, der Vermittlung von gemeinsamen Bedeutungen und Interpretationsmustern. Die Schulklassen in Form von Gleichaltrigengruppen erleichtern wegen der ähnlichen Medienerfahrungen und Interessen, Lebenslagen sowie internen Entwicklungsvoraussetzungen der Schülerinnen und Schüler diese Verständigungsprozesse.

Schulklassen sind daher ein idealer Ort für den gemeinsamen Aufbau, die Einübung, Ausdifferenzierung und Stabilisierung vielfältiger und *alternativer Medienhandlungsmuster.*

Jede Schulklasse kann als ein lernendes System betrachtet werden. Im systematischen Lehrgang eines Unterrichtsfaches z.B. bauen die Schülerinnen und Schüler im *kommunikativen Handeln* eine gemeinsame 'Lerngruppensprache" auf, d.h., ein Zeichensystem mit geteilten Bedeutungen und Interpretationsmustern, das schließlich zur Verfügung über eine begrifflich-abstrakte Fachsprache, z.B. der Physik, der Mathematik oder Biologie führt. In diesen Prozeß können die Lehrpersonen an den verschiedensten Stellen Medien integrieren, z.B. zur Motivierung, Veranschaulichung oder Informationsbeschaffung, zur Simulation, Aufgabenlösung oder Dokumentation von Unterrichtsergebnissen.

Dafür bieten die Massenmedien und die modernen elektronischen Medien eine Fülle an ausgewählten, aufbereiteten und vorinterpretierten Ausschnitten aus der Wirklichkeit des Menschen, aus Gesellschaft und Kultur, Wissenschaft, Technik, Wirtschaft und der Natur in symbolischer Form. Damit steht der Schule ein ungleich größeres Angebot an möglichen Darstellungsweisen von Lerninhalten zur Verfügung als in den alten Schulbüchern oder in der Person des Lehrers. Und das nicht nur in der Form verbindlicher Texte oder Aussagen, sondern in einer reichen Vielfalt an Bildern, Filmen, Tönen und Grafiken, die interpretierbar und allen Schülerinnen und Schülern unabhängig von den Lehrpersonen zugänglich sind. Schon die traditionellen, noch mehr aber die interaktiven elektronischen *Medien bieten unerschöpfliche Handlungs-*

möglichkeiten, weil sie sich mit Hilfe neuer Techniken und insbesondere des Computers individuell variieren, koordinieren, umformen, bearbeiten, vergleichen und interpretieren lassen. Sie liefern damit zugleich vielseitige und interessante Instrumente zur Aufnahme, Analyse, Verarbeitung und Aneignung dieser Lerninhalte. Voraussetzung dafür ist allerdings die systematische Einübung der Schülerinnen und Schüler in die medienspezifischen Fertigkeiten und Arbeitstechniken sowohl der Rezeption als auch der Medienproduktion.

Zusätzlich erhöht sich die Komplexität der schulischen Kommunikationsstrukturen durch verstärkten Medieneinsatz noch dadurch, daß die Schülerinnen und Schüler nun vermehrte *Anschlußmöglichkeiten für ihre außerschulischen Medienerfahrungen* finden. Sie können ihre individuellen, mediengeprägten Interessen, Kenntnisse, Fähigkeiten und Wertorientierungen besser in den Unterricht einbringen. Aber auch bei der medialen Gestaltung des Schullebens, bei Festen, Feiern, Elternabenden und Präsentationen der Schule in der Öffentlichkeit ergeben sich dafür vielfältige Gelegenheiten. Diese kommunikativen Situationen fordern andere, alternative Medienhandlungsmuster heraus als die außerschulischen Medienwelten der Kinder, z.B. bei der eigenständigen Nutzung des Medienangebots in der Freizeit, um den Tagesablauf zu gestalten, um sich Unterhaltung und Abwechslung, Spaß und Nervenkitzel oder soziale Anerkennung zu verschaffen oder Neugier zu befriedigen.

Meines Erachtens kann es der Schule nicht gelingen, die in Familie, Freizeit und Peergroup über Jahre *verfestigten Mediengewohnheiten* der Kinder aufzubrechen oder zu verändern, da sie in stabile Handlungssysteme integriert sind, in denen sie durchaus einen Sinn erfüllen, wenn der auch aus pädagogischer Sicht nicht immer positiv zu bewerten ist.

In der Einübung und Festigung *alternativer Medienhandlungsmuster* sehe ich daher die größte Chance und *wichtigste Aufgabe* schulischer Medienerziehung im Sinne einer *kompensatorischen Erziehung.* Dabei sind gerade *die* kommunikativ-medialen Fähigkeiten zu fördern, die im außerschulischen Medienalltag der 11-15jährigen zu kurz kommen, die aber andererseits für die Weiterentwicklung der Persönlichkeit in dieser Altersphase von besonderer Bedeutung sind, z.B. für ihre

❏ Identitätsfindung und die damit verbundenen Entwicklungsaufgaben,
❏ gesellschaftliche Integration und Teilhabe,
❏ Bewältigung der schulischen Anforderungen.

Beispiele:
Herstellung eines eigenen bebilderten Fabelbuchs mit Hilfe des Computers in einer 5.Klasse; Herstellung einer Zeitung über die Zeitung mit dem Computer; genaue Analyse und Vergleich von Text- und Bildaussagen in einem Videoclip; Einsatz unterschiedlicher Medien bei der Erstellung von Lernzirkeln zu unterschiedlichen Themen; Einsatz der Videokamera zur Verhaltensbeobachtung und -analyse bei Rollenspielen; Vergleich von Buch und Film im Deutschunterricht; Tonreportage zum Thema 'Ladendiebstahl'; tonbandgeführte Ausstellung zum Thema 'Kinderrechte'; Erstellung und Verkauf eines 'Ratgebers für Hauptschulabgänger' unter Ausnutzung aller medialen

Informationsmöglichkeiten; Herstellung eines Faltprospekts mit dem Computer in einer 9. Hauptschulklasse, um erworbene besondere Fähigkeiten (auch Medienkompetenzen) darzustellen; Produktion einer Fernsehshow mit der Präsentation verschiedener Unterrichtsprojekte durch mehrere Klassen im Rahmen eines Projekttages.

3. These:

Medienkompetenz im weiten Sinne einer medialen Kommunikationsfähigkeit ist nicht nur Ziel und Inhalt schulischer Medienerziehung, sondern vor allem ihr Fundament. *Medienkompetenz* im weitesten Sinne von Zeichen- bzw. Repräsentationsfähigkeit des Menschen ist eine *anthropologische, genetisch disponierte Voraussetzung* aller schulischen und außerschulischen Lehr-Lernprozesse, Erziehungs- und Bildungsprozesse, die jedoch durch adäquaten Gebrauch stimuliert, gefördert und weiterentwickelt werden muß.
Beförderung von Medienkompetenz in diesem Sinne verlangt einen grundlegenden *Perspektivenwechsel* bei den Lehrpersonen: Nicht mehr Lern- und Bildungs*inhalte*, Lern- und Erziehungs*ziele* allein dürfen im Zentrum der didaktischen und pädagogischen Aufmerksamkeit stehen. Bei der Erfüllung des schulischen Erziehungs- und Bildungsauftrags geht es vielmehr um die *Qualität der medialen Prozesse,* in denen diese Inhalte und Ziele konstruiert, repräsentiert, vermittelt, angeeignet und verwirklicht werden.

Mit den technischen Entwicklungen im Medienbereich haben sich in den letzten Jahren die Möglichkeiten des menschlichen Zeichengebrauchs, der Kommunikation, der symbolischen Präsentation und Repräsentation von Wirklichkeit in unvorstellbarer Weise vergrößert. Weil das Wissen und die Erfahrungen der Menschheit heute weitgehend in den Medien abgespeichert und fast beliebig zu jeder Zeit und an jedem Ort abrufbar sind, kommt es heute in der Schule nicht mehr allein darauf an, Wissen im Sinne von gültigen Erkenntnissen sich anzueignen, sondern es wird immer wichtiger, die *mediengestützten Konstruktionsformen* für dieses Wissen zu kennen und zu beherrschen, um damit im richtigen Moment neue Lösungen für neue Probleme eigenständig entwickeln zu können.
Das führt zu einer Veränderung des schulischen Erziehungs- und Bildungsauftrags: Zu einer wichtigen Aufgabe von Schule wird die Vermittlung von Schlüsselqualifikationen und das Lernen des Lernens, die es den Schülerinnen und Schülern ermöglichen sollen, Repertoires von Denk- und Handlungsmustern zu konstruieren, damit sie sich in der Zukunft in rasch wechselnden Umwelten angemessen verhalten können.

Im Sinne einer *konstruktivistischen Lerntheorie* kommt es nun darauf an, den *Unterricht als Lernumgebung* so zu gestalten, daß die Schülerinnen und Schüler mit Hilfe der bereits verfügbaren Denkschemata und Handlungsmuster *selbstgesteuert neue Wissensstrukturen konstruieren* können. Die modernen Medien, ihre Inhalte und vielfältigen Handlungsmöglichkeiten bieten dafür neue und vielgestaltige Hilfsmittel.

Allerdings darf - wie häufig betont - die Lehrperson dabei nicht nur als Moderator agieren. Vielmehr muß sie mit Hilfe gut durchdachter Lernarrangements die eigentätigen Konstruktionsprozesse der Schülerinnen und Schüler anregen, unterstützen, steuern, kontrollieren und korrigieren. Menschliches Lernen ist stets ein sozialer Prozeß mit dem Ziel gemeinsamer Zeichensysteme, Bedeutungen und Interpretationsmuster. Der geforderte Perspektivenwechsel bedeutet also die *reflexive Hinwendung auf den methodischen Ablauf der Lernprozesse*. Damit Schülerinnen und Schüler das Lernen lernen können, d.h. diese Konstruktionsprozesse selbst bewußt steuern und kontrollieren können, ist es daher die ureigenste Aufgabe der Schule, sie in die spezifischen *'Sprachen' der einzelnen Medien* einzuführen. Die Schülerinnen und Schüler müssen erkennen und verstehen lernen, auf welche Weise in den unterschiedlichen Medien Wirklichkeit rekonstruiert und präsentiert wird, welche spezifische Bedeutung dabei den einzelnen Zeichen, ihrer Anordnung und ihren ästhetischen Darstellungsformen zukommt und wie sie zur Konstruktion eigener Erkenntnisse und Aussagen genutzt werden können. Diese Aufgabe läßt sich immer noch am besten durch die vielfältigen Formen *praktischer Medienarbeit* erfüllen, die in den letzten Jahren entwickelt und erprobt worden sind.

Aber es geht bei dieser methodischen Reflexion noch um mehr: Die Schülerinnen und Schüler müssen nicht nur Medieninhalte interpretieren und verstehen, sondern sie müssen auch erkennen können, mit welcher Absicht ein Autor bzw. eine Autorin einen bestimmten Medieninhalt erstellt und gerade über dieses Medium verbreitet und auf welche Zwecke und Zielgruppen hin ein Medienproduzent diese Medieninhalte übermittelt. Dies wird möglich, wenn bei *jedem* unterrichtlichen Medieneinsatz der *methodische Aspekt* mit Hilfe folgender Fragen reflektiert wird: Warum wird dieser Unterrichtsgegenstand in diesem Medium präsentiert? Auf welche spezifische Weise kommt er in diesem Medium zum Vorschein? Warum verwenden wir zur Verwirklichung eines bestimmten Zweckes dieses Medium? Was macht es besonders dafür geeignet? Wie können wir unsere Aussage mit diesem Medium konstruieren, um die gewünschte Wirkung zu erzielen?

Zu einer solchen *reflexiven Betrachtung des methodischen Vorgehens* beim unterrichtlichen Medieneinsatz sind die 11-15jährigen Schülerinnen und Schüler fähig, weil sie am Übergang zur Entwicklungsstufe des formal-logischen Denkens (nach J. Piaget) stehen.

Es handelt sich dabei um *meta-kommunikative Prozesse,* die unabdingbar auf das Medium der *Sprache* angewiesen sind. Nur mit Hilfe des abstrakt-begrifflichen Zeichensystems der verbalen Sprache ist es möglich, über Medien, ihre Funktionen und Darstellungsweisen, über mediale Konstruktionsprozesse und medienvermittelte Lernprozesse zu sprechen, die übermittelten Bedeutungen zu bezeichnen, Medieninhalte zu interpretieren, zu bewerten oder zu kritisieren. Die *Förderung der Sprachfähigkeit* ist damit ein weiterer fundamentaler Aspekt einer Förderung von Medienkompetenz. Der Einsatz der neuen Medien kann zu äußerst vielfältigen und authentischen Kommunikationssituationen mit ganz erstaunlichen Möglichkeiten zur Sprachförderung führen.

4. These:

Eine erfolgversprechende Förderung der Medienkompetenz in den beschriebenen Hinsichten erscheint nur in Form eines *integrativen Ansatzes von Medienerziehung* möglich. Nur auf diese Weise kann den schwierigen *Rahmenbedingungen* im Handlungsfeld Schule Rechnung getragen werden:
- einengende curriculare und organisatorische Vorgaben von Schule;
- Vielfalt der Kommunikationsmedien und ihre spezifischen Anforderungen;
- Entwicklungsaspekte der 11-15jährigen in der schwierigen Phase der Pubertät;
- mangelnde medienpädagogische Kompetenzen der Lehrpersonen.

Das *Modell einer integrativen Medienerziehung* stützt sich auf folgende Grundgedanken:
- *Idee der Leitmedien:*
Auf jeder Klassenstufe sollte schwerpunktmäßig - nicht ausschließlich - nur ein Medium eingesetzt werden. Auf diese Weise bekommen die Schülerinnen und Schüler über die Jahre hinweg eine systematische Einführung in medienspezifische Handlungsmuster und Kompetenzen. Zum anderen können sich die Lehrpersonen in ihrer Arbeit auf dieses eine Medium einstellen, sich im Umgang damit kompetent machen. Das bringt erhebliche Erleichterungen, aber auch eine Konzentrierung und Intensivierung medienpädagogischer Effekte. Unabhängig davon müssen jedoch auf allen Klassenstufen die Förderung der Sprachkompetenz und der Einsatz des Computers als Werkzeug ein zentrales Anliegen bleiben.
- *Integriertes Curriculum der Medienerziehung*
Lehrpersonen sind für bestimmte Unterrichtsfächer ausgebildet und denken in erster Linie von ihren Fächern her. Daher müssen der Einsatz des Leitmediums und spezifische medienpädagogische Ziele und Aufgaben mit geeigneten Fachlernzielen aus den Lehrplänen verbunden werden. Die Erprobung und Festlegung solcher Verbindungen hat in unserem Modellversuch zu einem integrierten Curriculum der Medienerziehung für die Hauptschule geführt.
- *Idee der Medienwerkstatt*
Medienarbeit erfordert sehr viel Vorbereitungs-, Nachbereitungs- und Organisationsaufwand. Sie muß durch eine Medienwerkstatt und durchdachte Medienorganisation für die Klassenstufen und die ganze Schule unterstützt werden. Eine Gruppe kompetenter Lehrpersonen und Schülerinnen und Schüler sollte sich um Anschaffung, Bestellung, Organisation und Wartung, um die Nachbearbeitung von Medienproduktionen, um die Beobachtung von Entwicklungen im Medienbereich kümmern und evtl. bei Gruppen- und Projektarbeit in den Klassen direkt mithelfen. Im Rahmen der Medienwerkstatt können Medienkurse für Schülerinnen und Schüler oder Fortbildungen zu den Leitmedien für die Lehrpersonen angeboten werden.
- *Offene Handlungsrahmen*
Medienarbeit kostet Zeit und erfordert flexible Arbeits- und Sozialformen, die veränderte Unterrichtsorganisation voraussetzen. Für die wichtigsten Bezugsfächer,

z.B. Deutsch, müssen daher im Stundenplan Doppelstunden vorgesehen werden. Projekttage und -wochen für größere Medienprojekte geben Gelegenheit, offene Organisationsformen von Unterricht und Schule zu erproben.
❏ *Idee eines Schulprofils 'Medienerziehung'*
Die Arbeit eines Kollegiums an der Profilbildung der eigenen Schule, z.B. an einem Profil 'Medienerziehung' kann der Medienarbeit, insbesondere im Rahmen des Schullebens, eine einheitliche Ausrichtung, mehr Effizienz und den Schülerinnen und Schülern sowie Lehrerinnen und Lehrern eher Erfolgserlebnisse vermitteln.

5. These:

Förderung von Medienkompetenz im Rahmen eines integrativen Ansatzes sollte sich an den *Prinzipien der Integration, Kooperation und Vernetzung* orientieren und dadurch zu einem selbstverständlichen Teil der alltäglichen Erziehungs- und Bildungsprozesse werden.
Nur auf diese Weise lassen sich die massiven *Barrieren in den Köpfen* der Lehrerinnen und Lehrer überwinden, die einer intensiveren kontinuierlichen Medienerziehung im Wege stehen. Der Schule wurden in den vergangenen Jahren immer neue Erziehungs- und Bildungsaufgaben aufgebürdet. Deshalb kommt sehr schnell das Argument: 'Was sollen wir noch alles tun? Dafür haben wir
❏ keine Zeit
❏ keine fachliche Zuständigkeit
❏ keine Ausstattung
❏ keine geeigneten Lehr- und Lernmittel
❏ keine Ausbildung.'
Die genannten Prinzipien schaffen die praktischen Bedingungen der Möglichkeit für den integrativen Ansatz zur Förderung von Medienkompetenz.

Integration:
Die unterrichtliche Integration erfordert eine neue Sichtweise der Fächer, wie das J. Wermke (1997) sehr schön für das Fach Deutsch gezeigt hat. Es geht dabei um das Selbstverständnis des Faches in der modernen Medienwelt, um die wechselseitige Präsenz des Faches in den Medien und der Medien im Fach, um die Austauschbarkeit der Ziel-Mittel-Dimension beim Medieneinsatz und darum, wie bei Standardaufgaben eines Faches die Medienerfahrungen der Schülerinnen und Schüler Berücksichtigung finden könnten.
Die Anliegen von Mediendidaktik, Medienpädagogik und informationstechnischer Bildung lassen sich im Unterricht nicht trennen.
Das Prinzip der Integration verweist darauf, daß Medienkompetenz bei der Erfüllung der unterschiedlichsten schulischen Erziehungsaufgaben, - sei es Interkulturelle Erziehung, seien es Umwelt-, Gesundheits- oder Freizeiterziehung - gefördert werden kann.

Kooperation:
Die erhebliche Mehrarbeit bei intensiverem Medieneinsatz kann nur durch Teamarbeit bezüglich der Leitmedien auf den einzelnen Klassenstufen aufgefangen werden. Ein Lehrerteam sollte eine Klassenstufe über wenigstens zwei Jahre führen und dabei Medienarbeit und Medienprojekte gemeinsam planen und Materialien und Erfahrungen austauschen. Nur in diesem Rahmen lassen sich auf Dauer fächerübergreifende Projekte realisieren. Im Einzelfall können auch kurzzeitige Kooperationen zwischen einzelnen Kolleginnen und Kollegen erforderlich sein.
Vernetzung:
Damit ist nicht die technische, sondern eine soziale Vernetzung der Schule mit anderen Institutionen gemeint. Medien als Kommunikationsmedien schaffen und verlangen Öffentlichkeit. Kontakte zu außerschulischen Partnern, wie z.B. lokalen Medienanbietern, Zeitungen, Volkshochschulen, Bibliotheken, Jugendfreizeitstätten, Jugendamt oder Arbeitsamt schaffen nicht nur ein Unterstützungssystem für die schulische Medienarbeit, sondern geben ihr immer wieder auch Ernstcharakter.

Diese Prinzipien lassen sich jedoch nur in einer Gruppe Gleichgesinnter, am besten gemeinsam mit dem gesamten Kollegium einer Schule verwirklichen. Es muß den Lehrpersonen klargemacht werden, daß auf diese Weise die Aufgabe der Medienerziehung zusammen mit den ihnen vertrauten Erziehungs- und Bildungsaufgaben erledigt werden kann. Die Förderung der Medienkompetenz im Handlungsfeld Schule kann jedoch nur dann zu einer selbstverständlichen und alltäglichen Angelegenheit werden, wenn den Lehrpersonen an einer Schule entsprechende positive Erfahrungen ermöglicht werden.

Inge Bozenhardt
Förderung von Medienkompetenz im Handlungsfeld Jugendarbeit

1. Hintergrund

Ich bin Mitarbeiterin im Medienzentrum des Wissenschaftlichen Instituts - Jugendhilfswerk Freiburg (WI-JHW) und gehöre somit dem Jugendhilfswerk Freiburg e.V. an. Dieses setzt sich - seit nunmehr 50 Jahren - dafür ein, die Chancen junger Menschen zu verbessern. Das JHW arbeitet mit jungen Menschen in persönlichen und materiellen Notlagen, mit jungen Menschen aus sozial benachteiligenden Verhältnissen, deren persönliche Entwicklung und soziale Integration gefährdet ist.
Flexibel - in Anpassung an sich ändernde gesellschaftliche, soziale und psychosoziale Herausforderungen - hat das Jugendhilfswerk heute eine Vielfalt von Methoden und Arbeitsformen entwickelt, erprobt und in einem dynamischen Hilfeverbund von

interdisziplinären Arbeitsansätzen zusammengefaßt. Hierzu gehören als informelle Angebote für Jungen und Mädchen - teilweise auch integriert mit formellen Hilfen zur Erziehung - Gruppen-, Einzel- und Familienarbeit, offene Jugendarbeit, mediale und multimediale Gruppenarbeit, psychologische Beratung und Therapie, Wohngruppenarbeit, Förderangebote der beruflichen Integration, jugendrichterliche Betreuungsweisungen und Praxisforschung.

Im WI-JHW Medienzentrum ist unser Schwerpunkt die aktive Medienarbeit mit Kindern und Jugendlichen. Wir fördern Eigeninitiative, bieten Orientierung und Unterstützung im Umgang mit Video, Radio und Computer sowie der heutigen multimedialen Integration und Vernetzung. Im Zuge der aktiven Handhabung erlernen Kinder und Jugendliche nicht nur Medien in ihrer Machart, ihrem Einsatz und Gebrauch zu durchschauen und selbst kritisch wie kreativ mit ihnen umzugehen; sie erwerben und stabilisieren auch vielfältige, basale soziale Kompetenzen. Ebenso sammeln sie für eine berufliche Orientierung und Entscheidung wertvolle Erfahrungen.

Im folgenden entwickle ich einige Thesen, in denen ich die Voraussetzungen, Entwicklungen und Erfordernisse einer handlungsorientierten Medienarbeit in der Jugendarbeit in Augenschein nehme. Sie steht für mich im Zentrum, da sie als 'Königsweg' des Kompetenzerwerbs gilt.

2. Handlungsorientierte Medienarbeit, die dem Erwerb und der Förderung von Medienkompetenz dient, **ist** spätestens seit Inkrafttreten des Kinder- und Jugendhilfegesetzes 1991 ein gesetzlich **verbriefter Auftrag an die Jugendarbeit** (vgl. §11, § 13, §14 SGB VIII).

Hier ist von Förderung der Entwicklung junger Menschen, von ihren Interessen, von Mitbestimmung und Mitgestaltung, Selbstbestimmung, gesellschaftlicher Partizipation, von Ausgleich sozialer Benachteiligungen, von Förderung der Kritik- und Entscheidungsfähigkeit, von Eigenverantwortung und Verantwortung gegenüber Mitmenschen die Rede. Die allgemeinen Ziele und Aufträge an die Jugendarbeit formuliert das Kinder- und Jugendhilfegesetz im Gesamtkontext eines systemisch ausgerichteten Grundverständnisses von Jugendhilfe, das sich an der Lebenswelt von Kindern, Jugendlichen und Familien orientiert und partnerschaftlich angelegt ist. So gesehen stellt das KJHG für die Realisierung einer handlungsorientierten Medienarbeit eine mehr als passende Grundlage dar.

Denn zweifelsohne sind die Lebenswelten von Kindern, Jugendlichen und Familien heute in zunehmendem Maße Medienwelten. Bereits heute haben Massenmedien in der Lebenswelt Jugendlicher einen nahezu omnipotenten Stellenwert. Denn Kinder und Jugendliche nutzen nicht nur ein Medium, sondern zahlreiche verschiedene Medien, ein ganzes Medienensemble. Es reicht vom Walkman über Radio, Fernseher und Videorecorder bis hin zum Computer. Kinder und Jugendliche gestalten ihre Medienwelten und integrieren sie in ihr Alltagsleben. Medien- und Lebenswelten sind eng miteinander verwoben.

Auch Wirtschaft, Wissenschaft und Politik sind sich einig, daß wir uns in einem unvergleichlichen Prozeß gesellschaftlicher Umwälzungen befinden. Informations- und Kommunikationstechnologien ermöglichen ihn, und wirtschaftliche und politische Kräfte setzen ihn in Bewegung. Um in der Informationsgesellschaft zu bestehen, sind Schlüsselqualifikationen unabdingbar: neue Kulturtechniken, mediale und soziale Kompetenzen.

Kinder und Jugendliche brauchen für ihre Zukunft Unterstützung, sozial benachteiligte im besonderen Maße! Sie brauchen besondere Erfahrungsräume und Lernorte, in denen sie Fähigkeiten und Selbstbewußtsein erlangen, um an der Informations- und Mediengesellschaft zu partizipieren. Diese Räume zu schaffen, ist das Ziel handlungsorientierter Medienarbeit und die Aufgabe von Jugendarbeit.

3. Die Jugendarbeit ist die 'Heimat' der Medienarbeit (geworden).

Medienarbeit und Jugendarbeit verbinden nicht allein die allgemeinen Zielsetzungen wie auch eine viele Jahre zurückreichende Geschichte, sondern ebenso Strukturmerkmale des methodischen Vorgehens:
- Freiwilligkeit der Teilnahme
- Orientierung an den Interessen, Bedürfnissen, Themen der Mädchen und Jungen
- Selbstbestimmung, Mitbestimmung, Mitgestaltung
- Soziale Gruppenarbeit
- Politische Bildung
- Gesellschaftliche Partizipation.

4. Medien machen heute in der Jugendarbeit weniger Angst als vielmehr Lust.

Medienarbeit hat sich im Handlungsfeld Jugendarbeit Ansehen erworben. Projekte werden nachgefragt, initiiert und angenommen. Deutlich spürbar ist ein Wandel der Einstellungen gegenüber Medien. Während noch in den 80er Jahren Skepsis, Angst und Abwehr die Auseinandersetzungen unter Kolleginnen und Kollegen der Jugendarbeit prägte, dominiert heute die Sicht auf die Stärken und positiven Potentiale der Medien. So hat die Soziale Arbeit auch in Bezug auf den Umgang mit Medien den Schritt von der Defizitorientierung zu einer Ressourcenorientierung vollzogen. Medien machen heute weniger Angst als vielmehr Lust.

5. Bei besten Voraussetzungen, in der Jugendarbeit zum Erfolg zu kommen, scheitert handlungsorientierte Medienarbeit (keineswegs konzeptionell, aber finanziell). Denn für öffentliche Zuschußgeber 'sitzt sie in der letzten Reihe'.

Dies wage ich für Baden-Württemberg ohne weiteres zu behaupten; Medienfachdienste, die kontinuierlich medienpädagogische Beratung, Begleitung und Technik anbieten, sind hier zum Teil in den größeren Städten zu finden, in den ländlichen Regionen jedoch nahezu überhaupt nicht. Hier verdanken sich Medienangebote in der Regel der persönlichen Initiative engagierter 'Medienschaffender'. Auch die Stadt Freiburg, die vergleichsweise noch vielfältige Angebote im Medienbereich vorzuweisen hat, investiert nur einen sehr geringen Anteil ihres Jugendhilfeetats in die Förderung der Medienkompetenz. Der Generation der Zuschußgeber geht (teilweise trotz besserer Einsicht) nach wie vor die echte Begeisterung für neue Technologien ab. Notgedrungen bleibt die Reichweite praktischer Medienprojekte, die einen hohen Zeit-, Personal- und Technikeinsatz erfordern, eher gering.

6. Wie dem auch sei, **in qualitativer Hinsicht hält die Praxis** handlungsorientierter Medienarbeit, **was sie verspricht:** die Förderung von Medienkompetenz.

In der Jugendarbeit kursiert meines Erachtens ein ebenso basales wie brauchbares Verständnis von Medienkompetenz, an dem sich auch die Erfolge praktischer Medienarbeit messen lassen. Zentral hierbei ist die Überzeugung, daß Medien nicht mehr und nicht weniger als Mittel für die Kommunikation sind. Medien dienen der Kommunikation. So bedeutet meines Erachtens, in der Jugendarbeit Medienkompetenz zu fördern, kommunikative Kompetenz zu fördern. Dies bedeutet, unter Einsatz eines Mediums zu einer gelingenden Kommunikation oder einer wechselseitigen Verständigung zwischen Sender und Adressaten einer Botschaft beizutragen. Diejenigen, die ein Interesse daran haben, einem anderen eine Botschaft zu übermitteln, bedienen sich eines Mediums und gestalten nach dessen Erfordernissen die eigene Aussage. Mit Hilfe der jeweiligen medialen Gestaltungsmöglichkeiten bringen sie zum Ausdruck, was und wie sie es meinen. Hierbei kommt es darauf an, die Aussage medial so zu treffen, daß sie sowohl den eigenen Absichten und Erfahrungen entspricht, als auch die Adressatinnen und Adressaten einbezieht und erreicht, so daß ein beidseitiger Austausch aufgenommen werden kann. In der Tat führen zahlreiche praktische Medienprojekte zu direkter Kommunikation zwischen Personen, deren Kontakte entweder nicht vorhanden oder sehr distanziert waren.

7. Medien motivieren Mädchen und Jungen, sie selbstverständlich **rezeptiv, aber auch aktiv zu nutzen** und machen neue Erfolgserlebnisse möglich.

Medien genießen hohe Attraktivität, sie wecken Interesse, Neugier und Lust, Medien selbst zu gestalten. Jetzt kommt es auf die leichten Zugänge zu praktischen Medienprojekten an (niedrigschwellige Angebote, offene Treffs, geschlechtsspezifische Angebote...) und auf die die Motivation erhaltenden neuen Erfahrungen und Erfolgserlebnisse.
❏ Kinder erleben mit einem Mikrofon in der Hand, auf der Straße von Erwachsenen plötzlich ernst genommen, als Gesprächspartnerin bzw. Gesprächspartner überhaupt anerkannt zu werden.

- ❏ Ausgerüstet mit den Videoaufnahmegeräten schenken Erwachsene Kindern plötzlich Aufmerksamkeit und Zeit.
- ❏ Mädchen knüpfen mit Hilfe der Medien Gespräche an, die sie ohne mediale Unterstützung nie gewagt hätten.
- ❏ Mädchen und Jungen einer Hauptschule gestalten in einem zwischen Schule und Jugendhilfe kooperativ angelegten Workshop eine Homepage, die ihre Sicht auf Schule einschließlich Alternativvorschlägen festhält. Via Internet verschaffen sie sich Respekt, auch bei ihren Lehrerinnen und Lehrern.
- ❏ Eine Mädchenredaktion gestaltet einen ebenso informativen wie pfiffig witzigen Mädchenkalender zum Thema Medien, der zu Beginn des Schuljahres rasant vergriffen ist.
- ❏ Jugendliche Aussiedlerinnen stellen sich in einer Videoproduktion dem Konflikt mit den ansässigen Nachbarinnen und Nachbarn ihres allabendlichen und nächtlichen Treffpunktes, gehen ins Gespräch in der Produktion wie mit der Produktion und ernten Anerkennung, nicht nur aus ihrem Nahbereich, nein, auch der Internationale Kongreß der Soziologinnen und Soziologen 'Grenzenlose Gesellschaft?', der im September 1998 in Freiburg tagte, ehrt sie und verleiht ihnen einen Preis für ihre mutige Darstellung der Grenzen zwischen Kulturen und zwischen Generationen.
- ❏ Mädchen reflektieren ihre Orientierungen und Zugehörigkeiten, ihre eigenen Grenzen in einer Video- und multimedialen Produktion und nehmen das mediale Gestalten als Probier- und Experimentierfeld für die Entwicklung weiterer Perspektiven.

8. Erfolgserlebnisse sind (teilweise) planbar.

Praktische Medienprojekte sind zeitintensiv. Da ihr Scheitern bei allen Beteiligten Frustrationen hinterläßt, und umgekehrt das Gelingen Begeisterung, Selbstbestätigung und Stolz, kommt es darauf an, genau abzuschätzen, welche Motivation und Stabilität, welche kreativen und produktiven Kräfte eine Gruppe mitbringt, und entsprechend inhaltliche Vorhaben einem zeitlichen Rahmen einzupassen, den die Gruppe verbindlich eingehen kann.

Ebenso tut dem Gruppenprozeß Ausgewogenheit gut. Jeder und jede einzelne kann und soll einen guten Teil zum Gelingen der Arbeit beitragen. Ob ihm oder ihr eine tragende, eine oder mehrere Nebenrollen zufallen, ob er und sie sich für die Organisation, Technik oder Regie einsetzen, um die eigene Bedeutung müssen Mädchen und Jungen wissen, sonst erlahmt die Motivation für die gemeinsame Produktion. Im Idealfall erprobt sich jede und jeder in den verschiedenen Bereichen.

Häufig erweist sich ein 'dichtes Produzieren' an einem Wochenende beispielsweise während einer Ferienfreizeit als ausgesprochen sinnvoll. In der gegebenen Zeit wird konzentriert und auf ein Ziel hin gearbeitet, das greifbar nah ist, und 'mögliche Störfaktoren' sind gering gehalten. Über einen längeren Zeitraum angelegte Projekte haben weit mehr Schwierigkeiten organisatorischer und gruppendynamischer Art zu bewältigen: Terminschwierigkeiten, Ausfallen einzelner Mitwirkender, Verlagerung von Interessen, die sich im Laufe der Zeit in der Entwicklung der Mädchen und Jungen naturwüchsig ergeben.

9. Projekte aktiver Medienarbeit - sei es mit Video, Radio, Computer, Multimedia und Netzen - sind intensive Kommunikationsprozesse.

Die Beteiligten leisten in der Regel intensive Auseinandersetzungen mit
- sich selbst
- der Gruppe
- dem Thema
- dem Medium und
- den Adressatinnen und Adressaten.

Handlungsorientierte Medienarbeit bietet den Spielraum, sich auf eine soziale und mediale Komplexität einzulassen, mit ihr zu experimentieren und sich darin in Orientierung aneinander und Einigung miteinander zurechtzufinden.

10. Auch lebensnahe und ereignisreiche Medienarbeit ist Hand- und Kopfarbeit.

Auch bei all ihrer sozialen Einbettung haben Projekte aktiver Medienarbeit hohe Anteile an technischer Hand- und intellektueller Kopfarbeit, die in der Praxis eventuell eines sinnlicheren Pendants bedürfen.

11. Für eine höhere Effektivität bedarf es verstärkter Vernetzung.

Für die Effektivierung des Handlungsansatzes der aktiven Medienarbeit in der Jugendarbeit, im Sinne einer zunehmenden Etablierung, Differenzierung und Streuung, erscheint mir eine zunehmende Vernetzung und Kooperation unabdingbar, einerseits innerhalb der Jugendhilfe, andererseits hin zur Schule und zur freien Wirtschaft.

Andrea Weller
Jugendschutz versus Medienkompetenz

Verträgt sich Medienkompetenz mit Jugendschutz? Wie stellt sich die Diskussion um Jugendschutz gesellschaftlich dar? Welche Entwicklungen könnten sich technisch und programminhaltlich in Zukunft abzeichnen?
Aus der Perspektive eines TV-Senders sollen einige Diskussionspunkte und Gedankenanstöße zusammengetragen werden.

Der Rundfunkstaatsvertrag, gekoppelt mit Jugendschutzgesetzen wie das Gesetz zum Schutze der Jugend in der Öffentlichkeit (JÖSchG) und das Gesetz über die Verbreitung jugendgefährdender Schriften und Medieninhalte (GjS) bilden die rechtliche

Grundlage für die Programmgestaltung eines Fernsehsenders. Die Einsetzbarkeit unterschiedlicher Programme wird über die Festlegung der Sendezeiten bestimmt. Ein Film, der von der Freiwilligen Selbstkontrolle der Filmwirtschaft (FSK) als 'FSK 16' freigegeben wurde, kann ab 22.00 Uhr programmiert werden. Programme, die jugendschutzrelevant und nicht FSK-geprüft sind, werden von der Freiwilligen Selbstkontrolle Fernsehen e. V., die eine freiwillige Selbstkontrolleinrichtung der kommerziellen Programmanbieter darstellt, in deren Fachausschüssen und -gremien geprüft. Die Sender halten sich an die Sendezeitfreigaben. Finanziell wird im Bereich Jugendschutz der kommerziellen Sender ein sehr hoher Aufwand betrieben.

Betrachtet man die gesellschaftliche Diskussion, so findet sich meist eine gewisse Ohnmacht bei Eltern sowie Pädagoginnen und Pädagogen, mit Programminhalten umzugehen. Geschmacksfragen und Emotionen begleiten eine Diskussion, die letztendlich die Verantwortlichkeit an die Veranstalter oder an die Politik verschiebt. Das Ausstrahlungsverbot indizierter Filme, das derzeit politisch diskutiert und gefordert wird, geht auf eine gesellschaftliche Forderung zurück. Jugendschützerinnen bzw. Jugendschützer sowie Pädagoginnen und Pädagogen sind sich in dieser Diskussion einig, daß dieses Verbot an den Problemen des Jugendschutzes vorbeigeht. Andererseits zieht sich die Politik aus finanziellen Gründen aus der gesellschaftlichen Verantwortung zurück. Jugendzentren und -einrichtungen werden die finanziellen Mittel in den Kommunen gestrichen. Eine aktive Jugendarbeit wird somit im Bereich der Freizeit erschwert.

Bietet ein kommerzieller Sender medienpädagogische Projekte oder Themen an, werden nicht die Inhalte der Projekte, sondern deren Ernsthaftigkeit in Frage gestellt. Qualitative Ansätze und Programmelemente passen nicht in das negative Bild, das sich die Gesellschaft von kommerziell ausgerichteten Veranstaltern aufgebaut hat. Andererseits jedoch zeigen die Quoten und Marktanteile der kommerziellen Sender auch, daß die Bedürfnisse der Zuschauerinnen und Zuschauer offensichtlich erfüllt werden. Die Kinder und Jugendlichen allerdings will man vor diesen Programmelementen schützen.
Die Berührungsängste verdeutlichen sich ebenso in der Berichterstattung der Printmedien. Über ein inhaltliches Konzept, das hinterfragt und recherchiert werden muß, wird meist nur in Fachpublikationen berichtet. Die Eltern, Pädagoginnen und Pädagogen, die sich mit Medienerziehung beschäftigen, werden informiert. Ein breites Publikum über Programm- und Publikumszeitschriften mit den pädagogischen Inhalten zu erreichen, gelingt selten. Schulen, wissenschaftliche Institutionen und Freizeiteinrichtungen arbeiten seit Jahren sehr intensiv im Bereich Medienerziehung. Leider ist die Intensität, dies gemeinsam mit Veranstaltern oder Politikerinnen bzw. Politikern zu tun, nur in wenigen Bespielen gelungen. Gesellschaftliche und politische Rahmenbedingungen sowie das Fehlen finanzieller Mittel bremsen meist das Engagement, in dessen Mittelpunkt die Erziehung der Kinder und Jugendlichen unserer Gesellschaft stehen.

Im Hinblick auf die europäische Entwicklung ist es notwendig, die Situation in Deutschland zu betrachten. Unsere Freigabekriterien und Regelungen, die einer Programmplazierung zugrunde liegen, erscheinen sinnvoll und ausreichend. Doch die Technik wird die Regelung der Sendezeitprogrammierung und auch das Ausstrahlungsverbot indizierter Filme überholen. Über entsprechend ausgestattete Geräte können Spielfilme und Serien, die beispielsweise in europäischen Nachbarländern ausgestrahlt werden, empfangen werden. Der Jugendschutz, so wie er in Deutschland der Programmkontrolle unterliegt, findet sich lediglich in England wieder. Die Niederlande, Spanien und Frankreich sind in ihrer Bewertung und staatlichen Kontrolle wesentlich liberaler. Der Film 'Rambo II', der in Deutschland auf dem Index steht, kann in den angesprochenen Ländern im Nachmittagsprogramm oder ab 20.00 Uhr ausgestrahlt werden. Kinder und Jugendliche, die fit sind und ihre Medienerfahrung sowohl in technischer als auch programminhaltlicher Hinsicht umsetzen können, werden diese Angebote nutzen.

Vor diesem Hintergrund erscheint die Forderung von Peter Glotz, sich umzuorientieren, sinnvoll. Die Forderung richtet sich an Kinder, Jugendliche, Erwachsene, Pädagoginnen und Pädagogen, Multiplikatorinnen und Multiplikatoren und die Medien. ‚Weg von der Programmkontrolle hin zum Rezipiententraining' erfordert die Verantwortlichkeit in der Gesellschaft, aber auch die Selbstbestimmung der einzelnen Personen.

Die Voraussetzung, um diese Verantwortung übernehmen zu können, könnte in dem Begriff Medienkompetenz definiert werden. Auch in Fachkreisen ist die zensorische oder Prohibitions-Pädagogik als Negativentwicklung definiert. Kinder von den Medien fernzuhalten, würde in einer Kommunikationsgesellschaft bedeuten, sie zu ihrem Opfer zu machen.

Medienkompetenz, die Fähigkeit mit Medien umzugehen, die unseren Alltag im Kommunikationszeitalter bestimmen, bezieht sich auf die Nutzung von Hard- und Software. Für das Medium Fernsehen würde das bedeuten, eine Qualifikation zur Bedienung der Geräte zu erlangen. Dies kann der VHS-Rekorder oder Fernseher zu Hause oder aber auch Kamera und Produktionsprogramme, die über den PC benutzt werden können, sein. Zur Software zählen Programminhalte, deren Rezeption und Reflexion erlernt werden können. Hintergrundwissen über Filmproduktion und Fernsehlandschaft helfen, Gesehenes zu verarbeiten und richtig einzuordnen. Jugendliche, die über eigene Produktionserfahrungen verfügen, sind eher in der Lage, mit problematischen Medieninhalten umzugehen. Durch Kameraperspektiven, Schnittfrequenzen und Aufbau einer Dramaturgie können sie erfahren, wie mit gestalterischen Mitteln emotionale Betroffenheit oder der Aufbau von Distanz erzeugt werden kann.

Für die Vermittlung des Wissens, das notwendig ist, um kompetent mit Medien umgehen zu können, wäre eine Verzahnung der verschiedenen Institutionen erforderlich. In den unterschiedlichsten Bereichen können Schwerpunkte in der ‚Bildungsarbeit' gesetzt werden, die sich ergänzen und zu einem gemeinsamen Endergebnis führen. Bereits in Kindergärten und Horten müßte bei den jüngeren Kindern, die bereits über Medienerfahrung verfügen, bevor sie lesen und schreiben können, der Umgang und die Auseinandersetzung mit Medien stattfinden. Die Vertiefung des Medienwissens nach entwicklungspsychologischen Gesichtspunkten sollte in der Schule bereits in der ersten Schulklasse den gleichen Stellenwert wie Lesen und Schreiben bekommen. Erst bei der Zielgruppe 11 bis 15jährigen medienerzieherisch tätig zu werden, wäre zu spät. Grundvoraussetzung dafür wäre die medienpädagogische Ausbildung der Erzieherinnen und Erzieher an Universitäten und die klare Formulierung in den Stundenplänen. Medien können dann auf das Wissen, das in Kindergarten und Schule vermittelt wird, aktiv aufbauen. Ihre Attraktivität und hohe Akzeptanz bei Kindern und Jugendlichen helfen, Inhalte in Sendungen zu vertiefen, zu thematisieren und zur Teilnahme an Projekten zu motivieren.

Dies bedeutet allerdings auch, Berührungsängste, Hemmschwellen und Vorurteile abzubauen, um gemeinsame Bildungskonzepte und inhaltliche Strukturen zu erarbeiten und aufzubauen. Ein Auseinandersetzen mit Programmen und Inhalten anstatt ein Verbieten und Zensieren würde einen gesellschaftlichen Entwicklungsprozeß erfordern, der sich von einer Regulierung der Vergangenheit verabschieden müßte. Es würde aber auch bedeuten, daß Geschmack und Moral nicht zum Volksgut definiert werden würden. Eine Erziehung, die auf demokratischen Grundwerten basiert, zielt auf selbstbewußte und kritische Menschen.

RTL2 bemüht sich bereits seit einigen Jahren, Medienwissen zu vermitteln bzw. Jugendliche zu motivieren, sich mit dem Medium Fernsehen und Film auseinanderzusetzen. Aufgrund der bereits erwähnten Hemmschwellen war es schwierig, ein breites Publikum zu finden. Die Beispiele können eine Diskussionsgrundlage und Anregung sein, wie sich Institutionen verbinden können.

Redaktionell wurden in Sendungen wie 'VAMPY', 'Hotzpotz' und 'BRAVO TV' Inhalte eingebunden, die Projekte zum Filmen präsentiert haben. Jugendliche konnten in der Sendung berichten, wie sie ihren Film produziert haben, wo sie Hilfestellung bekamen. Die Filme der Jugendlichen wurden ausgestrahlt. 'VAMPY' beschäftigte sich eine ganze Woche mit dem Thema Filmproduktion. Fachleute und Profis waren im Studio und beantworteten die Fragen der Kinder. Anregungen zum Entwickeln einer Geschichte, Auswahl der Technik und Fertigstellung wurden vermittelt.

Mit dem Projekt 'Drugs Suck - Filmregie statt Ecstasy', das RTL2 zusammen mit dem Institut Jugend Film Fernsehen (JFF) und der Bundeszentrale für gesundheitliche Aufklärung (BzgA) im September 1997 startete, wurden Jugendliche aufgerufen, ihre eigenen Clips zum Thema Genuß, Sucht und Drogen zu produzieren. Als Preise waren die Ausstrahlung und Präsentation in 'BRAVO TV' sowie Praktikumsplätze im Sender angeboten. Eine Publikation präsentiert nicht nur die 10 besten Clips, sondern bietet Jugendlichen auch Tips und Anlaufstellen zur Produktion an. Der Gewinn soll an Institutionen - Schulen, Freizeiteinrichtungen - verlost werden, und zwar in der Form, daß Geräte zum medienpädagogischen Arbeiten mit Jugendlichen zur Verfügung gestellt werden. Dies könnten Schnitteinheiten, Kameras oder Computersoftware sein.

Führungen mit Schulklassen und Jugendgruppen zeigen den Jugendlichen, wie ein Fernsehsender funktioniert. Informationen über die Organisation des Senders aus gesetzlicher, personeller und marktorientierter Perspektive wurden den Gästen ebenso vermittelt wie auch der technische Ablauf, z. B. Filmbearbeitung im Edit und die Funktion des Sendezentrums mit Übertragungstechniken und Bandmaterial. Dieser Einblick wurde auch bei Vorträgen an Schulen und Jugendzentren gegeben.

Passiv war RTL2 im medienpädagogischen Bereich insofern tätig, als Veranstaltungen, Jugendfilmfestivals, Jugendprojekte und Workshops finanziert wurden.

Doch welche Sendungen wecken das Interesse von 11 bis 15jährigen? Aus pädagogischer Sicht mag es sinnvoll erscheinen, die Kinder und Jugendlichen in unterschiedliche Altersgruppen oder Entwicklungsstufen zu kategorisieren. Für einen kommerziellen Sender, der Vollprogramm anbietet, ist die ‚Zielgruppe' der 11 bis 15jährigen zu klein gesteckt. Generell soll das Tages- sowie das Abendprogramm bis 22.00 Uhr die Jugendlichen erreichen.

Die Sendungen, die sich die 11 bis 15jährigen bei RTL2 ansehen, lassen sich in folgende Zeitschienen mit folgenden Inhalten festlegen:

Montag bis Freitag
14.00 Uhr bis 15.20 Uhr - In dieser Zeitschiene programmiert RTL2 Kinderprogramm. Cartoons werden Kindern und Jugendlichen angeboten. 'Dennis & Gnasher', 'Alwin und die Chipmunks' und 'Sailor Moon' gehören zu den Hits der 11 bis 15jährigen. Die Eigenproduktion 'VAMPY', die Spielpuppe, die kindliche Themen aufarbeitet, wie beispielsweise die Aktion ‚Sicherer Schulweg', die mit dem Bundesverkehrsministerium präsentiert wird oder das Kindersorgentelefon in Zusammenarbeit mit dem Kinderschutzbund, werden interessiert angenommen.
Ab 20.00 Uhr werden Spielfilme gezielt eingeschaltet. Schwerpunkte sind Komödien wie 'Mr. Bill', 'Kiss Shot', 'Ein Fisch namens Wanda', Kinofilme wie 'Auf der Flucht', 'James Bond 007 - Im Angesicht des Todes' und Topfilme mit jungen Stars wie z. B. Leonardo DiCaprio in 'Jim Carroll', Tom Cruise in 'Rain Man'; Serien wie 'Walker, Texas Ranger' und 'X-Factor' finden ebenso das Interesse der 11 bis 15jährigen.

Samstag
Am Samstag erreichen wir die Zielgruppe mit der Wiederholung von 'BRAVO TV' um 8.00 Uhr sowie der anschließenden Wiederholung des Freitagabend Spielfilms. Die Auswahlkriterien für die Jugendlichen sind mit der Einschaltmotivation vom Frei-

tagabend identisch. Das Kinderprogramm von 12.00 bis 14.00 Uhr sowie die Vorabendschiene, in der RTL2 Comedy mit Otto Waalkes und Shows anbietet, finden ebenso das Interesse der 11 bis 15jährigen. Liegt das anschließende Spielfilmhighlight im Interesse der Jugendlichen, so ist auch der Marktanteil in der Zielgruppe zufriedenstellend.

Sonntag
Ab 16.00 Uhr hat RTL2 eine Musik- und Trendschiene mit 'BRAVO TV', 'The Dome' und Musikevents wie 'BRAVO SUPER SHOW' aufgebaut. Lediglich in dieser Schiene kann von einer definierten Zielgruppe der 11 bis 15jährigen von Senderseite gesprochen werden. Werden Musikhighlights von 20.00 Uhr bis 22.00 Uhr angeboten, findet sich auch hier verstärkt die definierte Zielgruppe wieder.

Fazit

Medien können und sollen keine Erziehungsarbeit leisten. Medien können die Erziehungsarbeit, die bereits im Elternhaus und in Kindergärten vermittelt werden muß, unterstützen. Die Attraktivität der Medien kann eingesetzt werden, um Kindern, Jugendlichen und Erwachsenen Inhalte zu vermitteln, die die Entwicklung zu selbstbewußten und kritischen Menschen fördert, ohne daß ein ‚pädagogischer Zeigefinger' vermutet wird.

Klaus Lutz
Förderung von Medienkompetenz durch aktive Medienarbeit und Veröffentlichung der Produktionen

1. Vorbemerkung

Seit dem Bestehen des Medienzentrums PARABOL (seit 1985) ist die medienpädagogische Arbeit mit dem Medium Radio ein wesentlicher Bestandteil unserer Aktivitäten. Mit dem Ziel, Kindern und Jugendlichen Erfahrungs- und Lernfelder anzubieten, in denen sie sich mit Hilfe verschiedenartiger Medien (eben auch Radio) aktiv, kreativ und reflexiv mit sich und ihrer Umwelt auseinandersetzen, haben wir eine Vielzahl von einzelnen Radioprodukten im Rahmen von Kurzprojekten erstellt. Eine feste Jugendradiogruppe produzierte regelmäßig Beiträge, die weitgehend im Jugendradiomagazin 'Kesser Fratz' bei Radio Z ausgestrahlt wurden. Seit nunmehr über zwei Jahren wird im PARABOL wöchentlich das Jugendradiomagazin 'Funkenflug' produziert, das unter dem Dach des AFK (Aus- und Fortbildungskanal) ausgestrahlt wird.

Die folgenden Ausführungen beziehen sich auf Erfahrungen mit Kindern und Jugendlichen aus Nürnberg und Umgebung und die sicher nicht repräsentative Situation eines Mehrfrequenzstandortes.

2. Radio - Medium für Kinder und Jugendliche

Trotz immer neuer Möglichkeiten im Medienbereich, trotz unendlich vieler bewegter Bilder, die Tag für Tag in jeden Haushalt transportiert werden, ist unter Jugendlichen Radio weiterhin eines der am häufigsten genutzten Medien. Nach den Daten der media-Analyse 95 erreichte der Hörfunk rund 76% der 14-19jährigen mit einer täglichen Hördauer von 117 Minuten.
Bei der Frage, nach welchen Kriterien sie Radiosender und Einschaltzeiten wählen, ist bei den meisten älteren Kindern (die sich von der Hörkassette weg und dem Radio zuwenden) die Art der Musik und der Witz der Moderatorinnen und Moderatoren das Hauptauswahlkriterium.
Die Sender, die dabei genannt werden, sind meist lokale Privatsender. Die aus pädagogischer Sicht qualitativ guten Kinder- und Jugendsendungen, wie z.B. der Kinderfunk oder das Jugendmagazin Zündfunk des Bayerischen Rundfunks, sind meist nicht einmal bekannt.
Die Möglichkeiten eigener Beteiligung beim öffentlich-rechtlichen Rundfunk wie beim Privatradio sind sehr eingegrenzt und bewegen sich im Rahmen der üblichen Spielchen der Hörerteilnahme: Musikwünsche, Anrufe bei Gewinnspielen, die eigene Meinung bei Umfragen kundtun oder der jährliche Tag der offenen Tür. Damit erschöpft sich das Repertoire der aktiven Beteiligung am Entstehungsprozeß. Dieser selbst bleibt ihnen verschlossen und damit auch das Wissen um Strukturen und Zusammenhänge, wie mediale, öffentliche Produkte zustande kommen.
Für Kinder und Jugendliche, für die Medien in ihrem Lebensalter aber inzwischen eine entscheidende Rolle spielen, ist es notwendig, Strukturen des Entstehungsprozesses von Medienprodukten zu durchschauen, um selbständige und kritische Beurteilungsfähigkeit entwickeln zu können. Medienkompetenz heißt das Schlüsselwort der Diskussion der letzten Jahre.

3. Kinder und Jugendliche als Medienproduzentinnen und -produzenten

Davon ausgehend, daß die aktive Medienarbeit, also das Erstellen von Medienprodukten mit Kindern und Jugendlichen, eine zentrale Rolle beim Erwerb von Medienkompetenz spielt, ist es notwendig, nach Produktions- und Sendemöglichkeiten zu suchen. Der private wie der öffentliche Rundfunk bieten dazu kaum nennenswerte Möglichkeiten. Aber gerade bei der Erstellung von Medienprodukten ist es notwendig, technische Geräte sowie eine Verbreitungsmöglichkeit zur Verfügung zu haben.

Der AFK (Aus- und Fortbildungskanal), der in Nürnberg vor gut zwei Jahren seinen Sendebetrieb aufgenommen hat, stellt in der Medienlandschaft in Bayern eine Ausnahme dar. Neben zwei Produktionsstudios für die Jugendarbeit stellt er Sendeplätze für Kinder- und Jugendsendungen zur Verfügung. Dadurch ist es möglich, aktive Medienarbeit an einem den Kindern und Jugendlichen vertrauten Ort unter pädagogischer Betreuung durchzuführen und die erstellten Produkte auch tatsächlich zu senden.

4. Medenkompetenz durch aktive Medienarbeit

Wenn man die Dreiteilung des Begriffs Medienkompetenz von Ida Pöttinger (1997) - Wahrnehmungskompetenz, Nutzungskompetenz und Handlungskompetenz - dieser Arbeitsweise zugrundelegt, läßt sich folgendes beobachten:

Wahrnehmungskompetenz
Kinder und Jugendliche, vor allem diejenigen, die sich über längere Zeit an der Erstellung von Medienprodukten beteiligen, sind in der Lage, 'professionelle Radioprodukte' zu analysieren, die verschiedenen Genres voneinander zu unterscheiden und die Machart des Produkts - sowohl inhaltlich wie auch technisch - kompetent zu beurteilen. Fachausdrücke der 'Radiowelt' wie Jingle, Ramp usw. sind ihnen durchaus geläufig und ein Teil ihres eigenen Sprachgebrauchs geworden. Eine kritische Reflexion der kommerziellen Medien ist damit aber keineswegs zwingend verbunden. Es ist zu beobachten, daß die Jugendlichen - trotz des Wissens über die Entstehungshintergründe - den kommerziellen Rundfunk eher als Vorbild sehen, dem es nachzueifern gilt. Das Finden eines von kommerziellen Vorbildern losgelösten 'Formats' bedarf eines langen Entwicklungsprozesses.

Nutzungskompetenz
Die Nutzungskompetenz beschreibt die Fähigkeit, Medien zielgerichtet und angemessen zu nutzen. Beobachtet man Kinder und Jugendliche, die sich aktiv mit Medien beschäftigen - und dies gilt nicht nur für die Radioarbeit -, so ist festzustellen, daß ihr Interesse an passiver Mediennutzung eher steigt als sinkt. Vor allem ihr erworbenes Expertenwissen erzeugt bei ihnen das Bedürfnis, die Medienlandschaft genauer - und damit auch oft zeitintensiver - zu beobachten, um über neue Trends auf dem laufenden zu sein. Auch wenn sich ihre Sichtweise in der Beurteilung von Medienprodukten verändert hat, so ist doch oft als ein Nebeneffekt der aktiven Medienarbeit zu beobachten, daß ihr Interesse an den Medien erst so richtig geweckt wurde. Man will ja schließlich wissen, ob der neue Morningmoderator richtig 'auf Ramp' moderieren kann und wie schlagfertig er bei Höreranrufen reagiert.

Handlungskompetenz
Die von Pöttinger als dritter Bestandteil von Medienkompetenz definierte Handlungskompetenz läßt sich bei den Radiokids ebenfalls gut beobachten. Die Jugendlichen

bringen ganz selbstverständlich ihre eigenen Interessen bei der Themenfindung mit ein. Seien es ihre persönlichen Vorlieben für bestimmte Sportarten, Musikrichtungen, Comichefte oder Probleme, die ihre persönliche Lebenssituation betreffen, wie Berufswahl oder das Verhältnis zum anderen Geschlecht. Die gewählte journalistische Form ist dabei nicht selten die der Comedy. Die Comedy ermöglicht es, nicht so offen mit manchen Problemen umgehen zu müssen, wie es z.b. ein gebauter Beitrag voraussetzen würde. Und natürlich liegt die Comedy im Trend: Alle wollen cool sein, so cool wie z.B. Harald Schmidt.

5. Fazit

Das Wagnis, sich mit Produkten aus dem Schonraum pädagogisch organisierter Öffentlichkeit (wie z.b. kleine Vorführungen im Freundes- oder erweiterten Bekanntenkreis) heraus an eine breite Öffentlichkeit zu wenden, lohnt sich. Auch wenn die Anforderungen nicht nur pädagogischer, sondern auch journalistischer Natur sind - was gelegentlich auch zu Spannungen führt - hat die Erfahrung doch gezeigt, daß medienpädagogische Produktionen durchaus in der Lage sind, auch journalistischen Ansprüchen zu genügen, ohne daß dadurch die pädagogische Arbeit Gefahr läuft, in den Hintergrund gedrängt zu werden.
Wichtigste Voraussetzung hierfür ist, 'richtig' Radio zu machen, ohne dabei dem Diktat eines kommerziellen Senders nach Formatvorgaben und Quoten zu unterliegen.
Aber wie in allen medienpädagogischen Arbeitsfeldern bedarf es einer qualifizierten pädagogischen Betreuung und einer angemessenen technischen Ausstattung, um einer solchen Arbeit zum Erfolg zu verhelfen.
Die Kinder und Jugendlichen müssen die Möglichkeit haben, auf die technischen Geräte, die zur Erstellung von Medienprodukten notwendig sind, nach ihren Bedürfnissen und ohne große bürokratische Hürden zugreifen zu können. Vor allem weniger begabte Kinder und Jugendliche bedürfen der intensiven Betreuung und des pädagogischen 'Schonraums'.
Da der kommerzielle Rundfunk nicht bereit ist, Produkte von Kindern und Jugendlichen zu senden, bedarf es 'pädagogisch organisierter Öffentlichkeit', die es ermöglicht, mit Kindern und Jugendlichen erstellte Radioprodukte zu senden.
Hierfür müssen die technischen Voraussetzungen geschaffen werden sowie die Einsicht, daß aktive Medienarbeit ihre Öffentlichkeit braucht, auch wenn die Produkte nicht immer dem professionellen Standard und den Hörgewohnheiten entsprechen.

Literatur

Pöttinger, I. (1997): Lernziel Medienkompetenz. Theoretische Grundlagen und praktische Evaluation anhand eines Hörspielprojekts. München

Friedemann Schindler
Computerspiele und Internet - Wie sie genutzt werden und welche Rolle sie bei der Förderung von Medienkompetenz spielen

1. Computerspiele[1]

Wenn man die Mediensozialisation von Kindern und Jugendlichen betrachtet, stellt man fest, daß die Beschäftigung mit Computerspielen bereits im Vorschulalter beginnt und in der Altersgruppe der 11-15jährigen[2] ihren Höhepunkt erreicht. Bei älteren Jugendlichen flaut das Interesse am Computerspiel relativ schnell wieder ab, die Jugendlichen trauen sich dann zu, auch außerhalb ihres familiären Rahmens zu agieren und sich realen Auseinandersetzungen zu stellen.

1.1 Ausstattung und Zugriff

Meine eigene Untersuchung aus dem Jahr 1992[3] hat gezeigt, daß schon damals alle Kinder Zugriff auf Computerspiele hatten - unabhängig von ihrem Geschlecht. Sechs Jahre später dürfte fast jedes Kind dieser Altersgruppe ein elektronisches Spielgerät sein eigen nennen.[4] Aber selbst Kinder, die keine eigenen Geräte haben, verfügen über eigene Spiele, die sie dann im Freundes- oder Familienkreis spielen.

Mädchen haben in der Regel die schlechtere Hardware-Ausstattung. Während viele Jungen in diesem Alter schon hochaufgerüstete PCs besitzen, verfügen Mädchen eher über Gameboys, Konsolen und PCs älterer Bauart. Diese unterschiedliche Ausstattung hat sicher etwas damit zu tun, daß Eltern beim Kauf elektronischer Geräte für ihre Töchtern mehr Zurückhaltung zeigen. Aber auch die Mädchen selbst machen weniger 'Druck', sie äußern weniger Interesse daran, das jeweils neueste Spielgerät zu besitzen. Zudem ist ihre Beschäftigung mit Computerspielen nicht nur zeitlich, sondern auch inhaltlich weniger intensiv.[5]

---

[1] Unter Computern verstehe ich nicht nur PCs, sondern auch Handhelds (Gameboy) und Konsolen (Playstation, Super NES, Nintendo 64).
[2] Die Altersgruppe der 11-15jährigen Kinder und Jugendlichen umfaßt im Grunde zwei verschiedene Nutzergruppen. Für den Computerspiele-Bereich wäre ein Einteilung in die Gruppe der 8-12jährigen und in eine Gruppe der 13-15jährigen sinnvoller gewesen, da sich das Nutzungsverhalten dieser beiden Gruppen sehr stark unterscheidet.
[3] Senatorische Behörde für Jugend und Soziales: Computerspiele zwischen Faszination und Giftschrank - Stellenwert problematischer Spiele - Kreative und spielerische Anwendungen in der Jugendarbeit, Bremen 1992
[4] Familien mit Kindern sind doppelt so gut mit PCs ausgestattet wie Haushalte ohne Kinder (57,2%, Untersuchung der GfK, zitiert nach dem 'unabhängigen Händlermagazin' MCV - Markt für Computer- und Videospiele, KW 38/98).
[5] Die häufig auftauchende Argumentation, Mädchen seien per se 'anwendungsorientierter' und könnten dem Spielen nichts abgewinnen, halte ich nicht für stichhaltig. Der Grund für ihre Zurückhaltung beim Computerspielen ist eher im schlechten Spieleangebot für Mädchen und in der Präferenz direkter Kommunikationsformen zu suchen. Der Spielemarkt kann ihnen momentan noch nicht viel bieten.

1.2 Angebot an Spielen

Auf dem deutschen Markt erscheinen etwa 2000 Spiele jährlich. Der Markt ist gekennzeichnet durch eine ausgesprochen hohe Zirkulationsgeschwindigkeit. Die Performance von Prozessoren verdoppelt sich etwa alle 1½ Jahre, alle drei Jahre kommen neue Hardware-Generationen auf den Markt. Die Spiele selbst haben im Schnitt eine Halbwertszeit von etwa sechs Wochen - nur Ausnahmespiele können sich längerfristig auf dem Markt behaupten. Diese hohe Geschwindigkeit, mit der sich Spiele und Hardwarekonzepte verbrauchen, macht nicht nur die Orientierung für die Nutzerinnen und Nutzer, sondern auch jede Untersuchung des Spielemarktes schwer.

Von der Größe her ist der Spielemarkt in der BRD mit dem der Filmindustrie vergleichbar, der Verband der Unterhaltungssoftware Deutschland (VUD) geht sogar davon aus, daß man nächstes Jahr mit der Audioindustrie gleichziehen wird. In den Anfängen der Computerspiele-Entwicklung waren es vor allem kleine Firmen, die Spiele produzierten. Wie in anderen Bereichen auch, kann man aktuell aber einen starken Konzentrationsprozeß feststellen. Der Spielemarkt ist inzwischen fest in us-amerikanischer und japanischer Hand, auch inhaltlich werden die Spiele vor allem durch amerikanische und japanische Einflüsse geprägt.

Das Angebot im Spielemarkt ist sehr vielfältig, es reicht von anspruchslosen Jump'n Run-Spielen (Mario) bis hin zu komplexen Simulationen (Sim City), vom bluttriefenden Massaker bis hin zum anti-rassistischen Adventure. In den letzten Jahren konnten vor allem Echtzeit-Strategiespiele (Command&Conquer), Actionspiele ('First-Personal-Shooter' wie DOOM, Prügelspiele wie Tekken und Action-Adventure wie Tomb Raider) sowie Sportspiele (International Soccer, Ridge Racer) hohe Zuwachsraten verzeichnen, während Simulationen, Adventure und Rollenspiele eher schlechter liefen. Die hohen Zuwachsraten im Bereich der schnellen Spiele ist vor allem auf die Hardware-Entwicklung zurückzuführen (Geräte, die für die 3D-Darstellung optimiert sind), bezüglich neuer Spielkonzepte hat sich in den letzten Jahren eher wenig getan. Da in Strategie- und Actionspielen das Gewalthandeln eine zentrale Rolle spielt, hat die Gewalt-Dimension in Spielen eher zugenommen. Sony hat die Playstation mit einer aggressiven Vermarktung auf Basis von Gewalttiteln zum Marktführer im Konsolenbereich gemacht, die Firma Nintendo, die sich in der BRD bisher auf Kinder und Familien konzentrierte und sich bei der Vermarktung von Gewalttiteln eher zurückhielt, sieht sich in jüngster Zeit 'gezwungen', entsprechend nachzuziehen.

Im Gegensatz zu vielen Prognosen, die dem Edutainment-Bereich eine goldene Zukunft voraussagten, spielen Edutainment-Titel bisher keine große Rolle. Im Schnitt werden von spielerischer Lernsoftware nur 6000 Exemplare verkauft, das ist zu wenig, um gut gemachte Titel produzieren zu können.

Die Hauptzielgruppe des Spielemarktes ist immer noch jung, weiß und männlich. Die Spielepräferenzen von männlichen Kindern und Jugendlichen sind sehr weit gestreut und vielfältig, Mädchen spielen fast ausschließlich Jump'n Run-Spiele sowie teilweise auch Adventure. Alle Spielegenres, die eine langfristige und intensive Auseinandersetzung mit einem Spiel voraussetzen (Simulationen, Strategiespiele) oder auf martialischer Gewalt basieren, werden von Mädchen gemieden.[6] Die Spieleindustrie redet zwar seit Jahren davon, auch den Markt der Spielerinnen erschließen zu wollen, alle Versuche in diese Richtung sind bisher im deutschen Markt aber fehlgeschlagen.[7]

In Zukunft werden Netz- und Online-Spiele eine große Rolle spielen. Es war das Spiel DOOM, das 1993 mit seinen Netzwerkfähigkeiten den Weg dafür bereitet hat. Spielen ist Kommunikation und schon immer suchten die Computerspieler auch nach kommunikativen Möglichkeiten beim Spielen. Die Netzwerkspiele ersetzen den 'dummen' Computergegner, der leicht auszurechnen ist und sich meist nur durch materielle Überlegenheit behaupten kann, durch phantasiebegabte und schwer auszurechnende menschliche Spielpartner. In den USA, wo die Telefongebühren im Nahbereich häufig schon mit der Grundgebühr abgegolten sind, haben Online-Spiele schon einen größeren Stellenwert, in der BRD sind stundenlange Online-Sessions für Jugendliche (noch) nicht bezahlbar.
Netzwerk- und Online-Spiele machen das Spielen auch für Frauen wieder interessanter, da in ihnen Kommunikation und soziales Handeln wieder einen größeren Stellenwert bekommt. Es gibt inzwischen sogar einige organisierte Frauen-Clans,[8] die auch martialische Gewaltspiele wie Quake spielen.

Wenn man das Massenmedium Computerspiel mit dem Fernsehen vergleicht, dann kann man das gänzliche Fehlen eines 'öffentlich-rechtlichen' Sektors feststellen, der inhaltlich als Korrektiv dienen könnte. Es gab zwar in den letzten Jahren 'pädagogische Werbespiele', die von öffentlichen Institutionen herausgegeben wurden.[9] Diese 'öffentlich-rechtlichen' Spiele konnten jedoch in ihrer Gestaltung dem Vergleich mit kommerzieller Software nicht im entferntesten standhalten. Sie ließen aber auch in Bezug auf kreative Gestaltungsmöglichkeiten, differenzierte Lösungen oder interessante Spielfiguren eine echte Alternative vermissen.

---

[6] Interview mit Volker Wertich, der vor sieben Jahren das Spiel 'Die Siedler' erfunden hat, das demnächst in einer dritten Version erscheinen wird: "Der weibliche Anteil unserer Käufer ist übrigens ungewöhnlich hoch. Die meisten Frauen fangen allerdings sofort eine neue Partie an, sobald der Computerspieler sie angreift." (GameStar, 7/98).

[7] Die Barbie-Reihe (Mode-Designer, Bezaubernde Märchenwelt, Meeres-Abenteuer) verkauft sich genauso wenig wie Spiele, die von der Struktur her 'männlich' geblieben sind und in denen nur die Hauptrolle weiblich besetzt wurde (z.B. Nintendos Super Metroid mit der futuristischen Kämpferin Samus Arans).

[8] Zum Beispiel Gruppen mit Namen wie Iron Girls, PMS - Psycho Men Slayers oder Sisters in Quake. Es gibt sogar eine eigene 'Quake Women's Forum Mailing List', in der Frauen ihre Spielerfahrungen austauschen.

[9] Zum Beispiel 'Auf dem Weg nach Europa' (Auswärtiges Amt), 'Energiemanager' (Wirtschaftsministerium), 'Dunkle Schatten' (Innenminister von Bund und Ländern).

1.3 Nutzung von Spielen

Computerspiele werden als 'Medien zweiter Wahl' bezeichnet, als eine Freizeitbeschäftigung, zu der Kinder und Jugendliche in Situationen greifen, in denen ihnen langweilig ist oder Wartezeiten überbrückt werden müssen (z.b. das typische Gameboy-Spielen im Schulbus).
Computerspielen ist Kommunikation. Das Bild des einsamen bleichgesichtigen Spielers, der Stunde um Stunde meuchelnd und mordend vor dem Monitor sitzt, ist ein Zerrbild der Medien, das in der Realität so nur ganz selten existiert. Die Nutzung von Computerspielen ist immer in einen sozialen Kontakt eingebettet, selbst Vielspieler vernachlässigen in der Regel ihre sozialen Kontakte nicht. Ohne Freunde und Bekannte, mit denen man die Spieleauswahl beraten kann, ohne die Diskussion von Problemen und die gemeinsame Suche nach Lösungen kommt man mit Computerspielen nicht zurecht. Für erfolgreiches Spielen braucht man 'kompatible' Bekanntschaften und Freunde, Menschen, mit denen man sich auseinandersetzen und Probleme diskutieren kann. Teilweise übernehmen Computerspiele sogar die Funktion, die das Fernsehen früher hatte, als das Programm-Angebot noch überschaubar war. Jeder hatte am Abend zuvor die gleichen Sendungen gesehen, sie waren am nächsten Tag Gesprächsanlaß und wurden im Gespräch gemeinsam 'bearbeitet'.

Im Gegensatz zu den herkömmlichen Massenmedien können Kinder mit Spielen ihr eigenes Programm gestalten. Die Auswahl der Spiele ist dabei abhängig von ihren Interessen und Hobbys, aber auch von ihren Sorgen und Nöten. Ein großes Interesse an Gewaltspielen kann durchaus auch auf Probleme hinweisen, sich in der Realität nicht durchsetzen zu können. Gewaltspiele bieten hier die Möglichkeit, sich zumindest in der virtuellen Welt einmal groß, stark und mächtig fühlen zu dürfen.

1.4 Wird durch Computerspiele Medienkompetenz gefördert?

Computerspieler und -spielerinnen eignen sich im Laufe ihrer Spiele-Karriere ein spezifisches Spielewissen an, das es ihnen ermöglicht, auch anspruchsvolle Spiele auf ihren Rechnern zum Laufen zu bringen (z.B. für genügend konventionellen Speicher zu sorgen), komplexe Spiele zu bedienen (z.B. Tastaturbelegung anzupassen) und einfache Konfigurationsprobleme zu beheben (z.B. Netz-Konfiguration). Während in der Vergangenheit für PC-Spiele ein relativ großes technisches Know-how erforderlich war, bereiten die aktuellen Spiele zunehmend weniger Probleme.[10] Das spezifische Spielewissen der Kids ist aber kein systematisches Wissen über Informations- und Kommunikationstechnologien, beim bloßen Spielen werden nicht einmal grundlegende Abläufe der Computerarbeit wie das 'Sichern', 'Laden' oder 'Löschen' von Dateien vermittelt.

---

[10] Auch wenn PC-Spiele immer noch weit vom einfachen 'Plug&Play' der Spielekonsolen entfernt sind.

Langjährige Spielerinnen und Spieler eignen sich ein umfangreiches Wissen über die 'Sprache' der Computerspiele an, es ist abhängig von der Intensität der Beschäftigung mit Spielen. Dieses Wissen basiert nur zum Teil auf der konkreten Spielerfahrung, es sind vor allem Spielezeitschriften mit ihren Hintergrundstories, die wichtige Rahmeninformationen liefern.[11] Aber auch die Spiele selbst liefern eine Reihe von Anknüpfungspunkten, die ihre Reflexion und das Erkennen grundlegender Strukturen begünstigen. Insbesondere sind es die beliebten Cheats,[12] die es ermöglichen, ein Spiel auch auf einer Meta-Ebene zu erkunden.[13] Einen noch tieferen Einblick bieten die sogenannten Editoren (Entwicklungsumgebungen), mit deren Hilfe eigene Level gestaltet werden können. Beim Leveleditieren bringen die Spieler nicht nur ihre eigenen Phantasien ins Spiel, sie eignen sich bei ihren Gestaltungsversuchen auch ein umfangreiches Wissen über das Leveldesign von Spielen an.[14]

Kinder und Jugendliche können erstaunlich gut über ihre eigenen Spielvorlieben reflektieren. Da die gängigen Spielezeitschriften sich vor allem mit Technik und Aufmachung von Spielen auseinandersetzen, dominieren zwar auch die Äußerlichkeiten in der Beurteilung der Spiele. Aber selbst jüngere Spielerinnen und Spieler können schon begründen, welche Spiele sie in welchen Situationen bevorzugen.[15] Vor allem männliche Kinder und Jugendliche verfügen über eine große Spannbreite von Spielvorlieben, die sie situationsabhängig nutzen.
Von den Spielerinnen und Spielern weitgehend unbeachtet bleibt der 'geheime Lehrplan', der Spielen zugrunde liegt (z.B. Konfliktlösung durch Gewalt, stereotype Geschlechtsrollen, ökonomistische Gesellschaftsmodelle). Die Frage nach solchen problematischen Inhalten und Strukturen wird beim bloßen Spielen genauso wenig thematisiert wie eventuelle Wirkungen, die das Spielen der ewig gleichen Muster zeitigen könnte. Computerspiele zielen primär auf Unterhaltung, ihre beiläufigen Effekte erschließen sich erst einer eingehenden Inhalts- und Strukturanalyse.

---

[11] Das betrifft sowohl die technische Seite (Wie funktioniert beispielsweise eine 3D-Engine?) als auch die Gestaltung eines Spiels (z.B. Leveldesign, sukzessive Steigerung des Schwierigkeitsgrades, Endgegner, Gegner-Intelligenz).
[12] Geheimcodes, die Programmierer in Spiele einbauen, um das Testen eines Spiels zu erleichtern.
[13] Zum Beispiel kann man mit 'idclip' im Spiel DOOM durch alle Wände laufen und damit zunächst Level erkunden, bevor man richtig spielt. 'idkfa' verleiht 'göttliche' Kraft, macht unverwundbar und stattet den Spieler mit dem kompletten Waffenarsenal aus. Ausgerüstet mit diesem 'Zaubertrank' kann der Spieler erst einmal den Gegner studieren und im Spiel bleiben, obwohl er der gegnerischen Übermacht noch nicht gewachsen ist. 'idchoppers' gibt dem Spieler die berühmtberüchtigte Kettensäge in die Hand.
[14] Auch bei der Möglichkeit zur Levelgestaltung hatte DOOM eine Trendsetter-Funktion. Es war das erste Spiel, dessen Aufbau von den Programmierern dokumentiert und das für Veränderungen freigegeben wurde. Heute werden viele Spiele gleich mit einem Leveleditor ausgeliefert, Tausende von selbst erstellten Leveln zeigen, daß bei den Spielern über das bloße Spielen hinaus auch das Bedürfnis besteht, selbst gestaltend tätig zu sein.
[15] Zum Beispiel erst mal ein Prügelspiel auszusuchen, wenn sie 'gepestet' aus der Schule kommen.

1.5 Was kann konkret zur Ausformung von Medienkompetenz geleistet werden?

Zur Zeit mangelt es eher noch an der Kompetenz der Erwachsenen, sich mit den Spielewelten von Kindern und Jugendlichen vorbehaltlos auseinanderzusetzen. Es ist für Eltern sowie Pädagoginnen und Pädagogen nötig, zunächst einmal verstehen zu lernen, was Kinder und Jugendliche an Spielen fasziniert, aber auch welche Sorgen und Nöte sich in ihren Spielen ausdrücken. Es kann nicht darum gehen, vorschnell in die Auseinandersetzung mit Oberflächenphänomenen (z.b. Gewaltdarstellung) zu gehen, sondern Ziel muß es sein, sich zunächst das nötige Know-how anzueignen, um als qualifizierte Begleiterin bzw. Begleiter und Gesprächspartnerin oder Gesprächspartner anerkannt zu werden.[16]

Es kann in der Auseinandersetzung nicht darum gehen, Kindern das Spielen zu vermiesen. Das Spielen hat für Kinder und Jugendliche phasenweise einen großen Stellenwert. Man kann sogar davon ausgehen, daß das Medium Computerspiel für die Altersgruppe der 11-15jährigen (männlichen) Kinder und Jugendlichen inzwischen als Leitmedium fungiert. Ziel muß es deshalb sein, ihnen Hilfestellung zu geben, ihr Spielvergnügen zu qualifizieren. Wie in anderen Bereichen auch brauchen Kinder Anregung, auch einmal komplexere, anspruchsvollere Spiele zu probieren, aber auch Unterstützung, wenn sie an die Grenzen ihres Spielvermögens stoßen. Dazu gehören auch Anregungen, die programmierte Spielelogik zu durchbrechen, sich ein Spiel mit ihrem Regelwerk zu machen oder Spiele gegen den Strich zu spielen.

Die Kommunikation mit der Spielemaschine ist zwar anfänglich sehr faszinierend, aber auf Dauer auch unbefriedigend. Gerade wenn man davon ausgeht, daß Computerspiele keine Empathie bewirken, muß es darum gehen, gemeinsames Spielen zu fördern und Räume zu schaffen für die 'Entwicklung von prosozialen Einstellungen'. Konkret heißt das, Spiele-Treffs einzurichten, um Spiele gemeinsam spielen (und diskutieren) zu können, Wettbewerbe zu veranstalten oder Netzwerkspiele anzubieten, die am isolierten häuslichen Rechner nicht zu spielen sind. Spielen muß als soziales Ereignis organisiert werden.

Ähnlich wie in der aktiven Videoarbeit gibt es auch die Möglichkeit der eigenen, kreativen Gestaltung von Spielen. Es gab in der Vergangenheit einige Wettbewerbe, die Jugendliche aufforderten, eigene Spiele zu programmieren. Das Programmieren von kompletten Spielen ist aber für Kinder und Jugendliche eine heillose Überforde-

---

[16] Wenn Staatsanwälte Spiele wie 'Mortal Kombat' wegen seiner realitätsnahen Gewaltdarstellung bundesweit beschlagnahmen (dabei aber geflissentlich übersehen, daß zum Beispiel einige Kämpfer auch vier Arme haben) und den Spielenamen in der Urteilsbegründung konsequent falsch schreiben ('Kombat' mit 'C'), dann disqualifizieren sie sich in den Augen von Spielern selbst für eine ernsthafte Auseinandersetzung.

rung, der programmtechnische Aufwand steht in keinem sinnvollen Verhältnis mehr zur kreativen Konzeptentwicklung. Es sind nur die Freaks, die sich einer solchen Aufgabe stellen (können). Kreative Gestaltungsmöglichkeiten gibt es eher auf untergeordneter Ebene, z.b. das Editieren einzelner Level, das Collagieren mit audiovisuellem Material aus Spielen oder die Inszenierung von Spielen in realen Kontexten (z.b. Super Mario in der Turnhalle).

Am schwierigsten ist die Auseinandersetzung mit den Inhalten und dem 'heimlichen Lehrplan' von Spielen, also Fragen der Gewalt, der Geschlechtsrollen oder der Gesellschaftsmodelle, die Spielen zugrunde liegen. Es gibt einige wenige, dokumentierte Beispiele, wie eine solche Auseinandersetzung aussehen könnte. Sie reichen von der Unterrichtseinheit zur Frage der Modellentwicklung ('Sim City') bis hin zur Thematisierung der Gewaltaspekte durch das Nachspielen von Gewaltszenarien in der Realität.[17]

2. Internet

Es ist fast unmöglich, halbwegs abgesicherte Aussagen über Kinder und Jugendliche im Internet zu treffen. Das Internet ist zumindest in Bezug auf die Nutzung durch die Altersgruppe der 11-15jährigen so neu, daß deren Nutzungsverhalten noch nicht untersucht ist. Die Entwicklung des Internets schreitet aber auch so schnell voran, daß es sich herkömmlichen Untersuchungsmethoden weitgehend entzieht - zum Zeitpunkt der Veröffentlichung sind die Ergebnisse längst überholt. Hinzu kommt die unüberschaubare Vielfalt dieses neuen Mediums: im Gegensatz zu den bisherigen Massenmedien ist jede Nutzerin und jeder Nutzer prinzipiell in der Lage, als eigenständiger 'Sender' aufzutreten und das 'Programm' im WorldWideWeb selbst mitzugestalten. Kinder und Jugendliche, die ihre persönlichen Homepages, Fan-Seiten oder Webzines ins Netz stellen, über tausende von Chat-Kanäle kommunizieren oder ihre Kräfte in Online-Spielen auch über Ländergrenzen hinweg messen, sind deshalb bisher eine weitgehend unbekannte Größe. Zugriff hat man eher auf Institutionen, die sich im Netz präsentieren.

2.1 Zugriff und Nutzungsverhalten

Im Gegensatz zu den Computerspielen ist das Internet (noch) kein Massenmedium für Kinder und junge Jugendliche. Die 'Kids-Verbraucheranalyse 98' geht davon aus, daß etwa 2% der 11-13jährigen im Internet 'surfen'.[18] Über das Nutzungsverhalten

---

[17] Eine Sammlung von Projektbeispielen zum kreativen und reflektiven Umgang mit Computerspielen findet man in: Search&Play - Datenbank für Computerspiele, Bundeszentrale für politische Bildung oder im Internet: http://www.zkm.de/snp
[18] Zitiert nach 'c't', 20/1998.

ist so gut wie nichts bekannt. Man kann aber davon ausgehen, daß Kinder und Jugendliche sehr viel stärker als Erwachsene nach kommunikativen und spielerischen Internet-Angeboten suchen.

2.2 Angebot

Das Angebot ist dürftig. Es gibt zahlenmäßig wenig Web-Sites, die sich speziell an Kinder und junge Jugendliche richten. Aber auch qualitativ haben die existierenden Web-Sites wenig zu bieten. Die meisten Angebote dienen der Selbstdarstellung, verweisen auf kommerzielle Angebote und bestehen hauptsächlich aus den immer gleichen Linklisten. Nur wenige Angebote sind speziell für das Netz entwickelt und haben einen eigenständigen Charakter. Beispielhaft ist das Kindernetz des Südwestfunks, das zumindest versucht, die Möglichkeiten des Internets ansatzweise auszureizen, indem es auch Kommunikations- und Spielmöglichkeiten integriert. Bisher haben etwa 6000 Kinder im Kindernetz eine eigene Homepage eingerichtet, die Site präsentierte interessante Inhalte und wird intensiv betreut. Aber auch bei dieser Site gibt es fragwürdige Bereiche. Es werden in der Spiele-Sektion z.B. kleine Java-Spiele präsentiert, die jeglichen Reiz vermissen lassen (simple Einzelspiele, die man als Shareware-Version auf dem heimischen Rechner besser und billiger spielen kann), vor allem gibt es keine Möglichkeiten, die angebotenen Spiele gemeinsam zu spielen.

Dank seines kommunikativen Potentials, der Möglichkeit, selbst gestaltend tätig zu werden, und der Aufhebung nationaler Grenzsetzungen, wird das Internet gerne als ideales Medium für transnationale und interkulturelle Projekte bezeichnet. Bei genauerer Betrachtung offenbaren sich eine ganze Reihe von Problemen und Widerständen: das Internet ist das Medium der 'weißen', anglo-amerikanischen Eliten - es ist weit davon entfernt, die gesamte 'Weltkultur' zu repräsentieren. Auch das Schlagwort von der 'Aufhebung von Ort und Zeit' stellt sich in der Praxis schnell als leere Formel dar: es existieren nach wie vor große Sprachbarrieren - und selbst wenn eine gemeinsame Verständigungsbasis gefunden wurde, verursachen Zeitverschiebungen Probleme bei der Echtzeit-Kommunikation. Faktisch gibt es deshalb bisher so gut wie keine transkulturellen Projekte.

2.3 Wie kann Medienkompetenz gefördert werden?

Da es momentan nur eine kleine Minderheit ist, die im Internet 'surft' und ihr Nutzungsverhalten weitgehend im Dunkeln liegt, ist es zu früh, sich damit auseinanderzusetzen, wie Medienkompetenz in diesem Bereich konkret gefördert werden kann. Wie in anderen Bereichen auch, wird das Internet in der schulischen und außerschulischen Jugendarbeit noch hauptsächlich als Informations-Medium genutzt. Damit geht man wahrscheinlich an den Interessen von Kindern und Jugendlichen vorbei, die vielmehr kommunikative und partizipative Angebote suchen.

3 Medienkompetenz im Jugendalter: Die Altersgruppe der 16-20jährigen

Andreas Hedrich / Thomas Voß-Fertmann
Medienkompetenz im Jugendalter: Gesellschaftliche Rahmenbedingungen, Stellenwert der Medien und medienpädagogische Handlungsfelder

'Mit 17 hat man noch Träume', so der Refrain eines Schlagertextes aus den 60er Jahren. Wie in vielen Darstellungen von Jugend, wird die angeblich süße Phase des blühenden Lebens beschrieben: Die Welt liegt einem zu Füßen und ungeahnte Freiheiten erlauben es, Lebensentwürfe auszuprobieren oder zu träumen.
Träume, Illusionen und Wünsche, die zur Ausbildung der eigenen Identität und des Selbstbildes beitragen, sind heute genau so kennzeichnend für Jugendliche zwischen 16 und 20 Jahren wie vor 30 Jahren. Jugend ist die Beschreibung einer selbständigen Lebensphase und zugleich ein zentrales Schlagwort unserer Gesellschaft, der Wirtschaft und Politik. Jugend wird idealisiert und erforscht, um als Lebensgefühl vermarktet und von der Politik umworben zu werden.
Der Stellenwert von Medien, die sich in den letzten Jahren stark verändert haben, ist für Jugendliche heute ein anderer als noch vor 10 Jahren. Medien sind selbstverständlicher und integraler Bestandteil des alltäglichen Lebens. Die Einbindung von Medien in den Alltag hat zugleich zur Folge, daß Medien eine wichtige Bedeutung für Lebensentwürfe, Berufsziele oder eben auch Träume haben.
Für die heterogene Altersgruppe der 16 bis 20jährigen und für die Frage nach Grundlagen, Ausprägungen und praktischen Handlungsfelder zur Erforschung und Vermitt-

lung von Medienkompetenz sollen im folgenden zwei Schwerpunkte im Vordergrund der Betrachtung stehen:

❏ Sozialisation und Lebensbedingungen Jugendlicher, um die Umgangsweisen und die Alltäglichkeit von Medien im Kontext der Lebenssituation von Jugendlichen zu bestimmen und grundlegende Kenntnisse für die Handlungsfelder in Pädagogik, Forschung und Politik zu gewinnen.
❏ Handlungsfelder in Forschung und Praxis benennen, um Leerstellen in bisherigen Projekten, Notwendigkeiten aufgrund sich stetig verändernder Medienlandschaften und Perspektiven für die Vermittlung von Medienkompetenz aufzuzeigen.

Die enge Verzahnung der beiden Bereiche zeigt die Komplexität zur Bestimmung von Medienkompetenz für diese Altersgruppe auf. Es sollen im folgenden die beiden Hauptaspekte diskutiert und für einzelne Bereiche die jeweiligen Schwerpunkte und Meinungen herausgestellt werden.

1. Kennzeichnung von Jugendlichen zwischen 16 und 20 Jahren

1.1 Sozialisation

In der Sozialisationsforschung werden Jugendliche als aktiv handelnde Subjekte, die von einem Arrangement gesellschaftlicher, sich bedingender Sozialisationsfaktoren umgeben sind, beschrieben. Sozialisationsfaktoren bzw. -instanzen wurden bisher als feste, institutionelle Gruppen oder Personen gesehen. Diese Ansicht wird nun aufgrund von veränderten gesellschaftlichen Bedingungen zunehmend revidiert. Ausgelöst durch die Diskussion in der Soziologie, wird auch in der Sozialisationsforschung immer mehr von einer Individualisierungstendenz in der Gesellschaft ausgegangen und unter dem Begriff der Selbstsozialisation zusammengefaßt. Herkömmliche Sozialisationsinstanzen verlieren demnach zunehmend an Bedeutung, ihre Angebote werden von Jugendlichen immer weniger akzeptiert.
Der Begriff der Multioptionsgesellschaft als ein zentrales Schlagwort in der Individualisierungsdebatte, beschreibt ein Entscheidungsdilemma, dem Jugendliche ausgesetzt sind. Beschrieben wird hiermit die Schwierigkeit für Jugendliche, aus der Vielzahl an Möglichkeiten auszuwählen und den Aufgaben, die ihnen gestellt werden, gerecht zu werden. Da ihnen (noch) kein klarer Lebensentwurf als Ziel vor Augen steht, können Entscheidungen nicht in ihrer Tragweite abgeschätzt werden.
Selbstsozialisation beschreibt vor allem äußere Merkmale der Sozialisation und verweist auf die Schwierigkeiten für Jugendliche, die für ihre Entwicklung notwendigen Orientierungen zu finden. Orientierung zur Identitätsbildung bleibt der Kern von Sozialisation und muß auch weiterhin von Sozialisationsinstanzen unterstützt werden (vgl. den Beitrag von Waldemar Vogelsang). Demnach hat sich die Suchbewegung in Sozialisationsprozessen grundsätzlich nicht verändert (vgl. den Beitrag von Ekke-

hard Sander)[1], Jugendliche wechseln heute allerdings zur Ausprägung der eigenen Identität frei zwischen Sozialisationsinstanzen hin und her, um Grenzen und Möglichkeiten zu erproben. Da sich gesellschaftliche Zusammenhänge verändern, ist es wichtig, die für die Identitätsbildung relevanten Institutionen und Gruppen in ihrer aktuellen Bedeutung genauer zu betrachten:
Die *Gruppe der Gleichaltrigen* (Peer-Group) ist für die Sozialisation der 16- bis 20jährigen der wichtigste Bezugspunkt (vgl. die Beiträge von Ekkehard Sander und Wilfried Ferchhoff). Die Peer-Group ist ein 'Schutzraum', in dem durch Abgrenzung zu anderen Altersgruppen Meinungsbildungsprozesse stattfinden sowie kommunikatives und soziales Handeln in unterschiedlichen Varianten ausprobiert werden kann. Die Peer-Group bildet demnach einen durch das Alter festumgrenzten Freiraum zum Ausprobieren von Identitäts- und Verhaltensentwürfen.
Arbeit und Berufsausbildung sind das zweite wichtige Feld der Sozialisation für Jugendliche dieser Altersgruppe. Stärker als in der Peer-Group machen sich hier die sich verändernden gesellschaftlichen bzw. wirtschaftlichen Entwicklungen bemerkbar. So wird davon ausgegangen, daß Arbeit im herkömmlichen, klassenbildenden, für Lebensentwürfe relevanten Sinne für Jugendliche unter 20 Jahren aufgrund hoher Jugendarbeitslosigkeit und Lehrstellenmangels kaum noch ein Charakteristikum darstellen kann (vgl. Ferchhoff). Der Verlust der Rolle von Arbeit als materielle Basis der Unabhängigkeit führt Heranwachsende zu einer stärkeren, vor allem finanziellen Bindung an die Eltern. Die Familie selbst hat bei Jugendlichen zwar immer noch einen zentralen Stellenwert (vgl. Sander), die finanzielle Bindung führt aber dazu, daß die notwendigen Abgrenzungsprozesse schwieriger werden.
Medien stellen ebenfalls einen wichtigen Sozialisationsfaktor dar. Medien sind Bestandteile im Alltag von Jugendlichen und werden im Zusammenhang mit herkömmlichen Sozialisationsinstanzen wie der Familie oder Peer-Group (vgl. Sander) oder als eigenständige Instanzen (vgl. Ferchhoff, Vogelgesang) gesehen. Medien gehören zu den wichtigsten jugendkulturellen Merkmalen und spielen bei der Bearbeitung entwicklungsspezifischer Themen im Jugendalter auch für die Abgrenzung zu Erwachsenen[2] eine übergeordnete Rolle.

1.2 Lebensräume und Orte von Jugendlichen

In der Entwicklung eines eigenen Selbstbildes und der eigenen Identität suchen Jugendliche Freiräume und Grenzen gleichermaßen. Dabei begegnet ihnen eine Vielzahl an Möglichkeiten zur Schaffung eigener Räume, sie finden diese aber auch in herkömmlichen Strukturen.
Die *Familie* gilt als zentraler Ort zur Herausbildung von Einstellungen und Meinungen (nach Sander vor allem in Bezug auf Medien), wobei die Abgrenzungsmöglich-

---

[1] Sander weist auf der Grundlage eines Forschungsprojektes des Deutschen Jugendinstituts auf die für das Alter typische Phase der Orientierung und Individualisierung hin.
[2] Vogelgesang beschreibt in diesem Zusammenhang die asymmetrischen Wahrnehmungskulturen.

keiten zu den Eltern immer geringer werden. Wo können Jugendliche mit ihrem individuellen Stil an Grenzen stoßen, wenn die Eltern beispielsweise die gleiche Musik hören oder die gleichen Leinwandstars gut finden wie die Jugendlichen selbst? (vgl. Ferchhoff)

Die *Schule* kann als weiterer zentraler Ort von Jugendlichen gesehen werden. Davon abgesehen, daß in dieser Institution nicht alle 16-20jährigen erreicht werden, handelt es sich um den Ort, an dem Gleichaltrige aufeinandertreffen, gemeinsame kulturelle Aktivitäten stattfinden und Jugendliche einen großen Teil ihrer täglichen Zeit verbringen. Die Schule ist eine Bühne und ein Forum für unterschiedlichste Ausprägungen von Jugendkultur (vgl. Sander).

Arbeit und Berufsausbildung erfüllen, im Gegensatz zur Schule, weniger die Funktionen des Treffpunktes und der Plattform Gleichaltriger. Arbeit ist bindender und strukturell festgelegter, Jugendliche können hier nicht Freiräume erproben, sondern werden dazu angehalten, Grenzen zu akzeptieren und zu respektieren. Der Tagesablauf, der gesamte Alltag von berufstätigen Jugendlichen ist von den Arbeitsstrukturen geprägt. Zugleich führt die Suche nach einem der wenigen Ausbildungs- oder Arbeitsplätze zu existentiellem Druck. Im Vergleich der Freiräume Schule und Arbeit werden die unterschiedlichen alltäglichen Ausgangsbedingungen der Altersgruppe deutlich.

Informelle Räume und Orte können von Jugendlichen selbst geschaffen werden. Hierfür spielen Medien eine zentrale Rolle. Jugendliche können sich mit Hilfe von Medien virtuelle (gedankliche) Räume schaffen, die in reale Räume hineingetragen werden (vgl. Vogelgesang). So haben Jugendliche beispielsweise eine Vorliebe, sich über mediale Stars auszutauschen und sich hierdurch einen eigenen kulturellen Lebensraum zu schaffen, in dem vor allem ihre entwicklungsbedingten Themen eine zentrale Rolle spielen (vgl. Sander). Zwischen den virtuellen und realen Räumen wechseln Jugendliche hin und her, um in den jeweiligen Räumen spezifische Erfahrungen zu sammeln. Erklärt wird so die Beziehung zwischen Alltagswelten und Medienwelten, in denen Jugendliche sich aufhalten und die sie auch selbst schaffen.

1.3 Stellenwert der Medien

Jugendliche zwischen 16 und 20 Jahren sind mit Medien aufgewachsen und erleben zur Zeit Veränderungen vor allem im Bereich digitaler Medien. Medien werden zu alltäglichen Gegenständen, mit denen man umgeht und die zum selbstverständlichen Mittel der Kommunikation genutzt werden. Für diese Altersgruppe haben Medien zudem einen sehr spezifischen Stellenwert: Im Hinblick auf berufliche Zukunftsaussichten akzeptieren sie den Umgang mit Medien als 'Schlüsselqualifikation'. Nicht ein bestimmtes Medium, wie z.B. das Fernsehen, steht bei Jugendlichen dieses Alters im Vordergrund (vgl. die Beiträge von Mike Große-Loheide und Paul-Detlev Bartsch). Wichtiger ist vielmehr die Differenzierung und Segmentierung bei der Auswahl der Medien und ihrer Inhalte (vgl. Ferchhoff). Zur Bearbeitung der zentralen Themen Jugendlicher bekommen Medien eine unterstützende, informierende Funktion. Medien bieten demnach Möglichkeiten zur altersabhängigen Gruppenbildung.

Diese können in der zwischenmenschlichen Kommunikation durch Inhalte von Medien, z.B. von Fernsehsendungen, Computerspielen, Radiosendungen etc., oder durch die veränderten Rückkoppelungsmöglichkeiten von neuen Medien in Computernetzwerken entstehen. Die entstehenden oder abgebildeten sozialen Netzwerke haben eine, die Sozialisation unterstützende Funktion, denn in ihnen kann face to face oder virtuell eine Erprobung und Abgleichung von Rollen und Lebensentwürfen stattfinden (vgl. Vogelgesang). Die Einblicke in und Erprobungen von Lebensentwürfen mit Hilfe der Medien werden zwar auch als Gefahr, als Entzauberung der Kindheit angesehen (vgl. Ferchhoff). Doch kann diese Annahme dadurch relativiert werden, daß die in Medien dargebotenen Entwürfe nicht entsprechend eindimensional wirken, sondern eben im Zusammenhang mit den jeweiligen Themen der Jugendlichen aufgenommen werden.

Themen von Jugendlichen richten sich demnach nicht an den Medien aus, sondern zentrale Themen der entsprechenden Entwicklungsstufe werden mit Hilfe von Medien bearbeitet. Eine der Projektionsflächen, mit denen Jugendliche Themen bearbeiten und die für den Medienkonsum entscheidend ist, ist die Musik (vgl. Sander und Ferchhoff). Gefühle, Ideen, Gemeinsamkeiten und Abgrenzungen lassen sich über Musik ausdrücken, hervorrufen, verstärken und dämpfen. Dies erfordert eine differenzierte und selektierte Sicht auf Medien.

Die Veränderungen der Medientechnologien wirken sich auf den Stellenwert von Medien als wichtiges kommunikatives Element im Leben Jugendlicher aus, denn computergestützte Kommunikation entmythologisiert die nichtelektronisch vermittelte Kommunikation (vgl. den Beitrag von Manfred Faßler). Konnten Medien bisher überwiegend als Übertragungs- und Empfangstechnologien zur rezeptiven Mediennutzung gesehen werden, hat die computergestützte Kommunikation zur Folge, daß die hierfür zur Verfügung stehenden Geräte (Medien) stärker aktiv und produktiv genutzt werden. Nicht das Ein/Aus-, das Hin-und-Her-Schalten läßt die Benutzer und Benutzerinnen in eine Kommunikation eintreten, sondern das aktiv-produktive Nutzen, beispielsweise durch die Eingabe von Texten, ermöglicht dies erst.

Insbesondere bei männlichen Jugendlichen ist ein erhebliches Wissen über die technische Nutzung von neuen Medien festzustellen, was auf eine Ausweitung und Verschiebung des Wissens über Medien hinweist. Konnte bisher davon ausgegangen werden, daß Jugendliche vor allem ein großes Wissen über Genrespezifika haben, z.B. über Horrorfilme oder Musikclips, erweitert sich dies um ein hohes Wissen über Medientechnologien und die Möglichkeiten ihrer Anwendung.

1.4 Zusammenfassung: Veränderte Rahmenbedingungen für Jugendliche

Hinsichtlich Sozialisation, Lebensräume und Stellenwert von Medien und damit der Frage nach Ausprägung von Medienkompetenz in dieser Altersgruppe ist festzustellen, daß es trotz der in den Sozialwissenschaften stattfindenden Individualisierungsdebatte für Jugendliche ein gemeinsames Ziel im Heranwachsen gibt: Das eigene

Identitätskonzept, verstanden als Suche nach der richtigen Balance von Übereinstimmung und Differenz mit sich und anderen. Dabei spielen bisherige, sich in ihren Merkmalen verändernde Sozialisationsinstanzen, vor allem hinsichtlich des sozialen und kommunikativen Handelns, weiterhin eine wichtige Rolle.
Medien werden im Prozeß der Identitätsbildung zunehmend wichtiger. Computergestützte Kommunikation erhält dabei einen neuen Stellenwert, da sich in Computernetzwerken, anders als bei bisherigen Medienformen, nicht lediglich Abbilder von sozialen Netzwerken herausbilden. Es entstehen vielmehr eigenständige Spielräume, die sich an den sozialen Lebensräumen und deren Beschaffenheit ausrichten. Medien spielen zudem eine wichtige Rolle in der Abgrenzung von der Erwachsenenwelt; denn Jugendliche haben in Bezug auf Medien und Medientechnologien eigene Wissensbestände und Nutzungserfahrungen, die von Erwachsenen oft nicht mehr verstanden werden.
Wenig Beachtung findet bisher die Geschlechtsdifferenzierung in der (Medien-)Sozialisation. Es wird zwar immer wieder darauf hingewiesen, daß vor allem männliche Jugendliche neue Medien nutzen. Bekannt sind auch geschlechtsspezifische Unterschiede beim Umgang mit ‚alten Medien' und deren Sozialisationsrelevanz. Wie aber die Umgangsweisen von weiblichen und männlichen Jugendlichen mit neuen Medien aussieht und welche Bedeutung dies im Rahmen der Identitätssuche von Mädchen und Jungen erlangt, ist bislang kaum erforscht. Übereinstimmend wird lediglich festgestellt, daß für Jugendliche dieses Alters der kompetente Umgang mit neuen Medien als 'Schlüsselqualifikation' gesehen wird.
Mit diesem Anspruch sehen sich die herkömmlichen Sozialisationsinstanzen konfrontiert und fühlen sich teilweise überfordert. Wollen sie nicht an Einfluß verlieren, müssen sie die Interessen von Jugendlichen aufgreifen. Notwendig scheint weniger die Förderung von 'technischem Bedienungswissen', das sich viele Jugendliche aufgrund ihrer Offenheit und Neugier auch selbst aneignen können. Entscheidend ist vielmehr die Vermittlung einer handlungstheoretisch fundierten Medienkompetenz.

2. Handlungsfelder in Forschung und Praxis

Die vorhandenen Kenntnisse, das Interesse und die Umgangsweisen von Jugendlichen, bezogen auf ihr Leben, ihre Entwicklung und entsprechend auch auf Medien, müssen im Mittelpunkt der relevanten Handlungsfelder Forschung und Praxis stehen. Es muß also darum gehen, vorhandene Medienkompetenz aufzugreifen, fehlende Kompetenzbereiche aufzuzeigen und auf dieser Grundlage Modelle zur Vermittlung von Medienkompetenz zu entwickeln, fortzusetzen und zu revidieren.
Für die beiden Handlungsfelder ist vor allem ein Hauptproblem hinsichtlich möglicher Handlungsoptionen kennzeichnend: Die Einblicks- und Eingriffsmöglichkeiten in die Lebensräume Jugendlicher. Wie gezeigt werden konnte, gibt es zwar eine Reihe von gemeinsamen Kennzeichnungen für die 16 bis 20jährigen. Deren jeweilige Ausprägungen können je nach Alter, Geschlecht und Lebensumgebung stark differie-

ren. Vor diesem skizzierten Hintergrund stellen sich für die beiden genannten Handlungsfelder zwei Hauptfragen:
❏ In der Forschung ist zu fragen, wie die selektive, an persönlichen Themen ausgerichtete Nutzung alter und neuer Medien sowie deren Vermischungen erfaßt werden kann.
❏ In der Praxis stellt sich die Frage, welche Unterstützung Jugendlichen für ihr schon weitgehend selbständiges Leben und ihrem damit verbundenen Medienumgang angeboten werden kann.

2.1 Forschung

Forschungsaktivitäten, vor allem im Bereich der Medienrezeptionsforschung, haben sich in den letzten Jahren viel mit Kindern und Jugendlichen befaßt. Im Zentrum des Interesses stand und steht vor allem das Medium Fernsehen. So gehören heute Jugendliche ab 16 Jahren zu der Altersgruppe, über die bereits viele Aussagen bezüglich ihrer Rezeptionsgewohnheiten als Kinder und jüngere Jugendliche vorliegen. Das heißt, es gibt Grundlagen und Ansatzpunkte, die aufbauende Studien beispielsweise über die Veränderung von Rezeptionsgewohnheiten ermöglichen.

Um politische und richtungsweisende Mitbestimmung bei der zunehmenden Einbindung computergestützter Medien in den Alltag zu ermöglichen, ist es wichtig, sich mit der Nutzungsweise solcher Medien eingehend auseinanderzusetzen. Forschungsaktivitäten in diesem Bereich könnten auch dem der Medienpädagogik häufig gemachten Vorwurf der Feuerwehrfunktion zuvorkommen. Anknüpfend an bisherige Forschungsergebnisse könnte verdeutlicht werden, wie sich der Stellenwert von Medien für Jugendliche verändert und wie wichtig Medien für das Heranwachsen von Jugendlichen sind.

Im Blick auf computergestützte Medien lassen sich einige aktuelle Aufgabenfelder und Forschungsfragen aufzeigen:
❏ Computergestützte Kommunikation nutzt nicht nur ein technisches Medium, sondern erfordert das bewußte Benutzen des Mediums in veränderter Weise. Die eigene produktive Aktivität des Nutzers stellt zugleich einen wesentlichen Unterschied zur herkömmlichen rezeptiven Fernsehnutzung dar. So ist zu fragen, ob die unmittelbare Einbindung in die mediale Kommunikation Veränderungen in der gesellschaftlichen Kommunikation bewirkt, aber auch, wie die ‚nichtmedialen' Kommunikationsformen von Jugendlichen in die mediale Kommunikation aufgenommen werden.
❏ Die Darstellungsweisen von Inhalten erfahren in Computermedien eine Veränderung. Die Fähigkeit, zwischen Realität und fiktiven Medieninhalten unterscheiden zu können, wurde bezogen auf das Fernsehen immer als ein wichtiger Aspekt im Kontext von Identitätsbildung beschrieben. Für Computermedien ist nun zu fragen, welche Wechselbeziehung zwischen der stärker symbolhaften Darstellung in Computermedien und den Alltagsbildern Jugendlicher besteht, über welches Wissen Jugendliche also verfügen müssen, um die Differenzierung überhaupt leisten

zu können.
- In medialen Eigenproduktionen von Jugendlichen stecken auch Selbstbilder und Sichtweisen über Medien. Inhaltsanalytisch ließen sich die Selbstbilder in Videofilmen, auf Homepages, in Hörspielen etc. von Jugendlichen ermitteln und Aussagen zu persönlichen Schwerpunkten in der Sicht auf Medien und auf den Alltag treffen.
- Soziale Netzwerke bilden sich in Computernetzwerken ab, bzw. es entstehen dort neue (vgl. Faßler). Inwieweit eine Gleichsetzung stattfinden kann, wo aber auch die Unterschiede liegen, ist kaum erforscht. Hier ist zunächst zu fragen, ob das bereits im Blick auf ‚alte' Medien sowie auf soziale, reale Netzwerke entwickelte Instrumentarium sozialwissenschaftlicher Forschung auf computergestützte Netzwerke übertragbar ist.
- Medientechnologien und die hinter den Medien stehenden Machtstrukturen verändern sich. Während diese Strukturen für klassische Medien auch in ihrer Entwicklung beschrieben werden können, ist für neue Medientechnologien zu fragen, welchen Machtstrukturen, die sich vor allem in selektierten und dargestellten Inhalten sowie in Zugangsvoraussetzungen (Stichwort: Kosten), manifestieren, diese unterliegen.
- Für Jugendliche bedeutet der Umgang mit dem Computer eine Schlüsselqualifikation für den Beruf oder die Berufsausbildung. Hier ist zu fragen, welche Unterschiede sie zwischen dem Ernsthaftigkeits- und dem Spiel-Status (vgl. Faßler) sehen, d.h. ob von Jugendlichen der spielerische Umgang mit dem PC und die funktionale Anwendung in einem unmittelbaren Zusammenhang gesehen werden.

Die Beschäftigung mit den hier beschriebenen Aufgabenstellungen, erfordert eine Überarbeitung von methodologischen Ansätzen. Im Umgang mit (neuen) Medien selektieren Jugendliche entsprechend ihrer Themen, wenn sie mit Medieninhalten umgehen. Solche Prozesse näher zu untersuchen, bedarf einer genauen Überlegung und eventuell auch Neudefinition von methodischen Ansätzen (vgl. den Beitrag von Friedrich Krotz). Hierzu sollte sich die Forschung, auf Grundlage der Erkenntnisse der Sozialisationsforschung, auf Inhaltsbereiche von Medien und dem selektivem Umgang Jugendlicher mit ihnen konzentrieren, da diesem Zusammenhang eine immer wichtigere Bedeutung zukommt.

2.2 Praktische Handlungsfelder in Freizeit und Institutionen

Jugendliche zwischen 16 und 20 Jahren haben bereits eine umfassende Mediensozialisation hinter sich und so sind einige für die Medienkompetenz relevante Bereiche bereits ausgeprägt. Für die Leerstellen in der Medienkompetenz stellt sich die Frage, welche Möglichkeiten Jugendlichen angeboten werden können, um ihnen einen kompetenten Umgang mit Medien zu vermitteln.
Die praktische Medienarbeit und die Medienerziehung sind zwei Bereiche, die sich in den pädagogischen Praxisfeldern Freizeit und Schule in den letzten Jahrzehnten

entwickelt und zum Teil behauptet haben. In der betrieblichen Ausbildung finden sich vor allem rein berufsbezogene Lehrgänge und Fortbildungen, die zur 'Schlüsselqualifikation' führen sollen. In diesen drei Handlungsfeldern spielen in letzter Zeit vor allem medientechnologische Veränderungen eine erhebliche Rolle.
Schule, Freizeitpädagogik und Ausbildung stehen vor dem Problem, daß sie aufgrund ihrer festgeschriebenen Aufgaben (z.B. Lehrpläne in der Schule) und dem wachsenden Vertrauensverlust bei Jugendlichen von diesen für den Bereich der Medien nicht ernst genommen werden. Mediensozialisation findet vor allem in informellen Sozialisationsinstanzen statt, auf die die genannten Institutionen wenig direkten Einfluß haben[3].
Dennoch gibt es gerade im Bereich der Freizeitpädagogik, aber auch der Schule, Konzepte zur Vermittlung von Medienkompetenz. In diesen darf allerdings nicht, wie es zur Zeit primär geschieht, auf die Vermittlung technischen Wissens abgezielt werden, sondern allgemeine pädagogische Ziele müssen wieder stärker in den Vordergrund gerückt werden. Hierzu gehört es, auf die biographisch relevanten Themen und deren Relevanz für den jeweiligen Medienumgang der Jugendlichen einzugehen. Soziales und kommunikatives Handeln haben dementsprechend auch für medienpädagogische Bemühungen den wichtigsten Stellenwert.
Zur Vermittlung von Medienkompetenz könnten auch die Medien bzw. die hinter ihnen stehenden Unternehmen selbst in die Verantwortung genommen werden, wie dies seit längerem bei Fernsehsendern versucht wird. Allerdings verlangt dies mehr, als den Einsatz von Jugendschutzbeauftragten, wie sie inzwischen bei privaten und öffentlich-rechtlichen TV-Veranstaltern tätig sind. Für den Bereich der neuen Medien sind derartige Ansätze zur Selbstregulierung und Beiträge zur Medienkompetenzförderung der Unternehmen aufgrund der Internationalisierung der Medienkonzerne noch schwieriger einzufordern und realisieren.
Im folgenden soll auf einige Möglichkeiten einzelner Institutionen zur Förderung von Medienkompetenz eingegangen werden.

Praktisches Handlungsfeld Schule

Für die Schule als eine in sich relativ geschlossene Institution wird immer mehr die Öffnung für Freizeiterfahrungen und Alltagsprobleme Jugendlicher gefordert. Eine Möglichkeit zur Vermittlung von Medienkompetenz unter Berücksichtigung solcher Forderungen ist die Aufnahme der Konzepte praktischer, handlungsorientierter Medienarbeit in die Schule. Erste Modellversuche an Schulen haben gezeigt, daß die Aufnahme praktischer Medienarbeit möglich ist, Probleme allerdings in der Struktur der Schule liegen. So sehen Konzepte, wie z.B. in Sachsen-Anhalt, vor, die Vermittlung von Medienkompetenz in den Fachunterricht einfließen zu lassen, die Inhalte

---

[3] Ferchhoff spricht in diesem Zusammenhang davon, daß Eltern, Erzieher/Erzieherinnen und Lehrer/Lehrerinnen zwar liberaler, aber auch inkonsequenter geworden sind. Das pädagogische Engagement nehme immer mehr ab, die Ziele würden verschwimmen.

des Unterrichtes dürfen dabei aber keinesfalls eingeschränkt werden (vgl. Bartsch). Anstatt die Bearbeitung von Themen des Unterrichtes auch mit Medien zuzulassen und damit eine enge Verschränkung von Lehrinhalten und Medien als Alltagserfahrung von Jugendlichen zuzulassen, werden beide Bereiche als Gegenpole gesehen. Hierdurch entstehen zwei Problemfelder: Zum einen werden Medien als ein zusätzliches Element und nicht als integraler Bestandteil gesehen, wodurch Lehrern und Lehrerinnen zusätzliches Wissen in diesem Bereich vermittelt werden muß; zum zweiten kann es passieren, daß Jugendliche die Bemühungen nicht ernst nehmen, wenn ihr, auch durch Medien erworbenes Wissen, als ein vom schulischen Wissen abgekoppeltes gesehen wird.

Gelingt es in der Schule, an den Bedürfnissen, den Kenntnissen und Interessen der Schüler und Schülerinnen anzusetzen, sind strukturelle Bedingungen und entsprechend ausgebildete Lehrer und Lehrerinnen vorhanden, bietet die Schule einen guten Ort für Medienprojekte (vgl. den Beitrag von Markus Hübner). Die Schule ist ein für Jugendliche verbindlicher Treffpunkt mit sozialen und zeitlichen Bindungen, an denen medienpädagogische Arbeit hervorragend ansetzen kann, wenn diese die Jugendlichen nicht bevormundet und ihre legitimen Autonomieansprüche sowie den Spaß am Medienumgang anerkennt..

Praktisches Handlungsfeld Freizeit

In den letzten Jahrzehnten haben sich im Freizeitbereich eine Reihe von Formen aktiver Medienarbeit für Jugendliche herausgebildet. Medienzentren, Jugendeinrichtungen und Offene Kanäle bieten Möglichkeiten zur Herstellung und Veröffentlichung eigener Medienprodukte. Sowohl die Kürzung öffentlicher Finanzen, die bei weitem noch nicht ausreichende Ausbildung von Pädagoginnen und Pädagogen für die Medienarbeit, als auch die sich erst langsam entwickelnde Überarbeitung medienpädagogischer Praxiskonzepte, gerade hinsichtlich neuer Medien, hat dazu geführt, daß nur in wenigen Freizeitbereichen Jugendlichen ein pädagogisch sinnvolles Angebot zur Eigenproduktion von Medien geboten werden kann.

Wenn Medienprojekte in der Freizeit angeboten werden und von den Jugendlichen nicht als reine qualifikatorisches Angebot gesehen werden sollen, müssen sich die Projekte an den Themen der Jugendlichen ausrichten und das pädagogische Ziel haben, sie in ihrem Selbstbewußtsein zu stärken. Dadurch kann es während der Produktionsphase durch die Bearbeitung von Medienbildern und -vorbildern zur Lösung von Konflikten und Problemen bei den Jugendlichen kommen. Entsprechend allgemeinpädagogischer Ziele kann es die themenzentrierte Medienarbeit erreichen, daß Jugendliche das Medium und damit auch dessen strukturelle Hintergründe ernst nehmen. Es wird ihnen indirekt vermittelt, wofür Medien benutzt werden können (vgl. Große-Loheide).

Im Bereich der außerschulischen Bildungsarbeit sind unter dem Stichwort der 'Schlüsselqualifikation' vor allem schnelle Angebote mit Lerngarantie gefragt (vgl. den Beitrag von Irmengard Matschunas). Auch hier sollte es darum gehen, am Alltag der Jugendlichen und ihren Mediengewohnheiten anzusetzen und nicht allein den qualifikatorischen Aspekt in den Vordergrund zu stellen. Dabei hängen die Standards und auch die Akzeptanz solcher Bildungsangeboten stark von den finanziellen Voraussetzungen ab.

Berufliche Qualifikation

Wie zuvor schon verdeutlicht, wird für den Bereich der beruflichen Qualifikation vornehmlich von der Vermittlung von Medienkompetenz als 'Schlüsselkompetenz' gesprochen. Oft beschränken sich allerdings die Angebote auf den Erwerb von 'Bedienkompetenz' neuer Medien.

Der Beruf selbst bedeutet für Jugendliche die Möglichkeit zur finanziellen Eigenständigkeit und zugleich zur Gestaltung von manchmal kostspieligen Freizeitinteressen. Damit ist zwar ein unmittelbarer Zusammenhang zwischen Erwerbsarbeit und Freizeit gegeben, aber die Freizeit und damit auch entsprechende Themen und Interessen von Jugendlichen sind nicht zugleich ein Bestandteil der Auseinandersetzung in Firmen und Betrieben.

Es ist festzustellen, daß 'Schlüsselkompetenz' und deren Bedeutung kaum hinterfragt werden und es bisher auch kaum Diskussionen über die Vermittlung von Medienkompetenz im Beruf gibt. Die Vermittlung von sozialer, kommunikativer und kreativer Kompetenz als wichtige Merkmale von Medienkompetenz, gehören in einigen Ausbildungsbereichen zwar zum Bestandteil der Ausbildung, beziehen sich aber lediglich auf die effektive Bewältigung von beruflichen Aufgaben und nicht auf die darüber hinausgehenden Themen und Interessen der Jugendlichen.

2.3 Alles beim alten oder alles neu?

In den praktischen Handlungsfeldern zur Vermittlung von Medienkompetenz zeigen sich noch erhebliche Schwierigkeiten:
- Die Schule steckt in der strukturellen Schwierigkeit, bisherige Wege, außer in Ausnahmefällen, verlassen zu können und zu dürfen.
- Außerschulische Medienarbeit hängt an öffentlichen Geldern und hat entsprechende finanzielle Schwierigkeiten.
- Berufliche Ausbildung soll zur Berufsqualifikation und zu medienbezogenen Fertigkeiten aber nicht zur Medienkompetenz und damit zur Eigenständigkeit beitragen.

Für die Vermittlung von Medienkompetenz sollte über eine entsprechende Gewichtung in den Konzepten zur aktiven Medienarbeit nachgedacht werden. Die Neugier gegenüber technischen Möglichkeiten könnte dabei aufgenommen werden, um den Jugendlichen die Möglichkeit zu bieten, sich mit Hilfe von Medien in einer adäquaten Art und Weise mit ihren Themen und Interessen auseinanderzusetzen. Hierdurch könnte für alle praktischen Handlungsfelder stärker das Ziel verfolgt werden, soziale und kommunikative Kompetenz zu vermitteln.

3. Freigegeben ab 16 Jahren?

Sind Jugendliche zwischen 16 und 20 Jahren fertig 'ausgestattet' mit Medienkompetenz? Kann ihnen überhaupt noch etwas 'beigebracht' werden? Diese Fragen verlangen differenzierte Antworten. Jugendliche in dieser Altersgruppe können Medien im Alltag nutzen, sie wollen und müssen dies auch. Dennoch ist ihr Wissen nicht in allen Bereichen der Medienkompetenz ausgeprägt. Bezogen auf die vier Hauptaspekte von Medienkompetenz heißt dies:

Medienkritik: Jugendliche sind zwar in das jetzige Mediensystem hineingewachsen und verfügen bereits über beachtliche medienbezogene Kenntnisse. Doch fehlt ihnen meist noch die reflexive Distanz zu den Medien. Jugendliche wissen beispielsweise wenig über die Macht- und Wirtschaftsstrukturen des Mediensystems. Je älter Jugendliche werden und je mehr sie mit den Medien auch im Beruf umgehen können müssen, umso weniger erfahren sie auch über die Strukturen. Spätestens in der beruflichen Ausbildung werden Medien weitgehend unhinterfragt genutzt.
Eine der Aufgaben zur Vermittlung von Medienkompetenz beinhaltet demnach, daß von Seiten der Medienforschung stärker als bisher Machtstrukturen analysiert werden. Dieses Wissen wäre dann in angemessener Form an die Jugendlichen weiterzugeben. Zur unmittelbaren Vermittlung sollten Jugendliche auf ihre alltägliche Partizipation an dem Mediensystem hingewiesen werden. Es sollte ihnen veranschaulicht werden, daß sie allein durch den Konsum von Medieninhalten zur Stärkung vorhandener Systeme beitragen und diese auch beeinflussen können.

Medienkunde: Technisches Wissen und Möglichkeiten von Medientechniken sind Jugendlichen dieser Altersgruppe in vielen Bereichen bekannt. In Bezug auf neue Medien kann zwar von einer Neugier gegenüber diesen Techniken ausgegangen werden. Bei weitem nicht alle Jugendliche haben allerdings Zugang zu diesen Techniken, so daß hier von unterschiedlichen Voraussetzungen auszugehen ist.
Jugendliche stehen neueren Entwicklungen und Möglichkeiten grundsätzlich offen gegenüber. Wenn es um die Vermittlung von technischen Fähigkeiten geht, sollten daher nicht Erklärungen von Bedienfunktionen im Vordergrund stehen, sondern Themen, die Jugendliche interessieren und betreffen. Die Fähigkeiten, die Jugendliche bereits besitzen, müssen aufgegriffen und für sie in einen erfahrbaren Zusammenhang mit ihrem Wunsch nach Kommunikation gestellt werden.

Mediennutzung: Jugendliche treten bei der Mediennutzung mit ihren entwicklungsbedingten Themen und Interessen mit einem selektiven, differenzierenden Blick an Medien heran. Medieninhalte sind für Jugendliche wichtig, um Orientierung zu erhalten und mit Gleichaltrigen zu kommunizieren.
In dieser Altersgruppe stehen dabei allerdings nicht spezifische Inhalte von beispielsweise Fernsehsendungen im Vordergrund, sondern übergeordnete Themen, die sich auch in Ausdrucksformen wie der Musik manifestieren können. In der Erforschung

der alters- und geschlechtsspezifischen Zusammenhänge zwischen Medieninhalten und den Themen der Jugendlichen muß, vor allem in Bezug auf neue Medien, noch weiter gearbeitet werden.

Mediengestaltung: Wenn Jugendlichen die Möglichkeit zur eigenständigen, kreativen Gestaltung von Medieninhalten geboten wird, nutzen sie dies gerne und auch mit eigenen innovativen Ideen bezüglich der Gestaltung. Gerade im Bereich der neuen Medien besteht für Jugendliche eine gute Möglichkeit, über Eigenpräsentationen in einen kommunikativen Prozeß mit anderen zu treten.

Medienarbeit muß sich an den medienbezogenen Interessen der Jugendlichen und zugleich auch deren bereits vorhandenem Wissen über Technik und Genrespezifika ausrichten. Die themenzentrierte Gruppenarbeit bietet sich hier als besonders geeignete Methode an.

Wenn soziales und kommunikatives Handeln, Themen der Jugendlichen und das technische Wissen die wichtigsten Aspekte bei der Vermittlung von Medienkompetenz sind und Medien zu einem selbstverständlichen Bestandteil des Alltags von Jugendlichen gehören, sollten nicht die Medien, sondern vielmehr der Alltag der Jugendlichen im Vordergrund stehen. Jugendliche sollten daher die Möglichkeit haben, Freiräume zu gestalten, Meinungen zu vermitteln und Grenzen zu verdeutlichen. Da die Medien zum Alltag gehören, sollten sie hierfür auch genutzt werden. Jugendliche ab 16 Jahren sollten daher nicht zur 'Selbstsozialisation' freigegeben werden. Eine Gesellschaft, die sich an der Jugendlichkeit orientiert, sollte die Jugendlichen in ihren Wünschen und Belangen, ihrer Ausbildung von Identität ernst nehmen. Jugendliche müssen weiter träumen dürfen!

Wilfried Ferchhoff
Aufwachsen heute: Veränderte Erziehungs- und Sozialisationsbedingungen in Familie, Schule, Beruf, Freizeit und Gleichaltrigengruppe

Im ausgehenden 20. Jahrhundert kommt es soziologisch gesehen auf der Grundlage veränderter Lebenssituationen in einem breiten Spektrum zu einer gleichsam veränderten Thematisierung von Jugendphänomenen und zu einer tendenziellen 'Neudefinition der gesellschaftlichen Rolle der Jugend'. Es findet ein tiefgreifender ökonomischer, sozialer, politischer und kultureller Wandlungsprozeß statt, in dem Jugendliche eingebunden sind und auf den 'Jugend' auf ihre Weise 'antwortet'. Sie unterwerfen und entziehen sich, sind aber auch akteursmäßig beteiligt an diesen Wandlungsprozessen. Jugend "hat" nicht nur ihre Geschichte, sie "macht" sie auch (Gillis 1980; Hornstein 1985, S. 158; 1998, S. 22). Insofern scheint Jugend heute doch ein wenig

mehr zu sein als nur "sechs Buchstaben, die für nichts mehr stehen" sollen - "außer für eine kaufkräftige Zielgruppe" (Farkas 1997).
Schaut man einmal auf die letzten fünf Jahrzehnte zurück, dann lassen sich jenseits aller notwendigen Variationen, Differenzierungen und Pluralisierungen dennoch - insbesondere auch vor dem Hintergrund des Verblassens, freilich nicht des Verschwindens der Unterschiede zwischen bürgerlicher und proletarischer, städtischer und ländlicher, männlicher und weiblicher Jugend - generelle Tendenzen, ohne daß wiederum diese 'Homogenisierungen' hypostasiert werden, zentrale Strukturveränderungen der modernen Jugendphase in 10 Aspekten verdichten (vgl. Ferchhoff 1990; 1993; 1997; 1998):

1. Jugend ist Schul- und Bildungsjugend

Im Zusammenhang des Strukturwandels der Jugendphase kann zu allererst daran erinnert werden, daß an die Stelle der Arbeit und Beschäftigungsverhältnisse im häuslichen Verband der Familie oder im außerhäuslichen Bereich der Landwirtschaft oder der außerhäuslichen Erwerbsarbeit auf dem anonymen Arbeitsmarkt, die als Arbeitsformen von Jugendlichen noch zu Beginn dieses Jahrhunderts (und selbst bis in die sechziger Jahre hinein) für fast alle (zumindest für die nicht-bürgerlichen männlichen) Jugendlichen strukturtypisch waren, tendenziell die 'schulisch-kognitive Lernarbeit' getreten ist.

Die lebensbiographisch erweiterte Verschulung der Jugendphase hat zu einer noch stärkeren Ausgliederung der Jugendlichen aus der arbeitsbezogenen Erwachsenenwelt geführt. In diesem Zusammenhang ist die gesellschaftliche Institution 'Schule' die allgegenwärtige, mächtige und in vielerlei Hinsicht auch lebensprägende Instanz im Jugendalter. Und immer mehr 'Lebenszeit' wird von der Schule beschlagnahmt. Jugendliche erwerben heute, auch im Durchschnitt betrachtet, einen gegenüber ihren Eltern höheren Bildungsabschluß. Von den Eltern der heutigen Abitursjahrgänge besitzt nur jeder fünfte das Reifezeugnis. Die Bildungsexpansion (gestiegene Bildungsaspiration aller, Durchlässigkeiten und Strukturverschiebungen im Bildungssystem, ein insgesamt hohes Bildungsabschlußniveau etc.) hat zweifellos Folgen für die veränderte gesellschaftliche Gestalt der Kindheits- und Jugendphase gehabt. Kindheit und Jugend stehen aber auf der anderen Seite in den späten 90er Jahren mehr denn je, um etwa Statusbedrohungen und Abwärtsmobilität zu vermeiden, unter dem Druck, das Gymnasium oder mindestens die Gesamt- oder die Realschule zu besuchen sowie unter dem 'Druck des Erwerbs von Titeln und Zertifikaten'. Viele Jugendliche verbleiben von daher länger im Bildungssystem, um ihre Ausbildungs- und Beschäftigungschancen zu wahren und zu verbessern. Allerdings scheint die altehrwürdige Logik, daß ein hoher Bildungsabschluß und eine gute hochqualifizierte Berufsausbildung stets beste Berufsaussichten, ein gesichertes Einkommen und einen hohen Lebensstandard versprechen, angesichts des 'Qualifikationsparadoxons' (Mertens 1984) nicht immer eingelöst zu werden. Die alte Gleichung: je mehr und qualifiziertere (Aus)Bildung, desto mehr soziale Chancen, geht nicht mehr so ohne weiteres auf, weil eine Entkoppelung von schulischen Abschlüssen und beruflich-sozialem Aufstieg stattgefunden hat. Viele Jugendliche erleben nach wie vor, daß sie trotz intensiver Bemühungen und immenser Anstrengungen nicht immer den Ausbildungs-, Arbeits- und Studienplatz bekommen können, den sie sich gewünscht haben. Selbst ungewöhnlich hohe und viele Bildungs- und Ausbildungsabschlüsse können heutzutage in das - keineswegs mehr allein auf 'bildungsabstinente Randgruppen' beschränkte - Ghetto der gesellschaftlichen Marginalisierung, des gesellschaftlich Nicht-Gebrauchtwerdens und der (Langzeit)Arbeitslosigkeit führen. Nicht nur in den unteren, sondern auch in den mittleren und oberen Etagen des Bildungssystems kommt es angesichts des erbarmungslosen Konkurrenzkampfes zu einer prinzipiellen 'Entwertung' allgemeiner und beruflicher Ausbildungsanstrengungen, was wiederum noch größere und verbissenere Qualifikationsbemühungen, aber auch infolge eines drohenden Leistungsversagens erhebliche Problembelastungen und Scheiternsrisiken nach sich ziehen kann. Schulangst und Aggressionen auf Versagen und Enttäuschungen in ihrer Schullaufbahn sind mindestens bei einem Achtel der Schüler und Schülerinnen zu beobachten. Psychische Störungen, psychosomatische Beschwerden wie Kopfschmerzen, Schlaf- und Eßstörungen sowie ein hoher Medikamentenkonsum sind zuweilen schon bei leichten Leistungskrisen und Versetzungsgefährdungen festzustellen. Die ohnehin schon für viele Jugendliche zutreffende Ausdehnung der Jugendphase kann schließlich sogar für einige zu einer nicht enden wollenden 'Vorbereitungszeit' werden. Und solange junge Menschen vollzeitlich Schulen, Berufsausbildungseinrichtungen, Fachhochschulen und Universitäten besuchen (müssen), werden sie in unserer Gesellschaft als im Wartestand befindliche, als noch nicht 'vollwertige' Gesellschaftsmitglieder und in diesem Sinne als noch nicht 'richtig' erwachsen definiert - wie alt sie auch sein mögen (Baethge u.a. 1983).

2. Jugend ist arbeitsferne Jugend

Kinder und Jugendliche werden zumeist vom dritten Lebensjahr an in altershomogene Gruppen ein- und aus dem Generationszusammenhang wie aus dem Gesellschaftsgefüge zum Zwecke des Lernens herausgegliedert. Diese Altersschichtung nach Jahrgängen und die Separation setzen sich dann im Schul- und Freizeitbereich fort. Jugendliche (vor allem männliche, aber auch zusehends weibliche) sind inzwischen für eine längere Zeit als noch vor zwei oder gar vier Jahrzehnten von den nach wie vor in ihrer Wirkung nicht zu unterschätzenden zentralen gesellschaftlichen Lebensbereichen der Arbeitswelt ferngehalten. Die Erfahrung der unmittelbaren gesellschaftlichen Nützlichkeit, zu etwas gut zu sein, die auch heute noch weitgehend über (auch entfremdete) Arbeitsprozesse vermittelt wird, das Erleben der ökonomischen Zweckrationalität betrieblicher und verwaltungsspezifischer Normen sowie die eigene materielle Existenzsicherung werden erst relativ spät (wenn überhaupt) im Lebenslauf auch für Mädchen/Frauen erreicht, nicht zuletzt, weil mit der Freisetzung aus den praktischen und normativen Zwängen einer Arbeitsexistenz auch eine Ausgrenzung der 'Jugend' aus der Arbeitssphäre stattgefunden hat, und weil eben "die Bedeutung der Arbeit als unmittelbarer existentieller Erfahrungsbereich immer weiter zurückgedrängt worden ist" (Baethge 1985, S. 108). Ein solcher Wandel der jugendlichen Erfahrungsmöglichkeiten von einer vornehmlich 'arbeitsintegrierten' oder 'arbeitsbezogenen Lebensform' zu einer eher schulischen oder schulähnlichen Lernarbeit ist allenthalben festzustellen. Für viele Jugendliche unter 20 Jahren (aber auch für viele Jugendliche unter 25 Jahren) ist die Erwerbsarbeit kein Charakteristikum der Jugendphase mehr. Die "gravierendsten Unterschiede in der Lage von Jugendlichen bestehen heute sicher in der Differenz von (vielen) Lernenden und (wenig) Arbeitenden" (Mitterauer 1986, S. 249). Immerhin stehen den meisten heutigen Jugendlichen "nichtarbeitende Jugendliche als biographische Option vor Augen" (Zinnecker 1987, S. 318).

Dennoch darf auch nicht übersehen werden, daß viele Kinder und Jugendliche auch als Schülerinnen und Schüler und neben dem Studium arbeiten (müssen). Und dies nicht mehr wie in früheren Zeiten, um einen Beitrag zum Familienbudget zu leisten, sondern vor allem um marktgerecht und sozial verpflichtend an den vielen warenästhetischen Verheißungen und Glücksversprechen der Medien und des Konsums teilnehmen zu können. Kinder und Jugendliche arbeiten heute nebenbei, um ihre (manche meinen: unermeßlichen) Konsumbedürfnisse zu befriedigen.

Obgleich die strukturellen Organisationsprinzipien der Arbeitswelt in ihrer Bedeutung als Muster der alltäglichen Lebensorganisation Einbußen erlitten haben und insgesamt gesehen wohl auch die Arbeits- und Berufsrollen selbst im Medium der erwähnten Bedeutungsaufladung distanzierter betrachtet werden, bleibt für die meisten (mittlerweile auch weiblichen) Jugendlichen jenseits von "außengesteuerter Pflichtmoral", aber auch jenseits eines "unverbindlichen Hedonismus gegenüber der Arbeit" (Baethge/Pelull 1993, S. 35) die antizipatorische Orientierung an eine entfremdungsarme, inhaltlich und kommunikativ befriedigende, attraktive, verantwortungsvolle und sinnvermittelnde Arbeit, die freilich sehr gern über den empirisch zunehmenden Job-Charakter hinaus auch ein Stück kompetenzfördernd in eigene Regie genommen würde, lebenswichtig; etwa:

❏ als Medium der ökonomischen Ablösung vom Elternhaus zur eigenen, unabhängigen und existenzsichernden Lebensgestaltung auch in materieller Hinsicht und dies nicht zuletzt deshalb, weil die materielle Abhängigkeit vom Elternhaus bzw. von sozialstaatlichen Alimentierungen, die freilich in vielen Fällen auch nicht mehr so üppig sind, sich lebensaltersspezifisch betrachtet immer weiter hinausgeschoben hat;

❏ als strukturierende und zugleich sicherheitsstiftende Ordnung im Alltagsleben;

❏ als Sicherheitsaspekt (vor Arbeitslosigkeit) im Rahmen berufsbezogener Wertorientierungen, Status- und Karrierevorstellungen;

❏ als Lebenselexier (allerdings mit vielen Abstufungen und Schattierungen) von Sinngebung, persönlicher Identitätskonstruktion und sozialer Integration;

❏ als Erfahrung des Gebrauchtwerdens mit Ernstcharakter vor allem auch angesichts fehlender anderer sinnstiftender Instanzen sowie die Ausbildung des individuellen

Leistungsvermögens und der individuellen Selbstbestätigung und Persönlichkeitsentwicklung; man kann den Eindruck gewinnen, daß Arbeit als sinnstiftende Instanz manchmal das ersetzen soll, was andere ehemalige Sinninstanzen wie Religion, Kultur oder auch politische Loyalität nicht mehr zustandebringen:
❏ als Vehikel von materieller und auch sozialer Prävention und Zukunftssicherung,
❏ als zentraler Ort, an dem vor dem Hintergrund der Aufweichung traditioneller Sozialbeziehungen Kommunikativ-Soziales, zuweilen auch Geselliges stattfindet und Öffentlichkeit, soziale Zugehörigkeit, soziale Anerkennung sowie soziale Integration erlebt werden können,
❏ als Medium des Aufstiegs, der Karriere, der Anerkennung, der gesellschaftlichen Wertschätzung und Statusvergabe in Familie, Gleichaltrigengruppe, Freundes- und Kollegenkreis (vgl. Baethge/Hantsche/Pelull/Voskamp 1988, S. 41ff.).

3. Jugend ist Gegenwartsjugend

Die meisten Jugendlichen sind mit ihrem gegenwartsbezogenen Jugendlichen(da)sein zufrieden. Die zukunftsorientierten Versprechungen und Verheißungen, später einmal Erwachsenenrollen einzunehmen, berühren sie im Augenblick der Gegenwart nicht so sehr. Sie haben Gründe dafür.
Die Lebensphase 'Jugend' hat sich von einer relativ klar definierbaren Übergangs-, Existenz- und Familiengründungsphase zu einem eigenständigen und relativ offenen Lebensbereich gewandelt. Die Übergänge von der Kindheit in die Jugendphase sowie in das Erwachsensein werden zunehmend entritualisiert und entkoppelt. Und auch die Zielspannung Erwachsenwerden hat nachgelassen. Und seit Jahren können wir beobachten, daß Jugendliche ihren hochgeschätzten Jugendstatus beibehalten möchten und nicht mehr erwachsen werden wollen, während Erwachsene immer jugendlicher werden. Es scheint sich für viele Jugendliche nicht mehr zu lohnen, erwachsen zu werden. Denn auch der gesellschaftlich zugewiesene jugendliche Status des Sich-Vorbereitens (auf eine bessere Zukunft) und des (Ab)Wartens hat an Bedeutung verloren, denn der traditionelle Sinn des Jugendalters, der lange Zeit durch Anstrengung, zunächst einmal Verzicht zu leisten, um später die Belohnungen einzustreichen, und durch Gratifikationsaufschub im Sinne des sogenannten 'deferred gratification pattern' bestimmt wurde, ist brüchig geworden.

4. Jugend ist Leitbild- und Expertenjugend

Schon im 19. Jahrhundert hat sich in bezug auf die "Bewertung der Lebensalter ein Leitbildwandel vollzogen, indem an die Stelle des Alters als des Zustands höchsten und ausgereiften Wissens das Bild des dynamischen, kräftigen und anpassungsfähigen, deshalb auch besonders leistungskräftigen jungen Menschen trat, der als Arbeitskraft" und (später) als Konsument besonders umworben wurde (Reulecke 1986, S. 7).

Dieser Umwerbungsprozeß von Jugendlichen hat sich dann in der zweiten Hälfte des 20. Jahrhunderts erheblich dynamisiert und tangiert bzw. relativiert immer mehr auch die ehemaligen Erfahrungsvorsprünge der Älteren. Der Alleinvertretungsanspruch der älteren Generationen, mit Weisheit und Klugheit die jüngeren anzuleiten oder gar zu prägen bzw. zu bestimmen, stößt an Grenzen, verliert vor allem infolge der Dynamik technischer und jugendkultureller Innovationen sowie der Allgegenwart der Medien an Bedeutung. Die Älteren können nicht mehr für sich in Anspruch nehmen, daß sie die einzige wichtige Instanz sind, die zur Vermittlung und Deutung kulturell gültiger Wissensbestände stimmen und bei Nichteinhaltung sanktionieren, was die 'wahren', 'guten' und 'richtigen' Normen und Werte sind, die sich Jugendliche heute aneignen sollen. Erfahrungswissen, soziokulturelle Deutungsmuster und ehemals bewährte Lebensplanungskompetenzen werden den heutigen gesellschaftlichen Anforderungen keineswegs mehr gerecht.

Die Machtbalance zwischen Jüngeren und Älteren hat sich enorm gewandelt. Jugendliche, manchmal schon Kinder, sind etwa im familialen Lebenszusammenhang als gleichberechtigte Partnerinnen bzw. Partner viel stärker beim Aushandeln von Entscheidungen beteiligt - und dies nicht nur, wenn es um Ausgehzeiten, Geschmacksvorlieben, Kosmetik, Körperpflege, Kleidung, um die Zusammenstellung von Mahlzeiten, um Urlaubsziele, um Zeitrhythmen im Tagesablauf, sondern auch, wenn es um die Anschaffung von langfristigen Konsumgütern oder um das politische Engagement geht. Im Zusammenhang der Aufzehrung traditioneller Konventionen und Sinnbestände ist daran zu erinnern, daß heute kaum noch eine Norm und kaum noch eine Konvention selbstverständlich ist und unhinterfragbar bleibt. Im Zuge der Durchsetzung gegenüber Kindern und Jugendlichen bleiben Konventionen revisionsfähig und müssen mindestens begründet werden. Sie werden zur Reflexion freigegeben.

Mittlerweile sind in den Bereichen Mode, Geschmack, Konsum, Freizeit, Sexualität, Sport, Technikbeherrschung, Computer, Neue Medien sowie insbesondere im Rahmen der Gestaltung von Lebensstilfragen Jugendliche Erwachsenen gegenüber (initiiert und unterstützt durch Medien und Werbung) gar zu Vor-, Leitbildern und Meinungsführern geworden. Und in vielen Sport-, Mode-, Computer-, Sexualitäts- und Gesundheitsbereichen besitzen viele Jugendliche gegenüber Erwachsenen häufig 'unverkennbare Wettbewerbsvorteile'. Sie sind etwa im Computer-Bereich die Expertinnen und Lehrmeister der Älteren. Viele nutzen wie selbstverständlich und durchaus kreativ die elektronischen Kommunikationsmöglichkeiten der Computertechnik weltweit, den Abruf von Datenbanken, das elektronische Briefe schreiben (E-Mail), das souveräne Surfen im Internet, die interaktiven Programme, mit denen Texte, Graphiken, Bilder und Töne zusammengefügt werden können und zeigen nicht nur im Cyber-Space in der Regel mehr Durchblick als ihre Eltern, Pädagoginnen und Pädagogen. Zudem sind sie oftmals auch angesichts ihrer sportiven Motorik und ihres augen-und sinnfälligen ästhetisch-erotischen Gehalts und 'Körperkapitals' die erfolgversprechenden und Jugendlichkeit verkörpernden Trendsetter, "während den Älteren meistens nur die undankbaren Rollen von Sympathisanten oder Nachzüglern jenseits anderer, dem quasi-natürlichen Prozeß des Alterns in der Regel nicht so sehr

ausgesetzter und damit weniger gefährdeter Handlungsressourcen (Bildungs- und Berufstitel, Geld, Besitz etc.) verbleiben" (Zinnecker 1989, S. 159). Immerhin ist es so, daß viele Erwachsene jugendtypische Verhaltensweisen in ihre jeweiligen Lebensstilrepertoires übernehmen. Inzwischen gehört es zur gesellschaftlichen Normalität, daß Jugend zumindest in der Metaphorisierung von Jugendlichkeit etwa Fit - Schlank - Gesund - Schön den "kategorischen Imperativ" (Finkielkraut 1989, S. 136) bzw. das kulturelle Placebo für alle Altersgruppen darstellt und Erwachsene im Zuge der 'Vergötterung' von utensilienreichen jugendlichen Lebensstilen und Werten in vielfältiger Hinsicht und in vielen Lebensbereichen Jugendlichkeit ausagieren. Die von vielen hochgeschätzte Jugendlichkeit, der von anderen wiederum beklagte Jugendlichkeitswahn sind inzwischen keine Fragen des Alters mehr, sondern schon eher eine Lebenshaltung, ein Habitus, wie er zumeist medial und jugendkulturell ausbuchstabiert und allmählich, die Grenzen der Altersklassen aufweichend, auch von den älteren Generationen übernommen wird. Die 'Exklusivität' von Jugend schwindet. Und manchmal kann man sogar den Eindruck gewinnen, daß die Erwachsenen von heute, die zuweilen über eine 30jährige Erfahrung als Jugendliche verfügen, sich als die eigentlich 'echten' und 'wahren' Jugendlichen fühlen.
Jugendlichkeit ist ein gesellschaftlich akzeptierter Wert, der nicht mehr entwicklungspsychologisch auf eine bestimmte Phase im Lebenslauf bezogen werden muß. Die jugendlich gestylte, Kleidergröße 36 tragende und immer noch postadoleszent wirkende 60jährige Tennisspielerin und Joggerin (und manchmal als Fotomodell aushelfend, in CD-Läden nicht nur für die Enkelkinder nach Death Metal und Black Metal oder nach Grindcore und Grunge, nach Acid House, Acid Jazz, Trash, Trance und Post-Punk oder gar nach Easy Listening, Hip-Hop und Trip-Hop stöbern), der Lagerfeld-Zöpfchen und Drei-Tage-Bart tragende, jugendlich-attraktive 65jährige mit Walkman (Phil Collins, Michael Jackson, Madonna, U2, Guns 'n' Roses, Backstreet Boys, Spice Girls, Marusha, Jeff Mills, Carl Cox, Sven Väth, DJ Bobo, Sabrina Setlur und Nirvana hörend) im Ohr, vielleicht sogar im Tekkno-Gewitter, unterstützt durch die Designerdroge Ecstasy und durch das Amphetamin Speed, musikalisch und tanzend in Ekstase und Trance geraten, zugleich Basketballer, Montainbiker, Inline-Skater, Snowboarder, Windsurfer, Sportabzeichenbewerber und biederer Pensionär, das alles sind ja heute keine so skurrilen Phänomene mehr, wie zur Zeit des Wandervogels die Erscheinung des 'ewigen' Jugendlichen, der nicht aus seiner Lederhose und Kluft kam und immer wieder mit 15jährigen 'Pimpfen' ans Lagerfeuer fuhr, eine tragikomische Gestalt.

5. Jugend ist alltagspragmatisch familiale Versorgungs- und umsorgte Mutterjugend

Die Autoritätsausübung hat im Erziehungsgeschehen ihre normative Basis und Kraft verloren. Der Autoritätsverlust der 'Vater-Rolle' hängt soziologisch betrachtet wesentlich mit dem Funktionsverlust der Vermittlung von vornehmlich beruflicher Lebenspraxis (etwa als Ernährerrolle und Oberhaupt der Familie) in Erziehungskontexten sowie im Zuge der Durchsetzung emanzipatorischer Vorstellungen von Frauen insbesondere auch im außerhäuslichen Berufsleben mit einer generellen gesellschaftlichen 'Entwertung' der Männer-Rolle zusammen. Das 'strenge Rollenmuster' der elterlichen Funktionsteilung ist mindestens aufgeweicht. Die Autorität der Vaterrolle ist in "großen Bevölkerungsgruppen im Schwinden begriffen", nicht weil - wie heute gern behauptet wird - die "antiautoritäre Bewegung sie angenagt, sondern weil die gesellschaftliche Entwicklung" der traditionellen Vaterrolle "die Substanz entzogen hat" (Eisenberg/Gronemeyer 1993, S. 215/216).

Dagegen werden die 'Mutter-Rolle' und vor allem die Rolle der Gleichaltrigen-Gruppen neben den Medien tendenziell aufgewertet. Mütter belagern im gut gemeinten Sinne ihre Kinder fürsorglich. Sie zeigen "overprotection" in einer von ihnen (mit) "inszenierten" und "verordneten" Kindheit und Jugend (Berg 1991, S. 425). Ablösungsprozesse vom Elternhaus vollziehen sich trotz Aufwertung der Familie als "Raum intimer Anteilnahme und Emotionalität" (speziell durch die Mütter; Jaide 1988, S. 217) in sozial-kultureller Hinsicht auf der einen Seite für immer mehr Jugendliche zu einem immer früheren Zeitpunkt. Insofern verliert das Familiensystem Erziehungs- und Kontrollfunktionen. Auf der anderen Seite nimmt die Abhängigkeit in wirtschaftlicher Hinsicht für viele Jugendliche gegenüber der Familie zu, weil sie auf die finanziellen Unterstützungsleistungen der Familie resp. der Eltern oftmals bis an das Ende des dritten Lebensjahrzehnts (die Verlängerung der Schulzeit, des Studiums, die Dauer der beruflichen Ausbildung, Schwierigkeiten bei der beruflichen Einmündung etwa nach der Lehre spielen eine wichtige Rolle) existentiell angewiesen sind.

Viele Jugendliche nutzen und funktionalisieren die Familie häufig auch pragmatisch als wichtiges Netzwerk und Unterstützungssystem zur Stabilisierung der eigenen Lebensbewältigung in vielfacher Hinsicht. Neben den direkten finanziellen Unterstützungen oder Versorgungsleistungen durch Sach- und Haushaltsgüter gewähren die Eltern ihren Kindern bis ins Erwachsenenalter hinein unentgeltlichen Wohnraum. Und die materiellen und bequemen Vorzüge einer pensionsartigen Versorgung im Hotel 'Mama' scheinen die "Nachteile der elterlichen Idiosynkrasien" aufzuwiegen (Ziehe 1991a, S. 60.) Die Übernachtungen (inklusive Frühstück und/oder Vollpension), häufig auch mit Freund oder Freundin, die manchmal auch über einen längeren Zeitraum als Dauergäste verweilen, sind genauso preiswert und kostenlos wie das Waschen und Bügeln der Wäsche, das Mütter häufig gern für ihre, manchmal schon betagten Söhne übernehmen. Bis Mitte oder Ende 20 - manchmal auch länger - hängen viele Jugendliche noch freiwillig am elterlichen Tropf. Ein Modell der "alltagspragmatischen Koexistenz, so lange wie möglich im Elternhaus zu leben und zugleich dennoch ohne permanente elterliche Kontrollformen selbständig" zu sein, scheint sich in vielen familialen oder familienähnlichen Lebenszusammenhängen zwischen Jugendlichen und ihren Eltern immer mehr durchzusetzen und das traditionelle Modell des epochalen Generationenkonflikts abzulösen.

6. Jugend ist Gleichaltrigenjugend

Die "Stadtgesellschaften des späten Mittelalters, ebenso wie die der Renaissance, neigten dazu, Gruppenbildung vornehmlich unter männlichen Gleichaltrigen zu fördern und vor allem weiterzuentwickeln" (Rossiaud 1994, S. 29). Im Rahmen des Besuchs auswärtiger Schulen bildeten wandernde Scholaren wie die wandernden "Studenten und Handwerksgesellen Beispiele jugendlicher peer groups" (Hermsen 1998, S. 133). Allerdings war es bis weit in die Neuzeit hinein in vielen - nicht nur schulischen - Lebensbereichen ganz selbstverständlich, daß oftmals das Prinzip der Altersheterogenität im Rahmen von Jugendgruppen vorherrschte. Gleichaltrigkeit war jenseits der zumeist sich gegen die bestehende Ordnung auflehnenden mittelalterlichen Jugendbanden, seinerzeit nur in diesen engen Grenzen ein "Prinzip der Gesellung" (Mitterauer 1986, S. 154). Für die Entstehung der Peer Groups im engeren Sinne des Wortes war sicherlich die Entwicklung und Ausbildung der modernen Jahrgangsklassen in den neuzeitlichen Schulen besonders bedeutsam. Aber erst mit der "Ausweitung des Schulbesuchs schließen immer mehr Jugendliche ihre Kontakte auf dieser Ebene der Altersgleichen" (Mitterauer 1986, S. 154f.). Seit dem 19. Jahrhundert führen Schule und Hochschule angesichts altershomogener Zusammensetzungen in der Tendenz zur Herausbildung von Schüler- und Jugendsubkulturen. Heute lernt und lebt man allemal mindestens außerhalb der affektiv-emotionalen, familialen Sozialbeziehungen und jenseits der weithin versachlichten Arbeitsbeziehungen in der Regel mit 'Seinesgleichen'. Insofern kann man auch davon sprechen, daß Jugend zu ihrer eigenen Bezugsgruppe geworden ist.

Große Gruppen Jugendlicher verbleiben heute im Zuge der Ausweitung des Schul- und Hochschulbesuchs für einen längeren Zeitraum in einer Gesellschaft der Altersgleichen und erleben (abgesehen von der insgesamt verkleinerten Familie) die Integration in altersheterogene Gruppen etwa in der Arbeitswelt lebensaltersspezifisch gesehen zu einem immer späteren Zeitpunkt. Jungsein vollzieht sich so gesehen, wenn man einmal vom gewollten oder aber auch erzwungenen Alleinsein absieht, meistens im Anschluß an innerschulische und ausbildungsbezogene Sozialbeziehungen in informellen Jugendkulturen oder Cliquen. Peers eröffnen ohne formelle Organisationsformen und Verwaltungsstrukturen (Antragsformulare, Monatsbeiträge, Mitgliedsbücher etc.), zuweilen mit strengen Aufnahmeritualen, vielen Jugendlichen in sozialkultureller Hinsicht kompetente Teilnahme- und Selbstverwirklichungschancen. Auch immer mehr Mädchen erobern sich inzwischen jenseits nach wie vor vorhandener jungenspezifischer Dominanz über informelle Jugendgruppen jugendspezifische und selbstsozialisatorische Freiräume, die ihnen im Rahmen der Familie, Schule, Erwerbsarbeit, Vereinsstruktur und Jugendverband in diesem Ausmaß nicht gewährt werden. Neben den Erfahrungen und Erlebnissen der Geborgenheit, Wärme, Sicherheit, Zusammengehörigkeit und Solidarität mit Gleichaltrigen (in reinen Mädchencliquen sind diese stärker ausgeprägt als in den gemischten Gruppen und reinen Jungencliquen) dürfen aber auch die möglichen Abhängigkeiten von bestimmten einflußreichen Mitgliedern (es gibt aber in der Regel keine festen Anführer oder Anführerinnen mehr), die jeweiligen Rivalitäten zwischen einzelnen Mitgliedern und schließlich die mögliche 'Tyrannei der Peers' (etwa bei permanenter Abweisung, Aussperrung und Ausgrenzung) nicht unerwähnt bleiben. Immerhin: In Gleichaltrigengruppen werden die Positions- und Hierarchieprobleme der Über- und Unterordnung häufig nach anderen Kriterien, Voraussetzungen und Ritualen geregelt, manchmal auch ausgehandelt als in formellen Gruppenbeziehungen. Diverse Mutproben haben oftmals einen zentralen Stellenwert. Wir können festhalten, daß Gleichaltrigengruppen neben anderen Instanzen der Erziehung und Sozialisation für die Lebensbewältigung und Persönlichkeitsentwicklung der meisten Jugendlichen enorm wichtig sind.

7. Jugend ist auf Autonomie zielende liberalisierte, aber auch permissive (Erziehungs)Jugend

Wir haben es heute im Bereich der intentionalen Erziehung und vor allem auch im Bereich und im Vergesellschaftungsmodus der vielen 'heimlichen Miterzieher' jenseits aber auch innerhalb der Familie (das Fernsehen, das Radio, die Stereoanlage als familieninterne Dauergäste) mit einem Pluralismus von Erziehungsvorstellungen und -zielen zu tun. Kinder und Jugendliche wechseln wie selbstverständlich zwischen verschiedenen Sozialisationsinstanzen und pluralistischen Sozialisationsmilieus hin und her: zwischen Kindergarten, Spielgruppen, Schule, Hort, Freundescliquen, kommerziellen Freizeitorten, Neigungsgruppen, Sportvereinen, Jugendfreizeitstätten etc. Und diese netzwerkorientierten Familienumwelten sind alle Miterzieher (Cyprian 1994, S. 109).
Die Lebensumgangsformen sind, wenn ein gewisses Maß an materiellem Wohlstand und psycho-sozialem Wohlbefinden innerhalb des Binnenraums der Familie vorherrscht, egalitärer geworden. Neue Balancen sind im Generationsverhältnis entstanden. Eine Veränderung der familialen Autoritätsstruktur hat sich sozialhistorisch betrachtet - in Grenzen auch in den unteren sozialen Milieus - durchgesetzt. Sie schließt die Beziehung zwischen (Ehe)-Partnern ebenso ein wie jene zwischen Eltern und Kindern. Damit wird darauf hingewiesen, daß eine "Enthierarchisierung der Generationen" und des "Generationenverhältnisses" in dem Sinne stattgefunden hat, daß "eine neue informelle Affektregulierung bei familialen Konflikten", eine "wechselseitige Geschmackstoleranz" sowie eine "stetige Abnahme einer eindeutigen Erziehungsmoral und -haltung seitens der Eltern" (Büchner et al 1998, S. 109) zu beobachten ist. Zudem scheinen die Erziehungsstile von Eltern, Lehrenden, Seelsorgerinnen, Seelsorgern, Pädagoginnen und Pädagogen (sozialhistorisch betrachtet) offener, liberaler, aber auch inkonsequenter und permissiver, zuweilen auch resignativer, ohne echtes pädagogisches Engagement, manchmal auch psychologisch-therapeutischer geworden zu sein. Das Generationen- und Erziehungsverhältnis ist so gesehen keineswegs 'einfacher', sondern mit vielen Ambivalenzen durchsetzt, 'komplexer und problematischer' geworden.
Weil das Kind lebensaltersspezifisch schon sehr früh als 'Juniorpartner' mit dem Recht

auf eine eigene Persönlichkeit und Unabhängigkeit betrachtet wird, haben sich Erziehungsideale durchgesetzt, die mehr auf Selbstbestimmung, Selbstverwirklichung und Lebensautonomie zielen. Gleichzeitig wird aber auch im Erziehungsgeschehen meistens in einer Überbetonung der kognitiven und der Vernachlässigung der sozialen und emotionalen Seiten auf ein konkurrenzbezogenes Sich-Durchsetzen und auf eine 'Zuerst-ich-Mentalität' geachtet, während Lebens- und Konsumaskese, Bescheidenheit, die altruistische Verantwortung für den Nächsten, das 'Dasein für Andere', Gemeinwohlorientierung und soziale Hilfsbereitschaft als Erziehungsziele zurücktreten. Die Einübung in den Gehorsam gegenüber den gesellschaftlichen Autoritäten - Eltern, Lehrpersonen, Priester etc. - ist deutlich zurückgetreten. Dadurch ist auch das Machtgefälle zwischen Kindern, Jugendlichen und Erwachsenen in Familie, Schule und Erziehung deutlich verringert worden (Büchner et al 1998, S. 17 u. S. 114), und die Machtbalancen zwischen ehemaligen Autoritätspersonen und Jugendlichen haben sich zugunsten der Respektierung der jugendlichen Interessen und Bedürfnisse verschoben.

8. Jugend ist Multi-Media-Jugend

Die multimedialen Maschinen und das 'interaktive Fernsehen' dringen nicht nur in die betrieblichen Welten, sondern auch in die alltägliche Lebenswelt der Menschen ein. 'Die Bilderwelten der Medien' ersetzen immer mehr die 'ehemaligen Weltbilder'. Die multimediale Zukunft scheint so auszusehen, daß Computer, Fernsehen, Videorekorder und Telefon zusammenwachsen und zusammengesetzt in einem Medium aufgehen. Die traditionelle Massenkommunikation scheint so betrachtet mit dem 'Ich-Kanal' ihrem Ende entgegenzugehen. Multimedia und Internet haben zu neuen Konstellationen geführt, die nicht nur zu einer Ausweitung und Ausdifferenzierung des Medienbereichs beigetragen, sondern vor allem Transformationen in der Weise ermöglicht haben, daß "Mediennutzung nicht mehr ein einseitig-gerichteter Prozeß von Programmen auf den Rezipienten ist, sondern inzwischen auch Rückkopplungen denkbar sind über interaktive Möglichkeiten und Dienste, die den 'Rezipienten' (Empfänger) zum 'Nutzer' machen und seine Rolle im Kommunikationsprozeß neu bestimmen" (Baacke 1997, S. 6). Die interaktiven Medien werden grenzüberschreitend die Atomisierung traditioneller Kommunikation beschleunigen. Und der digitale Schein wird auch das Prinzip der Kommunikation verändern sowie eine neue, ortsungebundene Form, eine virtuelle Realität, eine 'Unwirklichkeit' von Gemeinschaft entstehen lassen, von der auch niemand so recht weiß, was das ist.
Kinder und Jugendliche wachsen heute in und mit komplexen Medienwelten auf. Sie wachsen wie selbstverständlich in die globale Informations- und Mediengesellschaft hinein. Medien aller Art sind also gegenwärtig und ein lebensweltlich zentrales Element im Prozeß des Heranwachsens. Ihr lebensweltlicher Alltag ist grundiert und "überwölbt von unmittelbar handhabbaren technischen Geräten, die ihrerseits wieder zum Teil weltweit agierender Informationsorganisationen zur Verfügung stellen und

dies rund um die Uhr und mit immer wieder weniger Einschränkungen" (Baacke 1997, S. 59). Kinder und Jugendliche erleben am Ende der 90er Jahre die Expansion und multifunktionale Nutzung von Informationen als "ständigen Veränderungs- und Erweiterungsprozeß" (ebenda). Und heutige Kinder- und Jugendwelten sind von daher differenzierte, variantenreiche, alltagskulturell-veralltäglichte Medienwelten, in denen Kinder und Jugendliche nicht nur Rezipientinnen bzw. Rezipienten von Medien-Botschaften und ohnmächtig den Medien ausgeliefert sind, sondern durchaus (manchmal bereits im Vorschulalter) aktive Medienutzerinnen und -nutzer.

Medienumgebungen und Medienwelten sind in der Regel durch ein Medium oder mehrere (auch verschiedene) Medien und durch den (auch übergreifenden) vernetzten räumlichen und sozialen Kontext definiert, in dem sich die Medien (als Gerätschaften, Übertragungskanäle, Server, Institutionen, Soft-Ware-Anbieter) befinden. Medienumgebungen können etwa sein: Bibliotheken, Post, Banken, Kinos, Schulen, Discotheken, Spielhallen, Warenhäuser, Boutiquen, Straßen, Hallen und Plätze mit Medien- und Werbebotschaften, private Räume mit Medien usw. Sehr grob unterscheiden kann man bspw. die Medienräume danach, welchen Stellenwert sie in den Räumen besitzen. In den zentrierten Medienumgebungen wie Bibliotheken oder Kinos stehen das Medium und die Mediennutzung im Mittelpunkt, während in den unzentrierten Medienumgebungen wie Warenhäuser und Boutiquen die Medien (Musik, Video-Clips, Computer, Fernseher etc.) in der Regel nicht die (Nutzungs)Funktion der Räume definieren. Sie sind durchsetzt von anderen Aktivitäten. In ihnen wird gearbeitet, kommuniziert, gelernt, geworben, verkauft, konsumiert etc.

Verschiedene Print-, Audio- und audio-visuelle Medien gehören mittlerweile etwa im privaten Bereich zur selbstverständlichen Alltagsausstattung und haben erhebliche Bedeutung für Kinder und Jugendliche. Die Allgegenwart der Medien und die gesamte Mediatisierung der Gesellschaft haben auch vor den Türen der Kinder- und Jugendzimmer nicht halt gemacht.

In der Regel besitzen und konsumieren Jugendliche im Rahmen einer medienpark-ähnlichen Ausstattung im 'elektronischen Paradies' schon relativ frühzeitig neben den traditionellen Medien wie (ein inzwischen hochgradig ausdifferenziertes Spektrum von diversen) Printmedien (Zeitungen/spezifische Jugendseiten in den Zeitungen, Zeitschriften wie das auf eine über 40-jährige Jugend-Geschichte mit Pickel, Pop und Petting zurückblickende Flaggschiff Bravo/Auflage 1997:1,2 Millionen; inzwischen ist auch die Bravo-Familie ausdifferenziert - Bravo Girl, Bravo Sport, Bravo Screenfun für 'Spaß am Bildschirm'; Popcorn, Pop Rocky, Mädchen, Joy, Young Miss und hunderte weiterer Titel bspw. Comic Hefte, Special-Hefte, Fanzines einzelner Jugend- und Musikmilieus wie etwa die mittlerweile eingestellten: Frontpage, Raveline, Motion, X-treme, Fan-Tastic usw.; Bücher), wie Kommunikationsmedien (Telefon, Funkgeräte), wie Audio-Medien (Kassette, CD, Walkman und - weniger, in bestimmten Szenen aber wieder wichtiger werdend - Schallplatten), wie Programmedien (ausdifferenzierte und zielgruppenspezifische Radioprogramme, ausdifferenzierte TV-Programme, Digitalfernsehen) eine Anzahl weiterer Medien (elektronische Musikinstrumente, Video, Video-Clips, Computer), die in den letzten Jahren neu auf den

Markt gekommen sind. Es ist zu kulturellen Verschiebungen gekommen, deren Ambivalenz offenkundig ist. Die situationsgebundenen Ausdrucksformen wie Sehen, Hören und Sprechen sind auf dem Vormarsch, während in bestimmten Lebensmilieus vor allem männliche Jugendliche in und jenseits der Schule immer weniger lesen (dies betrifft sowohl die sogenannte Unterhaltungs- als auch die Informationslektüre) und immer weniger schreiben (nur bei Mädchen steht das Lesen (es gibt auch heute noch 'richtige' Leseratten) und (Tagebuch)Schreiben nach wie vor relativ hoch im Kurs). Obgleich kein Untergang der Lesekultur zu befürchten ist und die Lust am Lesen nicht ganz vergangen ist, geht die Entwicklung bei Jugendlichen eindeutig von der Literalität zur komplexen Zeichenhaftigkeit des Alltags, in dem die Literalität zunehmend aufgeht. Jugendliche rezipieren Filme im Kino und qua Videorecorder, kaufen vermehrt CD's, einige besuchen nach wie vor traditionale Medienorte wie öffentliche Büchereien und andere pädagogisch gestaltete Medienräume, aber auch zusehends mehr pädagogisch nicht bearbeitete, multifunktionale Medienorte wie Boutiquen und Warenhäuser mit laufenden Videoclips, Discotheken (in verschiedenen Varianten, Erlebnis-Discos auf der grünen Wiese oder städtische Disco-Tempel, exklusive Club-Discos, die einfach 'hip' sind, manchmal noch mit eigenen DJ's, zuweilen auch mit Residuen spezifischer Life-Musik, häufiger mit Laser- und/oder Video-Illuminationen), unterschiedliche Typen von Kneipen, Spielotheken und Medienzentren. Neben der Kleidung sind es vornehmlich die Medien, die alte Lebensmilieubindungen transzendieren und den heutigen Individualisierungstendenzen entgegenkommen können. Im letzten Jahrzehnt ist insbesondere der Walkman zu einem konstitutiven Medienelement des Jugendalltags geworden. Dieses Medium scheint nun in spezifischer Weise den Stoff zu besorgen, aus dem heute Individualität geschneidert wird; denn prinzipiell kann jeder Ort (ähnlich wie schon vorher beim, die unmittelbare Umgebung nur noch mehr mit einbeziehenden Transistorradio in den fünfziger Jahren) zum individuellen, ich-bezogenen Medienort werden. Das Kino (vor allem in der heutigen diversifizierten Form des multikomplexen Kinocenters) ist neben der Discothek der wichtigste mediale Freizeitort für die meisten Jugendlichen. Zu den Medienwelten Jugendlicher gehören zweifellos auch Computer, Computerspiele, aber auch zunehmend sogenannte interaktive Medien, die in vielen Freizeitbereichen, aber auch in Schule, Berufsausbildung und Beruf - nicht zuletzt vor dem Hintergrund der rasanten Entwicklung der neuen Informations- und Kommunikationstechnologien (Computer im Sinne der Verbindung von Bild, Musik, Ton und Text in multi-medialer Perspektive) - in der Arbeitswelt eine immer größere Rolle spielen (werden). Während der Computer von Jugendlichen im Freizeitbereich in erster Linie (freilich mit nach wie vor erheblichen geschlechtsspezifischen Differenzen) zumeist als ein modernes technisches Spielzeug, das freilich visuelle Dynamik mit einer aktiven Teilnehmerrolle verbinden kann (Hengst 1994, S. 7), gesehen wird, mit dem etwa Telespiele gekonnt gespielt oder auch die Regeln der jeweiligen Computerprogramme - zum Teil sogar eigeninitiativ und hochkreativ - erschlossen werden können (etwa von den sogenannten jugendlichen 'Hackern' der 80er Jahre und den sogenannten Cyber-Punks der 90er Jahre), gehört der 'Kollege' Computer in vielen Ausbildungsbereichen und Berufsfeldern inzwischen zu einem unhinterfragbaren Bestandteil ihres zumeist nur instrumentellen und anwendungsbezogenen beruflichen Tuns. Im Gegensatz zu vielen Älteren haben (vornehmlich männliche) Jugendliche in der Regel keine Berührungsängste mit den neuen Technologien und Medien. Sie gehen mit diesen, insbesondere auch jenseits der Arbeitswelt, außerordentlich flexibel, virtuos und souverän um, und verwenden sie zu unterschiedlichen Zwecken. Man kann zweifelsohne von einer außerordentlich hohen Mediennutzungskompetenz bei vielen Jugendlichen sprechen. Zu einer flexibel gestalteten Rezeptions- und Bedienungskompetenz tritt zusehends auch eine Handlungskompetenz qua Medien. Darüber hinaus scheint sich die bekannte Medienthese vom 'knowledge-gap' zu bestätigen, daß oftmals die neuen Medien gerade von denjenigen Jugendlichen handlungskompetent erschlossen und genutzt werden, die auch schon mit den alten Medien gut zurechtkamen (und weiterhin kommen) und für sich hochgeschätztes "kulturelles Kapital" (Bourdieu) erwerben konnten.

Mit der Mediatisierung des Alltags werden auch Wahrnehmungs- und Bewußtseinsstrukturen verändert. Dies betrifft nicht nur den 'Verlust der Primärerfahrung', die Verarbeitung, Geschwindigkeit und Dynamisierung von Informationen und Bildern aus aller Welt und die Selektion aller berichteten Geschehnisse (simultative und synthetisierte 'Wirklichkeit aus zweiter bzw. dritter Hand'). Im Zuge der Verbreitung der Medien verwischen sich und verschwinden auch die traditionellen Generationsgrenzen. An die Stelle ehemals klar getrennter Kinder- und Erwachsenenwelten, die je ihre Geheimnisse, Faszinationen und Fremdheiten voreinander besaßen, hat vornehmlich schon durch das Fernsehen vor allem für Kinder eine früh einsetzende "Entzauberung der Erwachsenenwelt" stattgefunden (Postman 1983). Mit den rasanten Bildwechseln und Fragmentierungen in den Medien dominieren Bricolagen, spothaft intensive und verdichtete Wahrnehmungen. Fiktionen und Wirklichkeit mischen sich und verschwimmen wie Echtheit und Künstlichkeit. Es kann zu einer Verwischung von Realität und der Wiedergabe von Wirklichkeit kommen. Was die audiovisuellen Medien zeigen, gilt als wirklich. Aus dem traditionellen 'cogito, ergo sum' (ich denke, also bin ich) wird nicht nur 'consumo, ergo sum', sondern vor allem auch 'video, ergo est' (ich sehe, also ist es). Die audiovisuellen Medien können zunehmend zum virtuellen Ersatz für das wirkliche Leben werden. Die Allgegenwart der Medien veroberflächlicht die Wahrnehmungen, intensiviert die Gegenwartsorientierung, kann Science-fictionhaftes, Fantastisches, Imaginationen und Fiktionen anbieten, die es in der vertrauten 'irdischen' Erscheinungswelt so gar nicht gibt, fügt in der sozialen Wirklichkeit Getrenntes und Widersprüchliches mehrdeutig zusammen, kann Grenzüberschreitungen zustande bringen, sexuelle und (Gewalt)Tabus brechen, Verdrängtes freilegen und ermöglicht den schnellen und abrupten Wechsel von Ton-, Bild- und Sinnwelten. Viele Jugendliche sind längst auf Multi-, aber auch auf 'Fast-food-Sensualität' eingestellt und als kurzatmige ‚Instant-Konsumenten' den rasanten Wechsel von Sinn-, Ton- und Bildwelten gewohnt. Sie nutzen häufig mehreres gleichzeitig und sind Virtuosen der simultanen Vernetzung verschiedener, auch nicht-medialer

Beschäftigungen. Mediale und nicht-mediale Betätigungen können simultan ausgeführt werden, indem etwa allein oder mit anderen gespielt, debattiert oder gestritten, dabei ferngesehen, zwischendurch gelesen und gleichzeitig Musik qua CD gehört wird. Viele Jugendliche sind mit dem ‚alles, und zwar sofort' aufgewachsen und dulden in der Regel keinen längeren Schwebezustand zwischen Wunsch und Erfüllung. Der nicht bildtreue, stattdessen geschmeidige und patente Slalom-Seher oder der selbstsichere Teleflaneur ohne langen Atem switched durch die Kanäle und reiht so Highlight an Highlight, Banales an Banales oder in einer Art 'Verflachungsspirale' Langeweile an Langeweile. Dieses blitzschnelle Zappen oder neudeutsch: dieses gekonnte 'hopping' oder 'switching' scheint aber für viele jugendliche Medienkonsumentinnen und -konsumenten ein für sie taugliches jugendkulturelles Mittel zu sein, in einer Art raffinierter Eingeweihtenmontage, gepaart mit einem kenntnisreichen Rezeptionsgenuß, stets gut, umgeben von den 'Bulldozern' der Langeweile, unterhalten zu sein. Diese an Fragmentierungen, Segmentierungen, Abbrüchen, Überblendungen, Unvollendungen und der Zusammenballung von Augenblicksmomenten orientierten vielfältigen Wahlmöglichkeiten heutiger Bilderfluten und audiovisueller Räusche sind freilich das blanke Gegenprogramm zum geduldigen Abwarten-Können, zur gelassenen Lebensplanung und zum analytisch-tiefenstrukturellen Aufsuchen eines 'roten Fadens' sowie zur inneren Konzentrationsfähigkeit, verbunden mit der Diskursivität der Sprache, der Begriffsbildung und des Lesens, was zum unerläßlichen Kanon pädagogisch bearbeiteter kontinuierlicher und geduldiger Lern- und Bildungsprozesse gehört(e). Und dieser mediale, vor allem audiovisuelle Informationsvorrat an jugendkulturellen Ressourcen, Deutungsangeboten und Signalen steht uns als Pädagoginnen bzw. Pädagogen von Beruf mit unserem zuweilen gestörten Verhältnis zum (vorgesetzten und nicht selbst erzeugten) Bild in aller Regel nicht zur Verfügung. Und deshalb können die schnellen Deutungsangebote und Signale auch nicht so leicht von uns entziffert werden. An die Stelle der Tiefendeutung, die in einem subjektbezogenen Bildungsprozeß zugleich den Zusammenhang und die Differenz zwischen 'Erscheinung' und 'Wesen' entschlüsseln, damit auch das 'Besondere', das 'Eigentliche' und das 'Wesentliche' vom 'Unwesentlichen' vermeintlich treffsicher unterscheiden konnte, 'tritt immer mehr das multimediale Signalentziffern'. Die schnellen Schnitt-, Szene- und Bildfolgen der Filme, die heute bevorzugt von Jugendlichen konsumiert werden, die ruhelose 'abundierende Zeichenwelt' etwa der Comic-, Graffiti- und Computer-Szenen, der Kino- und Fernsehwerbung und vor allem auch die Video-Clips, die en passant in Boutiquen, Discotheken, Bistros, Kneipen, Spielotheken etc. mitlaufen, besitzen nur noch Reste tiefenstruktureller Sinnmuster und Deutungsangebote.
Vor dem Hintergrund der ungeheuren Vielfalt an Bildern, der schnell wechselnden optischen Reize und der Optionsvielfalt an Deutungen und Zeichen in den Tele-Welten läßt der schnelle und zerstreute Blick (kaum gesehen, schon verschwunden) nur noch vereinzelt offene Deutungsspielräume zu, die behutsam und manchmal zeitaufwendig im Sinne einer innehaltenden, "gestaltschauenden", "zarten Empirie" (Goethe) alltagshermeneutisch und -soziologisch zu rekonstruieren wären. Geduldiges

Abwarten-Können sind hier im subito-Prinzip nicht nur der Medien keine Lebenstugenden mehr. 'Live fast, die young', schnell leben, jung sterben, ist zum jugendkulturellen Lebensmotto zumindest als Graffiti stilisiert worden. Es ist ein, den allgegenwärtigen Tod durch Drogen, Aids, Unfälle vor Augen, stilisiertes Lebensprinzip, das, umgeben von Alltagstrott und Langeweile, in dem erlebnisintensiven, außergewöhnlichen 'Kick' und riskantem 'Thrill' sowie in "der Zusammenballung von Augenblicklichkeit seine audiovisuellen Räusche erzeugt" (Baacke 1993, S. 112). Aber: "Ballung, Augenblicksversessenheit und Überreizung sind nicht auf Dauer zu stellen, sie stumpfen vielmehr ab. ... die immer neuen Tempowechsel, überraschenden Kombinationen, schrillen Klangkontraste machen auf die Dauer müde, senken den Aufmerksamkeitspegel, führen schließlich zu dem Wunsch, endlich abzuschalten" (ebenda, S. 112/113).
Schnelles Signalentziffern findet heute vornehmlich symbolträchtig an der Oberfläche statt. So gesehen scheint sich nichts mehr oder nichts Wesentliches mehr 'hinter' dem Gezeigten zu verbergen, das ehemals noch tiefenstrukturell im historischen Wissen und in der Überlieferung von Traditionen verankert war. Heutige Signale vermengen und vermischen sich in zuweilen überraschenden Kombinationen und immer neuen Tempowechseln quasi gleichgewichtig in einem bunten Einerlei mit Bricolagen, im Outfit, in den Straßenzeichen und Illuminationen der Metropolen, in Fernsehserien, in Action-Filmen, in Graphikprogrammen, in Modedesigns, in Discotheken, in Automarken, in Supermärkten, in Speisefolgen, in vielen kleinen Details und winzigen Accessoires. Während Deutung stets noch tiefenstrukturelles Nachdenken und analytische Rekonstruktionen erfordert und somit Reflexivität auf die eigene Person mitliefert und beibehält, können und müssen die häufig durcheinander gewirbelten Gags, Signale, Zitate und Anspielungen in der Situation blitzschnell und augenblicksorientiert erkannt und in einer, unterschiedliche Elemente treffsicher zusammenfügenden Kombinatorik entziffert werden. Dies können wiederum nur jugendliche Insiderinnen bzw. Insider, die mit solchen medienkonstruierten, raffinierten ästhetischen (Oberflächen)Montagen und Zitat-Verweisen auch etwas anfangen können.
Ein komplexes, zuweilen aber auch inflationär präsentiertes "Überangebot an Zeichen und Zeichenwelten" kann zwar multimediale Faszinationskraft entwickeln, beschleunigt und potenziert allerdings auch den permanenten Wechsel, putscht in der rastlosen Hektik gegen sich selbst und kann von daher sehr schnell auch im Irrgarten des Hin- und Hertaumelns in Langeweile und "Überdruß umschlagen". Die Verdichtung der ästhetischen Momenthaftigkeit und die ekstatische Feier des Augenblicks werden veralltäglicht, verlieren damit aber auch ihre, nicht nur altersklassenspezifisch abgrenzenden Wirkungen" (Baacke 1993, S. 113).
Wer die Clip-Kanäle MTV oder VIVA einschaltet, wird sehr schnell feststellen können, daß hier die "Ästhetik der Videoclips und die Ästhetik der Werbung kaum noch zu unterscheiden sind (Baacke 1997, S. 90).

9. Jugend ist Patchworkjugend

Über Musik, Werbung, Konsum und Mode ausdifferenzierte, also multimedial präsentierte Lebensstile von Jugendlichen übernehmen für viele Jugendliche quasi identitätsstiftende Funktionen. Sie treten an die Stelle der - durch unaufhaltsame Erosionen - geschwächten identitätsstiftenden Funktion gemeinschaftlicher Traditionen, Strukturen, Einrichtungen, Institutionen und traditional-kollektiver Lebensformen. Die Struktur der Biographie ist weder teleologisch sofort deutbar, noch scheint heute Identität ihre abschließende Gewißheit im 'persönlichen Ich' zu finden. Ebenso, wie die gesellschaftlichen Lebensverhältnisse im Zuge der erwähnten Individualisierungsschübe und Dechronologisierungen der Lebensläufe wechseln und unübersichtlich geworden sind, können auch die Sinnsetzungen des Lebens nicht mehr als vertraute Übereinkunft erscheinen. Die Chronologie des Lebens wird aufgeweicht, und es zeichnet sich keine klar abgrenzbare Gestalt ab. Das historisch gewordene Subjekt ist zwar fähig zur Relativierung, besitzt aber kein genuines und vorab gegebenes Urvertrauen zu sich selbst und schon längst kein Numinosum mehr. Im Lichte dieser veränderten Vorstellung von Individualität sowie der Neugewichtung des Identitätskonzepts wird das 'persönliche Ich' vergänglicher, verletzlicher und zerstörbarer, aber auch segmentierter und widersprüchlicher. Viele Jugendliche empfinden diesen ambivalenten Prozeß als Verflachung, als Verlust, als 'Sinnleere und als entheroisierte 'Krise der Persönlichkeit', andere erkennen den Zugewinn bezüglich der kreativen, schöpferischen Seiten ohne Identitätszwang des gleichen Prozesses. Das fragmentarisch-widersprüchliche 'Recherche-Ich' oder hochkomplexe 'Zufalls-Ich', das sich stets neu suchen muß, geht nicht mehr in einer festgefügten endgültigen und abgeschlossenen biographischen Struktur oder Ganzheit auf. Und diese Suchbewegung im Rahmen der verlängerten Phase der Identitätsfindung kann und will nicht enden; sie ist keineswegs mit dem Eintritt in die Geschlechtsreife oder mit dem Beginn des Erwachsenenalters oder mit der Altersreife (so noch in der deutschen Klassik etwa bei Goethe) abgeschlossen. Identität besitzt keinen konsistenten 'Wesenskern' im Sinne eines stabilen Sinn-Mittelpunkts, sondern scheint heute vielmehr Augenblicks-, Situations- oder Patchworkidentität zu sein.

Insbesondere bei Jugendlichen entwickeln sich im Zusammenhang des experimentellen Umgangs mit unterschiedlichen Lebensentwürfen und der eigenen Biographie offene und multiple Interpretationspraxen der Sinnsuche. Neben dem zweifelsohne bei vielen Jugendlichen vorhandenen Wunsch nach verläßlichen Bindungen und eindeutigen Identitäten, die aber nicht mehr so ohne weiteres in einer stabilen Matrix garantiert werden können, gibt es heute eine Fülle von Variationen und Vermischungen verschiedener Stil- und Ausdruckselemente in einem eher künstlich orientierten und inszenierten Ganzen, in dem sich wechselbarer und vergänglicher Sinn konstituieren, aber auch ironisch fruchtbar gemacht werden kann. Die besonders über den Medienverbund von Pop-Musik, Pop-Film und Videoclips transportierten Stilelemente jugendlicher Identitätsbildung arbeiten jenseits geschlossener und uniformierter Sinnsysteme mit der heutigen Sinnpluralität, Sinn-Vervielfältigung und Sinn-Beliebigkeit und sind nicht mehr umfassend oder 'multifunktional', sondern nur begrenzt verpflichtend. Sie sind statt dessen offener und beweglicher, nur lose miteinander verknüpft, relativ beliebig zusammenstellbar und können stets modifiziert werden. So gesehen kann es heute im Lichte einer nicht-verunsichernden und "nicht-resignativen Verarbeitung der Identitätsverunmöglichung" (Keupp 1992, S. 115) qua Erprobung neuer Lebensformen ohne geschlossene Sinngestalt bastelbiographisch und patchworkartig zu einem schnellen Wechsel von Identitätsmontagen kommen, die aber materieller und sozialer Ressourcen und Abstützungen bedürfen.

Eine leicht handhabbare Veränderung und Vorläufigkeit medienvermittelter Identifikation scheint Medien im Lichte der Erodierung alltagsweltlicher Traditionen und der Individualisierung der Jugendphase so attraktiv zu machen. Es handelt sich gerade nicht um verpflichtendes Engagement und totale Inanspruchnahme, sondern um das "Gefühl distanzierter Zusammengehörigkeit" (so schon Muchow 1964, S. 54). Man will beides: die Sonnenseite der ichbezogenen Zugehörigkeit und gleichzeitig die der ichbezogenen Distanz genießen. Übernehmen nun gar medial vermittelte 'Gemeinschaften', also design- und scheingemäß inszenierte 'virtuelle Gemeinschaften', Phantomgruppen oder Vorstellungswelten, die nicht mehr durch alltagsweltliche Milieueinbindungen erzeugt werden, sondern die bspw. über CD-Kauf, Mode, Kataloge, Video-Clips und durch surfende, virtuelle Mobilität im Internet, durch elektronische Post mit interaktiven Programmen einer kontaktauslösenden, weltweiten Computergemeinde oder durch (virtuelle) Teilnahme an Pop-Events in die Wirklichkeit eingeschrieben werden können und 'real' in Form konkreter Interaktionsbeziehungen zwischen Menschen nicht existieren müssen, für Jugendliche sinnstiftenden 'Heimatcharakter' und ersetzen oder ergänzen damit tendenziell konkrete personale Lebensbezüge und 'Gemeinschaften'?

10. Jugend ist ego- und ethnozentrische Jugend

Indem Jugendliche sich jugend(sub)kulturell via Selbstetikettierungen und Stilformen szenenspezifisch von anderen absetzen, um nach innen verbindliche Zugehörigkeit und nach außen Grenzlinien, also Abgrenzung zu markieren, neigen sie nicht selten zu einer - die Regeln wechselseitiger Achtung verletzenden - quasi vormodernen ego- bzw. ethnozentrischen Gruppenhaltung, die die jeweils anderen kulturellen Ausdrucksmöglichkeiten zuweilen sogar aggressiv ausschließt. Kulturell-selbstgenügsame Gruppenbezogenheit bzw. die 'Überhöhung der Eigengruppe' kann so gesehen durch Schließung bzw. Abgrenzung auf der einen Seite und Ausgrenzung auf der anderen Seite zu ethnozentrischem Abwehrverhalten gegenüber allen Nichtdazugehörigen, also gegenüber allen Fremden führen. Sie ist häufig genug Quelle und Ursache für verschiedene Vorurteile und vor allem für Fremdenangst und Fremdenfeindlichkeit gewesen.

Ethnozentrische Orientierungen zeichnen sich nicht nur bei Jugendlichen u.a. dadurch aus, daß wertende Stigmatisierungen und Diskriminierungen bis zur "systematischen

Ausgrenzung anderer Menschen durchgesetzt" werden. Hinzu kommt, daß für die Beurteilung anderer Jugendlicher andere, vornehmlich eindimensionale und allzu einfache Beurteilungen und Kriterien gelten als für einen selbst (Rieker 1997, S. 117). Durch inneren und äußeren Druck kann eine Verrohung des Umgangstons und des Umgangs sowie das Verächtlichungsmachen und das Herabsetzen und Fertigmachen von Anderen, von Fremden, insbesondere von Migrantenjugendlichen vor allem jenseits der Hip-Hop-Szenen und jenseits der geschrumpften linksalternativen, ökologisch geprägten, christlich engagierten und frauenbewegten Mileus vielerorts und nicht nur in den neuen Bundesländern festgestellt werden. Hemmschwellen und Gewissensregungen können abgebaut werden. Die Differenzierung und Pluralität der Jugendszenen führt in vielen Fällen gerade nicht zur gern propagierten kulturellen Bereicherung und Toleranz - zu einem gelingenden Umgang mit Differenz und Unterschieden. Dieser Pluralismus führt auch nicht automatisch zu einer, in vielen Lebenskreisen mittlerweile weniger hochgeschätzten, kulturelle Einebnungen betreibenden, integrativen und auch nicht zu einer, in anderen Kreisen mehr gewünschten multikulturellen Gesellschaft. Es kommt gerade nicht immer zu einer Verabschiedung der Diskriminierung, Ethnisierung und Selbstethnisierung gesellschaftlicher Gruppen und Konflikte, obgleich die meisten Jugendlichen am Ende dieses Jahrhunderts mindestens in den alten Bundesländern viel stärker als noch vor einigen Jahrzehnten in einer vorgefundenen multikulturellen Gesellschaft sozialisiert worden sind. So gesehen hat die beobachtbare jugendkulturelle Differenzierung auch nicht notwendig Liberalität, Verstehen, Akzeptanz und Geltenlassen von Andersartigem und Fremdheit zur Folge.

Literatur

Baacke, D. (1993): Jugend und Jugendkulturen. Darstellung und Deutung. Weinheim-München (2. überarbeitete Auflage)

Baacke, D. (1997): Medienpädagogik. Tübingen

Baethge, M. (1985): Individualisierung als Hoffnung und als Verhängnis. Aporien und Paradoxien der Adoleszenz in spätbürgerlichen Gesellschaften oder: die Bedeutung der Subjektivität. In: Lindner, R./Wiebe, H.-H. (Hrsg.): Verborgen im Licht. Neues zur Jugendfrage. Frankfurt/Main, S. 98-122

Baethge, M. (1988): Jugend und Gesellschaft - Jugend und Arbeit. In: Benseler, F. u.a. (Hrsg.): Risiko Jugend. Leben, Arbeit und politische Kultur. Münster, S. 28-38

Baethge, M./Pelull, W. (1993): Zwischen Individualisierung und Solidarisierung. Entwicklungstendenzen im Verhältnis von Jugendlichen zur Erwerbsarbeit und zu den Gewerkschaften. In: Linne, G./Pelull, W. (Hrsg.): Jugend: Arbeit und Interessenvertretung in Europa. Befunde aus der Jugendforschung und gewerkschaftlichen Praxis. Opladen, S. 17-40

Baethge, M./Schomburg, H./Voskamp, U. (1983): Jugend und Krise - Krise aktueller Jugendforschung. Frankfurt/Main-New York

Berg, Ch. (1991): Wandel der Kindheit in der Industriegesellschaft. In: Neue Sammlung, Heft 3, S. 411-435

Büchner, P. u.a. (1998): Teenie-Welten. Aufwachsen in drei europäischen Regionen. Opladen

Cyprian, G. (1994): Familiensoziologie. "Familiale Aufgaben und Leistungen - Lebens- und Entfaltungsmöglichkeiten der 'modernen' Familie". In: Familienreport 1994. Bericht der Deutschen Nationalkommission für das internationale Jahr der Familie 1994. Bonn, S. 105-115

Dudek, P. (1996): Von der "Entdeckung der Jugend" zur "Geschichte der Jugend", in: Dietz, B./Lange, U./Wahle, M. (Hrsg.): Jugend- zwischen Selbst- und Fremdbestimmung. Historische Jugendforschung zum rechtsrheinischen Industriegebiet im 19. und 20. Jahrhundert. Bochum, S 15-42

Eisenberg, G./Gronemeyer, R. (1993): Jugend und Gewalt. Der neue Generationenkonflikt oder der Zerfall der bürgerlichen Gesellschaft. Reinbek

Farkas, W. (1997): Blindtext der brennt. Von der Schwierigkeit, über Jugendkultur zu schreiben. In: Süddeutsche Zeitung vom 19. Februar 1997

Ferchhoff, W. (1990): Jugendkulturen im 20. Jahrhundert. Von den sozialmilieuspezifischen Jugendsubkulturen zu den individualbezogenen Jugendkulturen. Frankfurt/Main-Bern

Ferchhoff, W. (1993): Jugend an der Wende zum 20. Jahrhundert. Lebensformen und Lebensstile. Opladen

Ferchhoff, W. (1997): Soziologische Analysen zum Strukturwandel der Jugend und Jugendphase. Veränderte Erziehungs- und Sozialisationsbedingungen in Familie, Schule, Beruf, Freizeit und Gleichaltrigengruppe an der Wende zum 21. Jahrhundert. In: Kind. Jugend. Gesellschaft, Heft 3, S. 65-81

Ferchhoff, W. (1997): Pluralisierte Lebensstile von Jugendlichen zwischen Armut und Reichtum. In: Huster, E.-U. (Hrsg.): Reichtum in Deutschland. Die Gewinnung der sozialen Polarisierung. Frankfurt/Main-New York, S. 217-260

Finkielkraut, A. (1989): Die Niederlage des Denkens. Reinbek

Fritzsche, K.P. (1998): Die Stressgesellschaft. München

Gillis, J.R. (1980): Geschichte der Jugend. Tradition und Wandel im Verhältnis der Altersgruppen und Generationen in Europa in der zweiten Hälfte des 18. Jahrhunderts bis zur Gegenwart Weinheim-Basel

Hengst, H.: Aufwachsen in einer multimedialen Welt. In: Thema Jugend. Zeitschrift für Jugend und Jugendschutz, Heft 1/2, S. 7-12

Hermsen, E. (1998): Jugendleben im Hoch- und Spätmittelalter. In: Horn, K.-P./Christes, J./Parmentier, M. (Hrsg.): Jugend in der Vormoderne. Annäherungen an ein bildungshistorisches Thema. Köln-Weimar-Berlin, S. 111-140

Hornstein, W. (1997): Kommt der Jugendhilfe die Jugend abhanden? Ein Beitrag zum Thema ‚Ende' oder ‚Wandel' der Jugend aus jugendtheoretischer Sicht. In: Kind, Jugend, Gesellschaft, Heft 1, S. 11-14

Hornstein, W. (1998): Vom Anfang und Ende der Jugend. In: Horn, K.-P./Christes, J./Parmentier, M. (Hrsg.): Jugend in der Vormoderne. Annäherungen an ein bildungshistorisches Thema. Köln-Weimar-Berlin, S. 21-42

Hurrelmann, K. (1993): Aggression und Gewalt in der Schule. In: Schubarth, W./Melzer, W. (Hrsg.): Schule, Gewalt und Rechtsextremismus. Opladen, S. 44-56

Jaide, W. (1988): Generationen eines Jahrhunderts. Wechsel der Jugendgenerationen im Jahrhunderttrend. Zur Geschichte der Jugend in Deutschland 1871-1985. Opladen

Jugendwerk der Deutschen Shell (Hrsg.) (1997): Jugend 97'. Zukunftsperspektiven. Gesellschaftliches Engagement. Politische Orientierungen. Opladen

Keupp, H. (1992): Identitätsverlust oder neue Identitätsentwürfe. In: Zoll, R. (Hrsg.): Ein neues kulturelles Modell. Zum soziokulturellen Wandel in Gesellschaften Westeuropas und Nordamerikas. Opladen, S. 100-117

Mertens, D. (1984): Das Qualifikationsparadox. Bildung und Beschäftigung bei kritischer Arbeitsmarktperspektive. In: Zeitschrift für Pädagogik, Heft 4, S. 439-455
Mitterauer, M. (1986): Sozialgeschichte der Jugend. Frankfurt/Main
Mitterauer, M. (1995): Sozialgeschichte der Jugend. Michael Mitterauer im Gespräch mit Karl Stocker. In: Österreichische Zeitschrift für Geschichtswissenschaften, Heft 4, S. 557-565
Muchow, H.H. (1964): Jugendgenerationen im Wandel der Zeit. Wien
Musgrove, F. (1964): Youth and the Social Order. Bloomington
Pfennig, G. (1995): Kinder und Jugendliche auf der Suche nach der ‚neuen Familie' im Bahnhofsmilieu. In: Neue Praxis, Heft 4, S. 383-391
Postman, N. (1983): Das Verschwinden der Kindheit. Frankfurt/Main
Reulecke, J. (1986): Jugend - Entdeckung oder Erfindung? Zum Jugendbegriff vom Ende des 19. Jahrhunderts bis heute. In: Deutscher Werkbund e.V./Württembergischer Kunstverein (Hrsg.): Schock und Schöpfung. Jugendästhetik im 20. Jahrhundert. Darmstadt-Neuwied, S. 21-25
Rieker, P. (1997): Ethnozentrismus bei jungen Männern. Fremdenfeindlichkeit und Nationalismus und die Bedingungen ihrer Sozialisation. Weinheim-München
Rossiaud, J. (1994): Dame Venus: Prostitution im Mittelalter. München
Wiersing, E. (1987): Kontinuität oder Traditionsbruch? Einige Thesen zum Übergang von der alteuropäischen zur modernen Erziehungstheorie und -praxis. In: Zeitschrift für Pädagogik, 21. Beiheft, S. 19-26
Ziehe, Th. (1991): Zeitvergleiche. Jugend in kulturellen Modernisierungen. Weinheim-München
Ziehe, Th. (1991a): Zum vorläufigen Ende der Erregung. Die Normalität kultureller Modernisierungen hat die Jugend-Subkulturen entmächtigt. In: Helsper, W. (Hrsg.): Zwischen Moderne und Postmoderne. Opladen, S. 57-71
Zinnecker, J. (1987): Jugendkultur 1940-1985. Opladen
Zinnecker, J. (1989): Die Versportung jugendlicher Körper. In: Brettschneider, W.-D./Baur, J./Bräutigam, M. (Hrsg.): Sport im Alltag von Jugendlichen. Schorndorf, S. 133-159

Ekkehard Sander
Medienerfahrungen von Jugendlichen in Familie und Peergroup

Ich beziehe mich in meinen Antworten auf die vier mir gestellten Fragen in der Arbeitsgruppe zur Medienkompetenz bei Jugendlichen zwischen 16 und 20 Jahren auf Ergebnisse aus dem Projekt, das Jürgen Barthelmes und ich am Deutschen Jugendinstitut durchgeführt haben. Wir haben diese Untersuchung zum Thema Familie und Medien gemacht, weil die öffentliche Mediendebatte unseres Erachtens die Familie kaum beachtet. Und wenn, dann unter der Annahme, daß Medien die Familien zerstören bzw. daß die Familie heute ihre Kinder nicht mehr erziehen kann. Die Familie hat sich in der Tat verändert, ebenso die Kindheit und die Jugend. Aus diesem Grund haben wir bei der Auswahl der Familien die in einer Großstadt wie München normalen Familienformen mit einbezogen, Stieffamilien, Alleinerziehende, getrennt lebende Paare u.a. Wir haben dem Begriff der Wirkung dem der 'Erfahrung' entgegengesetzt; wir haben Jugendliche und ihre Medien im Kontext mit ihrer Familie und ihren Freundschaften zu Gleichaltrigen untersucht.

Bei der ersten Befragung (1992) waren die Jugendlichen 13 und 14 Jahre alt. Dieses Alter markiert das 'Ende der Kindheit' sowie den 'Eintritt in die Pubertät'. Die mit diesem Alter verbundenen Probleme der Ablösung und des Übergangs sowie deren Manifestationen in medienbezogenen und kulturellen Aktivitäten (vor allem auch in den Peer-groups) sind unserer Meinung nach ohne Kenntnisse des familiären Hintergrundes nur unzulänglich nachvollziehbar.

In der zweiten Befragung mit den 15 und 16 Jahre alten Jugendlichen stand die Zugehörigkeit zur Jugendkultur ihrer Freunde und Freundinnen und die ersten Erfahrungen mit Liebe und Freundschaften im Mittelpunkt.

In der dritten und letzten Befragung mit den 17 und 19 Jahre alten Jugendlichen stand der Übergang von der Jugendphase in die Selbständigkeit von Beruf, Ausbildung und Partnerschaft im Mittelpunkt. Die Eltern der Jugendlichen befragten wir in allen drei Wellen separat zu ihrer Sicht der Veränderungen ihrer Söhne und Töchter.

Ziel der Untersuchung ist, den subjektiven Sinn zu rekonstruieren, den die Medien für die Familien haben. Was hören, lesen, sehen diese Jugendlichen gerne, welche Gedanken und Gefühle verbinden sie mit ihren Stars? Welchen subjektiven Sinn haben Ablösung, Geschmack, Stil und Freundschaftsbeziehungen? Konkret bedeutet es,
- am Alltag und an der Lebensform der Jugendlichen und deren Familien anzusetzen,
- die medienbiographischen Erfahrungen der Mädchen und Jungen sowie deren Mütter und Väter mit einzubeziehen,
- die jugendkulturellen Aktivitäten von Mädchen und Jungen zu vergleichen,
- die Veränderungen des individuellen und sozialen Stellenwertes der Medien in der Übergangsphase vom Kind zum Jugendlichen aufzuzeigen,

Diesem Zweck diente ein Panel; die hierfür ausgewählten Familien gehören der Mittelschicht an, Mädchen und Jungen sind je zur Hälfte einbezogen, die Jugendlichen besuchten zu Beginn der Befragung zu je einem Drittel die Haupt- bzw. die Realschule sowie das Gymnasium. Wir befragten 22 Mädchen und Jungen in der Zeit vom 13. bis zum 19. Lebensjahr und von jedem einen Elternteil, insgesamt 24, zumeist deren Mütter, aber auch einige Väter (1992, 1994, 1997).

1. Welche Orte sind für die Altersgruppe kennzeichnend, welche Spezifika sind in diesen Orten festzustellen ? Worin liegen die äußeren Unterschiede von Freizeit; Schule, Beruf und Familie?

Das Alltagsleben von heutigen Jugendlichen findet vor allem in der Familie, in der Schule, in der Ausbildung sowie in den Peer-groups statt. In diesen Alltagsräumen treffen die Jugendlichen immer wieder auf Medien und deren Angebote. Im Umgang mit diesen Medien machen die Mädchen und Jungen spezifische Medienerfahrungen; ihr Medienumgang bezieht sich vor allem auf Musik, Fernsehen (insbesondere Serien), Spielfilme, Videos, Jugend-Zeitschriften, Bücher und Computerspiele. Diese Medienerfahrungen der Jugendlichen spielen für die Arbeit am Selbstbild, für die Bildung eigener Geschmackskulturen, für die Ablösungsprozesse der Jugendlichen von den Eltern sowie für die sozialen Beziehungen in den Peer-groups eine wichtige Rolle. Jetzt möchte ich etwas zu den Orten Familie, Schule und Peer-group sagen.

Warum ist die Familie für die Bildung von Medienerfahrungen so wichtig?
Die Familie ist der Ort, an dem Kinder ihre ersten (und auch quantitativ die meisten) Medienerfahrungen machen. Auch für Jugendliche ist die Familie nach wie vor jener Bereich, in dem sich hauptsächlich ihr Umgang mit Medien abspielt und in dem sich ihre Geschmackskulturen herausbilden. Doch zu den häuslichen Medienerfahrungen gesellen sich zunehmend die Medienerfahrungen in den Peer-groups. Einerseits kommt es hier zu notwendigen Auseinandersetzungen zwischen den Generationen, andererseits werden dadurch aber auch neue Gemeinsamkeiten entdeckt, weil die heutige Elterngeneration ihrer eigenen Jugendkultur treu geblieben ist und viele Eltern an den Medienvorlieben ihrer Söhne und Töchter Gefallen finden. Die Eltern werden in dieser Phase der Adoleszenz ihrer Kinder unweigerlich mit ihren Erinnerungen an ihre eigene Jugendzeit konfrontiert, schon allein durch die Tatsache, daß ihre Kinder sie danach fragen.
"Stimmt das, daß du ein Autogramm von Juliane Werding hast...?"
"Hast du die Rolling Stones schon mal live erlebt.....?"

Die Jugendkultur und die Jugendzeit der Eltern werden dadurch wieder lebendig. Die Reaktionen der Eltern auf den Medienumgang der Kinder bewegen sich zwischen Neugier und Akzeptanz sowie zwischen Duldung und Kritik. In den medienbezogenen Auseinandersetzungen findet demnach auch 'soziales Lernen' statt, denn es geht hierbei um den Erwerb von Autonomie und Kompetenz, von Empathie und Frustrationstoleranz, von Differenz und Distanz bezüglich der Geschmacksunterschiede. Die Jugendlichen erhalten durch das kulturelle Ambiente ihrer Familie, d.h. durch ihre Eltern *und* ihre Geschwister, Anregungen für ihr Interesse an Filmen, Stars, Musik.

Häusliche Peer-Aktivitäten:
Besonders bei den von uns befragten 13/14jährigen Jugendlichen fallen die häuslichen Peer- Aktivitäten zunächst zeitlich (quantitativ) und von der Bedeutung her (qualitativ) z. T. mehr ins Gewicht als die außerhäusigen Aktivitäten; die Gründe dafür liegen in folgendem:
- ❏ Häusliche Peer-Aktivitäten sind fester Bestandteil im Alltag der meisten Jugendlichen
- ❏ Häusliche Peer-Aktivitäten bieten einen selbstbestimmten und 'geschützten' Raum ('ungestört', 'frei von Dritten', 'keine Anforderungen der Gruppe').

❏ Häusliche Peer-Aktivitäten als Treffpunkte eröffnen einen Raum zwischen Familie und Peer-group, der sich zwar (noch) in der Familie befindet, aber als Probebühne für die bereits vorhandenen oder zusammen geplanten Beziehungen zu Gruppen, Cliquen und Szenen genutzt werden kann.

Schule als Handlungs- und Beziehungsraum für die befragten Jugendlichen:
Schule ist bei den 13- und 14jährigen die entscheidende 'Start-Rampe' und 'Raum-Station' für die Gestaltung von Peer-Beziehungen; dies läßt sich nach den Aussagen der von uns befragten Jugendlichen folgendermaßen begründen:
❏ Schule ist der einzige Ort, wo viele Gleichaltrige eines Stadtviertels zusammenkommen; hier treffen ferner die 'neuen' Schüler (nach dem Schulwechsel) 'andere Neue' sowie bereits bekannte Gesichter. Hierbei spielt auch der Schulwechsel von Grundschule auf Hauptschule und Gymnasium eine wichtige Rolle für neue Kontakte.
❏ In der Schule finden die Jungen und Mädchen einen 'offenen Rahmen', in dem sie ihre Kontakte und Freundschaften auf unterschiedliche Weise erproben können: vom zwanglosen 'Ratschen' in der Pause bis zu Verabredungen oder sogar Einladungen für gemeinsame Aktivitäten außerhalb der Schule. Die Schule ist Bühne und Forum für die Akteure und Akteurinnen der unterschiedlichen jugendkulturellen Szenen, Stile und Fan-Kulturen.
❏ Schule bietet Jugendlichen mit ähnlichen Interessen Möglichkeiten, ihre Fähigkeiten und Begabungen gemeinsam weiterzuentwickeln; dabei stellen die Schülerinnen und Schüler sich selbst gemeinsame 'Aufgaben': zusammen mit anderen an etwas arbeiten (Aufführungen machen wie Musicals, Theater, Rockkonzerte) sowie mit anderen kämpfen, konkurrieren, sich messen und sich auseinandersetzen ('Wer spielt die Hauptrolle in einem Musical?'; 'Wer ist der Spielführer, die Spielführerin beim Match um den Titelgewinn?');
❏ Für die einzelnen Jugendlichen eröffnen sich durch die verschiedenen Cliquen, Gruppen und Einzelpersonen vielfältige Entwicklungsmöglichkeiten für ihre Interessen: Freundschaften, erotische Erfahrungen, Musik hören, Selber-Musik-Machen, Sport treiben u.a.
❏ Schule und die damit verbundenen Netzwerkbeziehungen sind ein 'Forum' für die Auseinandersetzungen bezüglich der (jugendkulturellen) Szenen und (musikkulturellen) Stile; damit verbunden ist auch ein Austarieren zwischen Nähe und Distanz zu den jeweiligen Gruppierungen sowie ein Ausloten der eigenen Zugehörigkeit.
❏ Schule ist der Entstehungsort von wichtigen Netzwerken für die Jugendlichen. Ein großer Teil der von uns befragten Mädchen findet hier die 'beste Freundin' als wichtige Vertrauensperson. Auch indirekt ist die Schule für die Entfaltung von Netzwerkaktivitäten sowie für die Gestaltung erotischer Beziehungen wichtig: zusammen mit der Freundin in einen Tanzkurs gehen; beim Tanzkurs den 'ersten richtigen' Freund kennenlernen; im Schulchor mitsingen und 'echte Freunde' kennenlernen.
❏ Schule ist das 'kommunikative Übungsfeld' für die Fähigkeit, in seinem 'persönlichen Netzwerk' eine Vielzahl von Freunden oder Freundinnen und damit verbun-

den auch von verschiedenen Cliquen oder Gruppen zu integrieren, die Fähigkeit zur 'Ko-Konstruktion' (ein Begriff von L. Krappmann), d.h. zusammen mit verschiedenen Personen insgesamt einen 'Rahmen' für jeweils spezifische Beziehungen aufzubauen.

❑ Schule und ihre Gelegenheitsstrukturen sind wichtig für die Bildung von Medienerfahrungen. Auf Schulwegen und in Schulpausen wird über Medien viel geredet und gestritten (neue Musikstücke und Filme, die Sendungen von gestern, Hinweise auf Videos und Spielfilme, Hinweise auf Veranstaltungen wie Rockkonzerte u.ä.); ferner spielt man sich über Walkman neue Musik vor, läßt die anderen mithören oder reinhören. Schließlich sind die 'Jugend-Zeitschriften' ('Bravo', 'Bravo Girl', 'Mädchen' u.a.) Anlaß für viele Gespräche ('Donnerstag ist Bravotag'). Insbesondere die Musik schafft auf den Schulwegen sowie in den Schulpausen ein 'jugendkulturelles Ambiente'. Musik als Ausdrucksmittel der aktuellen 'gemeinsamen Kultur' ist ein Standardthema der Peer-Beziehungen.

2. Welche jugendkulturellen Merkmale lassen sich in der Altersgruppe festmachen? Womit beschäftigen sich Jugendliche dieser Altersgruppe?

Jugendkultur als Suche nach dem eigenen Weg
Jugendkultur lebt von der Suche der Jungen und Mädchen nach einem eigenen Weg für ihre ganz subjektiven Vorstellungen und Träume. Jugendkultur als konservierter Stil wird von den Jugendlichen als Konformität empfunden, von der sie sich abgrenzen möchten und dem sie das eigene Gefühl entgegenstellen, das sie zusammen mit anderen Gleichaltrigen teilen. Diese Gemeinsamkeiten werden über die Prozesse der Abgrenzung und Zuordnung gefunden. Die Musik als eine Medium der Gefühle und der Phantasie ist das zentrale Medium für diese Suchprozesse.

Die Leitmotive der Jungen und Mädchen
Die Leitmotive der Jungen, die Leitmotive der Mädchen in dieser Zeit des Übergangs sind die Arbeit am Selbstbild - die Suche nach einem Ausdruck für die innere Welt der Gefühle, der Verunsicherung der Wünsche und der Ängste. Die Mädchen und Jungen suchen nach dem Eigenen, nach dem Eigen-Sinn: Was paßt zu meinen Gefühlen, meinen Phantasien, meinen Imaginationen? Welche Musik, welche Bilder, welche Geschichten, welche Stars erregen meine Aufmerksamkeit, sprechen mich an? Mit der Pubertät beginnt die Arbeit an den Unterschieden.

❑ Die Suche nach Kommunikation und Austausch mit den gleichaltrigen Freunden / Freundinnen und den Eltern - die Gespräche über Stars; Spielfilme und Fernsehserien bieten den Jugendlichen die Möglichkeit, "In ihrem eigenen Leben ECHOS und Räume zu entdecken, die ihnen erlauben die Frage zu stellen: ..'was wäre wenn ich ...', (Willis 1992) in dieser Situation wäre. Diese Medienerfahrungen

sind Formen der mediatisierten, d.h. der verschlüsselten Kommunikation. Stars, Filmszenen, Lieder und Liedtitel eignen sich besonders gut für diese symbolische Form der Interaktion.
❏ Die Suche nach Zugehörigkeit und Nähe schließt die Fähigkeiten mit ein, mit den verschiedenen Freunden und deren Andersartigkeit umgehen zu können.
❏ Die Zugehörigkeit und der eigenaktive Aufbau und die Gestaltung der Freundschaften ist die zentrale Entwicklungsaufgabe dieser 15-16jährigen.

Ich möchte zwei Merkmale der Jugendkultur vorstellen:
❏ Medien als Standardthema in den Gesprächen der Jugendlichen
❏ Gemeinsames Musikhören - Singen, Tanzen, Reden

2.1 Medien als Thema Nr. 1 in den Gesprächen der Jugendlichen

Das Thema 'Medien' ist ein wichtiger Bestandteil der Gespräche mit den Freunden oder Freundinnen: Die gestrige Serie im Fernsehen und deren Handlungsfortgang; die neue CD; die neueste Ausgabe einer Jugendzeitschrift; das neue Starportrait von ... ; das neue Lied von ... ; eine Geschichte über den neuen Film mit ... ; das Buch 'Sex' von Madonna. Dies sind die Gesprächs-Stoffe der von uns befragten 13- und 14jährigen. Alle Mädchen und Jungen geben an, daß das Reden über Medien in ihren Freundschaftsbeziehungen beständig vorkommt. Hauptthemen sind vor allem die Stars (Aussehen, Persönlichkeit, Hits, Geschichten).

Stars als Gesprächsthema
Dieses Reden über Stars löst mitunter heftige Diskussionen aus, beispielsweise über das Verhalten von Serienhelden. Die Prädikate 'cool' oder 'blöd', die als Projektionen auf das Verhalten der Stars angewendet werden, gelten auch als Bewertungen in den Peer-groups. Die Stars mit ihren Ausdrucksformen ermuntern die Mädchen und Jungen, sich entsprechend auszudrücken und darzustellen. Insofern bilden die (allen mehr oder weniger bekannten) Stars sowie deren Filme, Musikhits und Stories eine gemeinsam geteilte Plattform des 'sich - gegenseitig - zeigens'. Stars und deren Geschichten sind Anlässe und Ermutigungen, mit den eigenen Gefühlen und Phantasien 'herauszurücken'. Maske, Verstellung und Tarnung erleichtern das Ausdrücken von Gefühlen; Stile und Stilisierungen können diese mitunter heftigen Gefühle 'bannen'. Entscheidend ist der Austausch von Erlebnissen, Eindrücken, Vorlieben und Erfahrungen:
"Also wenn ich zum Beispiel auf einem Konzert war, dann fragt der andere eben, wie es war, auch wenn dem die Gruppe überhaupt nicht gefällt. Aber irgendwie schon allein der Grund, daß man zeigt, ja also, wie war's, wie ging's dir eigentlich, ist wichtig." (14jährige Realschülerin)
"Also über Diskussionen im Fernsehen unterhalten wir uns schon, oder über einen Kinofilm: 'Der Film war gut, hast du den gesehen?'. Über Musik reden wir auch, ich unterhalte mich mit Jungen und Mädchen gleich viel. Da sind nicht so die Unterschiede." (14jähriger Gymnasiast)

Mit diesem Reden über Medien sind oftmals Verabredungen und gemeinsame Aktivitäten verbunden: sich nachmittags treffen, um mal in die neue CD reinzuhören, um CD's sofort zum Kopieren auszuleihen, um zusammen einen Videofilm anzuschauen, um einen gemeinsamen Kinobesuch zu planen, um einfach zusammen zu sein und dabei Musik zu hören. Dabei ergeben sich nach Aussagen der von uns befragten Mädchen und Jungen oft auch sehr witzige Situationen und witzige Gespräche. Die Medien als alltägliche und leicht herstellbare Gesprächsthemen sind wichtige Bausteine dieser Freundschafts- und Gruppenbeziehungen, denn sie gehören zu den Standardthemen. Die Medienthemen bieten viele Aufhänger und Anlässe für die 'Mediatisierung' von Gefühlen, Ängsten, Problemen, z.B. wenn die Mädchen und Jungen über Spielfilminhalte oder Starpersonen reden, dabei aber verschlüsselt über sich und ihre 'inneren Beweggründe' Auskunft geben. Auf diese Weise können eigene Meinungen, Fragen und Interessen leicht und vermittelt zur Sprache gebracht werden.

Medienthemen als Spielmaterial für Beziehungen
Über Medien in Gruppen zu reden, ist für die von uns befragten 13- und 14jährigen eine attraktive Möglichkeit, sich hinter Filminhalten, Musikstücken oder Stars gleichsam zu verstecken, um einfach mal auszuprobieren, wie bestimmte Gefühle und Kommentare von den anderen aufgenommen werden. Die Medien bekommen dabei den Stellenwert von Masken; man kann sich hinter ihnen verstecken und man kann gleichzeitig seine inneren Themen damit ansprechen, ohne daß dies gleich offensichtlich wird. Das Prinzip der Tarnung, nämlich mittels Medien 'über sich' zu reden, hängt zudem mit einem altersspezifischen Merkmal zusammen: 'Tarnen - Enttarnen'. Insofern hat das Reden über Medien etwas Spielerisches, d.h. Mediengespräche enthalten kommunikative Spielvarianten: sich distanzieren, sich verstecken, dramatisieren, sich scheinbar furchtbar aufregen, die anderen dadurch verblüffen u.ä. Medienthemen eignen sich offenbar besonders gut für die Verwandlung eines 'seriösen' Themas in einen Gesprächsstoff, mit dem dann viele spielen können. Ferner wird die Ernsthaftigkeit, mit der Eltern und Lehrer über Medien reden, durch diesen spielerischen Umgang der Jugendlichen aufgelöst und die pädagogisierte Fixierung auf die negativgefärbten 'Mediendebatten' relativiert. Die Jugendlichen entlasten sich davon, indem sie die Medien als Spielmaterial für ihre oft sehr ambivalenten, extrem unterschiedlichen Stimmungen, Gefühle und Gedanken verwenden.

Medien dienen den von uns befragten Jugendlichen als Themen, um die Beziehungen zu festigen oder um in weitere Themen einzusteigen. Die scheinbar vordergründigen Gespräche über 'tolle' oder 'miese' Musik, Filme und Stars markieren den eigenen Geschmack und die damit verbundenen Vorstellungen von 'Gut und Schlecht', 'Schön und Häßlich', 'Geil und Ätzend' sowie die damit indirekt angesprochenen ästhetischen Vorstellungen, die die Mädchen und Jungen in ihre Bewertungen einbringen.

2.2 Musikhören als gemeinsame Medienerfahrung: Singen, Tanzen und Gestalten

Das gemeinsame Musikhören ist meist nicht nur 'Musikhören an sich', sondern mehr als die Hälfte der von uns befragten Jugendlichen geht dabei aktiv mit Musik um: Mitsingen, Tanzen, Toben, Liedtexte lesen, Songtexte übersetzen, sich bei Musik schminken und verkleiden. Diese Aktivitäten belegen eindrucksvoll den 'ganzheitlichen' Stellenwert, den die Pop-Kultur ('popular culture') bei heutigen Jugendlichen insgesamt hat. Musik als das zentrale Leitmedium der Jugendlichen sowie der Peer-Beziehungen verbindet die Leitmotive der Jugendlichen mit ihren Entwicklungsthemen und -aufgaben: den eigenen Körper kennenlernen und erproben; sich mit Erotik und Sexualität auseinandersetzen; das 'neue Lebensgefühl' (der Pubertät sowie der Pop - Kultur) mit den anderen teilen. Diese musikbezogenen Ausdrucksformen der Jugendlichen sind auch Versuche der Distanzierung bzw. Intensivierung von Medienerfahrungen; zwischen diesen beiden Polen gibt es Abstufungen:
Thematisieren, Präsentieren:
❏ 'ein Lied zeigen', 'eine Musik vorspielen'
Imitieren, Animieren, Interpretieren:
❏ 'ein Lied mitsingen', 'mittanzen', 'sich schminken', 'sich (wie Madonna) verkleiden'
Differenzieren, Modifizieren, Integrieren der individuellen Geschmackskulturen in die gemeinsame Geschmackskultur der Peer-group:
❏ "Manchmal reden wir über Lieder, die wirklich Aufsehen erregen, über Lieder halt, die grad aktuell sind, und da lassen wir alle halt Sprüche ab." (13jähriger Gymnasiast)
Dramatisieren, Stilisieren, Sich Auseinandersetzen mit dem 'emotional appeal' der Musik (Tanzen):
❏ "Ich geh zu meiner Freundin, ihre Eltern waren weg, dann sind wir ins Wohnzimmer gegangen, haben die Anlage angemacht, und haben wie irr getanzt, einfach vom Gefühl raus tanzen." (14jährige Realschülerin)

Dabei können innerhäusige Aktivitäten zu außerhäusigen Peer-Aktivitäten werden. So hat eine 13jährige Gymnasiastin mit ihrer Freundin zusammen zu Hause immer wieder das Musical 'West Side Story' angehört; über die eigenen Aktivitäten dieser beiden Mädchen, nämlich die Musik, die Texte und die Tänze dieses Werkes für sich zu erarbeiten, kam es dann über den Schulchor (Peer-group) zu einer öffentlichen Aufführung. Durch diese Auseinandersetzung mit einem musikalischen Werk bekamen die beiden unter anderem auch Kenntnisse über unterschiedliche Lebensweisen (beispielsweise über amerikanische 'streetgangs'). Die Tatsache, daß solche Aktivitäten zusammen mit anderen mehr Spaß machen, bewirkt obendrein eine Intensivierung des Erlebens ("weil man sich da ganz schön reinsteigern kann", 13jährige Gymnasiastin).

Musik ist ein Stilmittel, um Grenzen zu erleben und zu überwinden
Musik ist ein Medium der Verständigung, der Übereinstimmung sowie der Steigerung des gemeinsamen Erlebens zu zweit und/oder zusammen in Gruppen und Cliquen. Musik kann den Alltag verlebendigen, kann Lebensgefühle wecken und vermitteln. Musik ist ein Stilmittel, um Grenzen zu markieren und gleichzeitig zu überwinden; die Mädchen und Jungen können mittels Musik ihre Beziehungen expressiv und facettenreich gestalten. Musik in ihrer Verbindung mit Singen und Tanzen erweitert die Ausdrucksmittel sowie die Verständigung mit anderen; sie animiert und unterstützt die Jugendlichen in ihrer Suche nach Ausdrucksmöglichkeiten für ihre Wünsche und Gefühle. Die Jugendlichen bedienen sich dieser Formen, um eine Verständigung mit ihren Freunden und Freundinnen herzustellen; sie suchen damit nach einer gemeinsamen Sprache für ihre Erfahrungen. Musik ist demnach eine Sprache der Sehnsucht nach Verständigung und Verstanden-Werden; Musik ist ferner eine Sprache der Jugendkultur und der Jugendlichen.

3. Wie ist der Blick der Jugendlichen auf gesamtgesellschaftliche Zusammenhänge? In welchem Zusammenhang stehen diese mit Medien?

❑ Stichwort Allgemeinbildung: Eltern und Jugendliche bewerten Medien, hier vor allem Bücher aber auch Spielfilme und Dokumentarsendungen als Informations- und Bildungsquelle. Die Eltern suchen gezielt Sendungen heraus, die im Zusammenhang mit Themen bzw. dem Lernstoff ihrer Kinder in der Schule stehen:
Beispiel: Filme mit einem historischen Hintergrund und Bücher zum Thema Raumfahrt
Beispiel: Die Lektüre der Klassiker wird mit dem gemeinsamen Anschauen des Theaterstückes im Fernsehen oder im Theater selbst begleitet.
❑ Eltern und Jugendliche schauen z.T. gemeinsam Nachrichten an. Hier hat mir ein Familie berichtet, daß sie von sich aus die Ereignisse im ehemaligen Jugoslawien angesprochen hat, weil sie selbst kurz vor dem Krieg dort auf einer Urlaubsreise waren.
❑ Die Jugendlichen fordern ihre Eltern dazu auf, mit ihnen eine Dokumentation anzuschauen, die sie selbst interessiert, z.B. Tiersendungen (Haie) aber auch Starportraits und natürlich ihre Lieblingsfilme.

Für beide Eltern und ihre Kinder gilt, daß die Befragten sich gegenseitig in dieser mediatisierten Form ihre Interessen und auch ihre Themen zeigen und versuchen, diese als gemeinsame Medienerfahrung zu erleben und sich darüber zu verständigen. Verständigung heißt in Form von Gesprächen und Meinungen, die ausgetauscht werden, heißt aber genauso häufig nonverbal - durch Kommentare, Körpersprache, emotionale Äußerungen.
Medienangebote werden von Eltern unter diesen Bildungsgesichtspunkten beurteilt und ausgewählt, auch die Jugendlichen prüfen, ob sich ein Film oder eine Serie für das gemeinsame Ansehen eignet.

4. Bei institutionellen Orten von Jugendlichen: Was ist kennzeichnend für unterschiedliche Schul- und Freizeitformen?

Das Zeitbudget, Räume, Aktivitäten, Pflichten
Die Alltags-Zeiten sowie Handlungs- und Beziehungs-Räume der 13- und 14jährigen Peer-Beziehungen finden überall und jederzeit statt: in der Familie, wenn die Jugendlichen sich zu Hause gegenseitig besuchen und treffen; in der Nachbarschaft; in der Schule und auf den damit verbundenen Schulwegen; in (Sport-)Vereinen, in organisierten Gruppen (Pfadfinder, Chor, Musikgruppe/-band); bei den Treffs der Cliquen und Freundesgruppen. Das 'Zeit - Budget' der Jugendlichen verteilt sich insgesamt auf die drei 'Lebens - Räume' Familie, Schule und Gleichaltrigengruppe, wobei Schule und die damit verbundenen Pflichten (Hausaufgaben, Wahlkurse, Förderunterricht) am meisten Zeit beanspruchen (sechs bis acht Stunden täglich).

Die vollbeschäftigten Jugendlichen zwischen 13 - 18 Jahren
Die von uns befragten Jugendlichen sind 'vollbeschäftigte Jugendliche'. Die meiste Zeit wenden die Jugendlichen dafür auf, sich mit Freunden und Freundinnen zu treffen. Viel Zeit wird auch dem Musikhören gewidmet, dann kommt erst das Fernsehen und das Lesen (wobei hier zu berücksichtigen ist, daß die Jugendlichen sehr viel mit dem Lesen von Schulbüchern beschäftigt sind). Treiben die Jugendlichen Sport, so wenden sie dafür oftmals mehr Zeit auf als für die Hausaufgaben; Jugendliche, die das Gymnasium besuchen, wenden für Hausaufgaben mehr Zeit auf als jene, die die Haupt- oder Realschule besuchen. Ferner werden alle möglichen Jobs angenommen, um das Taschengeld aufzubessern:
"Was ich neben der Schule alles so mache, ja, also erstens Nachhilfe geben, dann, wenn ich ins Kino gehe, job' ich auch, sozusagen, weil, ich bereite mich auf den Job eines Kinovorführers vor; dann habe ich Zeitungen ausgetragen; dann habe ich was sehr Gutes, das ist im Stadion, da gibt's nach den Spielen und den Konzerten immer die weggeworfenen Becher, und die bringen Pfand, und die kann ich halt zurückbringen, da verdient man wahnsinnig." (13jähriger Gymnasiast)

Die bevorzugten jugendkulturellen Praxen der 13- und 14jährigen sind:
- "gemeinsam Musik hören" (20 von 22),
- "bei Freund/Freundin übernachten" (19 von 22),
- "gemeinsam ins Kino gehen" (15 von 22),
- "gemeinsam über Medien reden" (14 von 22),
- "gemeinsam in die Stadt gehen" (13 von 22),
- "gemeinsam Videos anschauen" (11 von 22),
- "in einer Mannschaft mitspielen" (10 von 22).

Gemeinsames Musikhören und gemeinsames Übernachten sind Peer-Aktivitäten, die vor allem innerhalb der Familie stattfinden, das heißt: die Familie stellt den Rahmen für diese Treffs zur Verfügung. Die Ausübung von Mannschafts-Sportarten (wie Fußball, Handball, Basketball) sind Peer-Aktivitäten, die vor allem in der Schule (Nachmittagsangebot in Form von Wahlkursen) sowie in Vereinen stattfinden. Gemeinsam ins Kino gehen bedeutet zwar außerhalb der Kontrolle von Familie, Schule und Verein zu sein; doch Kino ist ebenfalls eine Institution mit Vorschriften, Regeln und informeller Kontrolle.

Aktivitäten und Orte
Das bedeutet, die Peer-Aktivitäten der Jugendlichen finden in institutionellen bzw. informellen Orten statt. Dies wird deutlich, wenn die Gesamtheit der Peer-Aktivitäten nach diesen Orten aufgelistet wird:

Institutionelle Orte	Peeraktivitäten in der Familie: (Musikhören; Übernachten)
Institutionelle/informelle Orte	Peer-Aktivitäten in der Schule: Nachmittagssport, Wahlkurse, Schulchor; Peer-Aktivitäten im Verein: Mannschafts-/Einzelsport
Informelle Orte ('dritte Orte')	Peer-Aktivitäten in der Öffentlichkeit: gemeinsam in der Stadt rumlaufen; sich treffen (Parks, öffentliche Plätze, Straßenfußball, Kneipe, Cafe, Kino, öffentliche Parties und Feste).

Die soziale Welt ist die Welt der Freunde und Freundinnen, der Freundschaftsbeziehungen, der ersten erotischen und sexuellen Erfahrungen; der Rahmen dieser Peergroup-Welten wird durch die innere Distanz und die zunehmend räumliche Trennung von der Familie gefestigt; hiermit wird die Selbständigkeit der Mädchen und Jungen gefordert und gefördert.

Die Gestaltung und Entwicklung der Peer-Beziehungen müssen von den 13- und 14jährigen zunehmend nach außerhalb verlagert werden. Dabei entstehen Zwischenzeiten und Zwischenräume, die oft vom 'Alleinsein' geprägt sind, was von den Mädchen und Jungen eher als 'unangenehme' Situation empfunden wird. In solchen Zwischensituationen spielen dann nicht so sehr die Medienaktivitäten Musikhören und Fernsehen eine 'heilende' Rolle, sondern vielmehr das Medium 'Telefon': Telefonieren ist ein wichtiges Mittel, um den (unmittelbaren) Kontakt zu den anderen wieder aufzunehmen und herzustellen, um sich mit den Freunden oder Freundinnen zu verabreden oder ihnen den eigenen Kummer mitzuteilen.

Außerhäusige Peer-Aktivitäten haben das gemeinsame Merkmal der Öffentlichkeit, im Unterschied zu den noch weitgehend geschützten und intimen Räumen innerhalb der Familien-Wohnung. Diese öffentlichen Orte sind zugleich Ausgangspunkt und Ziel der Peer-Kulturen: Ausgangspunkt, weil sich hier die verschiedenen Stile und

Typen der Jugendszene 'live' treffen und aufeinanderstoßen und dies die Jugendlichen hautnah miterleben; Ziel, weil im Unterschied zu den nichtöffentlichen Peer-Aktivitäten innerhalb der Familie es hier um das 'echte Leben' ('real world') geht; das bedeutet für die Mädchen und Jungen beispielsweise: sich im Sportteam zu behaupten; zu zeigen, was man kann, und was man weiß; mit unterschiedlichen Personen (Mitspieler, Trainer) auszukommen; auf Straßen und in Parks zu tun, was man möchte - ohne Angst und Scheu vor den Kommentaren der Freunde oder Freundinnen, der Clique oder von anderen Jugendlichen und Erwachsenen. Was in den Peer-Aktivitäten innerhalb der Familie noch eher geschützt ist, wird hier öffentlich, offenkundig, allen sichtbar und erkennbar. Diese jugendkulturellen Öffentlichkeiten bieten die Möglichkeit, daß die einzelnen Mädchen und Jungen ihre Interessen, Fähigkeiten sowie ihren Entwicklungsstand erproben und zeigen können (Risiken und Nebenwirkungen der Täuschung und Enttäuschung mit eingeschlossen); dazu gehört mitunter auch viel Mut und Courage.

Das Wochenende ist der Zeitraum, in dem die Jugendlichen am meisten Zeit für ihre peer-bezogenen Aktivitäten haben und dafür auch verwenden. Am Wochenende ist 'endlich wieder einmal' Gelegenheit, längere Zeit am Stück zusammen mit dem besten Freund oder der besten Freundin zu verbringen. Das Reden und gemeinsame Musikhören stehen hier an erster Stelle; ferner ist das Übernachten bei Freund oder Freundin beliebt, gerade auch deswegen, weil es das ungestörte und zeitlich unbegrenzte Ratschen, Tratschen und Quatschen ermöglicht. Das Wochenende mit seinem selbstbestimmten Zeitrahmen bietet mehr Gelegenheiten, um die bestehenden Freundschaften und gemeinsamen Interessen zu intensivieren. Doch (noch) nicht alle Jugendlichen verfügen über jene Art von Netzwerkkontakten, die unterschiedliche, je nach 'Laune' auswählbare Aktivitäten ermöglichen; denn beispielsweise das Wissen überhaupt, wo was an Parties, Festen, Treffs oder sonstigen Ereignissen ('events') läuft, ist nicht in allen Peer-groups gleichermaßen vorhanden.

Stellenwert der Medien in den Peer-groups und Stilelemente des jugendkulturellen Alltags

Kommunikatives Handeln als die Suche nach Selbstvergewisserung
Kommunikatives Handeln in den Peer-Beziehungen bedeutet für die Jugendlichen vor allem 'Selbstvergewisserung'; demnach gilt es zu klären: Was paßt zu mir, was spüre ich, was interessiert mich, was weckt meine Gefühle, was erregt meine Neugier, was macht mich an? Dieser Prozeß der Selbstvergewisserung braucht Austausch und Konfrontation. In den Peer - Beziehungen (als jugendkulturelle Öffentlichkeit der Gleichaltrigengruppen) bieten sich dafür geeignete Spielfelder an: gegenseitige Annäherungen und Distanzierungen, spielerisches Anmachen und Provozieren, stetiges Ausprobieren und gegenseitiges Sich-Zeigen. 'Express yourself!' ist nicht nur eine Aufforderung an sich selbst, sondern immer auch gleichzeitig eine Aufforderung an die Freunde und Freundinnen. Das Motto dieser Gemeinsamkeiten in den Peer-groups heißt: 'Ich zeig' dir, was ich mag; und du zeigst mir, was du magst!'

Medien - Dreh und Angelpunkt für Freundschaften?
Der Stellenwert von Medien in den Peer-groups der 13- und 14jährigen wirft die Frage auf, inwieweit Medien zum Dreh- und Angelpunkt für die Freundschaftsbeziehungen werden. Es hat zwar oft den Anschein, als sei beispielsweise der ungleiche Musikgeschmack der entscheidende Grund für das Ende einer Freundschaftsbeziehung, denn in den Gruppen und Szenen spielt das 'Prinzip der kulturellen Homologie' eine wichtige Rolle, also die möglichst große Übereinstimmung in Sachen Medienvorlieben und Geschmackskulturen; doch dies ist nicht unbedingt erforderlich. Gerade bei einigen Mädchen fällt auf, daß die 'beste Freundin' einen anderen Musikgeschmack hat:
"Und trotzdem verstehen wir uns bestens. Ich mag es am meisten, wenn wir zusammen sind. Wir haben viel Spaß und lachen viel. Aber wir haben unterschiedliche Musikstile. Naja, wenn ich halt sage, 'mir gefällt Rap', dann sagt sie, 'nein, das ist blöd' und so. Aber das hat nichts zu tun mit unserer Freundschaft." (14jährige Hauptschülerin).

Die Übereinstimmung in Medienvorlieben oder Geschmackskulturen ist nicht entscheidend für die Qualität der Freundschaftsbeziehung.
Den meisten Mädchen und Jungen ist es wichtig, in den Gruppen mitreden zu können und Bescheid zu wissen, 'was läuft'. Doch für die Entstehung von Freundschaften sind letztlich andere Kriterien wichtig: "jemanden überhaupt nett finden"; "mit jemandem gut reden können"; "mit jemandem über die Jungs/über die Mädchen reden können"; "mit jemandem über 'alles' sprechen können"; "jemanden haben, der einen unterstützt"; "jemanden haben, der einen mitnimmt (Sportverein, Fest, Party, Treffpunkt von Cliquen"; "jemanden haben, mit dem man was teilen kann"; "jemanden kennen, mit dem man was austauschen kann (CD's, Videos, Kleidungsstücke)"; "jemanden haben, mit dem man 'Schmarrn' machen oder 'Scheiß' bauen kann". Individuelle Medienvorlieben sind trotz des Prinzips der Übereinstimmung (Homologie) nicht einfach Gruppennormen, die Zuordnungen oder Abgrenzungen festlegen (nur einige der von uns befragten Mädchen und Jungen gehören einer spezifischen Fan-Kultur an, wie Rapper, Todes-Waver oder Madonna-Fan-Club). Eine wichtige Entwicklungsaufgabe der 13- und 14jährigen in den Peer-groups ist, einen eigenen Stil im Umgang mit sich und im Umgang mit den anderen zu finden, und diesen auf der Grundlage von Erfahrungen weiterzuentwickeln; dabei herrscht das Ziel vor, einerseits eine intensive Freundschaft zu haben und andererseits gleichzeitig Kontakte zu möglichst verschiedenen Freunden und Freundinnen aufrecht zu erhalten. Oftmals sind diese Peer-Beziehungen jedoch 'nur locker', 'austauschbar', 'krisen-geschüttelt' oder durch ungünstige Bedingungen erschwert (wie Umzüge oder Schulwechsel).

Peeraktivitäten haben eine präventive Qualität bei Krisen und Problemen
Die Peer-Aktivitäten der Jugendlichen haben demnach einen lebenswichtigen präventiven Charakter, denn intakte Netzwerkbeziehungen sind für das "Durchstehen von individuellen Krisen und Problemen" notwendig (Krappmann 1991). Die Medien können bei der Gestaltung der Peer-Beziehungen zu wichtigen Mittlern werden;

dabei ist vor allem von Bedeutung, mit den besten Freunden und Freundinnen zu telefonieren, und über Medien zu reden.

5. Zusammenfassung

Der persönliche Gewinn und soziale Nutzen des Umgangs mit Medien
Die von uns befragten Jugendlichen und Eltern ziehen aus dem alltäglichen Umgang mit Medien jeweils einen 'persönlichen Gewinn'. Dieser Gewinn läßt sich auf zwei Ebenen ausmachen:
- zum einen auf der Beziehungs-Ebene, nämlich unmittelbar in Familie und Peergroup (Kommunikation, Interaktion, Prestige/Stellung in der Gruppe, medienbezogenes Expertentum und damit verbundene Möglichkeiten der sozialen Gestaltung von Freundschaftsbeziehungen);
- zum anderen auf der Inhalts-Ebene (Wissenserwerb, Wissenserweiterung, Aufarbeitung von persönlichen Themen, Ansprechbarkeit/Betroffenheit, Bewußtmachung von Themen und Problemen, Unterhaltung, Zeitvertreib, Zerstreuung, Entspannung u.ä.).

Sozialer Nutzen und persönlicher Gewinn auf der Beziehungs-Ebene

Medien dienen der Entwicklung des eigenen Geschmacks
Die Medien 'an sich' sind den von uns befragten 13- und 14jährigen bei der Bewältigung ihrer Entwicklungsaufgaben dienlich, denn sie können sich mittels medienbezogener Vorlieben vom Geschmack der Eltern oder Geschwister distanzieren. Dadurch unterstützen die Medien die Arbeit an der Differenz und an den Unterschieden, indem die Jugendlichen sich des eigenen Geschmacks bewußter werden und im Diskurs mit Eltern, Geschwistern, Freunden und Freundinnen die eigenen Medienvorlieben und Medienerfahrungen relativieren können.

Medien dienen zur Regelung von sozialen Beziehungen
Beim Aufbauen und Gestalten von (Freundschafts-)Beziehungen zu Gleichaltrigen kommen die Medien den 13- und 14jährigen als 'Medium' ebenfalls entgegen, denn die Mädchen und Jungen gestalten oder regeln ihre sozialen Beziehungen in den Peergroups oftmals auch über Medien, d.h. über Medienwissen oder Geschmacksvorlieben. Dabei konnten wir insbesondere folgende Muster festhalten: mittels bestimmter Geschmacksvorlieben bekommen die 13- und 14jährigen Zugang zu den entsprechenden und von ihnen erwünschten Peer-groups; aufgrund des eigenen Medienwissens werden sie innerhalb der Gruppe anerkannt und bewundert ('Experte für...' Stile, Genres, Stücke, Gruppen, Stars u.ä.) oder auch kritisiert und beneidet, wobei sie dadurch lernen, mit Gefühlen der Nähe und Distanz umzugehen; das Standardthema 'Medien' (Stars, Musik-Hits, Filme u.ä.) dient dazu, um in den Gruppen mitreden zu können; durch Wissen über aktuelle Medienereignisse oder Produktionen machen sie

auf sich aufmerksam und festigen somit ihre Stellung in der Gruppe; durch Abklären sowie Herstellen von Gemeinsamkeiten beleben sie die Beziehungen; durch den Austausch an Medieninteressen erweitern sie ihre Medienkenntnisse und lernen dadurch unterschiedliche Medienvorlieben kennen.

Medien erleichtern es, über sich selbst zu sprechen
Die Aussagen der von uns befragten Jugendlichen und Eltern zeigen, daß in Familien und Peer- groups über Medien und wegen der Medien sehr viel geredet wird. Die Medien bereichern den alltäglichen Dialog und beleben somit auch den Diskurs zwischen den Geschlechtern (Mädchen und Jungen) und den Generationen (Eltern und Geschwister). Medien-Themen dienen den 13- und 14jährigen als 'Gesprächs-Ouvertüren', erleichtern Einstiege bei den Peer-Kontakten und sind Bausteine bzw. Gesprächsmaterial für Freundschaftsbeziehungen. Ferner helfen Medien- Themen insbesondere dabei, um über sich selbst zu sprechen. Denn bevor die 13- und 14jährigen in den Peer-groups direkt über sich selbst sprechen, können sie erst einmal mittels Medieninhalten (indirekt) über ihre Interessen, Vorlieben und Wünsche reden.

Medien als Gesprächsthema können zum sozialen Lernen beitragen
Der Umgang mit Medien sowie das Reden über Medien trägt in Familien und Peergroups insgesamt zu sozialem Lernen bei und fördert somit vor allem die pädagogische Zielsetzung der Empathie und Frustrationstoleranz: Miteinander reden und streiten; gegenseitig Toleranz zeigen; Kompromisse finden; auf den anderen Rücksicht nehmen; Nachgeben-Können u.ä.

Medieninteressen verstärken das Interesse an der Erschließung des sozialen Umfeldes
Zum sozialen Nutzen der Medien gehört auch ein sozial-ökologischer Aspekt: Die 13- und 14jährigen erschließen gerade auch wegen der Medien in zunehmenden Maße ihr räumliches und soziales Umfeld; dies zeigt sich beispielsweise durch den gemeinsamen Besuch bzw. die gemeinsame Nutzung von 'Medien-Orten'. Dafür werden vor allem Kinos, Discos, Konzerte, Plattenläden, Büchereien oder Computerabteilungen in Kaufhäusern bevorzugt. Diese Medien- Orte sind oftmals der unmittelbare Anlaß, um sich zu treffen oder etwas gemeinsam zu machen.

Persönlicher Gewinn und sozialer Nutzen auf der Inhalts-Ebene

Geschlechtsspezifische Aspekte - die Themen der Mädchen und die der Jungen
Für die Jugendlichen zeigt sich der persönliche Gewinn auf der Inhalts-Ebene insbesondere darin, daß die Medien eine Fülle an Stoffen und thematischen Aspekten für die Arbeit am Selbstbild sowie für die Suche nach Identität zur Verfügung stellen. Dabei geht es den Mädchen und Jungen vor allem darum, die Suche nach Frauen- und Männerbildern in den Medien mit den eigenen Vorstellungen und Erfahrungen zusammenzubringen. Die Arbeit an den Entwicklungsaufgaben und 'Themen des Lebens' mittels 'Medien-Dramen' bedeutet die Auseinandersetzung mit den mannigfal-

tigen Formen menschlichen Verhaltens. Die Mädchen und Jungen wählen aus der breiten Palette an Medienangeboten 'ihre Medien' aus und setzen diese zu ihren Themen in Bezug. Die Themen der 13- und 14jährigen sind dabei vor allem die innere Ablösung von der Mutter, die Suche nach dem Vater, der Wechsel zwischen Aufbruch und Rückzug im Rahmen des mühsamen Abschieds von der Kindheit sowie die Freundschaftsbeziehungen. Ferner geht es vor allem um die thematische Frage, was heißt es eine Frau bzw. ein Mann zu sein. Dabei ist eine unterschiedliche, d.h. geschlechtsspezifische Themen-Suche der 13- und 14jährigen festzustellen.

Die Jungen benötigen zuerst eine Zeit für die individuelle Auseinandersetzung mit ihrem Körper; dementsprechend orientieren sie sich stark an den gleichaltrigen Jungen sowie an körperbetonten und leistungsbezogenen Stars der Medien (Sportler, Stars des Action-Genres u.ä.). Die Mehrzahl der befragten Jungen beschäftigt sich in dieser Zeit mehr mit anderen Jungen als mit Mädchen. Erst mit 15/16 Jahren ändert sich diese Fixierung.

Die Mädchen entwickeln früher als die Jungen ein Interesse für die Themen Erotik, Sexualität und Freundschaftsbeziehungen mit Jungen. Auf der Suche nach Frauen- und Männerbildern beziehen die Mädchen ein breiteres Spektrum an Medien sowie Medieninhalten ein. Mädchen suchen in den Medien Impulse und Anregungen für positive und negative Selbstbilder. Ihr Interesse an den oft konträren Startypen zeigt, daß sie mehr als die Jungen sowohl die 'hellen' als auch die 'dunklen' Seiten ihrer eigenen Gefühle und Phantasien entdecken möchten. Die medienbezogenen Aktivitäten und kulturellen Praxen der Mädchen sind mehr von den Themen 'Beziehung' (Interesse an Beziehungsfilmen) und 'Bewegung' (Vorliebe für Tanz sowie Tanz-Filme) geprägt. Bei den Jungen geht es dagegen mehr um die Themen 'Wettkampf' sowie um das Kennenlernen der eigenen Stärken und Schwächen. Für beide Geschlechter gilt, daß sie die Medien als Spiegel sowie als Anregung und Provokation für ihre eigenen Entwicklungsschritte verwenden.

Vertrautheit mit den Medien schließt Distanz und Kritik ein
Die Suche der Jugendlichen nach 'ihren' Themen in den Medien schafft ein spezifisches (Medien-)Wissen, das aber auch eine Distanz zu Medien sowie eine kritische Haltung gegen über den Medien einschließt. Die 13- und 14jährigen kennen beispielsweise die Pro- und Contra-Argumente ihrer Eltern und verwenden diese auch in den Diskursen mit ihnen. Dies kann dann zur Reflexion des eigenen Medienverhaltens beitragen, wie es in den Aussagen der von uns befragten Jugendlichen immer wieder zum Ausdruck kommt.

Musik als Entspannung und Verstärkung von Gefühlen
Der Gewinn und Nutzen durch Medien liegt für die Jugendlichen und Eltern auf der Inhalts-Ebene vor allem im Bereich der Verstärkung von Gefühlen sowie der persönlichen Entspannung. Die Musik-Medien tragen zu diesem Nutzen bei, denn die Musik intensiviert die persönlichen Stimmungen und Empfindungen. Ferner hellt sie die

Durchführung monotoner und wiederholender Tätigkeiten auf (Mitarbeit im Haushalt, Hausaufgaben). Ähnliches gilt aber auch für die Jugendlichen, die das Fernsehen oder 'ihre laute Musik' mitunter als Schutzfunktion benutzen, um unangenehmen Gesprächen auszuweichen, oder um anzudeuten, daß sie in Ruhe gelassen werden möchten.

Durch Medien und deren Inhalte können die Jugendlichen
- ihre Phantasien, Tagträume, Wünsche und Sehnsüchte symbolisch in medienbezogenen 'als-ob-Situationen' ausleben und ausagieren;
- den Familienalltag durch gemeinsame Medienerlebnisse vertiefen (Medienvorlieben als 'etwas Gemeinsames der Familie');
- durch zunehmende Medienkompetenz und Medienerfahrung die persönliche Selbständigkeit entwickeln.

Freunde haben ist das wichtigste für Jugendliche
Die von uns befragten Jugendlichen hören Musik, sehen fern, schauen Videos an, computern, lesen, telefonieren; sie möchten aber vor allem eines: nämlich viel und intensiv mit ihren Freunden und Freundinnen zusammen sein.
Wir konnten in dieser Untersuchung entdecken, daß
- Medien und deren Inhalte Schlüssel für die Themen der Jugendlichen und Eltern sind,
- die Jugendlichen und deren Eltern aus ihrem Umgang mit Medien einen persönlichen Gewinn und individuellen Nutzen ziehen,
- Medienvorlieben Ausdruck für die jeweiligen Geschmackskulturen und Lebensstile der Familien sind,
- Medien und deren Inhalte als eine Art Begleiter durch die verschiedenen Lebensphasen erscheinen,
- die befragten Jugendlichen und Eltern wichtige Veränderungen ihres Lebens mit der Erinnerung an ihre Lieblingsfilme und ihre Lieblingslieder kennzeichnen.

Literatur

Barthelmes, J./Sander E. (1990): Familie und Medien. Forschungsergebnisse und kommentierte Auswahlbibliographie. München
Barthelmes, J./Sander, E. (1997): Medien in Familie und Peer-group. Vom Nutzen der Medien für 13- und 14jährige. Medienerfahrungen von Jugendlichen, Band 1. München
Krappmann, L. (1991): Sozialisation in der Gruppe der Gleichaltrigen. In: Hurrelmann, K./Ulrich, D. (Hrsg.): Neues Handbuch der Sozialisationsforschung. Weinheim, Basel
Sander, E. (1998): Annäherung an die Wirklichkeit. Zur Methode der Längsschnittuntersuchung Medienerfahrung von Jugendlichen in Familie und Peer-group. In: medien praktisch Nr. 3, S. 27-31
Sander, E. (1998): ‚Musik vereint - und trennt'. Die Rolle von Musikhören in Peergroups. In: Schüler 98. Seelze, S. 106-108
Willis, P. (1992): Jugend-Stile. Zur Ästhetik der gemeinsamen Kultur. Hamburg (Deutsche Übersetzung von ‚Commonculture')

Waldemar Vogelgesang
Kompetentes und selbstbestimmtes Medienhandeln in Jugendszenen

1. Jugendzeit ist Medienzeit

Medien sind heute selbstverständlicher Bestandteil der Welt der Heranwachsenden. Bereits eine oberflächliche Betrachtung der Beziehung zwischen Alltagswelt und Medienalltag läßt erahnen, wie gravierend sie die sozio-kulturelle Umgebung verändert haben und wie sehr sie zum Begriff universell verfügbarer Konsum- und Kulturgüter geworden sind. Überall gibt es Fernsehgeräte, Radios, CD-Player, Walkmans, Zeitschriften, Bücher, Kinos und auch die sogenannten Neuen Medien - Video, Telespiele, Computer und Internet - erobern unaufhaltsam die jugendliche Lebenswelt.[1] Zwar ist Hans-Dieter Kübler (1983, S. 43) zuzustimmen, der bereits Anfang der 80er Jahre prognostizierte: "Einem kulturgeschichtlichen Trend folgend, schreitet die Veralltäglichung der Massenmedien ständig voran. Immer unauffälliger und individualistischer fügen sie sich in die Lebenswelt des einzelnen und der Familien ein, immer unentbehrlicher und unausweichlicher machen sie sich dadurch." Aber dieser medialen Allumfassung sind in aller Regel weder Kinder noch Jugendliche hilflos ausgeliefert, vielmehr zwingt sie der expandierende Medienmarkt zur Selektion. So werden bereits sehr früh Routinen ausgebildet, wie Medien ins Tagesgeschehen eingebettet und entsprechend individuellen Wünschen und Bedürfnissen genutzt werden können. Im Unterschied zu den meisten Erwachsenen sind die Teens und Twens der ersten Multi-Media-Generation auch ständige Marktbeobachter. Sie wissen, daß mit den 'Böhsen Onkelz' niemand aus der Verwandtschaft gemeint ist, sondern eine Rockgruppe mit Schlagseite nach rechts und daß es sich bei 'Muttertag' nicht um einen Heimatfilm von Ganghofer handelt, sondern um einen indizierten Horrorstreifen. Kinder und Jugendliche, so lassen sich die zentralen Ergebnisse unserer empirischen Untersuchungen[2] zusammenfassen, eignen sich Medien aktiv an. Sie sind keine ferngesteuerten Medienopfer, sondern entwickeln im Umgang mit Medien Wissens- und Wahrnehmungsmuster, die sie im Stile von "textual poachers" (Jenkins 1992) produktiv zur personalen Identitätssicherung und kulturellen Selbstverortung einsetzen.

---

[1] Zur Vielfalt und Dynamik jugendlicher Mediennutzungsstile vgl. u.a.: Baacke/Sander/Vollbrecht (1990), Barthelmes/Sander (1997), Charlton/Neumann-Braun (1992), v. Gottberg/Mikos/Wiedemann (1997), Scherer/Berens (1998). Sehr treffend hat Douglas Kellner (1997, S. 311) den jugendtypischen medialen Habitus charakterisiert: "Die heutige Jugend ist die erste Generation, die erste Gruppe, die von Beginn an Kultur als Medien- und Computerkultur kennengelernt hat. Jugendliche spielen Computer- und Videospiele, ihnen steht ein Überangebot an Fernsehkanälen zur Verfügung, sie surfen durch das Internet, schaffen Gemeinschaften, soziale Beziehungen, Gegenstände und Identitäten in einem ganz und gar neuen und originären kulturellen Raum."

[2] Die 'Forschungsgruppe Medienkultur und Lebensformen' ist ein interdisziplinäres Team, das seit 1985 empirisch im Bereich der soziologischen Medien- und Kulturforschung arbeitet. Neben quantitativ-repräsentativen Befragungen sind in den vergangenen Jahren verstärkt auch qualitativ ausgerichtete Untersuchungen durchgeführt worden. Thematisch standen dabei die elektronischen

2. Medien als Kristallisationspunkte von Jugendkulturen

Seit den 50er Jahren zeichnet sich im Jugendbereich eine Entwicklung ab, wonach die Vielfalt von Nutzungs- und Codierungsmöglichkeiten, die Medien eröffnen, vermehrt auch zur Herausbildung von jugendeigenen Szenen und Spezialkulturen führen. Leitmedium war (und ist) dabei das Radio, Leitmilieu die Rock- und Popszene. In der jüngeren Vergangenheit ist es nun aber zu einer wahren Inflation von medienzentrierten Stilformen und Jugendformationen gekommen, die sich oft schneller verwandeln, als der forschende Blick zu folgen vermag. Es ist deshalb nur zu verständlich, wenn selbst arrivierte Jugendforscher auf dem heutigen Jugendmarkt die Orientierung verlieren und dann resigniert feststellen, daß die "unzähligen Varianten von Cliquen (...) und Jugendkulturen (...) sich dem erklärenden und deutenden Zugriff entziehen" (Ferchhoff 1995, S. 65).

Jugendkulturelle Szenenrecherchen, so notwendig sie auch sind, sollten deshalb immer auch durch Rückgriff auf geeignete theoretische Konzepte Tiefenstrukturen offenlegen, die jenseits der Pluralisierung und Diversifizierung des Jugendkulturraums Mustererkennungen ermöglichen.[3] Erst dann wird bspw. sichtbar, daß die mediale Präferenzbildung und Stilbricolage in den jugendlichen Medienszenen auf einen grundlegenden Wandel innerhalb der Genese von Jugendkulturen verweisen: Die Verankerung von jugendlichen Lebensformen in klassenspezifischen Stammkulturen wird abgelöst durch individualitäts- und marktbezogene Jugendszenen. Ein weiteres wichtiges Strukturmerkmal zeigt sich darin, daß trotz der heterogenen Oberflächenstruktur die einzelnen Stiltypen über eine identitätsstiftende Kraft verfügen. Sie sind nicht nur "Konfektionsware", wie Odo Marquard (zit. n. Bolz 1995, S. 89) meint, sondern ihr distinktives und kreatives Potential ist den jugendlichen Szenenmitgliedern nach wie vor bewußt und verfügbar.

Die Dynamik des Stilmarktes und die Temporalität der Stilsprachen darf zudem nicht gleichgesetzt werden mit einem Substanzverlust von Stilen, vielmehr reagieren die Jugendlichen auf den allseits tobenden Stil- und Distinktionskampf mit einer Betonung der 'kleinen Unterschiede', worauf auch Birgit Richard (1995, S. 111f.) besonders hinweist: "Zu widersprechen ist Thesen von Jugendforschern, die mit der herein-

---

Medien (Video, Telespiele, Computer, Netzkommunikation) im Mittelpunkt. 1993 wurde die Forschungsgruppe umbenannt in 'Arbeitsgemeinschaft sozialwissenschaftliche Forschung und Weiterbildung e.V.' an der Universität Trier. Die wichtigsten Forschungsbefunde sind veröffentlicht in: Behrens u.a. (1986), Eckert u.a. (1990, 1991, 1998), Vogelesang (1991, 1994, 1997), Winter (1992, 1995), Winter/Eckert (1990), Wetzstein et al. (1995).

[3] Von hohem erkenntnistheoretischen Wert sind in diesem Zusammenhang sinnstrukturtheoretisch ausgerichtete Konzeptionen, wie sie bereits in den 60er und 70er Jahren etwa von Roger Barker (1968) in der 'Skripttheorie' oder von Ulrich Oevermann (1973) im 'Deutungsmusteransatz' und nicht zuletzt von Erving Goffman (1977) in der 'Rahmenanalyse' vorgelegt wurden. An neueren alltags- und sinnsoziologischen Arbeiten, die für die Jugendforschung fruchtbar zu machen sind, sind etwa die Studien von Pierre Bourdieu (1983) zur Habitus-Genese, von Alois Hahn (1987, 1995) zur Selbstthematisierung, von Herbert Willems (1997 zur Alltagstheatralik und von Niklas Luhmann (1984, 1995) zur operativen Geschlossenheit autopoietischer Systeme zu nennen.

brechenden Postmoderne einen wahllosen Ästhetizismus und Eklektizismus diagnostizieren, wo die Kleidung nur noch Spielerei sei und keine Zeichen mit Aussagen mehr aufweise. Hieraus spricht, wie in den Medien, die Hysterie der Erwachsenen, die in den Stilwirrwarr keine Ordnung mehr bringen können. Jugendliche aber können ganz klar, auch in scheinbar eklektizistischer Stilverwirrung, unterschiedliche Stile und Gruppen erkennen."

3. Jugendliche Medienkulturen als Identitäts- und Kompetenzmärkte

Unsere Studien in den verschiedenen Jugend- und Medienszenen[4] bestätigen zunächst einmal, was die neuere Jugendsoziologie als allgemeines Urteil über Jugendkulturen festhält: Ihre Stilsprache ist Ausdruck von szenenspezifischen Darstellungs- und Distinktionsformen und Kristallisationspunkt für jugendeigene kleine Lebenswelten, die sich durch einen hohen Freiheitsgrad im Selbstentwurf und in der Handlungsdramaturgie ihrer Mitglieder auszeichnen. Ihre vielfach demonstrativ-provokativen Praktiken und Embleme signalisieren exklusive Identitätszeichen und Symbolautonomie, letztlich 'besetztes' Terrain, in dessen szenischem Rahmen die In-Sider einerseits als eigenständige Gestalterinnen und Gestalter lebensweltlicher Bezüge und Ordnungen in Erscheinung treten, andererseits aber auch eine sichtbare und expressiv-ausdrückliche Abgrenzungs- und Absetzbewegung auf sozio-kultureller Ebene vornehmen.
Der hinlänglich ausgewiesene Trend zur Separierung und Segregation von Gruppen als immer bedeutungsvoller werdende informelle Sozialisationsinstanzen setzt sich in den Medienspezialkulturen nicht nur fort, sondern findet dort eine stilgebundene Steigerung. Sie repräsentieren somit einerseits 'Identitätsmärkte', wo Jugendliche frei vom Routine- und Anforderungscharakter ihrer sonstigen Rollenverpflichtungen Selbstdarstellungsstrategien erproben und einüben, sich gleichsam im Gruppen-Spiel und Gruppen-Spiegel ihrer personalen wie sozialen Identität vergewissern können. Andererseits sind sie aber auch 'Kompetenzmärkte', auf denen eine spezifische Sozialisierung und Formierung des Mediengebrauchs stattfindet. Vor allem die medien- und szenenerfahrenen Jugendlichen zeigen eine erstaunliche Produktivität und Kreativität im Umgang mit den Medien und ihren Inhalten. Ihre Partizipation am kollektiv geteilten Wissensspektrum und Bedeutungskosmos vertieft und festigt dabei eine Form von Medienkompetenz und einen Spezialisierungsgrad, der weit über das mediale Alltagswissen hinausreicht.
Mit Pierre Bourdieu (1983, S. 186f.) könnte man hier auch von einer jugendeigenen Form von inkorporiertem medienkulturellen Kapital sprechen, das vor allem in fol-

---

[4] Ethnographisch untersucht wurden im Musikbereich u.a. Grufties, Black Metal-Fans, Techno-Anhänger, HipHopper, für Film und Fernsehen die Fanclubs der 'Lindenstraße' und 'Star Trek'-Serie sowie Video-Cliquen, für Computer und Internet etwa Programmierer, Hacker, Cyberpunks und Online-Rollenspielern.

genden Aneignungs- und Gebrauchsmustern zum Ausdruck kommt:
❑ Der mediale Habitus ist szenengebunden. Als konstitutives Wissens- und Inszenierungselement bezieht er sich auf bestimmte Medien resp. Inhalte und Formate. So reicht das Kenntnisspektrum etwa bei den 'gestandenen' jugendlichen Fans von Horrorfilmen von der Genese spezieller Subgenres über die literarischen Vorlagen und historischen Vorläufer der einschlägigen Filme bis zum detaillierten Wissen über die Herstellung von Spezialeffekten und die intertextuellen Bezüge ('Genrekompetenz').
❑ Die szenenspezifische partikularistische Medienkompetenz geht einher mit einer wachsenden Aufgeschlossenheit gegenüber apperativ-technischen und inhaltlich-formativen Medienentwicklungen. Hardware-Skills und Software-Innovationen werden gleichermaßen als selbstverständlich angesehen. So gibt es etwa eine szenenübergreifende Faszination für neue filmische Tricktechniken und Computeranimationen, wie sie bspw. als mimetische Polylegierung in der Mensch-Maschine T1000 in dem Film 'Terminator 2' vorgeführt werden ('mediale Koppelungen').
❑ Wie in allen Jugendkulturen gibt es auch in ihren medialen Derivaten intraszenische Differenzierungen und gestufte Formen des Wissens und Involvements, die vom Novizen über den Touristen und Buff bis zum Freak reichen. Den unterschiedlichen Karriereabschnitten korrespondieren dabei differentielle Lerntypen und -erfahrungen, wobei die anfänglich unsystematischen Versuchs-Irrtums-Strategien nach und nach von gerichteten und bewußten Formen des Lernen abgelöst werden ('selbstsozialisatorisch-reflexive Medien- und Lernkarriere').
❑ In den Kontext der Optimierung von Lernstrategien und Medienwissen gehört auch der spielerische Umgang mit der Differenz zwischen Medialität und Realität. Keineswegs verlieren die jugendlichen Medien- und Szenenfreaks den Kontakt zur Alltagswirklichkeit, auch permutieren sie nicht im Sinn des Grafitis: "Life is xerox, we are just a copy." Sie sind vielmehr kompetente Pendlerinnen, Pendler, Grenzgängerinnen und Grenzgänger zwischen primären (physischen) und sekundären (medialen, virtuellen) Räumen. Ob 'Star-Trek'-Fans oder Graffiti-Sprayer, ob Computerhackerinnen oder Cyberpunks, was sie jenseits aller stilistischen Besonderheiten eint, ist der spielerische Umgang mit dem Unterschied zwischen Phantasie- und Alltagswelt. Die entsprechende Differenzwahrnehmung ist nachgerade konstitutiv für ihren Medienhabitus und wird auch sehr gezielt eingesetzt, um Inszenierungsstrategien und Ich-Entwürfe auszutesten ('inszenatorische Off- und Online-Wechsel').
❑ Es sind vor allem die jugendlichen Szenen-Veteranen, die ihre Medienkompetenz auch sehr pronounciert als Konfrontations-, Abgrenzungs- und Demaskierungsstrategie einsetzen. In spielerisch-aufreizender Lässigkeit demonstrieren sie die ungleiche Verteilung von Medienkompetenzen. Gerade ihre Leichtigkeit und Virtuosität in der visuellen Wahrnehmung - und zwar von den Bilderspektakeln der Musikclips bis zu den Fantasy-Szenarien der Comics und Computerspiele - verdeutlichen, daß die medialen Dechiffriercodes und Aneignungsweisen immer weiter auseinanderdriften, denn selbst wohlmeinenden Erwachsenen fehlt ein entsprechen-

des Sensorium für ästhetische Prozesse und Produkte (vgl. Vogelgesang 1998a). Möglicherweise annoncieren diese asymmetrischen Wahrnehmungskulturen eine ganz grundsätzliche Verschiebung im gesellschaftlich vorherrschenden Wahrnehmungsmodus von der erwachsenentypischen Dominanz des Diskursiv-Begrifflichen hin zu einer jugendtypischen Dominanz des Visuell-Bildhaften ('asymmetrische Wahrnehmungskulturen').

4. Medienkompetenz als Schlüsselqualifikation

Neben der Fähigkeit zum selbstbestimmten und kommunikativen Handeln sollte in der sich immer deutlicher formierenden Wissens- und Informationsgesellschaft eine weitere Schlüsselqualifikation vermittelt werden: Medienkompetenz (vgl. Vogelgesang 1998b). Denn gerade die neuen Informations- und Kommunikationstechnologien sind gegenwärtig - und verstärkt in der Zukunft - in vielen beruflichen aber auch privaten Lebenssituationen präsent und ihre Beherrschung wird für jeden eine unabdingbare Forderung. Immer häufiger wird diese Kompetenz deshalb in den Rang einer vierten Kulturtechnik gehoben. Das bedeutet, für künftige Generationen soll neben Lesen, Schreiben und Rechnen auch der Umgang mit Computer und Multimedia zu einer Selbstverständlichkeit werden.

Es ist deshalb nicht überraschend, daß Fragen nach den Dimensionen und Vermittlungsformen von Medienkompetenz immer stärker in den Mittelpunkt politischer, wirtschaftlicher und pädagogischer Aufmerksamkeit geraten.[5] Wenn dabei auch bisweilen durchaus kontrovers darüber gestritten wird, welche Kenntnisse und Fertigkeiten für einzelne Tätigkeitsfelder relevant sind, so ist man sich doch darin einig, daß medientechnisches Know-how und Handlungswissen immer einhergehen muß mit der systematischen und kritischen Reflexion seiner Nutzung und Anwendung. Jedoch ist aufgrund der Dynamik im Computer- und Telekommunikationsbereich ein Gleichgewicht zwischen der Werkzeug- und der Transferkompetenz resp. zwischen anwendungsorientierten Skills und verwendungsorientiertem Meta-Wissen immer schwerer zu finden. Deshalb sollte, so eine immer öfter erhobene Forderung, in der Ausbildung künftig eher eine Sensibilität dafür geweckt werden, für welche Zwecke und in welcher Form in bestimmten Berufsbranchen und Alltagsbereichen Computer und Netzkommunikation eingesetzt werden. Die Einübung von Anwenderprogram-

---

[5] Allerdings hat eine breite öffentliche Medienkompetenzdiskussion noch gar nicht begonnen, wie Rena Tangens und padeluun (1998, S. 2), zwei Computer- und Netzfreaks der ersten Stunde, zu Recht konstatieren: "Bei immer mehr Menschen 'klickt' es. Mehr oder weniger virtuos bedienen sie ihre Computer und laden sich einzelne Info-Häppchen aus dem reichhaltigen Angebot des Internet. Die öffentliche Diskussion beschränkt sich bisher aber auf zwei Aspekte der Netze und Neuen Medien: die Möglichkeiten und Risiken. Eine Diskussion darüber, wie wir kompetenter mit den neuen Medien umgehen können, fehlt aber." Selbst in einer aktuellen Einführung in die Kommunikationswissenschaft wird die Frage der Medienkompetenz nicht thematisiert (vgl. Maletzke 1998).

men sollte dagegen immer mehr in den Hintergrund treten, da deren Halbwertszeit oft kürzer ist als die Vermittlungsdauer.[6]
Wird diese Form von Kompetenz - gerade im Umgang mit den neuen Medien - im institutionalisierten schulischen und außerschulischen Bereich nicht erworben, dann kompensieren dies viele Jugendlichen durch entsprechende Aktivitäten in ihrer Freizeit resp. in ihren Szenen. Auch in unseren Medien- und Jugendstudien konnten wir aufdecken, wie eigenwillig und in vielen Fällen auch kompetent sich die heutige junge Generation zu Hause, bei Freundinnen, Freunden oder in Cliquen und (elektronischen) Gemeinschaften mit den neuen Medien auseinandersetzt. Auch wenn sich aus pädagogischer Sicht darüber streiten läßt, ob bspw. Computerspiele und wildes Surfen im Internet etwas mit Medienkompetenz zu tun haben, Berührungsängste mit den neuen Medien lassen sie bestimmt nicht entstehen.

Literatur

Baacke, D./Sander, U./Vollbrecht, R. (1990): Lebenswelten sind Medienwelten. Opladen
Barthelmes, J./Sander, E. (1997): Medien in Familie und Peer-group. München
Barker, R.G. (1968): Ecological Psychology. Stanford
Behrens, U. u.a. (1996): Jugend und neue Medien. Trier (Forschungsbericht)
Bolz, N. (1995): Der Megatrend zum Bösen. In: Becker, U. u.a. (Hrsg.): Megatrends. Die wichtigsten Trends für die nächsten Jahre. Düsseldorf/München, S. 75-96
Bourdieu, P. (1983): Die feinen Unterschiede. Frankfurt a.M.
Charlton, M./Neumann-Braun, K. (1992): Medienkindheit - Medienjugend. München
Degele, N. (1998): ‚Doing knowledge': Vom gebildeten zum informierten Wissen. In: Ebner, E./Preiss, G. (Red.): Grenzenlose Gesellschaft. Abstract-Band. Freiburg i.Br., S. 250
Eckert, R./Vogelgesang, W./ Wetzstein, T.A./Winter, R. (1990): Grauen und Lust - Die Inszenierung der Affekte. Eine Studie zum abweichenden Videokonsum. Pfaffenweiler
Eckert, R./Vogelgesang, W./Wetzstein, T.A./Winter, R. (1991): Auf digitalen Pfaden. Die Kulturen von Hackern, Crackern, Programmierern und Spielern. Opladen
Eckert, R./Reis, C./Steinmetz, L./Wetzstein, T.A. (1998): "Ich will anders sein als die anderen." Gruppen und Gruppengrenzen bei Jugendlichen. Trier (Forschungsbericht)
Ferchhoff, W. (1995): Jugendkulturelle Individualisierungen und (Stil)differenzierungen in den 90er Jahren. In: Ferchhoff, W./Sander, U./Vollbrecht, R. (Hrsg.): Jugendkulturen - Faszination und Ambivalenz. Weinheim/München, S. 52-65

---

[6] Nina Degele (1998, S. 250) plädiert angesichts dieser Entwicklung für eine Gewichtsverlagerung "vom gebildeten zum informierten Wissen. Denn die Zeiträume," so ihre Diagnose, "in denen Wissensbestände ihre Gültigkeit und Plausibilität erhalten können, schrumpfen. (...) Wissen ist aber nicht nur kurzlebiger geworden, es verändert sich auch - und vor allem - in struktureller Hinsicht. Denn wenn die Inhalte des Gewußten immer kurzlebiger werden und an Bedeutung verlieren, avancieren die Umgangsweisen mit Wissen ('Wissens-Wissen') zur entscheidenden Kompetenz. (Aus-) Bildungsinstitutionen werden sich darauf einstellen müssen, ‚gebildetes' Wissen, d.h. Wissen mit langanhaltender Gültigkeit und Plausibilität entweder durch informiertes Wissen zu ersetzen oder aber diese beiden Wissenstypen miteinander zu verbinden."

Goffman, E. (1977): Rahmen-Analyse. Frankfurt a.M.
Gottberg, J.v./Mikos, L./Wiedemann, D. (Hrsg.) (1997): Kinder an die Fernbedienung. Berlin
Hahn, A. (1987): Identität und Selbstthematisierung. In: Hahn, A./Krapp, V. (Hrsg.): Selbstthematisierung und Selbstzeugnis: Bekenntnis und Geständnis. Frankfurt a.M., S. 9-24
Hahn, A. (1995): Identität und Biographie. In: Wohlrab-Sahr, M. (Hrsg.): Biographie und Religion. Frankfurt a.M./New York, S. 127-152
Jenkins, H. (1992): Textual Poachers. New York/London
Kellner, D. (1997): Die erste Cybergeneration. In: SPoKK (Hrsg.): Kursbuch Jugendkultur. Mannheim, S. 310-316
Kübler, H.-D. (1983): Alltag und Medien. In: Praxis Deutsch, Heft 10, S. 42-49
Luhmann, N. (1984): Soziale Systeme. Frankfurt a.M.
Luhmann, N. (1995): Inklusion und Exklusion. In: Ders.: Soziologische Aufklärung 6., Opladen, S. 237-264
Maletzke, G. (1998): Kommunikationswissenschaft im Überblick. Opladen
Oevermann, U. (1973): Zur Analyse von sozialen Deutungsmustern. Frankfurt a.M. (Ms)
Richard, B. (1995): Todesbilder: Kunst, Subkultur, Medien. München
Scherer, H./Berens, H. (1998): Kommunikative Innovatoren oder introvertierte Technikfans? Die Nutzer von Online-Medien diffusions- und nutzentheoretisch betrachtet. In: Hagen, L.M. (Hrsg.): Online-Medien als Quellen politischer Kommunikation. Opladen, S. 54-93
Tangens, R./padeluun (1998): Den Geist beflügeln. Ein Plädoyer für bürgernahe Medienkompetenz-Zentren. In: Frankfurter Allgemeine Zeitung v. 8. Sept. 1998, S. B2
Vogelgesang, W. (1991): Jugendliche Video-Cliquen. Action- und Horrorvideos als Kristallisationspunkte einer neuen Fankultur. Opladen
Vogelgesang, W. (1994): Jugend- und Medienkulturen. In: Kölner Zeitschrift für Soziologie und Sozialpsychologie, Heft 4, S. 464-491
Vogelgesang, W. (1997): Jugendliches Medienhandeln: Szenen, Stile, Kompetenzen. In: Aus Politik und Zeitgeschichte. B 19-20, S. 13-27
Vogelgesang, W. (1998a): Asymmetrische Wahrnehmungsstile: Wie Kinder und Jugendliche mit neuen Medien umgehen und warum Erwachsene sie nicht verstehen. Trier (Ms)
Vogelgesang, W. (1998b): Welche (Aus-)Bildung braucht die Jugend? Soziologische Überlegungen zu Schlüsselqualifikationen für das 21. Jahrhundert. In: rabs-Themen, Heft 4
Wetzstein, T.A./Dahm, H./Steinmetz, L./Lentes, A./Schampaul, S./Eckert, R. (1995): Datenreisende. Die Kultur der Netze. Opladen
Willems, H. (1997): Rahmen und Habitus. Frankfurt a.M.
Winter, R. (1992): Filmsoziologie. München
Winter, R. (1995): Der produktive Zuschauer. München
Winter, R./Eckert, R. (1990): Mediengeschichte und kulturelle Differenzierung. Opladen

Friedrich Krotz
Thesen zur Kompetenz Jugendlicher im Umgang mit (neuen) Medien

Die Aufmerksamkeit heute liegt vor allem auf den neuen digitalen Medien, auf der Computervermittelten Kommunikation als Neuem. Daneben sind aber auch andere Entwicklungen zu beobachten - etwa das ortsunabhängige Telefonieren, neue institutionelle Kontexte des Fernsehens wie Business- und Schul-TV oder Fernsehen an öffentlichen Plätzen. Diese Entwicklungen zusammen lassen sich als Prozeß einer zunehmenden Mediatisierung von Erleben und Handeln, von Alltag und Identität, von Kultur und Gesellschaft begreifen.

Alles, was wir wissen, fühlen und erleben, wissen, fühlen und erleben wir auch im Zusammenhang mit Medien. Die Gegenüberstellung von medialer und von authentischer Erfahrung ist deshalb zwar analytisch hilfreich und politisch wichtig, aber für ein Verständnis der mediatisierten Gesellschaft nicht ausreichend. Zudem ist die Gegenüberstellung einer im Idealfall herrschaftsfreien interpersonalen Kommunikation und einer machtstrukturierten Kommunikation via Medien im Hinblick auf die Hegemonie spezifischer Praktiken und Verstehensweisen meines Erachtens nicht haltbar, wenn auch nicht bestritten werden soll, daß zwischen kulturindustriell hergestellten Kommunikaten und interpersonaler Kommunikation auch im Hinblick darauf ein Unterschied besteht. Kommunikation und Macht sind untrennbar miteinander verbunden, und Macht ist im Sinne Norbert Elias' nicht ein positionales, sondern eine relationales Phänomen: es hängt davon ab, was die Menschen mit Kommunikaten machen.

Die Kommunikationswissenschaft verfügt nicht so recht über ein Modell der Rezeption von Inhalten und auch nicht über eines zu den Bedingungen und Konsequenzen der sozialen Institutionalisierung von Medien oder Genres. Beispielsweise sind Rezeptionsstudien, die am Alltag der Nutzerinnen und Nutzer ansetzen, eher rar. Allerdings trägt die derzeitige Entwicklung der Computervermittelten Kommunikation (CMC) dazu bei, daß sie sich dieser Fragestellungen besinnt.

Die heutigen Jugendlichen gehören zur ersten Generation, die in relevanter Weise mit dem Computer sozialisiert sind. Für sie ist das nicht so sehr ein neues, sondern eines von vielen Medien, dessen sie sich bedienen. "Die heutigen Kinder wachsen in der Computerkultur auf; Die Erwachsenen hingegen sind bestenfalls von ihr eingebürgerte Fremdlinge." (Turkle 1996, S. 119). Sie haben eine hohe Medienkompetenz im Hinblick auf die Einbettung von Medien für alle möglichen Zwecke in ihren Alltag. Medien sind zeitlich, aber auch wegen ihrer Art und ihrer Inhalte in vieler Hinsicht von zentraler Bedeutung für sie; in beidem unterscheiden sie sich von den Erwachsenen. Sie sind Medienjugendliche und als solche von allen positiven und negativen Folgen der neuen Medien betroffen.

Was das genau heißt, ist aber nur zum Teil klar und verstanden. Kommunikation ist die Grundlage von Alltag und Identität, Gesellschaft und Kultur. Es ist aber schwierig zu konzeptualisieren, wie jemand vor einem Bildschirm rezipiert, wenn er oder sie zugleich in einem MUD Heldentaten verrichtet, ein E-mail beantwortet, daneben Musik hört und telefoniert. So mögen Kommunikationsumgebungen bei manchen jetzt schon, bei anderen bald aussehen. Im Extremfall entsteht hier durch die (Selbst-)Sozialisation am PC als einem Teil dieser Medienumgebungen ein neuer Sozialisationstyp, nicht im Sinne von Ziehe als psychoanalytische Struktur, sondern im Hinblick auf die Art und Weise, wie Wirklichkeit kommunikativ konstruiert wird, also eine Art spezifischer Kommunikationscharakter der heutigen Jugendlichen.

Um dies an einem Beispiel festzumachen: Joshua Meyrowitz hat in seiner ‚Fernsehgesellschaft' mit dem nicht nur als Metapher gemeinten Wort von der Bühne, ihrer Hinter- und Seitenbühne deutlich gemacht, daß das Fernsehen Zugang zu Informationen, Eindrücken und Gefühlen möglich macht, die ohne audiovisuelle Medien kaum zugänglich waren. Dies hat letztlich Postman zu seiner plakativen These vom Verschwinden der Kindheit gebracht. Folgt man den Thesen von Aries im Hinblick auf die Geschichte der Kindheit und Jugend, so ist jedenfalls klar, daß Rituale, die neue Wissens- und Handlungsbereiche zulassen und damit altersabhängige Grenzüberschreitungen, ihre Bedeutung verlieren. Die derzeitige Diskussion um Schmuddeltalks, denen man einmal mehr vorwirft, Tabus zu brechen, hat einen solchen Hintergrund - dies ganz unbeschadet der Tatsache, daß ökonomisch orientierte Fernsehsender durchaus in Kauf nehmen, die Informations- und Unterhaltungsbedarfe der Kinder und Jugendlichen zu mißbrauchen. Das Internet ist aber - im Anschluß an Meyrowitz' These - ein weiterer Schritt in eine Entwicklung zur Verminderung der Bedeutung von Kindheit und der Unterscheidung von Kindern und Jugendlichen auf der einen und Erwachsenen auf der anderen Seite. Zum Beispiel deshalb, weil dort Kinder über die Anonymität einerseits, die Zugänglichkeit andererseits als aktiv Handelnde in Beziehungen eintreten und in Prozesse eingreifen können, die ihnen sonst unzugänglich sind.

Derartige Möglichkeiten wirken vermutlich auf das Alltagsverhalten und Kommunizieren, auf Bewußtsein und Selbstbewußtsein zurück, wenn auch niemand weiß, wie. Hier ist erheblicher Forschungsbedarf.

Im Hinblick auf die neuen Medien ist vermutlich von großer Wichtigkeit, sich auf die medialen Angebote zu konzentrieren, die für diese Medien spezifisch sind. Online zählen dazu MUDs, offline Computerspiele. Turkle hat die interessantesten ihrer Argumente anhand der Illustration von Handeln, Erleben und Identität in solchen Rollenspielen entwickelt. In der Benutzung dieser Spiele unterscheiden sich Kinder und Jugendliche am deutlichsten von den Erwachsenen, die für Vergnügen daran nicht sehr empfänglich und dafür sogar nicht kompetent sind, lieber am Computer basteln, den Fernseher anwerfen und allenfalls sich auf ein Computerspiel einlassen, um Streß abzubauen oder Entspannung bzw. im Internet nach Sex suchen. Solche von außen herangebrachte Motive sind für Kinder und Jugendliche eher sekundär: Sie sind über

Vergnügen und Emotion in Bezug auf das Geschehen auf dem Bildschirm involviert. Darüber entsteht eine ganz spezifische Bindung an die CMC, die mit der der Erwachsenen nicht vergleichbar ist. Dies verhindert natürlich nicht, daß Jugendliche sich je nach Problem, das es zu lösen gilt, an die Medien halten, die ihnen dafür hilfreich erscheinen. Ihre Spielkompetenz ist aber vermutlich eine wesentliche Kontextbedingung der sozialen Institutionalisierung von CMC.

Die Struktur, die das neue Medium CMC (falls es ein Medium ist) Alltag und Gesellschaft aufprägt, scheint zumindest in Westeuropa in allen Ländern relativ ähnlich zu sein. Gleichzeitig entwickeln sich aber unterhalb dieser Struktur die Umgangsweisen innerhalb der einzelnen Kulturen unterschiedlich. So treten etwa bei Institutionalisierung der CMC erhebliche Unterschiede auf, wie unsere Untersuchung zeigt: zwischen Geschlecht, Schicht, Alter, Bildung und auch danach, wie die Eltern damit umgehen. Die Existenz dieser Unterschiede ist eine interkulturelle Determinante, allerdings sind derartige Unterschiede in verschiedenen Kulturen unterschiedlich ausgeprägt
Dies gilt auch im Hinblick auf die gesellschaftlichen Institutionen, die eigentlich daran beteiligt sein sollten, Chancengleichheit herzustellen, vor allem die Schule: Man kann ihre Bedeutung feststellen, aber sie ist bisher vor allem in Deutschland nur in geringem Ausmaß wirksam.
Zudem zeichnet sich die Lage in Deutschland durch einige Besonderheiten aus, soweit das aufgrund unserer interkulturellen Studie jetzt schon zu sagen ist, die vor allem für Jugendliche bedeutsam sind:
Außerhalb von Schulen gibt es allenfalls kommerzielle Institutionen, die Angebote machen. Die lokalen Bibliotheken und Bücherhallen, denen eine wichtige Rolle für das Zustandekommen und die Entwicklung von kommunikativer Kompetenz zukommen könnte und in anderen Kulturen auch zukommt, sind aus der Diskussion verschwunden.
Der Anteil am Spielen ist in Deutschland hoch, die Peergroup ist wichtig, das Mißtrauen der Eltern und ihre Unfähigkeit oder ihr falsch verstandenes medienpädagogisches Engagement im Hinblick auf Bewahrpädagogik möglicherweise besonders problematisch (vorläufige Thesen).

Die Bedeutung dieser Tatsachen ist allerdings genauer zu überlegen. Kinder und Jugendliche bedürfen auch der Auseinandersetzung mit den Wertorientierungen und Alltagskompetenzen der Erwachsenen, so wie umgekehrt diese der technischen und insbesondere der Computer- und Medienkompetenz der Kinder und Jugendlichen bedürfen. Während sich die Kinder und Jugendlichen emanzipieren, neigen die Erwachsenen zur Ignoranz ihren Kindern gegenüber, ziehen sich zurück, und beharren gleichwohl auf ihrer Autorität. Dies kann nicht funktionieren.
Dies gilt m.E. auch für die Schule als nach wie vor zentraler Ort, an dem Kinder und Jugendliche sich außerhalb der Familie in die Gesellschaft entfalten, und umgekehrt diese ihnen Kompetenzen vermittelt. Sie ist auch heute noch strukturiert als von

allem anderen weitgehend separierte Institution, die sich aus kleinen separierten Einheiten zusammensetzt. Es ist offensichtlich, daß ihre Struktur den Strukturen moderner Kommunikation, soweit sie durch das Internet symbolisiert werden, diametral gegenübersteht.

Die Welt der CMC ist eine ganz andere Welt als die ‚reale'. Und sie beinhaltet gewaltige Möglichkeiten, die heute noch nicht einmal angedacht sein mögen. Medienkompetenz heißt auch, auf zukünftige Entwicklungen vorbereitet sein. Und sie bedeutet, nicht nur sich anpassen zu können, sondern die eigene Medienumgebung aktiv gestalten zu können.
Dabei ist von zentraler Wichtigkeit: es handelt sich um eine Welt, in der auf Dauer fast alles möglich sein wird, was auch in der ‚realen' Welt möglich ist, die aber in ihrer Struktur nicht auf der zwischenmenschlichen Kommunikation aufbaut, sondern sich ihrer nur noch bedient. Es ist die erste Welt, die technisch konstituiert und vollständig durchkommerzialisiert ist - nur deshalb besteht sie in ihrer derzeitigen Form überhaupt. Ein wesentliches Element von Medien- oder Kommunikationskompetenz, die letztlich nichts anderes ist als Alltagskompetenz, ist damit Konsumentenkompetenz. Auch die gilt es zu vermitteln.

Literatur

Turkle, S. (1996): Leben im Netz. Reinbek

Manfred Faßler
Dimensionen elektronischer Medienevolution

Vorbemerkungen

Ich werde mich in meiner Stellungnahme auf *Dimensionen elektronischer Medienevolution* beziehen, also auf die Veränderung der Variationsbreite und des Größenspektrums von Medien sowie deren soziale Verbreitung.
Da elektronische *Medientechnologien und -stile* nicht mehr auf einen einzelnen Bereich begrenzbar sind, beinhaltet diese Fragerichtung grundsätzliche gesellschafts- und kulturtheoretische Erwägungen.
Dies mag erklären, daß ich bei der Bestimmung von Medienkompetenzen der Reihenfolge der verknüpften Substantive folge: Medien-Kompetenzen. Mit einbezogen ist dabei das Verständnis, daß die *Arten und Weisen von Selbstwahrnehmung, Selbstbeschreibung und Selbstorganisation der einzelnen Menschen und sozialer Systeme*

abhängig sind von der verabredeten oder verwendeten Medialität. Umgekehrt ist deren Gestalt und Qualität, deren Reichweite und Integrationsleistung abhängig von der Fähigkeit, sie in das lebendige Kommunikationsgeschehen mit einzubeziehen.

Dieses Verständnis *dynamischer Wechselwirkungen* schützt vor der illusorischen Suche nach einem Kompetenz-Medium, sozusagen dem archimedischen Punkt der Didaktik. Ebenso schützt es davor, Technologie mehr zuzumuten, als sie leisten kann und davor, von Authentizität mehr zu erhoffen als einen sprachlichen Unterscheidungsgewinn. Anders gesagt: man weiß weder bei angesichtiger Kommunikation, was der morgige Tag bringen wird, noch weiß man bei elektronischer, netzgestützter Kommunikation, was an Informationen 'auf einen zukommen wird'.

Es gibt keinen topos uranikos, keinen Ort, an dem sich die idealen Formen der Verständigung befinden. Kommunikation ist ein Risiko. Medienkompetenz ist so verstanden Risikokompetenz. Wobei hier durchaus gemeint ist, bereit zu sein, in einen aktiven und interaktiven Prozeß einzusteigen, sich zu beteiligen und evtl. nicht das erreichen zu können, was man wollte. Ich spreche also nicht von passiver Rezeption einzelner Formate der Massenmedialität durch coach potatoe mit Knabberbar.

Der Fokus 'elektronische Medien' lenkt die Aufmerksamkeit darauf, daß jede Nutzerin und jeder Nutzer 'in das Medium eintreten muß', um es in seiner technologischen Differenziertheit verwenden zu können. Dieser *Immersion* genannte Vorgang ist von Anfang an interaktiv, ganz gleich wie einfach, komplex, novizenhaft oder professionell dies geschieht. *Elektronische Medien sind also immersive und interaktive Medien.* Eine Kompetenzdebatte sollte dies berücksichtigen.

1. Die Altersgruppe der 16-20jährigen umfaßt die klassischen psychosozialen Bereiche der Orientierung und Individualisierung. Zugleich sind damit jene Jugendlichen und jungen Erwachsenen angesprochen, die als Computergeneration bezeichnet werden können. Sie haben den Computer nicht nur als Nintendo- oder Sega-Spielkonsole für einen Spieler / für eine Spielerin, nicht nur als Virtual Reality built for two /Rb2 oder als bessere elektrische Schreibmaschine erfahren.

Computer ist für sie Netz, ganz gleich ob sie es wirklich nutzen oder in dessen Umfeld zuhören, sich erzählen lassen oder das Geld für eine größere Medienanschaffung fehlt. Nach Untersuchungen des Deutschen Instituts für Fernstudienforschung, Tübingen (DIFF) sind nur annähernd 6 % aller Beteiligten von News-Groups 'RAM-Mitglieder' (radical active members). Dies sind Zahlen, die sich durchaus mit politisch-parteilichem Engagement und Bürger-Initiativ-Engagement vergleichen lassen. Auch Interpassivität bildet soziale Verhältnisse (nicht nur Interaktivität), und dies gilt Off-Line wie On-Line.

Der *Medienstatus der elektronischen Netze* öffnet einen vermutlich mittelfristig überaus wichtigen Unterschied:

❑ mit den *Spielen*, die nach allen Regeln der konzentrierten Entspannung durchgeführt werden, wird *eine ausschließlich persönliche, individuelle oder freundschaftsbezogene Vorstellung verbunden;* digitale Video-Spiele werden getauscht, werden

als Wettkampf-Muster (highest score und highest level) verwendet und unterscheiden sich nicht signifikant von Game-boy-Spielen und dem Austausch von Spielerfahrungen oder dem Tausch von Spiel-Kassetten auf dem Grundschul-Schulhof.
❑ Anders ist dies mit *elektronischen Netzen*. Sie haben ganz deutlich einen *Ernsthaftigkeits-Status*. Ihre Referenz ist sozial- und informationsgebunden. Dies ergibt sich aus wissens- und bildungsbezogenen Anfragen zwischen Nutzerinnen und Nutzern; die Kommunikation ist lern- und hausaufgabenorientiert, ist auf Gruppenautonomie ausgerichtet und bildet in sich Peer-group-Muster aus.

2. Die *Individualitäts-Referenz der Spiel-Interaktivität* und die *Seriositäts-Referenz der Netz-Kommunikation* verändern die Frage nach Medienkompetenz.

Individualitäts-Referenz:
Bezüglich dieser kann man festhalten, daß jeder pädagogische Versuch, hier Kompetenz 'nachzuversorgen' zu spät kommt. Es gibt bereits das tacit knowledge, das stille Wissen, das durch den selbstverständlichen Umgang mit elektronischen Geschwindigkeiten (siehe Gameboy), mit Fernanwesenheit und Virtuellen Realitäten (Raumerfahrung in elektronischen Spielwelten) entstanden ist.
Medienkompetenz kann hier nur sinnvoll bestimmt werden als die Fähigkeit, die Grundbedingungen der Schaltungs- und Darstellungsprozesse beschreiben und bearbeiten zu können. Um dies im Sinne eines schulischen Grundlagenwissens vermitteln zu können, wäre allerdings die Anerkennung des Informatikunterrichtes als allgemeinbildendes Fach erforderlich - eine seit Jahren sinnvolle Forderung der Gesellschaft für Informatik.
Dabei ist aber zu bedenken, daß die *Vermittlung von Grundlagenwissen nicht in die Domäne der Spiele*, der Spielidentitäten, der interaktiven Rollenübernahmen usw. *inhaltlich eindringt*. Computer-Spiele sind ein Respektbereich, der enorme Peer-Gruppen-Qualität besitzt und in dem zugleich weitreichende Medienkompetenzen angeeignet werden.

Seriositäts-Referenz:
Bezüglich dieser ist aus meiner Sicht dringend zu beachten, *daß Netztechnologien einen Medienraum erzeugen, in dem sich Jugendliche und junge Erwachsene zunehmend orientierend, auswählend, suchend bewegen*. Unbeschadet der Spielemöglichkeiten im Netz, werden im kommunikativen Feld des Netzes Wirklichkeitsangebote gesucht, die bedeutend sind für Schule, Biographieplanung, politische Orientierung und Verläßlichkeit.
Seriosität heißt dann auch, daß Vertrauensbeziehungen angestrebt werden, Wiedererkennbarkeit, anschlußfähige Kommunikation. Kompetenz unter diesen Gesichtspunkten zu formulieren heißt, dazu zu befähigen, die Architekturen künstlicher Räume zu verstehen (medientechnologisches Wissen), die Bedingungen für den Aufbau von elektronischen Datenbanken kennenzulernen (Wissen um ökonomische, politische

oder individuelle Selektion) und dazu zu befähigen, sich der softwaretechnischen Möglichkeiten in zufriedenstellender Weise bedienen zu können (Computerliteracy). Diese Bereiche müßten erweitert werden um inhaltliche Befähigung. Um dies erreichen zu können, sind sowohl
- publizistisch-journalistische Projekte erforderlich, die die Öffentlichkeitswirkung eigener Medienaktivität verdeutlichen,
- wie auch die medienintegrierte Lehre jener Fächer, die sonst über analoge Textlichkeit (und etwas Bildlichkeit) vermittelt werden.

3. Gelingt vor allem letzteres nicht, besteht die Gefahr, daß *Medienkompetenz-Unterricht* die *Verbindung zu einer biographieorientierten und lebenspraktisch integrierten medialen Lern-, Erfahrungs- und Gestaltungssituation einbüßt.*
Daraus ergibt sich für mich, daß *Medienkompetenz in Zukunft vorrangig als Netzkompetenz* gedacht und umgesetzt werden muß.
Hierfür sprechen einige Prozesse:
- die *Medienintegration und die neue Mediendifferenzierung* (Hypertext, Hypermedia) in Netzwerken,
- die *informationelle und kommunikative Vernetzung* aller wesentlichen Gestaltungs-, Planungs- und Entscheidungsbereiche unserer Gesellschaft, und damit aller Berufsbereiche,
- die Fülle erforderlichen Wissens, um über *komplexe Problemlagen* in sinnvoller Zeit auswählen und entscheiden zu können,
- die *Geschwindigkeit der Wissensentwicklung,* der Veränderung von Kommunikations- und Seinslagen und der partizipierenden Gruppen und einzelnen Menschen,
- die *zunehmende Bedeutung von teamgestützten Entscheidungsprozessen* und die damit verbundenen Systeme der Computer Supported Communicative Groupware oder der Multiuser-Virtualitäten.

Medienkompetenz muß also diesen Doppelbezug aufweisen.
- *anschlußfähig* sein an die bereits entwickelten Medialitäten und deren im weitesten Sinne kulturellen Dimensionen und
- *lernfähig* in Richtung auf eine fortschreitende Erschließung kybernetisch-elektronischer Räume als immer wichtiger werdende soziale Räume.

Netzkompetenz ist also in wachsendem Maße Sozialkompetenz.

4. Wie ist dies zu verstehen?
Die elektronische Medienentwicklung, die wir derzeit erleben und auf uns selbst anwenden, führt zu einer *deutlichen Entmythologisierung der angesichtigen Kommunikation.* Gerade der in dieser Tagung angesprochene Generationenausschnitt geht selbstverständlich mit *anonymen und pseudonymen Kommunikationspartnern* um, übersetzt pseudonyme Situationen in Gruppenweisen, arbeitet mit elektronischen Adres-

sen. Kommunikation wird hierüber als Moment von unpersönlichen Strukturen, als maschinengestützter Austausch zwischen Menschen oder auch als Austausch zwischen Mensch und Medium erfahren und genutzt.
Nur scheinbar verschwindet in diesen Zusammenhängen das, was wir geläufig als Gesellschaft bezeichnen.
Die wachsende Notwendigkeit und Bedeutung elektronischer Medialität verlagert etliche kommunikative Leistungen, die früher an die Angesichtigkeit gebunden waren oder mit Institutionen wie Schule, Familie, Universität verbunden wurden, in elektronische mediale Räume. Die Form jener gesellschaftlichen Funktionen ändert sich: namentliche Kommunikation wird pseudonym; angesichtige Kommunikation wechselt in das sog. Interface (Zwischengesicht, oder wie es deutsch heißt: Schnittstelle); *Institutionen* werden von *Quasi-Institutionen* beerbt, von elektronischen Datenbanken, Lernsystemen, virtueller Universität und ihren asynchronen Kommunikationsmöglichkeiten.
Wendet man dies in Richtung der Kompetenzdebatte, so lassen sich folgende Aspekte gewinnen. Die Entmythologisierung der angesichtigen Kommunikation durch elektronische Medien
❏ ermöglicht die *Rationalisierung der Informations- und Kommunikationsweisen*
❏ verbindet *Lernen zunehmend mit multimedialen Informationsbeständen*
❏ entlastet das *Individuum von alternativlosen schulischen oder universitären Lernsituationen* und
❏ erhöht zugleich den *individuellen und inter-individuellen Aufwand, soziale Verläßlichkeit herzustellen und unter Netzbedingungen zu erhalten.*

Da Computertechnologie eben nicht mehr nur als Gerät oder Werkzeug behandelt werden kann, sondern als Netztechnologie verstanden werden muß, in der alle möglichen Medienwelten entstehen können, stellt sich die Frage danach, wie diese Möglichkeiten in Wirklichkeit übersetzt werden. Zur bereits skizzierten Computer- und Netzkompetenz tritt die Fähigkeit (mithin die Befähigung, empowering) hinzu, Informationen auszuwählen, sie allein oder in Kooperation zu gruppieren und mit Bedeutung zu verbinden.

5. Zur Anforderung, daß Medien und Netzwerke rausch- d.h. störungsfrei 'funktionieren' und der Fähigkeit, sie in diesem Anforderungsprofil zu benutzen, tritt also die Befähigung, den sozialen Status der Netzwerke ernstzunehmen, ihnen nicht nur Wirklichkeit zuzurechnen, sondern sie als Wirklichkeit zu begreifen.
Hierzu gehört, die Medienintegration dadurch zu nutzen, daß man Kommunikationssegmente als Öffentlichkeit, als Nachbarschaft, als Freundeskreis, als Themengruppe usw. voneinander abgrenzt und so allmählich eine künstliche Gesellschaftlichkeit mit entwickelt.
Da diese Medialität nicht vor oder neben Gesellschaft stattfindet, heißt dies für Medienkompetenz von Anfang an, die Befähigung zur Wahrnehmung von Zusammenhän-

gen zu erreichen. Da, wie bereits gesagt, computertechnologische Medialität bereichsunspezifisch ist, trifft man ständig auf die Anforderung, die wirtschaftlichen, politischen, kulturellen und sonstigen Formate in ihrer Unterschiedlichkeit wahrzunehmen und zu bedeuten.
Netzkompetenz ist demnach immer auch Unterscheidungs- und Bedeutungskompetenz.
Hier findet, aus meiner Sicht, die Debatte ihre größten Anforderungen. Dabei geht es einesteils darum, wie man innerhalb der *netztechnologischen Medialität ein bestimmtes Medium macht* (also elektronische 'Zeitung', 'Buch', 'Flugblatt' etc.) und wie dieses innerhalb der Medienräume adressiert wird. Darüber hinaus geht es aber um die Frage, *welches Auswahl- und Interpretationswissen* zur Verfügung gestellt und nahegebracht wird, um Informationen 'in Ordnung zu bringen' oder 'neu zu ordnen'. Befähigen, Bedeutung bilden und sie anwenden zu können, verweist auf die Fähigkeit zur lernenden Anpassung.
Da weder die reale Realität noch die virtuelle Realität stabile Welten sind, die eine feste Orientierung anbieten können, heißt Medienkompetenz für mich, die Fähigkeit zu entwickeln, Medien kooperativ und lernend zu benutzen. 'Kooperative Individualität' (Nefiodow) ist hierfür ebenso erforderlich wie offene Kommunikation. Wenn 'authentische Kommunikation' noch irgendeine Bedeutung haben soll, so ist sie in diesem Prozeß lernender Anpassung und Selbstorganisation zu sehen. Kompetenz erwiese sich dann in der Anerkennung, daß weder Kommunikation, noch Kultur, noch Identität planerisch machbar sind. Wir stellen sie ex post fest.

6. Medienkompetenz im hier angesprochenen Sinne wäre dann die dauerhafte Fähigkeit und Bereitschaft, an prinzipiell nicht abschließend planbaren und kontrollierbaren Kommunikationsprozessen teilzunehmen und sie zu gestalten, ganz gleich ob lokal, regional oder global.

Markus Hübner
**Lernziel Medienkompetenz -
Anspruch und Wirklichkeit im Handlungsfeld Schule**

1. Richtlinien und Realität

November 1997: Auf einer Tagung des Medienpädagogischen Zentrums des Landes Brandenburg in Potsdam, zu der ich als Referent zum Thema 'Lehrplanentwurf Wahlpflichtfach Medien' eingeladen war, fühlte ich mich für einen Augenblick fehl am Platze. Eine Kollegin der Voltaire Gesamtschule Potsdam referierte über erste Erfahrungen mit aktiver Medienarbeit an ihrer Schule. Mir klingelten die Ohren - zu Recht -, denn wie sich auf meine Nachfrage hin herausstellte, war ihr und anderen der Lehrplanentwurf, den ich vorstellen sollte, nicht nur wohl bekannt, sondern zugleich auch richtungsweisende Grundlage ihrer eigenen Medienarbeit. Erfreut über die unverhoffte Rezeption eines von mir mitverfaßten Papiers, berichtete ich dann über meine vierjährigen Erfahrungen mit einer an diesem Entwurf orientierten Medienarbeit an der Gesamtschule Walddörfer. U.a. versuchte ich am Beispiel 'Übungen mit der Videokamera' deutlich zu machen, daß der handlungs-, projekt- und produktorientierte Ansatz unseres Entwurfs nur unter bestimmten Rahmenbedingungen erfolgversprechend ist. Wenn 18 Schüler und Schülerinnen des Wahlpflichtkurses Medien - aufgeteilt in vier Gruppen und ausgestattet mit einer Kamera pro Gruppe - im Winter den Auftrag bekommen, einen Sketch zu spielen und zu drehen, dann ist der Klassenraum als alleiniger Spiel- und Drehort unzureichend, ja kontraproduktiv. Toiletten und Treppenhäuser dienten als Ausweichräume, nicht immer zur Freude der Kolleginnen und Kollegen, die sich in Ihrem Unterricht gestört fühlten.

Die Tagungsteilnehmerinnen und -teilnehmer aus Brandenburg waren sprachlos, aber aus anderen Gründen, als ich dachte: Von dem, was sie hörten, konnten sie nur träumen. Für Ihre Videoarbeit steht ihnen lediglich eine Kamera zur Verfügung, die sie sich vom Medienpädagogischen Zentrum ausleihen müssen.

Die hier offensichtlich werdende Kluft zwischen Anspruch und Wirklichkeit / zwischen den Vorgaben und Angeboten des Richtlinienentwurfs Medien auf der einen und den schulischen Rahmenbedingungen und Erfordernissen der Praxis auf der anderen Seite ist ein Problem, das sich auch in meiner Medienarbeit immer wieder neu gestellt hat.

Bevor ich mich jedoch diesem Problem weiter widme, möchte ich über zwei Projekte sprechen, in denen die Wirklichkeit zumindest meinen Ansprüchen gerecht wurde, ja sie sogar übertraf.

2. Das Projekt 'Daily School News' - eine positive Erfahrung

Von grundlegender Bedeutung für meine theoretische wie praktische Arbeit als Medienlehrer waren die Erfahrungen mit 'Daily School News', meinem Abschlußpraxisprojekt, das ich im Rahmen einer einjährigen Weiterbildung 'Medien und Kulturarbeit' während einer Projektwoche 1994 mit zwölf Schülerinnen und Schülern meiner sechsten Klasse durchführte.

Jeden Tag wurden unterschiedlichste Beiträge, wie Projektberichte, Musik- und Werbeclips, Sketche u.a. für ein tägliches Infotainmentvideomagazin von Schülern für Schüler produziert und am nächsten Morgen um 8.45 Uhr (die Projektzeit begann offiziell um 9 Uhr) auf dem Schulhof über ein Fernsehgerät ausgestrahlt und live anmoderiert.

Von allein wäre ich nie auf den Gedanken gekommen, ein Projekt dieser Dimension mit Sechsklässlern, die zuvor noch nie mit aktiver Medienarbeit in Berührung gekommen waren, durchzuführen. Wie sollten sie auch von heute auf morgen lernen, die Kamera zu bedienen, Abgedrehtes zu schneiden, nachzuvertonen usw. Selbst ich fühlte mich diesem technischen und organisatorischen Aufwand nicht gewachsen. Daß ich es dennoch wagte, verdanke ich einem meiner Ausbilder der Weiterbildung. Ohne seine kompetente Mithilfe und ohne das von der Weiterbildung zur Verfügung gestellte Equipment wäre das Projekt nicht möglich gewesen. Zuvor konnte er mich davon überzeugen, daß ein tägliches Live - Magazin wie kaum ein anderes Medienprojekt dazu geeignet ist, Medienkompetenz handlungsorientiert zu vermitteln.

Meine Erfahrungen bestätigten das:
❑ unterschiedlichste Medienerfahrungen, Interessen, Neigungen, Begabungen konnten aufgegriffen, angesprochen, ausgelebt und individuell gefördert werden.

Da waren Mädchen, die sich schon immer mal vor einer Kamera wie eine VIVA - Moderatorin präsentieren wollten. Wie schwer und anstrengend das war, merkten sie spätestens, als sie unter Zeitdruck flotte Moderationstexte schreiben mußten.
Da war ein verhaltensauffälliger und leistungsschwacher Schüler, der wie verwandelt war, weil er sich in seinem Element befand. Er durfte und konnte alle möglichen Gerätschaften auf- und abbauen, einstellen, verkabeln, ein- und ausschalten. In diesem Bereich hatte er absolute Autorität. Hier machte ihm keiner was vor. Hier respektierte man ihn. Hochmotiviert, konzentriert, freundlich und hilfsbereit fegte er am Ende des Tages sogar noch den Müll weg, den er sonst immer selber machte und liegenließ.
Zu welch' überdurchschnittlichen Leistungen und positiven Verhaltensweisen Schülerinnen und Schüler in der Lage sind, wenn sie sich - wie dieser Jugendliche - mit einem Projekt identifizieren, habe ich während der 'Daily School News' - Woche so eindrücklich erfahren, daß es ein Hauptanliegen meiner späteren Medienarbeit war; mittels außergewöhnlicher Projekte so etwas wie eine 'Corporate identity' zu ermöglichen.
Die Aktion 'Schüler machen Zeitung' war beispielsweise so ein Projekt, insbesondere die Eröffnungsveranstaltung zu dieser Aktion, die meine Klasse mit Unterstützung des Hamburger Abendblattes stellvertretend für 52 Hamburger Schulen 1995 in ihrem à la Christo verhüllten Klassenraum ausrichtete. Das außergewöhnlich starke Medienecho und die Veröffentlichung der selbstverfaßten Zeitungsartikel im Hamburger Abendblatt erfüllten die Schülerinnen und Schüler mit Stolz.

❑ Sie erfuhren und lernten neben der technischen Handhabung audio-visueller Medien (schneller als ich dachte), daß Medienprodukte dieser Art nur in arbeitsteiligen Prozessen erstellt werden können, die gut organisiert und koordiniert werden

müssen und die ein hohes Maß an Selbstverantwortung, Teamfähigkeit, Improvisationstalent und auch Frustrationstoleranz erfordern.
Der Rahmen 'tägliches Live-Magazin' schuf den für diesen Lernprozeß notwendigen Produktionsdruck, ohne die Schülerinnen und Schüler zu überfordern: In Livesendungen darf etwas schief gehen, muß nicht alles perfekt sein. Pannen können sogar Spaß machen, weil sie mitunter unfreiwillig komisch sind.
❑ Sie entwickelten - z.t. unerwartete - kreative und kommunikative Fähigkeiten. Ich denke z. B. an zwei zurückhaltende, schüchterne Schüler, die ausgerüstet mit Mikrofon und Kamera selbstbewußt und unbefangen Passantinnen und Passanten auf der Straße und Geschäftspersonal ansprachen und aufforderten, ein Lied zu singen.

❑ Sie übten ein und lernten, für ein bestimmtes Publikum, für eine klar umrissene Zielgruppe (Schülerinnen und Schüler der Jahrgänge 5 und 6 der Gesamtschule Walddörfer) zu produzieren und sich gleichzeitig dieser Öffentlichkeit zu präsentieren und zu stellen.
Auf Seiten des Publikums wuchsen Interesse und Zustimmung von Sendung zu Sendung, auf Seiten der Macherinnen und Macher der Ansporn, es das nächste Mal noch besser zu machen. Hochmotiviert kamen sie früher und gingen später als die Projektzeiten es vorsahen.

Am Ende waren sich alle einig: Das Projekt war ein voller Erfolg.
Entscheidend für den Erfolg waren aus meiner Sicht neben den schon oben skizzierten Möglichkeiten eines Livemagazins die idealen Rahmenbedingungen. Wir waren technisch sehr gut ausgestattet, mein Ausbilder und ein Mitglied des jaf (Junger Arbeitskreis Film und Video e.V.) unterstützten mich und die Schülerinnen und Schüler mit Rat und Tat, die Projektgruppe war mit 12 teilnehmenden Jugendlichen nicht zu klein und nicht zu groß, wir hatten ausreichend Raum und - dank der hohen Motivation der Jugendlichen - auch genügend Zeit.

3. Ein einwöchiges Medienseminar - eine weitere positive Erfahrung

Geradezu traumhafte Bedingungen bot eine von Medienprofis geleitete Seminarwoche, die die Friedrich-Naumann-Stiftung im September 1996 exklusiv für meine Medienfachklasse (Jg. 9) in ihrer Tagungsstätte (Zündholzfabrik) in Lauenburg ausrichtete.
Seit dieser Woche glaube ich zu wissen, wie sehr effektives Lernen von der Lernumgebung abhängt.
Nicht nur die komfortablen Tagungsräume und Doppelzimmer mit Elbblick, die köstliche Küche, die professionelle Medientechnik, das abwechslungsreiche Programm, auch ein - verglichen mit der Schulsituation - anderer Umgang mit der Zeit (eine Gruppe arbeitete bis nachts um ein Uhr an ihrem Beitrag), die Zusammenarbeit mit Nichtpädagogen/ Medienprofis (Filmemacher/ Rundfunkjournalist/ Pressesprecher),

meine veränderte Rolle als Berater und Moderator im Hintergrund (die ich entspannt genoß), der Besuch beim NDR - all das zusammen bildeten die Umgebung und Grundlage für eine außerordentlich hohe Lernbereitschaft, eine anregende und entspannte Lernatmosphäre und für einen beachtlichen Lernerfolg.

So wenig diese Seminarwoche auch mit der Schulwirklichkeit gemein hat, mir wurde deutlich, was unter optimalen Bedingungen möglich ist und wo die Möglichkeiten und Grenzen schulischer Medienarbeit liegen.

4. Medienarbeit erfordert Veränderungen von Schule und Lehrenden

Medienarbeit, so wie sie in unserem Lehrplanentwurf angedacht ist, zielt auf ein weitgehend selbstbestimmtes und ganzheitliches Lernen, in dem es um Be-greifen mit Sinn(lichkeit) und Verstand geht.
Der Rahmen Schule schafft dafür eine Verbindlichkeit, die sich in vielen Fällen als zunächst sinnvolle und notwendige Stütze erweist. In dem Maße jedoch, wie sich besonders motivierte Gruppen herauskristallisieren, die sich mit ihrer Arbeit identifizieren, wird der schulische (Zeit-) Rahmen zu eng.
Ein Beispiel mag das verdeutlichen: Eine Gruppe von Schülerinnen und Schülern meiner Klasse verabredete sich notgedrungen am Samstagmorgen in der Schule, um ihren Dokumentarfilm 'Schüler machen Zeitung' zu schneiden und nachzuvertonen (veranschlagte Arbeitszeit: 8-10 Stunden für einen 5-Minuten-Film). Der Film sollte in der Woche darauf am 'Tag der offenen Tür' präsentiert werden, und zwei freie Nachmittagstermine in der Woche ließen sich nicht finden. Am Ende des Tages waren sie mit Ihrem Ergebnis nicht zufrieden. Am Sonntag wollten sie noch 'mal von vorne anfangen. Ich dagegen brauchte meine Sonntagsruhe und lehnte ab.

Aber auch Jugendliche lassen sich vom überdurchschnittlich hohen Energie- und Zeitaufwand aktiver Medienarbeit abschrecken, insbesondere wenn abzusehen ist, daß Input und Output in keinem Verhältnis zueinander stehen und sie sich von ihren - an professionellen Medienprodukten orientierten - Qualitätsansprüchen verabschieden müssen; wenn sie merken, daß sie nicht nur 'Fun' haben, sondern sich über viele Widrigkeiten hinweg ausdauernd Mühe geben müssen. Das frustriert insbesondere die Pubertierenden und führt bei einigen zu destruktivem 'Abhängen'. Dabei läßt die komplexe Unterrichtsorganisation handlungsorientierter Medienarbeit denjenigen, die sich der Arbeit entziehen möchten, so manches Schlupfloch offen.
Zumeist wird ja in Gruppen und - wenn möglich - in mehreren Räumen gearbeitet. Im letzten Schuljahr z.B. arbeiteten die 16 Schülerinnen und Schüler meiner damaligen Klasse (Jg.10) an ihren freien Abschlußprojekten in vier Gruppen in drei bis vier Räumen. Eine Gruppe gestaltete eine Homepage für unsere Schule, eine andere schrieb an einem Buch über die Medienarbeit ihrer Klasse und zwei Gruppen widmeten sich der Filmarbeit. Und ich rannte von Gruppe zu Gruppe. Dann passierte es schon 'mal,

daß am Ende von drei Medienstunden die Schülerinnen und Schüler der von mir zuletzt besuchten Gruppe mit leeren Händen dastanden mit der Begründung, sie hätten ohne meine Hilfe nicht weiterarbeiten können und mein zu spätes Erscheinen würde jetzt auch nichts mehr bringen. In solchen Augenblicken wird mir klar, daß mein Credo, die Herstellung eines medialen Produkts sei ein Prozeß, dessen Organisation und Verlauf die Jugendlichen möglichst eigenverantwortlich bestimmen und in die Hand nehmen sollen, leichter geschrieben als erfolgreich umgesetzt ist.

Arbeits- und Gruppenprozesse als kompetenter Ratgeber und Coach zu initiieren, zu moderieren und unterstützend zu begleiten, sind Aufgaben, die - obwohl in aller Munde - mich nicht selten überfordern. Dabei gehöre ich zu den Privilegierten, die im Rahmen der Weiterbildung ' Medien und Kulturarbeit ' zumindest im audiovisuellen Bereich (ansatzweise auch im Bereich Multimedia) das Handwerk der Gerätebedienung erlernt haben. Aber das war vor fünf Jahren. Und die technischen Kenntnisse im Umgang mit Bild- und Tonmedien führen noch nicht zu gestalterischem Können. Hier sind Regisseure, Kameraleute oder Cutter gefragt, die im schöpferischem Umgang mit den Materialien vermitteln, worauf es in der Arbeit mit Bildern und Tönen ankommt, die aufzeigen, daß bildsprachliches und akustisches Denken etwas anderes sind als die uns vertrauten schriftsprachlichen Mittel. D. h.: Der kompetente Umgang damit läßt sich erst im Austausch und mit der Unterstützung derer erlernen, die professionell damit arbeiten.

Wohl mir, daß zur 'Homepage'- Gruppe meiner Klasse zwei Schüler gehörten, die Experten auf diesem Gebiet waren. Ohne sie wäre das Projekt gescheitert.

Die medienkompetenzspezifische Heterogenität der Lerngruppen insbesondere im Bereich der Computertechnologie (der eine möchte und kann eine Homepage programmieren, die andere weiß nicht, wie der Computer eingeschaltet wird, und die zuständige Lehrkraft wußte selbigen bisher nur als Schreibmaschine zu nutzen) stellt den Dilettanten namens Medienlehrer andererseits aber auch vor pädagogische Probleme - etwa der Binnendifferenzierung oder der Leistungsbewertung - für die er bisher allenfalls Lösungsansätze bieten kann.

Die Frage 'Wie fördern wir die Medienkompetenz bei Jugendlichen?' ist für mich nicht zuletzt deshalb untrennbar verbunden mit der Frage 'Wie fördern wir die Medienkompetenz bei Lehrerinnen und Lehrern?'. Die von Herrn Bartsch in seinem Statement für notwendig erachtete Einsicht der Lehrkräfte in die pädagogische Relevanz medienerzieherischer Arbeit wäre in diesem Zusammenhang lediglich ein erster Schritt.

Darüber hinaus sind Grundfertigkeiten im Umgang mit Medien unverzichtbar. Dabei muß uns klar sein, daß insbesondere in den Bereichen Computernutzung und Telekommunikation Kinder und Jugendliche Lehrkräften gegenüber - nicht immer, aber immer öfter - einen nicht mehr einzuholenden Kompetenzvorsprung haben. Das kann ein Problem, aber auch eine Chance für medienerzieherische Arbeit sein: Stichwort

'Rollenwechsel zwischen Lehrer und Schüler'. Kinder und Jugendliche haben jedoch wenig Neigung - so jedenfalls meine Erfahrungen mit praktischer, produktorientierter Medienarbeit - über ihre Arbeit mit Medien kritisch zu reflektieren. Und genau hier sehe ich mit Wolfgang Bergmann, dem ehemaligen Chefredakteur der Deutschen Lehrerzeitung, die Hauptschwierigkeit der gegenwärtigen praktischen medienpädagogischen Diskussion. Ich zitiere: "Daß wir an den Zielen der emanzipatorischen Pädagogik festhalten müssen und wollen, zugleich aber sehr wohl spüren, daß wir damit Teile des Erlebens und der Selbstdefinition der Kinder und Jugendlichen nicht mehr berühren." (Bergmann 1996 S. 8). Den Grund hierfür sieht Bergmann in den 'neuen Kinderwirklichkeiten', die der Siegeszug von Computer und Telekommunikation mit sich bringt: Der eigene Ort, die räumliche Identität, Körpererfahrungen und das Zeitbewußtsein relativieren sich, um so verfügbarer sind die Bilderwelten. Das Hereinholen von neuen Techniken in die Schule kann dabei allein keine Probleme lösen.
"Es wäre lediglich eine Art Startzeichen: der Beginn einer überfälligen und fundamentalen Umorientierung der Bildungsinhalte und der Vermittlungsmethoden. Es wäre zugleich der Aufbruch in eine heute noch sehr unbekannte Lernwirklichkeit." (ebd.)

Literatur

Bergmann, W. (1996): Die Erfahrungen fliegen in Zeitspiralen davon. In: DLZ (Deutsche Lehrerzeitung), Heft 29-30; 25.7.96, S. 8

Paul Detlev Bartsch
Förderung von Medienkompetenz im Handlungsfeld Schule

Zunächst ist die Tatsache festzuhalten, daß die Schule bei der anvisierten Altersgruppe nur noch einen Teil der Jugendlichen erreichen kann (vor allem mit der Kursstufe der Gymnasien). Dennoch ist die Schule natürlich in der Lage - und in der Pflicht - auch in dieser Altersgruppe ihren Beitrag für die Vermittlung von Medienkompetenz zu leisten.

Dazu einige ganz pragmatische Thesen:
❑ Schule besteht zuvörderst aus Fachunterricht. Angestrebt müßte also werden, daß die Vermittlung von Medienkompetenz (gemäß des häufig propagierten fachintegrativen Ansatzes) auch tatsächlich im Fachverständnis, in der (traditionell geprägten) Fachkultur ankommt - und von den Lehrerinnen und Lehrern als moderner Bestandteil derselben auch angenommen wird (Stichwort: Rahmenrichtlinien-

Überarbeitungen sind unter Mediensicht umzusetzen)!
❑ Zugleich dürfen Rahmenplan-Vorgaben die Beweglichkeit gerade bei der Behandlung von Medien nicht zu sehr festschreiben und dadurch einschränken (Stichwort: Handlungsräume eröffnen!).
❑ Lehrkräfte müssen die pädagogische Relevanz medienerzieherischer Arbeit - bezogen auf ihr Fach, aber auch auf ihren allgemeinen 'pädagogischen Auftrag' - erkennen und annehmen; nur dann werden sie die Vermittlung von Medienkompetenz in der Schule ermöglichen und begleiten können! Dazu brauchen sie einen pädagogisch faßbaren Begriff von Medienkompetenz.

Wie könnte ein pädagogisch faßbarer Begriff von Medienkompetenz aussehen?

Wenn man die Beschreibung von Medienkompetenz allgemein als sachgerechtes, selbstbestimmtes, kreatives und sozial verantwortliches Handeln in einer von Medien bestimmten Welt (nach Tulodziecki) grundsätzlich akzeptiert und sie auf schulische Belange projiziert, erwachsen daraus in meinem Verständnis vier pädagogische Handlungsfelder[1]:
❑ Sozial verträgliche Verarbeitung von Medienerlebnissen
❑ Selbst bestimmte zweck- und erlebnisorientierte Auswahl und Nutzung von Medienangeboten
❑ Kreatives Handeln mit Medien
❑ Funktion und Bedeutung der Medien in der Gesellschaft beurteilen.

Für alle schulischen Altersgruppen - also auch für 16-20jährige Jugendliche - können innerhalb dieser Handlungsfelder angemessene medienerzieherische Lernziele formuliert werden, deren Realisation fachintegrativ erfolgen sollte.

Konkrete Lernziele für diese Altersgruppe wären m. E.
(in Zuordnung zu den o.g. Lernfeldern):
1. das Zusammenwirken differenzierter medialer Gestaltungsmittel zu erkennen vielfältige Medienerlebnisse in die eigene Lebensgestaltung sozial verträglich zu integrieren;
    Wirkungsmöglichkeiten von Medienangeboten theoretisch zu reflektieren und in Lebenszusammenhänge einzuordnen;
2. Medienangebote selbständig in die Lösung komplexer unterrichtsrelevanter Aufgabenstellungen einzubeziehen;
    das ästhetische Erleben anhand von unterschiedlichen Medienangeboten zu entwickeln;

---
[1] ausführlich in: Wege zur Medienkompetenz. Ein Gesamtkonzept der schulischen Medienerziehung mit Anregungen für die Unterrichtsgestaltung, Berlin 1998 (2. Auflage)

eine effektive Medienrecherche als Grundlage wissenschaftlichen Arbeitens zu erkennen und anzuwenden;
3. Medienproduktionen selbständig planen, realisieren und präsentieren zu können bei der Produktion von Medien individuelle Ausdrucksmöglichkeiten zu finden und anzuwenden;
4. die Rolle der Medien als Wirtschaftsfaktor zu erkennen und zu beurteilen Medien als unverzichtbares, konstitutives Element der modernen Gesellschaft zu begreifen und Funktion und Bedeutung der Medien in der Gesellschaft komplex und kritisch zu reflektieren.

Im Gesamtkonzept der schulischen Medienerziehung "Wege zur Medienkompetenz" werden diesen Lernzielen konkrete Inhalte zugeordnet sowie Verbindungen aufgezeigt zu den Fächern, die unschwer einen Beitrag zur Erreichung der Lernziele - und damit zur Vermittlung von Medienkompetenz - leisten können.

Wichtig für die Umsetzung ist vor allem die Kontinuität medienerzieherischen Handelns in der Schule (ohne daß es jeweils begrifflich ausgewiesen sein muß). Niemand ist zu alt oder zu jung für den Erwerb einer (seinem Alter angemessenen) Medienkompetenz!
In Sachsen-Anhalt wurde versucht, diese Kontinuität dadurch zu erreichen, daß der fachintegrative Ansatz durch die wiederkehrende Möglichkeit, medienerzieherische Ansätze zeitweise zu verdichten, ergänzt werden kann.
Dabei empfehlen wir für den Primarbereich medienpädagogische Projektarbeit; in der Förderstufe (Schuljahrgang 6) ist ein Pflichtprojekt unter dem Titel 'Mit Technik und Medien leben' verbindlicher Schulstoff. Eine entsprechende Projektanleitung liegt vor.
Neu und ganz aktuell ist die geplante Einführung eines Wahlpflichtkurses 'Moderne Medienwelten' für die Sekundarstufe I (Schuljahrgänge 7 bis 10) zum Schuljahresbeginn 1999/2000. Gerade in den diesbezüglichen Themenvorschlägen für den Schuljahrgang 10 (der diese Altersgruppe ja noch betrifft) wird versucht, die sogenannten 'neuen Medien' nicht als losgelöste Erscheinung zu vermitteln, sondern sie in historische, gesellschaftliche wie Sachzusammenhänge zu stellen.
Schließlich ist die Einführungsmöglichkeit eines Kurses, der sich mit modernen Informations- und Kommunikationstechnologien vor allem inhaltlich beschäftigt, für die gymnasiale Oberstufe vorgesehen.

Allerdings - und das zeigt ja auch der Ansatz für diese Arbeitsgruppe - zeigen sich einige Besonderheiten der Altersgruppe der 16-20jährigen im Umgang mit Medien, die wichtig erscheinen für pädagogische Folgerungen. Dazu zählen als - ganz subjektive - Befunde:
❏ eine wesentlich stärkere Differenzierung im instrumentellen Mediengebrauch als bei jüngeren Altersgruppen (das Fernsehen verliert gegenüber Rundfunk/Musik, Computernutzung, auch Zeitschriften, an Bedeutung);

❏ eine enorme gruppenkonstituierende Funktion des Mediengebrauchs;
❏ der ausgeprägten Umgangskompetenz mit Medien(-technik) steht eine nur geringe Neigung zur Reflexion von Medieninhalten gegenüber (dies trifft sogar auf eigene Produkte aus der aktiven Medienarbeit zu);
❏ in die zweifellos vorhandene Kompetenz bezüglich medienbasierter Kommunikation ist diese Altersgruppe *so* organisch hineingewachsen, daß sie die nachträgliche Thematisierung im Unterricht (zumal diese mitunter mit mangelnder Lehrkompetenz einhergeht) als lächerlich empfindet;
❏ auch die vordergründige schulische Thematisierung der Medienwelt (als Teil von Jugendkultur) wird häufig abgelehnt;
❏ selbst die zu starke 'Verzahnung von Schule und Freizeit' (Modellversuch Brandenburg) kann auf Ablehnung stoßen;
❏ eine Relevanz für Berufs- bzw. Studienorientierung wird jedoch akzeptiert und kann motivierend wirken.

Somit will ich als Abschlußthese formulieren:

Gerade in dieser Altersgruppe kann Schule an der (Weiter-)Entwicklung von Medienkompetenz bestenfalls mitwirken. Das generelle Prinzip, Jugendliche in ihren Interessen und Neigungen, in ihren Kenntnissen, Fähigkeiten und Meinungen, in ihrer Persönlichkeit also ernstzunehmen, sollte medienpädagogisches Handeln in der Schule hier im besonderen bestimmen.

Mike Große-Loheide
Förderung von Medienkompetenz in Freizeiteinrichtungen

1. Wie können Jugendliche der Altersgruppe 16 bis 20 Jahre mit praktischen Modellen der aktiven Medienarbeit noch erreicht werden? Welche Formen sind hier notwendig?

Modelle aktiver Medienarbeit sind Bestandteil des Arbeitsbereichs Medienprojekte im Büro für Suchtprävention in Hamburg. Beispiele für diese Arbeit sind die Projekte 'Mobil? Aber sicher' - Jugendliche drehen Videofilme zu Suchtprävention und Verkehrssicherheit und 'Clips gegen Sucht': z.B. Hip Hop und Clips von Jugendlichen ausländischer Herkunft.

Um sich den Fragen zu nähern, zunächst ein Blick auf die Voraussetzungen in der Freizeit und dann elf Punkte, die in die Herangehensweise an Medienprojekte einfließen:

Fernsehen und Video spielen in der Freizeitgestaltung von Jugendlichen eine große Rolle. Die Macher und Macherinnen nutzen dies in Vorabendserien und jugendorientierten Angeboten, die als Mittler von Botschaften informieren, stimulieren, unterhalten und Ratschläge geben. Und die Jugendlichen schauen zu.
Laut Shell Jugendstudie von 1997 sind Drogen und Sucht wichtige Themen für die Jugendlichen. Sie interessieren sich für die Stoffe, Lebenswelten und kulturellen Ereignisse und Umfelder. Sie wollen neue Erfahrungen machen, ihre Selbständigkeit unter Beweis stellen, sich in der Gruppe und vor anderen behaupten, ihr Selbstbild formen.
Freiwilligkeit, Kreativität, Gestaltung, Ausdruck, Inszenierungen und Arrangements kennzeichnen u.a. die aktive Freizeitgestaltung. Anerkennung zu erlangen und Selbstsicherheit zu zeigen, sind dabei unausgesprochene Ziele im Verhalten der Jugendlichen. Sie bedingen sich gegenseitig und sind oft schwer zu erlangen. Als protektive Faktoren tragen sie zur Bewältigung des Alltags und zur Abwendung von riskantem Umgang mit Suchtmitteln bei.
In der Suchtprävention steht die Persönlichkeitsentwicklung im Mittelpunkt. Nicht allein der Drogenkonsum ist das Maß der Suchtprävention, sondern die Lebensgeschichte, d.h. wie Sucht entsteht. Abhängiges Verhalten wächst im Spannungsfeld zwischen Persönlichkeit, aktueller Situation und Suchtmittel. Suchtprävention versucht Orientierung zu geben, Alternativen aufzuzeigen und zur Reflexion anzuhalten, damit die Persönlichkeit sich gelingend und teilhabend in der Konsum- und Erlebniswelt zurechtfindet.
Wir beschäftigen uns also mit den Fragen "Wie werde ich eine starke Persönlichkeit?", "Welche Bedingungen wirken auf deren Entwicklung ein?" und "Welche suchtpräventiven Maßnahmen und Projekte sind zeitgemäß?".

Praktische Modelle der aktiven Medienarbeit sind zeitgemäß, weil sie die aktuellen Kommunikationsformen nutzen. Sie müssen die Voraussetzungen der Jugendlichen berücksichtigen und deren Lebensalltag aufgreifen. Eine wesentliche Zielsetzung von Medienprojekten ist es, den Jugendlichen Gelegenheit zu geben, miteinander ins Gespräch zu kommen, ihre Vorstellungen zu äußern und anderen mitzuteilen. Mit den Projekten bieten wir ihnen ein Forum an, das an ihren Alltagsthemen ansetzt; das sich auf einen kommunikativen Prozeß einläßt, mit der Absicht ihre Sichtweisen zu transportieren; das ihnen organisatorisch einen Rahmen vorgibt, der zum Erfolg führt und das einen hohen Erlebniswert hat.

Wesentliche Gesichtspunkte bei der Herangehensweise sind:
1. Wir gehen zu den Jugendlichen, d.h. wir sprechen Jugendeinrichtungen an, wir gehen an Orte, an denen Jugendliche sich treffen, Bushaltestellen, Discos etc.
2. Wir lassen uns auf die Wünsche der Jugendlichen ein und greifen eher auf die Bedingungen und Strukturen zu, d.h. wir sagen nicht als erstes: 'Laßt uns einen Film über Drogen machen', sondern 'Wie sieht ein typisches Wochenende aus?', 'Wie ist es mit Auto fahren, Langeweile, Freundschaften, Mutproben?' 'Wo könnt

ihr euch treffen, tanzen, Sport treiben?' usw.
3. Wir versuchen mehrere Projekte gleichzeitig laufen zu lassen, um einen begleitenden Diskussionsprozeß führen zu können. Dafür suchen wir unterschiedliche Zielgruppen, Regionen und Stadtteile, d.h. wir achten auf die Infrastruktur: innerstädtisch, Stadtrand, ländliche Gebiete. Wir greifen zu auf Stadtentwicklungsprozesse und suchen Kooperationspartner vor Ort.
4. Wir bieten Fortbildungsveranstaltungen zur fachlichen Einarbeitung in das Thema für die Multiplikatorinnen und Multiplikatoren, d.h. Fachtagungen, Materialien und regelmäßige Planungstreffen. Sie sind auch Voraussetzung für die Teilnahme an den Projekten.
5. Wir berücksichtigen geschlechtsspezifische Aspekte, d.h. Mädchen- und Jungengruppen und gemischte.
6. Wir stellen Teams, die für die medienpädagogische Fachlichkeit garantieren, d.h. wir unterscheiden bei der Auswahl der Videoteamerinnen und -teamer nach Spielfilm, Clips, Reportage, Special Effects usw. Wir achten auf fremdsprachige Teamerinnen und Teamer bei der Arbeit mit ausländischen Jugendlichen.
7. Wir stellen Kontakte her oder sind behilflich bei der Ansprache wichtiger Persönlichkeiten. Wir sorgen für Öffentlichkeitsarbeit.
8. Wir bieten einen organisatorischen Rahmen, d.h. zeitliche Vorgaben mit einer gemeinsamen Abschlußpräsentation, z.B. Mediencamp oder Themenabend im Offenen Kanal.
9. Wir besorgen Geld für die Videoteamerinnen und -teamer und die technischen Kosten, Geräte, Schnitt usw.
10. Wir dokumentieren die Projekte und stellen sie anderen vor, auch mit der Absicht, Anregungen zu geben.
11. Wir sind um Nachhaltigkeit bemüht und begleiten Projekte und Einrichtungen, mit denen wir einmal gearbeitet haben. D.h. auch, daß sie an anderen Projekten des Büros teilnehmen können und die Infrastruktur der Suchtprävention stärken.

2. Wieweit lassen sich im Rahmen thematischer Jugendarbeit Medien in die pädagogischen Bemühungen einbeziehen?

Thematische Jugendarbeit ist ein Bestandteil von Suchtprävention, und Medienprojekte sind als Mittel zur Konkretisierung besonders geeignet.
In der Suchtprävention gehen wir von einem Dreieck der Lebenssituation aus. Die Person mit ihren Ressourcen steht in Beziehung zur Umwelt (Familie, Nachbarschaft, Freizeit) und zum Stoff (Griffnähe, Wirkung, legal - illegal). Zur Bewältigung der Herausforderungen in der Erlebnis- und Konsumwelt braucht sie Erlebnisrationalität, Orientierung und Selbstwertgefühl.
Wir bieten dafür Information, Beratung, Fortbildung und Projekte für verschiedene Zielgruppen. Ein wichtiger Bestandteil ist die Reflexion, die Bewußtwerdung vor allem im Umgang mit Suchtmittel und Drogen. Da wir aber wissen, daß süchtiges

Verhalten viele Formen und Ursachen hat, müssen wir den Lebensalltag einbeziehen, ihn zur Grundlage und zum Ausgangspunkt für Projektarbeit machen. Dabei stellt sich die Frage, welches Medium berücksichtigt und vereint in sich in angemessener und lustvoller Weise die Bedingungen und die Gefühlswelten der Beteiligten.

Gerade die spielerische Auseinandersetzung verschafft Distanzierungs- und Annäherungsmöglichkeiten an brisante und intime Fragen. Schließlich ist ein Anspruch, den wir uns stellen, die zu erreichen, die es nötig haben. Aber wer sind die? Sucht hat viele Ursachen und kommt in den besten Familien vor. Wir können daher nur versuchen, Bedingungen in den Projekten so zu schaffen, daß Begegnung und Austausch zwischen den Beteiligten stattfindet. Übereinstimmung und Differenz geben den einzelnen Sinn. Sie können ihre Wirksamkeit erspüren, indem sie einen Plan realisieren und diesen mit einem Videofilm abschließen. Und sie können sich zu einem brisanten, an ihren Erfahrungen anknüpfenden Thema äußern, von dem sie wissen, daß sich viele Leute, auch Erwachsene, dafür interessieren. Das Medium impliziert den Sinn von Mitteilung und die Hoffnung auf Kommunikation und Handeln.

Jugendliche sind in vielfacher Hinsicht ansprechbar für praktische Modelle der aktiven Medienarbeit und äußern sich zu den aus ihrer Sicht wichtigen Themen. Die Attraktivität von Medienprojekten besteht in folgenden Punkten:

Themen und Inhalte sind...
...die Problematisierung von Schlüsselqualifikationen: Freundschaft, Vertrauen, Gruppengefühl, Konfliktfähigkeit;
...das Ausprobieren von Lösungen: Konfrontation, Abschreckung, Flucht, Gespräche, Mutproben, Grenzen;
...die Verkündung von Meinungen: Behauptungen, Begründungen, Konsequenzen, Alternativen;
...die Behandlung und Inszenierung von wichtigen Situationen: zu Hause, auf der Straße, Nahraum, Disco, Auto;
...Nachempfinden und Ausdrücken von Gefühlen: Angst, Liebe, Aggression, Traurigkeit, Humor.

Gestaltungsmöglichkeiten und Medien
Mit Hilfe von Bild, Musik, Sprache, Dramaturgie, Geschichten erzählen, Inszenierungen, Musik, Spiel und Körperausdruck können die Jugendlichen Spannung erzeugen, Interesse wecken, faszinieren, 'berühmt' und anerkannt werden, lokale Bedeutung erlangen, ihrem 'persönlichen Mythos' nachgehen und Gefühle ausdrücken.

Organisation und Verhalten
Der Prozeß in der aktiven Medienarbeit verlangt Verhaltensweisen, die auch in anderen Situationen wichtig sind: Aufeinander eingehen, Preisgabe und Annahme von Mitteilungen und Gefühlen, Mitfühlen, Mitspielen, sich aufeinander verlassen, Kon-

zentrationsfähigkeit, Geduld und Ausdauer, Konkretisierung von Ideen und Vorstellungen

Optionen
Die Jugendlichen haben viele Möglichkeiten, ihre Fähigkeiten und Wünsche einzubringen: Technik, Spiel, Abstraktion, Ablauf, Kreativität und Improvisation. Die Projekte können der Berufsorientierung dienen oder auch zu Biographiebrüchen führen.

Formen der Teamarbeit
Nicht nur die Jugendlichen, sondern auch die Videoteamerinnen und -teamer und Jugendarbeiter arbeiten zusammen. Neue gemeinsame Erfahrungen werden gemacht, Erfolg und Mißerfolg geteilt. Dazu gehören Aufgaben festlegen, Einstellungen überprüfen, Ernsthaftigkeit, Wissen und Ausdauer in ein gemeinsames Vorhaben einbringen und abschließen.

Eingliederung ins Gesamtkonzept der Jugendarbeit
Ein Medienprojekt ist von der Idee bis zur Aufführung ein Block, der sich in das Gesamtkonzept einbinden läßt. Er verlangt übergreifendes Arbeiten, Engagement und Zeit. Alle Beteiligten lassen sich auf etwas Neues ein, suchen neue Perspektiven, probieren neue Rollen, nähern sich Themen an und schaffen gleichzeitig Distanz zu ihnen. Sie können zu Höhepunkten der Arbeit werden und die Bindung der Jugendlichen an eine Einrichtung stärken.

3. Welche Perspektiven hinsichtlich neuer Medien und deren Ausdrucks- und Gestaltungsformen müssen langfristig entwickelt werden?

Strukturelle Maßnahmen sind bei der Betrachtung von Perspektiven erforderlich. Eine Absicherung der Jugendhilfe und Fördermittel von Projekten sind Grundvoraussetzung für jede Professionalisierung, d.h. Verbesserung der Projektarbeit, Verbreitung und Austausch von Ideen, Neuerungen und Qualitätsstandards.

Aktive Arbeit mit neuen Medien muß zur Sinnfindung und Schaffung eines authentischen Selbstbildes beitragen. Geschichten erzählen vom Scheitern, vom Glück und Wohlfühlen, mit Spaß und Lifestyle. Die Kommunikationsrichtung umdrehen vom Aufsaugen zum Aussprechen. Kommunikative Kompetenz und Beteiligung sind wichtige Voraussetzungen für die demokratische Gesellschaft, die jede Generation erneut hervorbringen muß.

Themen der Jugendlichen müssen projektorientiert und übergreifend behandelt werden. In der Freizeitgestaltung sind Inszenierungen an der Tagesordnung. Der/die einzelnen sind permanent bemüht, sie ins persönliche Gesamtkonzept einzuordnen. Hierin findet aktive Medienarbeit ihre Aufgabe und Herausforderung. Sie muß die Spannung und Widersprüchlichkeit zwischen Selbstverwirklichung und Freiwilligkeit der Akteure gegenüber Sicherheit und Stabilität der Institutionen, zwischen Chaos und Starre bei der Bewältigung von Problemen einkalkulieren. Wenn ihr das gelingt, kann sie Schlüsselqualifikationen, Identität und Kohärenz erhöhen.

Viele der zugrunde liegenden Eigenschaften sind konstitutiv für Medien-, besonders für Videoprojekte. Technische Vielfalt, Aufmerksamkeit für ein Thema, Anerkennung von Leistungen, Selbstbehauptung gegenüber anderen, Spannung ertragen bei der Behandlung von Konflikten, narrative und dramaturgische Elemente zur Lösung von Problemen, spielerische Qualitäten und Inszenierungen nutzen beim Ausprobieren von Alternativen, Reflexion des eigenen Verhaltens und Teamgeist entwickeln, Selbsterkenntnis über Fähigkeiten, Stärken und Schwächen gewinnen, organisatorisches Geschick bei der Planung und Abwicklung des Projektes zeigen, Verläßlichkeit und Geduld aufbringen und auch durch Wiederholungen zur Realisierung und Verbesserung der gestellten Aufgaben beitragen. Koordination und Abstimmung mit anderen Personen und Institutionen führen zum Gelingen des Vorhabens.

Die Pädagoginnen, Pädagogen, Videoteamerinnen und Videoteamer müssen bereit sein, sich auch auf ein Spiel von Eitelkeiten einzulassen, um an die tiefer liegenden Schichten und Bilder heranzukommen. Sie müssen ihren eigenen Horizont beschreiben und im Rahmen der Projektarbeit sich mit Videofilmerinnen und -filmern zusammentun, die für die Realisierung des Videofilms sorgen und für den technischen Ablauf verantwortlich sind. Sonst kann es schief gehen oder schlimmer noch, es geht nach hinten los und die Medien, sprich Video und Fernsehen, sind mal wieder 'Schuld'.

"Indem wir Vergangenheit und Gegenwart strukturieren und erzählend interpretieren, wird uns das Entwerfen der Zukunft sehr viel bewußter und gezielter gelingen." (Ernst 1996, S. 206)

Literatur

Ernst, H. (1996): Psychotrends. Das Ich im 21. Jahrhundert. München

Irmengard Matschunas
Außerschulische Bildungsarbeit mit Jugendlichen: Erfahrungen, Einschätzungen und Entwicklungen am Beispiel Junge Volkshochschule

1. Anmerkungen zu Angeboten und Nachfrage an Volkshochschulen

Am 12.9.98 hat die Anmeldung fürs Herbstsemester 98/99 begonnen. Kurz danach sitze ich am Einschreibcomputer. Ich bin gespannt, wie sich die Einschreibzahlen im Medienbereich der Jungen Volkshochschule München (JVHS) entwickeln: Video, Print, Hörfunk sind seit Semestern rückläufig, Computerspezialveranstaltungen erlebten einen Boom, von dem ich aber glaube, daß er nicht lange Bestand hat. Die (noch mit Vorsicht zu beurteilenden) Zahlen in einem Multimedia Einsteigerseminar und einem 'Musik - auf - PC' Kurs bekräftigen meine Befürchtungen, wenngleich ein praktisches Seminar über das Manipulationspotential in der Bildbearbeitung sich wahrscheinlich sich bald füllen wird.
Die Entwicklung der letzten Semester hat vor allem folgendes gezeigt (im übrigen nicht nur bezogen auf die Medienpädagogik): auf dem freien Markt der Freizeit- und außerschulischen Angebote ist Tempo und Praktisches gefragt - die besten Tricks bei der Videocliperstellung in einem Wochenende, wie gestalte ich Flyer in 2 Doppelstunden.

Im Grunde könnte sich unser Angebot zu einem leicht abrufbaren Pool instrumentellen Wissens im Umgang mit Medien entwickeln (vor allem für Jugendliche, die in ihrer häuslichen, schulischen oder beruflichen Situation keine entsprechenden Angebote erhalten und/oder die Ausrüstung nicht haben) - immer unter der Voraussetzung, wir hätten das nötige Equipment (und die Möglichkeit, dies immer auf dem neuesten Stand zu halten) und die erforderlichen guten und höchst flexiblen Dozentinnen und Dozenten. Dies ist selbstredend zu einem von Jugendlichen bezahlbaren Preis in einer Finanz- und Förderungslage, wie sie heute existiert, schlichtweg utopisch.

Noch ein paar Worte zu unserer Angebotsstruktur: die JVHS hat nur die Möglichkeit, ein bestimmtes Angebot zu einem bestimmten Zeitpunkt zu machen. Dies wird in der Regel mit einem Planungsvorlauf von einem halben Jahr in einer Broschüre und im Hauptkatalog publiziert. Geht man von einer Just-In-Time-Haltung gerade in diesem Angebotsbereich aus (d.h. erst wenn ich ein Problem habe, gehe ich an die VHS und möchte dann aber in einer nahen Zukunft ein entsprechendes Angebot bekommen), so wird klar, warum ein Wochenendseminar 'Unser täglich Byte gib uns heute - über die richtige Datenernährung' mangels Teilnehmerinnen bzw. Teilnehmer abgesagt werden mußte: obwohl in der Ausschreibung betont wurde, daß ein kompetenter Umgang mit den heutigen Datenmengen jede Seminar- und Facharbeit und manches

Referat erleichtert: dieses Angebot müßte entweder kontinuierlich oder bei Bedarf bereitstehen. Daß ein solches Angebot unter den gegebenen Bedingungen und mit beschränkten finanziellen Mitteln realisierbar wäre, ist zu bezweifeln. Eher könnte ich mir einen Labor- und Selbsthilfetypus vorstellen, wo an einem festen Ort täglich Möglichkeiten bestünden, sich gegenseitig auszutauschen, neueste Entwicklungen zu besprechen und evtl. ein paarmal in der Woche zu festen Zeiten Fachleute da zu haben: ein modifiziertes Internetcafe also.

2. Medienpädagogische Aktivitäten an der Jungen Volkshochschule

Jetzt wäre dann auch zu sprechen von den medienpädagogischen Aktivitäten, die sich um die alten und mittelneuen Medien ranken - d.h. die klassische Video-, Film-, Hörfunk- und Zeitungsarbeit zumeist politisch bildender Provenienz. Die JVHS blickt dabei auf eine lange medienpädagogische Geschichte zurück, in der unterschiedlichste Filme, Hörspiele, Zeitungen etc. produziert wurden, z.T. in langfristigen Kooperationen mit Freizeiteinrichtungen. Ihnen allen gemeinsam war und ist, daß sie durchweg lange, arbeitsame und viel auf Kooperation, Improvisation und Frustrationstoleranz bauende Projekte waren und sind. Und dies gilt sowohl für die teilnehmenden Jugendlichen als auch für die Filmschaffenden, die Künstlerinnen und die Journalistinnen, die diese Projekte oft recht selbstausbeuterisch durchgezogen haben.
Meiner Einschätzung nach ist diese Form der aktiven Medienarbeit zukünftig nur noch leistbar von Institutionen, die ihren Auftrag ausschließlich dort verstehen. Die Sehgewohnheiten der Jugendlichen und die Standards in der Videotechnik erfordern eine Produktionsausstattung, die sich Institutionen wie die Volkshochschulen, die Medienarbeit, wenn, dann nur als eines unter vielen Angeboten verstehen, nicht leisten können. Kooperationen wären dann die Lösung, aber nur unter der Bedingung, daß eine Nachfrage besteht, die so wesentlich ist, daß sie nicht durch ein einfaches Weitervermitteln der Jugendlichen schon zu erledigen ist. Dies betrifft alle Projekte, die darauf angelegt sind, Medienkompetenz mit dem Schwerpunkt der Präsentationsfähigkeit, z.T. auch in Hinblick auf eine Berufs- und Studienwahl zu vermitteln. Im übrigen ist es natürlich im Sinne jeder Institution, daß sie sich über das, was sie macht, bekanntmacht: jede außerhäusige Kooperation bedeutet, erst mal unsichtbar zu werden, wenn Studio und Sendestation (das Wichtige eben) vom Kooperationspartner kommen.

Fazit: Ist die technische und örtliche Ausstattung optimal, d.h. vermittelt sie eben nicht 'mit einer alten Videoanlage so tun als ob wir Fernsehen machen würden', so ist auch die Chance groß, den entsprechenden Raum zur Aneignung von Medienkompetenz schaffen zu können - es kann sich auf Recherche, auf Analyse, auf das Ausprobieren technischer Potentiale konzentriert werden und nicht der Kampf mit schlechter Technik zum Hauptinhalt werden ('hätten wir jetzt ein soundso-Gerät, dann könnten wir das besser machen').

Andererseits: wenn ich oben quasi gesagt habe, man möge die Medienarbeit den Spezialinstitutionen überlassen, so ist dies nur wahr für die Arbeiten, in denen das Medium Hauptsache und nicht Vehikel und Hilfsmittel ist. Zudem ist der Erwerb von Medienkompetenz manchmal auch unabhängig von Betacamcordern möglich: ich erinnere mich an Seminare, in denen die ganze Palette deutschsprachiger Zeitungen vorhanden war und einen Tag lang die Versionen ein und desselben Ereignisses unter die Lupe genommen wurden (dazu noch Fernsehen und Hörfunk - heute würde man auch noch Internet dazu nehmen).

3. Medieneinsatz bei thematischer Jugendbildungsarbeit

Meine Vision sind öffentlich zugängliche Internetstationen in Bibliotheken, die es möglich machen, daß jede und jeder ohne Geldbeutelbeschränkungen an den weltweiten Informationspool kommt. Und so stelle ich mir auch den Medieneinsatz in der Bildungsarbeit vor: prinzipiell als Zugangsöffnung, als Instrument zur Erkenntnisgewinnung.

Ein Beispiel aus drei Seminaren in diesem Jahr kann verdeutlichen, was ich auch damit meine:

Drei lange Wochenendseminare (freiwillig) mit Schülerinnen und Schülern der 8. Klassen der Willy-Brandt-Gesamtschule; Ort ist eine Kleinstadt im Einzugsgebiet Münchens.

Wir führen mit der Gesamtschule seit langer Zeit Seminare durch, die sich zu einem sehr frühen Zeitpunkt mit der Berufsfindung von Realschülerinnen und -schülern sowie Gymnasiastinnen und Gymnasiasten beschäftigen. Unsere Referentinnen bzw. Referenten haben sich spezialisiert auf Schlüsselqualifikationstraining und Projektarbeit. Zumeist läßt zu Anfang die Arbeitsmotivation zu wünschen übrig, weil ein flottes Wochenende erwartet wird: daß das Seminar 'Mein Leben in 10 Jahren - Beruf zwischen Traum und Realität' heißt, wird tunlichst ignoriert. Insofern ist am Samstagmorgen auch die Medienarbeit dran (was schwach daran erinnert, daß oft die Videokamera der Weisheit letzter Schluß war, wenn im Seminar gar nichts mehr ging). Und diese mediengestützte Einheit war nun wie zu erwarten der Seminar-Breaker: die Jugendlichen zogen mit Camcordern, Micros, Reportergeräten durch das Zentrum der Kleinstadt und machten Interviews mit Erwachsenen mit einem vorher erarbeiteten Gesprächsleitfaden zum Thema: 'Welchen Beruf wollten Sie mal ergreifen und was ist daraus geworden?'.

Ergebnis: Alle Befragten waren zu ausführlichen und ernsthaften Interviews bereit - das Fernsehen ist eine Wichtigkeitsmaschine und eine Wirklichkeitsmaschine. Nie hätte ein Jugendlicher einen wildfremden Erwachsenen in ein ernsthaftes Gespräch zum Thema Traumberuf verwickeln können. Es kamen interessante Interviews raus, die den Jugendlichen Mut machten, die Umwege in Beruf, Karrieren und Bruchlandungen zeigten und es wurde ihnen in der Analyse klar, daß erst die Fernsehsituation die Bereitschaft und die Seriosität der Erwachsenen möglich machte und die Jugendlichen ausnahmsweise nicht von oben herab behandelt wurden, weil sie ein Aufzeichnungsgerät zwischen sich und die Erwachsenen hielten.

Fazit: Im Rahmen der Bildungsarbeit der Jungen Volkshochschule und generell der thematischen Jugendarbeit finden alte bis superneue Medien als Vehikel der Erarbeitung von Wirklichkeit und als Ausdrucksform für eigene Sichtweisen ihren nach wie vor unangefochtenen Platz. Wichtig ist es, eine angemessene Ausstattung vorhalten zu können und den Einsatz von Medien bedacht und nicht als Verlegenheitslösung für stockende Seminarteile zu benutzen.

4. Welche Perspektiven?

Wie schon an manchen Stellen vorher gesagt: es muß mit Ausstattungen gearbeitet werden, die ernstzunehmen sind und bei deren Handhabung Profis im Einsatz sind (durchaus in einem Tutorenmodell durch Jugendliche).
(Neue) Medien - Kompetenz ist die Eintrittskarte in das nächste Jahrtausend und daher eine öffentliche Aufgabe (siehe Internetstationen in öffentlichen Bibliotheken); die Schulen sind hier besonders gefordert.
Eine Ernsthaftigkeit im Umgang mit alten und neuen Medien im pädagogischen Prozeß sollte vermeiden, daß hier nur einer Modernität nachgelaufen wird und der Sinn und Zweck der Mediennutzung beliebig und oberflächlich bleibt. Hier muß es eine Qualifizierung von Bildungsreferentinnen und -referenten geben, die tiefer geht als nur das Handhaben von Technik zu lernen.

III Medienkompetenz - Aufgabe von Erziehung und Bildung

Fred Schell
Bedeutung von Medienkompetenz als Bildungsaufgabe und inhaltliche bildungspolitische Zielsetzungen

‚Medienkompetenz ist heute eine Schlüsselqualifikation, die für die Prosperität [wirtschaftlicher Wohlstand] unserer Wirtschaft und für die Sicherung des Standorts Deutschland unerläßlich ist' - so oder ähnlich, wie es hier etwas holzschnittartig formuliert ist, lautet die Argumentation vieler Politiker und Wirtschaftsvertreter. Dieser Argumentationszusammenhang bestimmt auch in wesentlichen Teilen den Endbericht der Enquete-Kommission "Zukunft der Medien in Wirtschaft und Gesellschaft - Deutschlands Weg in die Informationsgesellschaft". Folgerichtig lautet eine Forderung an unser Bildungswesen, die jungen Menschen für die von Computereinsatz und Telekommunikationstechniken bestimmte Wirtschaftsweise zu qualifizieren, sie an die ökonomisch gegebenen Rahmenbedingungen anzupassen, wie es etwa bei Lange zum Ausruck kommt (vgl. das Statement von Bernd-Peter Lange).

In eine ähnliche Richtung, nämlich ausgehend von der Entwicklung der gesellschaftlichen Produktivkräfte, gehen Forderungen nach einer Medienkompetenz, die der Informationsgesellschaft, in der wir angeblich leben, oder die der künftigen Wissensgesellschaft, die die Informationsgesellschaft demnächst ablösen soll, gerecht wird (vgl. z.B. den Endbericht der genannten Enquete-Kommission oder das Statement von Peter Glotz). Diese Position geht in ihrem Verständnis von Medienkompetenz allerdings über die reine Anpassungsleistung an die ökonomischen Rahmenbedingungen hinaus und hat die gesamte Informations- und Wissensaneignung der Heranwachsenden im Blick, z.B. ihre Fähigkeit, aus der Fülle an Informationen auswählen und Informationen beurteilen zu können, was Glotz beispielsweise mit ‚Filterfähigkeit' bezeichnet.

‚Medien haben in ihren Erscheinungsformen und Inhalten den Menschen zu dienen', so lautet eine völlig andere Grundposition, die in ihrem Verständnis von Medienkompetenz zwangsläufig einen anderen Schwerpunkt setzt: Die Menschen müssen lernen, die medialen Botschaften und die Urheber dieser Botschaften bewerten zu können; denn nur so können sie auch beurteilen, ob die Medien die genannte Funktion erfüllen. Darüber hinaus schließt Medienkompetenz ein, Medien auch als Werkzeuge zur Teilnahme an der gesellschaftlichen Kommunikation nutzen zu können (vgl. z.B. das Statement von Herbert Kubicek; auch in kleinen Teilen des Endberichts der Enquete-Kommission kommt diese Position zum Tragen, vor allem dort, wo die notwendigen demokratischen Qualifikationen der Menschen angesprochen werden).

Ähnlich ist die Sichtweise auf die Medien in ihrer dem Menschen dienenden Funktion bei den Positionen, die als wesentlichen Aspekt der Entwicklung von Medienkompetenz die Förderung der Ich-Stärke sehen, die es dem Individuen ermöglichen soll, dem Sog der Medien zu widerstehen und die Nutzung der Medien gebrauchswertsorientiert, haushälterisch und dem jeweiligen Ziel angemessen auszurichten (vgl. z.B. das Statement von Barbara Mettler-v.Meibom).

Den gesamten Kontext gesellschaftlicher Kommunikation und Interaktion haben Positionen im Blick, die unter Medienkompetenz die Fähigkeit verstehen, sich mit Hilfe von Medien die Lebenswelt anzueignen und sie mit zu gestalten, d.h. Medien als Mittel gesellschaftlicher Kommunikation und Interaktion zu nutzen (vgl. z.b. das Statement von Dieter Baacke).

Diese wenigen, aber doch von ihrer Sichtweise her recht unterschiedlichen Positionen zur Medienkompetenz zeigen, daß unter ‚Medienkompetenz' viele sehr Unterschiedliches verstehen. Mit ‚Medienkompetenz' bezeichnen alle eine Qualifikation oder ein Bündel an Qualifikationen, die Heranwachsende angesichts der großen Bedeutung der Medien in unserer Gesellschaft erwerben müssen. Welcher Art diese Qualifikation(en) sein sollen und welche Zielsetzungen damit verbunden sind, darüber bestehen unterschiedliche Vorstellungen, abhängig vom eigenen Standpunkt und den Interessen, die jeweils vertreten werden. Ebenso unterschiedlich sind zwangsläufig die Vorstellungen und Forderungen, was Auftrag der Institutionen von Bildung und Erziehung im Hinblick auf Medienkompetenz ist. Es scheint deshalb notwendig zu sein, sich des Bildungsauftrags zu versichern und von daher den Auftrag zur Förderung von Medienkompetenz durch die Institutionen von Bildung und Erziehung zu begründen sowie Medienkompetenz in ihren bildungspolitischen Zielsetzungen zu beschreiben..

1. Aufgabe von Bildung

Bildung ist mehr als ‚Wissen'. Dies ist zwar eine Binsenweisheit, die jedoch angesichts der häufig engen Sichtweise von Medienkompetenz als Qualifikation im Umgang mit Information und Wissen wieder mehr in den Blickpunkt gerückt werden sollte. Es ist allerdings kein neues Phänomen, daß das, was Bildung ist und was sie leisten soll, unterschiedlich und manchmal sehr eingegrenzt gesehen wird. Die deutsche Pädagogik hat, in Anlehnung an die griechische Philosophie der Antike, lange Zeit nur das mit Bildung bezeichnet, was transitiven Charakter hatte, also was Ergebnis geplanter Lernprozesse war. Damit beschränkte sich ihr Bildungsbegriff weitgehend auf Schulbildung und damit auf einen privilegierten Teil der Bevölkerung. Erst die Neuhumanisten im späten 18. Jahrhundert sahen - zumindest in der Theorie - in der Selbstbildung einen wesentlichen Faktor von Bildung neben der Schulbildung (Herder, Pestalozzi und v.a. Humboldt in der "Theorie der Bildung"). Ihre Bildungstheorie beinhaltete ein gesellschaftskritisches und emanzipatorisches Motiv: Die Genese des Subjekts wurde nun im gesellschaftlichen Kontext betrachtet, der damit in den Blick und in die Kritik gelangte. So wollte man die um ihre vollen Daseinsmöglichkeiten betrogenen Menschen durch Bildung von ungerechtfertigter Abhängigkeit, unnötiger Einschränkung und unmenschlicher Unterdrückung befreien. Die berufsständische Ausbildung wurde kritisiert und ihre Ablösung durch eine Menschenbildung, die durchaus mit der ganzheitlichen Bildung in unserem heutigen Verständnis vergleichbar ist, wurde gefordert. Dadurch, daß auch die neue Bildungstheorie sich stark an der griechischen Antike orientierte und diese verklärte, blieb sie sehr idealistisch und weitgehend dem Studium und der Interpretation von Büchern verhaftet. Damit, so glaubte sie, werde am ehesten die elementare Hermeneutik ausgebildet, mit deren Hilfe die Welt, auch die wissenschaftliche und technologische Entwicklung und die eigene Genese erschlossen werden können.

Die gesellschaftskritischen und emanzipatorischen Absichten der bürgerlichen Bildungstheorie wurden im 19. Jahrhundert unter dem Druck reaktionärer und restaurativer Kräfte preisgegeben, was zu einer konservativen Bildungsidelogie führte. Bildung wurde zum Etikett für den gymnasial geschulten Mittelstand, ihre Attribute waren die Beherrschung der griechischen und lateinischen Sprache und die Verwendung von Zitaten und Fremdwörtern, wodurch sie sich gegenüber der politischen und wirtschaftlichen Elite behaupten und eine geistige Machtposition einnehmen wollten.

Mit der zunehmenden Industrialisierung und dem Erstarken der Arbeiterbewegung gab es viele Bemühungen, der bürgerlichen Bildung der geistigen Elite eine Bildung der Arbeiterschaft entgegenzusetzen, die, anknüpfend an das Humboldt'sche Bildungsverständnis, emanzipatorische Zielsetzungen verfolgte. In unzähligen Arbeiterbildungsvereinen erweiterten die Menschen ihre auf den Beruf bezogene Bildung um ein breites Allgemeinwissen und um ein interessengeleitetes Instrumentarium zum Verstehen und Bewerten der gesellschaftlichen Bedingungen. Versuche, ihre Bildung auch praktisch einzusetzen, um bessere Lebensbedingungen und mehr politische Partizipation zu erreichen, scheiterten jedoch weitgehend am Widerstand der Herrschenden.

Die weitgehend idealistische Ausrichtung der Bildungstheorie blieb bis lange nach der Befreiung vom Hitlerfaschismus kennzeichnend für die deutsche Pädagogik. In dem von monarchistischen und konservativen Kräften beherrschten Deutschland der Jahrhundertwende bis zum Ende des ersten Weltkrieges 1918 konnte auch die in vielen Ländern der Welt aufkommende Reformpädagogik (z.B. Dewey und Kilpatrick in den USA, Key in Schweden, Freinet in Frankreich, Krupskaja und Blonskij in der Sowjetunion), die vom Individuum ausgehend ein Recht auf eine breite Bildung proklamierte, die jeder einzelne in der realen Lebenswelt sich mit Hilfe pädagogisch gestalteter Gelegenheiten aneignen kann, nicht Fuß fassen. Die wenigen deutschen Reformpädagogen in den zwanziger Jahren waren nur im Ausnahmefall fortschrittlich im Sinne eines emanzipatorischen Ansatzes (z.B. Oestreich), in der Regel vertraten sie lediglich effektivere Methoden zur Anpassung der Heranwachsenden an die bestehenden Bedingungen, insbesondere an die Arbeitswelt (z.B. Kerschensteiner). Auch nach 1945 blieb die individuelle Persönlichkeit im Mittelpunkt der Bildungsdiskussion, deren gesellschaftliche Abhängigkeit wurde nur peripher wahrgenommen. Die Diskussion um die Bildungskrise nach dem Sputnik-Schock in den 60er Jahren (in der BRD ausgelöst durch das 1964 erschienene Buch "Die deutsche Bildungskatastrophe" von Georg Picht) rückte wiederum die ökonomischen Bedürfnisse in den Mittelpunkt. Bildung wurde nach ihrer Funktionalität v.a. für den technischen Fortschritt unserer Gesellschaft hinterfragt und eine entsprechende Reformierung wurde in die Wege geleitet: die wissenschaftlich-technische Bildung ist seitdem wesentliches Element von Bildung, das v.a. die schulische Bildung prägt.

Erst Ende der 60er und insbesondere in den 70er Jahren wurde in der Bildungsdiskussion an die Traditionen des Neuhumanismus, vor allem an ihre gesellschaftskritischen und emanzipatorischen Motive angeknüpft und diese weiterentwickelt. Bildung bezeichnet nun die kritische Rationalität des Menschen, die ihm Einblick in die gesellschaftlichen Bedingungen seiner Existenz ermöglicht und die ihn veranlaßt und in die Lage versetzt, an der Verbesserung des individuellen und sozialen Lebens in Richtung auf zunehmende Menschlichkeit mitzuwirken. Diese ganzheitliche Sichtweise des Individuums als gesellschaftliches Subjekt stellte die Institutionen von Bildung und Erziehung vor neue Aufgaben. Nicht mehr die Wissensvermittlung in einem gegliederten Fächerkanon und die Werte einer normativen Erziehung waren gefragt, sondern ein Lernen in größeren Zusammenhängen (Projektunterricht u.ä.) in pädagogisch gestalteten Räumen, in denen sowohl Informationen und Wissen bereitgestellt wurden als auch ein autonomes Lernen in der Gruppe möglich war. Bildungstheoretisch und vor allem didaktisch wurden die Ansätze der Reformpädagogik wiederbelebt. Viele Reformansätze für die Schulen wurden entwickelt, letztendlich aber nicht konsequent genug umgesetzt, so daß die Diskussionen um die starren Strukturen von Schule und ihre Art der Wissensvermittlung in atomisierten Häppchen, was der geforderten ganzheitlichen Bildung widerspricht, bis heute andauern.

Mit der zunehmenden Mediatisierung unserer Gesellschaft, vor allem mit der Einführung und Verbreitung des Computers in den 80er Jahren und verstärkt derzeit mit der rasanten Entwicklung multimedialer Techniken, die Wirtschaft und Arbeit in unserer Gesellschaft massiv verändert haben und noch immer verändern, wird Bildung wieder mehr unter politischen, insbesondere wirtschaftspolitischen Aspekten v.a. mit den Schlagwörtern ‚Qualifizierung' und ‚Standortpolitik' diskutiert.

Der Blick auf einige markante Entwicklungen der Bildungsdiskussion zeigt deutlich, daß das, was man unter Bildung versteht, abhängig ist von gesellschaftlichen und ökonomischen Entwicklungen und unterschiedlichen Interessen. Dies wird in einer Zeit gravierender Veränderungen, wie wir sie seit einigen Jahren erleben, besonders deutlich. Die Schärfe der Auseinandersetzungen hat in allen Politikfeldern zugenommen und auch die Bildungsdiskussion erreicht. Wenn wir den notwendigen gesellschaftlichen Konsens über Zielsetzungen und Aufgaben von Bildung herstellen wollen, und daß wir dies tun müssen, ist wohl unbestritten, kann dies nur in einem demokratischen Diskurs geschehen, der auf den elementaren Regeln unserer Demokratie basiert.

Nach demokratischem Verständnis ist die Gesamtheit der gesellschaftlichen Subjekte der Souverän dieses Staates. D.h. jeder und jede einzelne hat das Recht auf Partizipation und Mitbestimmung über alle Bereiche unserer gesellschaftlichen, d.h. kulturellen, ökonomischen und politischen Entwicklung. Um dieses Recht in Anspruch nehmen zu können, benötigt das Individuum Bildung. Ebenso Konsens und als Menschenrecht im Grundgesetz verankert ist die Würde des Menschen. Zu einem würdevollen Leben gehört es zweifellos, daß jedes Subjekt potentiell die Möglichkeit hat, an allen gesellschaftlichen Bereichen, an Politik, Kultur, Kunst u.a. rezeptiv und aktiv teilzuhaben. Auch hierfür benötigt das Individuum Bildung Die Zielsetzungen dieser Bildung müssen sich unmittelbar aus dem demokratischen Verständnis ableiten lassen. Und hier gibt es keine Begriffe, die diese Ziele besser beschreiben, als ‚Mündigkeit' und ‚Emanzipation', wie sie bereits von den Neuhumanisten formuliert wurden. ‚Mündigkeit' bezeichnet die individuelle Seite der notwendigen Qualifikationen, um selbstbestimmt, d.h. aufgrund eigener Urteile und Entscheidungen und unter der Berücksichtigung der Interessen anderer sein Leben gestalten und aktiv an gesellschaftlichen Veränderungen mitwirken zu können. ‚Emanzipation' meint die gesellschaftlichen Voraussetzungen, um Mündigkeit erlangen zu können, nämlich die Freiheit von Abhängigkeit und Zwang.

Das bedeutet, daß unsere Gesellschaft verpflichtet ist, jedem Subjekt die bestmögliche Bildung bereitzustellen, damit es mündig und emanzipiert leben und handeln kann. Dieses Recht auf Bildung ist deshalb ausdrücklich als Grundrecht festgeschrieben. Selbstverständlich müssen diese allgemeinen Zielformulierungen für alle Bildungsbereiche präzisiert und operationalisiert werden. Im diskursiven Verfahren muß sich eine Gesellschaft einigen, welche Bildungsinhalte am besten dazu geeignet sind, den genannten grundlegenden Zielsetzungen ein Stück weit näher zu kommen. Was dies für den Bereich Medien bedeutet, soll im folgenden erörtert werden.

2. Kommunikative Kompetenz und Medienkompetenz als Bildungsaufgabe

Das, was sozusagen als gesellschaftspolitische Zielsetzungen mit Mündigkeit und Emanzipation beschrieben wird, ist im kommunikationstheoretischen Zusammenhang als ‚kommunikative Kompetenz' formuliert worden (vgl. hierzu den ersten Beitrag von Helga Theunert). Kommunikative Kompetenz bezeichnet die Fähigkeit, an der gesellschaftlichen Kommunikation und Interaktion adäquat teilnehmen zu können und in der Lage zu sein, sich Realität autonom anzueignen sowie selbstbestimmt an ihrer Gestaltung mitzuwirken. Sie umfaßt die hierfür notwendige Sprach- und Handlungskompetenz. Sprach- und Handlungskompetenz können sich folglich nicht auf Information und Wissen und deren Wiedergabe beschränken, sondern sie umfassen auch und vor allem die Fähigkeit des Menschen, etwas zu verstehen, sich Gedanken zu machen, etwas kritisch zu reflektieren, Argumente zu formulieren, für die eigenen Interessen einzutreten, Strategien des Umgangs mit Argumenten, Meinungen etc. und deren Durchsetzung zu entwickeln und zu verfolgen usw. Mit 'kommunikativer Kompetenz' wird kein Zustand und kein zu erreichendes Ziel beschrieben, sondern ein

Prozeß. Die grundlegende Fähigkeit, kommunikative Kompetenz zu erwerben und zu entfalten, ist dem Menschen eigen, diese Fähigkeit zu entwickeln und zu fördern, ist Aufgabe von Bildung.

Medien haben in den letzten Jahrzehnten zunehmend an Bedeutung in unserer Lebenswelt gewonnen und sind heute integraler Bestandteil unseres Alltags. Sie dienen uns als Mittel der Information, der Unterhaltung und des Lernens, sie strukturieren unseren Alltag, sie gestalten und steuern unsere Arbeitswelt, sie dienen uns zur Orientierung in einer fast unüberschaubaren Welt, wir nutzen sie als ästhetische Ausdrucksmittel und dazu, unsere Anliegen und Interessen auszudrücken usw. usf. Mit der Digitalisierung der Medien und mit der Entwicklung der Telekommunikationstechniken wächst das Medienensemble immer mehr zusammen und wird zugleich orts- und zeitunabhängig von allen nutzbar, die sie besitzen oder die Zugang zu ihnen haben. Interaktion und Kommunikation erfolgen in allen Bereichen unserer Mediengesellschaft, in der Arbeitswelt ebenso wie Kultur, Freizeit und Politik, zu einem großen Teil mit oder über Medien. Wer sich hier kommunikativ kompetent bewegen will, muß auch kompetent mit den Medien umgehen können. Diesen Teilaspekt kommunikativer Kompetenz bezeichnen wir mit ‚Medienkompetenz', die damit ebenfalls Bildungsaufgabe ist.

Die Einordnung der Zielsetzung ‚Medienkompetenz' als Bestandteil ‚kommunikativer Kompetenz' in dem beschriebenen Verständnis als gesellschaftspolitische Kategorie macht es unmöglich, in der Operationalisierung dieser Zielsetzung in Teilaspekten verfangen zu bleiben oder lediglich den Interessen einzelner oder von Gruppen dienlich zu sein. Eine medienpädagogische Zielformulierung, die, überspitzt formuliert, die Medien von Kindern und Jugendlichen weitgehend fernhalten will, paßt nicht in diesen Rahmen, weil sie das Erlernen eines kompetenten Umgangs mit den Medien vermeidet, die ihnen täglich begegnen. Eine wirtschafts- und standortpolitisch motivierte Forderung nach einer Medienkompetenz, die sich auf die Förderung der Akzeptanz und der Handhabung von Medien beschränkt, verbietet sich, weil es hier um eine bloße Anpassungsleistung an vorgegebene Bedingungen geht. Ein pädagogisches Konzept, das Kindern und Jugendlichen, aber auch Erwachsenen eine kritisch-reflexive Sicht auf audiovisuelle Medien durch die Analyse deren Inhalte und Gestaltungsmittel vermitteln will, läßt sich zwar im beschriebenen Kontext begründen, deckt aber nur einen winzigen Teil von Medienkompetenz ab. Was grundlegende Zielsetzungen von Medienkompetenz sein könnten, soll Gegenstand im nächsten Abschnitt sein.

3. Zielsetzungen von Medienkompetenz

Medienkompetenz umfaßt alle Medien: Printmedien (Zeitung, Bücher u.ä.), auditive Medien (Radio, Kassettenrekorder, CD-Player, Telefon u.a.) audiovisuelle Medien (Film, Fernsehen u.ä.) und Computermedien (online und offline) bzw. alles, was heute unter den Begriff ‚Multimedia' fällt. Medienkompetenz wird natürlich auch über den alltäglichen individuellen oder kollektiven Umgang mit Medien erworben. Eine Medienkompetenz, die den oben formulierten grundlegenden Zielsetzungen entspricht, kann sich jedoch nicht in Selbstsozialisation entwickeln. Sie bedarf der pädagogischen Förderung in allen Bereichen von Bildung und Erziehung.

Das, was unter den o.g. Prämissen Medienkompetenz umfassen sollte, läßt sich auf drei Ebenen beschreiben.[1]

3.1 Medienkompetenz heißt, Medienentwicklungen erfassen, kritisch reflektieren und bewerten können.

Die Durchdringung unserer Welt mit Medien ist heute so umfassend, daß es dem einzelnen nicht möglich ist, sich Wissen über die Medien in allen Bereichen anzueignen. Entscheidend ist daher der Erwerb von Grundlagenwissen in allen Disziplinen, die von Medientechnologie tangiert werden, u.a. in der Produktion, Distribution und Anwendung von Medien, in rechtlichen Aspekten, in Mediensystemen usw., verbunden mit Strukturwissen, um verschiedene Informationen aufeinander beziehen und benötigte Informationen wie Detailwissen selbst rasch und aktuell ermitteln zu können. Einfluß auf die Entwicklung und Anwendung der im Detail höchst komplexen und komplizierten Geräte, Programme, Netze usw. kann nur derjenige nehmen, der die Strukturen erkennt. Zu diesem Strukturwissen muß außerdem der Erwerb von Orientierungswissen treten, um auf der Basis historischer, ethischer, politischer und ästhetischer Einsichten und Kenntnisse das erworbene Wissen ebenso wie die Phänomene der Informations- und Kommunikationstechnologie kritisch-reflexiv bewerten zu können.

Medienkompetenz ist also hier die Fähigkeit, auf der Basis von Grundlagen-, Struktur- und Orientierungswissen sich der Medien bedienen und sich in Netzen bewegen und diese bewerten zu können sowie mediale Technik, Produktion, Produktionsinteressen und inhaltliche Angebote miteinander in Beziehung setzen zu können.

3.2 Medienkompetenz bedeutet, selbstbestimmt, kritisch-reflexiv und genußvoll mit Medienangeboten und -inhalten umgehen können.

Angesichts der ständig zunehmenden Fülle an Medienangeboten und -inhalten wird es immer wichtiger, Nutzung und Konsum aufgrund eigener, nicht fremdbestimmter Wünsche und Bedürfnisse gestalten zu können.

---

[1] Baacke (1998) teilt Medienkompetenz in vier Ebenen auf, kommt aber inhaltlich zu fast gleichen Ergebnissen; die folgende Beschreibung ist im wesentlichen dem Dritten Zwischenbericht der o.g. Enquete-Kommission vom Mai 1998 entnommen, der das Thema 'Kinder- und Jugendschutz im Multimediazeitalter' behandelte und vom Autor dieses Beitrags mit formuliert wurde (vgl. Deutscher Bundestag, Drucksache 13/11001)

Hierzu gehört der Erwerb von Anwendungswissen, also der Fertigkeit im Umgang mit Medien als technische Geräte. Hierzu gehört aber vor allem die Fähigkeit, Medien zur Er- und Bearbeitung von Gegenstandsbereichen sozialer Realität nutzen zu können. In der Konkretion meint dies die bewußte Auswahl aus audiovisuellen und anderen medialen Angeboten nach ästhetischen und moralischen Aspekten und die kritisch-reflexive Nutzung dieser Angebote, um die eigene Lebenswelt besser bewältigen zu können und sie im Hinblick auf gesellschaftliche, politische und kulturelle Dimensionen zu bereichern.

Mediale Angebote kann nur derjenige kritisch-reflexiv entschlüsseln und verstehen, der die Grundlagen medialer Gestaltungs- und Darstellungsformen von Sprache, Schrift, Symbolen, Animationen, Graphiken, Bildern oder Filmen kennt und der die Medieninhalte auf ihre Bezüge zur Realität hin überprüfen und relativieren kann. Dies gilt nicht nur für den Informationsbereich, auch im Bereich der Unterhaltung werden Orientierungen und Lösungsmuster für das Alltagshandeln angeboten, die es kritisch zu hinterfragen gilt. In Bezug auf die Auswahl und Nutzung von Medien als Freizeitaktivität schließt dies auch die ständige Abwägung der Nutzung anderer Freizeitangebote ein und die Fähigkeit, mediale Angebote genießen zu können.

Medienkompetenz ist hier also die Fähigkeit, mit Medientechnik umgehen zu können und die Fähigkeit, mit Hilfe einer kritisch-reflexiven Medienauswahl und -nutzung die eigene Lebenswelt besser bewältigen und bereichern zu können.

3.3 Medienkompetenz heißt, Medien aktiv als Kommunikationsmittel nutzen können.

In einer Gesellschaft, deren Kommunikation in allen Bereichen (Arbeitswelt, Bildung, Freizeit usw.) weitgehend über Medien erfolgt, haben einzelne oder Gruppen nur eine Chance zur Partizipation, wenn sie in der Lage sind, auch aktiv mit Hilfe der verfügbaren Medien zu kommunizieren. Dazu sind Fähigkeiten und Fertigkeiten des Handelns erforderlich. Hierzu gehören wiederum Fertigkeiten im Umgang mit Medien als technische Geräte, vor allem aber die Fähigkeit der Subjekte, Medien zur menschlichen Kommunikation zu nutzen und sie in diesem Nutzungsprozeß dem Ziel zuzuordnen, selbsttätig im Austausch mit anderen soziale Realität zu gestalten. Handlungsfähigkeit in diesem Sinne kann allerdings nur unter der Bedingung erworben werden, daß Medien als Einzelgeräte wie als Systeme und Netze allen zur Verfügung stehen. Die Gestaltung medialer Netze und Systeme muß ein Prozeß sein, in den zumindest potentiell jeder/jede Nutzer/Nutzerin auch als Produzent/Produzentin und Distributor/Distributorin eingreifen kann. Die derzeitigen und künftig noch weit mehr ausgebauten Mediennetze werden nur dann zur Demokratisierung und zu mehr Partizipation beitragen, wenn sie eine gleichberechtigte Präsentation eigener Informationen an alle Empfänger dieser Netze ermöglichen, wozu zumindest die Chance besteht.

Die eigene aktive Nutzung von Medien erfordert neben den genannten Fähigkeiten auch Kreativität und Gestaltungsvermögen.

Medienkompetenz meint hier also die Fähigkeit, Medien als Kommunikationsmittel zu nutzen, um eigene Sichtweisen von Welt und Individualität, von relevanten Themen und von persönlichen Problemen zum Ausdruck zu bringen mit Sprache, Bildern, Tönen und Symbolen und in Auseinandersetzung mit anderen soziale Realität zu gestalten.

Die genannten Dimensionen von Medienkompetenz sind Aufgabe für Bildung insgesamt. Sie müssen in den einzelnen Feldern von Bildung und Erziehung für pädagogische Handlungskonzepte zum einen noch stärker spezifiziert und ausgestaltet (vgl. hierzu den Beitrag von Bernd Schorb), zum anderen in ihrer Bedeutung für verschiedene Altersgruppen bestimmt werden (vgl. hierzu den ersten Beitrag von Helga Theunert). Auch geschlechtsspezifische Umgangsweisen mit Medien und daraus resultierende unterschiedliche Konzepte für Jungen und Mädchen müssen Beachtung finden.

Für die jeweiligen Bereiche von Bildung und Erziehung, also für Schule und Jugendarbeit bzw. -bildung, für Kindergärten und -horte, für die Familien- und Erwachsenenbildung und für die Medien selbst, die ja ebenfalls auch ein Forum für Bildung darstellen, sind Konzepte zu entwickeln, wie die entsprechenden Fähigkeiten, Fertigkeiten und Verstehensleistungen pädagogisch vermittelt werden können. Dabei müssen Methodik und Didaktik auf die Bedingungen der Mediennutzung und -handhabung, wie sie im Alltag üblich sind, abgestimmt werden. Gerade beim Thema Medien in der Bildung darf es nicht bei der Bereitstellung und Vermittlung von Information und Wissen und dem Erwerb eines Instrumentariums zur kritischen Reflexion medialer Inhalte und Erscheinungsformen bleiben, weil sonst wichtige Dimensionen der Mediennutzung, z.B. ihre Orientierungsfunktion für eigene Einstellungen, Verhaltensweisen, Konfliktlösungsstrategien usw., ihre Bedeutung für die Identitätsbildung, für die Zuordnung zu Gruppen und Stilen, für die emotionale Befindlichkeit u.ä.m. unbeachtet bleiben. D.h. auch diese Facetten des Medienhandelns müssen im Bildungsprozeß zum Tragen kommen. Dafür müssen Räume geschaffen werden, in deren Rahmen Prozesse zur Auseinandersetzung mit diesen Aspekten angestoßen werden und auch Selbstbildung ermöglicht wird. 'Räume' ist hier im doppelten Sinne gemeint: im wörtlichen, d.h. daß Orte zur Verfügung stehen, und im übertragenen, d.h. daß Materialien, personale Hilfestellungen u.ä. für reflexive Prozesse bereitstehen.

Ein wesentlicher Aspekt der Förderung von Medienkompetenz durch Bildung ist die Kompetenz der Pädagoginnen und Pädagogen. Um Medienkompetenz bei Heranwachsenden fördern und vermitteln zu können, bedürfen sie natürlich selbst einer breiten Medienkompetenz. Darüber hinaus brauchen sie Kompetenzen, um Medienkompetenz vermitteln zu können, also so etwas wie Medien-Vermittlungs-Kompetenz oder medienpädagogische Kompetenz.

Wie die Förderung von Medienkompetenz und die dafür notwendigen Voraussetzungen und Bedingungen in der Schule und in den Bereichen der außerschulischen Bildung sind und wie sein sollten, ist Gegenstand der folgenden Beiträge.

Literatur

Baacke, D. (1998): Zum Konzept und zur Operationalisierung von Medienkompetenz. In: http://www.gmk.medienpaed.de/aufs

1 Medienkompetenz - Förderung im Handlungsfeld Schule: Bedingungen und Beispiele

Fred Schell / Hartmut Warkus
Medienkompetenz der Lehrerinnen und Lehrer: Schulische Bedingungen und Anforderungen an Aus- und Fortbildung

Daß zum Bildungsauftrag der Schule die Vermittlung von Medienkompetenz gehört, ist unumstritten, auch wenn Dichanz in seinem Beitrag darauf hinweist, daß nicht nur die Pädagogik, sondern auch die für den Medienmarkt produzierende Wirtschaft bei der Entwicklung von Medienkompetenz angesprochen ist. Die Realisierung dieses Auftrags für die Schule wirft jedoch viele Fragen und Probleme auf.
Positiv fällt auf, daß für den Schulbereich, im Gegensatz zur außerschulischen Bildung und Erziehung, etliche Konzeptionen und Ergebnisse von Modellversuchen vorliegen, die eine gute Grundlage für weitere Diskussionen um Zielsetzungen, Voraussetzungen und Bedingungen der Vermittlung von Medienkompetenz sind. Dies ist offensichtlich darauf zurückzuführen, daß es, wenn auch nur gering in der Zahl, Professuren für schulische Medienpädagogik an einigen Universitäten gibt, die theoretische Vorarbeit leisten und in Zusammenarbeit mit Schulen Modellprojekte durchführen, wissenschaftlich begleiten und auswerten können.
Alle Ergebnisse solcher Versuche verweisen darauf, daß Schule und Unterricht sich grundlegend verändern, und daß Lehrerinnen und Lehrer umdenken und sich speziell für die Medienarbeit qualifizieren müssen. Einhellig gefordert wird ein abgestimmtes Konzept der Ausbildung in den zwei Phasen, im Studium an der Universität und in

der eher praxisorientierten Ausbildung im Referendariat, sowie ein darauf abgestimmtes Konzept der Lehrerfortbildung.

1. Schule muß sich verändern, Lehrerinnen und Lehrer müssen umdenken

Wiederum im Gegensatz zur außerschulischen Bildung stehen die Bedingungen und Voraussetzungen für die Vermittlung von Medienkompetenz in der Schule. Während die außerschulische Bildung, ob im Kindergarten oder in der Jugendarbeit, die Möglichkeit hat, unmittelbar an den Medienerfahrungen ihres Klientels anzusetzen und diese in aktiven und kreativen Formen eines pädagogischen Umgangs mit Medien aufzugreifen, ist die Schule traditionell anders strukturiert. In ihren Vermittlungs- und Arbeitsweisen überwiegen kognitiv-analytische Lehrverfahren und rezeptive Lehrformen, sie konzentriert sich auf Sprache als Verständigungsmittel und läßt die Kommunikation mit und über Medien und deren Symbole und Kodierungen weitgehend außer acht. Damit kann sie nicht oder zumindest nicht hinreichend an die medialen Erfahrungen und Lernprozesse der Kinder und Jugendlichen anknüpfen, die diese bereits in die Schule mitbringen und die sie außerhalb der Schule in vielfältiger Weise machen. So weist Dichanz darauf hin, daß die Schule und die Lehrerinnen und Lehrer Merkmale und Bedeutung der Medien im Lebensalltag und im Lernverhalten ihrer Klientel viel mehr wahrnehmen müssen. Die Schülerinnen und Schüler sind im Umgang mit Medien keine Analphabetinnen bzw. Analphabeten. Gefordert ist, mehr Erfahrungsräume zu schaffen sowie mehr produktive und kreative Lehr- und Lernverfahren anzuwenden, weil dies den frühen Umgangs- und kindlichen Wahrnehmungsformen in der Mediennutzung entgegenkommt.
Da Schule mit der massenhaften Nutzung von Medien ihr Informations- und Lernmonopol verloren hat, muß sie grundsätzlich über ihr Konzept von Bildung und Erziehung nachdenken und dieses neu formulieren.

Auch die starre Aufgliederung der Lehr- und Lerninhalte in Fachdisziplinen ist für eine vernünftige Medienarbeit hinderlich. Die Lehrerinnen und Lehrer haben zwar zunehmend Interesse an Medien, insbesondere an Computerprogrammen, die Themen ihres Faches veranschaulichen und vermitteln, Medien jedoch zum Thema des Unterrichts zu machen, lehnen sie ab, meist mit dem Argument, daß sie keine Zeit für fachfremde Thematiken haben. Um zu wissen, wo die Schülerinnen und Schüler stehen, ist es aber notwendig, die außerschulischen Medienerfahrungen und das Medienhandeln, aber auch das medial angeeignete Wissen außerhalb der Schulen in die Fächer einzubeziehen. Spanhel spricht in diesem Zusammenhang von der 'didaktischen Integrationsfunktion' der Medien. Mittelfristig angestrebt werden sollte eine grundsätzliche Auflösung oder zumindest Aufweichung des starren Fächerkanons zugunsten integrierter Lernverfahren wie Projektunterricht u.ä. Nur dann wird es möglich, Medien vielfältig einzusetzen und zu thematisieren und vor allem produktiv und kreativ zu gestalten. Eine Projektwoche pro Jahr ist in diesem Zusammenhang zwar ein Anfang, sie wird jedoch den Anforderungen an die Schule bei weitem nicht gerecht.

Auch die Praxis der Schulbürokratie wird als Hindernis für die Vermittlung von Medienkompetenz beklagt. So entspricht die 'Langsamkeit der Lehrpläne', d.h. die lange Dauer ihres Entwicklungsprozesses nicht den Anforderungen, adäquat auf die sich schnell verändernde Medienlandschaft und Mediennutzung zu reagieren. Plädiert wird für 'Richtlinien' statt Lehrpläne, die den Lehrerinnen und Lehrern genügend Raum für eigenes Handeln geben. Die weiterhin geübte Praxis der Genehmigungspflicht von Lehr- und Lernmitteln behindert zusätzlich die notwendige spontane Verwendung verschiedener medialer Produktionen. Die Schulträger, so wird über alle Bundesländer hinweg festgestellt, engagieren sich hinsichtlich der Medienausstattung von Schulen noch selten, das Kostenargument ist allemal stärker als bildungspolitische und pädagogische Erfordernisse. Vorhandene Geräte werden oft bei den Medienberaterinnen bzw. Medienberatern - meist Mathematik-, Informatik- oder Physiklehrerinnen und -lehrer - konzentriert, was einen differenzierten Unterricht mit Medien in den einzelnen Klassen verhindert. Das beste Beispiel hierfür ist der Computerraum, dessen Zugang meist strikt über einen Verantwortlichen kontrolliert wird.

Ein weiteres Problem in der Schulpraxis ist die mangelnde Qualifikation der Lehrerinnen und Lehrer, die selbst viel zu wenig Medienkompetenz besitzen, geschweige denn diese vermitteln können. Hier nimmt die Bereitschaft vieler, v.a. jüngerer Lehrerinnen und Lehrer, sich weiterzubilden, zwar zu, es mangelt jedoch an entsprechend vielen Qualifikationsangeboten. Hinzu kommt die Personalpolitik der Kultusministerien, die - den spärlichen finanziellen Vorgaben ihrer Parlamente für Bildung und Erziehung folgend - kaum noch (jüngere) Lehrerinnen und Lehrer einstellen, und so verhindern, daß medien-aufgeschlossene und zum Teil auch schon im Studium qualifizierte Lehrpersonen nachkommen.

Da gemäß den Lehrplänen die Vermittlung von Medienkompetenz als Querschnittsaufgabe gesehen wird, sind auch alle Lehrerinnen und Lehrer gefordert. Wenn sie Medien als didaktische Mittel und als Thema in ihren Unterricht integrieren und dieses Thema mit angemessenen Unterrichtsformen behandeln wollen, müssen sie grundlegend umdenken. V.a. die pädagogischen Traditionalistinnen und Traditionalisten, die den Umgang mit Medien im pädagogischen Prozeß noch immer ablehnen, müssen ihre starre Haltung aufgeben. Sie laufen sonst Gefahr, an der Lebenswelt und den Erfahrungen ihrer Schülerinnen und Schüler vorbei zu unterrichten, und sie entziehen sich ihrer pädagogischen Verantwortung, Schülerinnen und Schüler beim Erlernen eines kompetenten und kritischen Umgangs mit Medien zu unterstützen.

Wie die Vermittlung von Medienkompetenz in der Schule möglich ist, zeigen diverse Modellprojekte, insbesondere in Nordrhein-Westfalen in Zusammenarbeit mit der Universität/Gesamthochschule Paderborn (vgl. die Ausführungen von Tulodziecki), in Bayern in Zusammenarbeit mit der Universität Erlangen/Nürnberg (vgl. die Ausführungen von Spanhel) und in Hamburg in Zusammenarbeit mit der dortigen Universität (vgl. Aufenanger 1996). Die dort gemachten Erfahrungen zeigen, daß sich mit einer intensiven medienpädagogischen Arbeit Schule grundlegend verändert. Dieser Prozeß ist für die beteiligten Lehrkräfte oft schmerzlich, weil von vielen lieb gewonnenen Traditionen Abschied genommen werden muß und in diesem Prozeß enorme Konflikte entstehen oder latent vorhandene Animositäten zum Problem werden können (vgl. die Ausführungen von Spanhel). Am Ende eines solchen Prozesses steht jedoch bei den meisten die Einsicht, daß die Veränderungen positiv sind und der Unterricht vielfältiger und für die Schüler wesentlich attraktiver geworden ist, und die Erkenntnis, daß Schule nur so den Anforderungen einer medialen Gesellschaft gerecht werden kann.

Das Gelingen dieser Modellversuche - so ein wesentliches Ergebnis - hing nicht zuletzt von einem erheblichen Arbeitseinsatz der beteiligten Personen ab und von der Tatsache, daß für die inhaltliche, organisatorische und technische Anleitung der medienpädagogischen Maßnahmen vom Unterricht freigestelltes Fachpersonal zur Verfügung stand. Aufgrund dieser Erfahrungen haben offensichtlich einige Schulen in Nordrhein-Westfalen eine Medienpädagogin bzw. einen Medienpädagogen beschäftigt, die - häufig zusammen mit der Sozialpädagogin bzw. dem Sozialpädagogen - medienpädagogische Projekte initiieren und durchführen oder Lehrerinnen und Lehrer bei der Durchführung unterstützen. Die Hoffnung mancher Bildungspolitikerinnen und -politiker, daß Medienpädagogik zum Null-Tarif von den Lehrerinnen und Lehrern so nebenbei betrieben wird, läßt sich, das zeigen die praktischen Versuche eindeutig, nicht erfüllen.

2. Die Lehrerausbildung muß Medienkompetenz und medienpädagogische Kompetenz vermitteln

Bei der Medienkompetenz von Lehrerinnen und Lehrern geht es zum einen um die Kompetenz, die Möglichkeiten neuer Medien für Lehr- und Lernprozesse zu nutzen und zum anderen um die Kompetenz, eine inhaltliche Auseinandersetzung mit neuen Medien als Gegenstand des Unterrichts zu führen. In der universitären Lehrerausbildung spielen bisher beide Aspekte eine äußerst geringe Rolle (vgl. die Ausführungen von Tulodziecki). Dies wird v.a. auf die Struktur des Lehrstudiums zurückgeführt. Neben den fachwissenschaftlichen und fachdidaktischen Anteilen im Studium ist beispielsweise in Bayern die Pädagogik und Schulpädagogik zusammen im gesamten Studium mit 10 Semesterwochenstunden, bei künftigen Gymnasiallehrerinnen und -lehrern sogar nur mit 6 Semesterwochenstunden vertreten. Für die Medienpädagogik bleibt hier entsprechend keine und nur wenig Zeit (vgl. die Ausführungen von Spanhel). Zum anderen ist Medienpädagogik in die Studienordnungen bzw. in den Prüfungsordnungen der Lehrerausbildung nicht oder nur ungenügend verankert. Bei der

Vielzahl an Lerninhalten und der vorhandenen Autoritätsfixierung der angehenden Lehrerinnen und Lehrer funktioniert ein freiwilliges Angebot an Medienpädagogik nicht.

Den Lehramtsstudentinnen und -studenten müssen Möglichkeiten zur Stärkung der eigenen Medienkompetenz eröffnet werden. Anzuknüpfen ist hier insbesondere an den eigenen Medienerfahrungen und am eigenen Medienhandeln, das im Studium bewußt und der Reflexion zugänglich gemacht werden muß. Vermittelt werden sollte ein Grundlagen- und Orientierungswissen, das auch Schülerinnen und Schülern vermittelt werden muß (vgl. den Beitrag von Tulodziecki). Darüber hinaus muß die Qualifizierung von Lehrerinnen und Lehrern auf den Erwerb medienpädagogischer Kompetenz zielen. Hierzu gehört, neben der Reflexion des eigenen Medienhandelns, v.a. das Wissen um die Medienrezeption von Kindern und Jugendlichen, damit sie zum notwendigen Ausgangspunkt medienpädagogischer Maßnahmen im Unterricht gemacht werden können. Hierzu gehört auch das Wissen und die Fähigkeit, Medienangebote reflektiert im eigenen Fachunterricht einsetzen und Medien als Thema des Unterrichts angemessen angehen zu können. Aufgrund der oben beschriebenen schwierigen strukturellen Voraussetzungen für die Vermittlung von Medienkompetenz an den Schulen weisen die projekterfahrenen Pädagoginnen bzw. Pädagogen und Wissenschaftlerinnen bzw. Wissenschaftler explizit darauf hin, daß zur medienpädagogischen Kompetenz auch gehört, die personalen und institutionellen Bedingungen für die Umsetzung mediepädagogischer Maßnahmen in der Schule zu durchschauen und entsprechend handeln zu können. Dieser im Alltag der Schulpraxis oft zeitraubende und demotivierende Aspekt hält offenbar viele Lehrerinnen und Lehrer davon ab, die Vermittlung von Medienkompetenz in den eigenen Unterrichtskanon zu übernehmen.. Hier stellt sich als wichtige Aufgabe für die Bildungspolitik und -administration, die strukturellen Voraussetzungen für die Vermittlung von Medienkompetenz an den Schulen zu schaffen.

Plädiert wird für eine integrierte medienpädagogische Ausbildung im Rahmen der Lehrerausbildung (vgl. den Beitrag von Spanhel).
Diese Forderung bezieht sich zum einen auf die erste Phase, die universitäre Lehrerausbildung. In allen Studienfächern, d.h. in Erziehungswissenschaften ebenso wie in Schulpädagogik und in den Fachdidaktiken muß ein aufeinander abgestimmtes Konzept der medienpädagogischen Qualifizierung entwickelt werden, das festlegt, wo Grundlagen- und Orientierungswissen vermittelt werden, wo mediendidaktische Fragen und wo die Medien als Thema im Mittelpunkt stehen, damit unnötige Redundanzen vermieden werden. Gerade angesichts der geringen Stundenzahlen für allgemeine Pädagogik und Schulpädagogik sowie der häufig beklagten Themen-Überfrachtung der Fachdidaktiken scheint dies die Voraussetzung zu sein, damit die Medienpädagogik überhaupt eine Chance in der Ausbildung hat.
Darüber hinaus muß bereits in der ersten Phase der Lehrerausbildung, also an der Universität, eine medienpädagogisch-praktische Ausbildung erfolgen, die an der Schulpraxis orientiert ist. Hierfür müssen Medienwerkstätten an den Universitäten eingerichtet werden, in denen Studentinnen und Studenten unterschiedliche Formen prakti-

scher Medienarbeit kennenlernen und erproben können. Sinnvoll ist hier die enge Zusammenarbeit mit Schulen, um bereits im Studium praktische Erfahrungen in der aktiven Medienarbeit mit Schülerinnen und Schülern machen und reflektieren zu können. Den Hochschulen fällt also im Rahmen der Lehrerausbildung primär die Aufgabe zu, die allgemeine Medienkompetenz der künftigen Lehrerinnen und Lehrer zu stärken, ihnen wissenschaftliche Grundlagen für medienpädagogische Kompetenz zu vermitteln und erste Erfahrungen in der Praxis zu ermöglichen, die wiederum reflektiert ins Studium einfließen können.

Die Forderung nach einer integrierten medienpädagogischen Ausbildung im Rahmen der Lehrerausbildung bezieht sich zum anderen auf die zweite Phase, auf das Referendariat bzw. die Lehramtsanwärterzeit, also die eher praxisorientierte Ausbildung. In dieser Phase der Lehrerausbildung sollte der Akzent bei Fragen der schulbezogenen Entwicklung medienpädagogischer Konzepte und der Herstellung geeigneter Rahmenbedingungen liegen (vgl. die Ausführungen von Tulodziecki). Der mediale Aspekt muß in allen Schritten der Planung, Vorbereitung, Durchführung und Reflexion von Unterricht und Erziehungsmaßnahmen als eine besondere Perspektive zum Tragen kommen.

3. Die Lehrerfortbildung muß Medienkompetenz und medienpädagogische Kompetenz kontinuierlich aktualisieren

Daß es die eigentliche Aufgabe der Lehrerfortbildung wäre, die Medienkompetenz und medienpädagogische Kompetenz der Lehrerinnen und Lehrer entsprechend der Medienentwicklungen und der sich ständig verändernden Medienrezeption der Kinder und Jugendlichen weiter zu entwickeln, sie sozusagen auf dem Laufenden zu halten, ist unbestritten. Diese Aufgabe kann heute und wohl auch in absehbarer Zeit die Lehrerfortbildung nicht oder nur sehr partiell leisten. Solange Medienpädagogik nicht unabdingbarer Bestandteil der Lehrerausbildung ist, ist bei den meisten Lehrerinnen und Lehrer weder Medienkompetenz noch medienpädagogische Kompetenz vorhanden, die fortgebildet werden könnte. So ist die Lehrerfortbildung heute wesentlich mit der Erstvermittlung dieser Kompetenzen beschäftigt. Durch das angesichts der großen Anzahl an Lehrerinnen und Lehrern sehr bescheidene Kontingent an Fortbildungsangeboten - das in einigen Ländern sogar zurückgefahren wird - und durch die unzureichende Möglichkeit für alle Lehrerinnen und Lehrer, Fortbildungsangebote in größerem Umfang wahrzunehmen (Halbtagsfortbildung sind in vielen Bundesländern immer noch Standard in der Lehrerfortbildung), ist die medienpädagogische Qualifizierung in der Lehrerfortbildung Sisyphusarbeit.

Die Lehrerinnen und Lehrer selbst fragen derzeit hauptsächlich fächerspezifischen Softwareprodukte und deren unterrichtliche Umsetzung sowie das Erlernen des Umgangs mit dem Internet als Informationsmedium nach, also nach sehr anwendungsbezogenem Wissen und Können im eigenen Fach. An grundlegenden Einführungslehrgängen und übergeordneten Themenstellungen haben wesentlich weniger Interesse.

Die Dimension der Medienerziehung und die Behandlung von Medien als Unterrichtsgegenstand gehen damit in der Lehrerfortbildung weitgehend verloren. Ein weiteres Phänomen in der medienpädagogischen Lehrerfortbildung ist die Tatsache, daß wenige Medienexpertinnen und -experten häufig und dabei spezielle Angebote wahrnehmen, wodurch sie immer qualifizierter werden, was zur "Verfestigung von Wissens- und Könnenshierarchien" (vgl. den Beitrag von Bartsch) führt und die oben beschriebene Situation an den Schulen verfestigt, d.h. die Position der Expertinnen und Experten, die den Zugang zu den vorhandenen Medien verwalten und steuern, stärkt.

Plädiert wird für eine Abstimmung der medenpädagogischen Ausbildung in den drei Phasen der Lehrerbildung sowie für eine Abstimmung innerhalb der Lehrerfortbildung. Es muß klarer geregelt werden, was Aufgabe zentraler, regionaler und lokaler Fortbildung ist. Für dringend geboten wird auch die Einbeziehung externer Referentinnen und Referenten und außerschulischer Lernorte erachtet, damit die Verbindung zwischen schulischem und außerschulischem Medienhandeln zum Tragen kommen kann.

Damit das in der Fortbildung erworbene Wissen und Können der Vermittlung von Medienkompetenz auch tatsächlich in den Unterrichtsalltag einfließt, sind praxisgerechte Angebote zur weiteren Unterstützung der Lehrerinnen und Lehrer erforderlich. Dies kann zum Beispiel eine hotline sein oder sog. support-center bzw. Medienkompetenzzentren, wie sie in Hessen heißen, an die man sich jederzeit wenden kann, um bei Bedarf Rat und Hilfe zu erhalten.

Es müssen in der Lehrerfortbildung also noch viele Voraussetzungen geschaffen werden, damit ihre Stärke, nämlich die kurze Umschlagszeit von neu erworbenem Wissen und Können in pädagogisches und unterrichtliches Handeln, zum Tragen kommen kann.

4. Schlußfolgerungen und Perspektiven

Lehrerinnen und Lehrer werden nicht umhin kommen, Medien als Mittel und Thema stärker in ihren Unterricht einzubeziehen. Neben den genannten inhaltlichen und konzeptionellen Gründen hierfür gibt es auch einen starken Druck, der von den Schülerinnen und Schülern ausgeht, die mit ihrer Mediennutzung und ihrer bereits erworbenen Medienkompetenz vielen Lehrerinnen und Lehrern überlegen sind und diese veranlassen, sozusagen verlorenes Terrain wieder gut zu machen. Das bedeutet nicht, daß die Lehrerinnen und Lehrer die Fertigkeiten der jungen Leute in der technischen Handhabung der Geräte erreichen oder übertreffen sollen. Sie müssen vielmehr die Medienkompetenz und die medienpädagogische Kompetenz erwerben, die es ihnen ermöglicht, die Medienkompetenz ihres Klientels auszubilden.

Die Schule als Institution wird sich zunehmend mit der Vermittlung von Medienkompetenz beschäftigen müssen. Dies resultiert schon aus den Anforderungen, die an sie gerichtet sind. So haben beispielsweise die Forderungen der Wirtschaft nach einer

Grundqualifikation der Schulabgängerinnen und -gänger im Bereich der Computertechnologie und die Erwartungen der Eltern hinsichtlich einer Medienerziehung und Computerausbildung erheblich zugenommen. Die Frage wird sein, ob für die Schule, losgelöst von Partikularinteressen, ein tragfähiges Gesamtkonzept der Vermittlung von Medienkompetenz entwickelt und umgesetzt werden kann.

Die positiven und erfolgversprechenden Modellversuche haben gezeigt, daß die Umsetzung eines integrativen medienpädagogischen Konzepts in Schule und Unterricht gleichzeitig ein 'Schulentwicklungsprojekt' (Spanhel) ist. Nur wenn es gelingt, Schule grundlegend zu verändern und, gerade in Bezug auf die Medien, die Alltags- und Lebenswelt der Kinder und Jugendlichen viel stärker einzubeziehen, wird Medienpädagogik in der Schule eine Chance haben.

Die Vermittlung und ständige Aktualisierung von Medienkompetenz und medienpädagogischer Kompetenz in der Lehreraus- und -fortbildung muß in einem integrierten und aufeinander abgestimmten Ausbildungskonzept geregelt werden. Medienpädagogik muß, wenn sie ernsthaft an Schulen gewollt wird, verbindlich festgelegt und entsprechend mit personellen und technischen Ressourcen ausgestattet werden.

Die bisher erarbeiteten konzeptionellen Grundlagen sowie die Erfahrungen und Ergebnisse von Modellversuchen geben genügend Hinweise für weitere Handlungsschritte, und sie ermutigen zu der Annahme, daß sich in den Schulen doch etwas bewegen könnte.

Literatur

Aufenanger, S. (1996): Medienerziehung praktisch fruchtbar machen. Hamburg

Horst Dichanz
Medienkompetenz der Multiplikatorinnen und Multiplikatoren im System Schule

Was muß Schule heute leisten, um Kinder und Jugendliche zu einer angemessenen Teilhabe an unserer Gesellschaft zu befähigen, und welche Rolle spielen dabei die Medien?
Die Stichworte für die Auseinandersetzung mit dieser Frage will ich aus einer einfachen Gegenüberstellung gewinnen: Der Gegenüberstellung von Daten und Fakten zum Umfang, zu Merkmalen und zur Bedeutung der Medien im heutigen Lebensall-

tag von Jugendlichen mit der Ausstattung, dem Interesse und den Möglichkeiten bzw. der Bereitschaft von Lehrerinnen bzw. Lehrern und Schulen, diesen Lebensalltag in ihren Schulalltag aufzunehmen. Dabei zeigt sich, daß schon einige einleitende oder Hilfsfragen für unsere Diskussionsarbeit im Programm der Tagung "Medienkompetenz" aus einer Einstellung heraus formuliert worden sind, die diese Beziehungen kaum oder unrealistisch zur Kenntnis nehmen. Ein Beispiel: "Welche Maßnahmen sollte die Schule ergreifen, damit die Schülerinnen und Schüler im Alltag mit Medien 'sinnvoll' und 'angemessen' umgehen können?" Antwort aus einer gerade veröffentlichten Untersuchung: "Multimedia ... stellt für die absolute Mehrheit der Jugendlichen keine Revolution, sondern eine weitere Möglichkeit dar, in einer schon vielfältigen Medienwelt Interessen und Bedürfnissen ... noch gezielter und teilweise differenzierter - nachzugehen" (Klingler/Feierabend 1998, S. 5). Also: Jugendliche sind schon heute in der Lage, in einem großen Umfang "im Alltag mit Medien 'sinnvoll' und 'angemessen' umgehen (zu) können". Ich halte diese Einschätzung für weitgehend zutreffend, nehme sie als Beschreibung unserer pädagogischen Ausgangssituation ernst und entwickle meine Stichworte aus dieser Perspektive.

Zunächst noch einige weitere Daten zur Situation unserer Klientel: In ihrer Ausschreibung zum Wettbewerb ‚Unterricht Online 99' stellt die Bertelsmann-Stiftung fest: "Schulen nutzen die vielfältigen Möglichkeiten des Internet noch zu wenig. .... Nur wenige Schulen mit Zugang zum Internet schöpfen bislang die elektronischen Bildungsmöglichkeiten voll aus." (e-mail vom 9.10.1998) Man darf der Stiftung unterstellen, daß sie kein Interesse daran hat, das Bild der Szene, in der sie sich selbst stark engagiert, zu düster zu zeichnen.

1. Die - außerschulische - Teilhabe der Jugendlichen an den Medien

In ihrer neuesten Studie zu ‚Jugend, Information und Multimedia' (JIM '98) nennen Klingler/Feierabend die heute 12-19jährigen die erste ‚Multimedia-Generation'. Nach ihren Erhebungen verfügen die heute 12-19jährigen zu
❏ 100% über ein Fernsehgerät,
❏ 98 % über eine Stereo-/Hifi-Anlage mit CD-Player,
❏ 78 % über einen Computer,
❏ 66 % über ein Zeitungsabonnement im Haushalt.
Für die medienbezogenen Tätigkeiten, die täglich oder mehrmals in der Woche ausgeübt werden, ermitteln Klingler/Feierabend folgende Rangplätze und Zahlen:
1. Fernsehen: 95 %
2. CDs oder Musikkassetten hören: 94 %
3. Radio hören: 85%
4. Zeitung lesen: 59 %
5. Magazine u. Zeitschriften lesen: 49 %
6. PC nutzen: 48 %
7. Bücher lesen: 38 %

Videos, Hörspielkassetten und Comics folgen auf den Plätzen 8-10.
Die Bindung an das Medium Fernsehen ist dabei mit 37 % am stärksten, das Radio folgt mit 26 % auf Platz zwei, der Computer/PC mit 19 % auf Platz drei. Von den geschlechtsspezifischen Unterschieden sei hier nur erwähnt, daß bei den weiblichen Befragten der PC nur auf Platz 7 rangiert, bei den männlichen Befragten liegt er auf Platz vier. Die Radionutzung wächst mit zunehmendem Alter leicht, die der Zeitungen ganz massiv.
Bemerkenswert sind noch einige Befunde zur Rezeptionssituation: "Das ... am stärksten genutzte Medium Fernsehen wird ... als das Medium hervorgehoben, dessen Nutzung mit der häuslichen Abendsituation, dem Zusammensein mit den Eltern gekoppelt ist. Darüber hinaus bietet es ... Spaß und Unterhaltung, erlaubt Jugendlichen, über Langeweile, Sorgen und Probleme wegzukommen. ... Das Radio ist für die 12- bis 19-jährigen ... als Tagesbegleiter von Bedeutung, als Musikmedium und für zielgruppenspezifische Information".
Schließlich hat sich der Computer "damit auch indirekt (die) ONLINE-Nutzung bereits markant positioniert. Gemessen an allen Jugendlichen ... kommt der PC in der Einschätzung bei der Frage nach schneller Information zu einem bestimmten Thema nach der Tageszeitung und dem Fernsehen insgesamt auf Platz 3."
Hinsichtlich ihrer eigenen Kenntnisse glauben 53 %, sie hätten sehr gute bis gute Software-Kenntnisse, 47 % eher weniger gute oder gar keine.
Für Medienpädagoginnen und -pädagogen wichtig sind noch die Funktionen, die die Befragten nennen. "Insgesamt rund ein Drittel, dabei etwas häufiger Mädchen und junge Frauen als im Durchschnitt, erwähnen den kommunikativen Aspekt, ein Fünftel Spaß und Unterhaltung ... und wieder ein Fünftel die Aktualität der Inhalte und des Mediums."
Aus all den erhobenen Daten möchte ich drei zusammenfassende Ergebnisse herausstellen:
1) Die Untersuchung betont mehrfach, daß die Nutzung der Medien von den befragten Jugendlichen in ihre allgemeine Lebensplanung und in ihre Lebensziele eingepasst wird. Medienaktivitäten sind keine Aktion sui generis, sondern Teil des gesamten Lebensentwurfes.
2) Im Rahmen dieser Lebensplanung verfolgen die Jugendlichen vor allem drei Ziele:
- ❏ Spaß und Freizeit haben (84 %)
- ❏ Viel Geld verdienen (78 %)
- ❏ Eine eigene Familie gründen (75 %)

Für Medienpädagoginnen und -pädagogen steckt hierin die wichtige Botschaft: Auch die jugendliche Mediennutzung folgt dem Ziel von Spaß und Freizeit! Der ‚sinnvolle und kritische' Gebrauch, ein Bestandteil von Medienkompetenz und ein Ziel medienpädagogischer Maßnahmen, trägt hierzu nur wenig bei!
3) "Multimedia ... stellt für die absolute Mehrheit der Jugendlichen keine Revolution, sondern eine weitere Möglichkeit dar, in einer schon vielfältigen Medienwelt Interessen und Bedürfnissen ... nachzugehen. (Diese Generation, H.D.) ist die er-

ste Generation – und in diesem Kontext ist die Bezeichnung Multimedia-Generation durchaus legitim -, die in erheblichem Umfang die Chance hat, den Umgang mit zukünftigen alltäglichen Techniken von Kind auf zu lernen, ein unendlicher Vorzug gegenüber den heute Älteren. Und darüber, daß ohne PC und Internet zukünftig wenig – vor allem auch beruflich – läuft, darüber herrscht in der Multimedia-Generation weitgehender Konsens." (ebd.)

Die von vielen der älteren Pädagoginnen- und Pädagogen-Generation schon als kritisch empfundene oben beschriebene Nutzungssituation von Medien wird in ein noch anderes Licht gerückt, wenn man sie in einen weltweiten Kontext stellt. Gemessen an der PC-Verteilung und den Abonnements von Internet- und Online nimmt Deutschland weltweit einen unauffälligen Mittelplatz und unter den Industrieländern nach den USA, Frankreich und Großbritannien, allerdings vor Japan einen der hinteren Plätze ein.

2. Die Ausstattung und Praxis an den Schulen mit Computern bzw. Netzanschlüssen

Einen zuverlässigen Gesamtüberblick über die Ausstattung der Schulen mit moderner Technologie und noch mehr über ihre Nutzung zu erhalten, ist wegen der Länderhoheit in Schulfragen schwierig. Deshalb orientiere ich mich im folgenden an den Zahlen aus dem Projekt ‚Schulen ans Netz', die bundesweit verfügbar sind. Diese Zahlen sind nicht repräsentativ, da sie sich nur auf die Schulen beziehen, die dem Projekt beigetreten sind. Ihnen dürfte deshalb ein gewisser ‚Creaming-Effekt' anhaften, weil sich hier Schulen versammeln, die initiativ geworden sind. Durchschnittsschulen ohne besonderes Interesse und Initiative fehlen. Die Zahlen, so unvollständig sie sein müssen, bestätigen das oben gezeichnete skeptische Bild.
Nach der neuesten Statistik des Projektes ‚Schulen ans Netz' (Stand Sommer 1998) verfügen bundesweit 8012 Schulen (Schuljahr 1998/1999) von 48.000 Schulen insgesamt über einen Internet-Anschluß.
Die Verteilung in den Bundesländern ist höchst unterschiedlich: Bayern meldet mit 1320 Zugängen zum Internet fast 100 % der Sekundarstufen I und II-Schulen, bei 5.900 Schulen insgesamt mehr als 50 % mit Internet-Anschluß (Juli 1998). In NRW sind 2011 Schulen beigetreten (7.560 Schulen insgesamt).
Sieht man sich die Verteilung nach Schularten unter den Mitgliedern der Initiative ‚Schulen ans Netz' an, ergeben sich folgende Zahlen:

Grundschulen 302	(7,5 %)
Hauptschulen 680	(16,8 %)
Realschulen 964	(23,9 %)
Gymnasien 1676	(41,5 %)
Gesamtschulen 312	(7,7 %)
Berufliche Schulen 102	(2,5 %)

In diesen Schulen wird der Wert des Internet-Anschlusses zu 42 % als sehr hoch bzw. hoch eingeschätzt, 36 % sehen ihn indifferent, 16 % nur als niedrig an. Am höchsten ist die Bedeutung der Internet-Anschlüsse für die Recherchen von Lehrerinnen/Lehrern und Schülerinnen/Schülern, am unbedeutendsten in Verbindung mit Online-Projekten und bei der Kooperation von Schulen (alle Zahlen nach Jöckel 1998).
Auf die Möglichkeiten und den Umfang der Aus-, Fort- und Weiterbildung in Medienpädagogik u.ä. gehe ich nicht ein, dies erfolgt an anderer Stelle. Erwähnen möchte ich nur, daß 23 % der Lehrerinnen/Lehrer das Fortbildungsangebot zu ‚Schulen ans Netz' sehr gut bis gut einschätzen, 26 % sind zufrieden, 18 % betrachten es als ausreichend und 22 % als unzureichend.
Natürlich besagen diese Zahlen zur Geräteausstattung und zum Fortbildungsangebot nur wenig über die unterrichtliche Nutzung und didaktische Funktion. Dies wäre nur in einer differenzierten Feldstudie zu ermitteln. Immerhin läßt sich nach einer nicht repräsentativen Telefonumfrage an diversen Schulen heute folgendes festhalten:
- Das Interesse und die Bereitschaft von Lehrerinnen/Lehrern an Medienarbeit, insbesondere an Computerarbeit wächst langsam, aber deutlich und stetig.
- Der größte Druck geht dabei von den Schülerinnen und Schülern aus, die Lehrerinnen und Lehrer in vielen Fällen mit ihrer Medienkompetenz dazu veranlassen, sich selbst medienkompetent zu machen und Medien in ihren Unterricht einzubeziehen.
- Ein weiteres Motiv sind die Forderungen der Wirtschaft, die nach Qualifikationen der Schulabgängerinnen/-abgänger im Bereich der Computertechnologie fragt.
- Die Erwartungen der Eltern hinsichtlich einer soliden Medienerziehung bzw. Computerausbildung haben zugenommen.
- Das Internet selbst zeigt ein buntes Bild von Aktivitäten, Kontakten und Info-Börsen, die von Lehrerinnen/Lehrern, vielfach aber auch von Schülerinnen/Schülern betreut werden.
- Schulen, an denen auch sonst etwas passiert, präsentieren sich mit ihrer Homepage im Internet.
- Die Nutzung von Medien für unterrichtliche Zwecke erfolgt in der Mehrzahl der Aktivitäten über das Fach, über fachliche Inhalte. Projekte und/oder Reformmaßnahmen, wie sie häufig in der Medienliteratur vorgeschlagen werden, finden sich nur selten.
- Noch seltener sind Medieninitiativen Ausgangspunkt für weitergehende interne Reformvorhaben an Schulen.
- Jüngere Kollegen bringen häufiger eine unbefangene, experimentierfreudigere Einstellung den Medien gegenüber in die Schule und lassen sich auch auf schülerbezogene Experimente ein.
- Allerdings: 2/3 der mit Vorschulkindern arbeitenden Erzieherinnen und Erzieher lehnen die Beschäftigung mit Medien, insbesondere mit Computern ausdrücklich ab!!!
- Die Kluft zwischen weiblichen und männlichen Lehrpersonen hinsichtlich Medien verkleinert sich fortlaufend.

- ❏ Viele Lehrerinnen und Lehrer haben sich inzwischen privat eine Computerausrüstung angeschafft oder sich dazu entschlossen.
- ❏ Strukturen der Schulaufsicht/-verwaltung und die weiterhin geübte Praxis der Genehmigungspflicht von schulinterner Fortbildung u.ä. sind nach wie vor eher hinderlich.
- ❏ Die Bedeutung einer - möglichst schulinternen - Hotline, eines Notdienstes ist gewachsen, wird aber nur selten angeboten.
- ❏ Schulträger engagieren sich noch selten, ihr Interesse ist - unverständlich - gering.

Bei der Installation von hotlines oder Beratungsdiensten ist ein merkwürdiger Effekt zu beobachten. Die dringend notwendigen Unterstützungen der einzelnen Lehrerinnen und Lehrer in technischen und grundlegenden didaktisch-methodischen Fragen am Arbeitsplatz, also in der einzelnen Schule, haben gelegentlich einen retardierenden Effekt: Um die Fachkapazität von Medienberaterinnen/-beratern, von Medienlehrerinnen/-lehrern o.ä. optimal zu nutzen und die Anfragen zu bündeln, richten Medienberaterinnen/-berater häufig selbst Medien- bzw. Computerlabore ein, in denen auf Kosten der Schülerarbeitsplätze in den Klassen die Geräte und Anschlüsse zusammengefaßt werden. Damit werden Formen eines undifferenzierten Klassenunterrichtes auf relativ niedrigem Niveau konserviert, das selbständige Lernen und Unterrichten der Lehrerinnen und Lehrer eingeschränkt.
Zugespitzt: Die dringend erforderliche Arbeit von Medienberatern/Moderatoren bzw. Medienberaterinnen/Moderatorinnen an der einzelnen Schule kann zur Verlangsamung einer differenzierten Medienarbeit führen.

2.1 Tendenzen im Ausland

Eine vollständige Synopse kann hier nicht vorgelegt werden. Einige Bemerkungen können aber helfen, die Entwicklung in Deutschland grob einzuschätzen.
Kanada wird nach Aussage der School-Net-Initiative das erste Land sein, in dem alle Schulen einen Zugriff aufs Internet haben (Bildungsinnovation 1997, S.83)
Zu den Prioritäten, die Präsident Clinton am 31. Aug. 1998 verkündete, gehört neben zahlreichen anderen Schwerpunkten wie Sicherheits- und Drogenprobleme, Schul-Beruf-Übergänge, Lehrerausbildung usw ‚education technology' nur noch ganz summarisch. Ein besonderer Schwerpunkt ist ‚education technology' in den USA nicht mehr. Denn die Nutzung von neuen Technologien ist in den *USA* seit mehr als 10 Jahren schulischer Alltag. Schulpolitikerinnen und Schulpolitiker, Schoolboards und Lehrerinnen und Lehrer beschäftigt vielmehr die Frage, "how adults can keep children safe when they are online". Diese Bemühungen führten bisher u.a. zu "a comprehensive guide to safety tools available to parents" und einem "safety video to be distributed to schools across the country". (www.ed.gov/pubs/Ed.initiatives vom 11.9.98)
Bemerkenswert ist ferner, daß es in den USA wachsendes Interesse an einer Mediennutzung in der frühen Kindheit, d.h. im Kindergartenalter gibt. Dabei geht es u.a.

darum, to "look at innovative ways that distance learning & related technologies are being used in early childhood education centers, correctional facilities, community-based learning centers, & other non-traditional education settings". (ebd.) Auch für die schulisch interessierte Öffentlichkeit ist die Medienarbeit der Schulen kein besonderes Thema mehr. In der Gallup-Umfrage vom September 1998, in der die amerikanische Bevölkerung nach ihrer Meinung über das öffentliche Schulsystem befragt wird, spielen Fragen der Medienausrüstung und Medienerziehung keine Rolle: Die Qualität der jeweils besuchten Schule und deren effektive Arbeit, Disziplinprobleme und Finanzierungsfragen beschäftigen die Amerikaner am meisten (Phi Delta Kappa 1998). Inzwischen ist die unterrichtliche Arbeit mit Medien in amerikanischen Schulen so selbstverständlich, normal und vielgestaltig wie die mit Büchern (vgl. Dichanz 1997; www 1998). Eine media education im Sinne unserer Medienerziehung wird nicht besonders thematisiert.

3. Bedürfnisse und Bedarf

Aus den wenigen Grunddaten, Eindrücken und Überlegungen ergeben sich aus meiner Sicht folgende Hinweise bzw. Fragen zur augenblicklichen Lage der medienpädagogischen Arbeit an den Schulen in Deutschland:

❏ Die Institution Schule und die in ihr tätigen Lehrerinnen und Lehrer müssen mehr als bisher Umfang, Merkmale und Bedeutung der Medien im Lebensalltag und im Lernverhalten ihrer Klientel, der Jugendlichen wahrnehmen. Kinder und Jugendliche sind hinsichtlich ihrer Medienkompetenz keineswegs mehr ‚Analphabeten'.

❏ Erziehende Institutionen müssen sich vergegenwärtigen, daß nach übereinstimmender Foschungslage entscheidende Verhaltensmuster im Umgang mit Medien im vorschulischen Alter gelegt werden. Deshalb beginnt unsere Erziehung zur Medienkompetenz zu spät.

❏ Aufgaben der Entwicklung von Medienkompetenz können und sollten altersspezifischer als bisher beschrieben und erarbeitet werden. Die Forderung nach ‚angemessenem' und ‚sinnvollem' Gebrauch gilt auch schon für Vorschulkinder - natürlich in spezifischer Weise.

❏ Medienarbeit beinhaltet immer die Komponenten ‚produktive Mediennutzung' und ‚analytisch-interpretative Mediennutzung'. Wegen des traditionellen Übergewichtes kognitiv-analytischer Lehrformen und -inhalte an unseren Schulen und einer langen Tradition rezeptiver Lehrformen sollte der produktiven Medienarbeit besondere Aufmerksamkeit gewidmet werden. Dies entspricht zum einen den frühen Umgangsformen mit Medien, es kommt den kindlichen Wahrnehmungsformen entgegen und ist als ikonographische Aussage struktureller Bestandteil jeder Medienaussage.

❏ Weitgehend unabhängig von besonderen theoretischen Ansätzen und spezifischen Lern-Umfeldbedingungen scheinen sich folgende Stufen des lernenden Umgangs mit Medien bewährt zu haben und zum Aufbau schul- oder fachspezifischer Curricula zu eignen:

- Erfahrungsräume erweitern
- Zusätzliche Erfahrungen anbieten
- Hilfen beim Ordnen vorsehen
- Übungsräume einrichten
- Schritte zur Entwicklung von Metastrukturen vorbereiten
- Die Eingliederung in allgemeine Kompetenzziele vorsehen

❑ Die Entwicklung von Medienkompetenz wird aus meiner Sicht zu stark als vorrangig pädagogische Aufgabe wahrgenommen und entwickelt. Es ist ein ureigenes wirtschaftliches Interesse aller für den Medienmarkt Produzierenden, kompetente Kundinnen und Kunden zu haben. Deshalb sind bei der Aufgabe der Entwicklung von Medienkompetenz nicht nur Bildungsinstitutionen, sondern auch die Wirtschaft generell angesprochen. Medienkompetente Bürgerinnen und Bürger sind sowohl aus Marktinteressen wie aus sozialen und individuellen Gründen nicht nur willkommen, sondern notwendig.

❑ Pädagogische ‚Traditionalisten' (besonders Erzieherinnen und Erzieher), die aus Überzeugung oder zum Teil aus missionarischem Eifer Kinder und Jugendliche zumindest in der Schule von den "schädlichen Einflüssen der Medien" fernhalten wollen, möchte ich darauf aufmerksam machen, daß sie sowohl die Bedeutung der Medien wie aber auch ihre eigenen Möglichkeiten überschätzen. Gleichzeitig entziehen sie den Schülerinnen und Schülern die pädagogische Unterstützung bei der Aufgabe, ihre Nutzung von Medien zu ordnen und kritisch zu befragen.

4. Schluß

Deshalb sollten die vorschulischen Einrichtungen und allgemeinbildenden Schulen heute
1) die außerschulische Mediennutzung von Kindern und Jugendlichen wahrnehmen und als Ausgangspunkt ihrer Medienarbeit akzeptieren;
2) versuchen, die unterschiedlichen Wahrnehmungs-, Erlebnis- und Lernerfahrungen der Schülerinnen und Schüler durch die schulische Medienarbeit zu ergänzen, sie anzugleichen; in Übungsszenarien zu erweitern, sie zu analysieren und in übergeordnete Bildungsziele einzuordnen,
3) durch eine Verstärkung der produktiv-aktiven Nutzung von Medien die Kompetenz zur mediengestützten Interaktion fördern;
4) Medienarbeit als normalen Unterrichtsbestandteil in allen Fächern und fächerübergreifenden Projekten zu praktizieren.

Unterrichtliche Aktivitäten zur Unterstützung und Weiterentwicklung von Medienkompetenz können nur in einem schulischen Rahmen stattfinden, der Platz läßt für Spontaneität, Kreativität und individuelle Lehr- und Lernformen. Nach wie vor bietet die schulische Organisation an der einzelnen Schule wie im Gesamtsystem hierfür nur unzureichende Voraussetzungen. Die Stärkung der Bemühungen um mehr Medienkompetenz erfordert nach wie vor eine Veränderung der Schule. Diese Aufgabe geht aber über die Reichweite medienpädagogischer Arbeit hinaus.

Literatur

Bertelsmann-Stiftung/Heinz-Nixdorf-Stiftung (Hrsg.) (1997): Bildungsinnovation durch Medien. Gütersloh
Dichanz, H. (Hrsg.) (1997): Medienerziehung im Jahre 2010. Probleme - Perspektiven - Szenarien. Gütersloh
Jöckel, P. (1998): Woran es fehlt. Zu den Ergebnissen der zweiten GEW-Umfrage zu "Schulen ans Netz". In: Neue Deutsche Schule, Heft 9, S. 11/12
Klingler, W., Feierabend, S. (1998): Jugend, Information und Multimedia. Eine Bestandsaufnahme und Trends 1998. In: Rundfunk und Fernsehen, Heft 4, S. 480-497
Phi Delta Kappa (1998): The 30. Annual Phi Delta Kappa/Gallup Poll... in: e-mail:lig-ev-office@uni-düsseldorf.de vom 9-10-1998

Gerhard Tulodziecki
Kompetenzen, die Studierende der Lehrämter während der universitären Ausbildung erwerben sollten

Medien und die mit ihnen verbundenen Informations- und Kommunikationstechnologien haben für Individuum und Gesellschaft, für Freizeit und Arbeitswelt, für Wirtschaft und Politik eine große Bedeutung erlangt. Diese wird sich mit der Weiterentwicklung multimedialer Möglichkeiten und weltweiter Computernetze noch verstärken. Das Verstehen der Zeichensprache der Medien und die eigene Ausdrucksfähigkeit in dieser ‚Zeichensprache' erweitern die bisherigen Kulturtechniken des Lesens, Schreibens und Rechnens. Die reflektierte Nutzung und Gestaltung von Medien und der mit ihnen verbundenen Informationstechnologien und Kommunikationstechnologien wird für die berufliche Arbeit und die Teilhabe am kulturellen bzw. gesellschaftlichen Leben immer wichtiger.
Aus den technologischen und gesellschaftlichen Entwicklungen erwachsen neue Aufgaben für Unterricht und Schule. Sie stellen zugleich neue Anforderungen an die Lehrerbildung. Dabei geht es zum einen um die Möglichkeiten der Nutzung neuer Medien für Lehr- und Lernprozesse und zum anderen um eine inhaltliche Auseinandersetzung mit neuen Medien als Gegenstand des Unterrichts.
Lehrerinnen und Lehrer sind auf die damit verbundenen Aufgaben in der Regel nicht hinreichend vorbereitet. Beispielsweise zeigt eine von uns durchgeführte Bestandsaufnahme, daß von 4810 Veranstaltungen, die im WS 94/95 an 50 deutschen Hochschulen im erziehungswissenschaftlichen Studium angeboten wurden, nur 4% den

Medien gewidmet waren. Dabei war jede dritte der Medienveranstaltungen auf neue Medien gerichtet, was einem Anteil von nur 1,3% an den Gesamtveranstaltungen entspricht. Im Fach Deutsch lagen die Anteile für Medienveranstaltungen sogar nur bei 2% und für neue Medien bei 0,3% (vgl. Tulodziecki u. Mütze 1996, S. 151 f.). Vor dem Hintergrund dieser Situation gehe ich in meinem Beitrag folgenden Fragen nach:
(1) Welche Bedeutung haben die Medien für Schule und Unterricht?
(2) Welche Kompetenzen benötigen Lehrpersonen, um den Anforderungen durch die neuen Medien gerecht werden zu können?
Wie kann ein entsprechender Kompetenzerwerb im Rahmen der universitären Lehrerausbildung angeregt und unterstützt werden?

1. Zur Bedeutung der Medien für Schule und Unterricht

Die außerschulische Mediennutzung durch Kinder und Jugendliche und die Möglichkeiten für Lehren und Lernen legen es nahe, die Bedeutung der Medien für Schule und Unterricht im Hinblick auf die Lernvorausetzungen, auf die Lern- und Arbeitsformen sowie auf die Ziele und Inhalte zu betrachten.

1.1 Auswirkungen der Mediennutzung auf Lernvoraussetzungen

Die außerschulische Mediennutzung durch Kinder und Jugendliche bedeutet, daß sich die vorstellungs-, emotions- und verhaltensbezogenen Voraussetzungen für den Unterricht ändern.
So muß ein Sozialkundelehrer, der das Thema ‚Konfliktverhalten' behandeln möchte, zunächst einmal die Vorstellungen beachten, die sich bei Kindern unter Umständen durch verschiedene Computerspiele ausgebildet haben; und für eine Geographielehrerin, die das Thema ‚Leben in New York' bearbeitet, ist es wichtig, die unangemessenen Vorstellungen zu bedenken, mit denen Jugendliche aufgrund der Rezeption amerikanischer Krimiserien an das Thema herangehen werden.
Darüber hinaus geht es um die Beachtung des generellen Spannungsverhältnisses zwischen außerschulischem Medienerleben und unterrichtlichen Anforderungen: Sprechen beispielsweise Computerspiele Bedürfnisse nach Sinneserregung und Abenteuer an, so richtet sich der Unterricht auf Wissen und Verstehen; provozieren Actionfilme unter Umständen starke Emotionen wie Freude oder Schrecken und Vergnügen oder Entsetzen, so verlangt der Unterricht eine distanziert-rationale Einstellung; erfolgt die Vorstellungsbildung bei der außerschulischen Mediennutzung eher beiläufig und bildhaft-assoziativ sowie mit Bezug auf lebendige Ereignisse und Geschichten - ob sie nun ‚Verbotene Liebe' oder ‚Marienhof' heißen mögen - so bestimmen im Fachunterricht verbal-systematisierende und abstrahierende Vorgehensweisen das Geschehen; legen Werbung und unterhaltende Medienangebote häufig schnelle Bedürfnisbefriedigung und eine hedonistische Einstellung als Verhaltensorientierung

nahe, so fordert Schule Bedürfnisaufschub, Rücksicht auf andere, Anstrengungsbereitschaft und Verantwortungsbewußtsein.
Diese voraussetzungsbezogenen Überlegungen machen zugleich deutlich, daß Lehrerinnen und Lehrer die Bedürfnisse und die Lebenssituation der Kinder und Jugendlichen - einschließlich ihrer Mediennutzung - beachten müssen, wenn sie nicht Gefahr laufen wollen, daß ihre unterrichtlichen und insbesondere auch ihre medienerzieherischen Bemühungen für die Kinder und Jugendlichen bedeutungslos bleiben.
Unter Beachtung von Bedürfnissen und Lebenssituation geht es darum, Lernprozesse anzuregen und zu unterstützen, die zu einer Erweiterung des Kenntnis- und Erfahrungsstandes führen und die gleichzeitig der Förderung des sozial-kognitiven Niveaus in intellektueller und sozial-moralischer Hinsicht dienen (vgl. Tulodziecki 1997). Damit stellt sich die Frage, welche Kommunikations- und Arbeitsformen geeignet sind, Lebenssituation und Bedürfnisse zu berücksichtigen, neue Erfahrungen zu ermöglichen und Entwicklungen zu fördern.

1.2 Konsequenzen der Medienentwicklung für schulische Lern- und Arbeitsformen

Vor dem Hintergrund der Medienentwicklung gehe ich davon aus, daß es in der Schule vielfältige Lern- und Arbeitsformen geben wird. Ich widerspreche damit ausdrücklich der in der öffentlichen Diskussion manchmal suggerierten Vorstellung, das zukünftige Bild der Schule würde vornehmlich durch computerbasierte Lernplätze bestimmt werden. Aus meiner Sicht sind für die zukünftige Schule sehr unterschiedliche Lern- und Arbeitsformen wichtig: sowohl offene Formen des Gesprächs und des Erfahrungsaustausches als auch selbsttätiges Arbeiten in geeigneten Lernumgebungen, sowohl Unterricht in Form der Bearbeitung entwicklungsanregender Aufgaben in Lerngruppen als auch mannigfaltige Aktivitäten des Schullebens:
Angesichts vielfältiger Veränderungen in der außerschulischen Lebenswelt - einschließlich der intensiven Nutzung von Medien - wird die Notwendigkeit wachsen, daß Schule die Möglichkeit bietet, außerschulische Erfahrungen einzubringen, auszutauschen, zu besprechen und u.U. aufzuarbeiten. Dazu eignen sich u.a. freie Formen des Erfahrungsaustausches und des Gesprächs. Solche Formen tragen zugleich der Entwicklung Rechnung, daß Schule ihr Informations- und Lernmonopol verloren hat und daß Lernen und Bildung zum Teil auch außerhalb der Schule stattfinden können.
Die Heterogenität von Interessenlagen bzw. Lernvoraussetzungen sowie das Ziel, selbständiges Lernen grundzulegen, wird dazu führen, daß mehr Raum für freies Arbeiten gegeben wird. Das kann in Einzel-, Partner- und Kleingruppenarbeit geschehen. Hier sind Medien durchaus - vom Buch bis zu Multimedia - als wichtige Arbeitsmittel und Lernhilfen anzusehen. Bibliotheken und Mediotheken können als ‚Lernlandschaften' dienen.
Trotz der Verstärkung der beiden beschriebenen Lern- und Arbeitsformen nehme ich an, daß Lernen und Entwicklungsförderung auch in der Schule der Zukunft im wesentlichen im sozialen Rahmen von Lerngruppen unter Anregung und Unterstützung

durch eine Lehrperson, d.h. als Unterricht, stattfinden werden. Diese Grundposition schließt keineswegs aus, sie schließt vielmehr ein, daß neue Medien zur Anregung und Unterstützung von Lernprozessen verwendet und individuelle Lernphasen im Rahmen sozial eingebetteter Lernprozesse eingeplant werden.
Im Zusammenhang mit den obigen Lern- und Arbeitsformen sowie in Erweiterung derselben wird es in der Schule der Zukunft vielfältige Aktivitäten des Schullebens geben. Diese können von der Anlage und Betreuung eines Schulgartens über die Erstellung eines Videomagazins bis zur Vorbereitung und Durchführung von Schulfesten reichen.
Ausgangspunkt für die zuletzt genannten drei Arbeitsformen sollten vor allem bedeutsame Probleme, Entscheidungsfälle, Gestaltungs- oder Beurteilungsaufgaben sein: Ein Problem kann z.B. in der Aufgabe bestehen, für einen Haushalt, der relativ hohe Strom- und Gaskosten aufweist, Vorschläge zu entwickeln, wie diese ohne größeren Verlust an Komfort und Behaglichkeit gesenkt werden könnten. Bei der Bearbeitung des Problems können u.a. Netzinformationen über Energieverbrauchsstellen im Haushalt sowie über verlustreiche oder weniger verlustreiche Energieumwandlungsprozesse als wichtige Informationsquellen dienen.
Ein Entscheidungsfall ist z.B. gegeben, wenn Jugendliche sich in die Rolle der Geschäftsleitung eines Betriebes versetzen, in dem verschiedene Maßnahmen zu beschließen sind, um die Wettbewerbsfähigkeit und die Arbeitsplätze zu sichern. Der Fall könnte mit Hilfe von Medien anschaulich präsentiert werden. Ein Simulationsprogramm ließe sich nutzen, um den Prozeß der Entscheidungsfindung zu unterstützen.
Eine Gestaltungsaufgabe liegt z.B. vor, wenn sich eine Schülergruppe entschließt, eine Schülerzeitung zu produzieren. Vorliegende Schülerzeitungen - gedruckt oder im Netz - können dafür zunächst als Gegenstand der Analyse und als Anregung dienen, ehe eine eigene Schülerzeitung erstellt und gegebenenfalls über das Netz verbreitet wird. In diesem Zusammenhang sei im übrigen erwähnt, daß der deutsche Bildungsserver zur Zeit auf mehr als 600 verschiedene Schülerzeitungen verweist, von denen einige auch online abgerufen werden können. Die Zeitungsnamen reichen von ‚Abacus' über ‚Tarantel' oder ‚Oben Ohne' bis ‚Strebergarten'. Andere Titel sind ‚Auspuff', ‚bravda', ‚Engelsblatt' und ‚Zyankali'.
Eine Beurteilungsaufgabe besteht z.B. darin, Formen der Telearbeit zunächst mit Netzunterstützung zu erproben und auf dieser Basis in eine Analyse und Kritik aus sozialer und gesellschaftlicher Sicht einzutreten. Diskussionsforen im Netz können genutzt werden, um Stellungnahmen auszutauschen und neue Argumente kennenzulernen.
Die Auseinandersetzung mit solchen Problemen, Entscheidungsfällen, Gestaltungs- und Beurteilungsaufgaben kann - wie die Beispiele zeigen - durch mediale Angebote angeregt und unterstützt werden (vgl. Tulodziecki 1996). Die Überlegungen sollen zugleich darauf verweisen, daß die Medien generell und die neuen Medien speziell nicht von sich aus - wie es in der öffentlichen Diskussion manchmal suggeriert wird - zu einer Verbesserung von Lehren und Lernen führen, sondern nur, wenn sie in einen

Rahmen zur Förderung von Problemlösefähigkeit, Entscheidungs-, Gestaltungs- und Beurteilungskompetenz gestellt werden.

1.3 Auswirkungen der Medienentwicklung auf schulische Ziele und Inhalte

Die Entwicklung der Medien hat zunächst zur Folge, daß es Verlagerungen bei den Fachinhalten für den Unterricht gibt. Traditionelle Fachinhalte verlieren unter Umständen an Bedeutung, zum Teil bilden sich neue Fachinhalte aus. Der Bedeutungsverlust der Logarithmenrechnung im Mathematikunterricht ist ein Beispiel für den ersten Sachverhalt; die Forderung, daß sich der Deutschunterricht heute nicht auf sprachliche Zeichensysteme beschränken darf, sondern auch Elemente der Bild- und Filmsprache behandeln muß, ein Beispiel für den zweiten.

Darüber hinaus führt die Bedeutung der Medien in der Lebenswelt von Kindern und Jugendlichen dazu, daß neue bzw. medienbezogene Ziele und Inhalte bedacht werden müssen. Entsprechende Ziele und Inhalte lassen sich mit Bezug auf die medienerzieherische Diskussion wie folgt beschreiben (vgl. Tulodziecki 1997, S. 142 ff.):

Zunächst geht es um Kompetenzen in zwei Handlungszusammenhängen:

(1) im Zusammenhang der Nutzung vorhandener Medienangebote, d.h. von medialen Produkten, Werkzeugen und Kommunikationsdiensten, unter Abwägung von nichtme-dialen Handlungsalternativen,

(2) im Zusammenhang der eigenen Gestaltung von Medienbeiträgen - von der Erstellung einer Zeitung über die eigene Produktion von Hör- oder Videobeiträgen bis zur Gestaltung von Computeranwendungen.

Solche Handlungskompetenzen erfordern im Sinne eines sachgerechten, selbstbestimmten, kreativen und sozialverantwortlichen Handelns Kenntnisse und Verstehen sowie Analyse- und Urteilsfähigkeit in drei inhaltlichen Bereichen:

(1) im Bereich der Gestaltungsmöglichkeiten, die in Medien Verwendung finden: vom realitätsnahen Foto eines berühmten Bauwerks bis zur grafischen Darstellung der Bevölkerungsentwicklung auf unserem Planeten, von filmischen Gestaltungstechniken wie Einstellungsperspektiven und Montage bis zu den computerbasierten Techniken der Bildbearbeitung und Bilderzeugung, von der sprachlichen Darstellung von Problemen der Steuerreform bis zu Emoticons, die bei der schriftlichen Kommunikation im Netz verwendet werden, um Gefühle auszudrücken,

(2) im Bereich der Nutzungsvoraussetzungen und -wirkungen von Medien: von individuellen Einflüssen auf Gefühle, Vorstellungen und Verhaltensorientierungen bis zur Bedeutung der Massen- und Individualkommunikation für die öffentliche Meinungs- und die politische Willensbildung,

(3) im Bereich der Bedingungen von Medienproduktion und -verbreitung: von technischen Voraussetzungen für die eigene Nutzung von E-mail bis zu personalen Bedingungen in einer Rundfunkanstalt, von rechtlichen Bestimmungen zum Datenschutz bis zu wirtschaftlichen Interessen der Computerindustrie und der Netzprovider bzw. der dahinterstehenden Konzerne.

Um den Erwerb entsprechender Kompetenzen zu ermöglichen, geht es in der Schule zum einen um die Entwicklung und Durchführung von geeigneten Unterrichtseinheiten und Projekten und zum anderen um deren Einbettung in ein medienpädagogisches Konzept der jeweiligen Schule (vgl. Tulodziecki u.a. 1995).
Es stellt sich die Frage, welche Kompetenzen auf Seiten der Lehrperson notwendig sind, um entsprechende Ziele und Inhalte in Schule und Unterricht anzustreben.

2. Erforderliche Kompetenzen von Lehrpersonen

Für die Umsetzung der mit den Medien verbundenen Möglichkeiten und Erziehungs- sowie Bildungsaufgaben kommt der Qualifizierung der Lehrerinnen und Lehrer eine besondere Bedeutung zu. Dabei muß die Qualifizierung zunächst darauf gerichtet sein, Möglichkeiten zur Stärkung der eigenen Medienkompetenz zu eröffnen. Diese umfaßt nach den obigen Überlegungen Kompetenzen in fünf Aufgabenbereichen:
Auswahl und Nutzung von Medienangeboten für Unterhaltung und Spiel, Lernen und Bildung, Problemlösen und Entscheidungsfindung, sowie für politische Information und Kunstrezeption, wobei Handlungsalternativen beachtet werden sollten,
eigenes Gestalten und Verbreiten von Medienbeiträgen, z.B. von Foto- oder Videodokumentationen bis zu Computersimulationen oder Hypertexten,
Verstehen und Bewerten der Sprache der Medien, d.h. ihrer Zeichensysteme bzw. ihrer Gestaltungstechniken und Gestaltungsformen,
Erkennen und Aufarbeiten von Medieneinflüssen, insbesondere bei störenden Gefühlen, irreführenden Vorstellungen sowie problematischen Verhaltens- und Wertorientierungen,
Durchschauen und Beurteilen von technischen, ökonomischen, rechtlichen, sozialen, institutionellen und politischen Bedingungen der Medienproduktion und Medienverbreitung.
Über die Stärkung der eigenen (allgemeinen) Medienkompetenz muß die Qualifizierung von Lehrerinnen und Lehrern auf den Erwerb medienpädagogischer Kompetenzen zielen. Diese umfassen die Fähigkeit
die Bedeutung von Medien für Kinder und Jugendliche in sensibler Weise zu erfassen und als Ausgangssituation des Lernens mit oder über Medien zu berücksichtigen,
Medienangebote im Unterricht in reflektierter Weise zu verwenden, d.h. Medienangebote für die eigenen Fächer nach intentionalen, inhaltlichen, methodischen und medialen Aspekten zu analysieren und auszuwählen sowie Konzepte für die Verwendung von Medien im Rahmen weiterentwickelter Lehr- und Lernformen zu erarbeiten und umzusetzen,
Medienthemen in angemessener Weise zu behandeln, d.h. die Bedeutung von Medien für inhaltliche und methodische Fragen der eigenen Fächer zu bedenken sowie Lernprozesse im Sinne von Erziehungs- und Bildungsaufgaben im Medienbereich bei den Schülerinnen und Schülern zu initiieren und zu begleiten,
personale und institutionelle Bedingungen für medienpädagogische Umsetzungen in

der Schule zu durchschauen, d.h. die Bedeutung der Medien für Fragen der Professionalität des Lehrberufs zu reflektieren, schulische Bedingungen von Medienverwendung sowie Medienerziehung bzw. Medienbildung zu bedenken sowie Ideen für die schulische Umsetzung zu entwickeln und zu realisieren.
Es ergibt sich die Frage, wie ein entsprechender Kompetenzerwerb im Rahmen der Lehrerbildung ermöglicht werden kann.

3. Zur Umsetzung in der Lehrerbildung

Für die Lehrerbildung in den drei Bereichen - universitäres Lehramtsstudium, Ausbildung in Studienseminaren sowie Lehrerfortbildung - ist es wünschenswert, daß zwischen den verschiedenen Bereichen eine Abstimmung im Sinne von Akzentsetzungen erfolgt (vgl. auch BLK 1995). So sollten in der Ausbildung an den Hochschulen vor allem Möglichkeiten zur Stärkung der allgemeinen Medienkompetenz sowie zum Erwerb von wissenschaftlichen Grundlagen für medienpädagogische Kompetenzen geschaffen werden. Der Schwerpunkt der zweiten Ausbildungsphase in Studienseminaren könnte dann bei der unterrichtlichen Umsetzung liegen. In der Lehrerfortbildung ließe sich ein Akzent bei Fragen der schulbezogenen Entwicklung medienpädagogischer Konzepte und der Herstellung geeigneter Rahmenbedingungen setzen.

Vor dem Hintergrund solcher Überlegungen hat sich beispielsweise an der Universität-Gesamthochschule Paderborn eine Arbeitsgruppe mit dem Ziel konstituiert, ein Konzept für die erste Phase der Lehrerausbildung zu entwickeln und erproben. Dabei liegt ein besonderer Akzent auf den neuen Medien. Der Arbeitsgruppe gehören zur Zeit Fachvertreter der Erziehungswissenschaft, der Didaktik der deutschen Sprache, der Didaktik der Mathematik und der Didaktik der Physik sowie des Bereichs ‚Informatik und Gesellschaft' und des Paderborner Lehrerausbildungszentrums sowie des Audiovisuellen Medienzentrums an. Längerfristig ist eine Erweiterung der Arbeitsgruppe um einzelne Mitglieder aus anderen Fächern vorgesehen. Die Arbeitsgruppe kooperiert mit der Bertelsmann Stiftung und der Heinz Nixdorf Stiftung und wird von diesen finanziell unterstützt. Die Zusammenarbeit steht im Rahmen der Initiative ‚Bildungswege in der InformationsGesellschaft' (BIG). Dabei erfolgt auch eine Kooperation mit den Studienseminaren der zweiten Ausbildungsphase und mit der Lehrerfortbildung am Heinz Nixdorf MuseumsForum. Hinzu kommt eine Abstimmung mit den Universitäten Bielefeld und Dortmund.

Die Arbeitsgruppe in Paderborn hat für eine erste zweijährige Erprobungsphase im Zusammenwirken der beteiligten Bereiche folgendes Veranstaltungsangebot konzipiert, das zur Zeit durchgeführt wird:

In einer *Grundlagenveranstaltung* erhalten die Studierenden zunächst eine Übersicht über die Medienlandschaft in der Bundesrepublik Deutschland und besprechen deren Bedeutung für Erziehung, Bildung und Sozialisation von Kindern und Jugendlichen. Danach werden grundsätzliche Fragen der Verwendung von Medien zur Anregung und Unterstützung von Lehr-Lernprozessen bearbeitet, ehe es um Erziehungs- und Bildungsaufgaben der Schule im Bereich neuer Medien geht. Außer dieser Grundlagenveranstaltung werden im *erziehungswissenschaftlichen Grundstudium* Seminare angeboten, in denen die Studierenden die Gelegenheit erhalten, Medienangebote zu analysieren und selbst herzustellen. Die Medienpalette reicht dabei vom Diapositiv über Hörspiel und Video bis zur CD-Rom und zu Recherchen und eigenen Beiträgen im Internet.

Im *erziehungswissenschaftlichen Hauptstudium* können sich die Studierenden dann in vertiefender Weise mit der Verwendung von Medien für Lehren und Lernen sowie mit Fragen der Medienerziehung und informationstechnischen Grundbildung auseinandersetzen.

In *fachdidaktischen Seminaren* haben die Studierenden die Möglichkeit, Fragen der Mediennutzung in den von ihnen gewählten Unterrichtsfächern zu bearbeiten. Darüber hinaus geht es um den Beitrag der jeweiligen Fächer zu den Erziehungs- und Bildungsaufgaben im Bereich neuer Medien.

Schließlich kann die Auseinandersetzung mit neuen Medien durch den Besuch verschiedener erweiternder Veranstaltungen zu technischen, psychologischen, soziologischen, ästhetischen, ökonomischen, politischen oder ethischen Medienfragen abgerundet werden.

Das Gesamtangebot enthält auch gemeinsame Seminare oder Vorlesungen der am Projekt beteiligten Professorinnen bzw. Professoren und Mitarbeiterinnen bzw. Mitarbeiter.

Im Rahmen des Gesamtangebots ist die Grundlagenveranstaltung für alle Studierenden der Lehrämter verpflichtend. Außerdem gibt es im Bereich der Mathematik für Studierende der Grundschule (falls sie Mathematik als Schwerpunktfach gewählt haben) sowie der Sekundarstufe I ein verpflichtendes Angebot zu Übungen am Computer. Die anderen Veranstaltungen haben in der Regel den Charakter von Wahlpflichtveranstaltungen, zum Teil gelten sie auch als Wahlveranstaltungen. Für Studierende, die ein bestimmtes Spektrum an Veranstaltungen mit Leistungsnachweisen und eine Prüfung absolviert haben, soll es in Kürze möglich sein, ein entsprechendes Zeugnis im Sinne einer Zusatzqualifikation zum Staatsexamen zu erwerben.

Das Projekt stößt auf großes Interesse bei den Studierenden. So gaben beispielsweise bei einer schriftlichen Befragung im SS 1997 92% der an den Veranstaltungen teilnehmenden Studierenden an, daß sie die Veranstaltungsthematik ‚Neue Medien' als ‚sehr bedeutsam' oder als ‚bedeutsam' für ihr späteres Berufsleben ansehen. Auch vor dem Hintergrund der schulischen Erfahrungen mit neuen Medien erweisen sich Veranstaltungen der beschriebenen Art als wichtig. So vermerkten beispielsweise 91% der Studierenden, daß sie in ihrer Schulzeit Computer ‚nie' oder nur ‚selten' benutzt hatten. Die erste Projektphase war - neben der Entwicklung des Lehrangebots - durch den Aufbau einer geeigneten technischen und organisatorischen Infrastruktur an der Hochschule sowie durch kooperative Aktivitäten mit Studienseminaren und Schulen in Paderborn gekennzeichnet. Der Prozeß wurde von Anfang an dokumentiert und im Sinne einer formativen Evaluation begleitet. Die Ergebnisse an der Universität-Gesamthochschule Paderborn werden Ende 1998 vorgelegt und sollen in ein Konzept für die Lehrerausbildung einfließen, das zur Zeit unter Federführung des Ministeriums für Schule, Weiterbildung, Wissenschaft und Forschung des Landes Nordrhein-Westfalen in Kooperation mit zwei weiteren Universitäten (Bielefeld und Dortmund) sowie einzelnen Studienseminaren entwickelt wird.

Literatur

BLK - Bund-Länder-Kommission für Bildungsplanung und Forschungsförderung (1995): Medienerziehung in der Schule. Orientierungsrahmen. Bonn
Tulodziecki, G. / Mütze, Ch. (1996): Lehrerausbildung im Bereich neuer elektronischer Medien. In: Bertelsmann Stiftung, Heinz Nixdorf Stiftung (Hrsg.): Neue Medien in den Schulen. Projekte - Konzepte - Kompetenzen. Gütersloh, S. 143-164
Tulodziecki, G. (1997): Medien in Erziehung und Bildung. Grundlagen und Beispiele einer handlungs- und entwicklungsorientierten Medienpädagogik. Bad Heilbrunn
Tulodziecki, G., u.a. (1995): Handlungsorientierte Medienpädagogik in Beispielen. Projekte und Unterrichtseinheiten in Grundschulen und weiterführenden Schulen. Bad Heilbrunn

Dieter Spanhel
Medienkompetenz muß Lehrerinnen und Lehrern in der universitären Ausbildung vermittelt werden

Im Rahmen dieses Themas möchte ich über zwei Punkte sprechen: Zum einen über die Struktur der Vermittlung einer medienpädagogischen Qualifikation der Lehrerinnen und Lehrer, zum anderen über die erforderlichen Inhalte dieser Ausbildung.

1. Zur Begründung einer integrierten medienpädagogischen Qualifizierung in der Lehrerausbildung

Die Frage nach einer angemessenen medienpädagogischen Qualifizierung der Lehrerinnen und Lehrer während ihres Studium ist mit zwei grundlegenden Problemen konfrontiert:
1. Die erste Schwierigkeit liegt in der Struktur des Lehrerstudiums. Es umfaßt neben den Praktika fachwissenschaftliche, fachdidaktische und erziehungswissenschaftliche Anteile, die ihrerseits in weitere Disziplinen unterteilt sind. Da der Gesamtumfang der Ausbildung inzwischen durch Bundesgesetz einheitlich festgelegt ist, kämpfen bei jeder Änderung der Studien- oder Prüfungsordnung die einzelnen Fächer um

den Erhalt oder die Ausweitung ihrer Studienanteile.
Um dies am Beispiel von Bayern zu verdeutlichen: Der Anteil der Fächer Pädagogik und Schulpädagogik zusammen an der gesamten 1. Phase der Ausbildung beträgt für Grund-, Haupt- und Realschullehrerinnen und -lehrer 10 Semesterwochenstunden, für Gymnasiallehrerinnen und -lehrer gar nur 6 Semesterwochenstunden! Seit sehr vielen Jahren hat sich die Konferenz der Universitätspädagoginnen und -pädagogen bisher vergeblich um eine Erhöhung dieser Studienanteile bemüht. Wo soll in diesem Rahmen noch eine medienpädagogische Qualifikation untergebracht werden?
2. Diese Struktur der Ausbildung hat natürlich etwas mit der komplexen Struktur des Berufsfeldes zu tun. Und hier liegt das zweite Problem. Schule und Unterricht als soziale Systeme beruhen auf Kommunikation, die stets an Medien gebunden ist. Die Förderung der Medienkompetenz der Schülerinnen und Schüler verlangt, daß die Sprache als traditionelles Medium dieser Kommunikationsprozesse mehr und mehr durch einen variablen Einsatz technischer und moderner elektronischer Medien ergänzt wird. Das hat aber nicht nur zur Folge, daß sich die Strukturen der unterrichtlichen Kommunikation, die Strukturen und Darstellungsweisen der Unterrichtsinhalte sowie die Formen verändern, wie sie in den Denkhorizont der Schülerinnen und Schüler gebracht werden. In der weiteren Folge verändern sich auch unterrichtliche und schulische Organisationsstrukturen, die Beziehungen zwischen Lehrerinnen/Lehrern und Schülerinnen/Schülern sowie der Schülerinnen/Schüler untereinander, aber auch die Beziehungen der Lehrerinnen/Lehrer und der Schülerinnen/Schüler zu den je spezifisch medial präsentierten Inhalten.
Aus einer solchen systemischen Betrachtungsweise ergibt sich ganz eindeutig, daß ein neues pädagogisches Teilgebiet oder Fach ‚Medienpädagogik' oder/und ‚Informationstechnische Bildung' mit evtl. verpflichtenden Lehrangeboten im Studium zwar eine notwendige, aber keineswegs hinreichende Bedingung für eine angemessene Ausbildung medienpädagogischer Kompetenz bei angehenden Lehrerinnen und Lehrern darstellt. Wenn sich durch einen variablen Einsatz der heute verfügbaren alten und neuen Medien alle Beziehungsmuster in den schulischen und unterrichtlichen Handlungssystemen verändern, dann müssen auch alle beruflichen Tätigkeiten, alle Erziehungs-, Unterrichts-, Lern- und Bildungsprozesse unter Berücksichtigung dieser Dimension der symbolischen Vermittlung und der daraus folgenden methodischen Konsequenzen neu gesehen werden. Dann wird es darauf ankommen, in den einzelnen Ausbildungsbereichen diese *veränderte Perspektive* sichtbar zu machen und einzuüben. Die Medienpädagogik kann im Rahmen der Erziehungswissenschaft oder als eigenes Fach zwar die dafür erforderlichen Erkenntnisse, Theorien und praktischen Konzepte bereitstellen. Aber diese veränderte Sichtweise auf die schulischen Erziehungs- und Bildungsprozesse unter besonderer Berücksichtigung ihrer medialen Dimension muß auch in anderen Disziplinen vermittelt und in ihren Konsequenzen für das berufliche Handeln deutlich gemacht werden.
Daraus ergibt sich, daß genauso wie in den Schulen auch in der Lehrerausbildung an der Universität die Kenntnisse und Fähigkeiten nur in einer *integrierten medienpädagogischen Ausbildung* sinnvoll und effektiv vermittelt werden können.

Hinzu kommt, daß die Förderung von Medienkompetenz bei den Schülerinnen und Schülern nicht nur eine neue Herausforderung für die Lehrerinnen und Lehrer darstellt. Die Erfahrungen aus unserem Modellversuch zur integrativen Medienerziehung in der Hauptschule lassen vielmehr den Schluß zu, daß eine Reihe bereits bestehender beruflicher Probleme der Lehrkräfte durch den Einsatz der neuen Medien zusätzlich verstärkt werden und mit größerer Dringlichkeit nach einer Lösung verlangen. Das betrifft z.b. die enormen Erziehungsschwierigkeiten und Disziplinprobleme sowie die Erstarrung des beruflichen Handelns in Alltagsroutinen. Das verlangt in der Ausbildung die seit langem geforderte *Verbesserung der Erziehungskompetenz* der Lehrerinnen und Lehrer und verbesserte Fähigkeiten zu einem variablen Einsatz eines breiten Methodenspektrums im Unterricht (vgl. Dichanz 1992). In der Konsequenz ergibt sich daraus als wichtigstes Ziel der Ausbildung, daß die Lehrerinnen und Lehrer ein *neues berufliches Selbstverständnis* aufbauen und festigen können, das über die bloße Hinzufügung medienpädagogischer Kenntnisse und Medienkompetenz hinausgeht.

Um dieses Ziel erreichen zu können, müssen sich aber auch die *universitären Vermittlungsformen ändern*. Neue Medien müssen in den Veranstaltungen sinnvoll und effektiv eingesetzt werden, so daß die Studierenden variable Arbeits- und Sozialformen im Zusammenhang mit Medieneinsatz sowie medienspezifische Arbeitstechniken (Analyse- und Produktionstechniken) möglichst gründlich einüben können. Wenn dieses Fundament nicht während des Studiums gelegt werden kann, wird das später im Berufsleben unter den enormen Belastungen des Schulalltags kaum mehr oder nur unter größten Anstrengungen noch möglich sein.

2. Inhalte einer medienpädagogischen Ausbildung während der 1. Phase des Studiums

Im folgenden geht es um die Aufgabenfelder und inhaltlichen Ausrichtungen einer solchen integrierten medienpädagogischen Ausbildung.

2.1 Aufgabenfelder und Inhalte im Bereich der Erziehungswissenschaft:

Ein erstes Aufgabenfeld betrifft die Frage nach der Veränderung des Erziehungs- und Bildungsauftrags der Schule im Zusammenhang mit den Entwicklungen im Medienbereich, die in der Erziehungswissenschaft selbst noch nicht zufriedenstellend geklärt ist. Trotzdem müssen im Lehramtsstudium folgende Fragen behandelt werden:
- Welche Erziehungsdefizite und -probleme, die in der modernen Informationsgesellschaft in Familie und Freizeit entstehen, muß die Schule überwinden, damit überhaupt Lernen und Unterricht möglich werden? Medienerziehung macht dabei nur einen Teilaspekt aus. Welche Möglichkeiten dazu bietet der Medieneinsatz?
- Wie können die außerschulischen Medienerfahrungen der Schülerinnen und Schüler und die dabei erworbenen Lernformen sowie Wissensinhalte in die schulische

Arbeit integriert werden?
❏ Wie sind angesichts der Bedeutung von Methoden- und Medienkompetenz der Bildungs- und der Lernbegriff neu zu fassen?

Ein zweites Aufgabenfeld betrifft die Frage nach der Veränderung der Lehrer- und Erzieherrolle im Zusammenhang mit dem verstärkten Einsatz der neuen Medien in der Schule:
In der Erziehungswissenschaft müssen sich die angehenden Lehrerinnen und Lehrer ausreichende Kenntnisse über Grundfragen und -begriffe, Forschungsergebnisse, Theorien und praktische Konzepte der Medienpädagogik aneignen, damit sie später den Schülerinnen und Schülern die erforderliche *Medienkompetenz* vermitteln können. In dem Hessischen Modellversuch ‚Integrative Medienerziehung mit multimedialen interaktiven Systemen' gehören zu dieser Medienkompetenz die ‚informationelle Kompetenz', die Auseinandersetzung mit der Mediatisierung, die ‚konstruktive Kompetenz' und die Verständigung mittels Bildern.
In den bisherigen Vorschlägen erfolgt die Integration dieser Themenkomplexe und Aufgaben bloß *additiv*, z.B. bei Baacke: Mekola (Bielefeld) oder bei Chr. Doelker: Integrative Medienpädagogik als Kulturtechniken (1991, 1993, 1994, 1996). Dabei stehen meist stärker die Medien und medienwissenschaftliche Themen, aber weniger genuin pädagogische Fragen im Mittelpunkt. Als Ausgangspunkt für *eine Fachintegration der Medienpädagogik in die Erziehungswissenschaft* wäre zu fragen:
❏ Wie verändern die Medienwelten der Heranwachsenden ihre Lern-, Sozialisations- und Entwicklungsprozesse und die Prozesse der sozial-moralischen Erziehung?
❏ Wie wandelt sich Erziehung in einer mediengeprägten Alltagswelt und wie verändern sich dadurch die Erzieherrolle und das erzieherische Verhältnis? (Vgl. Merkert 1992)
❏ Wie kann durch Schulerziehung die Kluft zur mediengeprägten Alltagswelt der Schülerinnen und Schüler überbrückt und ihnen die Sinnhaftigkeit der Themen, Lern- und Leistungsanforderungen der Schule nahegebracht werden? (Vgl. Modellprojekt von Stefan Aufenanger in Hamburg: ‚Medienerziehung praktisch fruchtbar machen'. Dort ging es unter anderem darum, die Grundschullehrerinnen/-lehrer für die Medienwelten der Schülerinnen und Schüler zu sensibilisieren.)
Die Beschäftigung mit diesen theoretischen Fragestellungen sollte die Studierenden befähigen und anregen, sich um genaue Einblicke und ein vertieftes Verständnis der Medienwelten ihrer Schülerinnen und Schüler, ihrer Sichtweise der Medien, ihrer Medienpräferenzen und um die mit ihrem Medienhandeln verbundenen Sinnorientierungen zu bemühen.

2.2 Aufgabenfelder und Inhalte im Bereich der Schulpädagogik

In der Schulpädagogik müssen die angehenden Lehrerinnen und Lehrer lernen, wie Medien als Unterrichtsinhalte sowie als Lern- und Arbeitsmittel in die curricularen

Strukturen integriert werden können. Das zentrale Problem bezeichne ich dabei als *didaktische Integrationsfunktion:* Wie muß der Unterricht gestaltet werden, daß es den Schülerinnen und Schülern gelingt, ihre zufälligen, bruchstückhaften und teilweise widersprüchlichen Informationen und Erlebnisse aus den Medien in die strenge Systematik der Unterrichtsfächer zu integrieren und sie für den Aufbau zusammenhängender Wissensstrukturen nutzbar zu machen?

In der Schulpädagogik steht bisher die *Mediendidaktik* im Vordergrund mit der Frage, wie durch Medieneinsatz im Rahmen fächerübergreifender, projekt- und handlungsorientierter Unterrichtsformen die Lernprozesse verbessert werden können. Dabei wird dann häufig sehr kleinlich zwischen Mediendidaktik und Medienpädagogik/-erziehung unterschieden (z.b. die Vermittlung von medienspezifischen Arbeitsweisen, Medienanalyse und -kritik). Sicherlich ist es wichtig, daß die Lehrkräfte in neue Unterrichts- und Arbeitsformen unter Einbezug aller Möglichkeiten der neuen Medien eingeführt werden. Noch wichtiger ist jedoch die Fähigkeit, jederzeit mit den Schülerinnen und Schülern gemeinsam eine *reflexive Distanz zum methodischen Vorgehen* beim Medieneinsatz herzustellen zu können.

Zentrale Aufgabe der Schulpädagogik ist für mich die Vermittlung der Erkenntnis, daß für die *Qualität der Bildungsprozesse* nach der materialen, formalen und Ziel-Dimension nun die *methodisch-mediale Dimension* von entscheidender Bedeutung ist. Das belegt die Diskussion um die *Schlüsselqualifikationen* in den vergangenen Jahren. Deshalb müssen die Lehrerinnen und Lehrer darin geschult werden, daß sie sich in Zukunft im Unterricht stärker auf die Qualität der Vermittlungs- und Aneignungsprozesse konzentrieren und auf den reflektierten und methodisch durchdachten Medieneinsatz bei der Konstruktion neuer Handlungsmuster und operativer Wissensstrukturen durch die Schülerinnen und Schüler achten (Spanhel 1995).

Ein Hauptproblem wird in Zukunft die Befähigung zur *Selektion von bedeutsamen Inhalten* aus der Flut angebotener multimedialer Informationen sein. Voraussetzung dafür sind fundiertes Sachwissen sowie klare Wertorientierungen. Den Studierenden müssen methodische Möglichkeiten dafür vermittelt werden, wie sie die Schülerinnen und Schüler beim Aufbau solcher Wissensstrukturen und Wertorientierungen und bei der Ableitung begründeter Auswahlkriterien unterstützen können.

Darüber hinaus fallen zwei weitere Aufgabenbereiche in die Zuständigkeit der Schulpädagogik:
❑ Die Vermittlung von Konzepten, wie durch einen methodisch durchdachten Medieneinsatz neue Möglichkeiten zu einer besseren Verwirklichung der in den Lehrplänen sog. *fächerübergreifenden Erziehungs- und Bildungsaufgaben* (z.B. Umwelt-, Friedens-, interkulturelle Erziehung) in einer integrierten Form geschaffen werden können.
❑ Vermittlung methodischer Konzepte im Hinblick darauf, wie mit Hilfe der neuen Medien über die Förderung der *Sprachkompetenz* der Schülerinnen und Schüler hinaus ihre Symbolfähigkeit im Bereich der präsentativen Symbolik der Bilder, Töne und Geräusche besser gefördert werden kann (Langer 1965). Daher müssen

die Lehrkräfte auch in diesem Bereich der Bildersprache und Symboltheorie angemessen ausgebildet werden.

2.3 Aufgabenfelder und Inhalte in den Fachdidaktiken

Den *Fachdidaktiken* kommt eine besondere Bedeutung zu, weil die Lehrerausbildung und das berufliche Selbstverständnis der Lehrkräfte sehr stark an den Unterrichtsfächern orientiert ist. Deshalb kann eine Integration der Medienpädagogik nicht allein über die Erziehungswissenschaft, sondern muß systematisch auch über die Fächer und die Fachdidaktiken erfolgen. Eine bloß formale Zuordnung von medienerzieherischen Themen zu einzelnen Unterrichtsfächern reicht dabei nicht aus. Die Bedeutung der Medien für die einzelnen Unterrichtsfächer muß systematisch untersucht werden. J. Wermke (1996) kommt bei einer Analyse des Deutschunterrichts (aber auch anderer Fächer) zu dem Schluß, daß heute der Fachunterricht seine genuinen Fragen nicht mehr ohne Berücksichtigung der Medien beantworten kann. Sie fordert daher eine neue Perspektive und kreatives Denken bei der Untersuchung der Relation Fach - Medien an Hand der folgenden Schlüsselfragen (Wermke 1996, S. 447):
- Intention/Selbstverständnis des Faches: Welche Konsequenzen hat die Medienentwicklung für das Selbstverständnis des Faches? Wie ist das Fach an der Medienentwicklung beteiligt?
- Intertextualität: Inwiefern sind Gegenstände des Faches in den Medien präsent? Inwiefern führen Medien zur Veränderung des Gegenstandsbereichs?
- Ziel-Mittel-Ambivalenz: Wie kann die Doppelfunktion der Medien als Unterrichtsgegenstand und als Unterrichtsmittel genutzt werden? (Vgl. dazu den eigenen Fragenkatalog zur Unterrichtsvorbereitung: Spanhel, Kleber 1996)
- Aufgabenstellung: Welche Standardaufgaben können auch, gar nicht oder besser auf Beispiele aus den Medien bezogen werden?

Es geht ihr dabei um die Herausarbeitung von Zusammenhängen und um die Entfaltung von Querverbindungen. Das könnte nach ihrer Auffassung zur Kooperation zwischen den Fachdidaktiken und zu echter Interdisziplinarität führen.
Dieser Ansatzpunkt für eine Integration der Medienpädagogik in die Lehrerausbildung wurde bisher kaum gesehen.

2.4 Aufgabenfelder und Inhalte in der schulpraktischen Ausbildung

Durch die Einrichtung von Medienwerkstätten an den Universitäten müßte sichergestellt werden, daß die angehenden Lehrerinnen und Lehrer sich schon während ihres Studiums unter Anleitung unterschiedliche Formen praktischer Medienarbeit aneignen können (vgl. dazu Zeitter 1995; Doelker 1993). Wenigstens im Hinblick auf den Umgang mit einem bestimmten Medium sollten sie eine größere Vertrautheit und Sicherheit gewinnen und grundlegende Fertigkeiten und Arbeitstechniken (der Medienanalyse wie der Produktion) intensiver einüben können. In den Schulpraktika wäre darauf zu achten, daß die Studierenden die Anwendung dieser medienspezifischen

Arbeitstechniken in variablen unterrichtlichen Kontexten erproben und reflektieren können. Sie müssen dabei einen Überblick über vorhandene Software zur Medienerziehung erhalten und die Zugänge zu medienpädagogischen Materialien kennenlernen.

3. Einige Folgerungen für die 2. Phase der Lehrerausbildung (Referendariat)

Auch in dieser Phase können die Anforderungen, die sich aus den Entwicklungen im Medienbereich ergeben, nicht durch bloße Hinzufügung eines neuen Bereichs ‚Medienpädagogik' erfüllt werden. Wie in der ersten Ausbildungsphase ist nur ein integrativer Ansatz sinnvoll. Der mediale Aspekt muß in allen Schritten der Planung, Vorbereitung, Durchführung und Reflexion von Unterricht und Erziehungsmaßnahmen als eine besondere Perspektive zum Tragen kommen.

Im Hinblick auf die Ausbildung einer umfassenden Medienkompetenz der Lehrkräfte geht es dabei insbesondere um
- die berufsfeld- und fachspezifische Auslegung der grundlegenden medienerzieherischen Aufgaben und Inhalte;
- den kreativen Entwurf von Unterrichtseinheiten und Erziehungsmaßnahmen unter Einbezug von Medien und ihre Erprobung;
- die Einübung in Mediennutzung und -organisation, in medienspezifische Arbeitstechniken und Handlungskompetenzen.

Das erzieherische und unterrichtliche Handeln der Lehrerinnen und Lehrer erfordert grundlegende personale Fähigkeiten. Diese Handlungskompetenzen können nur im beruflichen Alltagshandeln in der 2. Phase der Lehrerausbildung eingeübt und gefestigt, differenziert und weiterentwickelt werden. Die Frage ist, inwieweit durch die Erfordernisse im Zusammenhang mit den neuen Medien diese Handlungskompetenzen verändert und erweitert werden müssen:
- Welche zusätzlichen Grundfähigkeiten der Lehrkräfte verlangt der Einsatz der neuen Medien?
- Wie werden durch den Einsatz der neuen Medien die Wirkungen dieser Handlungskompetenzen verändert? Wie könnten sie evtl. durch Medieneinsatz verstärkt werden?

Gerade unter dem Aspekt der Integration käme der 2. Ausbildungsphase im Hinblick auf eine verstärkte pädagogische Nutzung der neuen Medien eine herausragende Bedeutung zu, die bislang kaum bedacht wurde.

Literatur

AG Medienpädagogik der DGfE (1996): ‚Medien und Informationstechnologien in Erziehung und Bildung' im Rahmen der Lehramtsstudiengänge. Arbeitspapier

Aufenanger, St. (1996): Medienerziehung praktisch fruchtbar machen. Kooperationsprojekt zur praktischen Medienerziehung. Hamburg

Bofinger, J. (1996): Der Fernsehkonsum von Hauptschülern. Ergebnisse einer Schülerbefragung im Modellversuch ‚Integrative Medienerziehung' an der Ernst-Penzoldt-Hauptschule in Erlangen-Spardorf. ISB Arbeitsbericht Nr. 273, Staatsinstitut für Schulpädagogik und Bildungsforschung. München

Dichanz, H. (1992): Zum Medienumfeld von Lehrern. In: Medienkompetenz als Herausforderung an Schule und Bildung. Gütersloh, S. 266-282

Doelker, Chr. (1993): Medienpädagogik in der Lehrerausbildung und -fortbildung. In: Achtung Sendung!, Nr. 8, S. 53-57

Eschenauer, B. (1997): Mehr als ein Führerschein fürs Internet. Aktuelle Ansätze in der medienpädagogischen Lehrerfortbildung. In: medien praktisch, Heft 1, S. 50-52

König, M. / Peschke, R. (1996): Integrative Medienerziehung mit multimedialen interaktiven Systemen. Modellversuch des Hessischen Instituts für Bildungsplanung und Schulentwicklung. Paper, Wiesbaden

Koring, B. (1997): Lernen und Wissenschaft im Internet. Bad Heilbrunn

Loch, W. (1990): Für Lehrer erforderliche Fähigkeiten. In: Loch, W. / Muth, J.: Lehrer und Schüler - alte und neue Aufgaben. Essen, S. 101ff.

Merkert, R. (1992): Medien und Erziehung. Darmstadt

Sacher, W. (1994): Audiovisuelle Medien und Medienerziehung in der Schule. Strukturelle und typologische Ergebnisse einer Repräsentativuntersuchung. München

Spanhel, D. (1994): Das Lernen optimieren. Neue Chancen durch den Einsatz von Informations- und Kommunikationstechniken: In: Medienimpulse, Heft 9, S. 64-73

Spanhel, D. (1995): Die pädagogische Problematik der Medien. Konsequenzen für die schulische Medienerziehung. In: Miedaner, M. (Hrsg.): Familienmitglied Fernseher? Neuried, S. 134-160

Spanhel, D. (1996): Erziehung in einer mediengeprägten Alltagswelt. Probleme und Handlungsmöglichkeiten. Vortrag auf dem Symposium ‚Kind und Medien' im Bayer. Schulmuseum in Ichenhausen im Sept. 1995: Manuskript. Nürnberg

Spanhel, D. (1996): Modellversuch zur integrativen Medienerziehung in der Hauptschule. Hilfen für Lehrer, Schüler und Eltern: Zwischenbericht über die erste Projektphase im Schuljahr 1994/95. Typopskript, Nürnberg

Spanhel, D. (1997): Integrative Medienerziehung in der Hauptschule. Bericht über den Ablauf des BLK-Modellversuchs im Schuljahr 1995/96. Typoskript, Nürnberg

Spanhel, D. / Kleber, H. (1996): Integrative Medienerziehung in der Hauptschule. In: Pädagogische Welt, Heft 8, S. 359-364

Spanhel, D. / Hüber, H.-G. (1995): Lehrersein heute - berufliche Belastungen und Wege zu deren Bewältigung. Bad Heilbrunn

Tulodziecki, G. (1995): Handlungsorientierte Medienerziehung in Beispielen. Bad Heilbrunn

Wermke, J. (1995): Integrierte Medienpädagogik. Aufgabe und Problem für Schulunterricht und Lehrerausbildung. In: Deutschunterricht, Berlin 48, Heft 11, S. 506-514

Wermke, J. (1996): Medienpädagogik und Fachdidaktik. Teil 1: Integration als Prozeß. In: Deutschunterricht, Berlin 49, Heft 9, S. 440-450; Teil 2: Konventionen und Innovationen. In: a.a.O., Heft 10, S. 486-495

Zeitter, E. (Hrsg.) (1995): Medienerziehung für Grundschüler. Das Forschungs- und Entwicklungsprojekt zur medienpädagogischen Aus- und Weiterbildung von Lehrerinnen und Lehrern der Primarstufe. Frankfurt/M.

Paul Detlev Bartsch
Aufgaben der Lehrerfortbildung bei der Vermittlung von Medienkompetenz

Die Entwicklung von Medienkompetenz bei Schülerinnen und Schülern hängt ganz wesentlich vom diesbezüglichen Vermögen der Lehrpersonen ab. Hier einige knappe Thesen, wie die Lehrerfortbildung bei der Vermittlung von Medienkompetenz mitwirken kann:
❑ Die Lehrerfortbildung dient vom Begriff und Charakter her eigentlich der Wissenserweiterung in einem dem Teilnehmer/der Teilnehmerin bereits bekannten Bereich. Der Lehrer/die Lehrerin erwartet zum Beispiel Angebote zur ‚Vervollkommnung in seinem/ihrem Fach'. Dieser Ansatz steht im Widerspruch zum Stand, den die Medienerziehung im Schulalltag besitzt: Hier ist zuvörderst Basisarbeit zu leisten, die Fortbildung aufgrund ihrer Strukturen eigentlich nicht abdecken kann! Die Fortbildung ist als ‚Reparaturbetrieb' jener Defizite, die die universitäre Lehrerausbildung immer noch mehrheitlich produziert, schlicht überfordert.
❑ Die - in unterschiedlicher Weise institutionalisierte - Lehrerfortbildung kann mehrheitlich nur Anregung, Impuls sein. Erwartet wird demgegenüber von den Fortbildungsteilnehmern und -teilnehmerinnen häufig eine ‚Rezept'-Fortbildung, die ganz praktische, sofort umsetzbare Handlungsanleitungen vermittelt. Natürlich ist das für Einzelaspekte der Medienerziehung (insbesondere im Bereich der aktiven Medienarbeit) möglich. Ein komplexes Gesamtverständnis für Medienkompetenz ist so allerdings kaum herstellbar. Man vergißt bei der Diskussion zudem meist, daß Fortbildung ein ganz individueller, kontinuierlicher Prozeß ist, der also nicht nur in institutionalisierten Bahnen ablaufen sollte.
❑ Die angestrebte Integration von Medienkompetenzvermittlung in das jeweilige Fachverständnis, die Fachkultur (vgl. Jutta Wermkes Empfehlungen für den Deutschunterricht) bedeutet, daß auch und gerade die traditionelle Fachfortbildung sich der Medienerziehung öffnen muß. Dies ist ein vom Vermögen und Willen der mit der Fortbildungsorganisation betrauten Personen abhängiger, doch praktikabler Weg. Andererseits ist Medienkompetenz meines Erachtens nicht vollkommen in Fachbezüge auflösbar, zumindest nicht ohne Verlust des Zusammenhangs. Das Interesse an Fortbildungsangeboten zu ‚übergreifenden Themen' ist aber in der Lehrerschaft - siehe oben - eher gering. Als Beleg für die kuriosen Blüten dieses Widerspruchs mag das Beispiel eines Kursangebotes zur Einführung in die Filmsprache dienen: Als übergreifend angelegtes Thema mußte es mangels Interesse ausfallen, während es sich im konkreten Fachzuschnitt als ‚Literaturverfilmungen für den Deutschunterricht am Gymnasium' einer Anmeldeflut gegenübersah!
❑ Fortbildung zur Medienkompetenz braucht in der Regel eine gewisse Basis an Vorkenntnissen, die gerade im Bereich der neuen Informations- und Kommunikationstechnologien fehlt. So muß zum Beispiel das Angebot ‚Einsatz des Computers im ...unterricht' häufig genug als ‚Einführungskurs in den Umgang mit dem

Computer' realisiert werden! Das übersteigt die Möglichkeiten der Lehrerfortbildung, die keine Volkshochschule ersetzen kann! In Bezug auf Multimedia und Internet müssen künftig inhalts- und anwendungsorientierte Angebote im Vordergrund stehen; im Moment dominiert hier das technische Handling.

❏ Ein Vorzug der Lehrerfortbildung ist zweifellos, daß sie flexibler als Aus- oder Weiterbildung auf bildungsrelevante Entwicklungen im dynamischen Medienbereich reagieren kann.

❏ Als Besonderheit bei Fortbildungsangeboten zu neuen Medien scheint mir die Tatsache erwähnenswert, daß die Lehrerfortbildung - zumal auf Landesebene - häufig über eine technische Idealausstattung verfügt, die die konkrete schulische Umsetzung des Erlernten (unter den stark differierenden Ausstattungsgegebenheiten vor Ort) nicht eben begünstigt. Hier hat sich die schulinterne Lehrerfortbildung (SCHILF) als günstig erwiesen, da sie sich auf die tatsächlich an der Schule vorhandenen technischen Bedingungen beziehen muß.

❏ Gerade im Bereich der Fortbildung zu neuen Medien beobachte ich eine bedenkliche Tendenz zur Verfestigung von Wissens- bzw. Könnenshierarchien: Die (wenigen) ‚Experten' nehmen spezielle Angebote gern an, erweitern ihre Kenntnisse und werden also immer besser - die Schwelle für die ‚ängstlich-abwartenden' Lehrerinnen und Lehrer wächst weiter. Auch hier ist SCHILF ein gangbarer Weg, um Kollegien insgesamt zu erreichen.

Ich will versuchen, mit Blick auf Sachsen-Anhalt die Vor- und Nachteile der unterschiedlichen Formen/Ebenen der Lehrerfortbildung bei der Vermittlung von Medienkompetenz darzustellen:

Ebene	*landesweite Fortbildung*	*regionale und lokale Fortbildung*	*schulinterne Fortbildung*
Vorteile	· wendet sich vorrangig an Fachmoderatoren, Multiplikatoren, Funktions- und Entscheidungsträger · kann die Durchsetzung bildungspolitischer Erfordernisse beeinflussen · Einführung neuer Fach-Rahmenrichtlinien	· Lehrergruppen, die auch ansonsten zusammen arbeiten, werden erfaßt (zumeist fachbezogen) · Nähe zur Schule relativ groß · relative Flächendeckung · relativ regelmäßig	· geht von den Gegebenheiten und Bedürfnissen einer konkreten Schule aus · Fortbildungs-Inhalte am Kenntnis- und Ausstattungsstand orientiert · fachübergreifende Themen häufig · erfaßt Kollegien, die auch ansonsten zusammenarbeiten

	wird von landesweiter Fortbildung begleitet · Halbwochenkurse bieten entsprechenden Raum zur Vertiefung		· kann Schulentwicklung und Profilbildung stimulieren
Nachteile	· es existieren keine ‚Multiplikatoren für Medienkompetenz' · lange Wege, bis vermittelte Inhalte in der Schule ankommen	· Angebote in den einzelnen Regionen sehr unterschiedlich · Fachbezug überwiegt · vorwiegend Halbtagesveranstaltungen	· bei großen Kollegien kaum mehr als ‚Schnupperkurse' möglich · Effekt bleibt auf konkrete Schule begrenzt

Deutlich wird: Die Nachteile der einen Ebene lassen sich - zumindest teilweise - durch Vorteile anderer Ebenen auffangen. Anzustreben ist also ein Fortbildungs-‚Netzwerk', wobei dessen Koordination aufgrund unterschiedlicher Zuständigkeiten nicht unproblematisch sein dürfte.

Ausschlaggebend für den Erfolg medienerzieherischer Bemühungen in der Lehrerfortbildung, aber auch in der Schule insgesamt erscheint mir ihre Kontinuität. Diese stellt sich in Sachsen-Anhalt wie folgt dar:

1. Es existiert (seit 1995) ein curriculares, fachintegratives Gesamtkonzept[1] der schulischen Medienerziehung
❏ durchgängige Handlungsfelder
❏ dem Lehrer/der Lehrerin bekannter Aufbau (angelehnt an Rahmenrichtlinien - mit Lernzielen, Inhalten, methodischen Hinweisen usw.)
❏ Berücksichtigung vorhandener Fachinhalte
❏ deutlicher Bezug auf Fächer der Stundentafel
❏ Verdeutlichung von fachübergreifenden Zusammenhängen

2. Der fachintegrative Ansatz wird durch regelmäßige ‚Verdichtungen' bei der Vermittlung von Medienkompetenz in den einzelnen Schulstufen ergänzt
❏ empfohlene Projektarbeit in der Primarstufe
❏ Pflichtprojekt "Mit Technik und Medien leben" in der Förderstufe

---

[1] Wege zur Medienkompetenz. Ein Gesamtkonzept der schulischen Medienerziehung mit Anregungen für die Unterrichtsgestaltung, Paetec Verlag, Berlin 1998 (2. Auflage), ISBN 3-89517-802-0

❑ Wahlpflichtkurs "Moderne Medienwelten" in der Sekundarstufe I
❑ Grundkurs "Alltag im globalen Dorf" in der Sekundarstufe II (geplant)

3. *Publikationen bzw. Handreichungen des Landesinstituts werden sofort mit konkreten Fortbildungsangeboten verbunden*
❑ alle Ebenen der Fortbildung erreichen
❑ Querverweise zum Abbau von Informationsdefiziten

4. *Die (zwangsläufig punktuelle) Lehrerfortbildung wird im Sinne einer höheren Qualität und Kontinuität durch einen Lehrerweiterbildungskurs mit dem Ziel einer Unterrichtserlaubnis für den Wahlpflichtkurs ‚Moderne Medienwelten' ergänzt (Start erfolgte im September '98)*
❑ ein Semester mit 24 Studientagen (= rund 200 Stunden)
❑ Abschluß mit Unterrichtserlaubnis für Wahlpflichtkurs
❑ hoher praktischer Ausbildungsanteil

5. *Eine Abstimmung mit der I. und II. Phase der Lehrerausbildung ist angestrebt; Fortbildungsangebote stehen Referendaren und Studenten offen.*

Manfred König
Bedingungen der Vermittlung von Medienkompetenz in der Lehrerfortbildung

Die Bedeutung der Medien in unserer Gesellschaft hat in den letzten Jahren ständig zugenommen. Dies zeigt sich sowohl in der Vielfalt der Medien als auch in der steigenden Anzahl von Programmen und Angeboten. Die Medienwelt wird zunehmend komplexer und damit auch undurchschaubarer. Kinder und Jugendliche nutzen Medien oft häufiger als Erwachsene und werden in ihrem Verhalten und in ihren Wertevorstellungen von diesen geprägt. Die Schule hat daher die Aufgabe, sich mit der Medienwelt auseinanderzusetzen.

Besondere Bedeutung wird den neuen Medien, derzeit vor allen Dingen den Bereichen Multimedia und Telekommunikation, beigemessen. Sie bieten nicht nur die Chancen für weltweites, zeitlich unabhängiges und weitgehend selbstgesteuertes Lernen, sondern eröffnen auch neue Aufgaben in der Arbeitswelt der Zukunft. Voraussetzung zur Nutzung dieser Chancen ist allerdings eine Medienkompetenz, die sowohl die notwendige Handlungskompetenz im Umgang mit Medien als auch die kritische Reflektion der Inhalte und Angebote beinhaltet.

1. Medienkompetenz als (eine) Schlüsselqualifikation der Zukunft

Die Ausweitung des Medienangebots in den letzten Jahren hat dazu beigetragen, daß trotz der allgemein schwierigen Lage auf dem Arbeitsmarkt im Medienbereich neue Arbeitsplätze geschaffen wurden, teilweise sogar ganz neue Berufe entstanden sind. Darüber hinaus erfordern immer mehr Berufszweige Kenntnisse im Umgang mit neuen Informations- und Kommunikationstechnologien. Es ist davon auszugehen, daß sich dieser Trend noch weiter fortsetzen wird.

Es soll allerdings auch gesagt werden, daß Schule noch andere Schlüsselqualifikationen vermitteln muß. Genannt seien an dieser Stelle die Förderung von Kreativität und Eigeninitiative, das Erlernen eines partnerschaftlichen Umgangs oder die Vorbereitung auf die zunehmende Globalisierung unserer Gesellschaft. Es gilt daher zu überprüfen, wie Medien selbst und die Arbeit und Auseinandersetzung mit ihnen dazu beitragen können, diese Qualifikationen mit zu vermitteln.

2. Vermittlung von Medienkompetenz für Lehrerinnen und Lehrer

Für den Begriff der Medienkompetenz gibt es so viele unterschiedliche Definitionen, daß an dieser Stelle nicht noch eine weitere erfolgen soll. Interessant erscheint mir der Ansatz von Bernd Schorb, der Medienkompetenz als ‚prozessualen Begriff' sieht, der sich laufend verändern muß, und daher nicht endgültig definiert werden kann.

Die bildungspolitischen Forderungen nach einer verstärkten Einbeziehung von medienerzieherischen und medienpädagogischen Fragestellungen sind besonders für den Bereich der neuen Medien sehr hoch (siehe BLK - Empfehlungen und KMK - Veröffentlichungen). Umgekehrt werden diese Inhalte bisher aber weder in der ersten noch in der zweiten Phase der Lehrerausbildung ausreichend vermittelt. Die derzeitige Einstellungssituation sorgt zudem dafür, daß die neu ausgebildeten Pädagoginnen und Pädagogen oftmals gar nicht in den Schuldienst kommen.

Eine besondere Rolle kommt daher der dritten Phase der Lehrerausbildung zu. Die in der Lehrerfort- und weiterbildung qualifizierten Kolleginnen und Kollegen haben die Möglichkeit, ihre neu erworbenen Kenntnisse nahezu ohne Zeitverlust im Unterricht umzusetzen. Langfristig wird es allerdings notwendig sein, die einzelnen Aktivitäten der drei Phasen aufeinander abzustimmen.

3. Fördernde und hemmende Faktoren

Während die Medientechnologie in den letzten Jahren geprägt war von einer Vielzahl unterschiedlicher Systeme, zeichnet sich doch jetzt eine zunehmende Kompatibilität und Vereinheitlichung der Systeme ab. Gerade im Bereich der Computermedien haben grafische Benutzeroberflächen dazu geführt, daß der immense Zeitaufwand, der früher für die Einführung in deren Handhabung notwendig war, deutlich reduziert werden konnte. Neueste Entwicklungen wie Touch-Screen-Monitore oder die Möglichkeiten der Spracherkennung werden zu einer weiteren Erleichterung im Umgang beitragen.

Ebenfalls vorteilhaft war die zunehmende Verbreitung und Nutzung der Systeme im privaten Bereich, was den Effekt hatte, daß immer mehr Lehrerinnen und Lehrer bereits Vorkenntnisse in die Fortbildungsmaßnahmen mit einbrachten.

Während der Bedarf an grundlegenden Einführungslehrgängen eher zurückgegangen ist, steigt das Interesse an fächerspezifischen Softwareprodukten und den Fragen der unterrichtlichen Umsetzung. Häufig geäußerter Wunsch in Fortbildungslehrgängen ist derzeit das Erlernen des Umgangs mit dem Internet.

Als förderlich erweist sich auch die Ausweitung des Angebots an schulgeeigneter Software, besonders die zunehmende Entwicklung multimedialer Angebote auf CD-ROM. Die Ausstattung der Schulen mit entsprechender Hardware ist allerdings noch nicht überall erfolgt. Die Entwicklung hochwertiger, multimedialer Produkte für den Schuleinsatz (z.B. "Die Alpen", FWU) hat dazu geführt, daß das Interesse am Einsatz neuer Medien bei vielen Kolleginnen und Kollegen zugenommen hat und Medienkompetenz an Fachlehrerinnen und -lehrer sehr unterschiedlicher Fächer vermittelt werden muß.

Der Zeitaufwand für das Erlernen des Umgangs mit dem Medium ist dabei eher gering anzusetzen. Im Mittelpunkt wird die Frage stehen, wie das Lernen mit diesem Werkzeug verbessert werden kann und welche Ziele und Inhalte des jeweiligen Fachs dabei vermittelt werden können. An dieser Stelle ist auch die Curriculumentwicklung aufgefordert, neue Elemente in die entsprechenden Lehrpläne aufzunehmen.

Ein Problem ist nach wie vor die Knappheit der Ressourcen, was zum einen dazu führt, daß nicht an allen Schulen eine optimale Ausstattung zur Verfügung steht, als auch dazu, daß die Lehrerfortbildung in vielen Ländern eher zurückgefahren wird. Ob die von vielen Bildungsplanerinnen und -planern geforderte schulinterne Lehrerfortbildung für die Vermittlung von Medienkompetenz eine Lösung sein wird, bleibt abzuwarten.

4. Vorschläge und Forderungen

Unabdingbare Voraussetzung für eine inhaltlich sinnvolle und wirtschaftlich tragbare Vermittlung von Medienkompetenz für Lehrerinnen und Lehrer ist ein abgestimmtes

Gesamtkonzept, welches alle drei Phasen der Lehrerbildung beinhaltet. Dabei ist besonders für die ersten beiden Phasen festzulegen, welche Inhalte in allgemeinen pädagogischen Veranstaltungen und welche Inhalte in den Seminaren der jeweiligen Fächer zu vermitteln sind.

Im Bereich der Lehrerfortbildung müssen einzelne Elemente verzahnt und Überschneidungen oder Mehrfachangebote vermieden werden. Beispielsweise ist es unökonomisch, wenn mehrere Fächer gleichzeitig ein Seminar zur Einführung in den Umgang mit Medien anbieten, aber weiterführende Fragestellungen weitgehend offen bleiben. Erforderlich ist ein Bausteinmodell, in dem festgelegt wird, welche Inhalte an welcher Stelle vermittelt werden.

Bei der Planung von Fortbildungsveranstaltungen im Medienbereich ist auch die Einbeziehung externer Referentinnen und Referenten und außerschulischer Lernorte erforderlich. Nur dann kann eine praxisorientierte, zeitgemäße Medienkompetenz vermittelt werden. Besonders betonen möchte ich an dieser Stelle, daß es notwendig sein wird, die Kenntnisse, die bisher eher im Bereich der audiovisuellen Medien vermittelt wurden, zu verbinden mit Kompetenzen aus dem Bereich der Computermedien.

Wichtig erscheint auch, daß die Kolleginnen und Kollegen die Möglichkeit haben, nach der Ausbildung und den ersten Unterrichtserfahrungen diese Erfahrungen nochmals zu reflektieren. Besonders hilfreich ist sicher die Unterstützung der Lehrkräfte vor Ort durch eine hotline oder ein support-center. In Hessen gibt es darüber hinaus bereits Medienkompetenzzentren, wo Lehrerinnen und Lehrer nicht nur ausgebildet werden, sondern auch die Möglichkeit haben, eigene Unterrichtsvorschläge zu konzipieren und Erfahrungen auszutauschen.

Bei allen Planungen ist zu berücksichtigen, daß sich die Vermittlung von Medienkompetenz an den Bedürfnissen von Schule und Unterricht orientieren muß. Dies erfordert in besonderem Maße die Vermittlung von didaktischen und methodischen Kenntnissen. Letztendlich geht es nicht darum, das Fortbildungsangebot zu erweitern, sondern das Lehren und Lernen in der Schule zu verbessern. Und an dieser Stelle können und sollen Medien einen wichtigen Beitrag leisten.

2 Medienkompetenz - Förderung im Handlungsfeld außerschulische Jugendarbeit: Bedingungen und Beispiele

Günther Anfang / Ida Pöttinger
Medienkompetenz der Multiplikatorinnen und Multiplikatoren der Jugendarbeit: Bedingungen der Praxis und Anforderungen an Aus- und Fortbildung

In der außerschulischen Kinder- und Jugendarbeit wurde die Diskussion um Medienkompetenz in den letzten Jahren vor allem von der Frage bestimmt, welchen Stellenwert Computer und Multimedia in Zukunft für Kinder und Jugendliche haben und wie die Kinder- und Jugendarbeit darauf reagieren muß. Fragen, die immer wieder gestellt werden, sind dabei unter anderem, wie Medienkompetenz angesichts der rasanten Entwicklung der neuen Medien bei Kindern und Jugendlichen zu fördern sei und welche Qualifikationen und Kompetenzen Pädagoginnen und Pädagogen selbst brauchen, um handlungsfähig zu bleiben. Diese Fragen und Anforderungen an die eigene Qualifikation haben Pädagogen und Pädagoginnen stark verunsichert. Während für sie bisher noch einigermaßen Klarheit darüber bestand, welche Zielsetzungen medienpädagogische Arbeit im Umgang mit herkömmlichen Medien verfolgt und welche Konzepte zur aktiven Medienarbeit dafür vorliegen, gilt dies für die neuen Medien nicht. Hier sind viele Fragen offen und bisher nur in Ansätzen Konzepte für die Kinder- und Jugendarbeit entwickelt. Auf dem Hintergrund der Auseinandersetzung um den sinnvollen Einsatz von Computern und Multimedia in der Kinder und Jugendarbeit lassen sich dabei vor allem zwei Typen unterscheiden: die Euphorikerinnen bzw. Euphoriker und die Skeptikerinnen bzw. Skeptiker. Während die ersteren die neuen Medien in ihre Arbeit meist sofort ohne Wenn und Aber integrieren und nach dem Motto 'Ärmel aufkrempeln und los!' in ihren Einrichtungen Computer installieren, Internet-Cafes einrichten, um dann Spiele- und Surf-Nachmittage anzubieten, erzeugen die neuen Medien bei den anderen erst einmal Ratlosigkeit. Sie lehnen Computer und alles, was mit neuen Medien zusammenhängt, häufig kategorisch ab und versuchen, durch Ignorieren den negativen Auswirkungen der Medienflut aus dem Weg zu gehen. Gemein ist beiden die Konzeptionslosigkeit in Bezug auf das Thema. Während die Euphorikerinnen bzw. Euphoriker sich lediglich der technischen Seite dieser Medien widmen, ohne sich die Frage zu stellen, für was und für wen sie genutzt werden sollen, versuchen die Skeptikerinnen bzw. Skeptiker diese Welt ganz aus dem Alltag der Jugendarbeit zu verbannen, damit nur ja nicht der Virus 'Computereuphorie' ins eigene Haus geschleppt wird. Dadurch konnte in der außerschulischen Jugendarbeit bisher keine vernünftige Medienpädagogik zum Thema Computer und neue Medien entwickelt werden. Die einen haben für konzeptionelle Überlegungen keine Zeit, da sie in der Regel damit beschäftigt sind, das technische Handling in den Griff zu bekommen, und die anderen machen sich diese Überlegungen erst gar nicht, da sie sowieso der Meinung sind, für dieses Thema nicht zuständig zu sein. Damit kommen wir zum eigentlichen Problem: Eine inhaltliche Auseinandersetzung und Fortentwicklung von Konzepten medienpädagogischer Arbeit in der außerschulischen Kinder- und Jugendarbeit findet derzeit nicht statt. Zwar werden vereinzelt Thesen formuliert, die in Richtung Förderung von benachteiligten Kindern und Jugendlichen gehen, oder es wird die Schaffung von kostenlosen Zugängen zum Internet für diese Gruppierungen gefordert, Konzeptionen sind damit allerdings noch lange nicht verbunden. Die Medienkompetenz von Kindern und Jugendlichen zu fördern, bedeutet schließlich mehr als ihnen Chat- und Surfmöglichkeiten im Internet zu eröffnen. Wie bereits bei der herkömmlichen Medienarbeit kommt es auch bei der medienpädagogischen Arbeit mit neuen Medien darauf an, was mit den Medien gemacht wird und welche Ziele damit verfolgt werden. Diese Ziele unterscheiden sich nicht grundlegend von herkömmlicher Medienarbeit und haben zum Inhalt, Kinder und Jugendliche zu einem kritischen, selbstbestimmten und kreativen Umgang mit Medien zu befähigen. Zu klären ist somit, wie Computer und Internet auf der Grundlage dieser medienpädagogischen Zielsetzungen in der Kinder- und Jugendarbeit eingesetzt werden können. Diese Fragen sind zu klären, bevor man 'die Ärmel aufkrempelt' und das Jugendzentrum oder den Hort mit Computern hochrüstet. Es ist aber auch zu fragen, welche Ziele medienpädagogische Arbeit insgesamt unter Einbeziehung aller Medien in der Kinder- und Jugendarbeit verfolgen muß, um die Medienkompetenz von Kindern und Jugendlichen zu fördern. Bei der Beantwortung dieser Fragen ist die Medienkompetenz der Pädagoginnen und Pädagogen in den Einrichtungen der offenen Kinder- und Jugendarbeit in verschiedener Hinsicht gefordert. Ihre Aus- und Fortbildung müßte sie in die Lage versetzen, Medien nicht nur technisch, sondern auch inhaltlich zu erfassen und für die Kinder- und Jugendarbeit nutzbar zu machen. Dazu bedarf es einer Aus- und Fortbildung, die die Pädagoginnen und

Pädagogen mit Grundfragen medienpädagogischer Theorie und Praxis vertraut macht und praktische Konzepte im Umgang mit Medien erproben läßt. Zu fragen ist dabei zum einen, was Ausbildungseinrichtungen wie Fachhochschulen und Fachschulen für Erzieherinnen und Erzieher leisten müssen, um Medienkompetenz zu vermitteln, zum anderen stellt sich die Frage, was Fortbildungseinrichtungen wie Medienzentren, Akademien und Bildungseinrichtungen anbieten müssen, um die Fortbildung von Multiplikatorinnen und Multiplikatoren der Kinder- und Jugendarbeit zu gewährleisten. Im folgenden werden deshalb sowohl die Inhalte der Ausbildungseinrichtungen eruiert und bewertet, als auch die Angebote der Fortbildungseinrichtungen kritisch unter die Lupe genommen.

1. Vermittlung von Medienkompetenz in Ausbildungseinrichtungen

In der Regel erfolgt die medienpädagogische Ausbildung von Studentinnen und Studenten der Sozialpädagogik in den Fachhochschulen als Zusatzangebot und nur vereinzelt als Schwerpunkt im Hauptstudiengang. So wurde z.B., wie in den Ausführungen von Verena Mayr-Kleffel noch vertiefend dargestellt (vgl. ihren Beitrag), in der Ausbildung an der Fachhochschule Nürnberg 1997 erstmals ein Studienschwerpunkt Medienpädagogik eingeführt, der sowohl Theorie als auch Praxis medienpädagogischer Arbeit beinhaltet. Dies sind erste Ansätze, der Medienpädagogik im Sozialpädagogikstudium einen größeren Stellenwert einzuräumen, die jedoch nicht die Regel sind. Der Lehrkanon, der im Studienschwerpunkt Medienpädagogik in Nürnberg angeboten wird, hört sich durchweg sinnvoll und positiv an. So werden u.a. theoretische Kenntnisse vermittelt zu:
❑ zu empirischen Befunden der Kindheitsforschung sowie zur geschlechtsspezifischen Sozialisationsforschung,
❑ zu Funktion und Inhalten verschiedener Massenmedien und zu den wichtigsten Medientheorien,
❑ zu Grundlagen der Medienrezeptions- und Wirkungsforschung sowie
❑ zu Grundlagen einer handlungsorientierten Medienpädagogik.
Als praktische Qualifikation müssen die Studierenden an Hand eines Mediums ihrer Wahl (Video, Audio oder Computer) technische Kenntnisse im Umgang mit den Medien erwerben.
Problematisch scheint bei vielen Studentinnen und Studenten die kulturpessimistische Haltung gegenüber Medien und das Beharren auf dem eigenen Mediengeschmack und den eingefahrenen Rezeptionsgewohnheiten zu sein. Es ist offensichtlich schwierig, diesen Typus des Skeptikers, wie er eingangs charakterisiert wurde, in medienpraktischer Hinsicht zu qualifizieren. Zwar wird versucht, durch die Einbeziehung der eigenen Mediensozialisation und medienbiografischer Selbstreflexion der Studierenden Vorurteile abzubauen, doch gelingt dies nur zum Teil, zumal Medienpädagogik und Kommunikationswissenschaft nach wie vor randständige Gebiete in der Ausbildung sind.

Noch problematischer ist die Situtation an den Fachschulen für Erzieherinnen und Erzieher. Hier wird Medienpädagogik, wenn überhaupt, nur in wenigen Unterrichtsstunden angeboten. Das Interesse an diesem Fach ist, wie Doris Breuer schildert (vgl. ihren Beitrag), nicht sehr groß, denn Erzieherinnen und Erzieher sind in der Regel eher medienfeindlich eingestellt und sehen ihre Aufgabe vornehmlich darin, Medien aus dem Kindergarten herauszuhalten. Dies wurde im übrigen auch in einer Studie zur Medienerziehung im Kindergarten (vgl. Six u.a. 1998) herausgefunden, die vom Institut für Kommunikationspsychologie und Medienpädagogik an der Universität Koblenz-Landau im Auftrag der Düsseldorfer Landesanstalt für Rundfunk (LfR) in Nordrhein-Westfalen durchgeführt wurde. Sie kommt zu dem Ergebnis, daß Kindergärten nicht nur ausgesprochen schlecht mit elektronischen Medien ausgestattet sind, sondern auch, daß die Erzieherinnen und Erzieher selbst bei vorhandener Ausstattung eher unwillig sind, elektronische Medien im Kindergarten einzusetzen. Einzige Ausnahme bilden Kassettenrekorder, die aber nicht zu medienerzieherischen Zwecken verwendet werden. Auch die Medienkompetenz der Erzieherinnen und Erzieher im Hinblick auf das Wissen über die Mediennutzung von Kindern ist laut dieser Studie mangelhaft. Sie können weder den täglichen Fernsehkonsum von Kindern richtig einschätzen, noch kennen sie Sendungen, die Kinder sehen. So stufen sie Serien wie z.B. die 'Power Rangers', ohne sich je ein Bild davon gemacht zu haben, nur deshalb als problematisch ein, weil sie mit negativem Image in der öffentlichen Diskussion stehen. Ziel der Aus- und Fortbildung von Erzieherinnen und Erziehern müßte es demnach sein, sie sowohl über Rolle und Bedeutung von Medien im Aufwachsen von Kindern zu informieren und sie sensibel für kindliche Medienrezeptionsweisen zu machen, als sie auch für die praktische Medienarbeit zu motivieren. Dabei kann es nicht darum gehen, sie zu Multimedia-Expertinnen und Experten auszubilden, sondern ihnen Modelle der praktischen Medienarbeit zu vermitteln, die einen kritischen, aber auch kreativen Umgang mit Medien ermöglichen. Leider scheint jedoch die Ausbildung an den Erzieherinnen- und Erzieherfachschulen derzeit nicht geeignet, ihre Medienkompetenz zu fördern. Wie in den Ausführungen von Doris Breuer ersichtlich wird, ist sowohl der Stellenwert von Medienpädagogik im Ausbildungsplan von Erzieherinnen und Erziehern eher marginal, als auch die Bereitschaft der Studierenden nicht sehr ausgeprägt, von eingeschliffenen Vorurteilen gegenüber Medien und Medienarbeit abzurücken. Der alte Fröbel'sche Gedanke des Kindergartens als Schonraum lebt nach wie vor in den Vorstellungen von Erziehenden in Kindergärten. Medien werden als negativ und für Kinder schädlich eingestuft und sollen deshalb vom Kindergarten fern gehalten werden. Weder eine Auseinandersetzung mit den Medieninhalten, die Kinder beschäftigen bzw. für sie problematisch sind, wird angestrebt, geschweige denn ein kreativer Umgang mit Medien angeregt. Wie sollen dann Kinder in ihrer Medienkompetenz gefördert werden, wenn die Medienkompetenz der Erziehenden schon nicht gewährleistet ist?

2. Vermittlung von Medienkompetenz in Fortbildungseinrichtungen

Für den Bereich der Fortbildung stellt sich die Situation nicht grundsätzlich besser dar. Hier kann zwar zunächst einmal davon ausgegangen werden, daß medienpädagogische Fortbildungsveranstaltungen in der Regel nur von Multiplikatorinnen und Multiplikatoren besucht werden, die grundsätzlich am Thema Medien interessiert sind, doch sieht man sich dann genauer an, welche Qualifikationen angestrebt werden, so sind es in der Regel technische, die die Handhabung der Medien optimieren sollen. In den Seminaren der Fortbildungseinrichtungen dominieren somit auch eher die Euphorikerinnen und Euphoriker, die sich gerne zu 'Computer-Medienpädagogen' bzw. '-Medienpädagoginnen' oder zu 'Onlinespezialistinnen' bzw. '-spezialisten' ausbilden lassen wollen, um ihre Kenntnisse auch für Bereiche außerhalb sozialpädagogischer Arbeit oder für einen evtl. Berufswechsel zu vertiefen. Leider leisten Medienzentren und Bildungseinrichtungen dem durchaus häufig Vorschub, da ihre Fortbildungsangebote eher technik- und medienzentriert sind und weniger auf Grundfragen medienpädagogischen Handelns eingehen. Die Frage nach Konzepten medienpädagogischer Arbeit bleibt häufig unbeantwortet. Lieber wird erst einmal, wie es einer der Referenten auf der Tagung vorgestellt hat, der Computer mit dem Ziel auseinandergebaut, ihn dadurch zu 'entmystifizieren', als der Frage nachgegangen, welches Ziel mit der jeweiligen Medienaktion verfolgt wird.

Das Problem der Fortbildung von Multiplikatorinnen und Multiplikatoren der Kinder- und Jugendarbeit stellt sich aber auch dadurch, daß die Technikhürde in der Regel überbewertet wird. Dies führt dazu, daß die einen erst gar nicht in die Thematik einsteigen, während die anderen versuchen, sich möglichst umfassend diese Technik anzueignen. Wie Dirk Conradt aufzeigt (vgl. seinen Beitrag), kommt es nicht darauf an, sich Kompetenzen im Umgang mit der Technik anzueignen. Er geht davon aus, daß es wichtiger ist, sich erst einmal einen Überblick über folgende Fragen zu verschaffen:

❏ Was ist multimediale Kommunikation und wodurch charakterisiert sich Multimedia?
❏ Welche Kriterien müssen angesetzt werden, um die Qualität dieses Mediums beurteilen zu können?
❏ Wie werden Zielgruppen ermittelt und wie wird versucht, diese zu erreichen?
❏ Wie verändert Multimedia die Kommunikation?

Allerdings resultiert aus der Beantwortung dieser Fragen noch kein medienpädagogisches Konzept im Umgang mit Multimedia in der Jugendarbeit. Zwar ist eine grundsätzliche Klärung der Bedeutung von Multimedia in unserer Gesellschaft und der Veränderung von Kommunikation wichtig für die daraus entwickelten medienpädagogischen Konsequenzen, doch müssen diese Konsequenzen in einem Gesamtkonzept einer handlungsorientierten Medienpädagogik Eingang finden. Es kann somit nicht darum gehen, durch medienpädagogische Fortbildung Erzieherinnen und Erzieher sowie Sozialpädagoginnen und Sozialpädagogen lediglich zum 'Machen' zu befähigen, sondern es müssen die Ziele offengelegt werden, warum und wozu etwas

gemacht werden soll. Folgende Ziele stehen dabei im Mittelpunkt medienpädagogischen Handelns:
❏ Partizipation und Teilnahme an öffentlicher Kommunikation,
❏ Förderung der kreativen Potentiale von Kindern und Jugendlichen,
❏ Qualifizierung für einen kompetenten und selbstbestimmten Umgang mit den Medien mit dem Ziel der Förderung kommunikativer Kompetenz und im besonderen der Medienkompetenz.

Diese Zielsetzungen aktiver Medienarbeit sind nicht neu, sondern bereits Grundlage bisheriger praktischer Medienarbeit. Somit ist auch die These nicht stimmig, daß die bisherige praktische Medienarbeit lediglich produktorientiert war, wie dies auf der Tagung ebenfalls von einem Referenten ausgeführt wurde. Vielmehr hatte und hat auch diese Medienarbeit mehrere Dimensionen, die Kinder und Jugendliche in die Lage versetzen sollen, Medien für ihre Interessen zu nutzen und sie zur Teilnahme an der öffentlichen Kommunikation zu befähigen. Es ging somit auch in der 'klassischen' Medienarbeit nicht primär darum, Medienprodukte herzustellen, sondern mit Hilfe der Medien zu kommunizieren und eigene Interessen und Bedürfnisse zu artikulieren. Dies kann in Form eines Audio- oder Videobeitrages erfolgen, aber auch in Form eines Diskussionsforums im Netz. Dabei stellt sich allerdings die Frage, ob Chatten per se schon Teilnahme an öffentlicher Kommunikation ist oder eine spielerisch zwanglose Form des miteinander 'Quatschens' darstellt, die unter medienpädagogischen Gesichtspunkten keiner tieferen Erörterung bedarf. Daß Chatten vielen Jugendlichen Spaß macht, steht außer Zweifel, daraus ein medienpädagogisches Konzept abzuleiten, ist allerdings unsinnig. Chatten, Mailen und Surfen im Netz sind Nutzungsmöglichkeiten, die charakteristisch für das Internet sind. Erst durch die spezifische Nutzung des Netzes, um eigene Anliegen zu artikulieren, sich kreativ auszudrücken und Öffentlichkeiten für sich zu schaffen, wird es zum selbstbestimmten Medium, das für sich in Dienst genommen wird. Chat-Foren zu aktuellen Themen, die Gestaltung eigener Webseiten oder Recherchen im Netz, um sich Informationen zu beschaffen, sind Beispiele, die Grundsätzen aktiver Medienarbeit entsprechen. Hier werden Medien als Werkzeuge benutzt, um eigene Anliegen zu artikulieren. Diesen Werkzeugcharakter gilt es, sowohl bei den 'alten' als auch bei den 'neuen' Medien in den Mittelpunkt medienpädagogischer Aktivitäten zu stellen.

3. Schlußfolgerungen und Perspektiven

Die medienpädagogische Aus- und Fortbildung von Multiplikatorinnen und Multiplikatoren der außerschulischen Jugendarbeit ist derzeit unbefriedigend. Zwar gibt es im Ausbildungsbereich an den Fachhochschulen vereinzelt Schwerpunktsetzungen, die die Entwicklung von Medienkompetenz bei Sozialpädagoginnen und Sozialpädagogen unterstützen und fördern, doch zeigt der Alltag, daß auch hier noch viele Vorurteile und Ressentiments bei den Studierenden gegenüber Medien abgebaut werden müssen, um sie für die praktische Medienarbeit zu begeistern. Im Bereich der

Fachschulen für Erzieherinnen und Erzieher ist das Problem noch größer. Da hier weder der Lehrkanon ausreicht, um sie für die praktische Medienarbeit zu qualifizieren, noch die Motivation bei den Fachschülerinnen und -schülern vorhanden ist, Medienarbeit wichtig zu nehmen, bedürfte es einer grundsätzlichen Revision des Ausbildungsplanes. Sowohl der verschulte Ansatz dieser Ausbildung als auch die zeitliche Strukturierung in 45-Minuten-Einheiten ermöglichen kaum medienpraktische Erfahrungen der Schülerinnen und Schüler, die sie in die Lage versetzen, auch nur in Ansätzen Medienarbeit im Kindergarten oder Hort zu betreiben. Ein weiteres grundsätzliches Problem stellt auch die generelle Einstellung der Studentinnen und Studenten gegenüber Medien dar. Hier bedürfte es selbstreflexiver Seminare und Angebote, wie sie zum Teil an den Fachhochschulen praktiziert werden, doch ist damit nicht garantiert, daß die vorhandenen Einstellungen gegenüber Medien grundlegend revidiert werden. Solange professionell Erziehende Medienerziehung als weniger wichtig einstufen und andere pädagogische Bereiche wie Gesundheitserziehung, Verkehrserziehung oder musische Erziehung für notwendiger erachten, wird sich am Dilemma ihrer mangelhaften Medienkompetenz nichts ändern.

Auch Fortbildungseinrichtungen haben da nur eine geringe Chance, mit ihrem Angebot auf fruchtbaren Boden zu gelangen. Allerdings können sie in direktem Kontakt mit den Einrichtungen der Kinder- und Jugendarbeit durch medienpädagogische Projekte vor Ort Anstöße für eine sinnvolle Medienarbeit geben. Für den Bereich der Medienarbeit mit Video oder Audio wurden dazu bisher viele brauchbare Modelle aktiver Medienarbeit mit Kindern und Jugendlichen entwickelt, aber auch zum Teil für die Medienarbeit mit Multimedia und Internet. Allerdings steckt die Entwicklung von Konzepten in diesem Bereich noch in den Anfängen. Häufig wird die Computer- und Multimediaarbeit mit Kindern und Jugendlichen noch zu sehr von der Bewältigung der technischen Probleme bestimmt, die die Entwicklung von Konzepten behindert. Es fehlt aber auch an Ideen, wie mit einfachen Mitteln sinnvolle medienpädagogische Projekte zum Thema Computer und Multimedia gemacht werden können. Solange der Schwerpunkt der Fortbildungen in diesem Bereich vor allem auf der technischen Qualifikation liegt, ohne die Multiplikatorinnen und Multiplikatoren der Kinder- und Jugendarbeit auch inhaltlich im Umgang mit Medien und deren Fragestellungen zu qualifizieren, wird die Computer- und Multimediaarbeit nur von Euphorikerinnen bzw. Euphorikern vorangetrieben, die auf jeden Zug aufspringen, der verspricht, modern und neu zu sein. Dies kann aber nicht Sinn einer kritischen und alternativen Medienarbeit sein, die ökonomischen Zwängen und Interessen entgegenwirken will und emanzipatorische Absichten verfolgt.

Literatur

Six, U. u.a. (1998): Medienerziehung im Kindergarten. Theoretische Grundlagen und empirische Befunde. Opladen

Ida Pöttinger
Befähigung von Kindern und Jugendlichen zur gesellschaftlichen Teilhabe: Anforderungen an die außerschulische Jugendarbeit

Sieht man sich die Programme von Jugend- und Kulturzentren für Kinder und Jugendliche an, so scheint auf den ersten Blick das Angebot breit und bunt zu sein. Schaut man etwas genauer hin und möchte wissen, welche Angebote es zum Thema Medienerziehung gibt, so wird man mit Erstaunen feststellen, daß es zwei Arten von Jugendclubs zu geben scheint: Entweder findet sich darin kein einziges Angebot, so als gäbe es Medien nicht, oder das Angebot spiegelt eine solche Vielfalt und Technik wider, als wäre man in einer Science Fiction-Welt: 'Expedition ins Internet', 'Internet-intensiv und -multimedial', 'Website mit Frontpage', 'Virtuelle Räume', 'Multimedia-Landschaften', 'Kreatives Schreiben mit Hypertexten', 'Spielen ist Megabyte', 'Cyberkids und Cyberteens'...
Wie kommt es, daß außerschulische Jugendarbeit sich der Medienerziehung ganz entzieht oder ganz auf sie 'abfährt'?
Viele Expertinnen und Experten des Medienbereichs, die Medienforscherinnen bzw. -forscher und Medienpädagoginnen bzw. -pädagogen wiederholen ständig, die virtuelle Wirklichkeit solle nicht verantwortlich gemacht werden für alle negativen Begleiterscheinungen der Zivilisation, denn die Medien geben schließlich nur das wieder, was es in der Gesellschaft gibt: Gewalt und Haß, Träume von Helden und Biestern, Gefahren und Perversionen an jeder Hausecke. Das entspricht der Wahrheit, aber doch nicht ganz, denn Medien schaffen, ob sie wollen oder nicht, eine geistige Atmosphäre, die auch den Alltag, das Gefühlsleben, die Auffassung von kindlicher Entwicklung, Gruppennormen und die Vorstellung von Vorbildern prägt. Dazu gehören die Auffassungen von Güte und Egoismus, Schwäche und Stärke, Schläue und Dummheit, Gerechtigkeit und Ungerechtigkeit, Treue, Freiheit, Liebe und Kommunikation.
Insofern stellt sich die Frage, was außerschulische Jugendarbeit leisten kann oder muß, um den Spielraum zu nutzen, den sie durch ihre Nähe zu Kindern und Jugendlichen hat.

Die oben zitierten Angebote legen nahe, daß sich Erzieherinnen und Erzieher, Sozialpädagoginnen oder Sozialarbeiter mit den neuen Medien nicht nur verbündet haben. An den Angeboten erkennt man keine kritische Distanz zu den Medien und keine Ziele, die über das Erlernen des Umgangs mit moderner Computertechnik hinausgehen. Es kann aber auch sein, daß die Themen auf den Programmseiten nur Werbeslogans sind, die zur Teilnahme an Gruppen animieren wollen und dahinter verbirgt sich gezielte Arbeit von Sozialpädagoginnen und -pädagogen: die Hinführung zu einer Teilhabe an unserer Gesellschaft.

Die Vorstellungen davon, wie Kinder und Jugendliche unterstützt werden müssen, um sich in eine Gesellschaft integriert zu fühlen und aktiv am gesellschaftlichen Leben partizipieren zu können, waren zu allen Zeiten unterschiedlich. Während in den 70er Jahren vor allem Sozialisationstheorien die Sozialpädagogik prägten, sind heute ausschließlich Theorien populär, welche die Individualisierung des Menschen in den Vordergrund stellen. Die Medienerziehung ist diesem Trend gefolgt. Der Beweis liegt in der Umkehrung der Fragestellung. Früher fragte man: Was machen die Medien mit uns? Heute fragt man: Was machen wir mit den Medien? Beide Fragen suggerieren eine Polarität, die es in Wirklichkeit nicht gibt. Auch wenn Kinder und Jugendliche sehr unterschiedlich mit Medien umgehen, eint sie dennoch die Klammer der medialen Massenkultur. Daraus folgt, daß sich das Augenmerk besonders auf Überschneidungen und Grenzbereiche richten muß. Nur so kann herausgefunden werden, an welchen Stellen sich Veränderungen anbahnen, die als bedenkliche Entwicklung oder als positive Tendenz angesehen werden können. Diese Veränderungen werden oft zuerst in der Praxis spürbar, lange bevor es wissenschaftliche Erhebungen dazu gibt. Und manches läßt sich wissenschaftlich vielleicht nie beweisen, weil es kein Instrumentarium dafür gibt.

1. Familie und Gefühlsentwicklung

Viele Familien und Teilfamilien stecken sich in der Erziehung der Kinder hohe Ziele und scheitern aus ganz pragmatischen Gründen wie Zeit-, Nerven-, und Geldmangel. Die Väter hatten sich vorgenommen, ihren Kindern zeitliche Beschränkungen beim Medienkonsum aufzuerlegen. Die Mütter wollten mit ihren Kindern immer das Fernsehprogramm durchgehen, um gezielt Sendungen auszuwählen, und beim Kinderprogramm immer neben den Kleinen sitzen bleiben. Wieviel Eltern wollten zunächst kein 'Nintendo' kaufen. Und an Weihnachten steht es dann doch da.
Eltern verhalten sich uneindeutig, inkonsequent und unüberlegt. Die Elternabende zur Medienerziehung sind meistens schlecht besucht, weil die Erziehungsberechtigten Angst haben, sie müssten Dinge aus ihrem Alltagsleben preisgeben, die andere nicht akzeptieren. Und auch ein fortschrittlicher Kindergarten mit Erzieherinnen, die etwas von Medienerziehung verstehen, kann keine Rezepte liefern, wie man mit Medien zu hause umgehen sollte. Jeder Fall liegt anders. Es kommt darauf an, welche Medienausstattung der Haushalt hat, wie viele Kinder in welchem Alter in der Familie sind, ob es andere gute Freizeitangebote in der Straße gibt usw.
Und doch gibt es fast in jedem Haushalt Regeln, die einen Schwerpunkt setzen zugunsten von Menschen oder zugunsten von Medien. Diese Regeln drücken sich oft nur in Kleinigkeiten aus: Geht man während des Essens ans Telephon? Wird der Fernseher ausgemacht, wenn Gäste kommen? Geht man zum Geburtstagskaffee, auch wenn die Daily Soap gerade läuft? Schickt man nur noch e-Mails oder schreibt man auch schöne Postkarten? Liest man noch Bücher? Dies alles sind Verhaltensweisen von Eltern, die Kindern eine gewisse Einstellung zu Medien und zu Menschen vermitteln. Mit moralischen Grundsätzen und rationalen Erklärungen lassen sich solche Schwerpunktsetzungen schlecht erklären. Viel eher sind sie im Gefühlsbereich zu

finden, denn die Frage, die dahinter steht, ist: Wie wichtig sind uns Menschen? Zur Medienerziehung gehört also nicht unbedingt das Vermeiden oder Verteufeln der Medien, sondern eine Stärkung der positiven Gefühle zu Menschen und Menschlichem. So auch das Fazit einer Studie von Jo Groebel: „Zusammenfassend kann man feststellen, daß gerade der Gefühlsbereich eine besondere Aufmerksamkeit in Bezug auf die neuen Medienkompetenzen erfordert. Dies ist insofern ein schwieriges Thema, als sich Gefühlserfahrungen natürlich bislang nicht als Hauptthema im Unterricht wiederfinden. Gleichzeitig steht aber fest, daß Eltern kaum noch in der Lage sind, ihren Kindern eine umfassende und auch gefühlsbezogene Medienkompetenz zu vermitteln. Hier sind neue pädagogische Formen notwendig." (1998, S. 41) Dieser Aspekt betrifft die generelle Schwerpunktsetzung auf Medien oder Menschen. Gefühle bestimmen aber insgesamt unsere Selektion. Dietrich Dörner, der gerade dabei ist einen Roboter zu bauen, dessen Programm menschliche Emotionen simulieren kann, betrachtet die Selektionsfähigkeit von Information als das, was den Menschen von der Maschine unterscheidet: „Wir können zeigen, daß diese Emotionen im großen und ganzen von psychologischem Vorteil sind und ihre Bedeutsamkeit haben. Nimmt man den Wesen die emotionalen Reaktionen weg, werden sie weniger leistungsfähig." (1998, S. 66)

Wenn Emotionen ein so hoher stimulierender und organisierender Wert zugestanden wird, warum wird in der Medienerziehung so wenig auf emotionale Erziehung geachtet? Schließlich sprechen wir immer von Informationsflut und der Gefahr, daß sie Kinder, Jugendliche und Erwachsene gleichermaßen unter sich begräbt. Selektionsvermögen baut aber auf einer Struktur auf, die nicht rational angelegt werden kann, sondern die individuell verschieden über Emotionen funktioniert.

Es gibt noch einen dritten Aspekt, der den Gefühlsbereich betrifft. Emotionen können bei der Trennung zwischen menschlichen und medial angebotenen Gefühlsimpulsen und -reaktionen hilfreich sein. „Hierbei ist es wichtig, immer wieder aufs neue deutlich zu machen, daß tatsächliche Gefühle anders und nuancierter sind als die, die in den üblichen Medienangeboten vorherrschen." (Groebel 1998, S. 41) Gefühle können zwar auch über Bilder, Töne und über Wörter ausgedrückt werden, aber medial dargestellte Gefühle sind zwangsweise immer stilisiert und umfassen nicht die ganze Palette menschlicher Reaktionsmöglichkeiten, die zur Kommunikation notwendig sind. Das bedeutet, daß nur über die direkte Erfahrung mit anderen Menschen differenzierte Gefühle und ein differenzierter Gefühlsausdruck erlernt werden können.

Ein weiterer Aspekt in Bezug auf die Gefühlsentwicklung liegt in der Gefahr, daß Medien zur Ersatzbefriedigung von Bedürfnissen führen. An diesem Punkt sollte man besonders vorsichtig sein, denn Medien befriedigen häufig Gefühle, die in der Realität nicht befriedigt werden können, wobei 'Ersatzbefriedigung' unter Umständen besser sein kann als keine Befriedigung. In dieser Richtung wurde bereits geforscht und die Ergebnisse sind nicht eindeutig.(vgl. z.B. Charlton/Neumann 1992, Theunert u.a. 1992, Paus-Hasse 1991). Was noch nicht untersucht ist, ist die Frage, inwieweit der Computer auf Dauer die Angst vor Emotionen und vor dem Verlust der Selbstkontrolle schürt. Das alles legt den Schluß nahe, wir bräuchten zusätzlich zur Medienerziehung eine in früher Kindheit beginnende Gefühlserziehung. Von Geburt an haben Babies zunächst Lust- und Unlustgefühle, die sich durch Bestätigung oder Ausbleiben der Reaktion verfestigen und sich als Gesichtsausdruck wie Weinen oder Lachen zeigen. Weitere Gefühle wie Ärger, Furcht, Fröhlichkeit, Liebe entwickeln sich durch Nachahmen und Lernen. Diese primären Emotionen scheinen in allen Kulturen ähnlich zu sein. Später prägen das kulturelle und individuelle Milieu und kognitive Prozesse immer stärker die emotionale Basis (vgl. Hobmair 1991, S. 247 ff.). Grundsätzliches ist bis dahin entschieden. Das legitimiert sicher keine 'Gefühlserziehung', sollte Pädagoginnen und Pädagogen jedoch sensibel machen für Kinder und Familien, die in diesem Bereich Schwierigkeiten haben.

2. Pubertät und Körper

Mit dem Einsetzen der Pubertät stehen andere Themen im Vordergrund:
❏ die Ablösung von der Familie,
❏ Unabhängigkeit und Selbstständigkeit zu entwickeln,
❏ sexuelle Identität zu finden,
❏ ein eigenes Wert- und Moralsystem aufzubauen,
❏ Freundschaften auszubauen,
❏ sich der berufliche Orientierung zuzuwenden.
Im Hintergrund spielen sich jedoch noch ganz andere Dinge ab: Die Pubertät ist begleitet von extremen Gefühlsschwankungen und Auseinandersetzungen mit dem eigenen Körper.

Es ist klar, daß neue Medien Bestandteil unserer Kultur werden und wir uns alle auf sie einlassen müssen. Wir sollten jedoch nicht vergessen, daß dies auch Verluste, nicht nur der Gefühle, sondern auch im Bereich des Körpers und der Sinne mit sich bringt. Der Tast-, der Geruchs- und der Geschmackssinn werden durch die ständige Beanspruchung des Seh- und Gehörsinns durch Medien in den Hintergrund gedrängt. Die Entwicklung, daß Sinne andere Funktionen einnehmen müssen, weil sie nicht mehr ausgelastet sind, ist nicht neu. Der Gehörsinn dient heutzutage nicht mehr dazu, Gefahren zu verorten, der Geschmackssinn muß keine Naturgifte identifizieren, der Geruchssinn hat keinerlei existentielle Bedeutung mehr. Insofern könnte man sagen, daß der Verlust von taktilen Fähigkeiten und von Körperbewußtsein eine Übergangsphase ist, die anderen positiven Dingen Platz macht.
Bedenklich stimmen jedoch Untersuchungen und Aussagen, die einen futuristischen Blick auf das Verhältnis von Menschen und Körper werfen.
Ganz in der Realität angesiedelt ist eine Untersuchung von Christina Schachtner, die von Kindern und Jugendlichen Zeichnungen von sich und ihren Computern anfertigen ließ. Das Ergebnis war, daß sie den Computer zeichneten und sich als Hirn oder Hand

darstellten, sozusagen als Menschen ohne Ober- und Unterleib (vgl. Schachtner 1997). Daß dieser Trend zur 'Vergeistigung' nicht übertrieben dargestellt ist, zeigt eine Zukunftsvision von Peter Weibel, Zentrum für Kunst und Medientechnologie, Karlsruhe. In einem Spiegel-Interview (vgl. Der Spiegel 1999) bekannte er, daß für ihn Sinnlichkeit, besonders körperliche Sinnlichkeit in eine Art romantischen Freizeitpark gehört. „Die Vorstellung das sei Nahkommunikation, bei der man sich anfaßt und solche Dinge, ist meiner Meinung nach altmodisch. Die Technik zeigt, daß es damit langsam zu Ende geht... Wer den Sex aufgibt und ihn nur telephonisch ausübt, erlernt einen höheren Abstraktionsgrad. Unsere Gesellschaft verlegt sich von Nahkommunikation immer mehr auf mediale Fernkommunikation, ob in der Ökonomie oder in der Sexualität." (vgl. ebd.) Auch Computerfreaks sehen in der Körperlosigkeit nur Vorteile: Im Netz und vor dem Terminal sind alle gleich, es gibt kein Alter, kein Geschlecht, keine Rasse, keine Herkunft. Körper ist nur Meat-Ware, die am herrschaftsfreien Diskurs hindern könnte (vgl. Rötzer 1998).
Das klingt alles nach Fiktion, denn flaniert man durch die Straßen, ergibt sich eher der gegenteilige Eindruck. Hier wird Meat-Ware zum Ausstellungsstück, zur Attrappe. Beides sind vielleicht die Seiten der gleichen Medaille.

Ein weiters Indiz für ein ambivalentes Verhältnis zum eigenen Körper zeigt sich darin, daß sich Menschen mit einem Computer vergleichen, dessen Einzelteile sich programmieren, aufrüsten und optimieren lassen. Sport, möglichst im Fitnesscenter, wird als Ausgleich zur sitzenden Tätigkeit am Computer gesucht und erfüllt dann nur noch den Zweck des sinnlosen Muskelaufbaus. Die Optimierung des Körpers gleicht dem Protzen mit hochgerüsteten Computern, auf denen nur Spiele laufen.
Das Ausblenden des Körpers und der Sinnlichkeit wird besonders in der Pubertät verhängnisvoll, weil geschlechtsspezifische Erotik und Sexualität erlernt werden müssen.
Dieser Lernprozeß spielt sich in der Regel in Gruppen ab. Welches Thema diese Gruppen haben, ist für die Jugendlichen oft uninteressant. Hauptsache, man ist zusammen und unternimmt etwas. Insofern bieten sich sloganartige Medienthemen an, um genügend Jugendliche zu finden, die dann in längerfristigen Gruppen zusammengeführt werden können. Besonders beachten sollte man dabei die Mischung der Geschlechter und, daß gerade bei der Freizeitgestaltung mit Medien die Mädchen nicht benachteiligt werden.

3. Jugendarbeit als Kultur- und Sozialarbeit

Außerschulische Jugendarbeit findet in verschiedenen Formen mit unterschiedlichem Klientel statt:
- ❑ Kulturarbeit ist freiwillig, hier tauchen Jugendliche auf, die etwas suchen, was ihre Interessen befriedigt. Sie sind in der Regel leistungswillig, manchmal sogar besserwisserisch. Viele von ihnen kommen mit Freundinnen bzw. Freunden, oder

um direkte Kontakte zu knüpfen. Sie sind z.B. die angenehmen Nutzerinnen und Nutzer von ausgeschriebenen Medienprojekten. Ihre Eltern lesen Zeitungen und halten ihre Kinder auf dem Laufenden. Die Kinder und Jugendlichen selbst zeigen sich interessiert an Neuem und erproben die kreativen Möglichkeiten der neuen Medien. Es gelingt ihnen häufig, ihre Entwicklungsthemen aufzugreifen und mediengerecht für sich und andere umzusetzen. Man denke an Schülerradioprojekte oder Videofilmgruppen, an Mailboxfreundschaften und Spielgemeinschaften. Sie wollen etwas lernen für die Zukunft.

❏ Außerschulische Jugendarbeit in der Sozialarbeit muß sich anstrengen. Sie hat es mit Leuten zu tun, die Schwierigkeiten haben, mit anderen zusammenzuarbeiten. Die Jugendlichen sind schwer zu motivieren, sie können sich schlecht konzentrieren, sie können sich über Sprache nur unbeholfen ausdrücken. Ihr Medienkonsum ist vor allem passiv, aber sie beschäftigen sich mit anderen Menschen, wenn auch mehr auf einer Machtkampf- oder Prestigeebene. Freiwillig setzen sie sich mit Medien kaum auseinander, aber mit gezielter Werbung sind auch sie unter Umständen zu erreichen. Ihre Anliegen erarbeiten sie nur dann medial, wenn sie sich einen Zugewinn an Achtung und Aufmerksamkeit versprechen.

❏ Diejenigen, die in Vereinen und Verbänden arbeiten, von der evangelischen Jugendgruppe bis zur Jugendsektion des Alpenvereins, kümmern sich in erster Linie um anderes als Medienerziehung. Aber diese Jugendleiterinnen bzw. Jugendleiter und Jugendlichen haben durchaus keine Mühe, von Zeit zu Zeit einen Videofilm zu drehen oder als Reporterinnen und Reporter in eigener Sache unterwegs zu sein. Das geschieht mit der Kamera des Vaters oder dem Tonband einer Freundin. Unternehmungen bestehen zuweilen auch nur darin, zusammen ins Kino zu gehen oder einen Videofilm anzusehen. Anleitung von außen brauchen sie keine, weder in technischer noch in pädagogischer Hinsicht.

4. Konsequenzen für die außerschulische Jugendarbeit

In erster Linie ist es die Aufgabe der Schule, ein gemeinsames Niveau in Bezug auf produktiven Umgang und kritische Nutzung von Medien zu erreichen. Seit kurzer Zeit bemühen sich die Länder, flächendeckend den Rückstand aufzuholen. Bisher zeigte sich die außerschulische Medienpädagogik flexibler und schneller. In der Hoffnung, daß sich die Wissens- und Handlungsbestände gleichmäßig unter Jugendlichen verteilen, lohnten sich hohe Investitionen in der Ausstattung von Jugendzentren aller Art. Aber nach heutigem Wissen ist es fraglich, ob die Wissenskluftthese eine Grundlage für die Begründung von Medienerziehung außerhalb der Schule darstellt. "Besserer Bildungshintergrund und eine sozialökologisch abwechslungsreich ausgestattete Umwelt sowie bessere soziale Herkunft mit höheren Aspirationsniveaus legen einen eher aktiv-selegierenden Medienumgang nahe....Je schlechter gebildet Jugendliche sind, je weniger Anregungen sie in der Familie, in der Schule in der Freizeit erfahren, je weniger Zukunftsaussichten Ihnen zur Verfügung stehen, desto eher neigen sie dazu, durch Medienkonsum sich von solchen Problemen abzulenken und sozusagen in der vorhandenen Situation festzufahren." (Baacke 1997, S. 42) Das bedeutet, daß ein Teil der Jugendlichen das Kulturangebot selbstverständlich nützt, und der andere Teil, benachteiligte Jugendliche, die Medienprogramme der Medien- oder Jugendzentren nicht nützt, es sei denn, sie können über ein attraktives Gruppenangebot motiviert werden. Das Maß an Einfühlung, an Geduld und Kooperation ist in der Freizeitpädagogik meistens größer als an der Schule. Das liegt zum einen sicher an der Institution Schule, zum andern aber auch an der Persönlichkeit der Pädagoginnen und Pädagogen. Im außerschulischen Rahmen kann das Nutzungsverhalten, die Tageseinteilung, das Nachgeben gegenüber der Werbeindustrie eher angesprochen werden als in der Schule, weil keine Schülerin bzw. kein Schüler befürchten muß, daß sich 'negatives' Medienverhalten gleich in Noten oder in anderen Sanktionen niederschlägt. Damit wird zwar die Wissenskluft nicht überbrückt, aber es bleiben einschneidende Erfahrungen bei Jugendlichen hängen, die ihren Umgang mit Medien andernfalls nie reflektieren würden.

Die sinnliche Auseinandersetzung mit der Umwelt erfolgt nach dem Ursache - Wirkungs- bzw. Nebenwirkungsprinzip. Die mediale Auseinandersetzung erfolgt nach dem Prinzip Ursache - eingespeicherte Wirkung. Sie ist weder immer logisch zwingend, noch real. Dennoch ergeben sich unter gewissen Umständen Transformationseffekte. Dieses Problem taucht vor allem bei Viel-Spielern von Computergames auf. Jeder Mensch erlebt mit Medien Situationen und Gefühle, die er auch aus dem Alltag kennt. Aber in der virtuellen Welt herrschen oft andere Spielregen. Die Schemata, die Jugendliche im Spiel entwickeln, können dann in der Realität wirksam werden, wenn Jugendliche den Rahmen, d.h. den situationsabhängigen Kontext, nicht wechseln können. "Das Problem des Transfers ist im Grunde ein Problem der 'Rahmungskompetenz', also der Fähigkeit für die Reizeindrücke die zutreffenden Rahmen zu finden und den Prozeß der strukturellen Koppelung von dieser Rahmenentscheidung abhängig zu machen". (Fritz 1997, S. 245) Gerade die außerschulische Medienerziehung kann sich diesem Thema widmen, weil sie das breite Spektrum sozialer Verhaltensweisen im Alltag der Jugendlichen überblickt und korrigierend einwirken kann.
Das Ziel, daß ein lustvolles, kompetentes Leben in der digitalen und analogen Welt gelebt werden soll, ist durchaus anzustreben. Abgesehen von der Schwierigkeit, in zwei Welten mit unterschiedlichen Spielregeln leben zu müssen, könnte diese Parallelität zu der Annahme führen, es handle sich um ein Gleichgewicht. Nur darf man nicht vergessen, daß die digitale Welt von Menschen gemacht wird. Die Erfahrungen, die Jugendliche in der analogen Welt machen, bestimmen sowohl die Programme als auch die technische Entwicklung. Das Horrorszenario, das sich gelangweilte, kommunikationsunfähige Menschen ausdenken und später in ihrer beruflichen Praxis umsetzen, könnte uns durch gute Jugendarbeit erspart bleiben.

Gesellschaftliche Teilhabe braucht die Grundlage der persönlichen Erfahrung. Nur wer Gemeinschaftsgefühle sinnlich und direkt erlebt hat, kann Interesse an einer Gemeinschaft haben. Sind freundschaftliche Gefühle nicht auch im Internet möglich? Sicher, aber dennoch auf einer anderen Ebene. Internet riecht nicht, trinkt nicht, weint nicht. Gesellschaft besteht aber nun mal aus leibhaftigen Menschen mit vielen Unzulänglichkeiten und Ungereimtheiten. Solche Erfahrungen lassen sich am leichtesten in Gruppen machen. Viele Jugendzentren bieten keine langfristige Gruppenarbeit an. In den letzten Jahren haben sich fast überall niedrigschwellige Angebote in Form von 'Offene Tür' - Angeboten oder erlebnispädagogischen Aktionen durchgesetzt, aber der Trend geht in manchen Gemeinden und Stadtteilen wieder in eine andere Richtung, auch wenn Gruppenarbeit dann Cliquen- oder Bandenarbeit genannt wird.

Außerschulische Jugendarbeit mit medienerzieherischen Ambitionen kann verschiedene Zielgruppen ansprechen. Einmal wendet sie sich an Jugendliche, die im Sinne eines kulturellen Angebots gerne mehr über Medien lernen wollen. Außerdem lockt sie die Jugendlichen, die Probleme damit haben, daß sie zu häufig und zu intensiv in Medien eintauchen. Die Themenangebote müssen für diese Zielgruppen sehr attraktiv sein. Insofern ist es auch zu verstehen, wenn die Überschriften der Programme von Jugend- und Medienzentren marktschreierisch immer das Neuste anpreisen. Es kann aber auch sein, daß manche Jugendliche nur über andere Gruppenangebote erreicht werden können und Medienthemen ganz nebenbei 'eingeschleust' werden. Dann tauchen Medien zwangsläufig nicht in den Programmen auf, was dennoch nicht bedeutet, daß keinerlei Medienerziehung stattfindet.

Es wäre besser, sich von der Vorstellung zu verabschieden, daß alle Jugendzentren gleichermaßen Medienpädagogik offiziell auf ihre Fahnen schreiben. Es ist gut, wenn Jugendclubs verschiedene Profile haben. Dennoch sollte niemand ganz von Medienerziehung entbunden werden, denn dafür ist das Thema zu wichtig.

Hektik und Panik, was neue Hard- und Software anbelangt, sollte dennoch nicht ausbrechen. Gute Ideen und gute Gruppenpädagogik gleichen den Gerätevorsprung der Konkurrenz (anderer Institutionen, Haushalte) oft aus. Trotzdem bringen neue Technologien natürlich viele Möglichkeiten der Zusammenarbeit:

Bei der Erstellung einer CD-Rom können verschiedene Medien miteinander verknüpft werden. Gerade das Arbeiten mit Autorensystemen ermöglicht es den Jugendlichen, ihre verschiedenen Fähigkeiten und Interessen einzubringen und in Kleingruppen ein gemeinsames Produkt zu erstellen. Kreativität und technisches Know-How, Ausdauer und Disziplin, Umgang mit Konkurrenz und gemeinsame Entscheidungsfindung tragen dazu bei, gesellschaftliche Tugenden zu entwickeln.

Diejenigen, die Medienerziehung in der außerschulischen Bildung anbieten, müssen einen guten Fundus an technischem Wissen haben. Es ist nicht wünschenswert, wenn heutzutage anstelle von Sozialpädagoginnen bzw. -pädagogen freiberufliche Computerspezialisten angestellt werden, weil nur sie die Programme beherrschen. Dies kann ein Zusatzangebot sein, ersetzt aber keine langfristige pädagogische Arbeit.

Das hat Konsequenzen in der Ausbildung: Sozialpädagoginnenen und Sozialarbeiter, Erzieherinnen bzw. Erzieher und Jugendleiterinnen bzw. Jugendleiter sollten die Möglichkeit haben, ihre Kenntnisse auf den neusten Stand zu bringen. Universitäten und Fachhochschulen, Fachschulen und Fortbildungsakademien haben aber die Pflicht, dafür zu sorgen, daß die spätere medienerzieherische Begleitung von Kindern und Jugendlichen mit gruppenbezogener, pädagogisch angeleiteter Medienerziehung beginnt.

Literatur

Baacke, D./Ferchhoff, W./Vollbrecht, R. (1997): Kinder und Jugendliche in medialen Welten und Netzen. In:.Fritz, J./Fehr, W. (Hrsg.): Handbuch Medien: Computerspiele. Bonn, S.42
Charlton, M./Neumann-Braun, K. (1992): Medienkindheit - Medienjugend. München
Der Spiegel (1999): Virtualität. Freies Hirn im Cyberspace. Spiegel-Gespräch mit Peter Weibel über Kunst und Medien der 'Zweiten Moderne', Der Spiegel Nr. 3
Dörner, D. (1998): Interview von Zimmermann, Th. In: Psychologie heute, Heft 10, S. 66
Fritz, J. (1997): Zwischen Transfer und Transformation. In: .Fritz, J./Fehr, W. (Hrsg.): Handbuch Medien: Computerspiele. Bonn, S. 245
Groebel, J. (1998): Medienkompetenz: universell und unmittelbar. In: TeleVIZIon Heft 11, S.41
Hobmair, H. (Hrsg.)(1991): Psychologie. Köln und München
Paus-Haase, I. (1991): Neue Helden für die Kleinen. Münster
Rötzer, F. (1998): Digitale Weltentwürfe. Streifzüge durch die Netzkultur. München
Schachtner, Ch. (1997): Neue Medien im Kontext lebensweltlicher Umbrüche. Ansprüche an die Medienerziehung. In: Dichanz, H. (Hrsg.): Medienerziehung im Jahre 2010. Gütersloh, S. 135-157
Theunert, H. u.a. (1992): Zwischen Vergnügen und Angst. Berlin

Verena Mayr-Kleffel
Medienkompetenz und medienpädagogische Qualifikation von Studierenden der Sozialen Arbeit an Fachhochschulen

1. Ausgangsbedingungen

Die Fachhochschulen haben den institutionellen Auftrag, ein berufsqualifizierendes Studium anzubieten, das Theorie und Praxis integriert. Ich finde dieses Ziel sinnvoll, sehe aber einige grundsätzlichen Schwierigkeiten, es zu erreichen, obwohl die Fachhochschulen geeignete Strukturen zur Erreichung dieses Ziels besitzen: Teilzeitpraktika und in den süddeutschen Bundesländern vollzeitliche Halbjahres- bzw. Ganzjah-

respraktika in den verschiedenen Berufsfeldern der sozialen Arbeit als integraler Teil des Studiums.
1. Die Wissenschaft stellt einerseits vielfältiges, andererseits spezielles, d.h. auf einen Gegenstand bezogenes und abstraktes Erklärungswissen bereit, in der Berufspraxis wird aber hauptsächlich Handlungswissen für komplexe, singuläre Situationen verlangt.
2. Das Lernarrangement in der Fachhochschule verlangt von den Studierenden in den theoretischen Studiensemestern, sich eine Fülle dieses wissenschaftlichen Wissens für spätere berufliche Verwendungssituationen anzueignen; es handelt sich also um antizipatorisches Lernen. Dieses Prinzip gerät in Widerspruch zu dem lernpsychologischen Fakt, daß nur hochverdichtetes Wissen, das individualisiert angeeignet worden ist, tatsächlich in konkretes Handeln umgesetzt werden kann. Daraus folgt: Wissenschaftliches Wissen ist redundant, kommt nie zum rechten Zeitpunkt und bietet als Erklärungswissen nur wenige Handlungsimpulse.
3. Aufgrund der Dominanz männlicher Dozenten in den theoretischen Studiensemestern wird Theorie tendenziell eher als männliches Prinzip, die Praxis als weibliches Prinzip wahrgenommen, denn die Mehrzahl der Praxisanleiterinnen sind Frauen.
4. Schließlich gibt es in der Sozialarbeitsausbildung noch eine besondere Problematik aufgrund der Vielfalt der Disziplinen: Studienfächer sind Sozialpädagogik, Psychologie, Recht, Soziologie, Politikwissenschaft und Medizin.

Es ist daher nicht erstaunlich, daß viele Studierende ihre Berufsausbildung lieber ganzheitlich, d.h. als Erfahrungslernen im Rahmen einer praktischen Lehre absolvieren würden; nach einer noch unveröffentlichen Befragung an einer süddeutschen Fachhochschule sind das circa 50% der Studierenden.

Die Vermittlung von Medienkompetenz an Studierende der Sozialen Arbeit geschieht überwiegend im Rahmen eines Studienschwerpunktes. Die Studienschwerpunkte sind eine Besonderheit im Fachhochschul-Studium; sie bündeln theoretisches und praktisches Wissen für die einzelnen Berufsfelder, etwa Jugendarbeit, Resozialisierung, Mädchen- und Frauenarbeit, Medienpädagogik u.a. Die Studienschwerpunkte sind im Hauptstudium angesiedelt, in Bayern also nach dem in das Studium integrierte Jahrespraktikum. Die Studierenden können aus einem recht breiten Themenspektrum den sie interessierenden Studienschwerpunkt auswählen. Das führt dazu, daß sie in der Regel sehr motiviert arbeiten.

Für den Studienschwerpunkt Medienpädagogik, den wir an der Fachhochschule Nürnberg in diesem Studienjahr zum ersten Mal gemeinsam mit zwei Lehrbeauftragten des Medienzentrums Parabol anbieten, gelten besondere Ausgangsbedingungen. Die Studierenden verfügen nicht über medienpädagogische Praxiserfahrungen, weil es in diesem Bereich zu wenig Praxisstellen gibt und sie besitzen auch kein kommunikationswissenschaftliches Grundwissen. Produktiv verwertbar sind sicherlich ihre Primärerfahrungen als Medienrezipientinnen und -rezipienten mit einem eigenen Geschmack und unterschiedlichen Kompetenzen und Interessen an Medien, das sich in der Entscheidung für einen Studienschwerpunkt Medienpädagogik ausdrückt. Seltener verfügen sie über Erfahrungen als Amateurphotografinnen bzw. -fotografen, Videoproduzentinnen bzw. -produzenten. Dagegen sind Erfahrungen im Umgang mit dem Computer einschließlich der Nutzung des Internet häufiger vorhanden. Im Studienjahr sind 20 Semesterwochenstunden zu belegen.

2. Medienkompetenz und medienpädagogische Kompetenz - ein komplexes Lernziel

Aufgrund der Verpflichtung, wissenschaftlich fundiert und praxisbezogen auszubilden, halte ich theoretische Kenntnisse in folgenden Themenbereiche für wichtig:
1. Aufwachsen von Kindern, d.h. Mädchen und Jungen in der modernen Gesellschaft. Im Idealfall schließt das die Kenntnisse einiger bekannter Thesen und empirischer Befunde der Kindheitsforschung und der geschlechtsspezifischen Sozialisationsforschung ein. Hier nur einige Stichworte: Die Herausforderungen für Heranwachsende, in einer funktional komplexen Gesellschaft mit einer pluralisierten Klassenstruktur eine konsistente und synthetisierende Lebensführung auf der Basis hinreichender materieller und sozialer Ressourcen zu erlernen.
2. Funktionen und Inhalte der verschiedenenen Massenmedien in der heutigen Gesellschaft. Im Idealfall schließt das Kenntnisse der Medientheorien etwa von Walter Benjamin, Mc Luhan, Meyrowitz ein. Hier sind die Stichworte: Über die technische Vervielfältigung lösen sich Informationen aus ihrem originären sozialen Kontext und verbreiten sich nunmehr global. Von der Einwegkommunikation der alten Medien zur körperlosen Interaktion über das Internet, Dialektik von universaler Medienkultur und eigenständigen regionalen Kulturen und deren Aneignungsformen usw. Ergebnisse von Inhaltsanalysen der Programminhalte und -genres, die speziell Kinder und Jugendliche besonders interessieren, können nur in Auszügen vermittelt werden. Für wesentlich erachte ich auch die Kenntnis der Geschichte und des Charakters der verschiedenen Medien und das Spezifische des Medienverbundes. Medienrecht. Stichworte sind hier: Die rechtlichen Grundlagen des Dualen Systems, öffentlich-rechtliche Anstalten und Privatsender, Jugendschutz.
3. Medienrezeption. Das schließt im Idealfall die Auseinandersetzung mit der medienzentrierten Wirkungsforschung aus der Perspektive des strukturanalytischen Rezeptionsansatzes und des medienökologischen Ansatzes ein, ebenso aktuelle empirische Ergebnisse über geschlechtsspezifische und altersspezifische Medienrezeption (Fernsehen, Hörfunk, Kassetten, Populärmusik, Film, Computer- und Internetnutzung. Diese Forschungsergebnisse sollten rückgebunden sein an die Bedingungen des Aufwachsens von Kindern und Jugendlichen in unserer Gesellschaft und die kritische Reflexion über die offenkundigen geschlechtsspezifischen Varianzen: Lesen als Domäne der Mädchen, Computern als Domäne der Jungen und die Geschlechterdarstellungen in den Medien.

4. Überblick über medienpädagogische Positionen mit dem Schwerpunkt auf der handlungsorientierten Medienpädagogik. Stichworte hierzu sind: Die eigene Lebenssituation, die eigenen Lebensthemen als Ausgangspunkt für ein selbst hergestelltes Medienprodukt sind hilfreich, um der Autonomie gegenüber den Verhältnissen und den Medien einen Schritt näherzukommen.
5. Hier befindet sich auch die Schnittstelle zu den praktischen Qualifikationen, die die Studierenden erwerben sollen: Sie sollen selbst an einem Medium ihrer Wahl (Video, Hörmedium oder Computer) die technischen Kenntnisse soweit erwerben, daß ein mediales Produkt über ihr Lebensthema anschaubar, hörbar, abrufbar ist. Den Standard von Professionellen müssen sie dabei nicht erreichen. Wichtig ist dabei, daß sie ihre eigene Faszination gegenüber Medien ausleben können. In einem zweiten Schritt sollen sie die Qualifikationen erwerben, diesen selbst erlebten Prozeß der Medienproduktion mit Kindern und Jugendlichen zu gestalten. Hier ist die Konzeptentwicklung und die praktische Durchführung eines medienpädagogischen Projektes angesagt.

Als didaktische Struktur für diese Lernziele haben wir gewählt: Eine vierzehntägige Ringvorlesung von vier Stunden und medienspezifische Projektarbeit in Kleingruppen (Video-, Hörfunk-, Computerprojekt).

Abschließend möchte ich darauf eingehen, wie wir die eigene Mediensozialisation der Studierenden in die Ausbildung einbeziehen und welche Defizite in der Ausbildung der Sozialpädagoginnen und -pädagogen offensichtlich sind.
Das eigene Medienverhalten und die eigene Mediensozialisation wollen wir bewußt machen, weil sie sonst unreflektiert die Meinungen über Medien mitbestimmen. Bei der Eröffnungsvorlesung beginnen wir nach der Vorstellung des Programms mit einer medienbiographischen Selbstreflexion in Kleingruppen. Das ist aus verschiedenen Gründen sinnvoll. Nach meinen Erfahrungen vertreten die Studierenden der Sozialpädagogik pauschale negative Zuschreibungen an die Medien, die sie auf das Fernsehen reduzieren. Wir begegnen damit dem ins Alltagswissen abgesunkenen medienzentrierten Wirkungsansatz mit kulturpessimistischer Einfärbung. Die Wiederbelebung der Medienfaszination der Kindheit und frühen Jugend kann hilfreich sein, daß die Studierenden eine fachliche Haltung gegenüber den Kindern und Jugendlichen entwickeln jenseits der bewahrpädagogischen Position.
Der studentische Kulturpessimismus und ein Beharren auf den eigenen Mediengeschmack und den eigenen Rezeptionsgewohnheiten laufen Gefahr, daß sie zu einer generationsspezifischen Barriere gegenüber Kindern und Jugendlichen aufgebaut wird. Teilweise zeigt sich bei Studierenden fast ein fatalistisches Gefühl, den neuen Trends der Kinder und Jugendlichen nicht mehr folgen zu können, teilweise werten sie deren Geschmack und Rezeptionsgewohnheiten und Medienkompetenzen ab. Hier sehe ich Defizite in der Ausbildung, was zum Teil daran liegt, daß Kommunikationswissenschaft und Medienpädagogik randständige Gebiete in der Ausbildung sind. Die Aktualisierung der eigenen kindlichen Begeisterung, die Kenntnisse von Forschungser-

gebnissen, die wir ihnen vermitteln wollen, die praktischen Erfahrungen in der medialen Produktion und medienpädagogischen Arbeit, all das hoffe ich, kann diese Barriere verringern, so daß die Absolventinnen und Absolventen des Studienschwerpunkts Medienpädagogik mit einer fachlichen Haltung den Medieninteressen und Rezeptionsgewohnheiten von Kindern und Jugendlichen gegenüberstehen. Die ist dann gegeben, wenn sie diese Interessen und Gewohnheiten als nachvollziehbaren Ausdruck der kindlichen Interessen und Bewältigungsstrategien ihrer Lebenslage erkennen können. Das ist dann eher der Schlüssel zu einer gelingenden pädagogischen Beziehung als das kulturpessimistische Verdikt.

Doris Breuer
Vermittlung von Medienkompetenz in der Ausbildung an Fachschulen

1. Zur Situation der Medienerziehung in der Ausbildung

1.1 Allgemeines zur Fachschule für Sozialpädagogik

Die Ausbildung an der Fachschule ist in allen Bundesländern eine schulische Ausbildung mit z.T. integrierten Praxisphasen. Der schulische Teil der Ausbildung orientiert sich meist an einer festen Stundentafel und an traditionellen Schulstrukturen, also wenig an Grundsätzen der Erwachsenenbildung oder Anforderungen des Berufs. Nur in seltenen Fällen erfolgt die Ausbildung fächerübergreifend, d.h. also eher themen-, projekt-, oder praxisorientiert. Deshalb wird zur Zeit die gesamte Ausbildung unter dem Gesichtspunkt veränderter Anforderungen der Praxis kritisch betrachtet (vgl. Expertise 1998).
Medienerziehung als Pflichtfach gibt es nicht in allen Bundesländern (vgl. Th. Rauschenbach u.a. 1995); ihre Berechtigung wird zudem mit jeder neuen Ausbildungsordnung immer wieder in Frage gestellt, so zuletzt bei der Einführung der Fachschulen in den neuen Bundesländern. Vielfach gilt es als ausreichend, medienspezifische Fragen in anderen Fächern zu thematisieren, so etwa in Soziologie oder Jugendliteratur, je nach dem individuellem Schwerpunkt der Lehrkraft, aber unabhängig von der Qualifikation.

1.2 Verschiedene Mediengenerationen in der Ausbildung

Bevor ich zur medienpädagogischen Ausbildung selbst komme, stelle ich einige ganz praktische, schultypische Problemfelder dar, die für den Erwerb von Medienkompetenz von Bedeutung sind.

Die Studierenden entstammen *verschiedenen Mediengenerationen* (die übliche Altersspanne in der Fachschulausbildung beträgt 18 – 40 Jahre). Dies könnte eine Chance bieten, unterschiedliche Medienerfahrungen gegenseitig fruchtbar zu machen, wie es z.b. schon dadurch geschieht, daß jüngere Studierende die Erwachsenen/Lehrenden im Computerbereich fortbilden und sich das Verhältnis Ausbilderin bzw. Ausbilder/Auszubildende bzw. Auszubildender umkehrt.

Tatsächlich aber bestehen zwischen den Generationen die inzwischen viel diskutierten Barrieren unterschiedlicher Wahrnehmungs- und Verarbeitungsstrukturen der realen wie der medialen Welt sowie grundlegende Unterschiede in der Akzeptanz der Medien. Hierzu Beispiele:

Im sozialpädagogischen Bereich existiert eine latente Technikfeindlichkeit.[1] Besonders ausgeprägt ist sie bei älteren Studierenden und Lehrkräften, deren kulturpessimistischen Einstellungen zu den elektronischen Medien sie jede Auseinandersetzung vermeiden läßt und zur Übernahme gängiger populärer Meinungen führt (z.B. Rezeption von Gewaltdarstellungen in Medien produziert Gewalttäter).

Die jüngeren Studierenden dagegen sehen bestimmte Unterhaltungsmedien als unabdingbaren Bestandteil ihres Lebens. Sie haben jedoch beispielsweise nur begrenzte Technik-Kenntnisse. Am schärfsten artikuliert sich der Generationen- Gegensatz im Umgang mit Musik - ohne sie scheint Jüngeren 'Leben' unmöglich. Ihnen fehlt auch noch der Abstand zur eigenen Mediensozialisation, so daß in den medienpädagogischen Vorstellungen oft eine schlichte Übertragung eigener als positiv empfundener Erfahrungen auf die berufliche Praxis stattfindet ('Ich habe mit Musik Schularbeiten gemacht, warum soll die Hortgruppe das nicht auch tun?').

1.3 Frauendominanz in der Ausbildung

Die Tatsache, daß *Sozialpädagogik überwiegend ein Frauenberuf* ist, hat auf vielen Ebenen Bedeutung für die Frage der Medienkompetenz.

Bei einem Teil der Studierenden und besonders bei den Frauen beruht die Berufswahl u.a. auf Schwierigkeiten mit Technik und Naturwissenschaften in der Schule. Allenfalls nutzen sie die Unterhaltungsmedien, selten haben sie spezifische Kenntnisse oder wenigstens Interesse. Männer dagegen besitzen häufiger Spezialkenntnisse, besonders im Computerbereich, aber weniger Fähigkeiten, ihre Kenntnisse von der Hobby-Ebene auf die sozialpädagogische Ebene zu übertragen. Auch die Auseinandersetzung mit Medienpolitik fällt Frauen immer noch schwerer als Männern.

Die Frauendominanz in der Ausbildung führt zur Vernachlässigung der Auseinandersetzung mit der (Medien-)sozialisation von Jungen. Es findet eine einseitige Bewer-

---

[1] These: Die Älteren – Lehrkräfte, Bildungspolitikerinnen und -politiker usw. – haben gegenüber den Neuen Medien Ängste. Vor diesem Hintergrund muß die Medienkompetenz der Jungen, müssen die Neuen Medien insgesamt verteufelt werden. Nur so können eigene Ängste ausgeblendet bzw. zu Defiziten der Jungen umgemünzt werden

tung von Filmgenres und Spielzeugen im Medienverbund zu Gunsten des klischeehaft Mädchentypischen statt (banal, kitschig, friedlich – daily soap/ Barbie – versus aggressiv, laut, böse – Action-Film / He Man).

Motive der Berufswahl und Gruppenstrukturen wie die oben beschriebenen könnten eine Ursache dafür sein, daß in der Praxis später mediale Themen im Spiel unerwünscht sind oder die Einbeziehung der Technik in den erzieherischen Alltag unterbleibt.

1.4 Medienerziehung als Unterrichtsfach in den Fachschulen

Ich beziehe mich exemplarisch auf die Stundentafel[2] und den Rahmenplan[3] der Berliner Fachschulen.
Medienerziehung wird mit einem Stundenanteil von 2 Wochenstunden etwa 7 Monate lang unterrichtet. Die Themenschwerpunkte setzen die Lehrkräfte innerhalb der Vorgaben des Rahmenplans, jedoch hängt die Auswahl sehr stark von zufälligen Qualifikationen und den extrem divergierenden technischen Ausstattungen der Schulen ab.
In 50 Unterrichtsstunden sollen folgende, durchaus sinnvolle Themen behandelt werden:
- Es soll ein Überblick über die Medienentwicklung gegeben werden.
- *Ein* Medium soll gesellschaftlich, ökonomisch, politisch, rechtlich, strukturell und gestalterisch genauer analysiert werden.
- Die Studierenden sollen die eigene Mediensozialisation reflektieren.
- Die Mediennutzung von Kindern und Jugendlichen soll transparent gemacht werden.
- Es sollen pädagogisch-didaktische Konzepte für den Erzieheralltag erarbeitet werden.
- In *einem* Bereich wie z.B. Fotografie oder Video sollen technische, gestalterische und didaktische Grundlagen der praktischen Medienarbeit vermittelt werden.

Die Fülle des Stoffes ist nicht zu bewältigen. Deshalb ist es auch unmöglich, größere Erkenntniszusammenhänge durch die Rückkopplung zu anderen Fachdisziplinen herzustellen. Vor allem aber ist das Konzept eines isolierten Medienunterrichts am Anfang der Ausbildung für den Erwerb von Medienkompetenz in vielen Aspekten schon kontraproduktiv:
- Ist die Mediensozialisation von Kindern vor der ersten Praxisphase in der Ausbildung Unterrichtsgegenstand, können wir uns nicht auf konkrete Erfahrungen beziehen, außer durch Beispiele aus der Literatur. Beobachtungen in der sozialpäd-

---

[2] Gemeinsame Ordnung über die Ausbildung an den staatlichen Fachschulen für Sozialpädagogik vom 19.12.1986, Berlin
[3] Vorläufiger Rahmenplan für Unterricht und Erziehung, Staatliche Fachschulen für Sozialpädagogik, Fach Medienerziehung (Berlin, 1992)

agogischen Praxis, z.B. mit Video, sind aus strukturellen und aus Zeitgründen nicht möglich, ebenso wenig Recherchen über das Umfeld oder Befragungen der Erzieherinnen und Erzieher.

❏ Unterrichten wir praktische Medienarbeit (Fotografie, Video etc.) vor den Praktika, geschieht das exemplarisch an Themen, die zum Erlernen der Technik geeignet sind, denen der Bezug zur Praxis jedoch meist fehlt. Eine Erprobung im Praktikum findet aus Zeit- und Betreuermangel nicht statt.

❏ Durch die Kürze der Konfrontation mit Medien gehen technische Kenntnisse schnell wieder verloren und ein Bewußtsein für die Praxisrelevanz der Medienerziehung stellt sich kaum ein.

2. Anforderungen an das Fach Medienerziehung und die Lehrenden

Grundlegende Änderungen sind nur mit einer Veränderung der Ausbildungsstruktur in den Fachschulen zu erreichen, Verbesserungen aber schon mit einem größeren Stundenkontingent über die ganze Ausbildungszeit hinweg oder in Wahlpflichtbereichen. Denn *Fächerübergreifender Projektunterricht und Teamteaching* sind ein erfolgversprechender Ausweg aus den Unzulänglichkeiten.[4]

Kooperation oder Teamteaching kann bisher in der Fachschule nur selten stattfinden. Ein Beispiel ist die Kooperation zwischen den Fächern Medienerziehung und Jugendliteratur bei der Herstellung von Foto-Kinderbüchern für 5- bis 6jährige. Die Vorteile sind:

❏ Es kann in größeren Zeitspannen themenorientiert statt fachorientiert gearbeitet werden.

❏ Fachliche Grundlagen beider Bereiche (hier: Fototechnik, Bildgestaltung, Layout, Sprachentwicklung, altersspezifische Themen, Erzählformen im Bilderbuch) gehen in die konkrete, 'handwerkliche' Umsetzung ein.

❏ Die Erfahrungen von Gruppenarbeit, längeren Arbeitsphasen und unausweichlichen Frustrationserlebnissen bis zum fertigen Produkt können im Hinblick auf die sozialpädagogische Arbeit mit Kinder- und Jugendgruppen ausgewertet werden.

❏ Die Ergebnisse können in den Zielgruppen (hier: Kinder im Vorschulalter) angewendet und überprüft werden und sind nicht länger Selbstzweck.

Kann die Fächerkombination in solchen Kooperationsprojekten je nach Ausbildungsphase variiert werden, erschließen sich für die Studierenden *die vielen Aspekte der Medien: Medien zur Beobachtung, zur Dokumentation, zur Präsentation in der Öf-*

---

[4] Fächerübergreifende Projekte mit Teamteaching waren beispielsweise in der Berufsfachschule für Sozialwesen im Pestalozzi-Fröbel-Haus (PFH) möglich. Das PFH gehörte bisher zu den technisch gut ausgestatteten Schulen (Fotolabor, Video-Schneideraum, Internet Café) und hat bis zum letzten Jahr praktische Medienprojekte besonders gefördert. Innovative Ansätze und die Instandhaltung der technischen Ausstattung fallen jedoch den Sparmaßnahmen im Schulbereich zum Opfer.

fentlichkeit, zur Aneignung eines Ausschnittes der Wirklichkeit durch den 'anderen Blick' oder das 'Selbermachen'. Dies ist ein wesentlicher Schritt auf dem Weg zur Medienkompetenz der Studierenden.

Wenn die Schule darüber hinaus Projekte in Zusammenarbeit mit Erzieherinnen und Erziehern vor Ort anbieten könnte, beispielsweise in Projekten zur Fernsehnutzung von Kindern, ließe sich auf Seiten der Studierenden die Hilflosigkeit angesichts des Praxisschocks vermindern, genauso wie die Überforderung von Erzieherinnen und Erziehern beim Medieneinsatz in zu großen Gruppen.
Voraussetzung ist, daß die Lehrenden selbst Erfahrungen mit Medienprojekten in der sozialpädagogischen Praxis gemacht haben.

Die Frage der Ausbildungsstruktur ist zentral für die Erlangung von Medienkompetenz. Obwohl der Status quo unbefriedigend ist, möchte ich zum Schluß *Bausteine für eine medienpädagogische Grundausbildung* benennen. Jeder der folgenden Themenbereiche schließt die Reflexion der eigenen Mediensozialisation durch die Studierenden ein.
❏ Eine zusammenhangstiftende Auseinandersetzung mit der *Mediensozialisation* von Kindern muß in Verbindung mit der Frage der Veränderung kindlicher Lebenswelten (Familie, Wohnumfeld, Tagesstruktur, Spiel, Freizeit usw.) stattfinden.
❏ Eine hautnahe Begegnung mit *Kinder- und Jugendkultur* (z.B. mit Merchandising oder mit Horror-Videos oder mit Computerspielen einzeln oder vernetzt) ist unabdingbar, damit den Studierenden nicht nur vom Hörensagen bekannt ist, was Kinder/Jugendliche beschäftigt, damit sie Faszination oder Abstoßungseffekte selbst erleben.
❏ Mindestens ein Medium sollte kontextbezogen angeeignet und als *Kulturtechnik* immer wieder angewendet werden, so daß es selbstverständlich wird wie Lesen und Schreiben.
❏ *Methoden und Formen der Präsentation* sollten stetig eingeübt werden als Basis für Elternarbeit, Arbeit im Team und Öffentlichkeitsarbeit.

Als Prinzip steht über allem das *'Selbermachen, wo es nur geht'*. Dieses ist für alle Altersstufen der beste Weg zu Persönlichkeitsbildung, Fachkompetenz und Handlungskompetenz.

Literatur

Expertise im Auftrag des Ministeriums für Bildung, Jugend und Sport des Landes Brandenburg (1998): Das Berufsbild von ErzieherInnen. Anforderungen an die Ausbildung. Dortmund
Rauschenbach, Th. u.a. (1995): Die Erzieherin. Ausbildung und Arbeitsmarkt. Weinheim

Klaus Lutz
Aufgaben von Fortbildungseinrichtungen bei der Vermittlung von Medienkompetenz

Vorbemerkung

Das Medienzentrum PARABOL betreibt seit mehr als 10 Jahren aktive Medienarbeit mit Kindern und Jugendlichen, schwerpunktmäßig mit den Medien Computer, Video und Radio.
Ein weiterer Schwerpunkt unserer Arbeit ist die Fort- und Weiterbildung von Multiplikatorinnen und Multiplikatoren wie z.B. Erzieherinnen bzw. Erzieher, Sozialpädagoginnen bzw. Sozialpädagogen und Lehrerinnen bzw. Lehrer.

Aus der Erfahrung unserer Arbeit halten wir folgende Zielsetzungen für die Fort- und Weiterbildung für wichtig:

1. Wecken des Interesses an Medienarbeit und Aufzeigen ihrer Möglichkeiten

Trotz der ständigen Diskussion über die Medien und ihre Wirkungsweise auf Kinder und Jugendliche ist die Arbeit mit Medien im außerschulischen Bereich längst nicht so verbreitet wie weithin angenommen. Wenn auch die Notwendigkeit, Medien in die pädagogische Arbeit einzubeziehen, kaum mehr verneint wird, so können sich viele Pädagoginnen und Pädagogen immer noch nicht vorstellen, auf welche Weise dies umgesetzt werden kann.
Das Vorstellen von Medienprodukten - vor allem solcher, die mit geringem technischen Aufwand erstellt wurden - öffnet oft erst die Augen für das kreative Potential, das in der Arbeit mit Medien steckt und baut Schwellenängste vor der Technik und der damit vermeintlich verbundenen aufwendigen Umsetzung ab.

2. Überblick über das Medienverhalten von Kindern und Jugendlichen geben und Verständnis für ihren Spaß am Umgang mit Medien wecken

Viele Pädagoginnen und Pädagogen kennen Videospiele, Fernsehserien oder das bei Jugendlichen so beliebte Chatten im Internet nicht aus eigener Erfahrung. Sie können nicht nachvollziehen, aus welchen Beweggründen Jugendliche einen nicht unbeträchtlichen Zeitaufwand in solche Aktivitäten investieren. Erst wenn sie sich selbst aktiv damit beschäftigen, entsteht Verständnis für das Verhalten der Kinder und Jugendlichen. Da die technischen Möglichkeiten und die Medienlandschaft sich rasch verändern und die Kinder und Jugendlichen diese Veränderungen auch sofort in ihr Freizeitverhalten einbauen, kann sich diese Beschäftigung nicht in einem einmaligen Ereignis erschöpfen, sie muß vielmehr als ständiger Prozeß erfolgen.

3. Vermittlung von wissenschaftlichen Erkenntnissen und Konsequenzen für pädagogisches Handeln

Ebenso wie die Medien befindet sich auch der medienpädagogische Diskurs im ständigen Fluß. Neue Entwicklungen der Medien werfen immer neue theoretische Fragestellungen auf.
Die Auseinandersetzung mit diesen Fragestellungen stellt eine wichtige Grundlage für das pädagogische Handeln dar, sei es im Vorfeld der Entwicklung von Projekten oder als Argumentationshilfe für die Begründung von Medienarbeit an sich.
Ein besonderer Stellenwert kommt dabei der Abgrenzung von Medienkompetenz gegenüber der rein technischen Benutzerkompetenz zu.
Vor allem wenn es um die Wirkungsweisen von Medien geht, ist es in der Aus- und Fortbildung unerläßlich, auf wissenschaftliche Erkenntnisse zu verweisen, damit das pädagogische Handeln nicht von der allgemeinen Hysterie bestimmt wird, die die Medien oft als alleinschuldigen Sündenbock ausmacht.

4. Technisches und pädagogisches know-how vermitteln

Medienarbeit ist untrennbar mit der Bedienung von technischen Geräten verbunden. Selbst wenn die technischen Fähigkeiten, die notwendig sind, um Medienprodukte mit Kindern und Jugendlichen zu erstellen, überschätzt werden, so ist es doch unerläßlich, auch Schulungen im technischen Bereich anzubieten. Handelt es sich um Video- oder Radioarbeit, spielen die gestalterischen Möglichkeiten bei der Vermittlung von Technikkompetenz eine zumindest genauso große Rolle wie der Umgang mit der Technik selbst, denn die Produkte in diesem Bereich leiden oft mehr unter fehlender gestalterischer Qualität als unter mangelhafter technischer Ausführung. Schwieriger stellt sich da schon die Arbeit mit dem Computer dar. Hier ist die Hürde der technischen Kompetenz weit schwerer zu überwinden. So setzen z.B. Projekte im Bereich des Internets hohe technische Kenntnisse und einen geübten Umgang mit der Technik voraus, bevor man überhaupt an eine inhaltliche und gestalterische Umsetzung denken kann. In diesem Bereich ist ein nicht unerheblicher Zeitaufwand für die technische Schulung einzuplanen.
Medienprojekte bedürfen einer speziellen Planung, die nicht zuletzt auch durch die genutzte Technik vorgegeben wird. Mit dieser Arbeitsmethode müssen die Pädagoginnen und Pädagogen vertraut gemacht werden, um nicht dem Frust zu erliegen, nie ein fertiges Produkt zu erhalten.

5. Überblicke über technische Neuerungen geben

Die technischen Neuerungen im Medienbereich sind kaum mehr zu überblicken. Dennoch ist es wichtig, sich für die pädagogische Arbeit von Zeit zu Zeit über die neuen Entwicklungen zu informieren, sei es über die Digitalisierung im Video- oder Fotobereich oder über die Entwicklung auf dem Softwaremarkt wie z.B. die Verbesserungen der Lernsoftware. Hierbei spielt vor allem die Prüfung der Neuerungen auf ihre Einsetzbarkeit in der pädagogischen Arbeit eine entscheidende Rolle.

Auch bei Neuanschaffungen von medientechnischen Geräten für die pädagogische Arbeit besteht ein hoher Beratungsbedarf.

6. Hilfestellung (technischer wie inhaltlicher Art) bei der Umsetzung von Projekten

Oft fehlt es bei der Umsetzung von Projekten nur an einzelnen Bausteinen. So kann es zum Gelingen eines Filmprojekts beitragen, wenn erfahrene Medienpädagoginnen bzw. -pädagogen bei der Erstellung des Drehbuchs beratend zur Seite steht oder bei der Umsetzung schwieriger Filmszenen behilflich sind.

Viele Probleme, die ein Medienprojekt mit sich bringt, lassen sich im Vorfeld ausräumen, wenn Pädagoginnen und Pädagogen die Möglichkeit haben, sich vor Beginn ihres Projektes mit einer fachkundigen Person zu beraten.

7. Beratung allgemein

Literaturhinweise, einschlägige Fachbücher und Informationen über Fördermöglichkeiten von Medienprojekten anzubieten sowie auf Institutionen hinzuweisen, die in diesem Bereich qualifizierte Aus- und Weiterbildung anbieten, ist ein notwendiger Service, um die Medienarbeit zu fördern.

Hans-Jürgen Palme
Jugend(kultur)arbeit braucht zeitgemäße Aus- und Fortbildung

Medienpädagogische Fortbildungseinrichtungen stehen derzeit vor einer neuen Herausforderung. Unsere ins nächste Millenium gleitende Gesellschaft wandelt sich zunehmend zu einer Art Welt-Verbund, in dem die Kommunikation und die Information durch Multimedia und Internet eine auch wirtschaftlich dominante Wertigkeit erhält. Die Formen und Möglichkeiten menschlicher Entfaltung werden davon nachhaltig beeinflußt. Interaktive Lernsoftware, Edutainmentprodukte für die Kleinsten, Simulationsprogramme, interaktive Lern-, Übungs- und Kommunikationsmöglichkeiten werden stärker denn je in der Freizeit, im Beruf, in der Aus- und Weiterbildung genutzt. Diese neue Dimension der Erfahrungs- und Erlebniswelt okkupiert zunehmend alle Lebensbereiche.

Für die Kinder- und Jugendkulturarbeit leitet sich daraus die immens relevante Aufgabe der Förderung von Medienkompetenz als einer Schlüsselqualifikation ab. Die Aktualität der multimedialen Entwicklung stellt die Fortbildungseinrichtungen jedoch auch vor das Dilemma, daß sie für die neu entstehenden Aus- und Fortbildungsaufgaben erst selbst aus- und fortgebildet werden müssen.

Obwohl der schillernde Begriff 'Medienkompetenz' in aller Munde ist, steckt seine inhaltliche Ausfüllung erst in den Kinderschuhen. Ohne eine Bedeutungsbestimmung bleibt unklar, wie Medienkompetenz erworben werden kann, was zu einer Medienkompetenz gehört und in welchen didaktischen Einheiten diese Fähigkeit zielgruppengemäß vermittelt werden kann. Derzeit gibt es zu Medienkompetenz noch weitaus mehr Fragen als Antworten. Gerade im medienpädagogischen Aus- und Fortbildungsbereich kann nicht mehr wie anno dazumal das gleiche verstaubte Gedankengut transportiert werden. Die Inhalte und die Ziele müssen sich zwangsläufig an einer sich wandelnden Gesellschaft orientieren. Allein Tradiertes beizubehalten, beinhaltet die Gefahr, an dem Klientel vorbei in das pädagogische Vakuum zu laufen. Das medienpädagogische Fortbildungs-Szenarium ist daher gut beraten, offen zum update mit der gesellschaftlichen Realität zu sein, gerade im Hinblick auf die Vermittlung von Medienkompetenz.

1. Der bisherige Königsweg: Die produktorientierte Medienpädagogik

Bei der aktiven Medienarbeit, nimmt man sie auch als praktische Umsetzung der Medienpädagogik, standen bisher hauptsächlich die Sendemedien wie Fernsehen und Hörfunk oder Printmedien im Mittelpunkt. Die Aus- und Fortbildung zielte zum einen darauf ab, die Manipulationsmöglichkeiten dieser Massenmedien transparent zu machen und dadurch die/den passive/n Rezipientin/Rezipienten gegenüber unerwünschten Wirkungen zu immunisieren. Weit wichtiger war und ist immer noch die Aufgabe der aktiven Medienpädagogik, eine Fähigkeit auszubilden, um die Medien selbst zu nutzen, sie als Sprachrohr für die individuellen Interessen zu verwenden, indem beispielsweise via Videofilm eine eigene Öffentlichkeit hergestellt wird. Somit wurde in der bisherigen medienpädagogischen Fortbildung folgerichtig eine Medienkompetenz vermittelt, die im Praxisbereich die aktive Medienarbeit als wichtigste Säule beinhaltete. In der Kinder- und Jugendkulturarbeit galt dabei das Hauptziel, mit den jungen Menschen mediale Produkte zu erstellen, sie durch die Erfahrung im Produktionsprozeß dazu zu befähigen hinter die Kulissen zu schauen und zum einen auf diese Art und Weise gegenüber den Medien kritisch zu werden und zum anderen sie für ihre eigenen Ziele adäquat zu nutzen. Das Herstellen von Videofilmen, Radiobeiträgen, Zeitungsartikeln oder CD-ROMs war der Königsweg, um die gewünschten pädagogischen Ziele zu verwirklichen. Ein Problem am Rande stellten und stellen dabei immer noch mediale Produkte dar, die nur sehr schwer selbst gestaltet werden können, wie zum Beispiel Computerspiele.

2. Ein altes Feld wird ausgeweitet: Die Möglichkeiten der digitalen Technologie

Die Multimedia- und Internettechnologie wird heute universell eingesetzt. Mit digitalen Verfahren entstehen Fernseh- und Radiosendungen, Zeitschriften und Zeitungen, CD-ROMs und WWW-Seiten. Auch die frühere Wundermaschine, der Computer, impliziert heute nicht mehr eine abgehobene Technologie, die als ein Luxusgut betrachtet wird. Es hat sich vielmehr zu einem Volksgerät entfaltet, das sogar schon bei diversen Lebensmittelketten der Kundschaft offeriert wird.

Die produktorientierte, aktive Medienpädagogik erlebt vor diesem Hintergrund einen ungeahnten Aufschwung, und die medienpädagogische Aus- und Fortbildung profitiert folglich ebenso von diesem Prozeß. Mit jungen Menschen wird inzwischen digital gearbeitet. Jugendliche können heute in medienpädagogischen Projekten dank Computer beispielsweise Hörfunk- und Fernsebeiträge produzieren, die in der technischen Qualität den professionellen Sendungen in nichts nachstehen. Die Aus- und Fortbildungen im Medienbereich orientieren sich mehr und mehr an den Möglichkeiten, die digitale Produktionsverfahren bieten. Das bedeutet aber auch, daß zusätzlich als Ziel gesetzt wird, die so angefertigten Produkte 'richtig' im Fernsehen oder Hörfunk zu senden, einem breiteren Publikum zugänglich zu machen - denn auch dies wird durch die digitale Technologie machbar, die eine Unzahl an Kanälen geschaffen hat. Die produktorientierte Medienpädagogik verfestigt sich somit zunehmend als eine wichtige Säule im Aus- und Fortbildungsbereich.

3. Ein neues Feld muß bearbeitet werden: Die kommunikationsorientierte Medienpädagogik

Doch nicht nur in technologischer Hinsicht haben sich zusätzliche Möglichkeiten eröffnet. Auch inhaltlich bringen Multimedia und Internet Angebote in noch unbekannter Qualität. Sie schaffen neuartige Informations- und Kommunikationsformen. Chatten, Mailen oder Surfen im Netz sind keine bloßen Spielereien. Multimedia und Internet kreieren neue kommunikative Rahmenbedingungen, die unsere Gesellschaft nachhaltig zu verändern beginnen. Die Grenzen zwischen Senden und Empfangen, zwischen Sender und Empfänger, zwischen Produzent und Rezipient verwischen. Wenn wir heute von Medienkompetenz sprechen, so gehört vor allem die kommunikative Kompetenz dazu, also immer mehr und mehr die Souveränität, Medien für die Kommunikation und Interaktion sowie die eigenen kommunikativen Ziele zu nutzen. Dieser Bereich kann jedoch nicht alleine durch eine produktorientierte Medienpädagogik abgedeckt werden. Die interaktiven Kommunikationsprozesse in den virtuellen Welten sind keine medialen Vorprodukte, die anderen im perfekten Fertigzustand präsentiert werden können. Ein Chat ist beispielsweise die zeitgleiche Kommunikation vieler mit vielen. Es ist kein vorproduziertes mediales Werk, sondern genauso wie das Gros des Internetsortiments im ständigen Entstehen, sich wandelnd im interaktiven Zusammenspiel mit anderen Netzreisenden.

Die medienpädagogische Aus- und Fortbildung steht vor einem neuen Aufgabenfeld. Wie müssen medienpädagogische Konzepte und Maßnahmen gestaltet sein, damit eine den heutigen Anforderungen gemäße und umfassende Medienkompetenz erworben werden kann? Die produktorientierte Medienpädagogik hilft hier alleine nicht weiter. Wenn heute den pädagogisch Tätigen in der schulischen und außerschulischen Kinder- und Jugendkulturarbeit einzig die Produktgestaltung angeboten wird, so wird der gesamte dynamische Bereich der Kommunikation vernachlässigt. Die derzeitige Gretchenfrage ist aber, wie kann die virtuelle Kommunikation bei der Vermittlung von Medienkompetenz angemessen berücksichtigt werden. Die Pädagoginnen und Pädagogen in der Kinder- und Jugendkulturarbeit haben hierzu ganz konkrete Fragestellungen an die Aus- und Weiterbildung: Genügt es den Kindern und Jugendlichen einen mit Multimediarechnern ausgestatteten Raum zur Verfügung zu stellen? Ist ein Internetcafé ein zeitgemäßes pädagogisches Angebot, tauglich zur Vermittlung von Medienkompetenz im Freizeitstättenalltag? Immer mehr Freizeitpädagoginnen und -pädagogen stellen sich diese Frage und immer mehr Lehrerinnen und Lehrer möchten wissen, wie Multimedia und Internet didaktisch sinnvoll eingesetzt werden können.

Die neuen Entwicklungstendenzen und die damit zusammenhängende Alltagsrelevanz der Kommunikationskompetenz durch Multimedia und Internet sind mit einer enormen Dynamik verbunden. Die Zeit, in der die Medienpädagogik, nicht zuletzt aufgrund der betreuungsintensiven Produktorientiertheit, ein Nischendasein fristen konnte und mußte, ist abgelaufen.

4. Medienpädagogische Aus- und Fortbildung im Kontext mit der Praxis

Eine medienpädagogische Aus- und Fortbildung, die auch die kommunikativen Aspekte der digitalen Welten aufgreift, braucht die Rückkoppelung zur Praxis. Fragestellungen wie
❑ Was kommt wie bei jungen Menschen an?
❑ Welche Vorlieben haben sie?
❑ Welche sinnvollen pädagogischen Rahmenbedingungen müssen geschaffen werden, um sie zu erreichen?

❑ Welche geschlechtsspezifischen Zugangsweisen sollten berücksichtigt werden? Usf. gibt es zur Genüge, doch sie können nicht am grünen Aus- und Fortbildungstisch beantwortet, geschweige denn in ein brauchbares Konzept umgesetzt werden. Nötig sind vielmehr praktische Modellprojekte, die neue Wege einschlagen und auf zeitgemäßen pädagogischen Fragestellungen beruhen. Auch die Auswertung der Projekterfahrungen darf nicht vor tradierten Erkenntnissen stehen bleiben, sondern muß mutig im Zusammenspiel mit vielen kompetenten Partnerinnen und Partnern die Einsichten reflektieren - in Kooperation, im Austausch, unter Nutzung von Synergien.

In Umbruchzeiten wie diesen ist die Aus- und Fortbildung nur dann up to date, wenn neue Trends sinnvoll mit tradierten Erkenntnissen kombiniert werden. Dies schreibt sich leicht. Die Umsetzung im Alltag ist ungleich schwieriger. Die pädagogische Trägheit auch in der Aus- und Fortbildung kann und darf hier nicht verschwiegen werden. Wer heute für Offenheit gegenüber neuen Prozessen plädiert und sich für eine Reflexion des bisherigen einsetzt, der stößt selten auf Widerstand. Im Gegenteil, der Zuspruch ist groß. Die Umsetzung in die Praxis scheint jedoch in der Regel erhebliche Probleme zu bereiten, denn im pädagogischen Alltag geht es häufig weiter wie bisher, aus welchen Gründen auch immer. Die alten Inhalte sind oftmals noch immer an der pädagogischen Tagesordnung, immer häufiger allerdings gehüllt in den neuen Mantel 'Medienkompetenz'.

Tatsächlich gibt es aber vereinzelt auch interessante neue Ansätze, die erprobt werden. Gerade Modellprojekte wie 'Konnekt', das eine Plattform für Multimedia-Projekte aus der Kinder- und Jugendkulturarbeit bietet (Akademie Remscheid) oder 'xTrakt', das erste virtuelle Freizeitheim, das jungen Menschen für sie interessante interaktive Angebote in einem pädagogischen Rahmen im virtuellen Raum offeriert (SIN - Studio im Netz in Kooperation mit dem Institut Jugend Film Fernsehen und dem Stadtjugendamt der Landeshauptstadt München) gehen neue Wege.

Interessant ist auch die Großveranstaltung 'Inter @ktiv', die als ein querschnittsorientierter Ansatz bereits mehrere Jahre ein reales Austausch-Forum in Sachen Multimedia darstellt und von vielen Partnerinnen und Partnern zusammen realisiert wird (AG Inter @ktiv: Pädagogische Aktion/SPIELkultur, SIN - Studio im Netz, Institut Jugend Film Fernsehen, Stadtjugendamt der Landeshauptstadt München). Hier gehen Medien- und Kulturpädagogik nicht mehr getrennte Wege. Das Thema Multimediatechnologie wird als übergreifende, vereinende Herausforderung begriffen und als solche angegangen. Das Resultat ist ein breites Angebotsspektrum zur Aus- und Fortbildung für pädagogisch Tätige, das in diesem Umfang keine Einrichtung und kein Bereich alleine hätte umsetzen können.

Vielleicht ist der Königsweg der Zukunft ein Bündnis von Kompetenzen. Aber auch hier gibt es alte Gräben, die es zu überwinden gilt. Eine Medienpädagogik, die die neuen multimedialen Herausforderungen offen angeht und eine zeitgemäße Aus- und Fortbildung offeriert, ist ein Ziel, das leider noch lange nicht erreicht ist.

Dirk Conradt
Vermittlung von Kompetenz im Umgang mit (neuen) Medien – Aufgaben von Fortbildungseinrichtungen

1. Eingangsüberlegung

Wir stehen einem Begriffs-Wirrwarr gegenüber: MPEG En- und Decoding, Screen-Design, Digital-Audio und -Video, Quicktime Virtual Reality, Storyboard und Pre-Mastering, Computeranimation, Digital Versatile Disk, Compact Disk Interactive und Cross-Media Consulting, Point of Interest und Point of Sales, Electronic Commerce, Kiosk-Systeme und Computer Based Training. Ganz zu schweigen von Multimedia-Datenbanken, Off- und Online-Produktion, Avid-Schnittplatz, Video-Kompression, Intranet und Internet.
'Multimedia', 'Internet' und 'Neue Medien' als Oberbegriffe für eine neue Technologie scheinen zunächst einmal gleichberechtigt neben bekannten, sozusagen 'herkömmlichen' Techniken wie Video, Fernsehen oder Radio zu stehen. Aber die 'Neuen Medien', in ihrer Gesamtheit unter dem Begriff 'Multimedia' gefaßt, ersetzen zunehmend analoge und lineare Medien. Die bisher sehr auf Technik fixierte Herangehensweise an neue Medien stellt vor allem Multiplikatorinnen und Multiplikatoren im Sozial- und Jugendbereich vor scheinbar hohe Hürden.

Noch sind die Techniken, mit denen multimediale Information und Kommunikation hergestellt wird, kompliziert. Sie sind unter anderem deshalb so kompliziert, weil sich die auf dem Markt befindlichen Soft- und Hardwarelösungen kaum durchschauen lassen. Die genannten Schlagworte sind ohnehin schon, jedes für sich allein betrachtet, schwer zu verstehen. Darüber hinaus tauchen bei Erklärung und Einordnung der Begriffe wiederum neue, manchmal kompliziertere Begriffe auf, die ihrerseits oft noch schwerer zu verstehen sind.

Auch enthält 'Multimedia' einen geradezu erschlagenden Charakter: es wird zunehmend im Zusammenhang mit 'Internet' und 'weltweiter Kommunikation' im 'World Wide Web' genannt. So gibt es heute beispielsweise die Möglichkeit, via Netz Noten der Musikbibliothek in Genua zu erhalten, die zusätzlich auch noch als gespielte Musik hörbar sind, oder die Konstruktionspläne der Gebäude des Potsdamer Platzes einzusehen, oder an der Universität in Madrid in alten spanischen Manuskripten des Christoph Kolumbus zu stöbern. Diese Liste ließe sich unendlich fortsetzen. Durch diese Aura des Grenzenlosen und Globalen, die 'Multimedia' und das 'Internet' verströmen, wird zusätzlicher Respekt vor diesen Techniken eingeflößt. Daß hier simple Marketingstrategien greifen, ist kaum einem von uns klar.

Es kommt allerdings zunächst im wesentlichen gar nicht darauf an, Kompetenzen im Umgang mit den unüberschaubaren Techniken zu entwickeln. Viel wichtiger ist es, sich in einer ersten Herangehensweise einen Überblick über folgende Fragen zu verschaffen:

❑ Was ist multimediale Kommunikation; wodurch charakterisiert sich Multimedia?
❑ Welche Kriterien muß ich ansetzen, um die Qualität dieses Medienverbundes zu beurteilen?
❑ Wie werden Zielgruppen ermittelt und mittels welcher Wege wird versucht, diese zu erreichen?
❑ Wie verändert Multimedia die Kommunikationsformen?

Fortbildungseinrichtungen folgen in den meisten Fällen der vorher erwähnten techniklastigen Betrachtungsweise neuer Medien. Eine Vielzahl solcher Anbieter haben mittlerweile in irgendeiner Form Kurse im Programm, die sich mit dem dynamischen Feld der multimedialen Kommunikationsformen beschäftigen. In diesem Ansatz liegt aber schon eine Schwierigkeit: Es ist Teilnehmerinnen und Teilnehmern solcher Fortbildungen kaum zuzutrauen, eigene 'Homepages' und 'Präsentationen' absichtsvoll zu gestalten, ohne daß sie sich vorher einen Überblick über die Zusammenhänge und den Charakter neuer Medien verschaffen konnten. (Die Bezeichnungen 'Homepages' und 'Präsentationen' sollen exemplarisch für ' ... kompetenten Umgang mit neuen Medien ...' stehen).

2. Defizite in Umgang mit Medien

Bei Erzieherinnen bzw. Erziehern und Sozialpädagoginnen bzw. Sozialpädagogen sind nach meiner Ansicht Defizite nicht mehr in erster Linie im Umgang mit Medien, zum Beispiel mit dem Computer, vorhanden. Heute sind neue Medien zumindest in Form von Videokameras und –Schnittplätzen recht weit verbreitet. Selbst in kleinen Jugendzentren, wie zum Beispiel in Mainz, oder in Geschäftsstellen verschiedener sozialer Einrichtungen finden sich PCs, an denen die Beschäftigten unterschiedliche Arbeiten verrichten. Es gibt dabei allerdings ein großes 'Aber', denn die Tätigkeiten beziehen sich zumeist auf Büroarbeiten in den gängigen Windows-Anwendungen Microsoft-Word oder -Excel. Wie gestaltet sich nun die Fähigkeit, mit multimedialen Anwendungen umzugehen? Hier schließe ich wieder an das eingangs Erwähnte an. Aufgrund der durch und durch techniklastigen Diskussion finden nur sehr wenige Kolleginnen und Kollegen einen Zugang zu neuen Multi-Medien. Oft gibt es eine Mitarbeiterin bzw. einen Mitarbeiter in einer Geschäftsstelle oder einer Einrichtung, die oder der dann mit Aufgaben wie Schulung und Einrichtung von Software beschäftigt wird, während sich die anderen zurückziehen. Defizite ergeben sich aber nicht nur durch Schwellenängste, mit einem neuen Medium umzugehen. Auch die Verunsicherung von Entscheidungsträgern spielt eine Rolle, weil dadurch oft auf das Angebot von Fortbildung für Mitarbeiterinnen und Mitarbeiter verzichtet und statt dessen eine 'Abwartehaltung' eingenommen wird.

Neben den genannten Vorbehalten liegen die Ursachen für den zögerlichen Umgang mit neuen Medien in Erziehungsinstitutionen meines Erachtens auch in folgenden Punkten:
- ❏ In der Nische der speziellen Kommunikationsform 'Multimedia' versammeln sich hochspezialisierte Menschen, die sich durch Schlagworte abzugrenzen wissen. Das erzeugt Berührungsängste bei Außenstehenden, die zum bloßen Konsum der vorgefertigten multimedialen Welt führen.
- ❏ Genährt werden kritische Haltungen und Ängste gegenüber neuen Medien durch Kommentare und Artikel in der Presse. Hier nur zwei Beispiele: "Eine Freundschaft, die in mehreren Biergärten gewachsen ist, ist besser als das ganze Internet" (Roman Herzog am 22. März 1997 in der FAZ). "Das Internet ist reaktionär", meint Neill Postman, weil es unter anderem von den wirklichen Problemen ablenke (Interview in ZEITPunkt Nr. 5/96).

Weitere Ursachen für die großen Vorbehalte liegen darin, daß immer nur die Risiken, kaum aber die Chancen von Multimedia und Internet diskutiert werden. Diese Techniken sind selbstredend keine Lösung für alle Probleme, wie zum Beispiel zur Eindämmung der Arbeitslosigkeit. Jedoch ist es fatal, neue Entwicklungen abzulehnen, ohne sich diesen Realitäten zu stellen. Wir dürfen Multimedia eben nicht in all ihren Auswirkungen ablehnen, sondern sollten konstruktiv damit umgehen. Im Mittelpunkt könnte dabei stehen, möglichst viele Menschen zu befähigen, Multimedia mit zu gestalten.

3. Angebote und medienpädagogische Unterstützung vor Ort

Fortbildungsangebote gestalten sich heute oft in Crash-Kursen, die als Ergebnis versprechen, 'Homepages' entwickeln zu können. Bei all diesen Aktivitäten wird meines Erachtens ein wichtiger Aspekt nicht berücksichtigt, so daß behandelte Themen oft zusammenhanglos gesehen werden. Internet und Multimedia müssen in einem größeren Kontext als bisher erfaßt und gesehen werden. Auch aus meiner Erfahrung in der Erwachsenenbildung kann ich berichten, daß es so gut wie keinen Lerneffekt zeitigt, Menschen Techniken zu erläutern, zu denen sie keinen Bezug haben. Das betrifft vor allem den Computer. Zu groß sind hier die Ressentiments gegenüber der Technik. Die Kolleginnen und Kollegen müssen sich im Umgang mit neuen Medien selbst klar darüber sein, worauf sie sich einlassen wollen.

Es muß die Vorgehensweise bekannt sein, wie Konzeption und Produktion einer multimedialen Anwendung angegangen werden müssen. Hier stellt sich wieder die Frage nach dem Ziel: *Was will ich erreichen* und *welche Mittel will und kann ich dazu einsetzen?* Diese Fragen berühren theoretische Grundlagen der Informatik, etwa die der Pflichtenhefterstellung. Diese umfaßt, auf den Bereich Multimedia übertragen, den klassischen Weg von der Idee über das Storyboard bis hin zum Drehbuch einer interaktiven Anwendung.

Angebote sollten sich also daran orientieren, den Teilnehmerinnen und Teilnehmern zunächst einmal verschiedene Konzepte multimedialer Kommunikation darzustellen. Es muß hier auch massiver als in der Vergangenheit klargestellt werden, daß neue Medien in der breiten Öffentlichkeit zunächst als reine Marketinginstrumente eingesetzt werden. Die zugrunde liegenden Strukturen sollten in medienpädagogischen Maßnahmen offengelegt werden. Derzeit kann geradezu ein 'Mulitmedia-Hype' beobachtet werden. Es ist angesagt, diesem Hype zu begegnen, zum Beispiel durch eine etwas distanziertere Herangehensweise. Multimedia läßt sich bei näherer Betrachtung sehr schnell entmystifizieren.

Es ist an der Zeit, durch medienpädagogische Fortbildung Erzieherinnen bzw. Erzieher und Sozialpädagoginnen bzw. Sozialpädagogen zum 'Machen' zu befähigen und zu bewegen. Noch immer glauben viele Kolleginnen und Kollegen, daß ein umfassendes Fachwissen im Umgang mit neuen Medien nötig ist, um ein medienpädagogisches Angebot zu entwickeln. Hier stellt sich die Frage, ob denn Erziehende, die mit Video arbeiten, auch einen Broadcast-Schnittplatz bedienen können müssen. Dies ist zu verneinen, denn es geht vielmehr darum, Kolleginnen und Kollegen zu ermutigen, mit dem Computer und mit anderen Medien pädagogisch zu arbeiten. Und hierfür müssen sie nicht unbedingt vertiefte Kenntnisse über die DirectX-Spezifikation oder über Details des VooDoo-Grafikchips haben.

Im Mainzer Haus der Jugend zum Beispiel gibt es regelmäßig Workshops für Kinder, die sich mit Grafikbearbeitung beschäftigen. Hier werden Bilder von Kindern mit Hilfe von Videokamera und Computer digitalisiert und mit einem Bildbearbeitungsprogramm veränder. Anschließend werden die Bilder auf T-Shirts gedruckt. Die Kolleginnen und Kollegen, die diese Nachmittage anbieten, verbinden auf einfachste Weise verschiedene Medien miteinander: Sie *machen* Multimedia und zeigen gleichzeitig, daß Bilder manipulierbar sind. Möglich wird dies durch eine vor allem anfangs intensive Betreuung des Projekts durch Pädagoginnen und Pädagogen, die sich mit neuen Medien beschäftigen. Innerhalb kurzer Zeit sind die Kolleginnen und Kollegen, die die Kinder laufend betreuen, selbst in der Lage, Angebote zu konzipieren. Natürlich muß eingestanden werden, daß ein möglichst optimales Arbeitsumfeld vorhanden sein muß. Insbesondere müssen (Frei-)Räume geschaffen werden, in denen mit Medien gearbeitet werden kann.

Fortbildung muß individuell sein. Nicht für jede Einrichtung kommt ein Projekt in Frage, das sich mit dem Internet beschäftigt. Fortbildung muß den jeweils vorhandenen Bedürfnissen angepaßt sein. Erzieherinnen und Erzieher, die in einem Kindergarten Angebote konzipieren wollen, müssen nicht über die verschiedensten Video-Komprimierungen Bescheid wissen. Auch die Arbeit mit verschiedenen Altersstufen verlangt jeweils angepaßte Fortbildungsangebote.

Medienpädagogische Unterstützung muß über einen mittelfristigen Zeitraum bereitgestellt werden. So könnte zum Beispiel ein Kurs-Wochenende den Einstieg bilden. Danach ist es dann nötig, über mehrere Wochen regelmäßig Fertigkeiten einzuüben. Es zeigt sich als kontraproduktiv, einen Crash-Kurs anzubieten, der dann sozusagen ins Leere läuft. Neue Medien erfordern eine langfristige Beschäftigung, einerseits mit theoretischen medienpädagogischen Inhalten, andererseits dann aber unbedingt mit der praktischen Anwendung des Gelernten. Ich halte es auch für nötig, Kolleginnen und Kollegen das Erlebnis einer Runde 'Duke Nukem' zu ermöglichen, um sie auch einmal die negativen Seiten des Internet spüren zu lassen.

Hier komme ich zu einem Kritikpunkt an den meisten angebotenen Fortbildungen. Es wird zuviel über neue Medien gesprochen, aber zuwenig praktisch erprobt: Wenn in einer Runde mit Erzieherinnen bzw. Erziehern und Sozialpädagoginnen bzw. Sozialpädagogen über gewalthaltige Computerspiele und der Umgang damit diskutiert wird, kann nicht davon ausgegangen werden, daß alle oder die Mehrzahl schon einmal ein solches Spiel und die Atmosphäre beim Spielen erleben konnten. Es muß also dafür gesorgt werden, daß Erfahrungen möglich werden. Hier müssen viele Anbieter noch über den eigenen Schatten springen. In einem Mainzer Jugendzentrum wird zum Beispiel ein Internet-Café angeboten. Auf den dort befindlichen drei PCs wird aber nicht nur im Netz gesurft, sondern auch über die miteinander vernetzten Rechner selbst gespielt.

Vor Ort muß zunächst einmal über technische Voraussetzungen diskutiert werden. In den meisten Fällen ist es gar nicht nötig, eine neue und kostspielige Hardware anzuschaffen. Mit vergleichsweise geringen Mitteln lassen sich aus älteren Computern durchaus arbeitsfähige Werkzeuge herstellen. Unbedingt erforderlich ist ein Internetanschluß. Nicht nur um sich und anderen das World Wide Web zur Verfügung zu stellen, sondern mehr noch deshalb, um E-mail zu nutzen. Dies ist die grundlegendste Fertigkeit, die Kolleginnen und Kollegen lernen müssen. Durch das Verstehen und den Gebrauch der elektronischen Post eröffnen sich sehr schnell weitere Horizonte in der Nutzung neuer Medien.

IV Jugendschutz und Medienkompetenz

Fred Schell
Jugendmedienschutz und Medienpädagogik:
Ein wechselvolles Verhältnis

Wenn heute vom Gefährdungspotential durch die Medien gesprochen wird, werden - neben der Schelte der Medien und der Forderung nach weniger 'Sex and Crime' - Stimmen laut nach einer Verbesserung oder Verschärfung des Jugend(medien)schutzes und nach einer besseren Ausbildung der Medienkompetenz der Kinder und Jugendlichen. Die Frage nach dem Verhältnis von Jugendmedienschutz und Medienkompetenz, die Frage nach der Leistungsfähigkeit des Jugendmedienschutzes, der staatlichen Ordnungspolitik und der freiwilligen Selbstkontrollen sind Gegenstand dieses Kapitels.[1]

1. Zum generellen Verhältnis Medienpädagogik und Jugendmedienschutz

Medienpädagogik und Jugendmedienschutz bemühen sich um das gleiche Thema, nämlich um die Mediennutzung von Kindern und Jugendlichen. Sie stehen hierbei jedoch nicht in einem Konkurrenzverhältnis, sondern in einem Ergänzungszusammenhang. Sie haben einen je spezifischen Fokus auf das gleiche Thema und unterschiedliche, sich nicht widersprechende Zielsetzungen.

Der Jugendmedienschutz richtet sein Augenmerk primär auf die Medien. Auf der Basis gesetzlicher Regelungen, pädagogischer und entwicklungspsychologischer Erkenntnisse und gesellschaftlich vorherrschender ethisch-moralischer Normen und Wertvorstellungen beobachten, analysieren und bewerten die Einrichtungen des Jugendmedienschutzes das mediale Angebot. Entsprechen Medienprodukte nicht den Jugendschutzrichtlinien, stehen eine Reihe an Maßnahmen zur Verfügung, z.B. Altersfreigaberegelungen, Sendezeitgrenzen, Bußgelder, Indizierungsverfahren usw., die alle zum Ziel haben, den Zugang zu diesen Medienprodukten durch die betroffenen Altersgruppen zu verhindern, um ein mögliches Gefährdungspotential auszuschließen.

Die Medienpädagogik richtet ihr Augenmerk primär auf die Heranwachsenden, auf Kinder und Jugendliche. Über die Ausbildung und Entwicklung individueller Kompetenzen, insbesondere kommunikativer Kompetenz und Medienkompetenz (vgl. die übrigen Kapitel in diesem Buch) soll ein kritischer, reflexiver und aktiver Umgang mit Medien erreicht werden.

---

[1] Für diesen Artikel wurden Teile aus den Ausführungen im Dritten Zwischenbericht der Enquete-Kommission 'Zukunft der Medien in Wirtschaft und Gesellschaft - Deutschlands Weg in die Informationsgesellschaft' vom Mai 1998, der vom Autor dieses Beitrags mit formuliert wurde, übernommen; vgl. Deutscher Bundestag, Drucksache 13/11001.

Das Verhältnis von Medienpädagogik und Jugendmedienschutz hat sich, bedingt durch unterschiedliche Sichtweisen des Verhältnisses zwischen Medien und heranwachsenden Rezipientinnen und Rezipienten, durch gesellschaftlich-politische Rahmenbedingungen und nicht zuletzt durch die Entwicklung der Medien selbst, stets gewandelt.

2. Zur geschichtlichen Entwicklung von Jugendmedienschutz und Medienpädagogik

1. Bewahrpädagogik
Schon in den Anfängen der Entwicklung medienpädagogischer Überlegungen und Konzepte Anfang des Jahrhunderts stand das Individuum im Mittelpunkt. Mit dem Aufkommen der Massenmedien, v.a. des Films, galt die Bewahrung des unmündigen Individuums vor schädlichen Medieneinflüssen als Hauptaufgabe der Medienpädagogik, was bis weit in die 60er Jahre hinein mit diversen Modifikationen Gültigkeit hatte. Das wichtigste Instrumentarium dieser als Bewahrpädagogik bezeichneten Medienpädagogik war der Jugendmedienschutz. Ausgangspunkt medienpädagogischer Überlegungen war die Annahme, daß Kinder und Jugendliche in ihrem Normen- und Wertgefüge noch nicht gereift sind und deshalb bei der Aneignung von subjektiver Kultur durch die Berührung mit der objektiv vorgegebenen Kultur - d.h. auf Medien bezogen mit deren Rezeption - sowohl des Schutzes durch Verbote als auch der Führung und Anleitung durch den Erzieher bzw. die Erzieherin bedürfen.

Die Bewahrpädagogik hat deshalb in Bezug auf Medieninhalte, die sie als schädigend einstufte, stets nach Zensur und Verboten gerufen, deren Realisierung aber dem Jugendschutz durch Politik und Ordnungsbehörden überlassen. Die pädagogischen Maßnahmen setzten dagegen immer am Individuum an. Anfang des 20. Jahrhunderts bestand das pädagogische Konzept v.a. aus einer Normen- und Werteerziehung, die Heranwachsende vor der Kulturfeindlichkeit der Medien schützen sollte. Im Zuge der Reformpädagogik kam der Aspekt der Aufklärung hinzu.

Nach dem zweiten Weltkrieg knüpfte die Medienpädagogik an die Traditionen der Weimarer Republik an. Medienpädagogik wurde als Erziehungshilfe zur Selbstbewahrung vor schädigenden Medienwirkungen verstanden, natürlich wiederum neben oder in Ergänzung zu den geforderten und erreichten Verbots- und Zensurmaßnahmen. Neben den Bemühungen des Bewahrens versuchten nun viele Medienpädagoginnen und -pädagogen, mit der Hinlenkung zum 'wertvollen' Film die Bedürfnisse der Jugendlichen nach Massenkommunikation zu befriedigen. Es entstanden 'Jugendfilmclubs', die Filme vorführten, die "durch ihre Bekömmlichkeit in der Form" auffielen (Wasem 1957, S. 9).

Mitte der 60er Jahre kam zu den genannten Aspekten ein weiterer hinzu: Die fortschreitende technische Entwicklung in Wirtschaft und Gesellschaft wurde weitgehend per se als gesellschaftlicher Fortschritt gesehen; auch die Medien(techniken) galten zunehmend als Wert und gelangten in dieser veränderten Wahrnehmung auch in den Blick der Bewahrpädaogik (vgl. exemplarisch Keilhacker 1968). Medienpädagogik hatte zwar weiterhin die Aufgabe, den Rezipienten bzw. die Rezipientin im Umgang mit den Medien zu erziehen, aber eher in der Form der Zuwendung an die Medien als in der Abkehr von ihnen. So wurden als neue Ziele ‚der/die kritische bzw. mündige Rezipient/Rezipientin' und der 'richtige Gebrauch der Medien' postuliert.

Mit veränderten Sichtweisen auf das Verhältnis von Heranwachsenden und Medien und den damit einer gehenden veränderten pädagogischen Positionen hat die Bewahrpädagogik rasch an Bedeutung verloren. Bewahrpädagogische Argumentationen finden sich allerdings bei der Auseinandersetzung um Medienwirkungen bis heute.

2. Ideologiekritische Aufkärung
Die ideologiekritische Position der Medienpädagogik, die auf die Studentenbewegung der 60er Jahre und auf die Kritische Theorie der Frankfurter Schule zurückgeht, kritisierte die ausufernde Entwicklung technologisch-funktionaler Herrschaft über die Natur und sah die Medien vor allem als Instrumente der Manipulation des Bewußtseins der Massen. Als Aufgabe der Medienpädagogik wurde demgemäß vorwiegend die Medienkritik gesehen. Über die sprachliche und semiotische Analyse der Massenmedien sollte deren Ideologiegehalt entlarvt werden.

Die ideologiekritische Position der Medienpädagogik, die in den 70er und beginnenden 80er Jahren insbesondere im schulischen Bereich eine größere Rolle spielte (vgl. exemplarisch Ehmer o.J.), schenkte dem Jugendschutz wenig Beachtung, lehnte ihn nicht ab, bezog ihn in ihre Überlegungen aber auch nicht ein.

3. Gesellschaftskritik
Die gesellschaftskritische Position der Medienpädagogik, die sich aus der ideologiekritischen heraus, aber in Abgrenzung zu ihr entwickelt hatte, erweiterte den Blickwinkel der Medienpädagogik, der sich bis dahin fast ausschließlich auf das Verhältnis Medien und Rezipientin bzw. Rezipient konzentriert hatte, erheblich. Der Rezipient bzw. die Rezipientin wird nicht mehr nur durch Massenmedien beeinflußt gesehen, sondern in erster Linie als gesellschaftliches Subjekt betrachtet, das in seiner Lebenswelt reale Erfahrungen macht und unterschiedliche Bedürfnisse entwickelt. Die Massenmedien sind in dieser Lebenswelt ein Sozialisationsfaktor unter anderen. Die medienpädagogischen Bemühungen orientieren sich folglich an der Lebenswelt der Individuen. Ihren Ansatzpunkt sieht diese Position darin, in einer Gesellschaft, in der divergierende Interessen und Machtkonstellationen die Erkenntnis und Durchsetzung objektiver Interessen der Mehrzahl der Menschen be- und verhindern, die Hintergründe hierfür aufzudecken. Durch das Erkennen von Strukturen, die zu Abhängigkeit und Fremdbestimmung des Individuums führen, und durch die Wiederentdeckung der eigenen Fähigkeiten, Bedürfnisse und Interessen sollen die Subjekte befähigt werden, selbstbestimmt und verändernd in diese Strukturen einzugreifen.

Die Massenmedien, die als Organe bürgerlicher Öffentlichkeit gesehen werden, vertreten in erster Linie die Interessen und Meinungen derjenigen, die über sie verfügen und bieten der Mehrzahl der Menschen keine Möglichkeit der Artikulation. Damit tragen die Massenmedien zur Verschleierung von Interessens- und Machtverhältnissen bei. Sie tragen aber gleichzeitig - zumindest technisch - die Voraussetzungen in sich, von einer Vielzahl an Individuen aktiv genutzt zu werden. Die medienpädagogischen Bemühungen dieser Position zielen deshalb darauf, daß die Menschen die Medien 'in Dienst nehmen', d.h. sie als Mittel zur Auseinandersetzung mit ihrer Lebenswelt gebrauchen, sei es als Mittel zur Ergründung der Lebenswelt, sei es als Mittel der Artikulation und Durchsetzung von eigenen Interessen etc. Die Rezipientinnen und Rezipienten sollen somit zu Produzentinnen und Produzenten werden.

Die auf dieser Position begründeten Ansätze (vgl. exemplarisch Negt/Kluge 1972; Dröge/Göbbel/Loviscach u.a. 1979), die weitgehend auf theoretisch-analytischer Ebene stehenblieben, haben den Jugendschutz für die Erreichung ihrer Zielsetzungen als nicht hinreichend kritisiert und ihm deshalb keine besondere Beachtung geschenkt.

4. Handlungsorientierung
Die handlungsorientierte Medienpädagogik, die sich aus der gesellschaftskritischen heraus entwickelt hat und die heute in verschiedenen Facetten (z.B. als sozialökologischer Ansatz, als lebensweltorientierte Medienpädagogik, als erfahrungsbezogener Ansatz usw.) als moderne Form der Medienpädagogik verbreitet ist, hat die Entwicklung kommunikativer Kompetenz und Medienkompetenz zum Ziel, will also v.a. das Medienhandeln des gesellschaftlichen Subjekts stärken. Der einzelne soll Medien kritisch-reflexiv nutzen und aktiv als Mittel der Kommunikation und Interaktion gebrauchen lernen.

Die handlungsorientierte Medienpädagogik hat anfangs dem Jugendschutz keine besondere Beachtung geschenkt. Er wurde als notwendige Maßnahme gesehen, um sozusagen die 'Spitzen' problematischer Medieninhalte in den Griff zu bekommen. Maßnahmen des Jugendmedienschutzes wie Verbote und Zensuren wurden und werden allerdings auf einer anderen Ebene gesehen als pädagogisches Handeln. Die Medienpädagogik sah und sieht ihr Anliegen insbesondere in der Vermittlung von Kompetenzen im Umgang mit Medien.

3. Zum Verhältnis Jugendmedienschutz und Medienpädagogik heute

Mit der Entwicklung der Medientechniken und aufgrund medienpolitischer Entscheidungen gab es in den letzten Jahren eine enorme Zunahme massenmedialer Produkte und das Entstehen völlig neuer Medien und neuer Formen der Individualkommunikation. Vor allem die neuen Mediennetze bzw. Verbreitungsmöglichkeiten medialer Produkte, die auch für den Transport gewaltverharmlosender und -verherrlichender, politisch extremistischer sowie pornographischer Inhalte genutzt werden, haben die Bedeutung des Jugendmedienschutzes wieder stärker in die fachliche und in die öffentliche Diskussion gerückt. Die Forderungen nach mehr Jugendmedienschutz gingen und gehen allerdings einher mit der Erkenntnis, daß die Kontroll- und Eingriffsmöglichkeiten des Jugendschutzes immer schwieriger werden. Die Grenzen des Jugendmedienschutzes waren noch nie so deutlich wie heute. Aus dieser Erkenntnis und den praktischen Erfahrungen heraus hat sich auch im Jugendmedienschutz in den letzten Jahren ein Paradigmenwechsel vollzogen. Moderner Jugendmedienschutz sieht neben den klassischen Mitteln der Kontrolle und der Zensur die Notwendigkeit des präventiven Jugendmedienschutzes, der auch in der Initiierung und Unterstützung medienpädagogischer Maßnahmen durch Jugendschutzeinrichtungen gesehen wird.

Aufgrund der begrenzten Möglichkeiten des Jugendmedienschutzes stehen heute Forderungen nach mehr Medienpädagogik im Vordergrund. Aber auch die Medienpädagogik schreibt angesichts der oben beschriebenen Medienentwicklung dem Jugendmedienschutz - in seinen Begrenzungen - wieder mehr Bedeutung zu. Seine Aufgabe besteht darin, Kindern und Jugendlichen wenigstens den Zugang zu denjenigen medialen Produkten und Inhalten zu erschweren oder zu verunmöglichen, die trotz aller Kompetenzen im Umgang mit Medien nicht zumutbar und/oder ihrer körperlichen, geistigen und seelischen Entwicklung abträglich sind.

Jugendmedienschutz ist notwendig und sinnvoll. Er bleibt aber wirkungslos, wenn die Heranwachsenden nicht gleichzeitig lernen, kompetent mit Medien umzugehen. Insofern ist Medienpädagogik Bedingung für einen wirksamen Jugendmedienschutz. Medienpädagogik kann und will jedoch nicht - wie der Jugendmedienschutz - dort ansetzen, wo mediale Erscheinungen nur noch zum Problem werden. Damit würde Medienpädagogik auf einen bloßen gesellschaftlichen Reparaturbetrieb reduziert werden. Medienpädagogik hat den reflektierten und handelnden Umgang mit Medien zum Ziel. Wenn sie dies bei ihren Adressatinnen und Adressaten, den Kindern und Jugendlichen erreichen will, kann sie nicht gleichzeitig Kontroll- und Zensurinstanz sein. Dies würde Mißtrauen bei den Adressatinnen und Adressaten und erhebliche Störungen im pädagogischen Prozeß zur Folge haben. Sie setzt generell am Umgang mit bzw. an der Nutzung von Medien durch Heranwachsende an und ist bestrebt, diese zu kritisch-reflexiven Konsumentinnen und Konsumenten sowie zu aktiven Kommunikationspartnerinnen und -partnern zu qualifizieren.
Medienpädagogik ist außerdem nicht - wie der Jugendmedienschutz - Minderheitenschutz, der in erster Linie auf Gruppen gefährdeter Heranwachsender zielt, sondern richtet sich potentiell an alle Kinder und Jugendliche, aber auch an erwachsene Mediennutzerinnen und -nutzer.

Medienpädagogik und Jugendschutz bedingen und ergänzen sich somit sinnvoll. Das eine ist durch das andere nicht zu ersetzen. Notwendig ist eine intensive Koordination und Kooperation beider Bereiche.

4. Zur aktuellen Diskussion um den Jugendmedienschutz

1. Divergierende Interessen bei der Regulierung von Medien
Jugendmedienschutz hat bekanntlich immer etwas mit Regeln zu tun, nach denen Medien handeln müssen oder mediale Produkte beurteilt werden. Diese Regeln werden in Form von Gesetzen, von Verträgen mit Gesetzeskraft, von Verordnungen, u.ä., und in Form freiwilliger Vereinbarungen festgelegt. Die in den letzten Jahren immer wieder geführten öffentlichen und politischen Debatten um gewalthaltige und die Menschenwürde verletzende Fernsehsendungen und die heutige Diskussion um Online-Angebote, die einen leichten Zugang zu Inhalten ermöglichen, die Gewalt, Rassenhaß und Pornographie präsentieren, haben verstärkt Forderungen aus der Elternschaft, der Pädagogik und der Politik nach mehr Regulierung gezeitigt. Dieser Regulierungswille steht dem ökonomischen Interesse an einer Deregulierung der Medien gegenüber, die, nach Meinung der Protagonistinnen und Protagonisten, zu einer breiten Nutzung und Vermarktung der Medienpotentiale und zur Sicherung des Standorts Deutschland unabdingbar ist. Bei diesem Interessenkonflikt haben nicht nur in der Bundesrepublik, sondern auch auf europäischer Ebene die wirtschaftlichen Interessen eindeutig Priorität. So gehören die Förderung der Informationstechnologien zu den Standardthemen in Brüssel, das Thema Jugendmedienschutz wurde bis zum Herbst 1998 gerade mal an einem Tag verhandelt (vgl. den Beitrag von Folker Hönge). Jugendmedienschutz ist also angesichts der ökonomischen Interessen ein nicht gerade bedeutender Faktor in unserer Gesellschaft.

2. Probleme der Einigung auf Länderebene und in Europa
Ein weiteres Problem ergibt sich aus der Notwendigkeit, sich auf einheitliche Regularien in der Bundesrepublik und in Europa einigen zu müssen. In der Bundesrepublik Deutschland ist Rundfunk- und Medienpolitik Sache der Länder. D.h. daß sich auch in Fragen des Jugendmedienschutzes 16 Länder einigen müssen, was - wie das derzeitige Ringen um die Novellierung des Rundfunkstaatsvertrages zeigt - nicht immer einfach ist. Auch und gerade in Fragen des Jugendmedienschutzes treten hier unterschiedliche Vorstellungen und Interessen zutage.
Noch schwieriger ist die Einigung auf gemeinsame Standards und Regelungen auf europäischer Ebene. Die Vorstellungen von notwendigen Maßnahmen und die Praxis des Jugendmedienschutzes differieren in den Ländern Europas erheblich. So sind die normativen Kriterien z.B. bei Gewaltdarstellungen in Italien wesentlich liberaler als in Schweden, dafür sind sie im Bereich Sexualität in Schweden wesentlich freizügiger als in Italien. Das Zusammenwachsen in der Europäischen Gemeinschaft und die zunehmende Internationalisierung der Medien erfordern aber zwingend europäische - in Fragen des Internet sogar weltweite - Vereinbarungen, nach denen staatliche Kontrolle und freiwillige Selbstkontrolle effektiv greifen können. Eine Einigung auf europäischer Ebene bedeutet die Anpassung an zu vereinbarende Normen, die vermutlich eine Kompromißlösung auf Basis der bestehenden unterschiedlichen Regelungen sein wird. Geht man von den derzeitigen Standards in den verschiedenen Län-

dern Europas aus, wird dies voraussichtlich eher eine Verschlechterung des bundesrepublikanischen Jugendschutzes mit sich bringen. Die ersten Ansätze für einen einheitlichen Jugendmedienschutz in Europa gibt es derzeit für das Fernsehen. Sie werden jedoch, aus deutscher Sicht, nicht alle als sinnvoll eingeschätzt. So werden als Jugendschutzmaßnahmen die Kennzeichnung von relevanten Fernsehsendungen mit akustischen und/oder optischen Signalen, die Einführung des in den USA bereits praktizierten V-Chips (Violence-Chip), eines Filters, der - je nach Programmierung - unerwünschte Bilder und Töne ausblendet, und die Einrichtung einer europäischen Prüfstelle erwogen. Die bereits verabschiedete Europäische Fernsehrichtlinie schreibt vor, bei Sendungen zwischen 22.00 Uhr und 6.00 Uhr mit einer akustischen Ankündigung vor Beginn der Sendung und einer durchgehenden optischen Signalgebung während der gesamten Sendung auf die jeweilige Altersfreigabe hinzuweisen. Die deutschen Vertreterinnen und Vertreter haben dies problematisiert, weil die Erfahrungen in der Bundesrepublik mit der Kennzeichnung problematischer Medieninhalte negativ sind, denn sie haben eher die Aufmerksamkeit für solche erregt als von ihrem Konsum abgehalten. Sie standen mit ihrer Kritik aber im Europa-Verbund alleine. Diese Regelung muß im anstehenden Rundfunk-Änderungs-Staatsvertrag berücksichtigt werden.

3. Probleme bei der Kontrolle unterschiedlicher Medien
Fernsehen ist, hierüber sind sich die Expertinnen und Experten einig, noch relativ leicht zu kontrollieren bzw. läßt sich bei auftretenden Konflikten ein Konsens finden. Dies gilt vor allem für das herkömmliche Fernsehen, weil hier nationale Regelungen und Diskussionen greifen. Aber auch problematische Sendungen aus dem nicht deutschsprachigen Ausland, die ja über Satellit empfangen werden können, spielen keine besondere Rolle, weil sie kaum wahrgenommen werden. Fernsehen ist eben nach wie vor insbesondere ein nationales Medium oder allenfalls das Medium eines Sprachraums.

Schwieriger zu regeln und zu kontrollieren sind Computerspiele, da hier ein riesiger internationaler grauer Markt existiert. Bis problematische Spiele bekannt werden und auf herkömmlichem Wege ein Indizierungsverfahren durchlaufen, sind die Spiele bereits massenhaft verbreitet. So war beispielsweise das indizierte Spiel 'Doom', das in einigen Variationen mit geringfügig unterschiedlichen Namen auf den Markt kam und extrem gewalthaltige und -verherrlichende Inhalte mit nazistischen Elementen aufweist, massenhaft verbreitet und lange Zeit das Lieblingsspiel vieler Jugendlicher, unabhängig von ihrer Bildung und sozialen Herkunft.

Noch schwieriger zu regeln und zu kontrollieren sind Online-Angebote. Durch die dezentrale Struktur des globalen Internets greifen Kontrollmechanismen kaum, insbesondere ausländische Angebote können von Deutschland aus nicht verfolgt werden. Der Mediendienste-Staatsvertrag sieht zwar vor, daß dann, wenn der Anbieter im Ausland nicht zu greifen ist, der Provider im Inland verpflichtet werden kann, die beanstandeten Angebote zu sperren. Bisher sind aber alle Versuche gescheitert, Inhalte einer Zensur zu unterwerfen. Insbesondere in den USA steht die Freiheit des Internet über irgend welchen Schutzbedürfnissen. So wurden vor allem gewalthaltige und nazistische Angebote (letztere kommen nach Schätzungen zu 70% aus den USA), die von deutschen Providern freiwillig oder auf behördliche Anordnung entfernt wurden, sofort auf mehreren anderen Servern in anderen Ländern gespiegelt und im Netz bereitgestellt. Die einzige Ausnahme bildet bisher die Kinderpornographie, die inzwischen weltweit geächtet ist und strafrechtlich verfolgt wird.

Auch der Versuch, problematische Inhalte nach den Vorschriften des Gesetzes über jugendgefährdende Schriften und Medieninhalte zu indizieren, verfehlt offensichtlich sein Ziel. Im Gegenteil: Die indizierten Inhalte werden im Bundesanzeiger mit voller Internetadresse veröffentlicht, damit man auch gut sehen und finden kann, was indiziert ist. Herausgenommen werden die Inhalte aufgrund der Tatsache, daß sie im Bundesanzeiger veröffentlicht sind, ja nicht. Hier wurden, so die Kritik, die Aufgaben der Bundesprüfstelle einfach übertragen auf Online-Dienste, was jedoch, wie die Praxis zeigt, überhaupt nicht funktionieren kann. Von den Obersten Landesjugendbehörden wurde ‚jugendschutz.net' gegründet, eine Institution, die mit einer Suchsoftware das Internet auf problematische Inhalte durchforstet. Diese Suchsoftware bietet die Möglichkeit, Bilder und Texte wiederzuerkennen. Sie entdeckt pro Tag ca. 250 auffällige Angebote, meist pornographischen Inhalts. Jugendschutz.net ist eine interne Stelle, die keine Sanktionen aussprechen, sondern Befunde nur an andere Stellen weiterleiten kann. Die Praxis zeigt jedoch, so die Erfahrung dieser Stelle, daß die meisten Fälle durch Anrufe bei den Verursachern zu klären und auszuräumen sind, weil sie meist auf der Unkenntnis der Anbieterinnen und Anbieter beruhen, daß ihre Angebote gegen Gesetze verstoßen.

4. Effektiver Jugendmedienschutz bedarf vielfältiger Anstrengungen
Angesichts der beschränkten Wirkungskraft gesetzlicher Regelungen sind Mechanismen freiwilliger Selbstkontrolle und freiwilliger Vereinbarungen von besonderer Bedeutung. Hier sind zu der seit den 50er Jahren wirkenden Freiwilligen Selbstkontrolle der Filmwirtschaft (FSK) die Automaten-Selbstkontrolle (ASK), die Freiwillige Selbstkontrolle Fernsehen (FSF), die Freiwillige Selbstkontrolle Multimedia (FSM) und die Unterhaltungssoftware-Selbstkontrolle (USK) hinzugekommen (vgl. den Beitrag von Folker Hönge).

Neben den gesetzlichen Regelungen und den Einrichtungen der freiwilligen Selbstkontrolle und gleichzeitig auf diese einwirkend gibt es die gesellschaftliche Diskussion darüber, was den Heranwachsenden in den Medien bzw. mit Medienprodukten zugemutet werden kann. Öffentliche Aktionen wie Unterschriftensammlungen, Veranstaltungen, Protestbriefe u.ä. haben immer wieder gezeigt, daß eine Einflußnahme auf Medieninhalte partiell möglich ist.
Daß im Zusammenwirken von gesetzlichen Kontrollorganen und öffentlicher Dis-

kussion auch den Medienmacherinnen und -machern Grenzen aufgezeigt und bewußt gemacht werden können, zeigen die im letzten Jahr geführten Auseinandersetzungen um die Inhalte der täglichen Talk-Shows. In einem 'code of conduct' haben sich die privaten Sender verpflichtet, die dort festgelegten Normen einzuhalten und die Einhaltung durch die FSF kontrollieren zu lassen. Hier sind Wertvorstellungen tangiert, die in dieser Form juristisch nur sehr schwer kodifiziert werden könnten. Angesichts der Angebote der Sender nach ihrer Selbstverpflichtung besteht allerdings berechtigter Zweifel daran, daß die selbst auferlegten Regelungen eingehalten werden.

Die bisherigen bundesrepublikanischen Erfahrungen mit dem auf einer breiten Basis funktionierenden Jugendschutz geben dennoch keinen Anlaß, in eine fatalistische Haltung zu verfallen angesichts der Tatsache, daß es online weltweit Angebote gibt, die nicht kontrollierbar sind. Es bezweifelt zwar niemand, daß die Situation nicht einfacher wird. Aber Beispiele aus der Vergangenheit zeigen, daß es immer Möglichkeiten gibt, um potentielle Gefährdungen zu minimieren. So herrschte beim Aufkommen von Video die Befürchtung, daß dieser Markt nicht zu regeln und zu kontrollieren sei. Inzwischen ist dieser Markt nach Meinung von Jugendschützerinnen und Jugendschützern vorbildlich organisiert. Es ist nicht zuletzt eine Frage der Phantasie, mit neuen Entwicklungen im Sinne des Schutzes Heranwachsender umzugehen.

Dies gilt auch im Hinblick auf die Internationalisierung der Medien und insbesondere hinsichtlich des Internet. Weltweite Regelungen wären zwar wünschenswert, sie überhaupt oder zumindest in einem absehbaren Zeitraum zu realisieren, ist aber - und dieser Meinung sind nicht nur die Pessimistinnen und Pessimisten - illusionär. Sinnvoll sind deshalb Bemühungen, den deutschen Markt in einer Zusammenwirkung von Gesetz, Selbstkontrolle und öffentlicher Diskussion zu regeln und die Erfahrungen in die Diskussion auf europäischer Ebene oder auch in eine globale Diskussion einzubringen. Dies ist, so die Ansicht vieler Expertinnen und Experten, erfolgreicher als darauf zu warten, bis von oben, z.B. von der UNO-Konferenz, eine Regelung erlassen wird.

Mit der zunehmenden Digitalisierung der Medien, insbesondere des Fernsehens, werden technische Möglichkeiten der Selektion und der Sperrung von Medieninhalten möglich. Damit einher geht die Diskussion, ob und inwieweit dieser technische Jugendschutz den gesetzlichen überflüssig macht oder ob dieser zumindest eingeschränkt werden kann. Das Problem wird v.a. darin gesehen, daß hier die Verantwortung den Eltern, die ja diese technischen Systemen bedienen müssen, übertragen wird. Die Erwachsenen haben jedoch häufig nicht das Know how im Umgang mit der Technik, und sie haben entweder andere Vorstellungen von Erziehung, die auf Vertrauen und nicht auf Kontrolle setzt, oder sie stehen dem Medienkonsum ihrer Kinder gleichgültig gegenüber (vgl. Schorb/Theunert 1998). Außerdem fehlen den Eltern differenzierte Kriterien für die Auswahl von Sendungen, die für ihre Kinder geeignet sind.

Ein Problem sehen die Expertinnen und Experten auch darin, daß der Jugendmedienschutz häufig politisch dazu benutzt wird, Medienentwicklungen zu befördern. So neigen die jeweils herrschenden Parteien dazu, mit dem Verweis auf die Instrumentarien des Jugendschutzes ethisch-moralisch fragwürdige Erscheinungen der Medien zu verharmlosen oder in Kauf zu nehmen zugunsten der raschen Entwicklung des Wirtschaftsfaktors Medien.

Die Einrichtungen des Jugendmedienschutzes und ihre Möglichkeiten sind in der Öffentlichkeit noch weitgehend unbekannt (vgl. Schorb/Theunert 1998). Wichtig ist es deshalb, daß der Jugendmedienschutz mehr bekannt gemacht wird und daß er sich der öffentlichen Diskussion stellt. Erforderlich sind einsichtige und nachvollziehbare Kriterien für die Kontrolle und Beurteilung medialer Produkte, die sich auf wissenschaftliche Befunde und demokratisch vereinbarte Normen stützen, und die Heranwachsenden ebenso wie Eltern und professionell Erziehenden vermittelt werden müssen. Auch die praktische Anwendung von Maßnahmen des Jugendmedienschutzes muß transparent und öffentlich erfolgen, um das Verantwortungsgefühl aller Beteiligten zu schärfen.

Daß Jugendmedienschutz allein nicht genügt, darüber sind sich alle Expertinnen und Experten, auch die der Jugendschutzeinrichtungen, einig. So unterstützen beispielsweise die FSK und die FSF auch medienpädagogische Projekte, in Gremien der freiwilligen Selbstkontrollen sind Medienpädagoginnen und -pädagogen vertreten usw. Auch der Staat fördert Maßnahmen zur Entwicklung von Medienkompetenz, insbesondere die Länder und viele Kommunen sind hier aktiv. Daß die vorhandenen Maßnahmen gerade angesichts der derzeitigen und künftigen Medienentwicklung insgesamt viel zu gering sind, daß Bund, Länder und Kommunen wesentlich mehr in die Förderung von Medienkompetenz der Heranwachsenden und der Erwachsenen investieren müssen, wenn die formulierten Zielsetzungen (vgl. vor allem die Beiträge von Kübler, Theunert, Schell und Schorb) auch nur annähernd erreicht werden sollen.

Literatur

Dröge, F./Göbbel, N./Loviscach, L. u.a. (1979): Der alltägliche Medienkonsum. Grundlagen einer erfahrungsbezogenen Medienerziehung. Frankfurt/M.
Ehmer, H.K. (Hrsg.) (o.J.): Visuelle Kommunikation. Beiträge zur Kritik der Bewußtseinsindustrie. Köln
Keilhacker, M. (1968): Der Mensch von heute in der Welt der Informationen. In: Jugend Film Fernsehen, Heft 3, S. 131 ff.
Negt, O./Kluge, A. (1972): Öffentlichkeit und Erfahrung. Zur Organisationsanalyse von bürgerlicher und proletarischer Öffentlichkeit. Frankfurt/M.
Schorb, B./Theunert, H. (1998): Jugendschutz im digitalen Fernsehen. Wie er technisch funktioniert und wie Familien damit umgehen. Berlin
Wasem, E. (1957): Jugend und Filmerleben. Beiträge zur Psychologie und Pädagogik der Wirkung des Films auf Kinder und Jugendliche. München/Basel

Hansjörg Kuch
Jugendschutz und Medienkompetenz als staatliche Handlungsfelder

1. Vorbemerkungen

Der medienpädagogische Forschungsverbund Südwest ist kürzlich in einer Umfrage der Frage nachgegangen, welche Anforderungen und Erwartungen die Bundesbürger an den Jugend- bzw. den Jugendmedienschutz stellen. Die Einstiegsfrage war dabei: Welchen Stellenwert räumen die Bundesdeutschen dem Jugendschutz ein? Auch angesichts der Themen des gleichzeitig laufenden Wahlkampfs zum Bundestag, der sich vor allem um die wirtschaftliche Situation, um Arbeitslosigkeit, Sicherung der Renten und um die Bekämpfung der Kriminalität drehte, überrascht es, daß für 28 % aller Befragten der Schutz von Kindern und Jugendlichen das wichtigste Thema war, noch vor ‚Bekämpfung der Arbeitslosigkeit', ‚Erhaltung der Umwelt', ‚Sicherung der Renten' und der Kriminalitätsbekämpfung. Dabei halten es 59 % aller Befragten für sehr wichtig, daß es Regelungen für die Ausstrahlung bestimmter Fernsehsendungen gibt. Allerdings hat die Untersuchung auch gezeigt, daß in der Bevölkerung nur ganz geringe Kenntnisse über die entsprechenden Bestimmungen des Rundfunkstaatsvertrages vorhanden sind. Gerade 1 % hat angegeben, sich sehr gut über bestehende Bestimmungen informiert zu fühlen, weitere 9 % meinten, gut informiert zu sein.

Dies ist für mich Anlaß, zunächst einmal darzulegen, mit welchen ordnungspolitischen Maßnahmen die für den Jugendmedienschutz zuständigen Länder versuchen, den Jugendschutz in den elektronischen Medien sicherzustellen.

Dabei möchte ich folgendes vorausschicken: Auch die Untersuchung des medienpädagogischen Forschungsverbundes Südwest hat gezeigt, daß die Verantwortung beim Thema Jugendmedienschutz von den Befragten nicht alleine *einer* Institution zugeschrieben wird. Vielmehr wird ein Miteinander beim Lösen dieser Problematik als der erfolgversprechendste Weg angesehen. Aber natürlich hat gerade auch der Gesetzgeber den verfassungsrechtlichen Auftrag, unter Beachtung selbstverständlich auch anderer Rechtsgüter und Grundrechte - wie beispielsweise der Freiheit von Kunst und Film, des Zensurverbotes, der Meinungsäußerungsfreiheit, der Rundfunkfreiheit und der Informationsfreiheit Erwachsener -, gesetzliche Vorgaben für den Jugendmedienschutz festzulegen. Dabei stehen die Themen ‚Gewalt im Fernsehen' und ‚Pornographie/Erotik' verständlicherweise im Mittelpunkt.

Es gibt zu der Frage der Auswirkungen von Gewaltdarstellungen auf das Denken, das Handeln und die Wertevorstellungen von Kindern und Jugendlichen eine kaum mehr überschaubare Zahl von Untersuchungen. Dabei reicht das Spektrum von solchen Autoren, die praktisch jede Gewalthandlung von Kindern oder Jugendlichen auf Medieneinflüsse zurückführen, bis hin zu eher verharmlosenden Äußerungen des Inhalts, daß auch in ‚Grimms Märchen' eine Vielzahl von Gewalttaten vorkämen, ohne daß die Kinder dadurch Schaden genommen hätten. Trotzdem besteht doch heute ein weitgehender Konsens darüber, daß Gewaltdarstellungen im Fernsehen mit einem Wirkungsrisiko verbunden sind und deshalb bei entsprechenden Voraussetzungen – soziales Umfeld, familiäre Verhältnisse, bereits vorhandene Tendenzen zu Aggressivität oder zu Ängstlichkeit, Fernsehkonsum der Kinder und Jugendlichen – entsprechende negative Tendenzen bei Kindern und Jugendlichen jedenfalls verstärken können.

2. Das Grundmodell des Rundfunkstaatsvertrages

Bereits seit dem ersten Rundfunkstaatsvertrag (RStV) von 1987 beruht der Jugendschutz im Fernsehen im Grunde auf drei Säulen:

1. Es gibt einen Katalog von Inhalten, deren Verbreitung im Fernsehen *generell unzulässig* ist:
- ❏ Dazu gehört der Bereich des § 130 des Strafgesetzbuches (StGB); das heißt Sendungen sind unzulässig, wenn sie "zum Haß gegen Teile der Bevölkerung oder gegen eine nationale, rassische, religiöse oder durch ihr Volkstum bestimmte Gruppe aufstacheln, zu Gewalt- oder Willkürmaßnahmen gegen sie auffordern oder die Menschenwürde anderer dadurch angreifen, daß Teile der Bevölkerung oder eine vorbezeichnete Gruppe beschimpft, böswillig verächtlich gemacht oder verleumdet werden".
- ❏ Dazu gehört auch der eigentliche Gewaltparagraph 131 StGB, das heißt das Verbot von Sendungen, die "grausame oder sonst unmenschliche Gewalttätigkeiten gegen Menschen in einer Art schildern, die eine Verherrlichung oder Verharmlosung solcher Gewalttätigkeiten ausdrückt, oder die das grausame oder unmenschliche dieses Vorgangs in einer die Menschenwürde verletzenden Weise darstellt".
- ❏ Unzulässig sind pornographische Sendungen und
- ❏ Sendungen, die den Krieg verherrlichen oder die offensichtlich geeignet sind, Kinder oder Jugendliche sittlich schwer zu gefährden.(§ 3 Abs. 1 RStV)

2. Die zweite Säule betrifft *Sendezeitbeschränkungen*. Danach sind Sendungen, "die geeignet sind, das körperliche, geistige oder seelische Wohl von Kindern oder Jugendlichen zu beeinträchtigen," nicht verbreitungsfähig, es sei denn, der Veranstalter trifft aufgrund der Sendezeit oder auf andere Weise Vorsorge, daß Kinder oder Jugendliche der betroffenen Altersstufe die Sendungen üblicherweise nicht wahrnehmen. Dabei hat der Gesetzgeber als Regel zugrundegelegt, daß die Fernsehveranstalter Filme, die von der Freiwilligen Selbstkontrolle der Filmwirtschaft (FSK) für Jugendliche unter 16 Jahren nicht freigegeben sind, nur in der Zeit zwischen 22.00 Uhr und 6.00 Uhr und Filme, die für Jugendliche unter 18 Jahren nicht freigegeben sind, nur zwischen 23.00 Uhr und 6.00 Uhr verbreiten dürfen (§ 3 Abs. 2 RStV).

3. Schließlich gibt es seit Beginn des Rundfunkstaatsvertrags (1987) eine Sonderregelung für Sendungen, die ganz oder im wesentlichen mit *indizierten Schriften* inhaltsgleich sind. Diese dürfen nur in der Zeit zwischen 23.00 Uhr und 6.00 Uhr und nur dann verbreitet werden, wenn die mögliche sittliche Gefährdung von Kindern oder Jugendlichen unter Berücksichtigung aller Umstände nicht als schwer angesehen werden kann (§ 3 Abs. 3 RStV).

Natürlich waren wir uns seit jeher darüber im klaren, daß Sendezeitbeschränkungen angesichts der Verbreitung von Videorekordern – etwa 70 % der Haushalte verfügen heute über mindestens ein Videogerät – keine absolute Sicherheit bieten. Aber dies ist genau der Punkt, an dem deutlich wird, daß Jugendmedienschutz nicht in der Verantwortung allein *einer* Institution liegen kann. Der Gesetzgeber kann hier nur typisieren und er kann sich dem Idealzustand nur annähern, weil er natürlich auch den Jugendschutz mit anderen Rechten abwägen muß. Deshalb muß der Rundfunkstaatsvertrag die Möglichkeit offen lassen, daß zu bestimmten Zeiten auch über 16jährige und über 18jährige Sendungen im Fernsehen verfolgen können, die für sie bestimmt sind. Die Nutzung von Videorekordern durch Kinder oder Jugendliche kann man nicht gesetzlich vorschreiben; hier muß ergänzend die Erziehungsverantwortung der Eltern hinzukommen.

3. Der Erste Rundfunkänderungsstaatsvertrag

Anfang der 90er Jahre setzte eine breite öffentliche Diskussion über zuviel Gewalt im Fernsehen ein. Hunderttausende von Unterschriften gegen Gewalt im Fernsehen wurden bundesweit gesammelt. Es wurde sogar zum Boykott von Produkten aufgerufen, für die in gewalthaltigen Sendungen geworben wurde.

Die Länder haben diese Debatte aufgegriffen und eine breite Diskussion mit den Sendern, den Landesmedienanstalten, der Bundesprüfstelle für jugendgefährdende Schriften, den Obersten Landesjugendbehörden und anderen Institutionen geführt. Für uns war dabei ein *Prinzip* unumstößlich, nämlich daß zur Gewährleistung eines wirksamen Jugendmedienschutzes die *primäre Verantwortung der Sender* nicht geschmälert werden darf. Wir haben vielmehr von den Sendern eingefordert, daß sie sich dieser Verantwortung noch stärker bewußt werden und sich ihr auch stellen. Dies war vor allem deswegen von hoher Bedeutung, weil sich schon damals gezeigt hat, daß über die bestehenden Regelungen hinaus die Möglichkeiten staatlichen Handelns zur Verhinderung jugendgefährdender Sendungen begrenzt sind. Gerade im grundrechtssensiblen Bereich der Meinungs- und Informationsfreiheit sind nicht nur wegen verfassungsrechtlicher Schranken, sondern auch unter dem Gesichtspunkt der Subsidiarität gesellschaftliche Selbstregulierungsmaßnahmen staatlichem Handeln vorzuziehen.

Deshalb haben sich die Länder gegenüber den privaten Fernsehveranstaltern nachdrücklich für die Einrichtung eines Selbstkontrollorgans eingesetzt. Die privaten Fernsehveranstalter sind dieser Forderung nachgekommen und haben die *Freiwillige Selbstkontrolle Fernsehen (FSF)* gegründet. Die FSF ist ein eingetragener Verein, dessen Mitglieder die privaten Fernsehsender sind. Trotz vieler Versuche und politischer Vorstöße ist es leider nicht geglückt, auch die öffentlich-rechtlichen Rundfunkanstalten zur Beteiligung an der FSF zu bewegen. Ich bedaure dies nach wie vor; denn Jugendschutz ist unteilbar. Es gibt keinen ‚öffentlich-rechtlichen' oder ‚privaten' Jugendschutz, sondern es gibt eine gemeinsame Verantwortung *aller* Fernsehsender für einen wirkungsvollen Jugendmedienschutz.

Aufgabe der FSF ist u.a. die Prüfung und Beurteilung sowohl von Filmen, die durch die FSK geprüft sind, als auch solcher Filme, die die FSK-Prüfung nicht durchlaufen haben. Dabei geht es vor allem um eine Beurteilung im Hinblick auf den Sendeplatz und die Programmierung. Die FSF prüft auch indizierte Videofilme daraufhin, ob sich diese Filme zur Ausstrahlung im Fernsehen – unter den genannten Beschränkungen – überhaupt eignen, ob Schnitte vorzunehmen sind und ob es ggf. zusätzliche Auflagen hinsichtlich der Sendezeit geben muß. Die Mitglieder haben sich verpflichtet, die Gutachten und Empfehlungen der FSF zu beachten. Bei wiederholter Nichtbeachtung wird ein Ausschlußverfahren eingeleitet.

Inzwischen kann man sagen, daß die FSF von den Sendern akzeptiert ist, daß sie in die Entscheidungsprozesse der Programmverantwortlichen einbezogen wird und ihre gutachtlichen Empfehlungen beachtet werden.

Die Einrichtung der FSF war *eine* Reaktion auf die Gewaltdebatte. Die andere bestand darin, daß die Länder die Jugendschutzbestimmungen des Rundfunkstaatsvertrages punktuell ergänzten und verbesserten. Dies betraf vor allem folgende Bereiche:

❑ Das sogenannte *Reality-TV* war vor einigen Jahren geradezu eine Modeerscheinung in den privaten Programmen. Kriege, Gewalt, Katastrophen und persönliche Unglücksfälle wurden in Schreckensbildern – teilweise live – dem Publikum als Sensation dargeboten. Dem einen oder anderen von Ihnen ist vielleicht noch ein Bericht von Stern-TV aus dem Jahr 1993 in Erinnerung, der seinerzeit besonders heftige Diskussionen ausgelöst hat. Damals wurde ein 16-jähriger Junge, der einer bosnischen Kampftruppe in Sarajewo als Kurier diente, einen ganzen Tag von einem Kamerateam begleitet und vor laufender Fernsehkamera erschossen: ‚Echt-Leid in Echt-Zeit'. Für viele waren damals die Grenzen eines verantwortungsbewußten Fernsehjournalismus zugunsten der puren Sensationsheischerei überschritten. Vergleichbare Fälle gab es selbstverständlich auch bei anderen Sendern.

Wir haben als Reaktion auf diese Entwicklung damals den Katalog der unzulässigen Sendungen ergänzt um eine Bestimmung, die gerade den Schutz der Menschenwürde bei Reality-TV sichern soll. Danach sind Sendungen unzulässig, die "Menschen, die sterben oder schweren körperlichen oder seelischen Leiden ausgesetzt sind oder waren, in einer die Menschenwürde verletzenden Weise darstellen und ein tatsächliches Geschehen wiedergeben, ohne daß ein überwiegend berechtigtes Interesse gerade an dieser Form der Berichterstattung vorliegt; eine Einwilligung ist unbeachtlich" (§ 3 Abs. 1 Nr. 6 RStV).

Heute werden derartige Reality-TV-Sendungen von den privaten Veranstaltern kaum noch oder jedenfalls nicht mehr in der Form, die zu Beanstandungen geführt hatte, verbreitet. Die Vorschrift, die in der Praxis sicherlich nicht leicht zu handhaben ist, hat also eine Signalwirkung entfaltet, die die Sender akzeptiert haben.

❏ Für *Filme*, die von der FSK für Kinder und Jugendliche *unter 12 Jahren* nicht freigegeben sind, wurde vorgeschrieben, daß bei der Wahl der Sendezeit auch dem Wohl jüngerer Kinder Rechnung zu tragen ist. FSK-12-Filme unterliegen keiner festen Sendezeitbeschränkung. Wenn man weiß, daß 3- bis 5-Jährige heute täglich im Durchschnitt 1 ½ Stunden fernsehen und über 12 % davon noch in der Zeit zwischen 18.00 Uhr und 21.00 Uhr, dann wird deutlich, daß dies bei der Plazierung von FSK-12-Filmen berücksichtigt werden muß. Die Vorschrift hat mit dazu beigetragen, daß die Prüfung und Begutachtung von FSK-12-Filmen zu einem der Schwerpunkte der Prüftätigkeit der FSF geworden sind. Dies zeigt, wie notwendig ein Zusammenspiel von Gesetzgeber und freiwilliger Selbstkontrolle ist. Dort wo der Gesetzgeber mit generalklauselartigen Vorgaben arbeiten muß, ist deren verantwortungsbewußte Ausfüllung durch die freiwillige Selbstkontrolle besonders gefragt.

❏ Die *Ausstrahlung indizierter Filme* im Fernsehen ist seit jeher heftig umstritten. Rechtlich geht es dabei um eine Abwägung zwischen dem Jugendschutz einerseits sowie der Rundfunkfreiheit der Veranstalter und der Informationsfreiheit Erwachsener andererseits. Die Indizierung von Printmedien nach dem Gesetz über die Verbreitung jugendgefährdender Schriften und Medieninhalte führt nicht zu einem vollständigen Verbreitungs*verbot* der Schriften, sondern lediglich zu Werbungs- und Verbreitungs*beschränkungen*. Diesem System hat sich der Rundfunkstaatsvertrag bisher angeschlossen, indem er die Verbreitung indizierter Filme nach 23.00 Uhr erlaubt hat unter der Voraussetzung, daß eine schwere Jugendgefährdung nicht damit verbunden ist. Diese Vorschrift hat immer wieder Kritik ausgelöst und sie wird voraussichtlich im Vierten Rundfunkänderungsstaatsvertrag verschärft werden; ich komme darauf noch zurück.

Im Rahmen des Ersten Rundfunkänderungsstaatsvertrages, der am 1. August 1994 in Kraft getreten ist, haben die Länder zunächst auf eine Verschärfung auch im Hinblick auf die Tätigkeit der Freiwilligen Selbstkontrolle Fernsehen verzichtet. Die FSF hat bei vielen indizierten Filmen Schnittauflagen verlangt, viele Filme erst für eine Sendezeit nach 24.00 Uhr freigegeben und eine ganze Reihe von Filmen auch überhaupt nicht für die Ausstrahlung freigegeben. Damit aber diesem Bereich der Selbstverantwortung besonderes Gewicht beigemessen wird und auch eine gewisse Transparenz hergestellt wird, hat der Gesetzgeber im Ersten Rundfunkänderungsstaatsvertrag vorgeschrieben, daß die *Gründe*, die zu einer Bewertung als nicht schwer jugendgefährdend geführt haben, *vor* der Ausstrahlung *schriftlich niederzulegen* und auf Anforderung der zuständigen Landesmedienanstalt *vorzulegen* sind (§ 3 Abs. 3 Satz 2 RStV).

❏ Verschärft wurde die Regelung für *Trailer*. Trailer für Sendungen mit Sendezeitbeschränkungen, also insbesondere solche für FSK-16- und FSK-18-Filme sowie für indizierte Filme, dürfen erst dann ausgestrahlt werden, wenn auch der betreffende Film ausgestrahlt werden kann (§ 3 Abs. 4 RStV). Dies gilt unabhängig davon, daß der Trailer für sich gesehen möglicherweise inhaltlich völlig unbedenklich ist. Dahinter steht aber die Intention, zu verhindern, daß im Tagesprogramm für solche Sendungen geworben wird – möglicherweise sogar mit völlig unbedenklichen Bildern – und daß damit ein Anreiz für Kinder oder Jugendliche besteht, diese Filme zu konsumieren, obwohl sie für sie nicht geeignet sind. Diese Regelung ist zwar bei den Fernsehveranstaltern auf Kritik gestoßen, die ich aber für unberechtigt halte. Denn ist der Trailer selbst in erheblichem Maße gewalthaltig, dann versteht es sich von selbst, daß er den Sendezeitenbeschränkungen des betreffenden Films unterliegen muß. Ist er aber völlig ‚harmlos', dann wird insoweit möglicherweise der falsche Eindruck erweckt, der Film sei auch für Kinder und Jugendliche geeignet.

❏ Schließlich haben wir die öffentlich-rechtlichen Rundfunkanstalten und die Veranstalter bundesweit verbreiteter privater Programme verpflichtet, jeweils einen *Beauftragten für den Jugendschutz* zu berufen (§ 4 RStV). Dieser muß nicht nur fachkundig sein, sondern er ist bei der Anwendung seiner Fachkunde auch weisungsfrei. Er hat die Aufgabe, den Intendanten oder die sonstigen Programmverantwortlichen in allen Fragen des Jugendschutzes zu beraten vom Programmeinkauf über die Programmplanung bis hin zur Programmgestaltung. Auch mit dieser Vorschrift sollte die primäre Verantwortung der Veranstalter für den Jugendmedienschutz hervorgehoben werden. Nach Übereinstimmung aller Beteiligten hat sich diese Einrichtung bewährt, auch wenn verständlicherweise der Jugendschutzbeauftragte in dem einen oder anderen Fall in seinem eigenen Sender einen schweren Stand haben mag.

4. Vierter Rundfunkänderungsstaatsvertrag

Ausgelöst durch die Novellierung der EU-Fernsehrichtlinie sind die Länder im Augenblick dabei, den Entwurf eines Vierten Rundfunkänderungsstaatsvertrages zu beraten. Diese Beratungen fallen in eine Zeit, in der wir erneut eine heftige öffentliche

Debatte über bestimmte Sendeformen – vor allem im privaten, aber auch im öffentlich-rechtlichen Fernsehen – haben. Ich spreche damit die Diskussion um die nachmittäglichen *Talkshows* an, in der Öffentlichkeit auch als ‚Schmuddel-TV' bezeichnet. Die Sendeform als solche ist nichts neues. Getalkt wird im Fernsehen schon seit Jahrzehnten, man denke nur an Werner Höfers ‚Frühschoppen'. In den letzten Jahren aber hat man in den privaten Sendern, aber auch im öffentlich-rechtlichen Rundfunk die Talkshow als preiswertes und quotenträchtiges Nachmittagsprogramm entdeckt. Getalkt wird heute von 11.00 Uhr bis 17.00 Uhr und das auf mehreren Kanälen gleichzeitig. ‚Schwachsinn für Millionen' hat die Süddeutsche Zeitung das einmal überschrieben, was Arabella, Sonja, Vera, Bärbel, Fliege und Co. dem Publikum präsentieren.

Ginge es nur um Geschmacksfragen, dann müßte das Thema im Zusammenhang mit Medienkompetenz und Jugendschutz auf dieser Veranstaltung nicht angesprochen werden. Aber: Etwa 250.000 Kinder zwischen 3 und 13 Jahren sitzen um diese Zeit vor dem Fernseher und schauen sich die Sendungen an. Sie können dann beobachten, wie - in Sprache und Darstellung überwiegend auf unterem Niveau – über Pornographie, sexuelle Eigenheiten und Abartigkeiten, intimste persönliche und familiäre Probleme gequasselt wird. Häufig genug haben es dabei der Moderator/die Moderatorin unterlassen, Orientierungshilfe zu geben. Die Kritik richtete sich vor allem darauf, daß es für unsere Gesellschaft nicht ohne nachteilige Folgen bleiben kann, wenn im Fernsehen in derartigen Sendungen die Normalität des Lebens wie die intakte Familie, das gegenseitige Vertrauen oder das soziale Engagement an den Rand gedrängt wird und überwiegend negative Verhaltensmuster in anreißerischer und voyeuristischer Weise vor dem Publikum ausgebreitet werden.

Der Bayerische Ministerpräsident hat angesichts dieser Entwicklung bereits im April 1998 den Verband Privater Rundfunk und Telekommunikation aufgefordert, eine Konvention zu vereinbaren, in der übergreifend Standards für Qualität und anspruchsvolle Beiträge niedergelegt werden. Die Ministerpräsidentenkonferenz hat diesen Vorstoß auf ihrer Sitzung am 9. Juli ausdrücklich unterstützt. Erfreulicherweise haben die privaten Sender rasch reagiert und ‚Freiwillige Verhaltensgrundsätze zu Talkshows im Tagesprogramm' vereinbart. Diese Verhaltensgrundsätze enthalten eindeutige Leitlinien zur inhaltlichen Ausgestaltung solcher Talkshows und organisatorische Maßnahmen wie die Einbeziehung des Jugendschutzbeauftragten, die Weiterbildung der entsprechenden Mitarbeiter und die Einbindung der Freiwilligen Selbstkontrolle Fernsehen. Es wird nun darauf ankommen – und dies werden wir sehr genau beobachten –, ob sich die privaten Veranstalter auch an ihre selbstgesetzten Spielregeln halten werden.

Der Entwurf des Vierten Rundfunkänderungsstaatsvertrages sieht nunmehr auch eine Verschärfung der Regelung für die *Ausstrahlung indizierter Filme* vor. Auch wenn die Ausstrahlung indizierter Filme im Fernsehen zurückgegangen ist und gerade auch einen Schwerpunkt der Tätigkeit der Freiwilligen Selbstkontrolle Fernsehen bildet, ist die Kritik an der bisherigen Regelung doch nie verstummt. Erst vor kurzem hat auch die Kinderkommission des Deutschen Bundestages ein generelles Verbot der Ausstrahlung indizierter Filme gefordert. Bayern hat deshalb auf der Grundlage eines gemeinsam mit Baden-Württemberg in Auftrag gegebenen Rechtsgutachtens eine Neuregelung vorgeschlagen. Danach soll die Ausstrahlung indizierter Filme im Fernsehen grundsätzlich unzulässig sein. Die zuständige Landesmedienanstalt kann auf Antrag des Veranstalters eine Ausstrahlung zwischen 23.00 Uhr und 6.00 Uhr gestatten, wenn die mögliche sittliche Gefährdung von Kindern oder Jugendlichen unter Berücksichtigung aller Umstände nicht als schwer angesehen werden kann. Damit wird praktisch das bisherige Regel-/Ausnahme-Verhältnis umgekehrt. Mit diesem Vorschlag schöpfen wir den verfassungsrechtlichen Spielraum zur Beschränkung der Ausstrahlung indizierter Filme voll aus. Nach den bisherigen Beratungen zum Vierten Rundfunkänderungsstaatsvertrag gehe ich davon aus, daß der bayerische Vorschlag von allen Ländern akzeptiert wird.

Diskutiert wird im Rahmen des Vierten Rundfunkänderungsstaatsvertrages auch eine spezifische Regelung für den Jugendschutz bei *Pay-TV*. Die Entwicklung bei Pay-TV, vor allem bei den digitalen Angeboten, zeichnet sich dadurch aus, daß sich die Angebote immer mehr nach einzelnen Interessen ausrichten und damit zu einer Verspartung führen, um spezielle Interessen von möglichen Abonnenten gezielt anzusprechen und erfüllen zu können. Dies wirft natürlich auch in jugendschützerischer Hinsicht neue Fragen auf. Insbesondere stellt sich die Frage, inwieweit ein technisches Sicherungssystem Bestandteil eines effektiven Jugendschutzes im digitalen Fernsehen sein kann. Die Veranstalter haben natürlich ein Interesse daran, daß beispielsweise ein verschlüsselter Actionkanal für Interessenten den ganzen Tag über zur Verfügung gestellt werden kann und nicht erst ab 22.00 Uhr oder 23.00 Uhr. Hier zeigt sich, daß die schon im Staatsvertrag enthaltene Norm, ‚auf andere Weise' als durch Einhaltung von Sendezeitbegrenzungen zu vermeiden, daß Kinder oder Jugendliche für ihre Altersstufe nicht geeignete Sendungen üblicherweise nicht wahrnehmen können, konkretisierungsbedürftig ist. Die bei Pay-TV für die Sicherstellung der Bezahlung notwendige Verschlüsselung der Programme allein reicht mit Sicherheit nicht aus, den Jugendschutz zu gewährleisten. Denn wenn das Programm entschlüsselt, das heißt also ‚bezahlt' ist, dann unterscheidet es sich in nichts vom gewohnten Free-TV. In dem in Deutschland angebotenen Pay-TV wird ein System verwandt, das zwar die Sperrung einzelner Programme oder des kompletten Programmangebots über einen PIN-Code ermöglicht, es legt aber diese Schutzfunktion allein in die Hände der Erziehungsverantwortlichen. Ein Praxistest des Institut Jugend Film Fernsehen, dessen erste Ergebnisse im Februar 1998 vorgelegt wurden, hatte ein erschütterndes Ergebnis. Es hat sich gezeigt, daß die Sperrung bestimmter Kanäle so kompliziert ist, daß sie die Bedienungsfähigkeit vieler Eltern übersteigt und letztlich nur bei einer überdurchschnittlichen Motivation der Erziehungsberechtigten oder von ausgesprochenen technischen ‚Tüftlern' eingesetzt wurde. Damit hat sich die eingesetzte Kindersi-

cherung letztlich als praktisch irrelevant herausgestellt.
Aufgrund dieser Erfahrungen wollen die Länder nun einen anderen Weg beschreiten. Wenn die Veranstalter unter den bisherigen Schwellenwerten liegende Zeitgrenzen für die Ausstrahlung jugendschutzrelevanter Sendungen im Pay-TV nutzen wollen, dann müssen sie diejenigen Angebote, die ansonsten Sendezeitbeschränkungen unterliegen, bereits veranstalterseitig so sperren, daß eine Entsperrung durch die Erziehungsverantwortlichen nur für die jeweils gewünschte Sendung erfolgen kann. Das heißt konkret: Das Einstecken der Smartcard in den Dekoder führt noch nicht zum Empfang eines Films auf dem Actionkanal. Erst wenn der Erziehungsverantwortliche zusätzlich die Sendung entsperrt, kann der Film gesehen werden, sonst bleibt der Bildschirm schwarz.

Noch offen ist, welche Abweichungen von den Sendezeiten möglich sein sollen, wenn derartige technische Sperren eingesetzt werden. Während eine Reihe von Ländern der Auffassung ist, unter der Voraussetzung einer derartigen Sperre könne man bei FSK-16-Filmen die Sendezeitgrenze von 22.00 Uhr auf 18.00 Uhr und bei FSK-18-Filmen von 23.00 Uhr auf 20.00 Uhr vorverlegen, plädiere ich hier eher für Vorsicht. Solange wir die Zweit-Verschlüsselungssysteme noch nicht kennen, insbesondere nichts über ihre Praktikabilität wissen, sollte man mit einer Lockerung der Zeitgrenzen sehr zurückhaltend sein; es wäre wohl auch sinnvoll, zunächst einmal eine Testphase durchzuführen, wenn solche Systeme vorhanden und einsetzbar sind.

5. Staatsvertrag über Mediendienste

Eine immer größere Rolle für den Jugendschutz spielt das Internet. Über 5 Millionen Internetnutzer gibt es bereits in Deutschland, darunter etwa 11 % Nutzerinnen und Nutzer zwischen 14 und 19 Jahren. Verläßliche Zahlen darüber, wieviele Kinder sich darunter befinden, sind mir nicht bekannt. Es gibt aber Schätzungen, die von 40.000 bis 60.000 Surfern im Internet im Alter von 3 bis 13 Jahren ausgehen.

Die gesetzliche Gewährleistung des Jugendschutzes im Internet ist ungleich schwieriger als im Bereich des traditionellen Fernsehens. Dennoch haben die Länder im Staatsvertrag über Mediendienste vom vergangenen Jahr Jugendschutzbestimmungen und Verbote aufgestellt, die sich an den entsprechenden Bestimmungen im Rundfunkstaatsvertrag orientieren. Online-Angebote, die geeignet sind, das körperliche, geistige oder seelische Wohl von Kindern oder Jugendlichen zu beeinträchtigen, sind danach nur zulässig, wenn Vorkehrungen durch den Anbieter oder den Vermittler bestehen, die dem Nutzer bzw. der Nutzerin die Sperrung dieser Angebote ermöglichen. Der Online-Provider kann – ungeachtet der grundsätzlichen Verantwortlichkeit des Urhebers von Inhalten – verpflichtet werden, bestimmte Angebote zu sperren, wenn Maßnahmen gegenüber dem unmittelbar Verantwortlichen nicht durchführbar oder nicht erfolgversprechend sind.

Zur Überwachung der Jugendschutzbestimmungen haben die obersten Landesjugendbehörden eine Gemeinsame Stelle (jugendschutz.net) eingerichtet, die mit Hilfe einer speziellen Software unter dem Gesichtspunkt des Kinder- und Jugendschutzes problematische Internetinhalte aufspürt. Darüber hinaus hat Bayern als erstes und bislang einziges Land im Polizeibereich eine Task Force (Cyber-Cops) eingerichtet, die speziell strafbare Handlungen im Internet verfolgt. Bereits in den ersten Monaten 1998 konnten die ‚Cyber-Cops' über 300 Verdachtsanzeigen im Bereich der Kinderpornographie an die zuständigen Ermittlungsstellen weitergeben. Im Jahr 1997 führten die Ermittlungen zu 955 Strafanzeigen. Daß staatliche Stellen trotz der weltweiten Dimension des letztlich chaotischen Internets nicht völlig hilflos sind und nicht vor unlösbaren Aufgaben in bezug auf den Jugendschutz stehen, wenn eine internationale Zusammenarbeit gut funktioniert, zeigt der jüngste Schlag gegen Kinderpornographie im Internet, an dem Ermittlungsstellen in der ganzen Welt beteiligt waren.

6. Medienpädagogik als notwendige ergänzende Maßnahme

Gerade das zuletzt genannte Beispiel Internet, aber auch die mit der Digitalisierung im Fernsehen einhergehenden inhaltlichen und technischen Veränderungen zeigen, daß der Staat allein mit gesetzlichen und rechtlichen Maßnahmen den Jugendschutz nicht gewährleisten kann. Deshalb bedarf es notwendigerweise der Ergänzung durch Medienpädagogik, Medienerziehung, Vermittlung von Medienkompetenz.

In Bayern gibt es seit 1988 ein ‚Gesamtkonzept der Medienerziehung in der Schule', das entsprechend der Entwicklung der Medien in der Zwischenzeit fortentwickelt wurde. Das Konzept umfaßt unterschiedliche Bausteine – Einführungs-, Basis- und Praxisbausteine. Die Basisbausteine sollen Lehrkräften, Erziehern und in der Jugendarbeit Tätigen das erforderliche Grundwissen vermitteln, während die Praxisbausteine handlungsorientierte Vorschläge (Unterrichtsmodelle, Projekte zur konkreten Umsetzung der Medienerziehung) enthalten.

Wir haben bei der Novellierung des Bayerischen Mediengesetzes 1998 in den Aufgabenkatalog der Bayerischen Landeszentrale für neue Medien zusätzlich aufgenommen, daß sie einen Beitrag zur Vermittlung eines verantwortungsbewußten Gebrauchs der Medien, insbesondere zur Medienerziehung und Medienpädagogik zu leisten hat. Die Landeszentrale hat auch eine ganze Reihe von Aktivitäten auf diesem Feld unternommen, beispielsweise die Einrichtung von Aus- und Fortbildungskanälen oder die Mitarbeit im Verein ‚Programmberatung für Eltern e.V.', der mit dem ‚Flimmo' Eltern Hinweise über kinder- und jugendgerechte Sendungen im Fernsehen gibt.

Es gibt also eine Reihe von Aktivitäten, Aktionen und Konzepte, sie müssen nur genutzt und in der Praxis umgesetzt werden.

Eines wäre allerdings ein Mißverständnis: Die Medienpädagogik ist nicht der Reparaturbetrieb für gesetzgeberische Versäumnisse! Medienerziehung in der Schule und in den anderen Institutionen, Handreichungen für die Eltern zum Medienkonsum ihrer Kinder und Schulung von Eltern und Lehrerinnen bzw. Lehrern sind wichtig – sie können aber nicht als Alibi für eine Abwälzung von Verantwortung dienen. Der Gesetzgeber – und deshalb habe ich die bestehenden und geplanten Bestimmungen so ausführlich dargestellt – sieht die *primäre Verantwortung* für den Jugendschutz bei den *Fernsehveranstaltern* und den *Anbietern* von Inhalten – also an der ‚Quelle' Wenn die Quelle verschmutzt ist, dann wird das Wasser auch nicht dadurch sauberer, daß man den Fluß in geordnete Bahnen lenkt. Deshalb muß jedes gesetzgeberische Handeln darauf ausgerichtet sein, den Jugendmedienschutz so auszugestalten, daß Medieninhalte sich von vornherein in einem gesellschaftlich verantwortbaren Rahmen bewegen.

Folker Hönge
Jugendschutz und Medienkompetenz –
Sichtweise und Erfahrungen der Freiwilligen Selbstkontrolle

Der Begriff ‚Freiwillige Selbstkontrolle' wird in jüngerer Zeit immer schillernder verwendet. Es hat den Anschein, daß in Zeiten zunehmender Diversifizierung medialer Möglichkeiten und Realitäten althergebrachte Ordnungs- und Regulierungsinstanzen nicht mehr greifen und deshalb, da keiner genau weiß, wie mit diesen neuen Möglichkeiten umzugehen ist bzw. wie diese zu regulieren sind, das Schlagwort ‚Selbstkontrolle' verwandt wird. Ich werde versuchen, den Begriff zu erläutern und in die Mediendiskussion einzuordnen. Dabei werde ich keinen ‚Systemvergleich' zwischen staatlicher Ordnungspolitik und Freiwilliger Selbstkontrolle durchführen, sondern die Entwicklungen, Notwendigkeiten und Möglichkeiten von Jugendmedienschutz generell sowie die Formen der Zusammenarbeit zwischen ‚staatlicher Verordnung' und ‚freiwilliger Durchführung' diskutieren. Der Aufbau von Fronten wäre kontraproduktiv, unrealistisch und in den meisten Fällen falsch.

1. Freiwillige Selbstkontrollen

Seit fast 50 Jahren gibt es die *Freiwillige Selbstkontrolle der Filmwirtschaft (FSK)*, die die Aufgabe hat, Kinofilme und Videofilme sowie digitale Bildträger mit filmischen Sequenzen nach Altersstufen zu klassifizieren. Sie ist in der nicht jugendschutzgebildeten Mehrheit der Bevölkerung die bei weitem bekannteste Institution des Jugendmedienschutzes. Nach einer aktuellen Untersuchung des Medienpädagogischen

Forschungsverbundes Südwest hat Jugendmedienschutz einen hohen Stellenwert in der Bevölkerung - bestehende Regelungen und Institutionen sind aber eher unbekannt. Abseits der aktuellen Diskussion existiert seit Jahrzehnten die *Automaten-Selbstkontrolle (ASK)*, deren Ziel die altersgemäße Einordnung von Automatenspielen ist. Anfang der 90er Jahre hat sich diese quasi-monopolistische Situation verändert. Mittlerweile wurde die *Freiwillige Selbstkontrolle Fernsehen (FSF)* gegründet, ein Zusammenschluß der privaten TV-Sender, die nach dem Vorbild der FSK, organisiert als eingetragener Verein, die freiwillige Prüfung von - pauschal gesagt - Filmen im Fernsehen vor ihrer Ausstrahlung vornehmen soll.

Die *Freiwillige Selbstkontrolle Multimedia (FSM)* berät, im Rahmen des Informations- und Kommunikationsdienstegesetzes (IuKDG) des Bundes, ihre Mitglieder - Onlineanbieter - in Fragen des Jugendschutzes, insbesondere aber hinsichtlich von Strafrechtsnormen.

Die *Unterhaltungssoftware-Selbstkontrolle (USK)* nimmt Altersklassifizierungen von Computerspielen vor.

Auch in den Diskussionen in Brüssel bei der *Europäischen Kommission, Direktorat X* - zuständig für Kultur und Medien - wird der Begriff Selbstkontrolle favorisiert, wenn auch mit einer wesentlichen Einschränkung: „Die Aufforderung zur Ausarbeitung einzelstaatlicher Selbstkontrollmechanismen durch die Festlegung gemeinsamer Ziele ist zwar geeignet, die erforderliche Zusammenarbeit zwischen den Mitgliedsstaaten auf den Weg zu bringen, aber ein Selbstkontrollinstrument kann einen Ordnungsrahmen nicht ersetzen, sondern muß stets in einen solchen Rahmen eingebettet sein." (Europäische Union, Ausschuß der Regionen 1998, S. 8).

Auch ich halte staatliche Ordnungspolititk und Freiwillige Selbstkontrolle zwar nicht unbedingt für siamesische Zwillinge, aber auch keineswegs als unverträgliches Gegenüber. Ich gehe soweit, zu sagen, daß staatliche Ordungspolitik und Freiwillige Selbstkontrolle sich zunehmend ergänzen bzw. verbinden werden und müssen, um zu einem akzeptablen Regularium in der künftigen Medienlandschaft zu führen. Voraussetzung hierfür ist - und daran habe ich keine Zweifel -, daß der Jugendschutz auch weiterhin als Teil und Anspruch des Grundgesetzes unter dem Schutz des Staates steht und nicht die Meinung dominiert, der Markt allein wird es schon richten. Das wird er nicht tun - auch nicht im Gewand einer Selbstkontrolle. Nur unter diesem Vorbehalt „kann sich die interpretatorische Ausgestaltung des Jugendschutzes durch gesellschaftliche Teilkräfte entfalten." (Knoll, 1998, S. 48).

Maßgebend für diese „interpretatorische Ausgestaltung des Jugendschutzes durch gesellschaftliche Teilkräfte", z.B. also durch eine Freiwillige Selbstkontrolle, muß eine seriöse Inspruchnahme sein. Hierzu gehören nachvollziehbare Rahmenbedingungen der Organisation, Stichwort Transparenz und Kompetenz bzw. Dignität der Entscheidungen und Empfehlungen durch die Personen, die in diesen Selbstkontrollen tätig sind. Wichtig ist zudem, daß gesellschaftliche Sanktionsmöglichkeiten vorhanden sind, ohne die Voten der Selbstkontrolle allzuleicht unglaubwürdig, zumindest aber zahnlos sind. In dieser Hinsicht wird unter dem Begriff Selbstkontrolle Unterschiedliches verstanden. Ein Blick über die deutschen Grenzen hinweg zeigt, daß z.B. *in den Niederlanden der Videomarkt durch eine Selbstkontrolle* reguliert wird, „was in der Praxis heißt, daß der Filmeinkäufer nebenbei noch eine Klassifizierung unter Jugendschutzgesichtspunkten vornimmt. Es gibt aber weder Kriterien, noch gibt es eine Anbindung an die Spruchpraxis der staatlichen Nederlandse Filmkeuring, ebensowenig existiert eine Beschwerdemöglichkeit oder eine Nachkontrolle durch unabhängige Aufsichtsbehörden. Unter solchen Voraussetzungen ist die Versuchung sehr groß, bei der Alterseinstufung die kommerziellen Interessen vor die Jugendschutzinteressen zu stellen." (von Gottberg 1998, S. 31). Positives Gegenbeispiel *ist die FSF* in Deutschland, die aufgrund ihrer Konstruktion und Prüfverfahren seriös arbeitet, ohne in Konflikt mit dem Zensurverbot des Grundgesetzes zu geraten, da die Prüfergebnisse zum einen auf freiwilligem Wege entstehen und zum anderen nicht im gesetzlichen Sinne bindend sind. Eine dritte Variante bietet die Arbeit der *Freiwilligen Selbstkontrolle der Filmwirtschaft (FSK),* die Selbstkontrolle mit staatlicher Aufsicht kombiniert. Nach dem Gesetz zum Schutze der Jugend in der Öffentlichkeit §§ 6 und 7 (JÖSchG) sind die Obersten Landesbehörden für die Jugendfreigaben von Kino-, Videofilmen und vergleichbaren Bildträgern zuständig. Sie bedienen sich dabei auf der Grundlage einer Ländervereinbarung der Gutachten der FSK. Die Organisation der Prüfung wird zwar von der Filmwirtschaft durchgeführt, die Filmprüfungen werden aber von einer Grundsatzkommission beaufsichtigt, in der neben der Filmwirtschaft unter anderem die Kirchen, die Jugendverbände, Vertreter von Ministerien sowie die Obersten Landesbehörden vertreten sind. Die Prüfausschüsse selbst werden proportional zur Grundsatzkommission besetzt, die Vertreter der Filmwirtschaft sind hierbei in der Minderheit. Den Vorsitz im Prüfungsausschuß führt der Ständige Vertreter der Obersten Landesjugendbehörden, durch dessen Unterschrift auf der Freigabekarte das gutachterliche Votum der Ausschüsse zu einem Verwaltungsakt der Länder wird. Dies ist eine besondere Form der Selbstkontrolle, die in beispielhafter Weise wirtschaftliche Interessen und staatliche Aufsicht kombiniert. Hierdurch wird nicht einer marktorientierten Freigabepraxis, wie zum Beispiel bei der Videoindustrie in den Niederlanden, das Wort geredet, sondern einer marktgerechten Organisation der Prüfungen: die Verleiher brauchen nicht lange auf die Ergebnisse zu warten, da die Prüfungen - anders als bei behördlichen Institutionen - nach den Bedürfnissen des Marktes stattfinden. Berufungsverfahren werden schnell organisiert. Für die behördliche Seite liegt der Vorteil darin, daß die FSK die Freigaben für alle Bundesländer organisiert und sie keine eigenen aufwendigen staatlichen Prüfungen durchzuführen brauchen. (vgl. von Gottberg 1998).

Fast alle Kontrollinstanzen von Offline-Angeboten in Europa sind staatlich verortet. Ausnahmen sind Großbritannien mit einem unabhängigen Institut (British Board Of Filmclassification: BBFC) und Deutschland mit der Sonderkonstruktion der FSK sowie der FSF.

Einigkeit herrscht in Brüssel darüber, da es in allen Ländern intensive Diskussionen über problematische Medienangebote gibt, daß diese zu regulieren sind. Allein das ‚Wie' und das ‚Was' bereiten Kopfzerbrechen.
Trotz dieser Übereinstimmungen sind Faktoren wie Wirtschaftsförderung und Standortpolitik bezüglich neuer Informationstechnologien die ‚harten' EU-Themen. Gerade ein Tag war bisher in Brüssel Zeit zur konkreten Erörterung des Themas ‚Jugendmedienschutz' mit den entsprechenden europäischen Institutionen. Bedenkt man die vielfältigen, immer komplexeren Medienangebote, von Online bis zu DVD's in mehreren Sprachversionen, ist der Ruf nach freiwilliger Selbstkontrolle schnell formuliert. Wie diese zu konstruieren ist und - vor allem - welche Ergebnisse sie zeitigen kann, bleibt zweitrangig.

2. Arbeit und Auswirkungen

Wie sehen die Erfahrungen und Perspektiven der Freiwilligen Selbstkontrollen bzw. der Regelungsmechanismen generell in bezug auf audiovisuelle Medien in Deutschland aus?

Kinofilme werden seit Jahrzehnten mit Alterskennzeichnungen klassifiziert, die an der Kinokasse kontrolliert werden können. Anfang der 80er Jahre entspann sich in Deutschland eine intensive Diskussion um die Thematik Horror- und Gewaltvideos. Ähnlich wie heute wurden Stimmen laut, die sagten, das Ende des Jugendmedienschutzes sei erreicht durch die Verbreitung von Filmen auf Videokassetten, die für jedermann zugänglich zu Hause konsumiert werden können. Mit der Novellierung des Jugendschutzgesetzes 1985 gelang eine - durchaus nicht lückenlose - Kontrolle auch dieser Medienverbreitung. Videokassetten wurden mit einer gesetzlichen Alterskennzeichnung versehen, die als Signal für die Eltern zu verstehen ist und gleichzeitig Möglichkeiten der Kontrolle vor Ort in den Videotheken eröffnete. Ende der 80er, Anfang der 90er Jahre kamen kommerzielle Privatrundfunkanbieter auf den Markt, die das bestehende System der öffentlich-rechtlichen Sendeanstalten durcheinanderwirbelten. Durch den Rundfunkstaatsvertrag wurden Filme an bestimmte Sendezeiten gekoppelt: Filme, die ab 16 Jahren von der FSK freigegeben wurden, dürfen erst nach 22 Uhr, Filme mit der Kennzeichnung ‚Nicht freigegeben unter 18 Jahren' erst nach 23 Uhr gesendet werden. Filme mit der Alterskennzeichnung ab 12 Jahren sind so zu plazieren, daß den Belangen hinsichtlich des Schutzes auch jüngerer Kinder Rechnung getragen wird. Zusätzlich wurden Stellen für Jugendschutzbeauftragte in den Sendern eingerichtet. Fernseheigene Produktionen werden von der FSF geprüft, ebenso wie Gutachten zur Abweichung von Sendezeiten erstellt werden. Die Landesmedienanstalten entscheiden dann hierüber. Mittlerweile wird die 4. Änderung des Rundfunkstaatsvertrages diskutiert gerade hinsichtlich des digitalen Fernsehens mit senderinternen Verschlüsselungsmöglichkeiten und Sendesignalen.

Nationale Regelungen reichten bisher weitgehend aus. Schwieriger dürfte es sich bei einer weiteren Ausbreitung des Satellitenfernsehens gestalten, wenn Beiträge außerhalb Deutschlands oder auch außerhalb der Europäischen Union abgestrahlt werden, und die abstrahlenden Verursacher nicht unter nationales Gesetz und auch nicht unter ein Regelwerk der Europäischen Union fallen. Genauso schwierig zu fassen sind die sogenannten Tele- und Mediendienste, anders gesagt die Onlineangebote. Trotz früherer Verlautbarungen, die die Unmöglichkeit einer Regulierung zum Inhalt hatten, wurden Mitte 1997, *beispielhaft oder ausgerechnet* in Deutschland zwei Regelwerke hierzu geschaffen, die u.a. auch den Jugendschutz beinhalten, *das Informations- und Kommunikationsdienstegesetz des Bundes* sowie *der Mediendienstestaatsvertrag der Länder*. Das IuKDG betrifft die Individualkommunikation und der Mediendienstestaatsvertrag Angebote, die sich an die Allgemeinheit richten. Daß Zuständigkeitsbereiche und Abgrenzungen schwierig sind bzw. ineinander übergehen, brauche ich nicht zu erläutern.

Ist Kontrolle hier in sinnvoller Weise noch möglich und ist diese überhaupt gewollt? Das Recht auf freie Meinungsäußerung, das Recht auf Zugang zu allen Informationen, die unaufhaltsame technische Innovation weltweiter Kommunikation sind nicht wegzudiskutierende Faktoren.
Hinter diesen Faktoren steht eine globale Medienindustrie, die sich aus den fast schon idyllisch-kreativ-chaotischen Anfängen des Internets, (das ursprünglich auf militärische - 1969 Arpanet - und dann auf universitäre Anwender ausgerichtet war) herausmodelliert hat. Diese Kommunikationsindustrie in zunehmender Verbindung zur Werbeindustrie ist weltweit wachstumsorientiert. Sie wird die ökonomische Bedeutung der Autoindustrie erlangen und in den kommenden Jahren alle Bereiche unseres täglichen Lebens erfassen. *Wie* diese Erfassung aussieht, wird heute entschieden. Sind Kinder und Jugendliche diejenigen, die am souveränsten mit dieser Technologie umzugehen wissen, so sind es doch Erwachsene, die mit einer klaren ökonomischen Profitorientierung die kommerziellen Datennetze speisen.

Aus dem riesigen Angebot von Informationen ist - bisher - nur ein kleiner Teil relevant für den Jugendschutz. Allerdings ist davon auszugehen, daß sich auch hier, wie in allen anderen Bereichen des medialen Angebotes, die kindliche und jugendliche Nutzung erheblich steigern wird - ebenso wie das Angebot an problematischen Botschaften. Ohne Kulturpessimismus und Maschinenstürmerei zu betreiben ist deshalb die Feststellung im Sinne des Wortes legitim, daß junge Menschen auch hier den besonderen Schutz der Gesellschaft genießen. Durch zwei Kontrollmechanismen wird versucht, den Jugendschutzansprüchen der beiden Onlineregelungen gerecht zu werden.
Ende 1997 wurde eine Jugendschutzinstitution der Bundesländer ins Leben gerufen: *jugendschutz.net*, in der ‚Beauftragte der Obersten Landesbehörden für Jugendschutz in Mediendiensten' die Aufgabe haben, mit Hilfe einer Suchsoftware jugendschutzrelevante Inhalte aus dem Netz herauszufiltern, Kontakt mit den deutschen Anbietern zu suchen und auf jugendschutzkonforme Veränderungen der Inhalte hinzuwirken.

Die Anbieter selbst schufen in Anlehnung an die Forderung im IuKDG die *Freiwillige Selbstkontrolle Multimedia (FSM)*, ein Zusammenschluß von Verbänden und Unternehmen der Multimediabranche mit dem Ziel „die Achtung der schutzwürdigen Interessen insbesondere gegenüber Rassendiskriminierung sowie Gewaltverherrlichung zu leisten und den Jugendschutz auf selbstverantwortlicher Basis zu stärken." Natürlich soll auch die Akzeptanz der Angebote in der Öffentlichkeit gefördert werden.

So wie sich die Angebote von Tele- und Mediendiensten überschneiden, so sollte sich auch eine Zusammenarbeit dieser beiden Institutionen gestalten. Im Sinne des Jugendschutzes wäre dies wünschenswert. Ein erster positiver Erfahrungsbericht von *jugendschutz.net* liegt vor.

3. Künftige Entwicklung

Hinterfragbar bleiben nicht nur schlagzeilenträchtige Positionen eines falsch verstandenen Jugendschutzes nach dem Motto ‚eine lückenlose Kontrolle', wie auch immer konstruiert, muß her (das gab es noch nie und ist auch nicht erstrebenswert), sondern auch spezifische nationale gesetzliche Jugendschutzbestimmungen. Hierzu gehört auch die Regelung in Deutschland, daß Videos, die nicht mindestens eine Freigabe ab 16 Jahren besitzen, nicht im Versandhandel geführt werden dürfen. Diese Regelung ist in Europa einzigartig. Ein Versandhändler aus Holland, Frankreich, Dänemark oder Großbritannien kann folgenlos den deutschen Markt beliefern. Es bleibt ihm unbenommen, auch indizierte, pornographische oder nach § 131 StGB beschlagnahmte Filme an deutsche Kunden zu schicken. Deutsche Behörden können höchstens bei der Verbreitung von Kinderpornographie einschreiten, da hier auch der Besitz strafbar ist.

Die digitale Datenkompression macht es möglich, daß seit Januar 1996 über den Satelliten ‚ASTRA 1 E' 150 komprimierte Kanäle aus dem Orbit strahlen können, die in ganz Europa zu empfangen sind (seit 29.08.1998 ‚Astra 2 E'!). Video-On-Demand ermöglicht es über die Telefonleitung - gegen Bezahlung natürlich - von einem Großrechner eine Auswahl von mehreren 100 Videofilmen direkt abrufen zu können. Im Kinobereich wird es nach Voraussagen in den nächsten 10 Jahren den Abschied vom Zelluloid geben, die Kinoleinwand wird aus einem Bildschirm bestehen, der digitalisierte, technisch brillante Bilder - versehen mit unterschiedlichen Tonkanälen - von einem Satelliten erhält, so daß beispielsweise deutsche Kinos - ebenso wie dänische oder italienische - zentral von einem Sender beliefert werden können. Multimedia- und Onlinedienste werden in immer perfekterer Machart nicht nur textliche, sondern auch visuelle Botschaften, Spiele, ja ganze Filme zur Rezeption über den heimischen Personalcomputer ermöglichen. Grenzen dürften zur Zeit lediglich die leeren Taschen der Privathaushalte setzen, die - noch - nicht gewillt sind, ihre Hardwareausstattung entscheidend aufzustocken.

Diese kurze Beleuchtung der technischen Entwicklung zeigt auf, daß es immer notwendiger sein wird, nicht vordergründig die Trägermaterialien zu diskutieren, sondern die Inhalte, die diese Medien transportieren. Konnte Marshall Mc Luhan noch sagen: „The medium is the message" so ist es heute richtiger, den Ausführungen von Jo Groebel zu folgen, der sagt: „Die Faszination *eines* Leitmediums wird es für Kinder und Jugendliche zukünftig nicht mehr geben. Kinder werden in einer medialisierten Umwelt sozialisiert, sie umgibt ein Medienkanon, den sie variabel nutzen und aus dem sie sich Botschaften und Inhalte heraussuchen." (1996, o.S.)
Einerseits eröffnen sich hierdurch Chancen und vielfältige Möglichkeiten eines selbstbestimmten Umgangs mit diesen Medien. Andererseits werden deren europaweit vertriebene Inhalte aber - nicht anders als in der gegenwärtigen medialen Populärkultur - nicht primär anspruchsvolle oder gar pädagogische Botschaften vermitteln, sondern kommerzorientiertes Konsumgut. Sicherlich sind heutige Kinder und Jugendliche in der Lage, souveräner mit den angebotenen Medieninhalten umzugehen und diese zu verarbeiten als die vorangegangene Generation. Auf der anderen Seite wird sich aber diese mediale Kultur nicht um soziale und emotionale Befindlichkeiten junger Menschen scheren. Mit Wucht werden Botschaften aller Art auf Kinder und Jugendliche hereinprasseln. Sie sind die Adressaten der neuen Medienwelt.

Ist Jugendschutz also, ob staatlich oder privat organisiert, überhaupt noch möglich in einem grenzüberschreitenden Medientransfer, der auf verschiedenartige juristische Regelungen in nationalen Grenzen trifft, deren Anwendungen dann wiederum von kulturellen Eigenarten der einzelnen Länder abhängig ist?
Francois Fillon, ehedem Frankreichs Minister für Informationstechnologie, regte z.B. für die Regulierung der Onlinedienste ein Abkommen an, das ähnlich dem internationalen Seerecht konstruiert sein müsse, und eine unabhängige Beraterkommission der UNESCO forderte, daß für Satellitenrundfunk weltweit gültige Spielregeln insbesondere hinsichtlich der Inhalte dringend nötig seien. Norbert Schneider, Direktor der Landesanstalt für Rundfunk in Düsseldorf, hält diese Forderungen für ebenso redlich - wie wirklichkeitsfremd. Eine Weltregulierung sei nicht durchzusetzen, wünschenswert aber sei mehr Koordination.
Genau diese Koordination nimmt sich auch im europäischen Rahmen noch recht bescheiden aus. Kinofilme werden unterschiedlich nach Alterseignung klassifiziert, Videofilme brauchen großteils überhaupt keine Alterskennzeichnung, für grenzüberschreitendes Fernsehen existieren zwei grundsätzliche Regelungswerke von 1989, die EU-Fernsehrichtlinie und das Übereinkommen über das grenzüberschreitende Fernsehen des Europarats, die Normen auch gegen Gewaltdarstellungen vorgeben, wobei aber nicht geklärt ist, wie diese zu definieren sind; Computerspiele auf CD-ROM werden für den deutschen Markt umprogrammiert, so daß das digitalisierte Blut nicht mehr rot, sondern grün erscheint und für deutsche Kinder weniger erschreckend als für italienische ist. Die Online-Dienste bieten eine Auswahl von Jugendschutz-Kontrollsoftware an, die von Surf-Watch, Safe-Surf, Task Force, Net Nanny, Cyber Sitter, Cyber Patrol bis zu den Net-Angels reicht und von der sprachlichen

Annotation eher an Spots der Bundeszentrale für gesundheitliche Aufklärung oder die Guardian Angels in New York erinnert als an einen abgestimmten Jugendschutz, sei er staatlich oder freiwillig organisiert.
Koordination ist lediglich dahingehend vorhanden, daß alle diese Angebote überall in Europa Geld kosten und bezahlt werden müssen.

4. Gegenwärtige Lage

Es besteht zumindest Konsens, daß Gewalt ein zentrales Thema der mit dem Jugendmedienschutz befaßten europäischen Institutionen ist. Zwischen diesen Institutionen findet seit Jahren ein Informationsaustausch statt, der bei der Angleichung von Altersklassifizierungen im Filmbereich bereits zu konkreten positiven Ergebnissen geführt hat. Seit 1989 führt die Freiwillige Selbstkontrolle der Filmwirtschaft mit der Nederlandse Filmkeuring ganz konkret einen Prüferaustausch durch, der seit 1996 noch um die österreichische Jugendfilmkommission in Wien erweitert wurde.
Trotzdem liegen innerhalb Europas die Einschätzungen doch noch deutlich auseinander. Während man in Straßburg und Brüssel intensiv an einer Definition zur Pornographie diskutiert - einig ist man sich lediglich in dem Verbot der Kinderpornographie - so divergieren die Beurteilungen bezüglich Gewaltdarstellungen erheblich.
Daß diese Divergenzen nicht durch Gesetze allein zu lösen sind, zeigt gerade das Übereinkommen über das grenzüberschreitende Fernsehen, das u.a. das Ausstrahlen pornographischer Beiträge oder Sendungen, die ‚Gewalt unangemessen herausstellen', verbietet. Die Vorstellungen in Europa über das, was ‚eine unangemessene Herausstellung von Gewalt' ist, unterscheiden sich. Sind dies allein Bilder physischer Gewalt, wie ist psychische Gewalt einzuordnen, strukturelle Gewalt, staatlich-legimitierte Gewalt, Selbstjustiz? Die Liste ließe sich fortsetzen.

Wie sieht nun die Vergleichbarkeit der *Strukturen* der europäischen Prüfstellen aus und zu welchen Ergebnissen kommen sie? Hierbei ist es unerheblich, ob diese Stellen staatlich organisiert oder freiwillige Selbstkontrollen sind.
Altersfreigaben für Kinofilme, die in den meisten Ländern von einem Ministerium ausgesprochen werden, das hierfür einen besonderen Ausschuß unterhält, haben zumeist verbindlichen Charakter. Daneben gibt es, z.B. in Spanien, lediglich Altersempfehlungen, in Österreich vergibt die Jugendfilmkommission Altersgrenzen für Filme, wobei einzelne Bundesländer noch eigene Prüfstellen unterhalten. Es kann deshalb durchaus vorkommen, daß ihre Voten von der Bundeskennzeichnung abweichen. Verbindliche Altersgrenzen für Videokassetten sind lediglich in Großbritannien und Deutschland Vorschrift, während in Frankreich nur ein Abgabeverbot pornographischer Videos an Kinder und Jugendliche besteht.
Völlig unterschiedlich sind die nationalen Regelungen für den Fernsehbereich. Das komplizierteste Lizensierungsverfahren für Sender existiert in Deutschland, während in den Niederlanden zumeist nur die wirtschaftliche Seriosität der Veranstalter über-

prüft wird und die Sendezeiten an keine festen Vorgaben gebunden sind. Schaut man wiederum über die Grenze nach Frankreich so dürfen dort Filme, die ab 12 oder ab 16 Jahren frei sind, erst nach 22 Uhr bzw. nach 22.30 Uhr ausgestrahlt werden. Ähnlichkeiten mit Deutschland also! Allerdings werden in Frankreich durch eine Behörde nahezu 70% aller Kinofilme ohne Altersbeschränkung freigegeben, während es in Deutschland durch die FSK weniger als 10% sind. Auch im Bereich der erotischen Darstellungen gibt es große Unterschiede. Filme, die in Deutschland aufgrund ihres vermeintlich pornographischen Charakters höchstwahrscheinlich überhaupt nicht gesendet werden dürften, werden in Schweden während der *prime time* ausgestrahlt.

5. Ausblick

Angesichts der technischen Medienentwicklung sind nationale Jugendschutzregelungen - ob staatlich oder freiwillig organisiert - in einen europäischen Kontext einzubinden. Maßnahmen des Jugendschutzes werden zwar in hohem Maße gefordert und sind notwendig - aber sie haben Grenzen.

Von grundlegender Bedeutung für einen funktionierenden und sachorientierten Jugendschutz wird - mehr als bisher - die Koordination und Bündelung von gesetzlichem und erzieherischem Jugendschutz sein. Im Zentrum dieser Überlegungen muß der Rezipient/die Rezipientin, vor allem der bzw. die kindliche Nutzer/Nutzerin, stehen. Pauschale Beurteilungsschemata treten in den Hintergrund zugunsten einer entwicklungspsychologisch begründeten Auseinandersetzung mit dem Rezeptionsvermögen junger Menschen. So können Angebote, die Erwachsenen nicht jugendschutzrelevant erscheinen, zum Problem der kindlichen Psyche werden. Kinder sind durchaus in der Lage, ab einem gewissen Alter zwischen fiktionalen und nonfiktionalen Medienangeboten unterscheiden zu können, und auch Rollen und Verhaltensmuster werden keineswegs pauschal adaptiert, sondern in ihrer Wertigkeit verglichen, beurteilt und kritisch hinterfragt. Dies trifft allerdings nur auf intellektuell und emotional verkraftbare Angebote zu. Gerade sogenannte Familienfilme enthalten aber oftmals realanaloge Situationen, die von Kindern ernst genommen werden. Sind diese noch spannungsgeladen, wie z.B. das Weglaufen von Kindern von Zuhause, Streit zwischen den Eltern, nachfühlbare Darstellungen schulischer Probleme und ihre Auswirkungen auf das Verhalten in der Familie, so empfinden Kinder zumindest diffuse Verängstigung, wenn nicht Ansätze traumatischer Erfahrungen. Hier greifen regulative Grenzziehungen allein zu kurz, pädagogische Initiativen sind erforderlich, die *Medienkompetenz bzw. Lebenskompetenz* vermitteln und stärken helfen.

Normativer Jugendschutz *und* medienpädagogische Arbeit darf nicht die Medien und deren Inhalte als primäre Objekte sehen, sondern muß den kindlichen Nutzer im Blickfeld haben. Kinder- und Jugendarbeit, Kinder- und Jugendforschung sind unverzichtbare Bestandteile eines wirksamen Jugendschutzes - keinesfalls ein Widerspruch, aber auch kein Ersatz.

Sollen Veränderungen der Gesellschaft nicht nur durch Veränderungen im technologischen Bereich begründet werden, bedarf es Grenzen. Der Medienmarkt, der die Film- und Videoindustrie, analoge und digitale Rundfunkangebote, digitale Bildträger im Info- und Edutainmentbereich bis zu den Angeboten im Onlinesektor umfaßt, ist weltweit der finanzstärkste Entwicklungsmarkt. Unreflektierte Anpassungsleistungen sind ebensowenig wünschenswert wie die ungeregelte Dominanz des Kommerzes. Medienpädagogische Arbeit, die nicht zuletzt zur demokratischen Teilhabe in der Mediengesellschaft führen muß, *und* rechtliche Regelungen, die das Wirkungsrisiko der Medienangebote dem Rezeptionsvermögen junger Menschen in entwicklungspsychologischer Hinsicht anpassen, sind unerläßlich.

Gab es vor 15 Jahren noch einen tiefen Graben zwischen den Vertreterinnen und Vertretern eines ‚fortschrittlichen' erzieherischen Jugendschutzes, die in Form von medienpädagogischen Maßnahmen Kindern und Jugendlichen den eigenverantworteten Umgang mit Medien nahe zu bringen versuchten, und den ‚bewahrpädagogischen' Vertreterinnen und Vertretern des regulativen Jugendschutzes, wobei nicht zwischen staatlichem Jugendschutz und eigenverantworteter Kontrolle der Anbieter unterschieden wurde, so besteht heute weitgehend Einigkeit darüber, daß Jugendschutz als Einheit zu sehen ist. Gesetzliche Rahmen sind notwendig, um medienpädagogische Aktivitäten entfalten zu können. Diese Rahmenfunktion, diese Ventilfunktion des regulativen Jugendschutzes bewirkt, daß nicht dammbruchartig alle medienpädagogischen Aktivitäten von einer Kommerzflut überschwemmt werden. Staatliche Kontrolle und Selbstkontrolle müssen hier Hand in Hand gehen. Der Markt allein erzeugt keine Moral, dazu bedarf es staatlicher Rahmenbedingungen sowie einer intensiven gesellschaftlichen Diskussion über Einfluß und Wirkungsweise der Medien. Jugendschutz muß flexibel, nachvollziehbar und wirksam sein. Freiwillige Selbstkontrolle kann dies oft schneller als staatliche Verfahrensweisen. Sie darf aber nicht losgelöst von gesellschaftlichen Rahmenbedingungen stehen, sonst wird sie allzu leicht unglaubwürdig.

Die Ausprägung von Selbstbewußtsein und Werteempfinden junger Menschen ist nicht an die Handhabung der im Sinne des Wortes ‚kinderleichten' Technik gebunden, sondern an Entwicklungsphasen, die Kinder durchleben. Kinder brauchen hierbei unsere Unterstützung. Eine bloße Forderung nach Medienkompetenz reicht nicht aus. Wie diese Medienkompetenz sogar in ihrer schlichten technischen Version bei vielen Eltern aussieht, zeigt die Untersuchung von Schorb/Theunert (1998) über die Wirksamkeit oder besser Un-Wirksamkeit technischer Sperrmöglichkeiten im Fernsehen. Auch die im europäischen Rahmen diskutierten optischen oder akustischen Signale können kontraproduktiv wirken. Sendezeitgrenzen behalten ihren Wert.
Andrea Urban, Leiterin der Aktion Jugendschutz in Hannover, sagt: „Die Kompetenz, mit Medien umgehen zu können, haben weder Kinder noch Erwachsene. Sie können sie aber lernen, wenn sie ihre Erfahrungen ernst nehmen und sich ehrlich und offen dem Thema nähern. Der Austausch über unterschiedliche Sichtweisen und Stand-

punkte ist eine Voraussetzung in der pädagogischen Arbeit; Bequemlichkeit und Besserwisserei führt nicht zum Erfolg. Kommunikation ist Pflicht." (199., S. 174) Diese Forderung nach Kommunikation zwischen Eltern und Kindern (ein Aspekt, der mir in der Diskussion des Begriffes Medienkompetenz kaum beleuchtet zu werden scheint) ist dahingend zu ergänzen, daß sich auch die Institutionen des Jugendschutzes dieser Forderung zu stellen haben. Eine Öffnung dieser Institutionen ist notwendig. Anläßlich des 40-jährigen Bestehens der FSK 1989 schrieb Hans-Dieter Kübler einen Artikel für die FSK mit dem Titel „Vom Kontrollorgan zur filmpädagogischen Beratungsstelle" mit dem Tenor eben dieser Forderung. Ich folge seiner inhaltlichen Argumentation eines Einbezuges pädagogischer Erkenntnisse in die tägliche Arbeit. Aber ich stimme nicht einem Verzicht auf sanktionierbare Kontrolle zu. Uneingeschränkt richtig ist, daß die Möglichkeit bestehen muß, sich über Prüfungen, Prüfverfahren, Kriterien zu informieren und diese kritisch zu hinterfragen. Gemeinsame Diskussionen mit Kindern und Jugendlichen müssen Bestandteil der Arbeit von Jugendschutzinstitutionen sein.

Medienkompetenz alleine reicht nicht aus, den kommerziellen Interessen der Medienindustrie zu begegnen. Diese Ansicht ist - mit Verlaub - naiv. Ebensowenig aber bietet organisierter Jugendschutz allein, so flexibel, selbstgestaltet und seriös er sein mag, ausreichende Vorbereitung für Kinder und Jugendliche auf die Medienwelt von morgen.

Literatur

Europäische Union, Ausschuß der Regionen (1998): Stellungnahme zur "Mitteilung der Kommission, Folgemaßnahmen zum Grünbuch Jugendschutz und Schutz der Menschenwürde in den audiovisuellen und den Informationsdiensten mit einem Vorschlag für eine Empfehlung des Rates zur Gewährleistung des Jugendschutzes und des Schutzes der Menschenwürde in den audiovisuellen und Informationsdiensten" und der "Mitteilung der Kommission ‚Aktionsplan zur Förderung der sicheren Nutzung des Internet und Vorschlag für eine Entscheidung des Rates über die Annahme eines mehrjährigen Aktionsplans der Gemeinschaft zur Förderung der sicheren Nutzung des Internets". Brüssel

Gottberg, H.-J. v. (1998): Selbstkontrolle unter neutraler Aufsicht: die Freiwillige Selbstkontrolle Fernsehen. In: European Commission Directorate – General X (Hrsg.): Experts Meeting ‚Youth Protection and Content Clasification', 25 June 1998, Pre-Reports, S. 31. Brussels

Groebel, J. (1996): Mündlicher Vortrag bei den Leipziger Hochschultagen. Leipzig

Knoll, J.H. (1998): Staat, Gesellschaft, Selbstkontrolle. In: TV-diskurs Heft 4, S. 46 ff.

Schorb, B./Theunert, H. (1998): Jugendschutz im digitalen Fernsehen. Wie er technisch funktioniert und wie Familien damit umgehen. Berlin

Urban, A. (1997): "Ich hab' dann immer heimlich Musik gehört." In: v. Gottberg, J./Mikos, L./Wiedemann, D. (Hrsg.): Kinder an die Fernbedienung. Konzepte und Kontroversen zum Kinderfilm und Kinderfernsehen. Berlin

V Resümee

Bernd Schorb
Die Lernorte und die erwerbbaren Fähigkeiten, mit Medien kompetent umzugehen

Die recht fruchtbare Debatte um die inhaltliche Bestimmung von Medienkompetenz hat die Medienpädagogik in einen gesellschaftlichen Rang erhoben, daß sie sogar zum Repertoire der Feiertagsansprachen von Wirtschaft und Politik geworden ist. Neben diesem Gewinn an Öffentlichkeit hat aber die Debatte auch Substantielles geleistet, nämlich die Positionsbestimmung innerhalb der Medienpädagogik voran gebracht. Einerseits werden nun wieder deutlicher die verschiedenen Ansätze der Medienpädagogik artikuliert und entfaltet - wofür der vorliegende Band ja ein anschauliches Beispiel ist - und andererseits nähern sie sich gegenseitig an, was jedoch nicht nur der Debatte selbst, sondern auch den Begleitumständen, der technischen Entwicklung zu verdanken ist. Die integrale Verbindung von digitaler und analoger Technik führt dazu, daß der seit einer Generation bestehende Widerspruch zwischen audiovisuell orientierter Medienpädagogik auf der einen Seite und der an Lehrmaschinen orientierten Instruktionspädagogik auf der anderen Seite, in Auflösung begriffen ist. Mögen auch in einigen Kultusministerien aus Statusgründen Medienpädagogik und Informationstechnische Bildung noch in zwei Abteilungen angesiedelt sein, die (mediale) Wirklichkeit hat die Verwaltung hier längst überholt. Instruktions- und Unterhaltungsmedien lassen sich heute ebenso wenig auseinanderhalten wie audiovisuelle und Schriftmedien. Die Begegnung mit und die Partizipation an Medien ist heute in jedem Falle ganzheitlich. Diese Ganzheitlichkeit zeigt sich in mehreren Beziehungen. Da ist die schon angesprochene Verknüpfung von Unterhaltungsmedien wie dem Fernsehen mit schriftlichen Lehrmedien, gedruckt oder auf Datenträgern. Da ist auf der technischen Seite das Multi-Media-Ensemble, Geräte, die es erlauben, jedwede Art elektronischer Übermittlung zu verarbeiten und darzustellen, in der Regel über den ans Netz angeschlossenen PC. Da ist das Netz, über welches alle Arten von Daten transferiert werden, seien sie wissenschaftlicher, kommerzieller oder privater Herkunft. Da ist die Präsenz der Medien in allen Arbeits- und Lebensbereichen. Da sind schließlich die Nutzerinnen und Nutzer selbst, die die verschiedenen medialen Angebote nach subjektiven Kriterien zusammenführen und mit den oder in Reaktion auf die Medien handeln.

Es bedarf keiner plausiblen Argumentation mehr für Medienpädagogik, denn die Medien selbst verlangen danach - in jedem Fall nach den Nutzerfertigkeiten. Die Qualifikation zukünftiger Medienarbeiterinnen und Medienarbeiter läßt sich der Staat etwas kosten, ebenso die Entwicklung von Programmen, Netzverbindungen und im Virtuellen kopierte Realität - bis hin zu virtuellen Hochschulen. Zukunft und Rechner sind nicht nur bei 'Future Kids' eins, sondern auch im öffentlichen Bewußtsein.

So wichtig die Debatte über die Bestimmungsgrößen der Medienkompetenz ist, so wichtig ist die Präzisierung der Kompetenzen, die da vermittelt werden sollen. Helga

Theunert hat in diesem Buch herausgearbeitet, daß man ebenso wenig von *den* Kindern oder von *der* Jugend sprechen kann wie von *der* Medienkompetenz. Was ein älteres Kind an Fähigkeiten und Wissensbeständen erwerben kann, ist einem jüngeren nicht nur unzugänglich, sondern u.U. gar schädlich, weil es nicht entwicklungsangemessen ist und eine Überforderung darstellen kann. Es ist vor allem unter Rückgriff auf die Handlungsmodelle, die die Medienpädagogik seit Jahren erarbeitet, zu bestimmen, welche Fähigkeiten, Wissensbestände und Fertigkeiten, welche entfalteten Kompetenzen also für welche Adressaten zu vermitteln sind. Nun sind Lebensalter ja in der Regel mit bestimmten Lernorten verbunden, wo entweder im zeitlichen Kontinuum wie in der Schule oder durchgehend z.B. durch die Medien selbst gelernt wird. Mit einem Bezug zu den Lernorten ist es dann möglich, zugleich den Altersbezug in der Bestimmung der Lehr-Lernfaktoren im Kontext von Medienkompetenz zu entwickeln und die Lokalitäten zu beschreiben, an denen diese erworben werden (können) sollte. Dabei gehe ich wie z.B. die Autorinnen bzw. Autoren dieses Bandes Hans-Dieter Kübler, Fred Schell und Helga Theunert davon aus und schließe mich auch ihren Begründungen an, daß unter Medienkompetenz eine komplexe Fähigkeit zu verstehen ist, die der Omnipräsenz und der Potenz der heutigen und zukünftigen Medienwelt angemessen sein muß.

1. Die Lernorte

Aktuell ist festzustellen, daß in nahezu allen institutionalisierten Lernorten seit Jahren in einem sehr restringierten Sinn Medienkompetenz vermittelt wird. Die in diesem Band von den meisten Autorinnen und Autoren zu Recht angeprangerte Reduktion von Medienkompetenz auf Anwenderfertigkeiten bestimmt das schulische Lernen seit zwei Jahrzehnten. Die sogenannte informationstechnische Bildung ist nur ein Beispiel dafür, wie unzulänglich und vergänglich zweckrationale Lehr-Lernmodelle sind. Zur Erinnerung: Anfang der achtziger Jahre wurden mit großem organisatorischen Aufwand Lehrkräfte aus dem Bereich Naturwissenschaften für das neue Lehrfach 'Informationstechnische Bildung' fortgebildet. Die Inhalte, die dann in diesem Fach vermittelt wurden (und z.T. noch werden) beziehen sich auf die Fertigkeit, das binäre Zahlensystem zu beherrschen und eine Programmiersprache in ihren Grundzügen zu erlernen. Die Beherrschung einer Maschinensprache jedoch, meist war es das heute nicht mehr gebräuchliche 'Basic', ist höchstens für das Promille an Schülerinnen und Schülern sinnvoll, die später einmal tatsächlich mit Maschinensprachen arbeiten. Es mag weiterhin seine Berechtigung haben, das binäre Zahlensystem zu kennen und auf dieser Grundlage die basale Logik der Bearbeitung von Realität durch den Computer kennen und beurteilen zu können. Allerdings mit der Frage des Zusammenhanges von Weltsicht und deren Abbildung in dichotomen Strukturen beschäftigt sich die informationstechnische Bildung in der Regel nicht, das ist ja keine Anwendungsfrage, sondern Philosophie und diese ist Sache der Kolleginnen und Kollegen aus dem Bereich der Sozialwissenschaften. Diese Kolleginnen und Kollegen aber lehren in der Regel keine Informationstechnik. Mag die Vermittlung des digitalen Rechnens unzulänglich sein, so ist die Vermittlung einer Maschinensprache heutzutage geradezu dysfunktional. Selbst derjenige, der Rechner für spezifische Zwecke in einem engen fachlichen Rahmen nutzt, ist heute nicht mehr mit Programmiersprachen konfrontiert. Er muß vielmehr komplexe Handlungsanweisungen, die ihm das Programm in der Regel in einem speziellen Amerikanisch vorgibt, nachvollziehen können. Den Verfassern der Konzepte informationstechnischer Bildung mag es sinnvoll erschienen sein, spezielles mathematisch-naturwissenschaftliches Wissen zu vermitteln - obwohl schon damals von den Computerkonzernen darauf verwiesen wurde, daß die Lehrinhalte innerhalb kürzester Frist obsolet sein würden. Heute jedoch sind diese Konzepte überholt. Zwar ist weiterhin richtig, daß die Nutzung der Medien ohne ein entsprechendes Grundwissen nicht möglich ist. Aber es ist mit den anderen Autorinnen und Autoren dieses Bandes daran zu erinnern, daß die speziellen Anwendungsfertigkeiten für die Entwicklung der Fähigkeit, Medien zu beherrschen und nicht von ihnen beherrscht zu werden, von marginaler Bedeutung sind. Medien bzw. Multimedia oder Informations- und Kommunikationstechniken - welches Synonym man auch immer benutzen mag - sind hochkomplexe Systeme und dieser Tatsache hat auch das Lehren Rechnung zu tragen.

Unter Bezugnahme auf diese Komplexität ist auf eine weitere Übereinstimmung, die sich allmählich durchsetzt, zu verweisen. Die zur Beherrschung der Medien zu vermittelnden Wissensbestände sind keine des Details und der Besonderung. Die Konstruktion von Software beispielsweise ist den - aber auch nur diesen - dafür speziell ausgebildeten Fachleuten möglich, ihre Rekonstruktion meist nicht einmal mehr ihnen, wie man an dem Riesenaufwand feststellen konnte, dessen es bedurfte, um Rechner für den Jahrtausendwechsel zu programmieren. Der Effekt dieses mit Milliarden Euro finanzierten Aufwands liegt nun lediglich darin, daß sie weiter, nicht etwa besser funktionieren. Detailwissen zu erwerben ist wohl nur noch in einem engen beruflichen bzw. privaten Anwendungskontext sinnvoll. Viel entscheidender ist es, das Zusammenwirken der Medien, ihre Strukturen zu erkennen und die sozialen wie individuellen Folgen zu bestimmen sowie sich in der Vielfalt der Medien orientieren zu können. Die eigentlich gefragte Fähigkeit liegt darin, in der Lage zu sein, Medien nicht nur als Mittler zu begreifen, sondern sie soweit zu überschauen, daß man sie tatsächlich als Mittler, wo sinnvoll und von Nöten, einzusetzen fähig ist. Mediale Phänomene, die uns angeboten werden, sind als Ganzes und in ihrem Anwendungskontext zu sehen, um feststellen und abstellen zu können, wenn sie die Grenze des Mittelns überschreiten, indem sie uns selbst an die Medien binden, in eine funktionale Abhängigkeit bringen oder indem sie sich als Ersatz der Wirklichkeit gerieren, die Grenze zwischen Virtualität und Realität zu verwischen drohen. Unter den genannten Prämissen, also einem Menschenbild, das weiterhin das vernünftige menschliche Wesen in Zentrum seines Blickfeldes hat, können einige Aufgaben beschrieben werden, die Medienpädagogik in den verschiedenen Kontextfeldern medialen Handelns hat.

Ohne einen Anspruch auf Vollständigkeit zu erheben, schließlich werden in allen genannten Bereichen seit Jahren medienpädagogische Modelle entwickelt, erprobt und partiell auch alltäglich realisiert, möchte ich im folgenden an sechs ausgewählten Feldern skizzieren, welche Aufgaben sich hier für die Vermittlung einer kommunikativen Kompetenz[1] stellen. Die sechs Felder beziehen sich allesamt auf die wichtigsten Lernorte, in denen sich heute Heranwachsende, aber auch Erwachsene aufhalten. Das sind zum einen die 'klassischen' institutionalisierten Bereiche Kindergarten, Schule und Hochschule, zum zweiten die eher informellen, aber mindestens ebenso gewichtigen Lernorte Familie und Jugendarbeit und ganz entscheidend auch die Medien selbst als dritter Bereich, der, wenn auch weitgehend nicht intentional, Wissen über Medien vermittelt und den praktischen Umgang anregt bis erzwingt.

1.1 Der Kindergarten

An anderen Stellen in diesem Band wurde von Helga Theunert bereits darauf verwiesen, daß es zweifelhaft ist, ob bereits im frühen Kindesalter Medienkompetenz vermittelt werden kann, da sich hier erst einmal diejenigen Fähigkeiten und Fertigkeiten ausprägen, die im Gesamt der Wahrnehmung von Realität zu Grunde gelegt sind. Diese spezifizieren sich noch nicht auf Medien, sondern bilden generell die Wahrnehmungsfähigkeit des Subjektes aus. Andererseits jedoch sind gezielte Versuche der Medien zu konstatieren, auch die Jüngsten schon in den Konsum einzubinden. Offensichtliche Beispiele für solche Versuche sind etwa die Entwicklung von Fernsehserien, die sich schon an Zweijährige richten und entsprechend einfach gestaltet sind, etwa die britische Serie 'Tele Tubbies', oder das Angebot von Computerkursen für die Kleinen durch die zum Burda-Konzern gehörende Firma 'Future-Kids', oder auch das Kaufangebot für Personalcomputer, die in Aussehen, Programm und Bedienbarkeit speziell für Vorschulkinder gefertigt sind. Die Entwicklung, immer jüngere Kinder in das Mediengeflecht einzubeziehen, ist insofern überraschend, als noch vor einer Generation ein heftiger Streit darüber ausgefochten wurde, ob man denn Kleinkinder überhaupt einer medialen Beeinflussung aussetzen darf. Bis Anfang der siebziger Jahre waren Sendungen für kleine Kinder im Fernsehen tabu (vgl. Erlinger/ Stötzel 1997), heute sind Kleinkinder eine eigenständige, von der gesamten Medienindustrie umworbene Zielgruppe. Dieser Tatsache hat sich auch die Administration nicht verschlossen. Die Jugendministerkonferenz hat im Jahre 1997 angeregt, Medienpädagogik in die Arbeit in Kindergärten einzubeziehen.
Allerdings ergeben sich in diesem Lernfeld einige zu berücksichtigende Schwierigkeiten. Zum einen sind Erzieherinnen und Erzieher den Massenmedien gegenüber als

---

[1] Kommunikative Kompetenz wird hier als eine die Medienkompetenz mit einschließende Fähigkeit verstanden, indem mediale Kommunikation als eine Möglichkeit der Kommunikation, beispielsweise neben der personalen definiert ist. Vgl. hierzu auch die Beiträge von Kübler, Schell und Theunert in diesem Band sowie Schorb 1997 und die originale medienpädagogische Entfaltung dieser Kategorie bei Baacke 1973.

pädagogische Fachkräfte, nicht als Konsumentinnen bzw. Konsumenten, eher negativ eingestellt. Die noch immer den Kindergartenalltag bestimmende pädagogische Theorie des Schonraumes für die Heranwachsenden verbietet den Einbezug all jener Faktoren, die für die Kinder belastend sind. Die Massenmedien, speziell das Fernsehen, die für die Kleinsten sowohl attraktiv als auch häufig ein Surrogat für mangelnde soziale Kontakte mit den Eltern darstellen, gehören ganz sicher zu den belastenden Faktoren und werden ergo meist bewußt und gezielt vom Alltag des Kindergartens ferngehalten. Ein weiteres Problem ist hier wie in allen Bereichen des institutionalisierten Lernens die mangelhafte Ausbildung der Pädagoginnen und Pädagogen. Zwar gehört in einigen Bundesländern Medienpädagogik bereits zum Standard der Ausbildung, allerdings nur am Rande und häufig reduziert auf Filmerziehung. Die digitalen Medien finden in der Erzieherinnen- bzw. Erzieherausbildung noch keinen Platz. Was die Arbeit mit dem Medium Fernsehen betrifft, gibt es seit geraumer Zeit Vorschläge und Modelle, wie diese in die konkrete Arbeit im Kindergarten einbezogen werden können (vgl. DJI 1994; Maier u. a. 1997; Neuß u. a. 1997). Was allerdings fehlt, sind reale Ausbildungs- und Fortbildungskonzepte, die es den Erzieherinnen und Erziehern in der Auseinandersetzung mit ihrer Praxis erlauben, Medien in die alltägliche Arbeit einzubeziehen. Wichtige Schritte in diese Richtung wären die Entwicklung eines medienpädagogischen Lehrbuches für die Ausbildung und medienpädagogische Weiterbildungskonzepte der verschiedenen Träger von Kindergärten.

Sehen wir Medienkompetenz als Fähigkeit, Medien in ihrer Gesamtheit und in ihrem Gemachtsein zu erkennen und zu relativieren, so kann hier die Vorschulerziehung einen wichtigen Beitrag leisten. So wissen wir aus der Forschung, daß Kleinkinder dem Fernsehen auch deshalb einen wichtigen Stellenwert einräumen, weil sie ihre wirkliche und die medial virtuelle Realität noch nicht unterscheiden können. Das Fernsehen als Medium, vor dem sie viel ihrer freien Zeit, und diese ist bei kleinen Kindern fast ausschließlich Lernzeit, verbringen, setzt ihnen Verhaltens- und Handlungsmodelle vor, die denen realer Menschen fast gleichwertig sind (vgl. Theunert u. a. 1995). Der Kindergarten, der ja das Fernsehen im häuslichen Kreis kaum beeinflussen kann, könnte hier den Kindern schon früh Hinweise geben, Virtualität und Realität unterscheiden zu lernen, als Grundlage für einen zukünftigen distanziert kritischen Umgang mit den Medien. Bekommen die Kinder hierbei auch die Möglichkeit geboten, Medien als Mittel einzusetzen und so die praktische Erfahrung zu machen, daß diese als Werkzeuge ein Stück weit dem eigenen Willen unterworfen werden können, so ist zumindest angelegt, daß der hohe Stellenwert, den Medien sich selbst zuweisen und der ihnen auch vom Publikum zugestanden wird, relativiert und die Position der Medien zukünftig reflektiert wird.

Ein Beispiel für die Möglichkeiten der Arbeit im Kindergarten ist das Modellprojekt 'Kinder kriechen durch die Röhre', das die Medienstelle Augsburg des JFF in einem Kindergarten durchgeführt hat.[2] Die in zwei Zimmern spielenden Kinder konnten plötzlich in einem Fernsehapparat diejenigen Kinder auf dem Bildschirm sehen, die nicht im Raum waren. Die Kinder gingen der Frage nach, woher die Bilder kommen, und verfolgten das Kabel bis zur Kamera, die im Zimmer nebenan stand und die das Spiel der dort agierenden Kinder aufzeichnete und übertrug. Als kleine Detektive hatten sie selbst herausgefunden, wie Fernsehbilder entstehen. In der Folge stellten sie dann ein Daumenkino her, zeichneten Kratzfilme und produzierten kleine Sequenzen und Tricks mit der Kamera. Durch handelndes Lernen erwarben sich die Kleinen so selbst Wissen um Produktion und Gestaltung von Medien. Diese Kompetenz konnten sie im Umgang mit den Medien Fernsehen und Film wieder anwenden.

Die Vermittlung von Medienkompetenz im Kindergarten impliziert die Vermittlung der grundlegenden Fähigkeiten, die sowohl zur personalen wie zur medialen Kommunikation notwendig sind. Hierzu gehört sicher und ohne direkten Bezug zu den Medien die Fähigkeit, sich im sozialen Raum bewegen zu können, also primär die Kommunikation und Interaktion mit anderen Menschen. Indirekt ist jedoch gerade diese Kompetenz eine wichtige Voraussetzung für Medienkompetenz, denn wer sich sicher in der menschlichen Gemeinschaft bewegt, wird entsprechend weniger anfällig für Medien als Surrogate realer und sozialer Bedürfnisse sein. Darüber hinaus kann der Kindergarten durch Lernen im Spiel Hilfestellung bei dem Erwerb spezieller medienbezogener Fähigkeiten geben, etwa bei der Unterscheidung zwischen Realität und Künstlichkeit. Grundlage ist die Entwicklung eines Mediencurriculums für die Ausbildung der Erzieherinnen und Erzieher, auf daß diese selbst kommunikative (und damit auch mediale) Kompetenz erwerben und diese weitergeben können. Ein solches sorgfältig entwickeltes und gestaltetes Curriculum unter Einschluß schriftlicher und audiovisueller Lehrmaterialen müßte von den Trägern der Vorschulerziehung, also den Kirchen, Wohlfahrtsverbänden und Kommunen durch ein ständig aktualisiertes und verbindliches Fortbildungsangebot ergänzt werden. Bedenkt man, wie prägend gerade die ersten sechs Lebensjahre für die Ausbildung der grundlegenden Fähigkeiten und Verhaltensweisen der Menschen sind, so ist die Entwicklung alters- und geschlechtsgemäßer medienpädagogischer Konzepte für den Vorschulbereich eine der wichtigsten Zukunftsaufgaben

1.2 Die Schule

Die Schule als medienpädagogische Lehrstätte ist nominell schon lange anerkannt und sie wird auch in diesem Sinne genutzt. Sogar in die Ausbildung der Lehrerinnen und Lehrer sind medienpädagogische Elemente einbezogen, allerdings nahezu ausschließlich unter dem Aspekt der Didaktik. So ist seit Jahrzehnten schon zu konstatieren, daß Medien innerhalb des schulischen Lernens eine eigene, wenngleich nicht

---

[2] Medienstelle Augsburg des Institut Jugend Film Fernsehen, Jugendamt Augsburg (Hrsg.) (1993). Kinder kriechen durch die Röhre. Erfahrungen und Anregungen aus einem Medienprojekt im Kindergarten.

sehr bedeutende Funktion als Mittler im Lehr-Lernprozeß haben, daß sie zur Veranschaulichung des Lehrstoffes und zur Motivation der Lernenden, in der Regel einbezogen in die entsprechenden Fachdidaktiken, genutzt werden. Als Gegenstand einer reflexiv kritischen oder gar reflexiv praktischen Medienpädagogik ist die Bedeutung noch geringer. Wenngleich seit Anfang dieses Jahrhunderts über die schulische Auseinandersetzung mit Medien diskutiert und seit den siebziger Jahren kontinuierlich Modelle von Lehrbüchern bis hin zu differenzierten Curricula veröffentlicht werden[3], so ist dennoch Medienpädagogik als inhaltliches und vor allem fächerübergreifendes Prinzip vom schulischen Alltag noch weitgehend ausgeschlossen. Neben der Einstellung der Lehrerinnen und Lehrer, die mangels Ausbildung - hier wird ja und auch das nur in Ansätzen lediglich Mediendidaktik als Komponente von Fachdidaktik vermittelt - nur schwerlich Medienkompetenz weitervermitteln können, und diese außerdem den Massenmedien gleich wie die Erzieherinnen und Erzieher eher ablehnend gegenüberstehen, hat auch die auf Anhäufung von Wissensbeständen konzentrierte Bildungspolitik der Kultusbehörden dazu beigetragen, daß Medienpädagogik in der Schule weiterhin Desiderat bleibt. Die Auseinandersetzung mit Medien wurde wie im Fall der informationstechnischen Bildung reduziert auf das Erlernen von Computersprachen. Die Auseinandersetzung mit Massenmedien ist primär beschränkt auf die Vermittlung von Wissen über Regulative und Funktionen derselben. Massenmediale Inhalte werden, wenn überhaupt, zur Illustration von Wissensstoff, etwa in Sozialkunde bzw. Gesellschaftslehre, herangezogen oder zum Vergleich zwischen künstlerischer Vorlage als Literatur und filmischem Nachvollzug als Fernsehspiel genutzt. Wenngleich es gegen diese vorherrschende und reduzierte Aufnahme von Medien in den schulischen Unterricht Bedenken und Gegenmodelle gibt (vgl. für den Deutschunterricht Schiefele/Stocker 1990; Wermke 1997), so zeichnen sich auch neuere Ansätze, Medienkompetenz in der Schule administrativ oder gar mit Hilfe der Wirtschaft zu fördern, durch den Mangel einer ganzheitlichen Sicht und eines reflexiven und kritischen Handelns aus. Das vom Bund, den Ländern, der Bertelsmann-Stiftung und der Deutschen Telekom geförderte Projekt 'Schulen ans Netz' beispielsweise wird, trotz einer auch partiell inhaltlichen Konzeption, in der schulischen Realität primär als Technikmodell praktiziert. Es finden hier in der Regel keine Auseinandersetzungen mit Rechnernetzen und deren Implikaten statt, selten nur der Versuch, gestaltend innerhalb des Netzes zu agieren, sondern es geht um die simple Nutzung eines neuen Datenträgers, des Internets. Dieses enthält nunmehr die Informationen, die man vorher an anderer Stelle, in Bibliotheken z.B., suchen mußte, oder das Netz wird als Träger für Kontakte mit anderen meist ausländischen Schulen herangezogen, Kontakte, die man früher brieflich gepflegt hat.
Die Kritik an der Schule und speziell an der Verankerung von medienpädagogischen Ansätzen in derselben ist bekannt (vgl. beispielsweise das Heftthema der Zeitschrift

---

[3] Vgl. exemplarisch Schwarz 1974 und 1976; Schorb/Simmerding 1975; Fröhlich 1982; Projektgruppe Mediencurriculum 1984 und 1986; Tulodziecki 1985; Ribbeck 1990; Kittelberger 1991; Faulstich/Lippert 1996

'medien + erziehung' 5/1997) und ließe sich beliebig fortschreiben. Selbst der Administration ist die Unzulänglichkeit schulischer Medienpädagogik bewußt, was sie dazu bringt, appellative Verlautbarungen wie den 1995 von der BLK verabschiedeten 'Orientierungsrahmen zur schulischen Medienerziehung' oder einen Forderungskatalog zur Medienerziehung, wie den des Deutsche Bundestages (Enquete-Kommission Zukunft der Medien in Wirtschaft und Gesellschaft 1998) herauszugeben.

An dieser Stelle jedoch soll kursorisch zusammengefaßt werden, was Schule beitragen kann zur Ausformung von Medienkompetenz als Fähigkeit, Medien selbsttätig handelnd, also reflexiv kritisch und praktisch, zu nutzen. Allerdings - diese weitere aber notwendige Einschränkung gilt nicht nur für die Medienpädagogik - die heutige primär an Kenntnisvermittlung orientierte, von oben verwaltete und unten kümmernde Schule wird es schwer haben, auch nur irgendeine Neuerung aus eigener Kraft zu realisieren, es sei denn es gelingt doch, die Ideen einer Reformpädagogik, die seit einem Jahrhundert auf ihre Realisierung warten, durchzusetzen. Im Zentrum der meisten, auch einer handlungsorientierten Medienpädagogik, zugrundeliegenden reformpädagogischen Ansätze steht der bzw. die Lernende. Das zu Vermittelnde soll nicht oktroyiert, sondern im Lernprozeß von den Schülerinnen und Schülern selbsttätig angeeignet werden. Eine handlungsorientierte Medienpädagogik kann eher dazu führen, daß Medienkompetenz im Sinne eines die Medien (mit)gestaltenden Subjektes vermittelt wird, als die reine Vermittlung von Wissensbeständen, die ja letztlich auch medienkritisches Handeln auf den Nachvollzug von Denkmodellen reduziert und die geforderte Selbsttätigkeit nicht einbezieht. Eine handlungsorientierte Medienpädagogik kann beispielsweise Fähigkeiten unterstützen, die ihre Anwendung im gesamten Lebensbereich der Subjekte finden, jedoch auf Medien spezifiziert entwickelt und selbst erprobt werden können, vor allen Dingen unter Beibehaltung der Prämisse, daß Medien Mittler und Vermittler menschlicher Realität, nicht deren Gestalter sind (Schorb 1995).

Als Mittel der Demonstration lassen sich Medien beispielsweise dann einsetzen, wenn eine Umwelt-AG mit computeranimierten Bildern illustriert, wie ihre Region in drei Jahrzehnten ohne Wälder aussehen wird, und damit anschaulich auf die Notwendigkeit verweist, Umweltschutzmaßnahmen zu ergreifen. Oder eine Schulklasse nutzt das Medium als Mittel der Recherche, wenn sie, um über Trends kontemporärer Musik zu informieren, Interviews mit Schülerinnen und Schülern aus anderen Klassen und Jugendlichen auf der Straße führt und diese auf Kassette aufzeichnet. Diese Interviews liefern ihnen dann einerseits Stoff, um einen Hörbeitrag zu konzipieren, und andererseits den nötigen Fundus authentischer Aussagen, um unter Einbezug weiterer Recherchen diesen Beitrag zu gestalten. Oder Medien lassen sich nutzen als Mittel der Aufarbeitung eigener Erfahrungen, der Information und der Darstellung eigener Meinungen zu Themen und Problemen, wie in dem Beispiel, daß Schülerinnen und Schüler einen Videofilm über die in ihrer Gemeinde für den Ernstfall vorgesehenen Zivilschutzmaßnahmen drehen. Sie lassen Vertreterinnen bzw. Vertreter verschiedener Gruppen dazu Stellung nehmen. Die Interviews binden sie in eine Rahmengeschichte ein, in der sie selbst deutlich Position beziehen und kundtun, daß alle Zivilschutzmaßnahmen im Ernstfall im Grunde zur Farce werden.

Der Einbezug von Medienpädagogik und damit verknüpft die Vermittlung von Medienkompetenz ist und wird für die Schule nicht allein zur Pflichtaufgabe, sondern kann auch ihre eigene Existenz tangieren. Schließlich macht das Eindringen der Medien in alle Lebensbereiche auch vor Bildung und Weiterbildung nicht halt. Bereits jetzt etablieren sich beispielsweise auf dem sogenannten Nachmittagsmarkt Lernspiele als Ergänzung und Nachhilfe zum schulischen Lernen. Die große Attraktivität des sogenannten Edutainment kann als Hinweis einer zukünftigen Übernahme weiter Bereich der Vermittlung von Wissen durch Medien interpretiert werden. Für den medienpädagogischen Handlungsort Schule heißt dies beispielsweise, daß es in solchen Modellen, wie dem zur Zeit propagierten 'Schulen ans Netz', eben nicht darauf ankommt, primär instrumentelle Fertigkeiten zu vermitteln, sondern daß durch das Handeln im Netz selbst - und verbunden mit diesem - Struktur- und Orientierungswissen vermittelt, Formen und Wandlungen des Sozialverhaltens der Nutzerinnen bzw. Nutzer und Kommunikationspartnerinnen bzw. -partner beobachtet, die Wanderungen persönlicher Daten unter der Oberfläche des Amusements reflektiert, die inhaltlichen Angebote kritisch betrachtet und unter ihrem Lehr-Lerneffekt bewertet, nach alternativen als den vorgegebenen Interaktionsmöglichkeiten gesucht wird usf. - bis hin zur begründbaren Entscheidung für oder gegen die Anwendung der in den Netzen auffindbaren Handlungsmöglichkeiten und Inhalte. Die Offenheit des handelnden Lernens im unmittelbaren Gebrauch der Medien sollte dabei nicht nur die kritische Reflexion des Mediennetzes, sondern auch die des Lernortes selbst beinhalten können. So wäre beispielsweise zu fragen, ob Formen der Wissensweitergabe, die in ihrer Gestaltung und Attraktivität die Möglichkeiten schulischer Vermittlung überschreiten - das gilt bereits für einige auf dem Markt befindliche CD-ROMs - nicht schulisches Lehren ersetzen könnten und sollten, was sich natürlich wiederum auf die Schulwirklichkeit in der Weise auswirken müßte, daß hier das Vermitteln von Handlungs- und Strukturwissen sowie von sozialer Kompetenz gegenüber der Lehre eines aufgeblähten Wissenskanons in den Vordergrund träte. Mit anderen Worten, medienpädagogische Auseinandersetzung unter der Prämisse des Erwerbes von Medienkompetenz bedeutet die tätige Auseinandersetzung mit der gesamten Umwelt, innerhalb derer die Medien ein integraler Bestandteil sind. Offenheit von medienpädagogischen Handlungsräumen heißt auch Umgestaltung der Schule, wohlgemerkt auf der Basis von Reflexion und Begründung.

Will also die Schule ihre Aufgaben in aktiver Auseinandersetzung mit den Medien erfüllen, so sind einige Mindestvoraussetzungen zu schaffen. Dabei ist die Öffnung der Schule nach innen und außen und die Stärkung ihrer Handlungsautonomie die Grundvoraussetzung. Bestandteil der inneren Öffnung ist notwendigerweise auch ein

vertieftes Eingehen auf die Lernenden, was bedeutet, auf der Basis wissenschaftlicher Erkenntnisse die Altersunterschiede der Schülerinnen und Schüler und auch die unterschiedlichen Ansprüche und Interessen der beiden Geschlechter zu berücksichtigen. Auf einer solchen Grundlage ist eine unabdingbare Voraussetzung natürlich auch die Ausstattung der Schule mit relevanten Medien.
Entscheidend ist daneben die Medienkompetenz all jener, die Schule gestalten und verwalten. Sie müssen nicht nur die Möglichkeit erhalten, mediale Entwicklungen zu erkennen und den Medienalltag der Heranwachsenden zu kennen und in ihr erzieherisches Handeln einzubeziehen, sondern grundlegend in die Lage versetzt sein, selbst mit Medien kompetent umzugehen. Medienkompetenz kann dort, wo sie die Nutzung der Medien betrifft, sicher in einem kooperativen Prozeß mit den Lernenden erworben werden. Dort jedoch, wo es gilt, ihren Stellenwert und ihre Ausformung im Rahmen des gesellschaftlichen wie des erzieherischen Prozesses zu bewältigen, ist eine entsprechende Aus- und Weiterbildung unabdinglich. Die rudimentäre, nahezu nur auf Didaktik beschränkte medienpädagogische Ausbildung und der Mangel an verbindlicher, die Fähigkeit der Medienbeherrschung stets aktualisierender Weiterbildung stellen die akuten und grundlegenden Hindernisse auch dort dar, wo von der Ausstattung her ein zeitgemäßer medienpädagogisch orientierter Unterricht möglich wäre. Ein solcher Unterricht muß nicht in den Fächerkanon gezwungen werden, vielmehr verlangt die Omnipräsenz der Medien geradezu nach einem projektorientierten, die mediale Vielfalt adäquat einbeziehenden Unterricht.

1.3 Die Hochschule

Das weitgehende Fehlen einer zeitgemäßen Medienpädagogik hat seine Ursachen auch in der Situation an den Hochschulen. Von den dortigen Lehrkörpern ebenso wie von der Administration zu verantworten, ist Medienpädagogik noch immer von sekundärer Bedeutung. Während die Lehrstühle im Kontext Informatik bereits in die Hunderte gehen, während dieselben im Kontext der Kommunikationswissenschaften einen aktuellen Boom erleben, ist Medienpädagogik seit Jahren und weiterhin bestenfalls marginal. Die Mehrzahl derjenigen Lehrenden, die in der medienpädagogischen Diskussion führend sind, betreiben Medienpädagogik neben oder statt ihrer ausgewiesenen Lehrstuhlbezeichnung. Nur wenige Lehrstühle werden explizit für die Disziplin Medienpädagogik ausgeschrieben und dann häufig, wie 1998 in Sachsen und Thüringen, auf den Einsatz der Informationstechniken im Lehrprozeß reduziert. Die medienpädagogische Ausbildung an den deutschen Hochschulen ist generell auf wenige Standorte beschränkt, speziell weisen viele erziehungswissenschaftliche Fachbereiche Medienpädagogik überhaupt nicht aus, und nur wenige kommunikationswissenschaftliche Fachbereiche haben medienpädagogische Lehrstühle. Medienpädagogik wird an den Hochschulen vor allem dann keine - finanzielle - Priorität eingeräumt, wenn sie in Konkurrenz steht zur Einrichtung anderer Lehrstühle oder sich nicht auf den für den Fachbereich klassischen Inhaltskanon beziehen läßt. Im Bewußtsein des Lehrkörpers an den Universitäten hat Medienpädagogik keine ausgewiesene Position, was am Stellenspiegel abzulesen ist. Nicht einmal der didaktische Ausschnitt der Disziplin Medienpädagogik findet Interesse, könnte er doch auf die Universität selbst einwirken, die ja gerade in der fehlenden Hochschuldidaktik und damit verknüpft im kompetenten Umgang mit Medien eines ihrer Hauptprobleme hat. Andere Hochschulen, beispielsweise die Fachhochschulen, beziehen zunehmend Medienpädagogik in ihre Angebote ein. Die größere Nähe zur Praxis mag hier zu mehr Weitsicht führen. Allerdings kann das Angebot der Fachhochschulen einige grundsätzliche Mängel nicht beheben. Einerseits ist dieses Angebot den klassischen erziehungswissenschaftlichen Studiengängen nicht zugänglich und andererseits klammert es meist theoretische Auseinandersetzungen zugunsten der Vermittlung praktischer Fertigkeiten aus.

Die Tatsache, daß Medienpädagogik und mit ihr die Vermittlung einer umfassenden und ganzheitlichen Medienkompetenz an den Universitäten nicht beheimatet ist, wirkt sich jedoch nicht nur direkt auf die Institutionen Schule, Hochschule, Weiterbildung und z.T. auch Jugendarbeit negativ aus, weil entsprechende Ausbildungsangebote fehlen, sie wirkt auch indirekt ein auf die gesamten sozialwissenschaftlichen Disziplinen und ebenso diejenigen anderen Disziplinen, die einer ganzheitlichen empirischen Realitätssicht zugänglich sind. Sie hat nämlich zur Folge, daß - innerhalb der Universitäten - auch die Erforschung der Medienrezeption und -verarbeitung, zumindest die der Heranwachsenden, nur in geringem Umfang existiert. So kann es zu dem Phänomen kommen, daß informationstechnische Lehrmodelle entwickelt werden, die keinen Bezug aufweisen zu den Bedingungen ihrer Rezeption, weil keine ausreichenden Kenntnisse über den medialen Alltag der Heranwachsenden vorliegen[4]. Dieses kontextuale Wissen wird, so dessen Existenz überhaupt bekannt ist, meist nicht zur Kenntnis genommen, da es häufig im außeruniversitären Bereich erforscht wurde und, der Komplexität des Gegenstandsbereiches angemessen, nicht primär mit statistischen, sondern verstehenden Verfahren gewonnen wurde. Dieses Wissen kann dann auch nicht in die eigenen Forschungen und Modellentwicklungen einbezogen werden. Ein - nicht sehr - überaschendes Ergebnis dieser Haltung ist die Tatsache, daß beispielsweise universitäre filigran erarbeitete und beschriebene Lernprogramme bei den Adressaten im Gegensatz zu kommerziellen Angeboten keinen Anklang finden.

> Beispiele universitärer Lehrmodelle, deren Mangel im fehlenden Einbezug einer medienpädagogischen ganzheitlichen Sicht festzumachen ist, sind die aktuell durchgeführten, mehrere Universitäten überziehenden virtuellen Seminare, die trotz lern- und kognitionspsychologischer Fundierung von den Studierenden nicht akzeptiert werden, sowohl weil sie ihren medialen Rezeptionsgewohnheiten zuwiderlaufen, als auch weil sie generell die Bedeutung personaler Kommunikation zugunsten der digital medialen unterschätzen, also zu geringen Raum für menschliche Interaktion lassen. Ein Beispiel gelunge-

---

[4] Zu neuen medialen Lernformen an den Hochschulen vergleiche das einschlägige Heftthema der Zeitschrift medien + erziehung 4/1999.

ner Verbindung von universitärer Ausbildung unter Einbezug heutiger Medienpädagogik ist das Modell des Radio 'mephisto 97,6' an der Universität Leipzig. Hier haben die Studierenden (nicht nur) der Kommunikationswissenschaft die Möglichkeit, täglich vier Stunden ein informierendes Hörfunkprogramm zu gestalten, das terrestrisch von mehr als einer halben Million Menschen empfangen werden kann. Hierbei kann von den Studierenden Medienkompetenz in einem umfassenden Sinne erworben werden. Neben den technischen, gestalterischen und handwerklichen Fähigkeiten und Fertigkeiten erlernen sie auch im Selbermachen den Kontext medialer Reflexion, die gesellschaftlichen Freiräume und Schranken medialer Kommunikation, erhalten einen Einblick in die Medienökonomie und können im begleitenden wissenschaftlichen Studium diese auf eigenem Handeln basierenden Kenntnisse und Erkenntnisse vertiefen und fundieren (vgl. Evers 1998).

Eine inhaltliche Auseinandersetzung mit Medienpädagogik an den deutschen Hochschulen steht noch am Anfang. Es wäre dringend notwendig, diese zu führen, vor allem um zweckrationale eher informationstechnische Ansätze mit ganzheitlichen, auf die Medien in ihrem multimedialen und gesellschaftlichen Kontext bezogene Ansätze miteinander ins Gespräch zu bringen. Die heutige Unbestimmtheit der Inhalte, die Medienpädagogik integrieren sollte, macht sicher mit die mangelnde Akzeptanz dieser Disziplin innerhalb der Elfenbeintürme aus. Sie ist jedoch vice versa kaum aufzuheben, solange Medienpädagogik nicht als selbstverständlicher Bestandteil zumindest der Studien der Pädagogik, Kommunikationswissenschaften und Psychologie aufgenommen und beispielsweise auch in die Germanistik, so dieser auch der Adressat von Kulturschaffen ins Sichtfeld gerät, einbezogen wird. Die bereits erwähnten Wunschkataloge an Medienpädagogik, wie sie von der Bund-Länder-Kommission, der Enquete-Kommission des Deutschen Bundestages, aber auch von der Kultusministerkonferenz in jüngster Zeit formuliert wurden, lassen sich allenfalls mit einem umfassenden Einbezug der Medienpädagogik in die Ausbildung an unseren Hochschulen erfüllen, was auch an diesem Lernort sowohl die Verbesserung der personellen Situation als auch die Ausstattung des Lernortes mit aktuellen Medien impliziert.

1.4 Die Familie

Die Rolle der Familie im Kontext medienpädagogischer Praxis ist heute ein Zankapfel verschiedener medienpolitischer und -pädagogischer Positionen. Im Kern geht es dabei um die Frage, ob Fernseherziehung und damit auch mögliche Beschränkungen des Konsums von zweifelhaften Inhalten in der alleinigen Verantwortung der Eltern liegen sollen, oder ob hier öffentliche Einrichtungen das Recht und die Pflicht haben, regulierend einzugreifen und die Eltern durch Gebote für die Medien, den sogenannten Jugendmedienschutz, bei ihrer Medienerziehung zu unterstützen Die Familie ist eine der ältesten Adressaten der Medienpädagogik. Schon zu Beginn des zwanzigsten Jahrhunderts bildete sich die bis heute virulente medienpädagogische Position heraus, die, bekannt als Bewahrpädagogik, mit den Mitteln des Jugendmedienschutzes in den privaten Medienkonsum regulierend eingreift. Der Jugendschutz ist heute einer der wenigen zulässigen Beschränkungen des grundgesetzlich geschützten Erziehungsprivilegs der Eltern. Die dem Jugendschutz zuzuordnende Richtung der Medienpädagogik plädiert bei bestimmten Inhalten, insbesondere bei Gewalt und Pornografie dafür, mittels zensierender Maßnahmen Kindern und Jugendlichen den Zugang zu medialen Inhalten zu versperren. Sie geht damit implizit davon aus, daß es den Eltern nicht, oder nicht allen in ausreichendem Maße, möglich ist, selbst die Heranwachsenden vor schädlichen medialen Einflüssen zu bewahren.

Tatsächlich ist das schwierigste Terrain medienpädagogischer Praxis die Qualifizierung der Eltern für eine medienerzieherische Kompetenz. Diese Schwierigkeit wird in neueren Forschungsergebnissen deutlich, die illustrieren, wie unsicher Eltern in ihrer familiären Medienerziehung sind und wie geringe Kenntnisse sie von medienpädagogischen Erziehungsinstrumenten und einschlägigen Ergebnissen der Forschungen zu kindlicher Medienrezeption haben und auch wie gering ihre Bereitschaft ist, die Defizite zu erkennen und zu beheben (vgl. Hurrelmann u.a. 1996; Schorb/Theunert 1998).

Die Gegenposition, die in ihrer Reinform konstruktivistischen Ansätzen und verbunden damit der Theorie der Selbstsozialisation anhängt, die also der Auffassung ist, Kompetenz sei a priori beim Kinde vorhanden und bilde sich in einem quasi innengesteuerten selbstregulierenden Prozeß weiter aus, weist die Verantwortung für die Steuerung dieses Prozesses primär den Eltern zu und wendet sich damit gegen jede Form einer außerfamiliären Einflußnahme[5]. Mögen beide skizzierten Positionen auch so konträr wie interessengeleitet sein, in zwei Punkten stimmen sie überein. Als erste Übereinstimmung ist zu konstatieren, daß die Stärkung der medienerzieherischen Kompetenz der Eltern eine der wichtigsten pädagogischen Aufgaben ist, zumal allein die stetige quantitative Vermehrung medialer Angebote und die damit einhergehende Unüberschaubarkeit die Kontrollmöglichkeiten des Jugendmedienschutzes einschränkt und Jugendmedienschutz in bestimmten Medien wie dem Internet wegen der Anonymität der Anbieter bzw. bewußt aufgrund politisch-ökonomischer Entscheidungen nicht praktiziert werden kann. Die meisten neueren Untersuchungen, die Kinder in ihren Familien und zugleich den Einfluß derselben erfaßt haben, verweisen darauf, daß die Eltern im Bereich der Medienerziehung bis zur Pubertät weiterhin den stärksten Einfluß haben, im negativen wie im positiven Sinne (vgl. Rogge 1985; Charlton/Neumann 1986; Theunert u.a. 1994; Theunert/Schorb 1995; diess. 1996; Kübler/Swoboda 1998; Lange/Lüscher 1998). Fernsehen beispielsweise wird, auch wenn die Kinder über einen eigenen Apparat verfügen, im Familienverband - wenn überhaupt -

---

[5] Diese Kontroverse wird zwar nur selten offen und in ihren Extrempositionen ausgetragen, klingt jedoch in den meisten Debatten über Kinder und Jugendschutz an; vgl. z.B. Gottberg u.a. 1997

zugelassen und kontrolliert. Die Eltern sind an den Inhalten des Fernsehkonsums ihrer Kinder interessiert und die Kinder nutzen die Eltern als Vorbild und Diskussionspartner bei der Verarbeitung von Fernseherlebnissen. Insofern kommt den Eltern jenseits jedes Jugendmedienschutzes die zentrale Aufgabe zu, die Mediensozialisation ihrer Kinder zu begleiten und vor allen Dingen zu moderieren. Ihre Aufgabe ist es, Probleme wie Angst, die sich durch den Medienkonsum ergeben, gemeinsam mit den Kindern zu bearbeiten, Orientierungen, die den Fernsehangeboten entnommen werden, zu korrigieren oder zu stützen usw. Allerdings, wie schon oben gesagt, die Eltern sind und sehen sich selbst für diese Aufgabe nicht gerüstet.

Auf eben diesem Hintergrund der Kompetenzmängel der Eltern ist die zweite Übereinstimmung zu konstatieren. Eltern sind herkömmlichen medienpädagogischen Fortbildungsangeboten gegenüber verschlossen. Präziser formuliert lautet die übereinstimmende Erfahrung: Je weniger die Eltern den Medienkonsum ihrer Kinder überschauen können oder wollen, desto weniger sind sie auch bereit, sich hier fortbilden zu lassen. Die vielfältigen Versuche, in Elternabenden Medienerziehung zu vermitteln, sind keineswegs erfolglos, erreichen aber in der Regel nur diejenigen Eltern, denen die Notwendigkeit von Medienerziehung bereits bewußt ist, die also bereits problemorientiert sind. Die Schwierigkeit, gerade Erziehende mit pädagogischen Modellen zu erreichen, zeigt sich auch in der Unterschiedlichkeit neuerer Modelle der medienpädagogischen Elternbildung, die von theoriebestimmten komplexen Konzepten bis hin zu praktischen Handreichungen im Kontext konkreter Kursangebote reicht[6].

Auf einem neuen Weg versucht das Projekt 'FLIMMO - Fernsehen mit Kinderaugen' Eltern zu erreichen. Der FLIMMO wird zum einen als eine periodisch erscheinende Broschüre in Massenauflage über Sozialdienste, Pfarreien, Arztpraxen und weitere Multiplikatorinnen und Multiplikatoren an Eltern verteilt, und er ist zum anderen über das Internet als Online-Dienst aufzurufen. Hier werden, erstellt vom JFF, den Eltern auf der Basis wissenschaftlicher Erkenntnisse und umgesetzt in kurze leicht verständliche Darstellungen Orientierungshilfen für die Fernseherziehung gegeben. Der 'FLIMMO' nimmt das gesamte kinderrelevante Fernsehprogramm (das sind explizite Kindersendungen, aber auch Sendungen, die sich nicht direkt an Kinder richten, die sie aber gerne sehen) der am meisten verbreiteten Sender in den Blick und beschreibt die Sendungen danach, was Kinder an ihnen anzieht. Die Eltern erhalten so die Möglichkeit, auch die Kinderperspektive einzunehmen und ihre medienerzieherischen Entscheidungen aus ihrer und der Sicht der Kinder zu treffen. Der 'FLIMMO' weist, wenn nötig, auf mögliche Probleme hin, die Kinder mit bestimmten Inhalten oder Darstellungsformen bekommen können,

---

[6] Vgl. hierzu exemplarisch das Modell von Six (1995), das 'Lesebuch' von Aufenanger (1991) und die Materialien des Beirat für Jugendschutz der Hessischen Anstalt für Privaten Rundfunk (1994) und der Aktion Jugendschutz Landesarbeitsstelle Bayern (1995).

und er informiert in knappen Artikeln über medienpädagogisch relevantes Wissen, das sind sowohl neue Forschungsergebnisse als auch Hintergrundinformationen zu Sendungen und Sendern u.ä.[7].

Medienkompetente Heranwachsende können wohl am ehesten durch medienkompetente Eltern herangezogen werden. Dabei zeigt sich hier ganz deutlich, daß es bei der Vermittlung von Medienkompetenz nicht um die Weitergabe instrumentalen Wissens geht. Die Funktionsweisen der digitalen Maschinen eignen sich die Heranwachsenden leicht und ohne die Hilfe der Eltern an, wie schon diese selbst den Umgang mit Apparaten ohne Elternhilfe erlernt haben. Die Eltern werden vielmehr dringend für die Herausbildung eines reflektierenden Umgangs mit den Medien benötigt. Medienerfahrungen werden durch sie bestätigt oder differenziert. Sie sind zugleich Vorbild und Regulativ für den Umgang mit Medien, für die Entwicklung eines sinnvollen Mediengebrauchs. Die mangelnde Medienkompetenz und damit einhergehend fehlende medienerzieherische Kompetenz vieler Eltern und die ständig steigende Belastung der Familien mit immer neuen technischen und inhaltlichen medialen Angeboten begründet die Intensivierung der medienpädagogischen Elternarbeit. Hier sind nicht allein Modelle wie die oben angeführten weiterzuentwickeln, sondern hier ist auch die Grundlage für die Entwicklung von Modellen zu verbessern durch weitere Forschungen, mit dem Ziel Ansatzpunkte zu finden, wie die bei fast allen Eltern vorhandenen medienerzieherischen Fragen auf unterschiedlichen, an den Adressaten orientierten, Wegen beantwortet werden können. Es lohnt auch herauszufinden, ob und wie diejenigen Erziehenden, die der Medienerziehung ihrer Kinder gleichgültig gegenüberstehen, motiviert werden können, dieser wichtigen Einflußgröße Aufmerksamkeit zu schenken, die ja nicht allein das Leben ihrer Kinder, sondern auch ihr eigenes bestimmt. Zusammenfassend kommt es darauf an, die erprobten Wege weiterzuschreiten, die da sind, Elternabende und Modellprojekte in Kindergärten und Schulen, an der Erziehungspraxis orientierte Kursangebote zur Medienpädagogik an Volkshochschulen und anderen Einrichtungen der Erwachsenenbildung und der Aufbau von Beratungsstellen, die Eltern in allen medienpädagogischen Fragen weiterhelfen. Außerdem ist es von Bedeutung, neue Weg zu eröffnen und zu beschreiben, mit denen es gelingt, an anderen, den Eltern vertrauten Orten oder mit neuen Methoden gerade jene zu erreichen, deren medienerzieherische Praxis der reflektierten und gezielten Unterstützung bedarf.

1.5 Die Jugendarbeit

Adressatenorientierte Medienerziehung, die die Subjekte gezielt darin unterstützt, eigene Wege zur Fähigkeit, mit Medien umzugehen, zu beschreiben, hat die längste

---

[7] Der 'FLIMMO' sowie nähere Informationen dazu sind erhältlich über den Herausgeber, den Verein für Programmberatung e.V., Postfach 80 13 44, 81613 München; als Online-Dienst, der jeweils das aktuelle Programm der nächsten zwei Wochen beinhaltet, ist der 'FLIMMO' erreichbar unter http://www.flimmo.de

Tradition in der Jugendarbeit. Als Grund wird immer wieder betont, daß die Jugendarbeit als nichtinstitutionalisierter pädagogischer Raum vor der Notwendigkeit steht, pädagogische Maßnahmen so zu gestalten, daß sie nicht allein gegenstandsadäquat sind, sondern auch die Motivationsstrukturen der Adressaten ansprechen. Das Prinzip der Freiwilligkeit, das diesen Bereich fundamental vom Zwangsaggregat Schule unterscheidet, sorgt dafür, daß Adressatenorientierung kein Soll, sondern ein Muß jedweder pädagogischen und damit auch der medienpädagogischen Arbeit ist.

Die Organisationsformen der Jugendarbeit sorgen andererseits aber auch dafür, daß in diesem Bereich eine ganzheitliche Vermittlung von Medienkompetenz eher die Ausnahme ist. Zwar spielt sich ein Großteil jugendlicher Medienkontakte gerade im Kontext von Jugendarbeit ab, zumal diese ja im Freizeitbereich angesiedelt ist, und besetzt hier ein weiterhin steigendes Zeitkontingent, aber die Mediennutzung ist weitgehend instrumentell. Sie richtet sich aus an den Medienvorgaben, wie beispielsweise bei Computerspielen, oder nutzt die Medien als Hintergrund, wie beispielsweise Musikkonserven. Diese Form der Mediennutzung entzieht sich weitgehend einer gezielten Einflußnahme, das Medium absorbiert entweder die Aufmerksamkeit des Jugendlichen oder ist als Nebenbeimedium nicht thematisierbar, da die Hauptbeschäftigung, beispielsweise das Gespräch mit der Clique, das Handeln der Jugendlichen bestimmt. Darüber hinaus sind auch die Mitarbeiterinnen und Mitarbeiter in der Jugendarbeit, seien sie ehren- oder hauptamtlich tätig, nicht ausgebildet, Medien in den pädagogischen Prozeß einzubeziehen und so Medienkompetenz (mit) zu vermitteln oder gar Medien und ihre Nutzung durch die Jugendlichen selbst zu thematisieren, um einen kognitiven Zugang zur Reflexion von Medien zu schaffen.

Neben der beschriebenen funktionalen Mediennutzung der Jugendlichen, die auch den Alltag der Jugendarbeit bestimmt, gibt es gerade in der Jugendarbeit jedoch viele Projekte und Ansätze, Medienkompetenz im Kontext von handelndem und weitgehend selbstbestimmtem Lernen zu entwickeln. Hervorgegangen aus der politischen Jugendbewegung der siebziger Jahre und mit dem Anspruch verbunden, eine 'Gegenöffentlichkeit' herzustellen (vgl. Lechenauer 1979), umfaßt das Spektrum der Zielsetzungen von Medienarbeit heute nicht mehr Agitation und auch nicht primär Information, sondern die gesamte Breite von Möglichkeiten, Medien zur Darstellung jugendkultureller Inhalte zu nutzen. Die Vielfalt der Jugendmedienarbeit ist so groß, daß es bereits geboten scheint, daran zu erinnern, daß diese auch pädagogischen Prinzipien, nicht nur den wohlfeilen Erfolgskriterien folgen sollte (vgl. Heftthema merz 3/1997). In den verschiedenen Einrichtungen der Jugendarbeit, von den offenen Häusern bis zu den mehr oder weniger inhaltlich ausgerichteten Verbänden, finden sich heute Gruppen, die einen elaborierten und reflektierten Umgang mit nahezu allen Medien pflegen. Das beginnt bei der Hörmedienarbeit, die in den letzten Jahren einen neuen Aufschwung erlebt hat bis dahin, daß es nunmehr eigene, von Jugendlichen betriebene Jugendsender gibt (vgl. Palme/Schell 1998). Die Jugendfilmarbeit hat sich inzwischen so weit verbreitet und ausdifferenziert, daß sie zu einem eigenen Bereich von Jugendkultur geworden ist, mit Filmfesten nicht nur in allen Bundesländern, sondern bundes- und europaweit[8]. Und schließlich hat die Arbeit mit Computern sehr schnell Eingang in die Jugendarbeit gefunden (Schorb/Theunert 1989 und Theunert 1991) und reicht heute vom Einsatz der Rechner zur Herstellung von anderen Medien wie Print, Video und Audio bis hin zu eigenen Projekten im Netz bzw. auf CD-ROM (Bader 1996; Palme/Hedrich/Anfang 1997; Hedrich/Stolzenburg 1998).

Wo Medienkompetenz in der Jugendarbeit bereits zielgerichtet vermittelt wird, geht es ihr darum, über die reflexiv-praktische Auseinandersetzung mit Medien vor allem soziale Ziele, Fähigkeiten auf der Ebene der Kommunikation und der Interaktion zu fördern und so diese Arbeit in den Zielkanon der Jugendarbeit einzuordnen. Die fünf wichtigsten Ziele, um die es dabei geht, sind: Erstens die Erweiterung der Handlungsfähigkeit von Jugendlichen in dem Sinne, daß sie neben ihrer rezeptiv konsumptiven Haltung auch in die Lage versetzt werden, technische Medien als Werkzeuge und Mittler zu nutzen. Zweitens geht es um das Erfahren und Erlernen bewußter Kommunikation, also darum, die Fähigkeit zu entwickeln bzw. zu stärken, Kommunikation als einen zweiseitigen, möglichst gleichwertigen und selbstbestimmten Prozeß zwischen Kommunikationspartnern zu gestalten, auch und gerade mit dem Einsatz von Medien. Das dritte Ziel läßt sich benennen als Befähigung, die eigenen Interessen (selbstkritisch) zu erkennen und kreativ umzusetzen. d.h. durch die Arbeit mit Medien die individuelle Erkenntnisfähigkeit zu stärken und das Vertrauen in die eigenen schöpferischen Kräfte zu wecken. Die vierte Zielsetzung ist der Erwerb von Verhaltenssicherheit in unterschiedlichen sozialen Situationen, der sich sowohl in der Produktion wie vor allem bei der Präsentation medialer Produkte realisieren läßt. Die Herstellung des Produkts und die damit verbundene Erfahrung von Eigenwert gibt den jungen Produzentinnen und Produzenten Sicherheit im öffentlichen Auf- und Vertreten ihrer Interessen. Die letzte, speziell auf die Beherrschung der Medien bezogene Zielsetzung meint die Fähigkeit, eigenes Erleben und eigene Problemsichten in Bilder und Worte umzusetzen, also Medien zu sozialen Mittlern zu machen auf der Basis der subjektiven Fähigkeit, je eigene Formen der Umsetzung von Inhalten zu entwickeln (vgl. zu den Zielsetzungen: Baacke/Kluth 1980; Mohn 1982; Schorb 1991; Schell 1993).

Ein Beispiel für die erfolgreiche reflexiv-praktische Medienarbeit im Bereich der Jugendarbeit, sind die schon genannten Filmfeste und die dahinter stehende Jugendfilm- und Jugendvideoarbeit. Mit Unterstützung durch Pädagoginnen bzw. Pädagogen und auch autodidaktisch entstehen in ganz Deutschland vielfältige Produktionen. Diese Filmarbeit Jugendlicher ist in den letzten Jahren so aufgeblüht, daß es beispielsweise in Bayern nicht nur einen Filmwett-

---

[8] Aus der Vielzahl wichtiger Veröffentlichungen zu diesem Bereich seien nur einige exemplarisch aufgeführt: Inhülsen/Köhler 1986; Brenner/Niesyto 1993; Anfang/Basic 1996; Junger Arbeitskreis Film und Video 1998)

bewerb für Jugendliche und einen speziell für Schulen gibt, sondern darüber hinaus weitere lokale Festivals veranstaltet werden. Allerdings hat die Jugendfilm- und Jugendaudioarbeit hier eine gute Position, da sie spezielle Förderungen erhält. So können in dem Projekt 'In eigener Regie', das von der Bayerischen Landeszentrale für neue Medien und dem JFF getragen wird, Jugendgruppen finanzielle und personelle Förderung und Beratung für ihre Projekte bekommen; darüber hinaus haben Jugendliche einen eigenen Sendeplatz im Kabel, auf dem sie ihre Produkte präsentieren und weitere produzieren können. Medienkompetenz kann so von den Jugendlichen, die in den Genuß der Förderung kommen, in der eigenen Medienpraxis erworben werden.

Generell gesehen stellen sich für die Jugendarbeit die gleichen Probleme wie in den anderen Sozialisationsfeldern. Die Fähigkeit, reflexiv und praktisch mit Medien umzugehen, wird zwar an einzelnen Stellen gefördert und auch in einer bunten Vielfalt von Modellen, sicher vielfältiger als in den anderen Bereichen. Aber die Modelle sind bislang nur der Tropfen auf den heißen Stein. Für eine Breitenarbeit fehlt es in diesem Bereich an Ausbildung und mehr als in den anderen Bereichen auch an Geld. Notwendig ist es hier, die Jugendzentren und spezielle Jugendmedienzentren mit einer modernen technischen Ausstattung zu versorgen, wobei größere Mediensysteme wie digitale Video- und Audioschnittplätze, Großbildprojektoren u.ä. in zentralen Einrichtungen wie Medienzentren o.ä. für mehrere Einrichtungen zur Verfügung gestellt werden können. Notwendig sind Aus- und Fortbildungsmöglichkeiten für Multiplikatorinnen und Multiplikatoren der Jugendarbeit. Und notwendig ist vor allem die kontinuierliche Unterstützung jugendeigener Projekte im Medienbereich. Die Produktion von Medien kostet Geld, das sich jedoch als Investition in Medienkompetenz auszahlt.

1.6 Die Medien

Der letzte wichtige Bereich, der die Entwicklung von Medienkompetenz anregen sollte, sind die Medien selbst. Schließlich tragen sie ihren Teil zu den sozialen Problemen bei, die durch die Mediatisierung der Welt entstehen. Die Vorstellung jedoch, Medien sollten sich insoweit relativieren, als sie den Medienkonsumenten Werkzeuge zur sinnvollen Nutzung oder gar - im ganzen Wortsinne - Beherrschung der Medien an die Hand geben, ist den Medienmacherinnen und -machern fremd. Sie beharren darauf, daß im Rahmen der Marktwirtschaft Medien, auch wenn sie das Denken und Handeln der Menschen beeinflussen, Waren sind, die ohne Einschränkung produziert und distribuiert werden dürfen. Da diese Position der Medienwirtschaft auch vom politischen System getragen wird, hat die Handlungsfreiheit derjenigen, die als Eigentümer über Medien verfügen, oberste Priorität. Lediglich die Auswüchse, die Heranwachsende gefährden könnten oder gegen Strafgesetze verstoßen, werden zurückgedrängt. Hierbei haben die Medien aber keine aktive Rolle, sondern müssen sich mit Restriktionen auseinandersetzen, was sie wiederum beklagen. So entsteht die widersprüchliche Situation, daß in den einschlägigen Forschungen der letzten Jahre zu konstatieren ist, daß Medien in nahezu allen Lebensbereichen dominant geworden sind und daß mediale Inhalte in entscheidendem Maße die Sozialisation junger Menschen beeinflussen und Wissen ebenso wie Wertmaßstäbe der Erwachsenen mitbestimmen, daß die Medienmacherinnen und -macher sich jedoch der damit verbundenen Verantwortung nicht stellen, sondern im Gegenteil die Aufgabe, mit der Macht der Medien fertig zu werden durch Entwicklung von Medienkompetenz, an das Elternhaus, die Schule und andere soziale Einrichtungen delegieren. Dies wäre vielleicht noch nachvollziehbar, wenn die Medienkonzerne mit ihren hohen Gewinnen diese Aufgabe unterstützen würden, aber auch hierzu sind nur die wenigsten bereit[9]. Aus diesen Gründen stellt die Vermittlung von Medienkompetenz durch die Medien selbst eine Ausnahme dar. In diesem Feld der Sozialisation sind noch größere Anstrengungen vonnöten. Dabei böten gerade die Medien wiederum eine ideale Plattform zur Vermittlung von Wissen und Werten als kognitive Basis einer Medienkompetenz. Schließlich vermitteln Medien Wissen in allen denkbaren Bereichen und geben dort, wo sie unterhalten ebenso wie dort, wo sie informieren, Werte und Urteile weiter. Lediglich eine offene mediale Plattform, wie sie das Internet (noch) darstellt, beinhaltet auch die Möglichkeit, die ja auch von einigen Nutzerinnen und Nutzern ergriffen wird, der Reflexion und Kritik des Mediums.

Beispiele für die Vermittlung von Medienwissen und -urteilen finden wir am ehesten im Fernsehen. Hier gab es in der ARD wie im ZDF in den siebziger Jahren sogar eine Kultur der Medienkritik. Mit der Sendereihe 'Betrifft Fernsehen' hat beispielsweise Helmut Greulich im ZDF versucht, auch die Probleme des Mediums Fernsehen zu thematisieren und ein Stück weit Faszination mit Wissen anzureichern. In jüngster Zeit hat Kabel1 medienpädagogische Spots für Kinder gesendet. Der Sender RTL2 hat ein Projekt des JFF und der Bundeszentrale für gesundheitliche Aufklärung unterstützt, bei dem Jugendliche aufgerufen wurden, Videoclips zum Thema Sucht zu drehen; die Clips wurden dann auch im Programm präsentiert, wodurch ein Zusammenspiel aktiven medialen Handelns der Rezipientinnen und Rezipienten und der Nutzung der Medien selbst zur Vermittlung von Inhalten erreicht wurde.

Die Vermittlung von Medienkompetenz über die beherrschenden Informationsmittler unserer Welt, die Medien selbst, steckt höchstens in den Kinderschuhen. Weder ist bei den Medienkonzernen eine Bereitschaft vorhanden, hier aus Verantwortung heraus selbst zu handeln, noch gibt es Regulative der Gesellschaft, dies zu erreichen. Dabei sollten medienkompetente Heranwachsende auch im Interesse der Medienproduzentinnen und -produzenten sein, denn - zumindest - komplexe Anwendungen hand-

---

[9] Sicher unterstützen Bertelsmann und Telekom das Projekt 'Schulen ans Netz', aber ob hier Medienkompetenz oder Medienakzeptanz vermittelt wird, läßt sich nach den vorliegenden Erfahrungen schwer entscheiden.

haben und entwickeln zu können, setzt entsprechende und auszubildende Fähigkeiten voraus. Beim Wecken der Bereitschaft der Medienindustrie zur Förderung von medienerzieherischen Aktivitäten in den Medien selbst und außerhalb, etwa durch die Unterstützung von Jugendmedienzentren oder die weiträumige Finanzierung medienpädagogischer Aus- und Fortbildung, könnte auf ausländische Beispiele zurückgegriffen werden. Modelle könnten z.b. die (Selbst)Verpflichtung sein, einen Teil der Gewinne medienpädagogischen Aktivitäten zuzuführen; Konventionalstrafen, die in den Mediengesetzen vorgesehen sind, zweckgebunden medienpädagogischen Einrichtungen zuzuführen[10]; durch finanzielle Entlastungen, etwa Steuerbefreiungen für medienpädagogisches Engagement, zu unterstützendem Handeln zu motivieren usw. Die allgemein als Tatsache formulierte Projektion, daß die Medienindustrie die weltweit und mit weitem Abstand führende Industrie sein wird, sollte Politik und Ökonomie motivieren, nach Wegen zu suchen, wie diese Industrie es schaffen kann, kluge medienkompetente Anwenderinnen bzw. Anwender und Macherinnen bzw. Macher heranzuziehen.

2. Notwendigkeiten und Wünsche

Zieht man die nötigen Folgerungen aus der Beschreibung der Lernorte, faßt also das zusammen, was mit Priorität angegangen werden muß, kommt man nicht umhin, die Kosten an die erste Stelle zu setzen. Dabei sollte es in einer Gesellschaft, in welcher der Bund und die Länder trotz sinkender Steuereinnahmen immer höhere Summen in den Ausbau einer medialen Infrastruktur stecken, eigentlich selbstverständlich sein, daß die Menschen und ihre Fähigkeiten integraler Bestandteil dieser Infrastruktur sind und Sozial- wie Bildungseinrichtungen ebenso gefördert werden wie die Wirtschaft. Die Einsicht in diese Selbstverständlichkeit gibt es, aber sie wird nur sehr begrenzt in Handeln umgesetzt. Medienkompetenz jedoch kommt nicht von selbst, sie muß vermittelt werden, an jedem der genannten Lernorte mit spezifischen Mitteln und auf einem spezifischen Weg. Die Einsicht der Enquete-Kommission des Deutschen Bundestages, daß es einer breiten Förderung der Medienentwicklung in Wirtschaft und Gesellschaft bedarf, unter explizitem Einbezug der Medienpädagogik, sollte in konkrete Förderung umgesetzt werden, nicht nur in Bund und Land, sondern vor allem auch auf europäischer Ebene, wo eine völlig einseitige, aber massive Förderung von technisch-ökonomischen Projekten zu konstatieren ist. Ein weiterer Punkt,

---

[10] Dies gibt es wohl auch in Deutschland, aber anscheinend eher zur Vermeidung von Strafen, quasi als Freikauf. Mohr (1999, S. 119) schildert einen aktuellen Fall: "Im Mai 1998 hatte die Direktorenkonferenz der Landesmedienanstalten unter anderem verschiedene Folgen der ProSieben-Sendung 'Arabella' diskutiert und empfohlen, diese solange auf die Zeit zwischen 20.00 Uhr und 6.00 Uhr zu beschränken, bis die Beeinträchtigungen von Kindern ausgeschlossen seien. Dies konnte ProSieben verhindern. Die für die Aufsicht von ProSieben zuständige Medienanstalt Berlin-Brandenburg (MABB) hat im Oktober 1998 das Beanstandungsverfahren eingestellt ... weil ein namhafter Geldbetrag für ein Projekt im Bereich Jugend und Medien zur Verfügung gestellt worden war."

der eigentlich selbstverständlich sein sollte, muß ebenso hervorgehoben werden. Auch im gesellschaftlichen sozialen Bereich sind Projekte wissenschaftlich durch Forschung zu fundieren und zu evaluieren. Forschung kann und soll es leisten, daß in Verbindung von Mensch und Medien an den diversen Lernorten neue und notwendige Qualifikationen bestimmt, Vermittlungsmethoden entwickelt, inhaltliche Schwerpunkte begründet, bewährte Modelle weiterentwickelt und natürlich auch überholte beendet werden. Unter den Prämissen einer ausreichenden Finanzierung und wissenschaftlichen Fundierung ist das folgende für die diversen Lernorte festzuhalten:

Die Vorschulerziehung bedarf vor allem in den Bereichen Ausbildung und Weiterbildung der medienpädagogischen Fundierung. Die Erziehenden sind durch Ausbildungsgänge, Curricula und fundierte Lehrmaterialien in die Lage zu versetzen, die Medienerfahrungen der Kinder durch eine adäquate Erziehung zu begleiten. Die verschiedenen Träger sollten darüber hinaus eine breite Palette medienpädagogischer Fortbildung entwickeln. Grundgelegt wird Medienkompetenz vor Eintritt in die Schule von kompetenten Erziehenden.

Die Schule als Lernort kann dann auf die Medienentwicklung eingehen, wenn sie selbst entwickelt wird. Sie muß die Möglichkeit erhalten, soziales Lernen in den Mittelpunkt ihres Handelns zu stellen und die Medien selbst als Lehr- und Lerngegenstand zu integrieren. Das bedeutet zum einen, daß der Lernort Schule attraktiv gestaltet und mit Medien ausgestattet wird. Das bedeutet zum anderen, daß die Lehrenden endlich ausgebildet und weitergebildet werden fürs Leben zu lehren, das heute prall mit Medien angefüllt ist. Nicht die Medien sollen die Schule ersetzen, sondern die Schule soll die Lernenden befähigen, die Medien zu beherrschen, wo notwendig auch sie zu ersetzen.

Die Hochschule hätte natürlich die Aufgabe, die Lehrenden, gerade auch ihre eigenen, zur Vermittlung von Medienkompetenz zu befähigen. Sie hätte darüber hinaus die angesprochene notwendige Basisforschung zu gewährleisten. Sie müßte, statt mit immensen Geldern virtualisiert zu werden, selbst mit Medien ausgestattet werden und diese zentral in Ausbildung und Forschung einbeziehen. Grundlage allerdings ist auch hier eine Öffnung der Hochschulen, die es erlaubt, daß Lehrende und Lernende in der Theorie und in Praxisprojekten voneinander und miteinander zu lernen lernen.

Der Lernort Familie ist eigentlich noch zu entdecken. Der permanenten Forderung an die Eltern, sie sollten ihre medienerzieherische Aufgabe erfüllen, sind Möglichkeiten an die Seite zu stellen, daß die dafür notwendigen Fähigkeiten auch entwickelt werden können. Das bedeutet neben der Förderung der herkömmlichen Angebote wie Elternabende oder schriftlichen Materialien das gezielte und geförderte Suchen und Finden neuer Wege, gerade an diejenigen Eltern heranzukommen, denen die Realisierung von Medienerziehung besonders schwer fällt.

Der Jugendarbeit sind die finanziellen, organisatorischen, technischen und qualifikatorischen Möglichkeiten bereitzustellen, vor allem eine reflexive und kritische mediale Handlungskompetenz der Jugendlichen anzuregen und zu stützen. Neben einer fundierten und attraktiven Aus- und Weiterbildung bedarf es hier vor allem der Einrichtung entsprechender Zentren und des Anstoßes für bzw. der Unterstützung von Projekten und Modellen. Die Jugendarbeit bietet ein breites und offenes Feld für qualifizierte Experimente ebenso wie für differenzierte medienpädagogische Projekte.

Die Medien selbst als Lernorte bräuchten wohl als erstes Hilfestellungen, ihre Bedeutung zu erkennen und weiter darauf verantwortungsbewußtes Handeln aufzubauen. Sie könnten sowohl eine attraktive Plattform sein für die Vermittlung medienpädagogischen Wissens, als auch Förderer von Modellen und Projekten zur Entwicklung und Stärkung von Medienkompetenz an allen genannten Lernorten. Für die Motivation, diese Aufgaben auch zu erfüllen, könnten gesellschaftliche Rahmenbedingungen, in Gesetzen beispielsweise, geschaffen werden.

Es wäre nicht einmal so schwer und auf jeden Fall möglich, Medienkompetenz bei den Menschen, die Medien rezipieren oder nutzen, zu entwickeln, zu stärken und langfristig zu sichern.

Literatur

Aktion Jugendschutz Landesarbeitsstelle Bayern (Hrsg.) (1995): Alles auf Empfang? Familie und Fernsehen. Zusammenarbeit mit Eltern. München

Anfang, G./Basic, N. (1996): Jugendliche produzieren Medien. Zwei beispielhafte Veranstaltungen aus Bayern. merz (medien + erziehung) Heft 3, S. 163f

Aufenanger, S. (Hrsg.) (1991): Neue Medien - Neue Pädagogik? Ein Lese- und Arbeitsbuch zur Medienerziehung im Kindergarten. Bonn

Baacke, D. (1973): Kommunikation und Kompetenz. Grundlegung einer Didaktik der Kommunikation und ihrer Medien. München

Baacke, D./Kluth, T. (Hrsg.) (1980): Praxisfeld Medienarbeit. Beispiele und Informationen. München

Bader, R. (1996): Partizipation mit Multimedia. Ein CD-ROM-Projekt mit arbeitslosen Jugendlichen. merz (medien + erziehung) Heft 6, S. 351-358

Beirat für Jugendschutz der Hessischen Landesanstalt für privaten Rundfunk (Hrsg.) (1994): Medienpädagogische Elternabende als Maßnahme vorbeugenden Jugendschutzes. Göttingen

BLK (Bund-Länder-Kommission für Bildungsplanung und Forschungsförderung) (Hrsg.) (1995): Medienerziehung in der Schule - Orientierungsrahmen. Materialien zur Bildungsplanung und zur Forschungsförderung, Heft 44

Brenner, G./Niesyto, H. (Hrsg.) (1993): Handlungsorientierte Medienarbeit. Video, Film, Ton, Foto. Weinheim und München

Charlton, M./Neumann, K. (1986): Medienkonsum und Lebensbewältigung in der Familie. München - Weinheim

DJI (Deutsches Jugendinstitut) (Hrsg.) (1994): Handbuch Medienerziehung im Kindergarten Teil 1: Pädagogische Grundlagen. Teil 2: Praktische Handreichungen. Opladen
Enquete-Kommission Zukunft der Medien in Wirtschaft und Gesellschaft (Hrsg.) (1998): Deutschlands Weg in die Informationsgesellschaft (Bd. 9). Bonn
Erlinger, H. D./Stötzel, D. U. (Hrsg.) (1991): Geschichte des Kinderfernsehens in der Bundesrepublik Deutschland. Entwicklungsprozesse und Trends. Berlin
Evers, H. (1998): mephisto 97.6. In: Palme/Schell (Hrsg.), a.a.O. München, S. 143-150
Faulstich, W./Lippert, G. (Hrsg.) (1996): Medien in der Schule. Anregungen und Projekte für die Unterrichtspraxis in der Sekundarstufe I und II. Paderborn
Fröhlich, A. (1982): Handlungsorientierte Medienerziehung in der Schule. Grundlagen und Handreichung. Tübingen
Gottberg, J. v./Mikos, L./Wiedemann, D. (Hrsg.). (1997): Kinder an die Fernbedienung. Konzepte und Kontroversen zum Kinderfilm und Kinderfernsehen. Berlin
Hedrich, A./Stolzenburg, E. (1998): Mit der Maushand ins Multimediale. Das CD-ROM Projekt ‚Stars und Helden'. merz (medien + erziehung) Heft 3, S. 168-171
Heftthema: Medienarbeit in der Krise. (1997): merz (medien + erziehung) Heft 3
Heftthema: Medienpädagogik in der Schule. Fiktion oder Realität? (1997): merz (medien + erziehung) Heft 5
Hurrelmann, B./Hammer, M./Stelberg, K. (1996): Familienmitglied Fernsehen. Fernsehgebrauch und Probleme der Fernseherziehung in verschiedenen Familienformen. Opladen
Inhülsen, B./Köhler, M. (1986): Auf nach Hollywood. Schüler machen Filme. Weinheim und Basel
Junger Arbeitskreis Film und Video (Hrsg.) (1998): Abgezoomt - Das Buch zum Festival. Filme, MacherInnen und Entwürfe. 10 Jahre Kinder- und Jugendfilm in Hamburg. München
Kittelberger, R./Freisleben, I. (1991): Lernen mit Video und Film. Weinheim und Basel
Kübler, H.-D./Swoboda, W. H. (1998). Wenn die Kleinen fernsehen. Die Bedeutung des Fernsehens in der Lebenswelt von Vorschulkindern. Berlin
Lange, A./Lüscher, K. (1998): Kinder und ihre Medienökologie. Eine Zwischenbilanz der Forschung unter besonderer Berücksichtigung des Leitmediums Fernsehen. München
Lechenauer, G. (1979): Alternative Medienarbeit mit Video und Film. Reinbek bei Hamburg
Maier, R./Mikat, C./Zeitter, E. (1997): Medienerziehung in Kindergarten und Grundschule. 490 Anregungen für die praktische Arbeit. München
Mohn, E. (1982): Medienpädagogik in der außerschulischen Jugendarbeit. In: Hüther, J./ Terlinden, R. (Hrsg.): Medienpädagogik als politische Sozialisation. München
Mohr, I. (1999): Jugendschutz im Fernsehen. Aktuelle Entwicklungen. In: Media Perspektiven Heft 3, S. 119-127
Neuß, N./Pohl, M./Zipf, J. (1997): Erlebnisland Fernsehen. Medienerlebnisse im Kindergarten aufgreifen, gestalten, reflektieren. München
Palme, H.-J./Hedrich, A./Anfang, G. (Hrsg.) (1997): Hauptsache: Interaktiv. Ein Fall für die Medienpädagogik. München
Palme, H.-J./Schell, F. (Hrsg.) (1998): Voll auf die Ohren 2. Kinder und Jugendliche machen Radio. Beispiele, Anregungen, Ideen. München
Projektgruppe Mediencriclulum. (1984): Massenmedium Fernsehen. Mit Medien über Medien lernen. Block Analyse. 2 Bde. Schüler- und Lehrermaterial. Opladen
Projektgruppe Mediencurriculum. (1986): Massenmedium Fernsehen. Mit Medien über Medien lernen. Block Produktion. 2 Bde. Schüler- und Lehrermaterial. Opladen

Ribbeck, D. v. (1990): Filmproduktion verstehen. München
Rogge, J. U. (1985): Medienalltag in Familien - ein Projektbericht. In: Bachmair, B./ Mohn, E./Müller-Doohm, S. (Hrsg.): Qualitative Medien- und Kommunikationsforschung. Kassel
Schell, F. (1993): Aktive Medienarbeit mit Jugendlichen. Theorie und Praxis. München (2. überarb. Aufl.)
Schiefele, H./Stocker, K. (1990): Literatur-Interesse. Ansatzpunkte einer Literaturdidaktik. Weinheim und Basel
Schorb, A. O./Simmerding, G. (Hrsg.) (1975): Lehrerkolleg. AV-Medien im Unterricht. München
Schorb, B. (1991): Jugendverbände und (neue) Medien. In: Böhnisch, L./ Gängler, H./ Rauschenbach, T. (Hrsg.): Handbuch Jugendverbände. Weinheim und München
Schorb, B. (1995): Medienalltag und Handeln. Medienpädagogik in Geschichte, Forschung und Praxis. Opladen
Schorb, B. (1997): Vermittlung von Medienkompetenz als Aufgabe der Medienpädagogik. In: Enquete-Kommission: Zukunft der Medien (Hrsg.), Medienkompetenz im Informationszeitalter (S. 63-75). Bonn
Schorb,B./Theunert, H. (Hrsg.) (1989): Ran an den Computer? Zwischen Euphorie und Distanz - Die IuK Techniken in der Jugendarbeit. München
Schorb, B./Theunert, H. (1998): Jugendschutz im digitalen Fernsehen. Wie er technisch funktioniert und wie Familien damit umgehen. Berlin
Schwarz, R. (1974/1976): Didaktik der Massenkommunikation Bd.1 und 2 Stuttgart
Six, U. (1995): Konzepte für medienpädagogische Elternarbeit. Kiel
Theunert, H. (1991): Faszination Computer. Nachdenken über ein neues Medium in der Jugendarbeit. München
Theunert, H./Lenssen, M./Schorb, B. (1995): ‚Wir gucken besser fern als ihr!' Fernsehen für Kinder. München
Theunert, H./Pescher, R./Best, P./Schorb, B. (1994): Zwischen Vergnügen und Angst - Fernsehen im Alltag von Kindern. Berlin (2. Aufl.)
Theunert, H./Schorb, B. (1995): ‚Mordsbilder'- Kinder und Fernsehinformation: eine Untersuchung im Auftrag der Hamburgischen Anstalt für neue Medien und der Bayrischen Landeszentrale für Neue Medien. Berlin
Theunert, H./Schorb, B. (Hrsg.) (1996): Begleiter der Kindheit. Zeichentrick und die Rezeption durch Kinder. München
Tulodziecki, G. (1985): Unterrichtskonzepte für die Medienerziehung. Köln
Wermke, J. (1997): Integrierte Medienerziehung im Fachunterricht. Schwerpunkt: Deutsch. München

Autorinnen und Autoren

Anfang, Günther: Medienzentrum München und Leiter der Abteilung Praxis des Institut Jugend Film Fernsehen (JFF) München
Bahl, Anke: Bildungswerk des Instituts für angewandte Kommunikationsforschung in der außerschulischen Bildung (IKAB) Bonn
Bartsch, Dr. Paul Detlev: Dezernatsleiter. Landesinstitut für Lehrerfortbildung, Lehrerweiterbildung und Unterrichtsforschung Sachsen-Anhalt
Best, Petra: FLIMMO-Redakteurin. Institut Jugend Film Fernsehen (JFF) München
Bozenhardt, Inge: Pädagogische Referentin. Wissenschaftliches Institut des Jugendhilfswerks Freiburg
Breuer, Doris: Lehrkraft für Medienerziehung. Erzieherinnen Fachschule Pestalozzi-Fröbel-Haus Berlin
Conradt, Dirk: Multimediatrainer, Projektleiter. Kath. Erwachsenenbildung Mainz
Dichanz, Prof. Dr. Horst: Institut für Erziehungswissenschaften und Bildungsforschung. Fernuniversität Hagen
Eder, Sabine: Blickwechsel e.V. - Verein für Medien- und Kulturpädagogik Göttingen
Faßler, Prof. Dr. Manfred: Leiter Evangelisches Studienwerk e.V. Villigst und Vorstand der Lehrkanzel für Kommunikationstheorie an der Hochschule für angewandte Kunst in Wien
Ferchhoff, Prof. Dr. Wilfried: Fakultät für Pädagogik. Universität Bielefeld
Große-Loheide, Mike: Referent. Büro für Suchtprävention Hamburg
Hasebrink, Dr. Uwe: Direktor. Hans-Bredow-Institut Hamburg
Hedrich, Andreas: Pädagogischer Mitarbeiter. Institut Jugend Film Fernsehen (JFF) München
Hönge, Folker: Ständiger Vertreter der Obersten Landesjugendbehörden. Freiwillige Selbstkontrolle der Filmwirtschaft (FSK) Wiesbaden
Hübner, Markus: Lehrer. Walddörfer Gesamtschule Hamburg
König, Manfred: Leiter des Modellversuchs ‚Integrative Medienerziehung'. Hessisches Landesinstitut für Pädagogik Wiesbaden
Krotz, Dr. Friedrich: Wissenschaftlicher Referent. Hans-Bredow-Institut Hamburg
Kübler, Prof. Dr. Hans Dieter: Fachbereich Bibliothek und Information. Fachhochschule Hamburg
Kuch, Dr. Hansjörg: Ministerialrat, Leiter des Rundfunkreferats. Bayerische Staatskanzlei München
Lenssen, Margrit: Redaktion Kinder II. ZDF Mainz
Lutz, Klaus: Medienreferent. Medienzentrum Parabol Nürnberg
Matschunas, Irmengard: Fachgebietsleiterin. Junge Volkshochschule München
Mayr-Kleffel, Prof. Dr. Verena: Fachbereich Sozialwesen. Fachhochschule Nürnberg
Meister, Dr. Dorothee: Fachbereich Erziehungswissenschaften, Institut für Pädagogik. Universität Halle-Wittenberg

Palme, Hans-Jürgen: Geschäftsführer. SIN e.V. - Studio im Netz München
Paus-Haase, PD Dr. Ingrid: Fakultät für Pädagogik. Universität Bielefeld
Pöttinger, Dr. Ida: Landesinstitut für Erziehung und Unterricht Stuttgart
Rabius, Martin: Jugendschutzbeauftragter. KABEL 1 Fernsehen GmbH Unterföhring
Rosenbaum, Dr. Uwe: Landessendedirektor. SWR Rheinland-Pfalz
Schell, Dr. Fred: Geschäftsführender Direktor. Institut Jugend Film Fernsehen (JFF) München
Schill, Wolfgang: Pädagogischer Referent. Landesbildstelle Berlin
Schindler, Friedemann: Freiberuflicher Medienpädagoge Bremen
Schorb, Prof. Dr. Bernd: Fachbereich Medienpädagogik. Zentrum für Kommunikations- und Medienwissenschaft, Universität Leipzig
Spanhel, Prof. Dr. Dieter: Lehrstuhl Pädagogik II. Universität Erlangen/Nürnberg
Stolzenburg, Elke: Medienzentrum München, Pädagogische Mitarbeiterin. Institut Jugend Film Fernsehen (JFF) München
Sutter, PD Dr. Tilman: Institut für Soziologie. Universität Hamburg
Theunert, Dr. Helga: Wissenschaftliche Direktorin. Institut Jugend Film Fernsehen (JFF) München
Tilemann, Friederike: Fachbereich Sozialpädagogik. Universität der Bundeswehr München
Tulodziecki, Prof. Dr. Gerhard: Fachbereich II - Pädagogik, AG Allgemeine Didaktik und Medienpädagogik. Universität-Gesamthochschule Paderborn
Vogelgesang, Dr. Waldemar: Fachbereich IV – Soziologie. Universität Trier
Voß-Fertmann, Dr. Thomas: Jugendschutz. Hamburgische Anstalt für neue Medien Hamburg
Warkus, PD Dr. Hartmut: Zentrum für Medien und Kommunikation. Universität Leipzig
Weller, Andrea: Jugendschutzbeauftragte. RTL2 Fernsehen GmbH & Co.KG Grünwald